児童学事典

日本家政学会編
【編集代表】吉川はる奈

【編集幹事】
岡野雅子
篠原久枝
武田京子

【編集委員】
入江礼子
金子省子
浜口順子
吉澤千夏

丸善出版

■刊行にあたって■

　子どもを取り巻く状況が変わってきているといわれています．それにともない子どもたちのからだの健康，心の健康を危惧する不安な声が聞かれます．
　「人間はだれもが母から誕生し，子ども時代をすごし，そして成長し続けていく」この部分は同じです．だれもがみな，子どもである時間を過ごしますが，「子どもであることを存分に楽しみ，豊かな時間を過ごすこと」，そのような当たり前の環境が維持できなくなっています．
　「その子らしさ」は，生活する時間の中で，子どもをとりまく環境の中で，少しずつ彩られ，色鮮やかになっていきます．子どもはすべてにおいて可能性をもつ存在です．さらに言えば，子どもの可能性を信じ，多くのさまざまな大人が子どもの育ちを一つずつ支えていけば，子どもの可能性はより大きく広がっていきます．「子どもの可能性を存分に発揮させることができる環境づくりを」．これを学問分野として追究していくのは，児童学に求められる重要な課題です．
　日本家政学会は，人間の生活を多様な角度から追究していく分野，家政学を研究する者の学術団体です．その中で児童学部会は，今日の複雑化，多様化する社会の中の子どもについて，学際的，多面的なアプローチで研究をすすめてきました．特に子どもの生活する姿を中心に，子どもの活動する姿にこだわり，その不思議さ，おもしろさ，謎につつまれた部分も含め，成長にともなう活動の変化を明確化し，発信してきました．
　キーワードは「子どもの視座から，子どもを理解する」「生活する子どもの姿に学ぶ」．子どもが充実感をもって生活し，自立できる社会，子どもの生活の質の向上に寄与できる活動を目指しています．本事典の執筆も，子どもにとってのより良い環境づくりのための発信と捉え，日本家政学会児童学部会のメンバーを中心に取り組んでまいりました．
　なお，本事典は，「子ども」を切り口に，発達，保育，教育，福祉，看護，医学，心理学など多くの学問分野における関心事項，重要事項を解説する「中項目事典」です．各項目を2ページまたは4ページの見開きで解説し，学びのスタートに活用していただくなどだれもが興味・関心を広げることができる内容を目指しました．

刊行にあたって

　子どもの概念，生活，成長，家族や人間関係，遊び，文化，福祉，支援，研究法に至るまで，付録の子どもに関連する法律等，子どもに関する広範な知識が集約されています．どうぞ関心をもたれている分野からご活用ください．

　2015年3月に刊行された『衣服の百科事典』の編集代表である大塚美智子先生の序文にもありますが，生活を基盤とした家政学分野の衣・食・住・児童・家庭生活はいずれも人間生活に不可欠な専門領域であり，その研究母体として，一般社団法人日本家政学会があります．そして本事典が衣服の百科事典に続き，日本家政学会編として刊行できることは，執筆者一同，とてもうれしいことであり，同時に身の引き締まる思いです．

　生活する子どもの姿に着目し，光をあて，より子どもの視座から理解してくださる方が，研究者だけでなく，一般の方々にも増えてくださること，それを通して，子どもが暮らす環境がより良くなっていくことを願ってやみません．

　本事典の刊行をご支援，ご尽力くださいました，前日本家政学会会長久保田紀久枝先生，現会長牛腸ヒロミ先生，前刊行委員長石井克枝先生，現刊行委員長香西みどり先生はじめ，衣服の事典編集代表の大塚美智子先生，他刊行委員，編集委員，執筆者の皆さま，本部事務局の皆さまに厚くお礼申し上げます．

　最後になりましたが，本事典を刊行する機会を下さり，根気強く，温かく編集事務をご担当くださいました丸善出版株式会社の小根山仁志さんに心より感謝を申し上げます．

　ありがとうございました．

2016年1月

編集代表　吉川　はる奈

■日本家政学会刊行委員会■

刊行委員長
香西 みどり　お茶の水女子大学基幹研究院

刊 行 委 員
大塚 美智子　日本女子大学家政学部
吉川 はる奈　埼玉大学教育学部
小川 宣子　中部大学応用生物学部
増井 正哉　京都大学大学院人間・環境学研究科

■「児童学事典」編集委員会■

編 集 代 表

吉 川 はる奈　埼玉大学教育学部

編 集 幹 事

岡 野 雅 子　東京福祉大学社会福祉学部
篠 原 久 枝　宮崎大学教育文化学部
武 田 京 子　前岩手大学教授

編 集 委 員

入 江 礼 子　共立女子大学家政学部
金 子 省 子　愛媛大学教育学部
浜 口 順 子　お茶の水女子大学基幹研究院
吉 澤 千 夏　上越教育大学大学院学校教育研究科

■執筆者一覧■

浅川　陽子	江戸川大学メディアコミュニケーション学部
荒川　志津代	名古屋女子大学文学部
荒木　剛	株式会社アドバンテッジリスクマネジメント
安藤　智子	筑波大学大学院人間総合科学研究科
李　璟媛	岡山大学大学院教育学研究科
磯村　陸子	千葉経済大学短期大学部こども学科
伊藤　美佳	東洋大学ライフデザイン学部
伊藤　陽一	東京都市大学人間科学部
伊藤　葉子	千葉大学教育学部
入江　礼子	共立女子大学家政学部
榎田　二三子	武蔵野大学教育学部
艮　香織	宇都宮大学教育学部
大塚　美智子	日本女子大学家政学部
岡田　みゆき	北海道教育大学旭川校
岡野　雅子	東京福祉大学社会福祉学部
小原　敏郎	共立女子大学家政学部
金子　省子	愛媛大学教育学部
金田　利子	東京国際福祉専門学校子育て支援学科
上垣内　伸子	十文字学園女子大学人間生活学部
亀井　美弥子	山梨大学大学院
亀﨑　美苗	埼玉大学教育学部
岸本　美紀	岡崎女子大学子ども教育学部
金　娟鏡	鹿児島大学学術研究院法文教育学域教育学系
熊澤　幸子	東京成徳大学子ども学部
倉持　清美	東京学芸大学総合教育科学系生活科学講座
小池　公夫	植草学園大学
五関　正江	日本女子大学家政学部
後藤　さゆり	共愛学園前橋国際大学国際社会学部
財津　庸子	大分大学教育福祉科学部
齋藤　政子	明星大学教育学部

執筆者一覧

齋藤　美保子	鹿児島大学学術研究院法文教育学域教育学系
酒井　幸子	武蔵野短期大学幼児教育学科・同附属幼稚園
篠原　久枝	宮崎大学教育文化学部
守隨　香	千葉経済大学短期大学部こども学科
首藤　美香子	白梅学園大学子ども学部
白川　佳子	共立女子大学家政学部
砂上　史子	千葉大学教育学部
園田　菜摘	横浜国立大学教育人間科学部
竹内　惠子	福井大学教育地域科学部
武田　京子	前岩手大学教授
田澤　薫	聖学院大学人間福祉学部
田代　和美	大妻女子大学家政学部
田辺　里枝子	日本女子大学家政学部
堤　ちはる	相模女子大学栄養科学部
友定　啓子	山口大学名誉教授
中川　愛	奈良教育大学教育学部
永瀬　祐美子	東京学芸大学大学院連合学校教育学研究科
永田　陽子	大和郷幼稚園
並木　由美江	全国保育園保健師看護師連絡会
成田　雅美	国立成育医療研究センターアレルギー科
西本　絹子	明星大学教育学部
花輪　由樹	武庫川女子大学文学部
浜口　順子	お茶の水女子大学基幹研究院
林　安紀子	東京学芸大学教育実践研究支援センター
平岩　幹男	日本小児保健協会
福岡　秀興	早稲田大学理工学術院理工学研究所
布施谷　節子	和洋女子大学家政学群
細谷　里香	滋賀大学教育学部
掘越　紀香	国立教育政策研究所初等中等教育研究部
増田　啓子	常葉大学保育学部
南　元子	名古屋芸術大学人間発達学部
宮里　暁美	十文字学園女子大学人間生活学部

執筆者一覧

向井　美　穂	十文字学園女子大学人間生活学部
本山　ひふみ	愛知淑徳大学福祉貢献学部
盛満　弥　生	宮崎大学教育文化学部
矢吹　芙美子	東京福祉大学社会福祉学部
吉川　はる奈	埼玉大学教育学部
吉川　晴　美	東京家政学院大学現代生活学部
吉澤　千　夏	上越教育大学大学院学校教育研究科
米村　敦　子	宮崎大学教育文化学部

（2015年12月現在，五十音順）

目　　次

1. 子どもとは <small>(編集担当：浜口順子)</small>

- 子どもとは ───────────────────────── 2
- 「子ども」の多様なとらえ方 ───────────────── 4
- 子ども観の歴史 ───────────────────────── 6
- 20世紀以降の子ども観の変化 ─────────────── 10

2. 子どもと現代の生活 <small>(編集担当：岡野雅子)</small>

- 現代の生活環境（1）親子関係 ────────────── 16
- 現代の生活環境（2）家庭教育・保育 ──────────── 20
- 現代の生活環境（3）子どもの消費環境 ────────── 26
- 現代の生活環境（4）ICT環境 ───────────── 28
- 現代の生活環境（5）子どもにとっての環境の危機 ─── 30

3. 子どもと成長：誕生から思春期まで <small>(編集担当：守隨　香)</small>

- 生涯発達における子どもの発達 ────────────── 36
- 胎児から誕生までの発達 ──────────────── 38
- 統計でみる乳幼児の発達 ──────────────── 40
- 乳児期の発達 ─────────────────────── 48
- 幼児期前期の発達 ──────────────────── 50
- 幼児期後期の発達 ──────────────────── 52
- 学童期の発達 ─────────────────────── 54
- 思春期の発達 ─────────────────────── 56

4. 子どもと家族・家庭 <small>(編集担当：金子省子)</small>

- 変容する家族と子育ち・子育て（1）子ども観・子育ての変化 ── 60
- 変容する家族と子育ち・子育て（2）現代の家族に関わる法制度 ── 62
- 多様な家族と子育ち・子育て ──────────────── 66
- 家族の生活と子どもの自立──定位家族から創設家族への過程 ── 68

家庭における暴力	70
情報化・商品化社会の子育て	72
育児困難・育児不安	74
親になる過程——妊娠と出産	76
親になるための資質——親の育ち	78
ワーク・ライフ・バランス	80
母子関係研究の動向	82
子どもと貧困	84

5. 子どもと人間関係 (編集担当：武田京子)

家庭内の人間関係	88
仲間・友人関係	90
先生との関係	92
地域の人間関係	94
就労する親の子育てに対する支援	96
子ども集団の力関係	98

6. 子どもと健康：衣食住，看護，性 (編集担当：篠原久枝)

子どもと衣生活 (1) 乳児の衣服	102
子どもと衣生活 (2) 子どもの衣服	104
子どもと住生活 (1) 子どもと住環境	106
子どもと住生活 (2) 子どもと地域の居住環境	110
子どもと食生活 (1) 妊娠・授乳期の栄養	114
子どもと食生活 (2) 乳児期の食生活	116
子どもと食生活 (3) 幼児期の食生活	118
子どもと食生活 (4) 学童期・思春期の食生活	120
子どもと食生活 (5) 日本人の食事摂取基準と食事バランスガイド	124
子どもと性	130
子どもと健康 (1) 予防接種	134
子どもと健康 (2) 不慮の事故	138
子どもと健康 (3) 食物アレルギー	140
子どもと健康 (4) 紫外線	142
子どもと健康 (5) 主な疾患 (Ⅰ)	144
子どもと健康 (6) 主な疾患 (Ⅱ)	146
子どもと看護 (1) 基本的な看護	148

子どもと看護（2）応急処置 ———————————————————— 150

7. 子どもと保育・教育 (編集担当：入江礼子)

保育・教育を取り巻く状況（1）少子化時代 ——————————— 154
保育・教育を取り巻く状況（2）多文化共生時代 ————————— 156
保育・教育を取り巻く状況（3）待機児童 ——————————— 158
保育・教育を取り巻く状況（4）認定こども園の創設 ——————— 160
保育・教育を取り巻く状況（5）幼保小家庭の連携と専門性 ————— 162
子どもと家庭（家庭教育）（1）家庭教育の意義と課題 —————— 164
子どもと家庭（家庭教育）（2）現代の家庭生活と子ども —————— 166
子どもと家庭（家庭教育）（3）習い事・お稽古事 ———————— 168
集団保育・教育（1）保育の基本としての遊びと保育内容 ————— 170
集団保育・教育（2）幼稚園教育要領，保育所保育指針，幼保連携型認定こども
園教育・保育要領 ————————————————————— 172
集団保育・教育（3）保育所の生活と保育内容 ————————— 174
集団保育・教育（4）幼稚園の生活と保育内容 ————————— 176
集団保育・教育（5）認定こども園で展開される生活 ——————— 178
豊かな育ちを保障する環境づくり（1）保育ニーズの多様化 ———— 180
豊かな育ちを保障する環境づくり（2）子育て支援システム ———— 182
豊かな育ちを保障する環境づくり（3）子どもを中心にしたネットワークの構築
———————————————————————————— 184
学校を取り巻く現代的な課題 ————————————————— 186
学童保育 ————————————————————————— 188

8. 子どもと遊び (編集担当：吉澤千夏)

遊ぶことの意味——子どもはなぜ遊ぶのか？ ——————————— 192
遊びの学術的意味 ————————————————————— 194
遊びの歴史的変遷 ————————————————————— 196
遊びの分類 ———————————————————————— 198
遊びの種類 ———————————————————————— 200
遊びの発達と学習（1）乳児 ————————————————— 202
遊びの発達と学習（2）幼児 ————————————————— 204
遊びの発達と学習（3）児童 ————————————————— 206
遊びと時間 ———————————————————————— 208
遊びと空間 ———————————————————————— 212

遊びと仲間（1）異年代	214
遊びと仲間（2）同年代	216
遊びと生活	218
遊びと文化	220

9. 子どもと文化（編集担当：武田京子）

子ども文化とは何か	224
育児玩具	226
固定遊具	228
運動遊具	230
構成玩具	232
ごっこ遊び用玩具	234
知育玩具	236
ゲーム	238
ファッション玩具	240
子どもの本の歴史	242
絵本	244
子どもと文学	246
映像文化	248
子どもに文化を手渡す活動	250
児童文化施設	252
通過儀礼	254

10. 子どもと福祉（編集担当：吉川はる奈）

子どもの権利	260
子どもの福祉に関わる法律	262
子どもの福祉に関わる制度	264
子どもの福祉に関わる専門機関	266
子育てと仕事	268
子育てと少子化	270
地域での子育て支援	272
世界の子育て支援	276

11. 特別な配慮が必要な子ども （編集担当：岡野雅子，吉川はる奈）

- 子ども虐待 ——— 280
- 発達障害 ——— 282
- 情緒障害 ——— 284
- 子どもの問題行動 ——— 286
- 家庭・家族の問題をもつ子ども ——— 288
- 集団不適応を示す子ども ——— 290
- 子どもの相談支援 ——— 292

12. 子どもの研究法 （編集担当：倉持清美）

- 質的研究（1）観察法 ——— 296
- 質的研究（2）面接法 ——— 298
- 質的研究（3）記述法 ——— 300
- 量的研究（1）実験法 ——— 302
- 量的研究（2）質問紙法 ——— 304

- ●付録Ⅰ　子どもに関する法律・制度 ——— 307
- ●付録Ⅱ　子どもに関わる各種統計・国際比較等 ——— 581
- ●索引 ——— 591

Chapter 1

子どもとは

子どもとは ──────── 2
「子ども」の多様なとらえ方 ──── 4
子ども観の歴史 ──────── 6
20世紀以降の子ども観の変化 ──── 10

子どもとは

「子ども」は人間（多くの場合）の生涯の初期部分の存在を指す．「こども」「子供」とも書く[註1]．広辞苑によると，「①自分のもうけた子．むすこ．むすめ．②幼いもの．わらわ[註2]．わらべ．小児．まだ幼く世慣れていないことにもいう」とある．つまり，「子ども」は，第1に「親」の対概念，第2は「大人」の対概念である．

●小さきもの　「小さき者」「小児」という語が示すように，子どもには，大きさにおいて「小さい」という特徴がある．仔馬や仔犬など，哺乳動物の子に対して「仔」が使われることがあるが，「仔」は「仔細」という言葉が示すように，「細かい，小さい」などの大きさを示す語である．「子ども」の身体の小ささは，単なる大人の縮小ではなく，哺乳類の場合，子どもは頭の比率が体全体に対して大きく，そのアンバランスが親や大人の愛着行動を引き出す（かわいいと思う）ともいわれる．

●弱きもの　小さく，体の自由もきかず，病気感染への抵抗力も低く，大人への依存によってしか生き延びようがない存在的弱さは，幼い「子ども」の特徴である．乳幼児期の死亡率が高い国や地域は，アフリカをはじめとする発展途上国に多く，欧米や日本の死亡率は低い．これは，周産期の保健衛生に対する意識の低さや，社会的貧困，社会政策の遅れ等による影響も大きく，「子ども」自身の弱さによるものだけが原因とはいえない．

「7歳までは神の子」「6つ前は神のうち」などの言い伝えは，その年まではいつどのように他界に戻されても仕方のないものだという，親や大人たちの考え方が反映されている．ここには6～7歳まで生きながらえばどうにか生きていけるという意味や，それ以前であれば，間引きなどであの世に帰しても罪はないとした心性もうかがえる．「子ども」が親や大人によって生殺与奪を握られる弱い存在であり，親子心中や虐待による死亡事故など，過去の問題とはいえない．

●育ち育てるもの　胎児期にある人を「子ども」と呼ぶか，人間とみなすかは，多様な考え方がある．また胎児，新生児，乳児，幼児，児童，青年，成年…など，

註1　文部科学省では，2013年6月から公用文において用いられる表記を「子供」に統一した．
註2　古くは同義語として童（わらわ，わらべ）が用いられていたが，これは「頭髪がわらわらと乱れたありさま，すなわち髪型に由来する語ともいわれて」いる．また，「子ども（供）」は従者や使用人を呼ぶ場合もあり，古くは，歌舞伎の若衆や遊里の遊女の呼称でもあった．（本田和子，「子ども（供）」『世界大百科事典』，平凡社，2005）

人生の各時期の呼び方もいろいろある．1歳，2歳…と年齢で生育時間を表す仕方もある．「子ども」から大人になる成長変化を「発達」という文脈でとらえる研究は，児童心理学を中心に19世紀末から盛んになり，20世紀後半には，さらに老年期までの生涯にわたる人間の変化を発達ととらえ，発達心理学等の研究対象となった．こうした発達観の普及とともに，家庭，学校，社会において，「子ども」は発達に即してしつけるもの，教育する対象としてとらえられることが一般的になった．

●遊ぶもの 「遊ぶ」とは，その行為自体が生存や生活に一般的な実利を与えないが，行為者が興味や関心をもって取り組むことであるとすると，「子ども」はその意味でよく遊ぶ存在である．平安時代，『梁塵秘抄』において「遊びをせんとや生れけむ，戯れせんとや生れけん，遊ぶ子供の声きけば，我が身さえこそ動がるれ」と詠まれたように，「子ども」はよく遊ぶ者として，大人の目に印象づけられていた．

日本の幼稚園や保育所等において，「遊び」は「子どもの自発的な活動」として尊重・重視され，乳幼児期の成長・発達は，子どもが十分遊ぶ中で，身体運動能力，情緒，感覚，人間関係能力，想像・認知・論理・言語・創造等の力が総合的に達成されていくものと考えられている．しかし，現代社会において，遊び場や遊ぶ時間の減少，遊ぶ仲間関係の変化，テレビや電子機器によるヴァーチャルな遊びの普及など，子どもの遊ぶ環境が著しく変化しつつあり，「子ども」の在り方への影響が懸念されている．

子どもの特質として，小さきもの，弱きもの，育ち育てる，遊ぶものという4点を挙げたが，大人から見て「子ども」は，同じ人間でありながら，また自分も例外なく「子どもであった」にもかかわらず，周辺的かつ下等なものとして扱われやすい．しかし同時に，上下関係とは別の，その「異質性」「他者性」によってこそ，「大人であること（大人性）」の意味や，大人性の是非について問いなおす契機，きっかけを与える存在であるともいえる． 〔浜口順子〕

「子ども」の多様なとらえ方

● 法の世界で——子どもの権利

　子どもの権利宣言30周年にあたる1989年，国連総会で採択された「児童の権利に関する条約（Convention on the Rights of the Child）」（日本も調印）の第1条で，児童（子ども）とは「18歳未満のすべての者」と定義されている．条約は，締約国の法内容と矛盾があればそれを是正するよう各国に義務づけるものであるので，日本の法制における「成年（非子ども）」の定義について検討が迫られている．その一環として，2015年に公職選挙法が改正（2016年6月19日施行）され，選挙権年齢は「20歳以上」から「18歳以上」に引き下げられる．

　わが国の法において子どもは，「児童」「未成年」など多様な概念で呼ばれ，定義も統一されていない（表1）．一般的には，小学校に就学中の者を「児童」と呼ぶことが多いが，例えば，労働基準法では，義務教育期間終了までが「児童」であり，雇用対象とすることを原則禁止している（労働基準法56条1項）．民法では，満20歳をもって成年とするが（民法4条），20歳に達しないものでも，婚姻をすると成年者とみなされる（成年擬制，民法753条）．少年法において，「少年」は20歳未満で，それ以上を「成年」という．日本の少年法は国親思想（パレンス・パトリエ）を基調とし，犯罪・触法少年に対して成人に対する刑罰とは異なる保護的教育的措置を行うが，近年，刑事処分年齢の引き下げや少年院送致

表1　法による子どもの呼称と定義

法	呼称	定　義
学校教育法	幼児，児童	それぞれ「満3歳から小学校就学始期まで」，「小学校に就学中」の者を指す．
児童福祉法	乳児，幼児，少年，児童	それぞれ「1歳未満」「満1歳以上小学校就学始期まで」「小学校就学始期から18歳未満」「18歳未満」の者を指す．
児童扶養手当法	児童	18歳未満の者．または20歳未満で（政令で定める程度の）障害の状態にある者．
母子及び父子並びに寡婦福祉法	児童	20歳未満の者．
労働基準法	児童	「児童」は満15歳に達した日以後最初の3月31日までの者．それ以降，18歳未満を「年少者」，20歳未満を「未成年者」という．
民法	未成年	20歳未満．満20歳以上を「成年」という．婚姻をすれば成年者とみなされる．
少年法	少年	20歳未満．

年齢の引き下げなどが実施されている．

● 子どもと大人の関係性

　子どもと大人の関係性をイメージする際，「子どもから大人になる」「大人が子どもを守る」などのように，子どもを大人の前段階もしくは下位に位置づけることが一般的であろう．つまり，両者を「発達」や「保護」という文脈でつなぐことが，現代社会における子どもへのまなざしの主流になっている．もし「人は子どものままでいい」「子どもは大人の上位にある」という意味のメッセージを聞けば，何かの間違え，もしくは奇異なことだと感じるだろう．しかし，そのような趣旨の言説は，学術的にも文学的にも珍しいわけではない．

　例えば生物学において，幼生の形態を残しながら性的に成熟した個体となることをネオテニーというが，L. ボルクはヒトの成体がチンパンジーの幼体の特徴（顔の扁平さ，体毛の少なさ，性的成熟の遅さなど）を残していることから人類ネオテニー説を提唱した（1920）．この理論において，子どもっぽいことは人間性を形成するうえでプラスにとらえられている．つまり，好奇心に富み探索的な行動に向かう期間が長期化し，手先の器用さや行動的スキルを向上させる期間も延長され，学習の可能性が高まる．また性的成熟が遅いということは攻撃性の低さにつながり，人間の知性の発達に手を貸すことになったと考えられるという．A. ポルトマン（1951）の生理的早産説も，非力で大人の手を借りなくては生存すらできない状態で生まれることが，人間のコミュニケーション能力を高めたと論じている．

　一方，英国の詩人 W. ワーズワースは 19 世紀初頭，「虹」という詩において，虹を見て心躍らせた子どもの頃と現在の自分を想い，老いゆく未来もそうありたいと願いつつ 'The Child is father of the Man.' と歌った．自然界と共感する力において，大人が子どもに対して畏敬の念をいだく関係性である．

　「子ども」は，老人，障害者などの存在と同様，いわば弱者側にあり，社会をけん引する側とはいえない周辺的存在である．「子ども」について抱く日常的，常識的な価値観を見直し，多様な意義づけの可能性を確かめ追求することが，大人，そして人間とは何かについて再考するヒントを提示する．　　　　［浜口順子］

引用・参考文献
[1] 尾崎哲夫，『法律用語がわかる辞典』，自由国民社，2009
[2] 金子宏，新堂幸司，平井宜雄編集代表，『法律学小辞典　第 3 版』，有斐閣，1999
[3] 喜多明人，森田明美，広沢明，荒牧重人，『［逐条解説］子どもの権利条約』，日本評論社，2009

子ども観の歴史

　子ども観とは,「子どもとは何者か」その対象や属性,「子ども期」について歴史社会的に構築されてきた認識や表象のことを意味し,子どもという存在に対して人々の間で共有されてきた観念,価値観や感受性のあり方を問うものである.子ども観は,時代,地域,民族,宗教,階層,職種,ジェンダーなどにより異なる多義的で複層的,かつ可変的なものである.子ども観は言説として意識的に概念化されている場合もあれば,イメージとして文化の基層や人々の深層心理に隠されている場合もある.

　歴史の中の子ども観を探るには,子どもの呼称,人生の諸段階と年齢区分,人口動態と家族構造の推移,親子関係の規定,産育習俗やしつけの方法,子どもの生死や身体に付与された意味と宗教儀礼,小児性疾患に対する医療行為,教訓書・育児書・育児日記の記述,啓蒙思想,美術作品や文学に表現された子ども,子どもの暴力・犯罪に対する処遇と刑罰,児童労働の実態と規制,学校制度と教育実践,遊び論,子ども向け文化の開発と商品化,子どもの性への理解と対応,子どもの救済・保護を目的とした慈善事業・社会政策の展開過程と法整備,実証的科学研究による知見などが手がかりとなる.

●近代的子ども観の成立とその展開過程　子ども観の歴史研究の先鞭をつけたのはフランスの歴史学者 Ph. アリエスで,その著『〈子供〉の誕生──アンシャン・レジーム期の子供と家族生活』(1960) では,17 世紀まで西欧では「子どもと大人の違い」は明確に意識されておらず「子ども期」についての「心情」は存在しなかったと主張した.それは,乳幼児死亡率が高く子どもの生存が不安定な中世社会では,人々は子どもに対して特別な感傷や関心を抱かず,子どもは 7 歳前後からは「小さな大人」として扱われ労働に従事させられていたからで,このことは,子どもの呼称や「子ども期」の区分・段階が曖昧で,子どもだけを対象とする教育や文化が特定できないことからもいえるとした.「人間の生・死・性・出生は自然現象＝生物学的事象であると同時に社会的な意識のあり方 (mentalité) にも属する」もので,私たちにとって自明の「子ども期」は近代化の過程で「ひとつの概念として発見された」とするアリエスのテーゼは,歴史学のみならず人文・社会科学の諸領域に大きな衝撃を与えた.しかし,その根拠資料の選別と解釈,17 世紀とする転換期の設定,あるべき理想像を前提に現代の視点から過去を対照し各時代の特殊性を明らかにしようとする研究姿勢に対して激しい批判が出され,多くの反証例から,古代・中世を通じて「子ども期」は人生の一段階として広く認識されており,乳幼児に対する関心と親の愛情は確かに存在していた

ことが明らかとなった．

とはいえ，アリエスによる「子ども期」の歴史的相対化は，子ども観の歴史研究（History Childhood）という新興領域を牽引していっただけではなく，1990年代後半以降に登場する子ども社会学（Sociology of Childhood）さらには学際的子ども研究（Childhood Studies）にも継承され，そこでは大人と子どもの差異や関係性を生物学的決定論や二項対立概念で捉える既存の発想を疑い，「子ども期」を同一の実体としてではなく「社会文化的に構築された制度」として，その異種混淆性・複数性・多様性が探究されてきている．

近年の研究では，「子ども期」に「大人期」とは異なる特別な価値と意味が付与され，子どもの救済・保護・教育のための諸政策の整備により，「適切な子ども期」が保障されようとする一連の企図をもって，近代的子ども観の創出とする．それは，西欧では18世紀前後に徴候が見られ，産業革命を期として20世紀前半には階層や地域を超え普遍化・世俗化する，という理解が一般的になりつつある．

例えば，子ども観を探る鍵となる一家族における子どもの数・出生間隔・性比・死は，自然条件や農業生産高，感染症の流行と医療水準，戦争の脅威，政治不安，宗教改革，家庭の経済力，必要とされる労働力，結婚・相続制度，育てられない子どもを収容する養育施設の経営状況や慈善事業の動向，乳母慣行などのさまざまな要因に左右されて変動し，進歩史観で単純には読み解けない．近代に顕著となる家族規模の縮小と出生率・乳幼児死亡率の低下は，外的環境の変化に加え，「家族の戦略的選択」と「情愛的絆」の結果とみることもできるが，一方で，「国家の積極的介入」にも注目する必要がある．近代国家は19世紀末以降，国力増強に向け人材育成の出発点にあたる「子ども期」を重視して家族を監督指導下に置き，義務教育制度を拡充していっただけではなく，子どもの遺棄・貧困・疾病・障害・非行などの問題解決は社会防衛と将来の発展に不可欠とみなし，救済と保護を名目に「健康で正常な子ども」へと科学的に作り変えるための心身の管理統制を強めていった．その背景には，子どもには「子どもにふさわしい子ども期」があり，「子ども期を全うさせること」が国家の責任である，という強いイデオロギーが働いていた．

●**子ども観の典型──キリスト教，ロック，ルソー，ロマン主義，フロイト**　「子ども期」のイデオロギー形成に影響を与えたものとしてロックとルソーの思想は軽視できない．キリスト教社会では，「生まれつき子どもは罪深い」とする原罪説が支配的で，子どもの邪悪な本能を矯正するために体罰も辞さない厳格なしつけがなされてきた．宗教的な価値や権威に対する批判として登場した啓蒙思想の中でも，原罪説を否定し，子どもを可塑的な存在と捉え教育可能性を説いたのがJ.ロックである．ロックは『教育に関する考察』（1693）において，人間の心は生まれたときは自由に書き込みのできる白紙の状態（tabula rasa）であり，教育

こそが人間に永続的な影響を与えるもので，人生の幸福は健全な肉体と精神を持つことにあるとした．ロックは，教育の重点は家庭でなされる早期からの習慣形成にあり，親は毅然とした明確な態度で子どもと関わり，子どもの性質をよく観察してそれに適合する方法で，体育・徳育・知育の課題を反復練習させることが望ましいと述べた．また，子どもの「遊び好きの素質は，本来子どもの年齢と気質にいかにもぴったり合ったものなので，ゆがめたり押さえつけたりしないで，むしろ彼らの活力を維持し，体力と健康を維持するために刺激した方がよい」と遊戯の効用にも注目した．

一方，J.J.ルソーは子どもに「自然の善性」を認め，「はじめは何もしないこと」が「すばらしい教育をほどこしたことになる」と消極教育を唱えた．『エミール』(1762)の序論「人は子どもというものを知らない」に続き，冒頭の「万物をつくる者をはなれるときはすべてはよいものであるが，人間の手にうつるとすべてが悪くなる」が示す通り，ルソーは，人間は神によって作られた自然のままの状態では善良だが，文明社会が争いと不平等を生み，人間性を堕落させたと問題視した．そこで，「自然に帰れ」＝「子どもに帰れ」と主張したわけだが，ルソーが「子どもの発見者」と評されるのは，子ども期は大人になるための準備段階ではなく，それ自体で完結した固有の意義があるとみなし，子ども期に特徴的な感覚や活動性・思考法に合致し，自由で自発的な経験を尊重する教育方法を具体的に提案した点にある．ルソーの「子どもを愛するがいい．子どもの遊びを，楽しみを，その好ましい本能を，好意をもって見守るのだ．口もとにはたえず微笑がただよい，いつもなごやかな心を失わないあの年ごろを，ときには名残惜しく思いかえさない者があろうか．」とする子ども賛歌は，「子ども期」は人生で最も美しく幸福な時期であるという認識を広く普及させた．

ロック，ルソーの子ども観の延長線上に登場したのが，ロマン主義の子ども観である．18世紀後半から19世紀にかけて，理性よりも主観や感情，想像力を重視した文芸思想運動が展開した．例えばW.ブレイクは，子どもこそが社会によって縛られ，損なわれ，汚される以前の自然本来の「無垢なる魂」を有しており，経験によって堕落した人間性を救済させる希望だとして讃え，ワーズワースは「子どもはおとなの父親」とし，自分自身の幼少時代の感受性と体験を創作の源泉とした．この時期，子どもは「生命力と創造性の象徴」，「子ども期」は「人間性の理想郷」と崇め，失われた過去への憧憬と懐古を表現する作品が多く出されたが，現実逃避の自己憐憫と受け止められるものもあった．

幼稚園教育の父とされるフレーベルの教育思想もロマン主義的子ども観の系譜に属する．子どもの内には「神性」が宿るとして畏敬の念を表し，「さあ私たちの子どもらに生きようではないか」と提唱したフレーベルは，教育の目的は子どもが本質的にもつ「神性」を発揮させることにあるとした．

それに対して，人間の性の欲求の発達は乳幼児期からすでに始まるとする「幼児性欲説」を示したG.フロイトは，ロマン主義的子ども観の「純真無垢神話」を解体した．子どもの初期の口唇，肛門，あるいはエディプス的性衝動の満足を制止すると無意識の中に抑圧され，その後の意識行動に不安，恐怖，罪悪感を植え付けて正常な発育を妨げることとなるというフロイトの主張は，子どもにとって「適切な子ども期」を保障することの重要性と親の責任にいっそうの注意を喚起した．

● 日本の子ども観

　日本の子ども観については，『万葉集』『枕草子』『梁塵秘抄』，絵巻や浮世絵に描かれた子どもの表情や姿，江戸の教育水準の高さと子ども文化の活況，戦国時代の宣教師や明治期のお雇い外国人の見聞記などを例に，「生命のつながり」「小ささ」「幼さ」に共感する繊細さと慈愛の心，遊びに対する寛容さ，大人と子どもの関係の緊密さの伝統が指摘されてきたが，相反する史実も多く見られる．また，産育習俗には「七歳までは神のうち」として子ども期を聖性視する信仰があったとされるが，根拠は実は定かではない．奇しくも西欧社会と同様，18世紀に近代的子ども観の萌芽をみることができるが，成立要件は異なる．

[首藤美香子]

📖 引用・参考文献

[1] Phillip Aries, *L' Enfant et la vie familiale sous l' Ancien Régime*, Plon, 1960（杉山光信，ほか訳，『〈子供〉の誕生—アンシャン・レジーム期の子供と家族生活』，みすず書房，1980）
[2] 石川松太郎，直江広司編，『日本子どもの歴史』全7巻，第一法規，1977～78
[3] 本田和子，『異文化としての子ども』，新曜社，1982
[4] 斎藤正二，長尾十三二編，『世界子どもの歴史』全11巻，第一法規，1984～85
[5] 小林登，宮澤康人，ほか編，『新しい子ども学』全3巻，海鳴社，1985～86
[6] Paula S. Fass eds.,*Encyclopedia of Children and Childhood in History and Society,3vols,* Macmillan Library Reference, 2003
[7] Colin Heywood, *A History of Childhood: Children and Childhood in the West from Medieval to Modern Times*, Polity, 2003
[8] Hugh Cunningham,*Children and Childhood in Western Society Since 1500 ,2nd edn*（*Studies In Modern History*），Longman, 2005（北本正章訳，『概説 子ども観の社会史：ヨーロッパとアメリカからみた教育・福祉・国家』，新曜社，2013）
[9] Peter N. Stearns, *Childhood in World History*, Routledge, 2006
[10] The Society for the History of Childhood and Youth, Journal of the History of Childhood and Youth, The Johns Hopkins University Press, 2008～

20世紀以降の子ども観の変化

●「子どもの価値」の高まりと大人─子ども関係の逆転　エレン・ケイの『児童の世紀』(1900)に代表されるように，20世紀に入り「子どもの価値」は高まった．「子どもが権利をもつとき道徳が完成する」という言葉に触発されたケイは，社会改革の鍵は「子どもが親を選ぶ権利」にあり，それは自由恋愛と優生学に基づく「種の改良」によって実現可能であると主張した．親子関係に新しく「権利」概念を持ち込んで力関係を逆転させ，子どもは親より優位に置かれるべきだとする発想は画期的で，子どもを「豊かな可能性を秘めた輝ける未来の象徴」として称える20世紀前半の楽観的な進歩志向を後押しした．

　20世紀の自然科学の隆盛は新しい子ども観の形成に少なからぬ影響を及ぼした．自然科学の方法論は19世紀末に勃興した児童研究運動にも応用され，子どもは「一個の客体」として「観察・記録・実験・調査・測定するための対象」と化した．進化論は児童研究の中でも心理学の成立を促し，子ども期とは生物として「原初の単純な状態」から「より高度で複雑な段階」へ移行する過程，つまり「未成熟から成熟へ，依存から自立へと不可逆的に発達を遂げる期間」という認識を定着させた．児童研究によって得た子どもの能力や個性，発達の原理と法則，発達を規定する環境的影響と遺伝的要因，障害や病気に関する実証的なデータは，育児の合理化，公教育制度の確立，子どもの健康と生活環境の改善，児童労働の規制，母子保健政策などの改革を推進する上で，有力な根拠として重用された．

　このことは，子ども理解と子どもの問題解決にあたり，宗教や道徳，世代間で継承されてきた知恵や経験，地域共同体の伝統よりも「科学的方法論」に信頼が置かれ，親や当事者よりも教育学・心理学・小児医学・児童保護・社会政策などの「専門家」の見解が容認され，彼らの介入が歓迎されるようになったことを意味した．例えば20世紀以降の育児書は，「科学の専門家」によって執筆されるようになるのが大きな変化だが，行動主義心理学が台頭した1920年代後半は，条件反射の理論に基づき，生後間もない段階から授乳・睡眠・排泄・入浴・運動のすべての領域で，個人差を無視した時間厳守による規則性と訓練による習慣形成が強調され，1940年代以降は一転して，フロイト，ゲゼル，ピアジェ，ボウルビィなどの理論を通俗化・大衆化した「寛容の子育て」が主流となり，子どもの身体管理よりも「心理的ケア」を重視し，特に「楽しみながら」母子が親密で暖かな関係を築くことが要求された．ここから示唆されるように，育児書の科学化は，親を学説の流行に翻弄し，親子関係における親の自律的な判断や裁量を奪って子育てに自信を失わせ，「専門家」に対する依存を増幅させることになった．

●**子ども期への子どもの囲い込み**　子ども期の発達特性や学習方略に関する科学研究の進展は，教育改革の動きとも結びついた．20世紀初頭，教師主導で子ども集団に対し，特定の知識や価値観・行動様式を一方的に伝達・注入する学校教育のあり方に批判が高まり，子どもの自発的な興味・関心や学習意欲を尊重し，子どもの自己活動を導入する新しい教育実践が模索されるようになった．この傾向に対して，教育が「教師中心」の「教え込み」から，「子ども中心」で「自ら学ぶ」方向へと好転したとの評価がなされることが多い．しかし，その背景には帝国主義時代の到来で，旧来の画一的で抑圧的な教育では国際間の競争に打ち勝つ有能な人材を輩出できないという，切迫した政治的要請があり，民主主義的価値観の涵養においても，地域社会の一構成員である子どもの積極参加と声を求める機運があったとされる．教育現場では，発達途上であるゆえに大人による管理・指導・訓練を全く放棄するわけにはいかないものの，一個の独立した人間として有する主体性や学習意欲の啓発こそが発達の要，ひいては社会改革の要となることから，「教師中心」の「教え込み」と「子ども中心」で「自ら学ぶ」の間で，微妙なバランス配分が求められていった．

　20世紀が「児童の世紀」と呼ばれる所以に，乳幼児死亡率の高さ，親の養育放棄や虐待，児童労働，貧困家庭の子どもの発育の悪さ，少年非行に対して国家が強い危機感をもち，宗教団体や篤志家の慈善事業と並び，子どもの救済と保護のための法的な規制と公的な処遇を本格的に開始したことが挙げられる．産業革命期の過酷な工場労働や炭鉱労働の実態，煙突掃除の子どもの悲哀を知る限りでは，児童労働の規制は「脆弱で傷つきやすい」子どもの生命と身体に福音をもたらした歴史の前進と受け止められる．過去何百年もの間，子どもは「生計を担う労働力」として「大人と同列」に扱われてきたが，「子どもだから働かなくてよい」という特権が付与されたために，子どもが大人になるまでの猶予期間が延伸した．労働の場から解放された子どもの居場所は家庭か学校か遊び場になり，子ども期は「遊び学ぶこと」に集約される．さらに子どもの価値は，「労働経済性」から「子どもとして存在することそれ自体」に代わるが，親が「情緒的満足」を充たそうと，「子どものために」を方便に過剰な期待を寄せることにもつながった．

●**子ども期の境界の融解**　子ども期の健康や教育が子どもの人間形成と将来の生活を左右する重要なものだという認識が広く共有されるようになった結果，子どもは親が「愛情と金を注ぎ込む」対象へ，「労働力」から「消費者」へとスライドしていった．教育的な環境を整え物質的な豊かさで子ども期を満たすことが，子どもへの愛情を直接的に示す証となり，玩具，教材，文房具，絵本・児童文学，子ども服，子ども部屋，菓子など子ども用品の市場＝子ども文化が拡充する．20世紀のグローバルな資本主義の趨勢は「消費者」としての子どもを創出したが，子どもは需要側に留まらず，その大人とは異なる嗜好や要求が商品開発を促し経

済を活性化させる点で，供給側を操作する力を持っていく．しかし，いずれにせよ，子どもとは一家に「モノや金をもたらす者」ではなく「手や金がかかる者」に代わり，親は子育てにどれだけ投資するか，教育効率やリスクに基づく生活設計を余儀なくされる．労働の場からの子どもの隔離は，大人の利害や欲望から子ども期が「汚れない」ようにするためのものでもあったが，結局のところ，子どもの生活は市場原理に浸食された．

　映像文化と情報メディアの進歩も子ども期のあり方を大きく変えた．印刷文化が主流の時代は，文字の読み書きの基本に始まり，高度な読解力・表現力を有しているかが子どもと大人を明確に区分する指標で，大人になるためには時間をかけて技能の反復練習と読書経験を積む必要があった．ところがテレビや映画，漫画，インターネットの時代は，アクセスに特殊な技能は要さず，誰もがいつでもどこでも手軽に，同じ知識や情報を入手できるようになった．そのため，性や暴力といった「早くから子どもに触れさせたくない」として大人が注意深く排除してきたものが制御不能なまま日常に侵入し，子ども期の「平穏や安全」を脅かすこととなる．さらに，映像文化の氾濫は視覚刺激に俊敏に反応できる子どもに有利で，また情報処理の技術革新に対しても，大人より環境適応能力に優れる子どもの方が早く追いつき，使いこなせるようになるため，大人の権威の低下を招くことにもなった．かつて大人を大人たらしめていた要素，すなわち知識量の多さ，理解の深さと確からしさ，技能の高さは，情報化社会ではもはや無効となりつつある．

　1989年に国連採択された「児童の権利に関する条約」もまた，子ども観を動揺させた．本条約は，子どもが生まれ育つ地域や社会文化的条件に関係なく0歳から18歳までを一律に子ども期とし，子どもを「権利行使主体」とみなし，特に意見表明権を認めた点が大きな特徴である．心身ともに未熟で判断能力や経験が不足しているがゆえに，特別な配慮を要するとして大人から「分離」されてきた子どもは，自らの「最善の利益」のために問題解決の決定権をもつ「独立した主体」であると承認されたことにより，大人と「対等」の関係にまで「接近」してきている．

●子ども期の未来　21世紀に入り，子ども期は新たな局面を迎えた．先進諸国では，人口構造上の大きな変化として超少子化，出生率の低減という国家の存続さえも揺るがしかねない事態が進行中で，近代家族形成後「私事化」されてきた子産み・子育て，「親の所有物」としての子ども観の脱却が迫られている．「児童の世紀」から逆行するかのように深刻化する子どもの貧困と教育格差，不健康，差別，児童虐待などの問題解決に向けて，子産み・子育ての「公共化」への模索がなされている．

　生殖補助医療と出生前診断，臓器移植における技術革新は，子ども期の「始期」

と「終期」「生命の質」「生死の選択基準と方法」「親子関係」の定義をめぐり大きな混乱と価値観の対立を招いている．子どもという存在は，社会にとってどのような意味をもつものか，「生まれてくる子ども」の視点を加えた議論を進めなければ，大人の利害中心で加速する科学の暴走を食い止められないだろう．

　また，ユビキタスとヴァーチャルの融合が進むネット社会において，「実存のわたし」の周辺で集積されている「情報としてのわたし」が「わたしの生」のありように大きく作用している．現実と仮想が連動し浸食しあう時空で「子どもが子どもらしく生きる」ことは可能か，「人間が人間になること」はどういうことか，既存の教育学的発想や道徳規範を超えた人間形成モデルの構築が求められている．

　さらに，資本主義の拡張が子どもの「消費への欲望」をも扇動し，市場原理が子どもの「健全育成」や「教育的配慮」をなし崩しにしている．特に日本の場合は，市場が創案する「かわいい」文化＝「未熟さや幼稚さを賞賛する」文化が世代間で肯定的に享受され，「大人になること」の意味や「大人と子どもの境界」が曖昧になっている．この功罪も突き止めなくてはならないだろう．

〔首藤美香子〕

引用・参考文献

[1] Harry Hendrick, *Children, Childhood and English Society, 1880–1990* (*New Studies in Economic and Social History*). Cambridge University Press, 1997
[2] David Buckingham, *After the Death of Childhood*, Polity, 2000
[3] Alan Prout, *The Future of Childhood*, Routledge, 2005
[4] Hugh Cunningham（2005）（北本正章訳，『概説 子ども観の社会史：ヨーロッパとアメリカからみた教育・福祉・国家』，新曜社，2013）
[5] Mary Jens Qvortrup, William A. Corsaro & Michael-sebastian Honig eds., *he Palgrave Handbook of Childhood Studies*, Pargrave, 2009
[6] Roger Smith, *A Universal Child ?*, Palgrave Macmillan, 2009
[7] Mary Jane Kehily eds., *Understanding childhood：A cross-disciplinary approach*, Open University Press, 2013
[8] David Archard, *Children：Rights and Childhood*, Routledge, 2014
[9] Allison James & Alan Prout, *Constructing and Reconstructing Childhood：Contemporary Issues in the Sociological Study of Childhood, 3nd edn*, Routledge, 2014

Chapter **2**

子どもと現代の生活

現代の生活環境
  （1）親子関係 ——————— 16
  （2）家庭教育・保育 ——————— 20
  （3）子どもの消費環境 ——————— 26
  （4）ICT環境 ——————— 28
  （5）子どもにとっての環境の危機 - 30

現代の生活環境（1）――親子関係

●**家庭生活の変化**　子どもは生活の中で育つ．毎日の生活の営みのありようが，子どもが育つ環境である．大人は日々の暮らしを成り立たせるために，一人ひとりがそれぞれに努力している．それによって具現化された生活自体が，子どもが育つ土壌であるところの環境である．

その子どもが育つ生活環境は，時代の移り変わりとともに変化している．しかし，子ども自身は，自分が育つ環境を選ぶことはできない．したがって，子どもが育つ環境を子ども時代に相応しいものに整えることは，先行する世代である大人の責務である．

現代の子どもが育つ環境を巨視的に見たとき，まず近年の著しい少子化を挙げることができる．子どもが空き地や道路で群れて遊ぶ姿が町から消えて久しい．全国的に都市化とモータリゼーションが進行して，空き地や路地が消えたこともあるが，子ども数自体が減少している．2014（平成26）年の出生数は100万3,532人である．いわゆる団塊の世代といわれる1949（昭和24）年の出生数は209万人であるので，この60年余の間に出生数は半分以下に減少したのである．

この60年間には家庭生活も変化している．勤労世帯では父親は外で働き，母親は家庭を守るという家族の明確な役割分担から，父親も母親も外で働くという形が多くなった．ただし，母親の勤務形態は結婚や出産を機にそれまでの職を辞していったん家庭に入り，末子が小学校入学頃になって再びパート職に就くというパターンが多い．わが国の職場環境はグローバル化により世界的な競争の中にあり，正規職の場合には労働時間は依然として長い傾向にある．特に30歳代男性の労働時間は長く（図1），その年代はちょうど家庭生活では子育て期にあたる．そのため，父親は母親と共に育児を行いたいと思っても，実際には時間がないという例は多い．わが国の育児期にある父親の育児時間は，世界各国と比べてきわめて少ない（図2）．母親は正規職とほとんど変わらない時間量のパート勤務をし，育児も家事も行わねばならない．このように，今日の親は忙しい．一方，子どももまた塾やお稽古事のスケジュールをこなすことに忙しい．家族員が一堂に会することは少なくなり，自分の都合によってそれぞれバラバラに食事をしたりテレビを見てくつろいだりするようになった．したがって，「一家団らん」という状況は消滅する傾向にあるといえる．

また，一般世帯（「施設の世帯」以外の世帯）は2010（平成22）年の国勢調査結果で初めて5,000万世帯を超え，1世帯当たりの人数は平均2.42人である（表

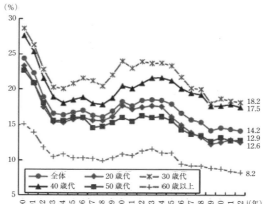

資料：総務省「労働力調査」
※1 数値は，非農林業就業者（休業者を除く）総数に占める割合．
※2 2011年の値は，岩手県，宮城県および福島県を除く全国結果．

図1 年齢別・就業時間が週60時間以上の男性雇用者の割合
[出典：総務省「社会生活基本調査」（平成23年）]

1)．家族の小規模化が進み，今日の家族は「個人（パーソナル）化」が進行しているといえる．

このような環境の中で育つ子どもは，さまざまな人と触れ合う機会がかつてに比べて少なくなり，さらに家族との親密な交流や濃厚な関係は希薄化してきている．

●親性を獲得していない親　今日では，親たるものの特性すなわち親性（おやせい）を獲得していない親が増えているという問題がある．

将来親となり子どもを育てることは，女子（母親）のみならず男女（父親と母親）が共に協力して行う事柄である．たとえ，結婚し親になるという選択を行わない場合でも，次世代を健全に育成することは市民としての責務の一つである．この次世代を健全に育成するための資質は，親性または次世代育成性と呼ばれ，青年期に獲得すべき発達課題の一つとして重要視されている．ただし，親性はわが子に対する「親」の視点が強く，「次世代育成性」は視点が広範で焦点が曖昧になるおそれがあることから，「養護性」を用いる場合もある．また，親になることが身近になっている世代だけでなく，それ以前の発達段階においても親になるための資質，つまり「親性準備性」が求められているといえる．親性準備性とは「次世代の再生産と育成のための資質としての親性を指標としつつ，彼らの発達段階においては，いま現在，他の人に対する受容性と思いやりを備えた個人であるための資質」[1]である．

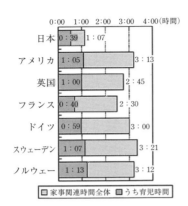

資料：Eurostat "How Europeans Spend Their Time Everyday Life of Women and Men"(2014), Bureau of Labor Statistics of the U.S. "America Time-Use Survey Summary"(2006), 総務省「社会生活基本調査」(平成23年)
※日本の数値は，「夫婦と子供の世帯」に限定した夫の時間である．

図2　6歳未満児をもつ夫の家事・育児時間
[出典：総務省「社会生活基本調査」(平成23年)]

表1　一般世帯の1世帯当たり人数

年次	1世帯当たりの人員（人）
昭和35年（1960）	4.14
45年（1970）	3.41
55年（1980）	3.22
平成2年（1990）	2.99
12年（2000）	2.67
17年（2005）	2.55
22年（2010）	2.42

[出典：総務省統計局「平成22年国勢調査」]

したがって，現代の生活環境は，親は忙しく，生活は個人化して，例えばいつでも好きな時に温かい食べ頃の食事が一人でできるという暮らしの中で，濃厚な人間関係は喪失する傾向にある．親性を十分に獲得していないまま"気がついたら親になっていた"という場合には，乳幼児期の子どもの発達のプロセスや乳幼児への適切な対応について理解していないために，子どもが愛着の対象として親を求めてきても，十分に子どもに応えることができない状態になることは容易に想像できる．その状態は，子どもにとって，親への愛着が受け容れてもらえないため，愛着形成不全を経験することになる．

愛着とは，ある特定の人や物に対して情緒的に強い結びつきを形成することであり，アタッチメント（attachment）の訳語である．アタッチメントの語源は「くっつく」「付着する」である．ある特定の人や物にくっつきたいという愛着要求は，病的状態や幼児性を意味するものではなく，その表現方法や対象は変化するものの，生涯を通じて持ち続ける要求である．

赤ん坊は生後3か月頃から，慣れ親しんだ人が自分のそばを通るとその姿をじっと目で追ったり，生後5か月頃になると「その人」に抱かれてあやされたときには声を発するが，見知らぬ人に抱かれると，声を出さず微笑みもせずに硬い表情のままであり，泣き出してしまうこともある．そんなときに「その人」が代わって抱き戻すと泣き声はぴたりと止まる．生後6か月を過ぎる頃から，「その人」の姿が見えなくなると泣きわめき大騒ぎとなり，這って自分で移動することができるようになると，「その人」の後を追ってどこにでもついて行くようになる．このような「その人」つまり「特定の人」に対する接近や接触を求める行動を総

称して愛着行動という（図3）．

　1歳半を過ぎる頃になると，「その人」の姿が見えなくても「あそこにいる」と了解していれば泣きわめくことはなくなり，好奇心に満ちて外界への探索行動に向かう．しかし，何か怖い場面や驚く場面に遭うと，急いで「その人」のもとへと逃げ帰ってきて不安を和らげて安心感を取り戻す．そして再び勇気と気力に満ちて外界の探索へと出て行く．すなわち，子どもにとって「その人」は「こころの安全基地」となっていく．「その人」が安全・安心の基地であるからこそ，子どもはワクワクしながら外界に勇気をもって探索に行くことができ，そこで辛いことや悲しいことに出会うと「安全基地」に戻って慰められ，再び外界へと出て行く．これを繰り返しながら，次第に自らを律することができる自律へと至るのである．

●子どもの「安全基地」機能の不全　「その人」とは多くの場合に母親である．それは生物学的母親である必要はないが，人生の発達初期の子どもにとって意味のある「特定の人」の存在は必要であり，重要である．愛着の形成，およびそれによる子どもの「こころの安全基地」の形成は，乳児期・幼児期前期の重要な発達課題である．

　もし，人生初期に「特定な人」との情緒的な結びつきが十分に成立しないならば，子どもにとって「こころの安全基地」は形成されず，「安全基地」機能の不全に陥ってしまう．それは，子どもにとって安全・安全の基地が見出せないという「寂しさ」となり，その後の発達にさまざまな影響を及ぼすことになる．

[岡野雅子]

📖 引用・参考文献
[1]　伊藤葉子，『中・高生の親性準備性の発達と保育体験学習』，風間書房，2006
[2]　岡野雅子，松橋有子，熊澤幸子，武田京子，吉川はる奈，『新保育学(改訂5版)』，南山堂，2011

母親をじっと目で追う

母親が部屋を出て行くと泣き叫ぶ

母親の後をどこにでも追っていく

母親の胸に顔を埋める

図3　母親への愛着行動の例
［出典：岡野雅子，ほか，『新保育学（改訂5版）』，p.54，南山堂，2011.

現代の生活環境（2）——家庭教育・保育

●**家庭保育の孤立化**　近年の生活環境は，家族の小規模化が進んでいる．世帯構成を全体的に見ると，「単独世帯」（一人暮らし）と「夫婦のみ世帯」が増加し「三世代世帯」は減少し，「親と未婚の子どもから成る世帯」は2010（平成22）年調査で37.2％である（図1）．また，近隣の交流はかつてに比べて乏しくなり，地域コミュニティはほとんど機能していない場合が多い．特に大都市部では物理的距離は近くにいても，隣近所の人々の生活には関わらない暮らし方が増えている．

　近年では誕生してから3年間の保育所利用率が毎年上昇しているものの，依然として家庭で保育されている子どもが7割以上を占めている（表1）．育児についての知識や知恵を家族の世代間で伝達することも少なくなり，地域のつながりも希薄化する中で，わが子に対してどのように接したらよいかわからない，という親は多い．そのため，家庭保育では，父親と母親が試行錯誤を繰り返しながら慣れない子育てを行っているのが現状である．しかし，父親は労働時間が長く育児時間が少ないという現実があることは前項で見た通りである（「現代の生活環境（1）——親子関係」参照）．したがって，多くの場合には母親が孤独の中で子育てを行っている．それは母親と子どもという「密室」の中での子育てということができる．そのため，母親の育児に対するストレスは大きい．

　親が育児を行う上で外部からの刺激（ストレッサー）を受けて緊張状態が生じ，心身に大きな負荷がかかることを育児ストレスという．ストレッサーはそれぞれ

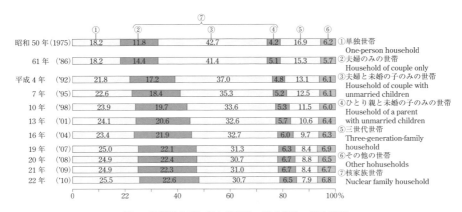

図1　世帯構成別に見た世帯数の構成割合の年次推移
［出典：厚生労働省，「平成24年グラフで見る世帯の状況」］

の親により異なっているが，育児や子ども像が，親がそれまでに想い描いていた理想と目の前の現実との間に隔たりが大きいと感じる場合や，母親の自己実現欲求が子どもが生まれたことで棚上げになってしまったと感じるとともに，他方では子どもに対する責任も感じて，その板挟みがストレスになる場合もある．さらに，親性を十分に獲得しないまま親になった場合には，育児に不慣れであることから育児困難になり，強い疲労を感じがちである．

表1 3歳未満児の保育所利用率の推移

年	利用率（％）
平成 19 年	20.3
平成 20 年	21.0
平成 21 年	21.7
平成 22 年	22.8
平成 23 年	24.0
平成 24 年	25.3
平成 25 年	26.2
平成 26 年	27.3

［出典：厚生労働省，「保育所関連状況取りまとめ（平成 26 年 4 月 1 日）」］

このような育児ストレスは，育児不安や育児ノイローゼ，さらには子どもに対する不適切な関わりへとつながる場合があるので，ストレスを軽減するための方策を考える必要がある．

育児不安は，育児を行う者が育児に対して不安をもったり自信や意欲をなくしたり，疲労感，イライラ，社会からの孤立感などを覚える場合などの総称である．育児不安の要因は，個人的および社会的にさまざまな事情が考えられる．一般的には，①母親自身の赤ん坊や育児についての知識や経験が乏しいこと，②夫や家族の理解と協力が不足しているために孤立感に陥っていること，③育児について相談に乗ってくれたり，確認を求めることができる人がいないこと，④母親自身の育ち方が競争主義的な教育を受けてマニュアルに依存する傾向が強く，情報過多なために戸惑いや焦りを感じていること，⑤子ども自身がもつ個性として「難しい子」つまり心身の発達に何らかの問題をもっていたり，生理的リズムが不規則である場合などが考えられる．

近年，児童虐待が社会問題として注目を集めている．1961 年に小児科医ケンペ（Kempe）により「子どもの外傷には親が故意に与えたものが少なくない」という認識が示され，被虐待児症候群（battered child syndrome）として報告された．1970 年代になると，欧米で性的虐待や身体的暴力を伴わなくても心理的虐待や養育の怠慢や拒否（ネグレクト）も含めて子どもに対する虐待（child abuse）として考えられるようになり，さらに 1990 年代にはさまざまな虐待を包括するための上位概念として，子どもへの「不適切な関わり（maltreatment）」が欧米で用いられるようになった．子どもに対する虐待は「不適切な関わり」の最悪の状態であり，親子関係の破綻を意味している．児童相談所における児童虐待相談対応件数は，毎年増え続けていて，平成 25 年度には 73,000 件を超えている（図 2）．

●乳児保育に対するニーズの増加　わが国の女性の就業率は，出産・子育て期にいったん離職してその後に再就職するという，いわゆる M 字型カーブを描いて

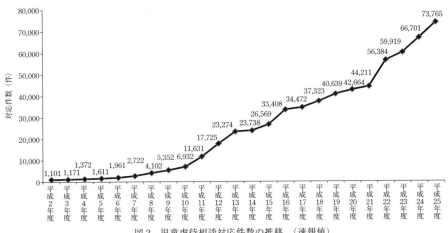

図2 児童虐待相談対応件数の推移 （速報値）
［出典：厚生労働省，平成25年度調査］

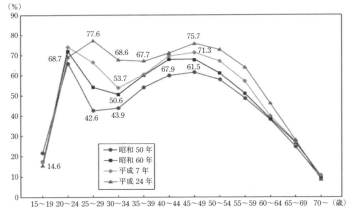

（備考）1．総務省「労働力調査（基本集計）」より作成．
2．「労働力率」は，15歳以上人口に占める労働力人口（就業者＋完全失業者）の割合．

図3 女性の年齢階級別労働力率の推移
［出典：内閣府，「男女共同参画白書 平成25年版」］

きた．しかし近年では，次第にM字の落ち込みは少なくなっている（図3）．それに伴い，保育所入所希望が増加している．3歳未満児の保育は乳児保育と呼ばれるが，乳児保育に対するニーズは年々増加している．子どもは発達初期であるほど一人ひとりに応じた保育が必要であり，3歳未満児の保育は保育者一人当たりが担当できる子どもの人数は3歳以上児と比べて大変少ない．そのため，保育所における乳児保育（3歳未満児の保育）の定員枠は3歳以上児のそれに比べて少ない．近年は，少ない定員枠に多くの入所希望者がいるため，入所のための空

席を待つ待機児童が増えていて，その解消は社会的問題となっている．

各自治体は待機児童の解消に向けて保育所を増設し，定員数も増員している（表2）が，しかし容易には解消できない状態が続いていて，2014（平成26）年4月1日現在で21,371人の待機児童がいる（表3）．それは，保育所に入所できないので家庭保育を行っている場合に，保育所入所が可能であるならば入所したいと希望する家庭があり，それが潜在的待機児童となっているので，一時解消しても再び待機児童数は増えるためであるといわれている．

●子育て支援　地域が家族を支えていた時代には，子どもたちは地域の中で家族以外の大人やさまざまな世代との人間関係を経験していた．親もまた異世代からの支えを受けるなど，人が育ちあう，育てられあう形が地域の機能の一つとして存在していた．しかし，現在は地域の機能が弱体化し，子育ては母親一人に負担が集中しがちである．母親は地域で人間関係をつくろうとすると，一から始めなければならない．例えば公園に行けば幼い子どもがいて，その母親と友だち（ママ友）になることができるが，ママ友の付き合いで大きな負担を感じてしまう場合もある．

このような現状から，地域や社会で子どもを育てようという取り組みが進められている．地域での支えあいの子育てネットワーク活動を行っているNPOは数多くあり，多くの自治体ではそれらの活動を支援している．また，保育所は，従来から保育に欠ける（保護者が子どもを保育することができず，同居の親族も保育ができないなどの場合を指す）乳幼児を保育する役割を担ってきた．しかし近年ではそれだけでなく，保護者に対する支援を行うことも保育所保育士の業務であることが「保育所保育指針」（厚生労働省告示）には明記されている．ここでは，保育所に入所している子どもの保護者に対する支援のみならず，地域の子育て家庭への支援についても積極的に取り組むことが求められている．

少子化問題は，国の社会経済の根幹を揺るがしかねない課題であり，子育て支援はいま，国を挙げての課題である．2004（平成16）年12月に発表された「子

表2　保育所数・定員数の推移

年	保育所数	定員数（人）
平成19年	22,848	2,105,254
平成20年	22,909	2,120,934
平成21年	22,925	2,131,929
平成22年	23,069	2,158,045
平成23年	23,385	2,204,393
平成24年	23,711	2,240,178
平成25年	24,038	2,288,819
平成26年	24,425	2,335,724

［出典：厚生労働省「保育所関連状況取りまとめ（平成26年4月1日）」］

表3　待機児童数の推移

年	待機児童数（人）
平成19年	17,926
平成20年	19,550
平成21年	25,384
平成22年	26,275
平成23年	25,556
平成24年	24,825
平成25年	22,741
平成26年	21,371

［出典：厚生労働省「保育所関連状況取りまとめ（平成26年4月1日）」］

ども・子育て応援プラン」では，母親・父親の就労支援に向けた「子育てと仕事の両立と働き方の見直し」のみならず，「若者の自律とたくましい子どもの育ち」「生命の大切さ，家庭の役割の理解」「子育ての新たな支えあいと連帯」といった幅広い支援を打ち出している．それは，人間が生涯にわたって，社会の中で支えあいながら成長していくための支援を目指すものであるといえる．

政府は子育て支援策をより包括的に取り組むべく，いま「子ども・子育て新制度」の施行をめざしている．

●お稽古事　幼稚園・保育所，小学校に通う頃になると，お稽古事に取り組む子どもが増えている．ベネッセ教育研究所の2013年の調査では，1年間に定期的に行っていた活動を尋ねた結果は，次のようである（表4，表5）．幼児では，家庭学習活動が51％，スポーツ活動40％で，小学生では家庭学習活動68％，スポーツ活動65％である．スポーツ活動は，幼児はスイミング，体操教室が多いが，小学生ではスイミング，サッカーの順になる．芸術活動は，幼児も小学生も楽器のレッスンが一番多い．教室学習活動は，幼児も小学生も一番多いのは英会話である．家庭学習活動は，幼児では絵本が半数を超えているが，小学生では通信教育が半数近い．このようなお稽古事に対する親の負担感は，幼児の親も小学生の親も「お金がかかりすぎると思う」と「教育費の無駄はできるだけなくす努力をしている」の回答が約6割を占めている（図5）．

このようなお稽古事の低年齢化により，幼稚園・保育所や小学校から帰宅後も予定された活動があるため，友だちと遊ぶ時間は細切れ化せざるを得なくなる．それに伴って，子どもたちが群れて思い切り遊ぶという姿は消失することにならざるを得ないのが，現代の生活環境における家庭教育の現状である．［岡野雅子］

図7　「すくすくジャパン」シンボルマーク
［出典：内閣府HP　http://www.8.cao.go.jp/shoushi/shinseido/outline/symbol/］

表4　1年間定期的に行っていた活動（％）

対象児	スポーツ活動	芸術活動	教室学習活動	家庭学習活動
幼児	40.0	24.1	19.5	50.7
小学生	64.7	31.9	50.3	67.5
中学生	63.4	32.0	56.7	66.5

［出典：ベネッセ教育研究所，「学校外教育活動に関する調査2013」をもとに作成］

2. 子どもと現代の生活　げんだいのせいかつかんきょう (2)

表5. 学校外教育活動の内容

	①	②	③
スポーツ活動			
幼児	スイミング　21.5%	体操教室　15.8%	サッカー　4.7%
小学生	スイミング　33.5%	サッカー　11.6%	体操教室　5.6%
中学生	テニス　11.1%	野球　7.1%	陸上競技，サッカー，バスケットボール，卓球　6.8%
芸術活動			
幼児	楽器のレッスン　9.8%	音遊び　7.0%	リトミック　6.0%
小学生	楽器のレッスン　23.9%	絵画　3.2%	バレエ　2.6%
中学生	楽器のレッスン　21.4%	絵画　4.6%	合唱　3.4%
教室学習活動			
幼児	英会話　9.7%	計算プリント教室　2.6%	能力開発教室　2.3%
小学生	英会話　14.9%	習字　13.0%	そろばん　8.7%
中学生	進学塾　29.6%	補習塾　13.6%	英会話　9.8%
家庭学習活動			
幼児	絵本　54.1%	知育玩具　34.1%	通信教育　31.0%
小学生	通信教育　43.3%	市販参考書　22.5%	塾の参考書　8.5%
中学生	通信教育　32.8%	市販参考書　23.8%	塾の参考書　22.9%

[出典：ベネッセ教育研究所，「学校外教育活動に関する調査2013」をもとに作成]

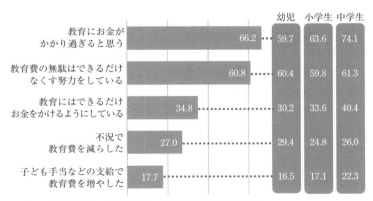

注1　数値は「とてもそう」と「まあそう」の合計（%）．

図5　学校外教育活動の支出に対する親の負担感

[出典：ベネッセ教育研究所，「学校外教育活動に関する調査2013」をもとに作成]

現代の生活環境（3）——子どもの消費環境

　わたしたちは消費することなく生活していくことはできない．同様に子どももまた消費者である．国民生活センターによれば，子どもは「6～17歳の年齢の消費者」として位置づけられている．消費社会では子どもも消費者であり，お客様として扱われる．しかしながら，子どもは経済的に保護者等に依存しているので，子どもの消費環境は，子どもに関わる大人の意識や経済状況に依存するものである．現在の子どもたちはどのような消費環境の中で育っているのだろうか．

●子どもの消費を支える6ポケット　2000年代に入った頃から，6ポケット（シックスポケット）という言葉が使われ始めた．少子化が進行し，一人の子どもに対して，両親以外に双方の祖父母を合わせた6人の財布が子どもの消費の財源となることを表した言葉である．

　2006年に博報堂がインターネット利用で，全国の長子9歳以下の既婚女性600名を対象に実施した「母親に聞いた子どものポケット実態調査」によれば，「子どもがもつ平均ポケット数は，シックスポケットより一つ多い7ポケット．ポケット金額は，子ども一人当たり年間43万円．出現回数約120回（3日に1回）．祖父母は『大甘ポケット』．両親は『辛口ポケット』」という結果であった．祖父母に加え，独身の叔父や叔母の存在もうかがえる．

　2010年にベネッセが実施した0～2歳児子育て調査でも，「子ども一人にかかる平均教育費は1か月当たり9,159円で，そのうち31.6％が家計外（祖父母など）からの援助」という結果がある．子ども服や玩具などの市場規模もこの10年ほどは7,000億円前後で落ち着いている．このように子どもの数は減少しているが，祖父母世代（特に祖母と母親）の密接な関わりによる三世代購入が特徴的であり，一人にかける金額は多くなっている傾向にあることがうかがえる．

●子どもを取り巻く消費傾向　それでは具体的にはどのような消費傾向にあるのだろうか．大人の消費傾向もモノからサービスへ，そして生活の中に楽しみを求める方向に移り変わってきた．子育てに経済的に関与する祖父母の存在により，子どもの消費も祖父母と両親の三世代で楽しめるものになっているといえよう．

　かつては，日本の伝統的な年中行事である盆や正月に子ども家族が親の家に行き，餅つきなどをしたものであるが，近年は子どもの行事に祖父母も参加することが多くみられるようになっている．例えば，子どもの運動会や習い事の発表会，孫の誕生会，ともに楽しむ旅行などである．そしてそれらの家族のお祝い事は，家庭内で伝統的な食事をつくることよりも，外食先や旅先のホテルなどで行われている．

さらにインターネットが急速に生活へ浸透するとともに，子どもの遊びもオンラインゲームなどパソコンやスマートフォンを通したものも多くなっている．近年，国民生活センターに寄せられる子どものトラブル事例の多くは大人同様，インターネット関連のものが多い．オンラインゲームのアイテム購入やSNSに関するものなどである．

●**消費社会で育つ子ども**　かつてほとんどの子どもは地域の中にある学校と自宅を往復する中で育っていた．しかし，高度経済成長とともに大量生産・大量消費・大量廃棄社会となり，テレビ番組やCMなどからの情報により消費することが無意識のうちに煽られている．子どもの世界でも，今はやっているものを知っていることや持っていることが共通認識として求められる状況にあり，そこには消費が伴っている．さらにインターネットという仮想空間と現実世界の両方を生きている．

　これまで述べてきたような，ポケットに恵まれている子どもたちはこの消費社会の波に乗ることもできるが，わが国は先進国の中では子どもの貧困率が高い．特に単親世帯での貧困率が高い傾向にある．子どもの世界でも消費社会の波に乗れない子どもたちの現実もある．これもまた大人の消費環境に依存せざるを得ない子どもたちの問題である．この消費社会の問題を認識し，子どもの発達に応じて，自立して生きていくための金銭感覚や堅実な生活観を培うことが必要である．

［財津庸子］

📖 引用・参考文献

[1]　堀内圭子，『〈快楽消費〉する社会』，中公新書，2004
[2]　岩村暢子，『〈現代家族〉の誕生　幻想系家族論の死』，勁草書房，2005
[3]　牛窪　恵，『新女性マーケット　Hahako世代をねらえ』，ダイヤモンド社，2006
[4]　高橋　勝，『情報・消費社会と子ども』，明治図書，2006
[5]　平成25年版　子ども・若者白書，内閣府，2013

現代の生活環境（4）——ICT 環境

　スマートフォン，携帯電話，タブレット型パソコン等，現代の子どもたちが生活する環境には，インターネットを通じて双方向の情報のやり取りが可能な情報通信技術（Information and Communication Technology：ICT）を活用する機器が溢れている．子どものインターネット利用については，ICT 機器の普及や進歩の驚くべき速さに社会の理解が追いつかず，犯罪に巻き込まれるのではないかという不安や学業等への深刻な悪影響に対する懸念，そして最新の技術にいち早く触れることに対する期待と楽観が混在している状況にある．

　子どものインターネット利用を考えるうえでは，実際にどの程度まで子どもたちの間に ICT 機器が普及し，どのような使い方がされているのか，まずは実態を把握することが大切である．内閣府が 10～17 歳の青少年を対象に実施している「青少年のインターネット利用環境実態調査」（内閣府，2015）によれば，平成 26 年度に，何らかの ICT 機器を用いてインターネットを利用していると回答した子どもの割合は，小学生で 53.0%，中学生で 79.4%，高校生では 95.8% に達している．また，インターネット接続に利用する機器として最も使用者の割合が高いものは，小学生では携帯ゲーム機，中学生と高校生ではスマートフォンとなっていた．使用目的について見てみると，小学生ではゲーム（73.8%）が，中学生では動画視聴（68.8%）が，高校生ではコミュニケーション（89.6%）が，それぞれ最多の割合を示している．平日の平均使用時間は，小学生で 83.3 分，中学生で 130.2 分，高校生で 185.1 分となり，年長になるほどインターネットを長時間利用している傾向が見られた．以上の結果をまとめると，すでに小学生の段階から，半数以上の子どもたちが日常的に携帯可能な ICT 機器を用いてインターネットを利用しており，ICT 機器の普及率も使用時間も年長になるほど顕著に増加し，娯楽としてだけではなく，友人関係を円滑に維持するための手段としても積極的に活用しているという実態が浮かび上がってくる．

　この調査結果が示すように，ICT 機器はすでに子どもたちの生活の中に深く浸透しており，この傾向は今後もますます加速していくと予想される．しかし，爆発的に普及が進む一方で，ICT 機器によるインターネット利用と子どもの発達の関係については未だ研究の途上にあり，不明な点も多い．大学生を対象とした実験（Ophir, Nass, & Wagner, 2009）からは，普段から習慣的に複数の ICT 機器やアプリケーションを並行して使用する（パソコンで動画を見ながらスマートフォンでメッセージを送受信する等）者は，妨害刺激に惑わされやすく注意の切り替えが困難であることが示されている．子どもの学校や自宅での学習は，課題に対

して集中して取り組むことが要求されることから，ICT機器が使い方によっては学習効率を下げる方向に作用してしまっている可能性も否定できない．

　人間関係や精神的健康との関連については，Pea, Nass, Meheula, Rance, Kumar, Bamford, Nass, Simha, Stillerman, Yang, & Zhou（2012）が8～12歳の女子児童を対象として大規模な調査を行い，ICT機器による動画視聴や電子書籍利用時間の長さが人間関係の良好さと負の関連を有していること，さらに，オンライン上でのコミュニケーション時間が長い者ほど現実の人間関係を安心できないと感じていることを報告している．Takahira, Ando, & Sakamoto（2008）では，小学生を対象に縦断調査を行ってインターネット利用と精神的健康の関連について検討している．その結果，電子メールの送受信やチャットの利用量が多くなるほど3か月後の抑うつ気分や攻撃性が高まる傾向が認められた．これらの研究結果は，コミュニケーションを促進するツールとして期待されるICT機器によるインターネット利用が，必ずしも対人関係の安定や使用者の精神的健康の向上にはつながらないことを示している．しかし，インターネット利用と人間関係および精神的健康との関連についてはポジティブな結果を報告している研究も少なくなく（高比良，2009），未だ明確な結論は得られていない．

　現代の子どもたちは，身近に無数のICT機器が存在する環境で成長する"デジタル・ネイティブ"（Tapscott, 2009）である．しかも，ICT機器の開発・改良のスピードは日進月歩であり，子どもたちが主に使用するICT機器の種類やアプリケーションが数年の間に大きく変化することもありうる．そして，これらの変化が長期的には社会構造そのものを変えていくかもしれない．現代の子どもたちを取り巻くICT環境については，発達に対する影響という文脈だけで捉えるのではなく，その子どもたちがいずれ担い手となるこれからの社会のあり方とも関わる問題なのだという視点をもち，注意深く見守る必要がある．　　　［荒木　剛］

引用・参考文献

[1] 内閣府，「平成26年度 青少年のインターネット利用環境実態調査 調査結果（速報）」，2015 http://www8.cao.go.jp/youth/youth-harm/chousa/h26/net-jittai/pdf/kekka_sokuhou1.pdf
[2] Ophir, E., Nass, C., & Wagner, A. D., Cognitive control in media multitaskers. Proceedings of the National Academy of Sciences of the United States of America, 106, pp.15583–15587, 2009
[3] Pea, R., Nass, C., Meheula, L., Rance, M., Kumar, A., Bamford, H., Nass, M., Simha, A., Stillerman, B., Yang, S., & Zhou, M., Media use, face-to-face communication, media multitasking, and social well-being among 8- to 12-year-old girls. Developmental Psychology, 48, pp.327-336, 2012
[4] Takahira, M., Ando, R., & Sakamoto, A., Effect of internet on depression, loneliness, aggression and preference for internet communication: A panel study with 10- to 12-year-old children in Japan. International Journal of Web Based Communities, 4, pp.302-318, 2008
[5] Tapscott, D., Grown up digital: How the net generation is changing your world. McGraw-Hill, 2008, 栗原潔 訳，『デジタルネイティブが世界を変える』翔泳社，2009
[6] 高比良美詠子，「インターネット利用と精神的健康」，三浦麻子，森尾博昭，川浦康至 編著『インターネット心理学のフロンティア―個人・集団・社会』，誠信書房，pp.20-58, 2009

現代の生活環境（5）
――子どもにとっての環境の危機

●「子ども」に対する意味の変化　子どもを育てること，あるいは，子どもが育つことは，人類の起源とともに始まり，人類の歴史とともにその歴史がある．しかし，子どもとは何か，子どもを育てるとはどういうことか，親は子どもにとってどのような意味をもつかなどの問題は，古代でも現代でも変わらない部分と，時代の変化とともに新たなあり方を求めて変わっていく部分とをもっている．

わが国の従来からの子ども観は，「子宝」や「子どもは授かりもの」という言葉に表されている．『万葉集』の中の山上憶良の「銀も金も玉も何せむに勝れる宝子に及かめやも」という和歌にもみられるように，子どもは何にも勝る宝であるという思想である．また，「授かりもの」には，子どもを育てる幸せは，小賢い人間を遥かに超えた偉大な何者かから自分の元へ委託されたのだという心情が読み取れる．

近年の生活意識の変化や，生殖を研究対象とするさまざまな領域からの科学的接近の成果で，受胎調節は一般的なこととなり，「子ども」に対する認識は従来とは大きく変化してきた．「子どもは宝」ではなくお金のかかるもの，「授かりもの」ではなくつくるものへと大人の意識が移る傾向にある．自分の経済事情を考えた上で，つくるかつくらないか，いつつくるか，何人つくるかが問題となった．こうした自分の「お金」と「時間」と「こころ」を注ぎ込む対象として「子ども」をとらえる姿勢は，他のことへ向けることができたお金と時間とこころをあえてこの子どもに向けたのだから「この子は私のもの」，つまり私的な存在であるという感覚に結びつきやすい．それは，親にとってあたかもアクセサリーに対する感覚と似たもののようである．

子どもをもつかもたないか，何人もつかは，確かに個人的な事項であり，他人が介入することではない．しかし，ひとたび生まれてきた子どもはもはや私的な存在として片づけてしまうことができない側面をもっている．なぜなら，子どもは次の時代の大人であり，次の時代がどのような姿となるかは，現在の子どもをどのような人間に育てるかにかかっているからである．この意味で，子どもとはきわめて社会的な存在である．

●子どものストレス　子どもにとって，家庭は基本的に，自分のありのままの姿を出してもそれを受け容れてくれるという安全・安心の拠り所である．もし，それが乏しい場合には，子どもには強いストレスとなることが考えられる．

例えば，それまでに子どもと接する機会もなく，子どもという存在について理

解しないまま気がつけば自分が親になっていた，という人の場合には，自分が想い描いていた子ども像と目の前の実際のわが子の姿との間に大きな隔たりがあり，子どもは自分の思い通りにならないことから，子どもを鬱陶しいと感じて，子どもを受け容れることができず拒否してしまうかもしれない．また，家庭内の両親の不和などの人間関係が不調であるという環境も，子どもにとっては家庭が安全・安心の場所とはならない．このような場合には，子どものストレスは増していくことは容易に考えられる．

今日の親は忙しく，自分のことに取り組むことで精一杯で，子どものこころの状態を推しはかったり想像したりして，子どものこころに寄り添おうとする姿勢を怠りがちである．

子どもはストレスを受けた時に，自分の苦しさをまだ言葉で十分に表現することが難しい．そのため，身体の病気として心身症の形で出る場合もある．子どもの心身症は0歳児から現れ年齢の上昇と共に種類が増えていくといわれている．年齢により同じ病名でも病態が異なるものもある．乳児期では嘔吐や下痢・便秘などの消化器系疾患，症状が長引き通常の身体的治療に反応しないアトピー性皮膚炎などがある．幼児期には乳児期から引き続く心身症に加えて，周期性嘔吐症（自家中毒），気管支ぜんそくが現れる．さらに幼児期から学童期にかけてはチックの好発期である．中学生頃からは摂食障害，過敏性腸症候群，過換気症候群も増えてくる．

また，小学生以降では，不登校や家庭内での反抗や暴力，学校での授業妨害や友人へのいじめ，さらに非行などに走る場合もある．

これらの心身症や困った行動は，子どもからの「私のこころの苦しさを想像して」という助けを求めているサインの可能性があることを忘れてはならない．

しかし，ストレスはすべて良くないものとは言い切れない．自分が耐えることができるよりも少しだけ強いストレスを乗り越える体験は，少々の困難には負けない強い心を育てることにつながる．

●**災害（震災）の子どもに及ぼす影響**　毎日の安全・安心の日常生活それ自体が，子どもの発達にとって重要な環境である．その日常生活が災害によって突然失われたとしたら，子どもに及ぼす影響は大きい．

2011年3月11日にわが国は東日本大震災に見舞われた．岩手・宮城・福島などの東北地方の東海岸は，津波で大きな被害を受けた．さらに，福島県では原子力発電所事故により放射能汚染の被害が発生している．

福島における放射能災害の子どもに及ぼす影響については，幼稚園・保育所の園庭での遊びが制限されるなどの直接的問題のみならず，二次的・三次的な問題が生じることが指摘されている（日本保育学会第67回大会発表要旨集）．子どもの発達上の変化としては，以下のような事項が挙げられている．①運動能力にバ

ラツキが見られる（例：よく転ぶ，走り方がぎこちない，ブランコがこげない，ボール投げが苦手），②自然との関わりが薄い（例：砂遊びができない，草花や落ち葉に触れない，つぼみと虫の卵の区別がつかない，虫を見ると大騒ぎをする），③異年齢交流が乏しい（例：年少児が年長児から刺激を受けることが減少した，年長児の年少児に対するいたわりの心が育たない，遊びが伝承されない），④聞き分けがよい（例：年少児でさえも聞き分けがよい，生活のルールをよく守る，主張して欲しいときにも主張せずに従う，自発性が乏しい），⑤集中力がない（例：外遊びに時間制限があり遊び込めない，いつも誰かに見られている，周りの遊びに目移りしやすい，何となく過ごしている），などである．

また，家族の離散，転出・転入の増加などは，家庭生活のありようが変化して，保護者の子育てに対する不安感の増加をもたらす．そして保護者の側の危機は，子どもが育つ環境に対しても大きな影響を及ぼすことになる．

このような状況の中で幼稚園・保育所の保育者たちは，制限された保育環境の中でも子どもの発達に必要な経験をできるだけ取り入れるように，さまざまな努力を行っている．それは，子どもの生涯発達を考えたとき，その子どもにとっての「いま」はその時しか存在しないのであり，過ぎてしまった時に戻ることはできないからである．したがって，幼児期に経験しておくべきことは災害下にあっても可能な限り経験させることによって，その後の順調な発達を保障することになる．

●格差社会と子ども　今日の社会における経済活動はグローバル化が進んでいる．市場は国境を越えて国際化するとともに，競争は国際的規模になり一層激しくなった．製造業では人件費の安いアジア諸国に生産拠点を移したり，サービス業では非正規雇用者の割合を大幅に増やすなどして，コスト削減を図る企業が一般的になっている．それに伴い，雇用が不安定になったり低賃金で働かざるを得ない状況にある労働者は増えている．一方では，安倍晋三首相の経済政策（アベノミクス）によって，一部の富裕層はますます富を増やす機会に恵まれていることが指摘されている．わが国は「一億総中流」といわれ，諸外国と比べると貧富の格差はほとんどないとされてきたが，近年は所得や資産の格差が広がっていく社会になりつつある．

格差社会が進行する中で，貧困のしわ寄せはしばしば子どもたちに及ぶ．お稽古事や塾に通いたいと子ども自身が望んでも，家庭の事情でそれが叶わない場合もある．青年期になって進学したくても諦めざるを得ないかもしれない．子どもは自分が生まれ育つ家庭や家族を選ぶことはできない．家庭の貧困の故に子どもにとってふさわしい教育や経験の機会が奪われることのないように，大人たちの配慮が必要である．

●「現代の生活環境の中で育つ子ども」の危機　第20期日本学術会議は，課題別

委員会「子どもを元気にする環境作り戦略・政策検討委員会」を設置して審議を行った．そして「わが国の子どもを元気にする環境づくりのための国家的戦略の確立に向けて」と題する報告書を提出した（2007年7月）．その背景について，報告書では次のように述べている．「わが国の子どもは今，きわめて危機的な状況にある．体力・運動能力の低下，肥満や糖尿病などの生活習慣病の増加，学力の低下だけでなく，意欲の低下，不登校や引きこもりの増加，いじめやそれによる自殺など，『子どもの危機』とも呼ぶべき状況は，幼児から青少年まですべての段階において見られる．」すなわち，わが国の子どもを取り巻く環境の変容は，世界にも類を見ない先端的なものであり，電子メディアとの接触時間は長く，遊びのための空間はこの40年間に減少の一途をたどり，国際的に比較してもきわめて小さい．したがって，物質的な豊かさに恵まれていても，わが国の子どもは多様な体験の機会を失っており，子どもの「成育環境の質」の悪化は深刻である，と報告書では指摘している．提言の中で，子どもの成育環境の4つの要素「空間，方法，時間，コミュニティ」が相互に影響し合いながら「悪化の循環」に陥っているとの認識を示して，包括的・行動的戦略として，①子どもの成育空間の再整備，②子どもの成育のための道具や方法の適切な使用・学習，③子どもの成育時間の健全化，④子どもの成育コミュニティの再構築，を挙げている．

前述（「現代の生活環境（2）——家庭教育・保育」参照）のように，今日の子どもたちは，早期からお稽古事をしており，就学前の幼児でもそのうちの半数に及んでいるという生活実態が明らかになっている．また，テレビやコンピュータゲームなどの電子メディアとの長時間の接触や，就寝時刻が遅くなり夜型化が進行しているなど，子どもの生活時間はかつてに比べると乱れているといえる．幼児期は人間の生涯発達の基礎の時期であり，その方向づけとなる時期であることから，子どもの生活時間が大人のそれに近づいている現状は，今日の子どもは豊かな子ども時代を過ごすことを十分に保障されているとはいえないことがうかがえる．

子どもは，いま，さまざまな問題のある環境の中で日々発達することを余儀なくされている．しかし，子ども自身は自分が育つ環境を選ぶことはできない．したがって，子どもが育つ環境を子ども時代に相応しいものに整えることは，先行する世代である大人の責務である．

［岡野雅子］

📖 引用・参考文献

[1] 日本学術会議，「子どもを元気にする環境作り戦略・政策検討委員会」，『我が国の子どもを元気にする環境づくりのための国家的戦略の確立に向けて』，2007年7月13日
[2] 岡野雅子，「現代の生活環境における保育に関する研究」，日本家政学会誌，63（9），pp.523-535，2012

Chapter 3

子どもと成長：誕生から思春期まで

生涯発達における子どもの発達 ——— 36
胎児から誕生までの発達 ——— 38
統計でみる乳幼児の発達 ——— 40
乳児期の発達 ——— 48
幼児期前期の発達 ——— 50
幼児期後期の発達 ——— 52
学童期の発達 ——— 54
思春期の発達 ——— 56

生涯発達における子どもの発達

●**生涯発達という視点** 発達（development）は，かつては成熟・成長と並行する，子どもが大人という完成体になるまでの運動機能や精神機能の変化の過程と考えられてきた．すなわち乳幼児期，児童期，青年期という大人になるまでの変化の過程を指す用語であった．そのために成人期以降や高齢期は，発達が衰退する過程として捉えられてきた．しかし人間の寿命が長くなり，健康な高齢者が増加する中で，老年期は必ずしも衰退する時期という位置づけには収まらなくなった．老年期の精神発達の研究成果からも，人は生涯にわたって発達し続ける存在であると捉える生涯発達（life-span development）という捉え方が見直されるようになった．

生涯発達という視点が導入されることによって，発達の捉え方は大きく変わることになった．大人に向かって完成していく過程としての成長や成熟に並行する現象として捉える発達観では，生涯にわたる変化を記述しきれないからである．発達は成長・成熟を超えて，停滞や老化，衰退を含む生涯の過程を説明する用語になる必要が生じてきたのである．生涯発達の過程は，一般的にはその時期の顕著な特徴を基準として，胎児期・乳児期・幼児期・学童期・思春期・青年期・成人期・老年期のような段階（stage）として分類される．人間がこのような段階（stage）を経て生涯にわたって発達するという視点は，加齢を肯定的な意味での変化として捉えることを意味する．加齢に伴う変化がどのような点で肯定的なのかを問うことを含めて，発達という用語はいかに生きるかという価値を含む概念となったのである．また生涯発達という視点が導入されたことによって，成人以降の発達を捉える際には，具体的な行動には現れない内面的な変化が重要になるために，必然的に目に見えない内面性や主観の側面における発達が重視されるようになった．矢野[1]によると，生涯発達の視点が従来の発達概念に修正を迫っている点は，発達の多方向性や多面性，個人－環境相互作用である．現在，心理的な側面における生涯発達の理論的観点としては，①発達の過程は成長（獲得）と喪失（衰退）とが結びついて起こる過程である．②個体の発達を構成する変化には多方向性がある．③発達には連続的（蓄積的）な過程と不連続（革新的）な過程の両方が機能している．④発達は個人内で可塑性がある．⑤発達は社会的環境との相互作用の中で起こる．以上のような観点が挙げられている．

●**子どもの発達の捉え方の変化** 生涯発達という視点が導入されたとしても，子どもの発達においては，生物学的な成熟の要因によって規定される側面が大きいことに違いはない．しかし生涯発達という視点の導入によって，子どもの発達も

生涯発達の一貫として捉える発達観に変化する必然性が生じることになる．例えば幼稚園教育要領[2]においては，「幼児期における教育は，生涯にわたる人間形成の基礎を培う重要なものであり」と記されている．同様に保育所保育指針[3]では「保育所は，子どもが生涯にわたる人間形成にとって極めて重要な時期に，その生活時間の大半を過ごす場である」と記されている．両者とも生涯発達を人間形成の過程として捉えている．生涯発達を人間形成の過程として捉える視点に立ち，生涯発達の一貫として子どもの発達を捉えることは，子どもの姿を従来の個体発達としての発達モデルにあてはめて捉えるのでなく，多方向性や可塑性，社会的環境との相互作用を含めた時間と空間の中で変化していく姿として捉えることを意味する．

　生涯発達の視点に立つと，例えば先述の④発達は個人内で可塑性があることは，子どもが生活する環境や経験によって，それぞれの子どもの発達の道筋は違うという発達観になる．これは⑤発達は社会的環境との相互作用の中で起こるという視点とも関連し，子どもの発達は社会的環境の影響を受けながら，多様な発達の道筋をたどるという発達観に変化することになる．また②個体の発達を構成する変化には多方向性があることに関しては，例えば幼稚園教育要領（2008）および保育所保育指針（2008）において発達の側面が示されている．幼稚園教育要領および保育所保育指針のねらいおよび内容として示されている心身の健康に関する領域「健康」，人との関わりに関する領域「人間関係」，身近な環境との関わりに関する領域「環境」，言葉の獲得に関する領域「言葉」および感性と表現に関する領域「表現」は幼児の発達を捉える側面として位置づけられている．この5つの方向性が相互に関与し合いながら子どもは発達していくという発達観である．

　しかし生涯を通して社会的環境との相互作用の中で多面的に発達していくという生涯発達の一貫として子どもの発達を捉える視点に変化しても，次の段階（stage）に早く到達することを目指すのではなく，それぞれの段階（stage）に適切な経験を十分に積んだ上で次の段階（stage）に移行していくことが子どもの発達にとって重要であることには変わりはない．　　　　　　　　　　　　　　[田代和美]

📖 引用・参考文献
[1] 矢野喜夫,「発達概念の再検討」，無藤・やまだ，ほか編『生涯発達心理学とは何か　理論と方法』，金子書房，1995
[2] 文部科学省,「幼稚園教育要領」，2008
[3] 厚生労働省,「保育所保育指針」，2008

胎児から誕生までの発達

●**胎児研究の背景**　ヒトはいつからヒトなのか．大昔からヒトは出生する前（母親の子宮内にいる時期）から生きているという感覚はあった．母親の腹部が徐々に大きくなったり，胎動を感じたりといったことで実感されたし，「胎児」ということばも胎内にいる児，つまり子どもという個体であるという認識の現れであろう．

数十年前までは，胎児の状態を知るには妊婦の腹壁を通して胎児の心音を聞いたり，妊婦の腹部を手で触って胎児の位置を予測するしかなかった．しかし1950年代以後に始まる超音波検査技術の進歩により，子宮内の胎児の形態や動きをリアルタイムで観察することが可能になり，胎児の研究は大いに進歩してきた（写真1）．今では画像処理により3次元映像（写真2）も可能となっている．

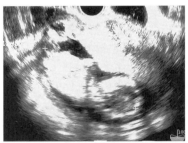

写真1　妊娠15週　動いているよ！

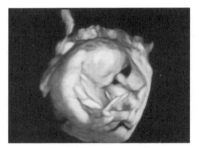

写真2　ボクの顔わかる？

●**胎児期の発達**　受精は女性生殖器である卵管膨大部で行われる．この時点では1個の核を持つ細胞でしかない．その後，細胞分裂をしながら約1週間かけて子宮内に移動し子宮内膜に着床して妊娠が成立する．この時期から「胎芽」と呼ばれるようになる．妊娠8週頃[註]には身体の各器官の原型ができるのでこの時期以後出生までを「胎児」と呼ぶ．顕微鏡下でしか見えない1個の受精卵は，およそ9か月（40週）たつと身長約50 cm，体重約3 kg（細胞数では約3兆個）になって新生児として誕生する．子どもは生後1年で身長は1.5倍，体重は3倍になるが，胎児期の身長体重の伸び率はその比ではない．

胎児は母親が胎動を感じるずっと前からすでに身体を動かしている．妊娠10週頃には全身をビクッと動かすような動きやしゃっくりをしているし，15週頃には指しゃぶりや羊水を飲んだり呼吸をしているような動きも見られる．

感覚も週を追うごとに研ぎ澄まされていく．妊娠20週を過ぎると音や光に反

[註]　妊娠週数は最終月経の初日を妊娠0週0日として数え始める．おおよそ40週頃が分娩予定日となる．

応し始める．もちろん子宮内は羊水で満たされ，母体の筋肉や皮膚に囲まれた空間なので外の世界の音や光をそのまま胎児が認識するわけではない．

妊娠30週を超えると胎児の消化管，呼吸器など諸器官は生存に耐えうる状態にまで発達し皮下脂肪も蓄えられていく．レム睡眠／ノンレム睡眠といった睡眠リズムも明確になってくる．

このように胎児は受精の瞬間から誕生後の生活に向けおよそ40週をかけて成長発達をとげる．生まれてすぐの新生児には，私たちが予想する以上にさまざまな能力があり，胎内から胎外という環境の激変に適応する力を備えているのである（写真3）．

●**出産に向けて**　胎児期は細胞が盛んに分裂しさまざまな器官に分化していく器官形成期である．その成長発達に必要な栄養や酸素は，臍帯（一般に「へその緒」）を通して母親から受け取る．そして老廃物は臍帯を介して排出する．つまり臍帯が胎児の唯一の命綱である．そのため母体の摂取物や感染，環境からの影響が胎児の成長発達に影響を及ぼす可能性がある．

写真3　外の世界はドキドキ？！

例えば，母体が風疹ウイルスやサイトメガロウイルスなどに感染したり，動物を介してトキソプラズマに感染すると，胎児の形態異常が起きたり（催奇形性），精神運動発達遅滞をもたらしたり，早産や低出生体重児となる可能性がある．母体への薬剤投与も臍帯を通して胎児に影響することがある．1960年頃に起きたサリドマイド服用による胎児奇形の発症は今なお医療関係者の間で忘れられない事実である．他にも放射線，アルコール，喫煙等も胎児へ影響することがわかっている．ただ，妊娠のどの時期に，どれくらいの量，どれくらいの期間暴露されたかによって胎児への影響は異なる．妊婦も家族も正しい知識や情報を得て，無防備になることなく，不安になりすぎることなく過ごしたいものである．

妊娠出産は病気ではないが，さまざまなリスクの中に母体も胎児もいることを社会全体が理解することが必要である．女性の社会進出が進みさまざまな職種で活躍しつつある中で妊娠中も就労を続ける妊婦も多いが，身体的・精神的負荷を軽減し，きたるべき赤ちゃんと家族の出会いを社会全体でサポートしていくことが重要であろう．

［竹内恵子］

📖 引用・参考文献
[1]　小西行郎編，『今なぜ発達行動学なのか』，診断と治療社，2013
[2]　池ノ上克，前原澄子監訳，『みえる生命誕生——受胎・妊娠・出産』，南江堂，2013

統計でみる乳幼児の発達

　ヒトが人として誕生すると，生得的な発達の可能性や家庭環境との相互作用で，成長発達の姿は個人差を呈するようになる．とはいえ，身体の発達はある一定の個人差をもちながらも一定幅でとらえることが可能である．心理学者のエリクソンは，生涯を次の8段階に区分し，それぞれの発達課題を明らかにすると共に，心理的危機・人間関係の重要さを明示した．1) 乳児期，2) 児童前期，3) 遊戯期，4) 学齢期，5) 青年期，6) 前成人期，7) 成人期，8) 成熟・老年期である．ここでは，エリクソンの指摘した「乳児期」および「児童前期」にあたる乳幼児の身体発育を，統計調査を踏まえて概観する．

●乳幼児期の身体の発達　図1～4は，厚生労働省が発表している男女別の体重および身長のパーセンタイル曲線である[1]．分布のゆがみやばらつきに補正を加え，滑らかさを強調した曲線を作成したものだが，概ね乳幼児期の子どもの身体の発達をこれらのグラフによって把握することができる．図は月齢，年齢が上がるにつれ，個人差の幅が増幅することを示している．

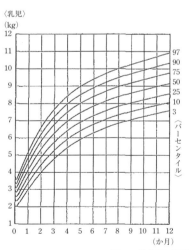 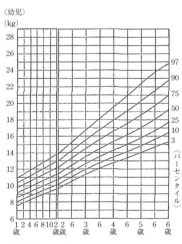

図1　乳幼児（男子）身体発育曲線（体重）

3. 子どもと成長：誕生から思春期まで

とうけいでみる
にゅうようじのはったつ

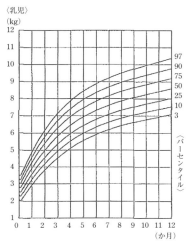
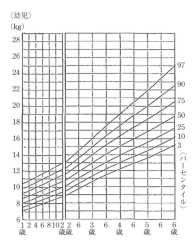

図2 乳幼児（女子）身体発育曲線（体重）

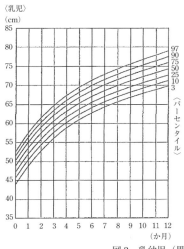
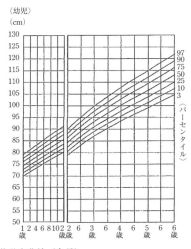

図3 乳幼児（男子）身体発育曲線（身長）

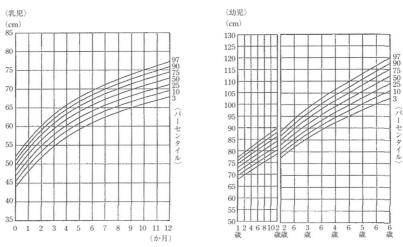

図4 乳幼児（女子）身体発育曲線（身長）

●**乳幼児発達の時代変化**　時代により乳幼児の発達に変化が認められる部分もある．表1〜4は，昭和35年から平成12年までの身長，体重，胸囲，頭囲を男女別，月齢別に年次を追って比較した結果である[1]．

表1　体重

年・月齢	男子							女子						
	昭和35年	昭和45年	昭和55年	平成2年	平成12年	平成22年	平成12年からののび	昭和35年	昭和45年	昭和55年	平成2年	平成12年	平成22年	平成12年からののび
出生時	3.1	3.2	3.23	3.15	3.04	2.98	−0.06	3.0	3.1	3.16	3.06	2.96	2.91	−0.05
0年1〜2月未満	4.7	5.0	5.08	5.10	4.87	4.78	−0.10	4.5	4.5	4.76	4.66	4.60	4.46	−0.14
2〜3	5.7	6.1	6.09	6.16	5.88	5.83	−0.05	5.2	5.6	5.55	5.61	5.53	5.42	−0.12
3〜4	6.3	6.9	6.84	6.88	6.72	6.63	−0.09	5.8	6.4	6.24	6.32	6.22	6.16	−0.05
4〜5	5.8	7.4	7.39	7.38	7.32	7.22	−0.09	6.4	6.9	6.83	6.84	6.75	6.73	−0.02
5〜6	7.4	7.8	7.80	7.75	7.79	7.67	−0.12	6.9	7.3	7.33	7.23	7.18	7.17	−0.01
6〜7	7.8	8.2	8.15	8.09	8.17	8.01	−0.16	7.2	7.7	7.71	7.54	7.54	7.52	−0.03
7〜8	8.1	8.5	8.47	8.40	8.48	8.30	−0.19	7.5	8.0	8.00	7.82	7.82	7.79	−0.03
8〜9	8.3	8.7	8.77	8.69	8.74	8.53	−0.21	7.7	8.2	8.24	8.09	8.05	8.01	−0.04
9〜10	8.5	9.0	9.04	8.95	8.94	8.73	−0.21	8.0	8.5	8.47	8.35	8.26	8.20	−0.05
10〜11	8.6	9.2	9.27	9.18	9.13	8.91	−0.22	8.2	8.7	8.70	8.60	8.45	8.37	−0.09
11〜12	8.8	9.3	9.49	9.39	9.33	9.09	−0.23	8.4	8.9	8.91	8.83	8.67	8.54	−0.13
1年0〜1月未満	9.1	9.5	9.71	9.58	9.51	9.28	−0.24	8.5	9.1	9.09	9.04	8.88	8.71	−0.17
1〜2	9.3	9.7	9.91	9.75	9.68	9.46	−0.22	8.7	9.2	9.27	9.24	9.08	8.89	−0.19
2〜3	9.4	9.9	10.07	9.95	9.85	9.65	−0.19	8.9	9.4	9.47	9.42	9.26	9.06	−0.20
3〜4	9.6	10.1	10.20	10.15	10.02	9.84	−0.18	9.1	9.5	9.70	9.58	9.46	9.24	−0.02
4〜5	9.8	10.3	10.33	10.36	10.19	10.03	−0.16	9.2	9.7	9.91	9.76	9.67	9.42	−0.24
5〜6	10.0	10.4	10.50	10.56	10.37	10.22	−0.15	9.5	9.9	10.10	9.95	9.86	9.61	−0.25
6〜7	10.2	10.6	10.73	10.75	10.55	10.41	−0.14	9.6	10.0	10.29	10.14	10.04	9.79	−0.25
7〜8	10.3	10.9	10.98	10.95	10.75	10.61	−0.14	9.8	10.2	10.48	10.34	10.23	9.98	−0.26
8〜9	10.5	11.1	11.21	11.14	10.92	10.80	−0.12	10.0	10.4	10.70	10.53	10.42	10.16	−0.25
9〜10	10.6	11.3	11.43	11.33	11.10	10.99	−0.11	10.1	10.7	10.93	10.71	10.59	10.35	−0.24
10〜11	10.8	11.5	11.54	11.51	11.28	11.18	−0.10	10.2	11.0	11.14	10.90	10.78	10.54	−0.24
11〜12	11.0	11.6	11.82	11.70	11.43	11.37	−0.06	10.4	11.3	11.34	11.09	10.97	10.73	−0.24
2年0〜6月未満	11.5	12.3	12.18	12.33	12.07	12.03	−0.05	11.1	11.7	11.89	11.72	11.55	11.39	−0.16
6〜12	12.5	13.2	13.27	13.35	13.12	13.10	−0.02	12.0	12.5	12.88	12.79	12.58	12.50	−0.07
3年0〜6月未満	13.3	14.1	14.28	14.32	14.13	14.10	−0.03	12.9	13.4	13.86	13.83	13.62	13.59	−0.03
6〜12	14.2	15.0	15.22	15.28	15.15	15.06	−0.09	13.8	14.3	14.82	14.85	14.63	14.64	0.01
4年0〜6月未満	15.0	15.8	16.12	16.24	16.15	15.99	−0.16	14.6	15.2	15.76	15.88	15.73	15.55	−0.08
6〜12	15.8	16.6	17.01	07.22	17.27	16.92	−0.35	15.4	16.1	16.67	16.92	16.79	16.65	−0.14
5年0〜6月未満	16.6	17.4	17.91	18.27	18.36	17.88	−0.48	16.2	17.0	17.55	17.99	17.92	17.64	−0.28
6〜12	17.4	182	18.86	19.38	19.48	18.92	−0.56	17.0	18.0	18.38	19.11	18.94	18.64	−0.30
6年0〜6月未満	…	…	19.88	20.60	20.56	20.05	−0.51	…	…	19.15	20.14	20.04	19.66	−0.38

にゅうようじのはっつ

表2　身長

年・月齢	男子							女子						
	昭和35年	昭和45年	昭和55年	平成2年	平成12年	平成22年	平成12年からののび	昭和35年	昭和45年	昭和55年	平成2年	平成12年	平成22年	平成12年からののび
出生時	50.0	50.2	49.7	49.6	49.0	48.7	-0.3	49.8	49.7	49.3	48.9	48.4	48.3	-0.1
0年1～2月未満	55.4	56.1	56.0	56.7	56.2	55.5	-0.7	54.2	54.9	55.2	55.6	54.9	54.5	-0.4
2～3	58.5	60.1	59.8	60.3	60.0	59.0	-1.0	57.2	58.5	58.4	58.9	58.7	57.8	-0.9
3～4	60.9	63.0	62.7	63.2	62.9	61.9	-1.0	59.9	61.3	61.1	61.5	61.6	60.6	-1.0
4～5	63.2	65.1	64.9	65.4	65.2	64.3	-0.9	61.9	63.5	63.3	63.6	63.7	62.9	-0.8
5～6	65.5	66.7	66.6	67.1	66.8	66.2	-0.6	64.0	65.2	65.3	65.4	65.4	64.8	-0.7
6～7	67.0	68.2	68.1	68.5	68.3	67.9	-0.4	65.4	66.6	66.8	66.8	66.9	66.4	-0.5
7～8	68.5	69.5	69.4	69.7	69.6	69.3	-0.3	66.8	67.9	68.2	68.1	68.1	67.9	-0.3
8～9	69.7	70.7	70.8	70.9	70.9	70.6	-0.3	68.2	69.1	69.4	69.3	69.3	69.1	-0.2
9～10	70.8	71.9	72.0	72.0	72.0	71.8	-0.2	69.4	70.4	70.6	70.6	70.5	70.3	-0.2
10～11	72.0	73.1	73.2	73.2	73.2	72.9	-0.4	70.4	71.8	71.8	71.8	71.6	71.3	-0.3
11～12	73.1	74.2	74.3	74.3	74.4	73.9	-0.5	71.6	73.0	73.0	73.0	72.7	72.3	-0.4
1年0～1月未満	74.1	75.4	75.5	75.4	75.5	74.9	-0.6	72.7	74.2	74.1	74.2	73.8	73.3	-0.5
1～2	75.1	76.5	76.6	76.5	76.5	75.8	-0.7	73.5	75.2	75.1	75.3	74.9	74.3	-0.6
2～3	75.8	77.6	77.6	77.6	77.5	76.8	-0.7	74.5	76.1	76.2	76.4	76.0	75.3	-0.7
3～4	76.7	78.5	78.5	78.6	78.4	77.8	-0.6	75.2	77.0	77.3	77.4	77.0	76.3	-0.8
4～5	77.5	79.3	79.3	79.7	79.4	78.8	-0.6	76.2	77.9	78.2	78.4	78.0	77.2	-0.8
5～6	78.4	80.1	80.1	80.6	80.2	79.7	-0.5	77.1	78.7	79.0	79.4	79.1	78.2	-0.9
6～7	79.4	80.8	81.0	81.5	81.1	80.6	-0.5	77.8	79.5	79.9	80.3	80.0	79.2	-0.9
7～8	80.1	81.6	81.9	82.4	82.1	81.6	-0.5	78.5	80.2	80.8	81.1	81.0	80.1	-0.9
8～9	80.7	82.4	82.8	83.2	83.0	82.5	-0.6	79.2	80.9	81.7	81.9	81.9	81.1	-0.8
9～10	81.4	83.2	83.6	84.0	83.9	83.4	-0.5	79.9	81.8	82.6	82.7	82.7	82.0	-0.7
10～11	82.2	84.1	84.4	84.6	84.8	84.3	-0.8	80.6	82.7	83.4	83.3	83.6	82.9	-0.7
11～12	83.0	84.9	85.2	85.3	85.5	85.1	-0.4	81.4	83.7	84.1	83.9	84.4	83.8	-0.7
2年0～6月未満	85.0	87.1	87.2	87.4	87.1	86.7	-0.4	83.7	86.1	86.3	86.0	86.0	85.4	-0.6
6～12	88.5	90.8	91.1	91.3	91.0	91.2	0.2	87.2	89.5	90.2	90.1	89.9	89.9	0.0
3年0～6月未満	91.9	94.4	94.8	95.0	94.7	95.1	0.4	90.7	93.0	93.9	94.0	93.7	93.9	0.2
6～12	95.0	97.8	98.2	98.6	98.3	98.7	0.4	94.1	96.4	97.5	97.7	97.4	97.5	0.1
4年0～6月未満	98.2	101.2	101.5	102.1	101.6	102.0	0.4	97.3	99.8	100.9	101.3	101.0	100.9	-0.1
6～12	101.4	104.3	104.6	105.4	104.9	105.1	0.2	100.4	103.1	104.1	104.7	104.3	104.1	-0.2
5年0～6月未満	104.4	107.1	107.6	108.6	108.1	108.2	0.1	103.3	106.2	107.1	107.9	107.6	107.3	-0.3
6～12	107.4	109.6	110.6	111.6	111.4	111.4	0.0	106.3	109.1	109.8	110.9	110.8	110.5	-0.3
6年0～6月未満	…	…	113.6	114.5	114.9	114.9	0.0	…	…	112.2	113.8	113.8	113.7	-0.1

表3 胸囲

年・月齢	男子							女子						
	昭和35年	昭和45年	昭和55年	平成2年	平成12年	平成22年	平成12年からののび	昭和35年	昭和45年	昭和55年	平成2年	平成12年	平成22年	平成12年からののび
出生時	50.0	50.2	49.7	49.6	49.0	48.7	－0.3	49.8	49.7	49.3	48.9	48.4	48.3	－0.1
0年1～2月未満	55.4	56.1	56.0	56.7	56.2	55.5	－0.7	54.2	54.9	55.2	55.6	54.9	54.5	－0.4
2～3	58.5	60.1	59.8	60.3	60.0	59.0	－1.0	57.2	58.5	58.4	58.9	58.7	57.8	－0.9
3～4	60.9	63.0	62.7	63.2	62.9	61.9	－1.0	59.9	61.3	61.1	61.5	61.6	60.6	－1.0
4～5	63.2	65.1	64.9	65.4	65.2	64.3	－0.9	61.9	63.5	63.3	63.6	63.7	62.9	－0.8
5～6	65.5	66.7	66.6	67.1	66.8	66.2	－0.6	64.0	65.2	65.3	65.4	65.4	64.8	－0.7
6～7	67.0	68.2	68.1	68.5	68.3	67.9	－0.4	65.4	66.6	66.8	66.8	66.9	66.4	－0.5
7～8	68.5	69.5	69.4	69.7	69.6	69.3	－0.3	66.8	67.9	68.2	68.1	68.1	67.9	－0.3
8～9	69.7	70.7	70.8	70.9	70.9	70.6	－0.3	68.2	69.1	69.4	69.3	69.3	69.1	－0.2
9～10	70.8	71.9	72.0	72.0	72.0	71.8	－0.2	69.4	70.4	70.6	70.6	70.5	70.3	－0.2
10～11	72.0	73.1	73.2	73.2	73.2	72.9	－0.4	70.4	71.8	71.8	71.8	71.6	71.3	－0.3
11～12	73.1	74.2	74.3	74.3	74.4	73.9	－0.5	71.6	73.0	73.0	73.0	72.7	72.3	－0.4
1年0～1月未満	74.1	75.4	75.5	75.4	75.5	74.9	－0.6	72.7	74.2	74.1	74.2	73.8	73.3	－0.5
1～2	75.1	76.5	76.6	76.5	76.5	75.8	－0.7	73.5	75.2	75.1	75.3	74.9	74.3	－0.6
2～3	75.8	77.6	77.6	77.6	77.5	76.8	－0.7	74.5	76.1	76.2	76.4	76.0	75.3	－0.7
3～4	76.7	78.5	78.5	78.6	78.4	77.8	－0.6	75.2	77.0	77.3	77.4	77.0	76.3	－0.8
4～5	77.5	79.3	79.3	79.7	79.4	78.8	－0.6	76.2	77.9	78.2	78.4	78.0	77.2	－0.8
5～6	78.4	80.1	80.1	80.6	80.2	79.7	－0.5	77.1	78.7	79.0	79.4	79.1	78.2	－0.9
6～7	79.4	80.8	81.0	81.5	81.1	80.6	－0.5	77.8	79.5	79.9	80.3	80.0	79.2	－0.9
7～8	80.1	81.6	81.9	82.4	82.1	81.6	－0.5	78.5	80.2	80.8	81.1	81.0	80.1	－0.9
8～9	80.7	82.4	82.8	83.2	83.0	82.5	－0.6	79.2	80.9	81.7	81.9	81.9	81.1	－0.8
9～10	81.4	83.2	83.6	84.0	83.9	83.4	－0.5	79.9	81.8	82.6	82.7	82.7	82.0	－0.7
10～11	82.2	84.1	84.4	84.6	84.8	84.3	－0.8	80.6	82.7	83.4	83.3	83.6	82.9	－0.7
11～12	83.0	84.9	85.2	85.3	85.5	85.1	－0.4	81.4	83.7	84.1	83.9	84.4	83.8	－0.7
2年0～6月未満	85.0	87.1	87.2	87.4	87.1	86.7	－0.4	83.7	86.1	86.3	86.0	86.0	85.4	－0.6
6～12	88.5	90.8	91.1	91.3	91.0	91.2	0.2	87.2	89.5	90.2	90.1	89.9	89.9	0.0
3年0～6月未満	91.9	94.4	94.8	95.0	94.7	95.1	0.4	90.7	93.0	93.9	94.0	93.7	93.9	0.2
6～12	95.0	97.8	98.2	98.6	98.3	98.7	0.4	94.1	96.4	97.5	97.7	97.4	97.5	0.1
4年0～6月未満	98.2	101.2	101.5	102.1	101.6	102.0	0.4	97.3	99.8	100.9	101.3	101.0	100.9	－0.1
6～12	101.4	104.3	104.6	105.4	104.9	105.1	0.2	100.4	103.1	104.1	104.7	104.3	104.1	－0.2
5年0～6月未満	104.4	107.1	107.6	108.6	108.1	108.2	0.1	103.3	106.2	107.1	107.9	107.6	107.3	－0.3
6～12	107.4	109.6	110.6	111.6	111.4	111.4	0.0	106.3	109.1	109.8	110.9	110.8	110.5	－0.3
6年0～6月未満	…	…	113.6	114.5	114.9	114.9	0.0	…	…	112.2	113.8	113.8	113.7	－0.1

にゅうようじのはったつ

表4　頭囲

年・月齢	男子							女子						
	昭和35年	昭和45年	昭和55年	平成2年	平成12年	平成22年	平成12年からののび	昭和35年	昭和45年	昭和55年	平成2年	平成12年	平成22年	平成12年からののび
出生時	34.0	33.5	33.6	33.5	33.3	33.5	0.2	33.6	33.1	33.2	33.1	32.9	33.1	0.2
0年1～2月未満	37.9	37.6	38.2	38.3	37.9	37.9	0.0	37.0	36.7	37.4	37.3	37.1	37.0	-0.1
2～3	39.4	39.8	39.8	40.0	39.7	39.9	0.2	38.8	38.8	38.7	38.9	38.8	38.9	0.1
3～4	40.7	41.4	41.1	41.1	41.1	41.3	0.2	39.9	40.2	39.9	40.0	40.1	40.2	0.1
4～5	42.1	42.3	42.2	42.1	42.1	42.3	0.2	40.9	41.2	41.0	40.9	41.1	41.2	0.1
5～6	43.1	43.1	43.0	42.9	42.9	43.0	0.1	41.9	42.0	41.9	41.7	41.9	41.9	0.0
6～7	43.9	43.9	43.7	43.6	43.7	43.6	-0.1	42.6	42.7	42.6	42.4	42.6	42.4	-0.2
7～8	44.3	44.5	44.4	44.3	44.3	44.1	-0.2	43.1	43.4	43.3	43.0	43.2	43.0	-0.2
8～9	44.6	45.1	45.0	44.8	44.9	44.6	-0.3	43.5	43.9	43.9	43.6	43.6	43.5	-0.1
9～10	45.0	45.6	45.5	45.3	45.3	45.1	-0.2	43.8	44.4	44.3	44.1	44.0	43.9	-0.1
10～11	45.4	45.9	45.9	45.7	45.7	45.5	-0.2	44.2	44.9	44.7	44.5	44.4	44.3	-0.1
11～12	45.7	46.2	46.2	46.1	46.0	45.9	-0.1	44.5	45.2	45.0	44.9	44.7	44.7	0.0
1年0～1月未満	46.0	45.5	46.4	46.3	46.3	46.2	-0.1	44.9	45.5	45.3	45.1	45.0	45.1	0.1
1～2	46.3	46.7	46.6	46.6	46.5	46.5	0.0	45.2	45.7	45.5	45.3	45.4	45.4	0.0
2～3	46.6	47.0	46.8	46.8	46.7	46.8	0.1	45.4	45.8	45.6	45.6	45.7	45.6	-0.1
3～4	46.8	47.2	47.0	47.0	46.9	47.0	0.1	45.7	46.0	45.8	45.8	45.9	45.9	0.0
4～5	47.1	47.5	47.1	47.2	47.2	47.3	0.1	45.8	46.2	46.0	46.0	46.2	46.1	-0.1
5～6	47.3	47.6	47.3	47.4	47.4	47.4	0.0	46.1	46.3	46.3	46.2	46.4	46.3	-0.1
6～7	47.5	47.8	47.5	47.6	47.5	47.6	0.1	46.3	46.5	46.5	46.4	46.5	46.5	0.0
7～8	47.6	48.0	47.7	47.7	47.7	47.8	0.1	46.5	46.7	46.6	46.6	46.7	46.6	-0.1
8～9	47.8	48.1	47.9	47.9	47.9	47.9	0.0	46.7	46.9	46.7	46.7	46.8	46.8	0.0
9～10	47.9	48.3	48.1	48.1	48.0	48.0	0.0	46.8	47.1	46.9	46.9	47.0	46.9	-0.1
10～11	48.0	48.5	48.3	48.2	48.1	48.2	0.1	46.9	47.2	47.1	47.0	47.1	47.0	-0.1
11～12	48.1	48.8	48.4	48.4	48.2	48.3	0.1	47.0	47.4	47.2	47.2	47.3	47.2	-0.1
2年0～6月未満	48.5	48.9	48.7	48.8	48.6	48.6	0.0	47.5	47.8	47.6	47.6	47.6	47.5	-0.1
6～12	49.0	49.4	49.2	49.3	49.1	49.2	0.1	48.0	48.2	48.1	48.1	48.2	48.2	0.0
3年0～6月未満	49.4	49.8	49.7	49.7	49.6	49.7	0.1	48.4	48.5	48.7	48.7	48.7	48.7	0.0
6～12	49.6	50.1	50.1	50.1	50.0	50.1	0.1	48.7	48.9	49.1	49.2	49.2	49.2	0.0
4年0～6月未満	49.9	50.4	50.4	50.5	50.4	50.5	0.1	49.0	49.3	49.4	49.7	49.6	49.6	0.0
6～12	50.1	50.6	50.7	50.7	50.7	50.8	0.1	49.3	49.6	49.7	50.0	50.0	50.0	0.0
5年0～6月未満	50.3	50.8	50.9	51.0	51.1	51.1	0.0	49.6	49.9	50.0	50.3	50.4	50.4	0.0
6～12	50.5	51.0	51.1	51.2	51.3	51.3	0.0	49.9	50.1	50.2	50.7	50.6	50.7	0.1
6年0～6月未満			51.2	51.4	51.6	51.6	0.0			50.5	50.9	50.9	50.9	0.0

表5 乳汁栄養法の割合（%）

月齢	昭和55年				平成2年				平成12年				平成22年			
	総数	母乳	人工	混合	総数	母乳	人工	混合	総数	母乳	人工	混合	総数	母乳	人工	混合
1～2月未満	100.0	45.7	19.3	35.0	100.0	44.1	13.1	42.8	100.0	44.8	11.2	44.0	100 (2,995)	51.6	4.6	43.8
2～3	100.0	40.2	30.4	29.4	100.0	41.5	24.4	34.1	100.0	42.3	21.1	36.6	100 (1,358)	55.0	9.5	35.5
3～4	100.0	34.6	40.5	24.9	100.0	37.5	33.1	29.4	100.0	39.4	30.2	30.5	100 (1,172)	56.8	13.2	30.0
4～5	100.0	29.8	52.2	18.0	100.0	35.3	41.7	23.0	100.0	35.9	39.5	24.5	100 (982)	55.8	18.1	26.1

注）（ ）内は実数を示す．

　表1～4は身長，体重，胸囲がやや減少傾向にあり，頭囲はさほど変化していないことを示している．乳幼児期の子どもが，世代を重ねるにつれ，若干頭でっかちな体型に変化しているといえるだろう．

　表5は乳汁栄養法の実態調査の結果であるが，平成12年と平成22年を比較しても，母乳と人工栄養の選択率は変化が著しい．このように，保護者の育った環境や受けた教育などさまざまな要因で子育ての仕方は変化するのであり，子どもの発達の変化と無関係ではないことが推察できるのである．

　ヒトとしての個体差の幅には限りがあるとしても，環境に適応する力にすぐれた生き物として，人の子の発達には個人差，変化が認められる．このことを踏まえ，以下の論考では主として環境との相互作用，特に人との関わりによって育つ存在として乳幼児をとらえ，保育現場における発達を追うものとする．

［守随　香］

📖 引用・参考文献

[1] 厚生労働省雇用均等・児童家庭局，平成22年乳幼児身体発育調査報告書，2011

乳児期の発達

　乳児期は，生涯を通じて最も発達の著しい時期である．身体が大きくなることはもとより，生活・あそびでできることが広がり，さらに認知機能や人間関係など目には見えない部分も顕著に発達する．自立の観点からは無防備な状態で誕生する人間が，乳児期後期には別人のような姿となる．個人差が大きいことも乳児期の特徴の一つであり，一概に年齢・月齢ではかることは困難な場合も多いが，乳児期の大まかな発達の特徴を以下に記す．

● 0 歳児の発達

　誕生から生後 1 年までは，前項で示した図表にも表れているように，生涯で最も著しく身体発育を遂げる時期である．この時期には探索反射，吸啜反射，モロー反射，歩行反射など，いくつもの反射がみられる．これを新生児反射または原始反射という．反射は特定の刺激に対する決まった反応であり，不随意運動である．したがって反射に現れる動きは意思によってコントロールされる随意行動とは異なる．生後 3 か月では首が座り，縦抱きが可能になる．ハンドリガードという自分の手を見つめる仕草をはじめ，動く物を目で追う追視，人の顔や物をじっと見つめる注視もみられるようになる．また言語は 3 か月頃から喃語が出始め，発声を通じた人とのかかわり，つまり相互的なやりとりがスタートする．喃語とは，機嫌のよい時に「アーアー」「オー」など，人に語りかけるような発声のことで，声にニュアンスがある点で，従前のクーイングとは区別される．乳児の喃語のニュアンスに応じる大人との間に，ことばの全段階に位置づくやりとりが発生するのである．このやりとりが人との相互作用の始まりであり，日常的にやりとりが成立する生活を積み重ねることで，言語のみならず人間関係の発達が促されるのである．生後 5 か月頃から，寝返りがうてるようになる．はじめて自力で身体を動かし移動させることが可能になる．

　生後 6 か月になると腰が座り，一人で上体を保ってお座りができるようになる．その後，這い這い，つかまり立ちというように，発達が身体全体としては上から下の方向に進み，1 歳での歩行につながる．この生後 6 か月から 1 歳までの身体発達の間に，認知，手指，人間関係の目覚ましい発達が認められる．まず，大人が発することばをよく聴いていて，理解できることばが増えていく．人の顔の識別ができるようになり，身近で親しい大人とそうでない大人に示す態度に違いができてくる．また，保育園などの集団施設保育の場では，他児の動きや他児が使っている玩具に関心を示し，じっと見つめる姿もみられるようになる．さらに人への興味・関心に，這い這いによる移動力の獲得が加わることで，人へのはたら

きかけも行うようになる．

　生後7〜8か月では，生活の文脈を共にする身近で親しい大人に対する愛着と，それに基づく人見知りが出始める．愛着を形成した特定の大人が立ち去ろうとすると不安を感じ，泣いたりしがみつこうとする後追い行動が表れるのが人見知りである．人見知りは不安が核であることから，7か月不安もしくは8か月不安の別名もある．愛着の形成はエリクソンが第一の発達課題としているように，生涯発達の観点において重要な局面であるといえる．特定の大人に愛着を形成してこの時期を過ごせるかどうかが，その後の生き方，とりわけ人間関係の持ち方に深刻な影響を与える．自分は愛され必要とされており，存在を認められていると実感できることが，その人への信頼そのものであり，ひいては自分の力を信じることに繋がるからである．

　生後9か月前後になると，トンネルに入った玩具の汽車がトンネルの反対側から出てくることを予測できるようになるため，視線をトンネルの出口側に移し，期待して待つ姿もみられる．これは，乳児の時間軸が短いながら未来に伸びたことを意味する．また，玩具を布で覆うなどして隠しても，布を取り払って玩具を見つけ出すことができる．これは，這い這いという移動力の獲得，見えなくなっても物が存在することの認知，腕から手指までが自分の意思で動かせるようになったことを表している．さらに，愛着を抱いている大人との二者関係を脱して，こうした玩具や他者を交えた三項関係が成り立っていることもわかる．また手指の発達により，物の出し入れができるようになるため，ティッシュを取り出したり，玩具へのはたらきかけも多様になる．物とのかかわりが多様になると，物の反応や変化に関心をもち，はたらきかけが一層高まる．興味・関心を仲立ちとして，さまざまな発達と環境との相互作用が絡まり合って進むのである．

　歯も生後6か月頃に第一歯が下の中央部分に生え，増えていくと共に，離乳食が進行する．手指の発達と環境への興味，関心で，手づかみたべをしたがるようになる．このように，生後6か月から1歳までは，哺乳，おむつ替えといった身体上の世話を受けながら，次第に主体的に動き，考え，環境との相互作用を試みるようになる，変化の著しい時期であるといえるだろう．

　0歳児の生活は，信頼できる特定の大人への愛着形成が基盤であり，愛着を形成した大人との関係においてさまざまな発達が顕現する時期である．したがって，養育者および保育者にとっては，日常の生活行為において人間関係の温かさを伝えること，安心感を保証して乳児から信頼され，慕われる対象となることが最重要課題といえるだろう．

〔守隨　香〕

幼児期前期の発達

● 1歳児の発達

　はじめてお誕生日を迎える頃，歩行を始め，いよいよ行動範囲を広げることになる．行動範囲の広がりは新たな環境との出会いをもたらし，興味関心も広がることになる．関心をもった人や物に近づき，手で触れ，持ち，時には口に入れたりして試行錯誤を繰り返す．うろうろ動いているように見えても実は，関心のあるものに近づいていく動きをしており，小さいながらも明確な意志を感じることができる．

　また，歩行により視点が高くなるため，これまで届かなかった場所に手を伸ばし，触ることもできるようになる．両手があいた状態で移動できるので，物を運ぶこともできる．できるようになったことを，身体で確認するように繰り返し行う．例えば転んでも，転んでも歩くことがそうであり，これを自発的使用の原理という．繰り返すことでスキルはアップする．

　活発に環境にかかわるようになったことから，1歳児は感情も表現も豊かになる．ことばは1歳半前後で片言が出てきて，さかんに物の名を口にする．気づいた環境の変化や感動を伝えようとして片言を発する．一語文とは一つのことばで文のような意味をもつもので，まさにこの時期の子どものことばの使い方を表している．まだ感情表現をことばに頼るには遠く及ばないが，文としての豊かな内容を表現しようとしている．発語が少なくても聞いて理解できることばは多くなるため，人との意思疎通が豊かになる時期でもある．

　この時期のあそびは，手足の発達により興味をもった物に近づく，手で触る，積む，壊す，気に入った玩具の中でも汽車や車のような同種の物を並べるなど，多彩な動きを伴うようになる．特定の大人との愛着関係を基盤に興味関心を広げ，大人がそばにいれば多少離れても興味の対象へのかかわることに夢中になる．人のやっていることに関心を示し，自分も真似してやってみようとする模倣もみられるようになる．

　他児と一緒にいることを喜ぶ時期が始まるが，役割を分担して一緒にあそぶようなことはなく，そばで同じあそびをそれぞれにやる並行あそびの段階である．同じあそびをしていることで玩具の取り合いも生じやすくなり，その結果噛みつきが多発する．噛んだ子どもは相手が痛がっている姿を繰り返し目にすることで，人には人の状態や思いがあることに気づき尊重するようになるための，経験を積み重ねる大事な時期といえる．したがって養育者や保育者が子ども同士の橋渡しをすることが，その後の人間関係の発達に重要となる．さまざまな素材との親し

みも，大人の環境構成に左右される．

● 2歳児の発達

　2歳になると歩行がしっかりするだけでなく，走る，投げる，跳ぶ，上る，下るといった身体運動が行えるようになり，三輪車をこぐ子どももいる．また，環境への好奇心がさらに高まってさかんに探索し，器用になってきた手を使って環境との相互作用を経験する．環境からの応答が刺激となり，さまざまなことに「やってみよう」という意欲をもつ．意欲に駆り立てられて，また環境に働きかける．このように2歳児は好奇心・意欲・環境との相互作用によって知的にも身体的にも発達していく時期といえよう．

　他児との同じ動き，同じ物をもつことを喜び，「一緒に」という気持ちが芽生える．大人の仲立ちによって同じあそびを一緒にすることが可能になり，共に歌い，踊り，同じマントをつけてもらって走り回るなど，友だち意識が芽生えてくる．「ね」という発語も多く聞かれ，「一緒にね」「同じね」「仲良しだよね」といった感情の交流を味わっている．持続時間は数日でも，決まった友だちとの親密な関係も生じ，「また一緒にあの子とあそびたい」という未来への期待ももつようになる．

　ことばは名詞が急激に増加し，二語文から三語文へと発達する．大人の意図や要求を理解できると共に自分でもことばで要求し，主張することができるようになるのである．「あのね，動物園行ったんだよ」「（私は）ママときりん触った」というような，発話自体は自己中心的で一方的でも，話題を共有できるようになる．このように，他児とも要求をことばで伝え合い，あそびを共にしようとする一方，ことばだけでは折り合いがつかず，まだ手が出る場面も多い．

　2歳児はまた，Terrible2（恐るべき2歳児）の異名をとるほど行動的で，しばしば大人の要求と抵触し，困らせる．こうした2歳児に対し，大人がその主張をすべて受け入れることはできない．対峙する立場の人間の思いや状況を，やがては理解してもらわなければならないからである．乳児の側からみれば，意思を表明する自己主張の顕れであるが，大人からは我儘に見え，反抗期ではと心配することもある．そうかといって，強引に言うことを聞かせようとすれば人間関係を力関係として学ぶことにもなりかねない．まずは，主張を「こうなんだね」「こうしたいんだね」と受け止めることが肝要であろう．主張は他者に届くことを知った上で，他者にもまた別の主張があり，折り合いをつけていくことで人生が豊かに展開することを学ばせることが，社会化であるだろう．

　さらに，身辺の自立へとすすんでいく時期である．排泄，箸を用いた食事，着替えなど，大人の助けを借りながら自分の生活行為を自立させていく．ここでも2歳児の意欲が，発達を支えるキーワードとなる．

〔守隨　香〕

幼児期後期の発達

●3歳児　3歳になると，これまでの信頼関係を基盤に，友だちを求める気持ちが強まると共に，運動能力と言葉の発達がめざましくなる．排泄などの基本的生活習慣はほぼ自立し，遊具や体を使った遊び，製作や絵画などの表現活動にも興味が広がる．しかし，行きつ戻りつ揺れ動いている状態で，個人差，経験差も大きいので，情緒の安定を図り自発性の発達を支えていくと，今まで自分がやりたいと思ってもできなかったことが少しずつ実現できるようになる．周囲への関心も高まり，「なぜ」「どうして」などの質問が盛んになり，知的好奇心や興味・関心が高まる．そして，今まで周囲からもらって心の中で育ってきたエネルギーが外に向かって放出し始めるため，自分を中心に世界を見るので「自分で！」という主張が強くなり，時には攻撃という形にでることもある．しかし「ファンタジーの世界」の中で攻撃性を思いっきり発揮していくと，やさしさと正義感が育ってくる．また言葉での意志の疎通もできるようになり，通じる楽しさを感じ，友だちを求める気持ちが強くなり一緒に動くことを喜ぶ．しかし相手の事情もおかまいなく主張し合い，思うようにいかない場面にも直面するが，トラブルを通して，相手の気持ちにも気づいていく．

　3歳後半になると，"場"を共有する閉じた世界が生まれ，自分と相手をつなぐ「いれて」「いいよ」などの言葉を使うようになる．保育者や大人に調整してもらうことで，自分の要求をある程度コントロールすることが，人と一緒にいる楽しさにつながることを学んでいく．また自分がしたことが目に見える形で戻ってくる経験やきっちりはめる心地よさを味わうことで，より能動性が育っていく．

●4歳児　4歳になると，体のバランスをとる能力が発達し，体の動きが巧みになると共に，自分を表現し始めるので，人のために何かがしてみたくてたまらない時期になる．「私がしてあげる！」と先を争って手伝ったり，小さい子の面倒をみたりなど，時にはおせっかいとみられる行動をたくさんして誇りを感じていく．そして，仲間といることの喜びや楽しさがお互いに感じられるようになり仲間意識が強まる．友だちと言葉を交わしながら自由で想像力豊かなごっこ遊びも盛んに行われ，想像の世界と現実の世界を行ったり来たりし，友だちと楽しさを共有することを楽しむようになる．このように遊びを通して友だちの思いを受け入れながら，遊びが進められるようになる．反面，仲間はずれにならないように，他の子と同じであることを望み，相手に合わせるためにルールを無視することもでてくる．また，自意識が強くなり，自分と他人の区別がはっきりすると共に，少しずつ見通しがもてるようになるので，見られていることを意識し，うまく自

分を表現できなかったり，自信のあるものには積極的に取り組むが，自信のないものにはしり込みしたりする姿もみられる．そして自分の思ったような成果がでないと，自信喪失になったりするが，自分の存在を受け止めてもらえると，徐々にいろいろな考え方や見方に気づき，主体的に取り組むようになる．また人の気持ちを引くために気持ちとは逆の行動をわざととったり，わかっているが我慢できないと不平不満をそのまま出したりなど，友だちとぶつかり合うこともでてくる．さまざまなトラブルを経験し，相手の気持ちを感じながら自分の気持ちをコントロールする力が芽生えてくる．

　4歳半ば頃，話しことばが完成してくるが，言葉の意味に対して忠実に従おうという傾向が強くなり，「座りましょう」と言われるとすぐ座るが，しない子に対して強引に座らせようとするなど秩序を重んじようとする姿がみられる．さまざまな事象に対する気づき，驚き，発見，興味が強くなり，素敵なものを素敵に作りたいというという意欲がでてくる．

●5歳児　5歳になると基本的な生活習慣はほぼ確立し，運動機能はますます発達し，体全体を使った運動遊び（ドッジボール，ドロケイなど）を仲間と一緒に取り組んでいく．年長児になった喜びから，年少児の世話を率先してするなど他人の役に立つことが嬉しく，嫌なことでも少し我慢して自主的に行動するようになり，自信や誇りが育ってくる．

　身近な事象への関心や疑問をもったり，遊びの見通しが明確になったりなど，イメージを具現化する努力ができるようになる．

　また友だちの存在がいっそう重要になり，同じ目的に向かって数人でまとまって仲間として活動するようになる．ごっこ遊びも活発に行われ組織的に役割をもった遊びを展開したり，自分たちで遊びのルールをつくったりと集団で生活を楽しむ感覚が味わえるようになる．しかし自分の思いが強すぎて遊びがうまくいかないこともでてきてトラブルも発生するが，仲間の一員としての自覚から自分たちで解決しようとするなど，お互いに相手を許したり，異なる考えや思いを受け入れたりなど自己抑制して歩み寄ることができるようになり，社会生活に必要な基本的な力を身につけていく．

　5歳児後半になると，行動を予測したり見通しがたてられるようになり，遊びをより楽しくするために，今までの知識を生かしたり，創意工夫を重ねていく．役割分担が生まれるような協同的な学びが増えてくる．自分なりに考えて納得のいく理由で物ごとの判断ができるようになる．また話のストーリーに興味を示し長い話を何日もかけて楽しめるようになる．生活にメリハリがでてきて，自立的な生活ができ，誇りも持って生活し，小学校への期待を持つようになる．

［永田陽子］

学童期の発達

　学童期には，学校をはじめとする家庭以外の場が子どもの生活の中でさらに大きな比重を占めるようになっていく．人との関わりの面でも，友人との関係や仲間集団の存在感が飛躍的に大きくなる．

●**学童期の社会性発達**　学童期の始まりである低学年期の人間関係は，親や教師など大人とのつながりが強く，幼児期の延長としての性質を有している．しかし，中学年以降，同年齢の子ども同士の関係や仲間集団の影響力が急激に強まっていく．親よりも仲間との関係を楽しみ，そちらを優先させることも増えていく．また，いわゆるギャング・グループと呼ばれる同年齢の仲間集団がみられるようになるのもこの時期である．仲間集団や学級の目標のために行動する，集団の中でのルールを守るといった，「みんなでやる」「友だちみんながやっている」ことに価値を置き，集団の一員として取り組む経験を通じ成長していく．岡本[1]は，学童期の発達にみられるこうした特徴を，「同年輩の友だちとの水平的関係を通して行われる社会化過程」と表現し，個としては未熟な子どもが，仲間集団という形で，大人によってつくられたものとは異なる自分たちの世界をつくり，自立への一歩を歩み始める時期として学童期を位置づけている．

　また，学童期は「自分はどのような人間か」という自己理解が深まる時期でもある．幼児期にみられる自己理解が「サッカーを習っている」「お姉ちゃん」のような行動や属性に基づくものであるのに対し，学童期には「勉強が得意」といった能力面や，「恥ずかしがりや」「明るい」のような内面に関わる観点からも自分を捉えられるようになっていく．さらに，幼児期の自己理解が主に肯定的な側面に限定される傾向にあるのに対し，学童期には，自己の否定的な側面にも目を向けることが可能になる．勉強やスポーツ，友だちとの付き合い，異性との関わりなど，学童期にみられるさまざまな場面で，自分に対する外からの評価に触れる，人との関わりの中で自分と他者との違いや共通性を意識するといった経験を積み重ねることにより，より多面的に自己を捉えられるようになっていくのである．

　こうした自己理解の深まりは，子どもたちの自尊感情（セルフエスティーム）の在り方にも影響を及ぼす．自尊感情とは，自己を理解し，価値ある存在であると感じる感覚である．一般に学童期，特に学童期後期から思春期前半にかけ，自尊感情は低下していく傾向にある．学童期に，否定的な側面を含めて自分を捉えられるようになることは，「あるべき姿」や「こうなりたい姿」と「現実の自分」とのギャップに直面することでもある．また，友だちとの関わりが密になること

で，人との関わりの中での葛藤を経験することも増えていく．学童期以降の変化は，乳幼児期から築かれてきた自分という存在への信頼に一時的なゆらぎをもたらす．一方，日本の子ども・青年は相対的にみて自尊感情や幸福感が低い傾向にあることが指摘されている[2]．子どもの自尊感情の在り方について考える上で，社会・文化的な要因がもつ影響力も無視することはできない．

●**学童期の知的発達**　先述のような社会性の発達には，この時期にみられる知的な側面での発達も大きく関わっている．学童期の知的発達の大きな特徴の一つは，自らの思考過程や理解について客観視することが可能になり始めるという点である．自分がある物事についてどの程度理解しているかを評価し，自分の状態に合わせ，さらに理解するためにはどうすればよいのかを考え実行するといった調整能力は，メタ認知能力と呼ばれる．学童期には，このメタ認知能力が急激に高まり，知的な活動や他者との関わりなどさまざまな側面で発揮されるようになっていく．

また学童期は，ピアジェの認知発達段階でいう「具体的操作期」（7～11, 12歳）と，それに続く「形式的操作期」（11, 12歳～）への移行期と重なる．「具体的操作期」には，幼児期にみられた見かけへのとらわれやすさなどが克服され，具体的に操作し経験できる場面であれば論理的思考が可能になる．その後，学童期を通じ徐々に，直接体験と結びつかない事柄や仮想的な場面についても理解し考えることができるようになっていく．学童期の終わりごろには，具体物の次元だけでなく，一般的・抽象的な次元についても論理的な思考・推論が可能になる．その際，重要な役割を果たすのが言語や記号の使用である．学校教育の中で行われる学習では，具体的な経験と科学的な概念を結びつけ体系的に理解する，抽象的な概念を具体的経験に即して考えるといった活動が，言語を媒介として行われる．具体から抽象へという子どもの認知的発達の転換において，言葉によって考え，言葉によって伝えるという学校教育の中での経験が果たす役割は大きい．日本の学校教育においては，特に中学年期，言語を媒介とした抽象的思考を必要とする学習の比重が急激に増すことが指摘されている[3]．こうした学習面での一つの節目は，生活経験を越えた子どもの知的世界の広がりを可能にする一方，学校生活でのつまずきのきっかけともなり得る．　　　　　　　　　　　　　　［磯村陸子］

📖 **引用・参考文献**

[1]　岡本夏木，『児童心理』，岩波書店，1991
[2]　古荘純一，『日本の子どもの自尊感情はなぜ低いのか～児童精神科医の現場報告～』，光文社，2013
[3]　脇中起余子，『9歳の壁を越えるために―生活言語から学習言語への移行を考える』，北大路書房，2013

思春期の発達

●**思春期とは** 思春期（puberty）とは，児童期に続く青年期の入口にあたる時期であり，第二次性徴の発現という性的成熟（pubertyは語源的に発毛を意味している）と，これに伴う心の成長がみられる時期である．この時期の子どもにとっては，急激な身体的変化を受け入れながら自己を確立していくことが大きなテーマとなる．心の成長と身体的発達とがアンバランスな時期であり，情緒が不安定になることから，思春期は「疾風怒涛の時代」や「揺れ動く危うさの時代」などと表現される．

●**思春期の時期** 思春期は第二次性徴の発現から始まる．脳の視床下部に集中している内分泌細胞から排出されたホルモンが血流に乗って全身に広がり，体中の細胞が一斉に大きな変化を始める．日本を含めた先進諸国では，この1世紀ほどの間に第二次性徴が早まる「発達加速現象」（accelerasion）がみられ，わが国の女子の初潮年齢の平均は約12歳に，男子の精通体験は13歳前後になっている．思春期は，学齢でいえば小学生高学年から中学生にかけて始まり，高校生から大学入学頃まで続く．発達段階による特徴を明らかにするために，思春期初期（12～13歳）・思春期中期（14～15歳）・思春期後期（16～18歳）や，思春期前半（主に中学時代）・思春期後半（主に高校時代）に分けることがある．

●**思春期の発達** 本書の構成を考慮し，特に中学生の時期の子どもたちの発達について特徴を説明する．なお，思春期の現れ方は歴史的・社会的条件で異なることに，留意が必要である．

〈抽象的思考の発達〉 人間の脳は20歳頃までに完成するといわれる．思春期には子どもたちの知的能力が高まり，具体的操作期から形式的操作期へ移行し，仮説演繹的思考，組合せ思考，命題を単位とした思考などが可能になる．例えば，学習指導要領では，小学校1年で「具体物を用いた活動などを通して，数量やその関係を言葉，数，式，図などに表したり読み取ったりすることができるようにする．（算数；数量関係）」とされている目標が，中学校1年では「文字を用いることや方程式の必要性と意味を理解するとともに，数量の関係や法則などを一般的にかつ簡潔に表現して処理したり，一元一次方程式を用いたりする能力を培う．（数学；数と式）」と形式的操作を求めるものとなっている．

また，他人の思考過程も論理的に推論できるようになるが，一方で思考の新たな自己中心性も現れ，本人が気にしている自分の容姿などに，周囲の人間も同じく関心をもっていると考える傾向がみられる．

さらに，未来について見通しをもって考えることができるようになり，自分の

将来についても,具体的な段階を想像しながら展望することができるようになる.多くの中学校で行われている職場訪問や職場体験などのキャリア教育が効果的な時期となる.

〈自我の目覚め〉 自我の目覚めは,まず身近な大人である親や教師への反抗や批判という形で現れる.この時期の子どもは,親の背丈に近づき,性的成熟を自覚し,一人前の人間として扱われることを要求するが,大人の目には依然として未熟な存在と映り,子ども扱いを受けることが多い.知的能力の高まりとともに,子どもは干渉や支配をしてくる大人の言動に鋭敏に反応し,激しく反発する.この時期を「第二反抗期」と呼ぶ.しかし,一方では社会的に未熟であり生活力がないことも自覚しており,大人の口調で反抗してくるかと思うと,幼い子どものような触れ合いを求めてくることもあるなど,独立の欲求と依存の実態による葛藤が過度に情緒的な反応を示すことがある.

〈思春期の危機〉 心と身体のアンバランスな発達は,危機をもたらす.また,子どもが思春期を迎える時期の親は仕事が忙しく,十分な心の余裕がない時期である.さらに,中学校や高校への進学など子どもたちには社会的にも大きなストレスがかかっていることが危機を増幅させる.その結果,多くの子どもが情緒不安定になりやすくなり,抑うつ傾向を訴える子どもが増加したり,非行が増加したりするなどの問題が顕在化する.

また,中学生の20%以上が抑うつ傾向を訴えているという調査結果がある.自我の確立の過程で自分と他人を比較し,自己評価を下げることでさまざまに悩む生徒もみられる.また,女子には性的成熟に対する受け止め方に否定的な傾向がみられ,抑うつ傾向の一因となっている.

一方,子どもたちは親から「心理的離乳」をし,興味関心を同じくする仲良しグループ(チャム・グループ)を形成する.女子中学生のグループが自分たちを「ウチら」と表現したりするのは象徴的である.友人関係は,対人関係能力の学習や情緒の安定,自己認知のモデルとなるなど,危機を乗り越えて発達するために重要な機能を果たしているが,仲間内での同調圧力が強く,「いじめ」の原因となることもある.また,万引きやホームレスへの暴行など,反社会的行動を集団で行うこともあり,生徒指導上の課題となっている. [小池公夫]

引用・参考文献
[1] 文部科学省,「生徒指導提要」,2010
[2] 文部科学省編集,『思春期の子どもと向き合うために』,ぎょうせい,2001
[3] 保坂亨,『いま思春期を問い直す』,東京大学出版会,2010

Chapter 4

子どもと家族・家庭

変容する家族と子育ち・子育て
　(1) 子ども観・子育ての変化 —— 60
　(2) 現代の家族に関わる法制度 —— 62
多様な家族と子育ち・子育て —— 66
家族の生活と子どもの自立
　——定位家族から創設家族への過程
　————————————————— 68
家庭における暴力 —————— 70
情報化・商品化社会の子育て —— 72
育児困難・育児不安 ————— 74
親になる過程——妊娠と出産 —— 76
親になるための資質——親の育ち —— 78
ワーク・ライフ・バランス ——— 80
母子関係研究の動向 ————— 82
子どもと貧困 ———————— 84

変容する家族と子育ち・子育て（1）
──子ども観・子育ての変化

●**戦後日本の人口動態と少産少死化**　一人の女性が生涯に産む子どもの数を示す合計特殊出生率は，1947～1949年のいわゆる第1次ベビーブーム期に4を超えた．しかしその後急激に低下し，1956年に2.22となって初めて人口置き換え水準（人口の増減なく親世代と同数で置き換わる指標）を下回った（女性の死亡率等で水準が変動するため同年水準は2.24であり，例えば2012年の水準は2.07である）．1989年にはこの合計特殊出生率は1.57となり丙午（ひのえうま）の1966年値を下回ったことから「1.57ショック」と称され，少子化とその対策への社会的な注目を集めた．背景に未婚化・非婚化，晩婚化・晩産化の進行が指摘されている．なお，2005年に1.26を記録後は微増傾向となり，2013年には1.43となった．一方で乳児死亡率（出生千対）は，1939年までは100以上であったが，1976年には10を下回り，2013年には2.1となるなど高い母子保健水準を示す世界有数の低死亡率国となっている．

●**生殖医療と子どもを産むこと**　少子化対策のほか，母子保健の基本施策である「健やか親子21（2001～2014年）」においても不妊治療支援が盛り込まれ，体外受精に関して特定治療支援事業による給付が行われている．日本の体外受精による出産児数は2010年には28,000人を超え，総出生児数の2.70%を占めた．不妊治療に関わる生殖補助医療技術を指す生殖技術の開発は，親の定義が多義的となる側面もあり，親子関係に関する法整備も課題となっている．2013年には，臨床研究として妊婦の血液からダウン症などの胎児の染色体異常を調べる新型出生前診断が始まった．羊水検査により確定診断がなされるが，簡便な方法であり安易な人工妊娠中絶などの懸念，障がいについての理解やカウンセリングの重要性が指摘されている．今日でも個々人には，子どもを「授かる」という意識や表現はみられるが，「つくる子ども」の時代の到来ともいえる．子どもの数だけでなく，子どもの質を選択し得る技術のあり方が問われている．

　カイロの国際人口会議（1994年）および北京世界女性会議（1995年）を機に日本でもリプロダクティブ・ヘルス／ライツ，すなわち「性と生殖をめぐる健康と権利」の概念が普及してきた．ここでは，子どもを産むか産まないか，いつ何人産むかを当事者が決める自由と責任をもち決定すること，それを可能にする情報と手段を有することを基本的人権として位置づけている．これまで人工妊娠中絶や生殖技術の利用に関しては，女性の自己決定権と胎児の権利が対立的に論じられる場合があった．しかし，人口の質と量の管理を目的とする人口政策が，子どもと女性を犠牲にしてきた側面があることを踏まえ，このような対立的な論点

を越え，子どもの養育環境の改善と産むことに関わる自己決定を行い得る情報提供の推進が求められる．

●**子ども・子育ての意味や価値**　「内閣府 少子社会に関する国際意識調査報告」（2011年）によると，日本では子どもについて「結婚したらかならずもつべき」という項目に肯定的回答が7割以上を占める．また，子どもをもつことについて，「生活が楽しくなる」「自然なこと」が選択される割合が高い．このほか，「将来の社会の担い手となる」「夫婦関係を安定化させる」「子孫を残すことができる」など総じて肯定的な意味づけがされている．一方，子どもをもつことで生じる時間的な制約については，女性が男性よりも重く捉えている．

　夫婦の「理想の子ども数」は2人ないし3人が多いが，平均理想子ども数に対し，平均予定子ども数が下回っており，その最大の理由として，子育てにかかる経済的負担が指摘されている．子どもへの期待では，老後の扶養のような経済的価値ではなく，精神的価値を求めることが指摘されているが，1980年代より男女児選好が逆転し女児選好が高く定着するなど，子どもへの性別期待の変化もうかがわれる（「国立社会保障・人口問題研究所　第14回出生動向基本調査」（2011年））．

●**子どもの育ちと親・家族の役割**　子育てを誰が担うかは，歴史的，文化的に異なる側面をもつ．例えば，近代以前の日本の産育習俗，すなわち出産・育児についての民衆の知恵や手続きには，子どもの成長の節目ごとの氏神と関わる行事や，見よう見まねの子育ての伝承があり，共同体の子育てネットワークともいうべき人間関係を垣間見ることができる．現在では，病院出産が主流となり子育ては学習するものとなった．親を第一義的な養育責任者として位置づけ，教育・福祉制度が整備されてきたが，地域社会の変化や生活実態に十分に対応できていない面がある．無戸籍児童，居所不明児童，児童虐待，貧困の世代間連鎖など，社会的に存在が認められない子どもや生命すら脅かされるケースへの対応も必要となっている．子どもの最も身近な発達環境とされる家族であるが，今日の個人と家族の関係については，平均的・画一的な家族周期論では捉えきれず，個人のとる多様な生き方を反映するライフコースによる視点をとるようになった．「ファミリー・アイデンティティ（これが私の家族）」のような当事者の意識を重視した家族論も注目されている．子どもの発達環境としては，今日の「家族」の多様な関係性に応じて，ともに機能し得る場・人によるネットワークづくりが必要である．

［金子省子］

📖 引用・参考文献
[1]　厚生労働省，「平成27年　我が国の人口動態—平成25年までの動向—」，2015年

変容する家族と子育ち・子育て（2）
——現代の家族に関わる法制度

　家族は，「夫婦を中核としてその近親の血縁者が住居を共にして生活している小集団」（『社会学事典』1973：95，有斐閣），「配偶関係や血縁関係によって結ばれた親族関係を基礎にして成立する小集団」（『社会学事典』1988：138，弘文堂），「居住共同に基づいて形成された親族集団」（『新社会学辞典』1993：177，有斐閣）と定義されているように，配偶（婚姻）関係と血縁関係を基本に形成されている．日本国憲法の第24条には，「婚姻は，両性の合意のみに基づいて成立し，夫婦が同等の権利を有することを基本として，相互の協力により，維持されなければならない．配偶者の選択，財産権，相続，住居の選定，離婚並びに婚姻及び家族に関するその他の事項に関しては，法律は，個人の尊厳と両性の本質的平等に立脚して，制定されなければならない」と定められている．つまり，結婚は男女の合意で成立し，夫婦は同等の権利をもつ．さらに，家族に関するすべての法律は個人の尊厳と両性の平等を基に制定されなければならない．現代の家族は，「個人化」「多様化」という言葉で特徴づけられるように画一的な視点で定義するのは難しいが，家族は，憲法をはじめ，民法，戸籍法，その他さまざまな法制度と関わり支えられている．

●**現代の家族と民法**　まず，民法における家族関連条項を抜粋した表1を参照に，「婚姻と夫婦」「親と子」「離婚と子」に関わる民法の規定を確認しよう（婚姻は結婚を指す法律用語である．条文引用は婚姻，その他は結婚と表記した）．日本では，男性は満18歳，女性は満16歳以上で婚姻できる（731条）が，満20歳以上を成人と定める（4条）ために未成年の婚姻には，父母の同意が必要である（737条）．禁止事項として，重婚（732条），女性の再婚禁止期間（733条），近親婚（734条）が定められている．夫婦同姓の原則を基に夫または妻の姓を選択しなければならず（750条），夫婦には，同居し，協力，扶助する義務があり（752条），夫婦の一方が日常の家事に関して第三者と法律行為をしたときは連帯の責任を問われる（761条）．日本では，「嫡出性の推定」条項に基づいて，妻が婚姻中に懐胎した子と結婚後200日過ぎて生まれた子は夫の子として推定，さらに，離婚後300日以内に生まれた子は元夫の子として推定される（772条）．父母は，未成年の子の親権者として，子の監護及び教育をする権利と義務をもつ（820条）．日本の離婚には，夫と妻の合意によって成立する協議離婚（763条）と家庭裁判所の介入によって成立する裁判離婚（770条）がある．協議離婚が成立しない場合，家事事件手続規則に基づいて，夫または妻は家庭裁判所に夫婦関係等調整調停申立をし，調停，審判を受けることができる．調停や審判後も離婚が成立しない場

合は，裁判を申立てることができる．子の親権は，父母の婚姻中は父母が共同親権者になるが（818条），離婚の際には父母の一方のみが親権者になる（819条）．子と別居する親は，子と面会交流することができる．その際，子の利益が最優先されなければならない（766条）．民法には，表1の条文の他に家族に関わる条

表1 家族と民法

○婚姻と夫婦
- 婚姻適齢（731条）：男は満18歳に，女は満16歳にならなければ，婚姻することはできない．
- 重婚の禁止（732条）：配偶者のある者は，重ねて婚姻することができない．
- 再婚禁止期間（733条）：女は，前婚の解消または取消の日から六箇月を経過した後でなければ，再婚をすることができない．
- 近親婚の制限（734条）：直系血族又は三親等内の傍系血族の間には，婚姻をすることができない．但し養子と養方の傍系血族との間では，この限りでない．
- 未成年者の婚姻についての父母の同意（737条）：未成年の子が婚姻をするには，父母の同意をえなければならない．
- 婚姻の届け出（739条）：婚姻は，戸籍法の定めるところによりこれを届け出ることによって，その効力を生じる．
- 夫婦の氏（750条）：夫婦は，婚姻の際に定めるところに従い，夫又は妻の氏を称する．
- 同居，協力及び扶助の義務（752条）：夫婦は同居し，互に協力し扶助しなければならない．
- 日常の家事による債務の連帯責任（761条）：「夫婦の一方が日常の家事に関して第三者と法律行為をしたときは，他の一方は，これによって生じた債務について，連帯してその責任を任ずる．

○親と子
- 嫡出性の推定（772条）：①妻が婚姻中に懐胎した子は，夫の子と推定する．②婚姻の成立の日から二百日を経過した後又は婚姻の解消若しくは取消の日から三百日以内に生まれた子は，婚姻中に懐胎した者と推定する．
- 親権者（818条）：①成年に達しない子は，父母の親権に服する．②子が養子であるときは，養親の親権に服する．③親権は，父母の婚姻中は，父母が共同してこれを行う．但し，父母の一方が親権を行うことができないときは，他の一方が，これを行う．
- 監護及び教育の権利義務（820条）：親権を行う者は，子の利益のために子の監護及び教育をする権利を有し，義務を負う．

○離婚と子
- 協議上の離婚（763条）：夫婦は，その協議で，離婚をすることができる．
- 離婚後の子の監護に関する事項の定め等（766条）：父母が協議上の離婚をするときは，子の監護をすべき者，父又は母と子との面会及びその他の交流，子の監護に要する費用の分担その他の子の監護について必要な事項は，その協議で定める．この場合においては，子の利益を最も優先して考慮しなければならない．
- 裁判上の離婚（770条）：夫婦の一方は，次に掲げる場合に限り，離婚の訴えを提起することができる．①配偶者に不貞な行為があったとき．②配偶者から悪意で遺棄されたとき．③配偶者の生死が三年以上明らかでないとき．④配偶者が強度の精神病にかかり，回復の見込みがないとき．⑤その他婚姻を継続し難い重大な事由があるとき．
- 離婚又は認知の場合の親権者（819条）：①父母が協議上の離婚をするときは，その協議で，その一方を親権者と定めなければならない．②裁判上の離婚の場合には，裁判所は，父母の一方を親権者と定める．③子の出生前に父母が離婚した場合には，親権は，母が行う．ただし，子の出生後に，父母の協議で，父を親権者と定めることができる．

文が数多く定められており，それらによって私たちの家族生活は支えられている．

●**家族の変容と民法改正**　個人化，多様化，未婚化，非婚化，熟年離婚，少子・高齢化などは，現代日本の家族の現状と家族の変容を示す言葉である．家族の変容は，家族を支える法律改正の議論にもつながる．例えば，1996年には，結婚年齢，再婚禁止期間，夫婦の氏，協議上の離婚，裁判上の離婚，相続など12事項に関連する「民法の一部を改正する法律要綱案」（以下「民法改正案」の略記）が法制審議会で決定された．改正案には，結婚できる年齢を男女ともに満18歳以上にすること，女子の再婚禁止期間を100日にすること，夫婦別姓を選択できること，離婚後の父母と子の面接交流を認めること，嫡出子と非嫡出子の相続分を同等にすることなどが盛り込まれた．「民法改正案」は1997年の国会で棄却され見送りになったが，その後，一部は改正され，一部は改正されないまま現在に至っている．

　2014年現在，改正されたのは，離婚後の父母と子の面接交流権と嫡出子と非嫡出子との相続に関する条文である．面接交流権については，表1の「離婚後の子の監護に関する事項の定め等」の条文の通りである（2011.5.27改正，2012.4.1施行）．日本では，2012年の改正民法の施行まで，監護権をもたない父母と子との面接交流を保障する法律はなかったが，1965年以降の審判によって，子の人格の円滑な発達という観点から，監護権をもたない父母の一方と子との面接交渉が認められていた．その現状を2011年の民法改正を以って明文化したのである．現在，日本の民法は，離婚した父母のどちらかの一方のみが子の親権をもつことを定めているが，日本以外の多くの国は父母の共同親権を認めている．日本も子の利益を最優先するという観点に基づく父母の共同親権を認める法改正が必要である．嫡出子と非嫡出子の相続に関する民法改正前の条文は，非嫡出子の法廷相続分は嫡出子の2分の1とするという不平等な内容であった．2013年9月4日の最高裁判決は，二者間の不平等は違憲であると判断し，同年12月5日には「民法の一部を改正する法律」が成立（2013.12.11施行（2013.9.5開始相続から適用））した．民法900条4号の非嫡出子の相続分の規定は削除され，二者間の不平等な取り扱いが解消された．

　「民法改正案」の結婚年齢，再婚禁止期間，夫婦の氏などの事項は，まだ改正されていない．その他「民法改正案」にはないが，表1の「嫡出性の推定」のように改正の検討を必要とする条文がある．同条文は，本来は子の福祉を目的とした規定であるが，②項によって結果的に子の福祉に反する「無戸籍児問題」や「離婚後300日問題」が生じている．子の福祉を最優先した法改正に向けての検討が必要である．法改正は慎重に検討しなければならないが，生活上の不利益を被る人々も多い現状を考慮し，家族の変容に伴う法改正の検討を急ぐ必要がある．

●**子育ち・子育て支援の動向**　「すべて国民は，児童が心身ともに健やかに生まれ，

且つ，育成されるよう努めなければならない．すべて児童は，ひとしくその生活を保障され，愛護されなければならない」と定めた児童福祉法（1947）をはじめ，母子福祉法（1961，現・母子及び父子並びに寡婦福祉法），児童扶養手当法（1961），特別児童扶養手当等の支給に関する法律（1964），母子保健法（1965），児童手当法（1971）など，子ども福祉や子育て環境に関わる法律が制定されている．また，1989年の合計特殊出生率「1.57ショック」を契機に，政府は，少子化対策と子育ち・子育て環境整備をめざしてさまざまな対策を打ち出している．育児休業法（1990），エンゼルプラン（1994），少子化社会対策基本法（2003），次世代育成支援対策推進法（2003），子ども・子育てビジョン（2010），子ども・子育て関連3法（2012）などがそれである．2015年からは，子ども・子育て関連3法に基づいて子ども・子育て支援新制度が実施されている．

　2013年には，子どもの生活保障の観点から2つの法律が制定された．一つは，子どもの貧困対策の推進に関する法律（2013.6.26成立，2014.1.17施行）である．同法の目的は，子どもの将来がその生まれ育った環境によって左右されることがないように子どもの貧困対策を総合的に推進することである．厚生労働省の「平成25年国民生活基礎調査」（2014）によれば，2012年の子どもの貧困率（17歳以下）は16.3％になっており，1985年の10.9％と比べて非常に高く，過去最高値を更新している．子どものいる現役世帯のうち，大人が一人の世帯の貧困率は54.6％，大人が2人いる世帯の貧困率は12.4％で，特に，ひとり親家族など大人一人で子どもを養育している家庭における貧困の実態が明らかになっている．このような状況の中，子どもの貧困は早急に解消すべき事項として位置づけられ，子どもの貧困の解消と貧困の世代的再生産と連鎖を断ち切るために，子どもの貧困対策の推進に関する法律が成立された．法律に基づく的確な実践が待たれる．

　もう一つは，1980年に採択された国際的な子の奪取の民事上の側面に関する条約（通称「ハーグ条約」）に基づく，国際的な子の奪取の民事上の側面に関する条約の実施に関する法律（2013.6.19成立，2014.4.1効力発生）である．同法の目的は，子が，不法に連れ去られたり留置された場合，子を常居所であった国に返還するなど，子の利益を図ることであり，条約締約国間で効力を発生する．主に国際結婚の破綻による子の連れ去りなどが想定されるが，同じ国籍のカップル・夫婦にも適用される．日本人に対するハーグ条約の初適用は英国裁判所からなされた（2014.7.22付）．返還の対象は別居中の日本人夫婦の7歳の子で，英国の裁判所は，母子が父との約束の期間を超えて英国に滞在するのはハーグ条約に違反するとして，子を日本に返還することを命じている（朝日新聞2014.7.30付）．家族の多様化と国際化の進行が今後も予想される中，家族と関わる法制度の整備も引き続き必要である．

[李　璟媛]

多様な家族と子育ち・子育て

　子どもは，多くの場合，両親によって監護，養育されるが，諸事情により養親，または里親に監護，養育される場合や，母親または父親のどちらかの一人に監護，養育される場合，祖父母のみに監護，養育される場合，施設等において監護，養育される場合など，子育ち・子育て状況はさまざまである．

●**里子・里親家族**　里親制度は児童福祉法に基づく制度で，里親とは，「保護者のない児童又は保護者に監護させることが不適当であると認められる児童（「児童福祉法」第6条3項8号）を養育することを希望する者で，都道府県知事が児童を委託する者として適当と認める者（同法第6条4項）」である．里親には，養育里親，親族里親，短期里親および専門里親がいる（「里親の認定等に関する省令」2条）．養育里親になるには，心身ともに健全であり，経済的に困窮しておらず，児童の養育に関し虐待等の問題がないなどの要件を満たす必要がある（同省令第5条）．子どもを里親に委託した場合，子育てに関わる費用は都道府県によって子どもが満18歳になるまで支払われる．

　厚生労働省の「福祉行政報告例」によれば，2012年度末現在，認定・登録里親数は9,392人，そのうち養育里親は7,505人，養育里親に委託されている児童数は2,763人である．2005年以降は，養育里親に委託される児童が2,000人を超えている．また，厚生労働省の「児童養護施設入所児童等調査」（2009）によると，現に里子を委託されている里親が，里親として申し込んだ動機は，「児童福祉への理解から」が37.1%，「子どもを育てたいから」が31.4%，「養子を得たいため」が21.8%などである．里子との今後については，「自立するまで現在の里親家庭で養育する」と答えた里親が60.9%，「養子縁組または里親委託する」が17.0%，「保護者のもとへ復帰する」が13.8%である．実際に，帰省，面会，電話や手紙などにより家族と交流をもっている里子は27.2%で，7割以上の児童は家族と交流していなかった．現行の里親制度における親子関係は，里子が満18歳に達した時点で終了するため，里親・里子関係が解除された後，成人に達するまでの間の里子の生活は保障されず不安定な状況に置かれる．現在は，里親が里子を養子として縁組を行い，引き続き里子を子として育てる場合もあるが，その際，都道府県からの費用は支払われないため，経済的な負担を強いられる．今後は，里子が安心して育てられるように，また里親が安心して子どもを育てられるように，子の年齢と生活保障に関連する規定改正の検討が必要である．同時に，里子が実親のもとへ戻る際は，円滑に復帰できるように支援することも必要である．

●**養子・養親家族**　養子縁組は，（普通）養子縁組と特別養子縁組があり，（普通）

養子縁組は成人であれば養親になることが可能である（民法792条）。特別養子縁組の場合は，養親は養子の実親の同意を得ること，結婚した夫婦であることが要件であり，家庭裁判所の許可が必要である．特別養子縁組は，子の利益のため特に必要であると認めるときに成立する．夫婦の一方は少なくとも25歳以上でなければならないこと，子の年齢は6歳未満であることが原則である（民法817条）．

養子・養親と里子・里親の関係で異なるのは，養子は縁組の日から養親の嫡出子の身分を取得するが（民法809条），里子は里親と嫡出子としての親子関係をもつことはできず，契約期間が満了する時点で，里子・里親関係は終了するということである．

●**ひとり親と子の家族**　「国民生活基礎調査」（2014）によれば，2013年6月現在，全国の世帯総数は5,011万2千世帯で，そのうち児童のいる世帯は1,208万5千世帯である．「夫婦と未婚の子のみの世帯」が870万7千世帯で最も多く，「3世代世帯」が196万5千世帯，「ひとり親と未婚の子のみの世帯」が91万2千世帯である．ひとり親世帯のうち，母子世帯は82万1千世帯，父子世帯は9万1千世帯である．

ひとり親世帯になる理由は，死別，離婚，未婚の親などさまざまであるが，2011年度の「全国母子世帯等調査」（2012）によれば，母子，父子世帯ともに離婚によるひとり親世帯が最も多く，8割前後を占める．末子の平均年齢は，母子世帯の場合10.7歳，父子世帯の場合12.3歳，母子世帯の平均収入は291万円，父子世帯は455万円である．子どもについての悩みは，母，父ともに教育・進学に関する悩みが最も多い．母子世帯の2割と父子世帯の5割弱は相談相手がおらず，そのうち母親の6割と父親の5割は相談相手が欲しいと回答しており，ひとり親世帯における親の孤立状況が明らかになっている．離婚によるひとり親家族の場合，子と別居する親との面会交流の取決めをしているのは，母・父ともに2割前後である．面会交流を行ったことのない母親は5割，父親は4割である．2011年の調査は，面接交流権（2012年4月1日から民法766条に基づき施行）が明文化される前の調査であるため，今後は変わることも予想されるが，現在，親と子で定期的に面接交流をしている例はかなり少ない．ひとり親家族の多くは，親における経済的困難，相談相手のいない孤立状態，子の教育や進学をめぐる悩みなど，子育てにおける不安定な状況にある．2010年からは，児童扶養手当法の改正により，母子世帯のみでなく，父子世帯も手当を受給できるようになり，さらに2014年10月からは，母子および寡婦福祉法の改正により，対象が母子世帯から父子世帯へ拡大したことで，父子世帯の子育て支援もある程度整備されつつある．今後は，母子，父子世帯に共通した支援のみでなく，母子，父子世帯の置かれている現状を理解した上で，継続して支援策を整備する必要がある．

〔李　璟媛〕

家族の生活と子どもの自立
——定位家族から創設家族への過程

●**大人として親離れしていく精神過程**　ここでは，子どもを青年期までとする．また，自立は，その概念が多様である．発達過程のどの時期にもその時期なりの自立があるとも考えられるが，また一方で，生涯かけて目指す概念としても捉えられる．ここでは，そうしたことを踏まえつつも，家族における発達を考え，定位家族（生まれた家族）から創設家族（自ら創る家族）へ向かい，大人として親離れをしていく精神的過程を指すことにする．

そこでまず，大人とはどういう人か，それもまた多様であるが，ここでは生活主体の形成という側面から金田の著作（『生活主体発達論』2004 ほか）をもとに述べる．

大人とは，次の四つの活動の主体となる，あるいはなろうとしている人を指す．この四つの活動を三つの「セイ」（生，政，性）という文字で表すことができる．

『生』は，生産と生活の「生」である．「生産」の「生」は，社会的な生産活動に参加し経済的に自立する，あるいはその方向に向かう主体になることを意味する．「生活」の「生」は，生産活動からすると再生産つまり生産活動の前提となる生命維持に必要な衣・食・住生活の主体になることである．生活は直接生命維持の活動であり，生産はそのために不可欠な間接的生命維持の活動とも考えられる．経済的に広義の人間生活を分析するならば，この２つの循環で説明がつく．

しかし，人間生活をどの方向に向かわせていきたいのか，自分の乗っている船の方向を決める主体でもあらねば真の自立にはならない．そこで次に生活の方向性を意味する政治の『政』が登場する．「政」は，自分自身の生産と生活の方向性の主体になることであり，大人としての不可欠な自立の心棒になる．

では，生と政があれば人間生活は可能かといえば，それでは一代で滅びてしまう．そこに『性』が登場する．人間生活そのものが未来に向けて持続していくには，子どもの存在が欠かせない．つまり直接生命の生産である性生産とその育成の主体になることである．子どもの育成は，自分の子どもをもつかどうかに関わらず，人類の子育てへの責任をもつことを自らの生活の中に位置づけていることが「性」の主体になることを意味する．

●**子ども時代の自立**　子ども時代の自立はどうか．子どもにもまた，これに匹敵する四つの活動・三つのセイがある．『生』のうちの生産活動は，子どもも能動的に外界に働きかけ，かけ返されて自分をつくる，遊び・学ぶ活動は，生産そのものではないが生産につながる『生産的』活動といえる．また，生活の『生』は能動的生産的活動から見た再生産にあたり，大人にも子どもにも生きている者すべてに不可欠な生命維持活動であり，その主体になることが発達に応じて不可欠

な活動である．つまりよく言われるところの「基本的生活習慣の自立」にあたる．

『政』は，子どもにとっても，自らの活動の方向に意見をもちその方向への主体となることを意味し，子どもの権利条約でいう意見表明権に呼応するといえる．

子どもにとっての『性』とは何か．これは子どもにとっても，異世代と発展的に関わる能力・態度にあたる．子どもにとっての子育ては『育てられている時代に育てることを学ぶ』(金田 2003)ことを意味する．すなわち，それは自分よりより幼い子どもへの養護性とともに，障害をもっているもの，あるいは年上のものと，それぞれの立場に立ち，互いの発展を目指した関わりの主体となれる能力・態度ではないかと思われる．このように子どもにとっても生活主体としての自立がある．

●**子どもから大人への生活主体の転換**　この転換をどのように行っていくのか．

四つの活動の点からみると，「生産」活動の系では，遊び・学習から社会的生産活動による経済的自立の方向へ，「生活」活動の系では，大人と共通であるが，部分的から全体的自立へ，「政治」の政の活動においては，比較的身近な社会への参画から，身の回りから国政に至るまでの政治主体に，そして「性」においてはまさに「生まれた家族(定位家族)」から自ら創る家族(創設家族)」へと志向が転換する過程における精神的変化が自立の過程にあたる．ここでは，親離れの中心にもあたる「定位」から「創設」への過渡期の心の動きについて述べる．

成長中の世代の人たちによる「三つの願い」(カナーのテストの応用による，金田「子どもと家庭生活」清野きみ編『家庭経営学』1993)の記述を見ると，定位家族から離れたい願いをもち始めるのが思春期の始まりであり，そのころ異性への関心も強くなる．経済的自立には程遠く，体はどっぷり定位家族にいるにもかかわらず，心は片足そこから出ており，創設家族への志向がみられる．親が何か訊くと「ウッセイ」などと反発するのがその時期にあたる．その時期を経て，一人暮らしなどを経験してしばらく経つと親を見る目が逆になり扶養の目になる．この時も半分は親の援助下の生活であるが，精神的には親の元を離れていく出口にあることがわかる．

●**子どもの自立と親の役割**　子どもは親・家族の中に生まれ，家族生活，保育所・幼稚園，学校，そして放課後の学童保育や地域生活等社会的な生活の両面を経験する中でこの課題を遂げていく．しかし近年では，家族，地域も人間関係の希薄化が進行してきており，学校でも自治の教育が十分にされているとはいえない．そうした中で，親は子どもの個の側面に即して，対話などで考えを伝えると共に，自立を目指すからこそ受け止め共感する姿勢で子どもに接すること，保育所・幼稚園，学校などの社会機関と，そして親同士も連携していくことが望まれる．前近代の個を無視した地域のつながりをそのままでなく，個を重視する近代を踏まえた新たな関係を創造していくよう，世代間交流(世代間交流学会誌および著書 2009 ほか)などの創造に取り組み，子どもと共に家族ぐるみで地域づくりの主体になっていくことが子どもの自立のために必然になる．　　　　　　　　　　　　［金田利子］

家庭における暴力

　家庭は私たちの生きていく基盤となる場であり，家族の心身の健康に重要な役割を果たす．家族の主な機能は，情緒的な安心感や身体の安全を提供することである．家族成員が家に帰るとほっとして，1日のよい出来事やうまくいかなかったり，腹が立った経験も話すことができ，それに対して「悔しかったね」などと感情を受けとめてもらい，困ったことがあれば解決策を話し合い，空腹を満たして安眠できる家庭は，家族の心身の健康を保障する．このように家庭が機能していると，家族成員は感情がコントロールされ，興味のあるものに向かって能力を発揮し，自律的に生活できる．逆に，虐待や家庭内暴力（Domestic Violence，以下DVと略す）のような親子間，夫婦間の暴力は，家族の果たすべき機能を阻害し，家族構成員のメンタルヘルスを悪化させ，子どもの心身の発達を妨げる．

●**家庭における暴力とは**　家庭内の暴力には，殴る・蹴る・やけどをさせるなどの身体的な暴力，叱責や脅し，大きな声で威嚇する，あるいは無視するなどの心理的に追いつめる暴力，性的な行為の強要や画像・映像を見せるなどの性的な暴力，けがや病気の手当をしない，あるいは衣食住の面倒をみないネグレクト，友人や親戚とのつきあいや就労などの社会的な活動を制限する社会的な暴力，生活に必要なだけの金を渡さない経済的な暴力，物の破壊などがある．

　暴力は人に強い影響を与え，注意や行動をコントロールする．家族成員はいつ暴力がふるわれるのか，暴力をふるう人の機嫌や気配を気にして，他のことに関心やエネルギーが向かなくなる．暴力をふるう人が帰宅すると緊張状態になり，心拍数が上がり覚醒しているので心身共に疲弊する．その生活は暴力に左右され，暴力がなければありがたいと思い，パートナーの暴力が子どもに向いたときに，それを守ることも難しくなることがある．

　そして暴力がいかに理不尽でも外傷になっても，自分がきちんと家事ができないから，注意されたことを守れないから仕方ないと合理化する傾向がある．また，いつもはいい人だから，暴力の後に謝ってくれるし，私がいないとだめになってしまうなどの理由で，暴力をふるうパートナーから離れるのは難しい．一度はシェルターに隠れても，自ら元に戻ることもある．両親がそろっていないと子どもにかわいそうだという理由で暴力をふるうパートナーから離れないこともあるが，暴力のある家庭のコミュニケーションの心身の発達への影響は深刻である．

●**家庭内における暴力の子どもへの影響**　家庭に暴力があると，子どもは自分の欲求に従って自律的に生きることが難しくなる．家庭や学校での人間関係に安心できず不登校や心身の症状を示すことがある．家庭では夫婦の争いを緩和するた

めに，道化を演じたり，過剰に「よい子」でいて，自分自身の興味や関心ではなく，どうすれば両親が感情的にならないかということが行動の選択基準になる．その結果成績がよかったり，部活や生徒会で活躍をしたりと学校の中では適応的に見えることもある．しかし，自分は何者かというアイデンティティの課題に向き合う思春期に混乱することがある．

また，継続的に暴力に直面していると，少し離れてそれを眺めているような自分を想定し，意識を分離する解離の機制を使うようになることがある．これは暴力による心身の痛みを緩和するのに適応する対処方法として身に付けた心的機制だが，日常生活では困ることになる．例えば，時間的な連続性が曖昧になり，記憶していない時があるので，先生の指示や連絡帳に書いたことを忘れてしまったり，約束したことを忘れてしまいうそをついているように見えることがある．また記憶が不鮮明なため無意識に大量のものを食べてしまうという過食など，自分をコントロールできないことや，学習や社会生活での失敗経験が積み重なる．その結果，叱責や不全感により自信を失い，社会生活に支障がでることになる．

暴力に対しては，親和的になる場合も過敏になることもある．例えば，本来恐怖を感じるべきことなのに，3階の窓から木に飛び移ったり，ガラスを叩いたり，他の子どもが嫌がることをしてニコニコしていたりするのは親和的な例である．さらに成長とともに万引きやスピード違反の運転，薬物やギャンブル，アルコールなどの嗜癖，性的な行動などの外化行動を示す．過敏になる場合は，人の態度や気配に過敏に恐がり，電車に乗るのが怖くなったり，学校を休みがちになったり，引きこもったりする抑うつや不安の内化行動を示す傾向がある．

●暴力への対応　どのような家族にも葛藤はあるものだが，それを建設的に解決できるかどうかが重要である．夫婦のどちらか一方が折れて，妥協したり謝ったりして解決をすること，そして肯定的な感情をお互いにまだ抱いていることを子どもに示すことが望ましい．

深刻な暴力からは，離れて安全な環境に身を置くことが第一の対応である．そして，暴力は子どものせいではないということを伝え，罪悪感を減らし自尊感情を高めるように働きかける．一方，暴力をふるう人にも，自分自身の被暴力経験や経済的な困難などの背景要因があるので，カウンセリングや心理教育を通して，叩かざるを得ない事情は受けとめつつ，暴力はしない，そのためにどうするのかということを考え，実践をしていく手助けが必要になる．　　　　　　　　[安藤智子]

引用・参考文献

[1] ジュディス・L. ハーマン著，中井久夫訳，『心的外傷と回復』，みすず書房，1999
[2] クロス・トロッター著，清水隆則監訳，『援助を求めないクライエントへの対応』，明石書店，2007
[3] 友田明美，『いやされない傷：児童虐待と傷ついていく脳』，診断と治療社，2011

情報化・商品化社会の子育て

●**情報化社会の子育て** 核家族の増加や家族の小規模化に伴い，家庭内で育児知識を学ぶ機会や経験が乏しいまま子育てを始める親が多くなっている．そのような親はさまざまな情報源から育児情報を取得し，活用しながら子育てを行うことが必要である．育児情報は身近なコミュニティから得るものからマス・メディアに至るまで，多岐にわたっている．情報の選択には，自分の子どもの現状に即した情報である「情報の個別化」と，必要とする情報と回答が即時に得られる「情報の利便性」が求められている．

ところで，手軽に入手できる情報源としてテレビ，ラジオがある．医師や大学教授等の専門家や視聴者が，必要な情報を映像や音声を通して提供するため簡便に入手でき，利用しやすい．また育児書などに代表される書籍は，専門家が育児についての知識・技術・考え方を啓蒙しており，幅広く利用されている．なかでも育児雑誌は専門的な知識を掲載しながら読者が投稿・モニターした結果を盛り込むなど双方向的な情報が得られる．ただしこれらの情報源は，欲しい情報が確実に取り上げられているわけではなく，「情報の個別化」という点においては課題がある．一方で身近な人々からの口コミ情報とWebサイト情報は利便性と個別化が実現されている．

情報収集の手段は家族構成によって異なり，三世代同居家族では祖父母世代から情報を得ることが可能であるが，祖父母と別居または離れた地域に暮らす親は，ソーシャル・ネットワーキング・サービス（コミュニティ型Webサイトの総称，以降SNSとする）を含むWebサイトを主に利用する傾向がある．

●**Webサイト利用の増加** インターネット環境の普及とスマートフォン利用者の増加により，WebサイトとSNSから容易に育児情報が得られるようになった．近年主に閲覧されることが多いのは，企業や団体の情報サイトとブログ（個人や数人のグループで運営され，日々更新される日記的なWebサイトの総称）である．これらの情報は精緻な研究を経たものから，科学的根拠のないものまで同等に掲載されており，情報の選択がむしろ困難になっている．

家族や地域コミュニティの縮小により，慣れない育児を一人で行う母親は，社会の窓口としてメディアを利用し，それにより育児不安が解消される場合がある．ただし，育児不安をもつ母親がインターネット上の情報を鵜呑みにして不適切な子育てを行い，重大な事故につながることもある．正しい情報を子育て家庭に周知していくことが重要であり，子育てに有用な情報を得ることができる子育て支援のアプリケーション等の重要性が専門家から提案されている．

●**育児商品の氾濫** 育児用品の商品化も活発であり，既製の商品なしでの子育ては考えられない．衣類・離乳食・玩具などの日用品から早期教育の教材まで豊富な育児用品が商品化されている．その入手方法も店頭・ネット販売によるものやレンタルに加え，SNSを介した交換・売買も盛んである．

　高品質で多様なニーズに対応する便利な商品が多く出回っているが，おびただしい商品から適切な商品を選択する消費者としての高度な能力が親に求められることになる．安全性が十分に吟味されないまま販売され，重大な事故につながるケースもあり注意が必要である．さらに，ネット販売では法規制が追いついておらずトラブルが多発している．

　また，消費・情報化時代に育った親世代にとっては，子育てもファッション化する傾向がみられ，流行にとらわれた商品選択をしがちであることが指摘されている．育児商品が氾濫する中，自分の子どもに必要な商品を理性的に選択し，適切に入手する能力がますます必要となっている．

●**情報化社会に望まれるもの** 高度な情報化社会により，子育て情報を得ることは容易になった．それゆえ親には氾濫する情報を適切に取捨選択する情報リテラシー（活用能力）が求められる．さらにネットへの親和性が高まると共に依存性が高まる等新たな課題も出現している．メディア情報が普及する社会であっても，今一度地域コミュニティから得られる情報の重要性について考えたい．

［増田啓子］

📖 引用・参考文献
[1] ベネッセ,「乳幼児の親子のメディア活用調査報告書」, ベネッセ教育総合研究所, 2014
[2] 塩澤恵美, 笠原郁子, 五十嵐京子,「育児不安軽減における情報の役割について：育児情報の入手手段の検討」, 明和学園短期大学紀要, **16**, 2005
[3] 山田 隆,「子育てにおけるインターネット活用：携帯電話による子育てホームページ」, 東海女子大学紀要, **25**, 2006
[4] 瀬戸淳子,「子育情報に関するネット活用の現状と課題」, 平成22年度児童関連サービス調査研究等事業報告書, 財団法人子ども未来財団, 2011

育児困難・育児不安

●**構造的な育児困難**　戦後日本の子育てをめぐる動向をみると，1950年代は，育児書や保健所による科学的育児が影響力をもち始めるものの，地域や身近なネットワークが機能していたとされる．1960年代には核家族化，少子化の進行と共に，子育ての責任が母親に対しより強く期待されるようになる．1970年代には働く母親が職場に定着する一方で，乳幼児期の母子関係の重要性が強調された．子どもが幼い時期には母親が家庭で主に子育てをすることが子どもにとって望ましいという，3歳児神話である．家庭外からの支援が得られにくく，父親の育児参加が少ない家庭環境で，母親に対して育児負担が集中しやすくなって，社会構造的に母親の育児困難が生み出されることになったといえる．

　1980年代には専門家による育児情報ではなく等身大の親同士で伝達される横の育児情報が注目されるようになり，育児サークルのような母親の仲間づくりも活発化した．1990年代になると「公園デビュー」といった形で，乳幼児をもつ母親同士の地域での関係づくりの難しさが注目されるようになった．母親同士の人間関係をめぐるトラブルや事件，ストレスという負の側面が注目を浴びた．このように，孤立化の中での母親の仲間づくりのもつ可能性とその裏面にある困難も知られるようになった．こうした中で，育児サークル支援などの取り組みも始まっている．

●**育児不安**　育児不安とは，乳幼児の育児期の困難な状況について，心理的な側面から捉えたもので，母親の抱く育児に対する漠然とした不安を指す．この用語は1970年代後半に使用され始め，その後研究上広く用いられるようになった．現在では一般にもよく知られている．

　この不安の定義については，研究者により異なる面があり，初期の研究では子ども関連育児ストレスと母親関連ストレスによりこれを捉えたものなどがある．また，育児不安尺度の作成に基づく研究なども進められた．乳幼児を育てる母親の抱く不安に着目し，これに関わる就労や周囲の人間関係などの社会的要因の検討が行われるようになっている．

　母親の育児不安に影響する要因としては，母親の就労の有無や父親の育児参加などが検討されてきた．有職よりも無職の母親において不安が高い傾向が示されており，例えば「育児の自信がなくなる」や「自分のやりたいことができなくてあせる」などがより高い割合でみられることが指摘されている．また，父親の育児参加の低い場合に，不安が高くなることも指摘されている．

　原田正文らによる2,000人規模の母親を対象とする調査報告（大阪レポート）

では，父親の育児参加の少なさ，累積されるストレス，相談者が得られないといった要因が不安を高めるとしている．この大阪レポート（1980 年）と同様の質問を含む兵庫レポート（2003 年）では，母親の不安解消には大きな変化がみられず，いわゆる子育て支援策開始後においても，むしろ悪化している点などが明らかにされている．

このような母親中心の育児不安研究の蓄積に対し，近年では父親も研究対象となっている．共働きの父親が，変わらない職場の男性観や，パートナーからの家事・育児期待に，精神的にも肉体的にも追いつめられる場合があることなどが指摘されている．

育児不安の研究は，不安が社会構造の変化や親を取り巻く環境が生み出す困難さの反映であることを明らかにしており，親への支援を考える上で大変重要である．一方で，不安を感じない親に支援が不要とはいえず，子どもへの期待や思いゆえに生じる不安という視点もまた必要となる．

●**子育て支援**　育児不安や児童虐待の顕在化をはじめとし，親や家族・家庭の子育ての機能不全が指摘されている．不安を感じても表明できない親や自身の虐待行動を自覚できない親の問題もある．親への支援には，支援する側が当事者の多様な生活実態や子育てに関わるニーズを把握すると共に，子育てに関わる環境について親自身が意識化でき，行動できるような働きかけが必要となる．

1.57 ショックを背景に少子化対策として始まった子育て支援の諸施策は，形を変えて継続している．しかし，子育てをめぐる困難さや親の抱える不安は解消されていない．待機児童問題などの狭義の保育環境問題も解決されておらず，2010年代現在の日本では，いまだに子育ての負担は母親に偏っている．特に乳児期については，主な養育者は母親で，妊娠・出産時に退職する女性のほか，就労継続の場合も育児休業を取得するのは圧倒的に女性である．女性に偏る子育ての負担解消のため，また，男女共同参画社会の推進という点から，諸外国と比べ日本の男性の家事・育児時間が短いことも問題視されており，ワーク・ライフ・バランス社会の実現が課題となっている．　　　　　　　　　　　　　　　　［金子省子］

📖 引用・参考文献
[1] 原田正文，『子育ての変貌と次世代育成支援―兵庫レポートにみる子育て現場と子ども虐待予防』，名古屋大学出版会，2006
[2] 石井クンツ昌子，『「育メン」現象の社会学―育児・子育て参加への希望を叶えるために』，ミネルヴァ書房，2013

親になる過程──妊娠と出産

　親になる過程は生命の誕生，つまり精子と卵子が出会い，受精が行われた瞬間から始まっている．妊娠初期の母体の異常は先天性疾患の原因になることもあるので，エックス線検査，薬剤の服用，ウイルス感染などに十分注意しなくてはならない．

　妊婦の妊娠期の身体的変化として体重の増加，乳腺の発育のほかに，基礎体温が上がり，新陳代謝が活発化し，ホルモンや自律神経のバランスが崩れるため，さまざまな生理的現象が現れる．妊娠6週頃から70～80%の妊婦に，つわりといって吐き気を中心に嘔吐や食物に対する嫌悪感などがみられるが，12～14週には終わることが多い．ただし，つわりの症状や期間には個人差がある．妊娠中期には，重心が変わる・子宮が膀胱を圧迫する・黄体ホルモンの影響で腸の働きが低下するなどにより，腰痛・頻尿・便秘などの症状がみられることも多い．後期には，妊娠線の出現，血液量の増加による心臓への負担による動悸や息切れ，足などの血管の圧迫による静脈瘤がみられることもある．

　出産後3～10日にかけて，初めての出産を経験した母親に疲労・落胆・涙ぐむこと・無力・不安など，一過性の症状が現れることがある．マタニティブルーと呼ばれるが，ホルモンの急激な変化や心理的社会環境的要因も関わるとされているため，周囲の理解ある対応が求められる．

　もちろん，親になる過程は父親にとっても重要な意味をもつ．ただし，胎児の存在を間接的にしか感じられないため，現実の子どもの出産によって父親としての自覚が高まることが多い．母親との相互で緊密なコミュニケーションをとることにより，意識的に父親になる過程を過ごしていくことが大切である

●**家族・地域・社会の支援**　妊婦は身体的な変化のほかに，精神的にもさまざまなことに敏感になったり，情緒的に不安定な状態になる場合がある．家族，特に父親の精神的な支えと，家事分担などの生活面での協力が大切である．妊娠期間を通じて，妊婦は栄養のバランスのとれた食事・睡眠・休養・適度な運動をとり，心身ともに健康な生活を送れるようにする．喫煙や過度のアルコールの摂取などは妊婦の健康を損ねるだけではなく，胎児にも悪い影響を与えることがあるので控えたい．一緒に暮らす人の喫煙により妊婦が煙を吸った場合も，同じように影響するので気をつけなくてはならない．

　妊娠がわかると住民登録している市町村で母子健康手帳を交付してもらう．母子健康手帳には，妊娠や出産の経過や，子どもの妊娠期から新生児期を経て乳幼児期までの健康状態，発達，予防注射などを記録できるように工夫されている．

また，妊娠・出産に関するアドバイスや子育てに必要な知識やスキルが記載されており，予防接種や乳幼児検診の受診券が付いている．妊娠中は医療機関での妊婦健康診査を継続的に受診することが奨められる．

　また，医療機関や市町村が開催している両親学級などに父親・母親・家族が参加して，心身ともに親になるための準備を整えることが望ましい．これらの学級を通じて，出産やその後の子育てに関する相談や悩みを話し合えるような友人をつくっていくことも大切である．現在，父親がもっと子育てに積極的に関わっていくことが強く求められている．父親のための子育てガイドブック類を発行している市町村も少なくない．母親だけではなく父親も，地域での子育てネットワークをつくることで，親になる過程や子育てに関する不安やストレスが軽減する．

　胎児や母体の健康を守ることは，女性だけではなく，男性や社会全体の責任であるという考え方が母性保護の基本的理念である．母性保護に関する法律として，労働基準法，母子保健法などがあり，1991年には育児休業法が制定されている．ただし，育児休業中の経済的保障がないこと，社会通念として男性が育児休業を取りにくいことなどの問題が残されている．

●**親になることをめぐる課題**　近年，医療技術の進展により，血液診断や羊水診断によって出生前診断が可能になり，胎児の異常を調べることもできるようになった．ただし，出生前に障がいを発見し，生命の選別をすることが許されるかという人権に関わる問題も同時に起こってきている．生まれてきた子どもに障がいがあった場合，その障がいの種類や程度に合わせて，親や家族，周囲の人が適切な子育てをすることで豊かな人生が送ることができる．また，障がいをもった子どもとその親や家族を受け入れ，生活を支援できるような地域や社会のあり方が求められる．

　一方で不妊に悩む人も少なくない．寿命は延びたが，女性の妊娠適齢期については医学の進歩でも変えられないとされている．一般に45歳までは妊娠可能とされているが，38歳を過ぎると卵巣機能の低下から妊娠しにくいというデータもある．女性の年齢と妊娠についての十分な知識をもつことが必要であり，不妊治療に対する社会的な経済支援の充実も重要である．また，不妊に悩む男性も少なくない．不妊に悩む人の多くが，不妊に対する周囲の無理解と配慮のない言葉に傷ついている．子どもを産み育てることを支援する一方で，子どもをもたない生き方を選ぶ，または選ばざるを得ない生き方など，多様な生き方を受容できる地域・社会をつくっていくことが必要である．

[伊藤葉子]

親になるための資質——親の育ち

　すべての動物にとって生殖行動は本能的行動であり，子孫を増やすことによって種を存続させてきた．人間だけが「生む」「生まない」を自分の意志でコントロールできる種なのである．自分の生命を伝え，次の世代の担い手を育むことを選択することは，同時に親としての責任を引き受けることでもある．子どもを生み・育てるためには，愛情のほかに時間・エネルギー・忍耐が必要であり，経済的負担がかかる．これらの要素を継続的に子どもに注ぐためには精神的・社会的成熟が要求される．

　親としての責任を果たすための資質は，母性・父性として表されてきた．わが国では，母性＝母親がもつ，父性＝父親がもつという捉え方が主流であったが，一方で，母性と父性は生物学的な性差によらず，男女両性がもつことができ，一人の人間の中で共存できる資質であるいう捉え方もある．いずれにせよ，母性および父性は，親としての役割を担う異なった機能をもつと定義されてきた．これに対し，子どもを生み育てるための親役割において母性・父性という異なる機能を前提とする必要がないという立場に立って，親性・育児性などの言葉が出てきた．

●**親性と親性準備性**　「親性」は「次世代の再生産と育成のための資質」と捉えることができる．この資質には親としての役割を果たすための資質だけではなく，親とならない場合であっても，次世代の再生産と育成を支援する社会の一員として備えていくべき資質も含まれている．つまり，ここでいう「親性」は，父性と母性をめぐる議論の中で，わが国に根強く残る伝統的性別役割意識からの脱却と，血縁関係に閉じられた親役割からの開放を意味する用語として位置づけられる．男女に関わらず，親になる・ならないに関わらずすべての人間が備えるべき基本的な資質だと捉えられる．

　この前提に依拠すれば，「親性」の形成過程において段階的に形成される資質を「親性準備性」と表すことができる．これは一つには，将来，感情的な面でも養育的な面でも，親としての役割を果たすための資質を段階的に形成していくことである．ただし，今一つの特徴として，血縁関係に閉じられた狭義の親役割ではなく，親になることが社会の規範として成り立たなくなってきている現状に鑑みて，次世代の子どもたちの誕生と健全な発達を支援する保育環境をつくるのは社会全体の責任であることを理解し，親になること・ならないことに関わらず，自分も将来その社会の一員としての責任を果たしていかなければならないということを学んでいくことでもある．

●**親になるための教育**　わが国においては，戦後一貫して中・高校生への保育教育を担ってきた家庭科において，親になるための教育が実施されてきた．長い間，家庭科は女子のみ必修であったため，母性重視の母親準備教育であった．男女共に親になるための教育を受けるようになったのは1990年代に入ってからである．特に，中学校や高校の保育学習では，幼児と触れ合う活動の必要性が論じられてきた．中・高校生たちは保育体験学習を通して，幼児の発達・生活に関する知識を深め，遊びを通した関係をつなぐスキルを身につけていく．また，自分の発達過程を振り返ることや，自分の発達を支えてくれた人（家族）の存在の重要性を再認識する教育的効果も見出されている．保育体験学習を通して，中・高校生たちが子どもに対する共感性と援助性の自己効力感を高め，子どもに対する社会的自己効力感を高めることを明らかにした研究成果も提示されている．自己効力感とは，ある行動を起こす前に自分がどの程度成功するのかを判断することであり，中・高校生は子どもとの関係性における有能感を高めることができたといえる．

●**親子での育ち合い**　生まれたばかりの子どもは無力な存在に見えるが，視覚や聴覚などの感覚機能が優れており，まわりの人やものとの関わり合いを積極的に求める能力を備えている．これは子どもが自ら「育つ」存在であることを意味している．人間の発達には遺伝と環境が相互に関わり合って影響を及ぼす．ただし，子どもは，環境的要因に対し単に受け身的であるわけではなく，自ら環境に働きかけて環境の影響を選択的に受け入れて発達していくのである．

　親は養育主体として子どもに影響を与えると同時に，子どもによって親子関係も力動的に変化する．つまり，子どもが「育つ」プロセスは，「親として育つ」プロセスでもある．保育研究では子どもの発達や育ちに焦点があてられる傾向が強く，親としての発達・育ちについての研究の蓄積は十分だとはいえない．親性準備性は親としての発達・育ちという観点からみて，親そのものを生涯発達的視野から捉える時に，その形成過程を表す概念として出てきたものである．親子が育ち合う中で，父親・母親として子どもに育てられることになる．わが国の場合，父親が子どもと一緒に過ごす時間が少ないことが課題であるが，父親が積極的に子育てに関わろうとする傾向もみられる．　　　　　　　　　　　　　[伊藤葉子]

📖 引用・参考文献
[1]　伊藤葉子，『中・高校生の親性準備性と保育体験学習』，風間書房，2006

ワーク・ライフ・バランス

●**子育てと仕事の両立に関する実態**　子育てと仕事の両立について，2010年代現在の日本では男女間で相違がみられる．女性に偏りがちの育児負担があり，その背景には日本の男性の労働時間の長さ，家事・育児時間の短さが諸外国との比較から指摘されている．就労継続に関わる育児休業についてみると，育児・介護休業法が施行されているが，実際には取得を希望してもできない場合がある．そして，日本の男性の育児休業の取得率は女性に比べて極めて低い．一方で取得率が高いとされる女性では，育休以前の出産前に離職する場合も多い．働く女性に対するマタニティー・ハラスメント（マタハラ）も問題となっている．これは妊娠・出産をきっかけとした職場での精神的・肉体的な嫌がらせ，解雇や雇い止め，自主退職の強要で不利益を被るなどの不当な扱いを意味し，早急な解決が求められている．依然として，女性については出産・育児期の就労継続者が減少するいわゆるM字型就業構造がみられるのである．性別役割分業について，意識面では否定的な方向に変化したとされるものの，子育ての担い方においてはいまだに男女で異なる状況が残る．

　このように仕事と子育てをめぐり，男女の直面する異なる状況があることに対して，新たな取り組みも始まっている．例えば「パパ・ママ育休プラス」という形で，夫婦が育休をとる場合に期間が延長できる等の制度，「イクメンプロジェクト」のように，育児に積極的に関わる男性を支援する取り組みがみられる．

●**仕事と生活の調和（ワーク・ライフ・バランス）憲章の策定**　ワーク・ライフ・バランス（WLB）という言葉が注目されたのは，ホックシールド（A.R.Hochschild）が2001年に著した『時間の束縛（The Time Bind）』でアメリカ人家族の実態を描き，アメリカ政府やマスコミで取り上げられたことがきっかけとされる．「仕事と生活の調和」と訳されるワーク・ライフ・バランスの推進は，仕事と子育ての両立支援とイコールではないが，これを重要な柱として含むものである．

　日本では，少子化対策，男女共同参画社会推進，労働市場改革などの分野での検討会議を踏まえ，2007年12月に「仕事と生活の調和（ワーク・ライフ・バランス）憲章」および「仕事と生活の調和推進のための行動指針」が策定された．この「憲章」では，仕事と生活の調和した社会を「国民一人ひとりがやりがいや充実感を感じながら働き，仕事上の責任を果たすとともに，家庭や地域生活などにおいても，子育て期，中高年期といった人生の各段階に応じて多様な生き方が選択・実現できる社会」であると定義している．そしてそれは次の3つ，すなわち「就労による経済的自立が可能な社会」「健康で豊かな生活のための時間が確

保できる社会」「多様な働き方・生き方が選択できる社会」であるとしている．

　なぜこのような調和が求められるのかについては個人や社会，企業など，それぞれの観点で次のような問題が指摘されている．共働き世帯の増加にもかかわらず，変わらない男女の役割分担意識の問題，経済的に自立できない層の問題，仕事と子育ての両立の困難，結婚や子育ての希望を実現しにくく急速な少子化の要因となっていること，そして女性や高齢者等多様な人材が生かされていないことなどである．

●子育てしやすい社会とワーク・ライフ・バランス　「憲章」では，仕事と生活の調和した社会の実現のために，「企業と働く者」「国民」「国，地方公共団体」など関係者それぞれが役割を果たすべきであるとしており，「行動指針」で効果的な取り組みや施策の方針を定めている．企業と働く者では，個々の実情に合った効果的な進め方を労使で話し合い，自主的に取り組むことを基本としている．内容は子育て支援だけではなく，キャリア継続支援も含み，個々人やライフステージにより異なる面をもつ．国・地方公共団体については，企業や働く者，国民の取り組みの積極的支援，多様な働き方に対応した子育て支援や介護などの社会的基盤づくりが求められている．「次世代認定マーク（くるみん）」にみられるように，積極的に取り組む企業への評価を実施しており，独自の基準での認定・認証を実施している自治体もある．

　この「行動指針」においては 2020 年までの数値目標として，フリーターの数の減少，週労働時間の減少や年次有給休暇取得率の向上などと並び，子育て期に直接関連する数値が掲げられている．第1子出産前後の女性の継続就業率を55％にすること，男性の育児休業取得率を13％にすること，6歳未満児のいる家庭の男性の育児・家事時間を 2.5 時間/日にすることなどが設定されている．

　ワーク・ライフ・バランスを阻害する要因としては，性別だけでなく，学歴や職種などのような属性についても研究が進められている．日本においてワーク・ライフ・バランス社会の実現を考える上では制度・慣行を見直す幅広い取り組みが必要である．特に多様なライフスタイルや生活設計についての個人の「多様性」を認めること，長期的・短期的な時間の使い方に関わる「柔軟性」を保障すること，そして健康で心豊かな生活の時間，生産労働の資源としての時間，家族の満足や心の豊かさにつながる時間といった「時間の質」の検討が求められている．

［金子省子］

📖 引用・参考文献

[1] 山口一男，『ワークライフバランス　実証と政策提言』，日本経済新聞社，2009
[2] 杉浦浩美，『働く女性とマタニティ・ハラスメント―「労働する身体」と「産む身体」を生きる』，大月書店，2009
[3] 仕事と生活の調和（ワーク・ライフ・バランス）憲章，内閣府，仕事と生活の調和実現に向けて
　　http://wwwa.cao.go.jp/wlb/government/20barrier_html/20html/charter.html

母子関係研究の動向

●マターナル・デプリベーション（母性的養育の剥奪）　母子関係は乳幼児期に限るものではないが，ここでは乳幼児期を中心とした母子関係研究の動向についてみていく．第2次大戦後 WHO 報告として著されたボウルビィ（J.Bowlby）の施設児の研究が広く関心を呼んだ．親と離れ施設で生活する子どもたちが，後々まで発達上の問題を抱えるという調査報告がなされたのである（Maternal Care and Mental Health，邦訳『乳幼児の精神衛生』）．この研究を端緒とするマターナル・デプリベーション（母性的養育の剥奪）に関する研究は，施設環境における子どもを取り巻く人間関係の重要性と環境改善の必要性や乳幼児期の母子関係の重要性についての関心を高めることとなった．一方で，親との分離前の生活や人間関係などの十分な検討がされていないこと，縦断研究としての期間の短さなどの限界があることが指摘されている．子どもの発達と人間関係を捉える際に，母親（あるいは母親代理）と子どもの1対1の関係に限定的であり，発達上の問題をすべて一人の母親（母親代理）との分離に起因するとしていることに大きな問題があるとされる．

●アタッチメント（愛着）　子どもと周囲の人間との関係について，特定の人物へのアタッチメント（愛着）の発達を捉える研究がある．このアタッチメント（attachment）の概念はボウルビィにより導入された．ある人間と，他の特定の人間との間に形成される愛情の絆として定義されている．この理論に基づくエインズワース（M. Ainsworth）のストレンジ・シチュエーション法は，母親に対する子どもの愛着を実験的に捉えるものとしてよく知られている．これは1歳頃の子どもに対し，実験室で母親との分離・再会，見知らぬ人物の登場などを短時間で行い，子どもの反応を類型化するものである．日本でも実施されているが，実施された国により異なる結果が報告され，愛着形成の有無を単純に論じられないこと，養育環境の文化的相違が反映していることが指摘されるようになった．その後，学童期以降の愛着研究のほか，愛着形成の世代間伝達の研究といった広がりをみせている．複数の人物を対象とするマルティプル・アタッチメントという視点も生まれている．

●ソーシャル・ネットワーク理論　父親と乳児の相互作用の研究などを経て，子どもがただ一人の人物を選好するという見方ではなく，子どもを取り巻く人間関係に着目したソーシャル・ネットワーク理論に基づく研究が進展した．ルイス（M. Lewis）らは，子どもが誕生と同時に多様な人間から成る社会的ネットワークに参加し，相互作用を行う能力を有するという前提に立っている．そして，このネ

ットワークを社会的対象（母親，父親，きょうだい，保育者などの人物），機能（食事，入浴，着替え，遊びなど），事態（食卓などの物理的な場所や不安などの情動的事態）という視点から捉えている．これらは必ずしも1対1対応の関係ではなく，ある養育行動を複数の人物が行う場合や他の子どもとの関係も捉えられる．2者関係の枠を超えるこの理論的な視点と研究方法で，さまざまな生活環境の子どもに関わる人物やその日常的な行動を細かく捉えることが可能となった．

●「母性」観の再検討　乳幼児期の養育に関しては，特に子どもに影響を及ぼす人物として母親を抽出して，子どもに影響を及ぼす母親という観点での研究が行われてきた．ボウルビィ自身は，働く母親や保育所自体を否定的に捉えていないとされる．しかし，日本の場合には，母子関係研究が指摘する母親の重要性が，いわゆる3歳児神話を強化し，働く母親に批判的な社会通念や消極的な保育所観の形成に利用されたとの指摘がある．この点では「平成10年版厚生白書」が3歳児神話に科学的根拠がないことを明記したことは大きな転換点であった．もちろん研究と時代の子ども観・母親観との関係は一方的なものではなく，社会的背景と研究は密接に関係している．初期の母子関係の科学的なアプローチが，家族の歴史的な変化の過程で，母親が主な養育者である（あるべきという規範が存在する時代の）家族を研究対象としていたのである．

今日，乳幼児期の発達研究は，母子関係だけでなく，子どもを取り巻く人間関係へと研究視点を拡大している．保育所についても乳児保育をはじめとして，発達と人的環境に関する実践的研究が蓄積されてきた．そして，親については家庭・職場・地域での役割を複合的に担う存在として，出産前後から親たちがどのように子どもを捉えていくのかという視点での研究も進められている．

現在も母子保健分野では妊娠・出産に関わる狭義の「母性」という用語が使用されている．一方で養育に関わる役割や適性として，女性の身体的・生物学的特性と養育役割を不可分に捉える「母性」についてはジェンダーに敏感な視点から問題とされ，保育学習においては「親性」等の用語が用いられている．

［金子省子］

📖 引用・参考文献

[1] マイケル・ラター著，北見芳雄，佐藤紀子，辻祥子訳，『母親剥奪理論の功罪―マターナル・デプリベーションの再検討』，誠信書房，1979
[2] マイケル・ルイス著，高橋惠子編（高橋惠子監訳），『愛着からソーシャル・ネットワークへ―発達心理学の新展開』，新曜社，2007
[3] 大日向雅美，『母性の研究　その形成と変容の過程：伝統的母性観への反証』，川島書店，1988

子どもと貧困

●**深刻化する子どもの貧困**　貧困の中で育つ子どもたちの問題が表面化・深刻化している．2014年7月の厚生労働省の発表によると，18歳未満の子どもの相対的貧困率は16.3％（2012年値）と，調査開始の1985年から5.4％上昇し，過去最悪の結果となった．経済的に困窮する家庭に学用品費等を自治体が補助する「就学援助制度」を利用している小・中学生の割合も年々増加しており，2012年には15.6％（約155万人）と過去最高を更新している．

子どもの貧困率上昇の主な要因として，経済状況の悪化や雇用の不安定化・非正規化に加えて，家族構成の変化や社会保障制度の防貧機能の低下が挙げられる．

●**2つの貧困概念**　子どもの貧困問題は社会全体で取り組むべき喫緊の課題となっているが，「現代の豊かな日本に子どもの貧困なんてあるわけがない」という認識は依然根強い．

「子どもの貧困」と聞いて多くの人が思い浮かべるのは，発展途上国や終戦直後の日本の痩せ細った子どもの姿であろう．こうした，人間が生きていくために必要な最低限の衣食住を欠いている状態は「絶対的貧困」と呼ばれる．

一方，先進国で近年問題となっているのは，その国や地域の一般的な生活水準と比べて非常に貧しい状態を指す「相対的貧困」である．社会全体との比較によって貧困を定義する考え方であり，「学校の給食だけが唯一のまともな食事」「健康保険料や医療費が払えず病院に行けない」「修学旅行に行けない」「高校進学できない」といった，現在の日本の子どもたちにとっては「当たり前」の生活や経験を得られない状態までも含む．日本で貧困率という場合は，一般的に「相対的貧困率」を指す．相対的貧困率とは，等価可処分所得（世帯の年間所得から税金や社会保険料等を除いた可処分所得を世帯人数で調整した値）の中央値の半分（「貧困線」）に満たない世帯員の割合を示す国際的な指標であり，2012年の日本では16.1％（貧困線122万円）となっている．

●**貧困の世代間連鎖**　貧困は単に家庭にお金やモノがないという単純な問題ではない．不十分な衣食住，保健・医療へのアクセス困難，親のストレスや過酷な就労，DVや虐待，適切なケアの欠如，学習資源・環境の不足といったさまざまな問題を引き起こす．こうした家庭生活上の困難や不安定さは，子ども自身の健康や発達，学力・学歴達成，自己評価や人間関係，将来の就労・職業・収入，家族形成にまで影響を与えることが指摘されている．

子ども期の貧困の最も深刻な点は，子どもの現在の状況に影響を与えるだけでなく，将来にわたり不利な条件を蓄積させ，次世代に受け継がれていく可能性（貧

困の世代間連鎖）を含んでいることである．

●**日本の子どもの貧困の特徴**　約6人に1人という日本の子どもの貧困率は，他の先進諸外国に比べて決して低い水準ではない．OECD（経済協力開発機構）が行った貧困率の国際比較（各国2010年前後の値）によれば，日本の子どもの貧困率15.7%（2009年値）はOECD加盟国34か国中10番目に高く，OECD平均13.3%を上回っていた．特にひとり親世帯の子どもの貧困率54.6%（2012年値）は世界でもトップクラスの高さである．日本ではひとり親世帯の親の8割以上が就労しているが，就労していない場合と貧困率がほとんど変わらないというOECD諸国の中でも特有の状況にある．

　また，日本は2006年時点ではOECD諸国の中で唯一，政府の税や社会保障による「再分配」によって，子どもの貧困率が悪化する逆転現象が起こっていた．2009年以降は逆転現象が解消しているものの，再分配による貧困削減の効果は依然小さいままである．教育についての公的支出がOECD諸国に比べて低く，家計負担に大きく依存しているため，親の経済力で教育機会が左右されやすいことも指摘されている．

●**子どもの貧困の解決に向けて**　2014年1月に「子どもの貧困対策の推進に関する法律」が施行され，同年8月には「子供の貧困対策に関する大綱」が閣議決定された．「貧困の世代間連鎖を断ち切る」ことを基本方針とした大綱では，主な重点施策として，教育支援，生活支援，保護者の就労支援，経済的支援が盛り込まれた．大綱を受け，各自治体には貧困対策計画をまとめる「努力義務」が課せられる．具体的な数値目標がなく，新規の取り組みが乏しい，といった課題も多く指摘されているが，貧困対策に取り組む法的根拠ができたことは大きな前進といえる．

　生まれ育った環境に左右されずに健やかに成長・発達していくことは，子どもの当然の権利である．子どもの貧困対策に取り組むことは，貧困の連鎖の解消だけでなく，将来の社会保障費の増大や人的資源の不足，社会全体の活力の低下といった社会的損失を減らすことにもつながる．子どもの貧困対策は，子どもの人権保障であると同時に，将来の社会全体への投資でもある．貧困を「自己責任」で片づけず，社会の責任として対策を進めていくことが求められる．［盛満弥生］

📖 引用・参考文献
[1]　阿部彩, 『子どもの貧困―日本の不公平を考える』, 岩波書店, 2008
[2]　子どもの貧困白書編集委員会編, 『子どもの貧困白書』, 明石書店, 2009
[3]　橘木俊詔編著, 『格差社会』, ミネルヴァ書房, 2012
[4]　山野良一, 『子どもに貧困を押しつける国・日本』, 光文社, 2014

Chapter 5

子どもと人間関係

家庭内の人間関係 ── 88
仲間・友人関係 ── 90
先生との関係 ── 92
地域の人間関係 ── 94
就労する親の子育てに対する支援 ── 96
子ども集団の力関係 ── 98

家庭内の人間関係

●**家族システム論** 家族は，親子関係，きょうだい関係，祖父母関係など，さまざまな関係から成り立っている．子どもの成長発達はこうした関係の影響を受けながら促されていく．家族システム論は，家族をさまざまな関係の相互交渉によって成立する秩序をもった集まりとみなす考え方である．例えば，子どもに問題行動が生じたとき，それを母親だけによる影響とするのではなく，夫婦関係や，ほかのきょうだいと親との関係などの影響なども想定するし，子どもから親への影響についても視野に入れている．

●**親子** 親子関係は，基本的にはお互いに選択してできた関係ではないところが，仲間関係や友情関係とは大きく異なる．また，子どもが幼いときは，親は子より圧倒的に強い力をもつ．そうした親の養育態度が子どものパーソナリティに及ぼす影響（図1参照）について，数多くの研究が行われている．

また，子どもにとって親が愛着の対象となり，安定した愛着関係が形成できると，子どもは家庭の中で情緒的に安心して生活することができ，成長発達が促される．

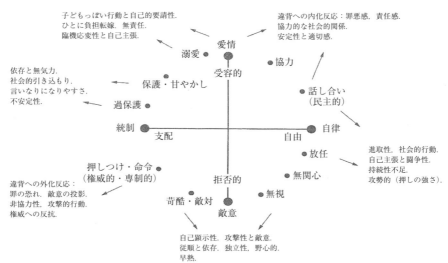

図1　親の養育態度と子どものパーソナリティとの関係（Vinacke，1968）
→の先に小さい文字で記したものが，親のそれぞれの養育態度によって生じやすい子どものパーソナリティを示す．

［出典：鹿取廣人ほか編，『心理学　第3版』，東京大学出版会，2008］

・人間関係のネットワークが複雑になる．
各々のメンバーの役割も変わる．

図2　斜めの関係としてのきょうだい関係

図3　きょうだいが増えた場合の関係

●きょうだい　きょうだい関係は図2のように斜めの関係といわれる．仲間のような立場の「横」の関係と面倒を見る，見られるといった親子関係のような「縦」の関係も併せもつ．きょうだいが一人増えることで，図3のように家庭内の関係は複雑になり，さまざまなことを経験していると考えられる．スポーツの世界では年下のきょうだいの実績の方がよいことが知られていたり，学業成績は出生順位が下がるにつれて低下することが指摘されている．しかし，きょうだい関係には複雑な諸要因（例えば，きょうだいの年齢，きょうだいの性や年齢差，文化や地域差）が絡んでいて，研究することがなかなか難しい（白砂，2006）．単純に出生順位だけを要因としてパーソナリティの特性を限定することはできない．少子化できょうだいがいないという家庭が7割程度を占めている中（2011（平成22）年度出生動向調査より），きょうだいがいることの発達的意味についての研究が今後必要だろう．

●祖父母　「おばあちゃん子（年寄っ子）は三文安い」といわれるように，祖父母に育てられると甘やかされて，きちんと育たないというイメージが従来根強くあった．しかし，共働きが増えた現在では，祖父母の子育てへの関与が期待されている．「孫育て」という言葉もつくられ，祖父母学級，祖父母講座などが開催されている．親世帯と「近居・隣居」（歩いて行ける距離～交通機関を使って片道1時間以内の距離に住むこと）を選択している割合は，都市部を中心に急増している（野村総合研究所調査より）．政令指定都市では，近居・隣居率が1997年で38％であったのが，2006年では48％となり，2009年は2006年とほぼ同規模で推移している．一方で，孫育てで疲弊してしまう祖父母の声も聞かれ，祖父母のライフスタイルとのバランスも大切なようだ．あくまでも子育て支援は社会が担い，そのサポートとして祖父母という位置づけが好ましい．「孫は来てよし，帰ってよし」といわれるように，適度な距離を保ちながらよい関係を維持できるような，子育てへの関与が望まれる．　　　　　　　　　　　　　　　　［倉持清美］

仲間・友人関係

●**仲間関係**　同年齢あるいは比較的年齢の近い者同士の関係である．仲間関係は家族のような関係と異なり，仲間となることは本人の希望であり，メンバーとしての地位は集団からの承認により獲得される同等性と互恵性を主軸とした関係である．フェアな競争やお互いの行動を比較することで，自分の能力や特徴について評価したり判断する準拠枠を仲間関係は提供し，自己概念の発達に役立っている．また，仲間との経験が，社会的相互交渉に必要なスキルの発達に役立つ文脈を提供している．

　仲間に対する特別反応は新生児期からみられる．生後18時間の新生児において他の新生児の泣き声に対するもらい泣きがみられることが知られている．生後2か月頃には他児を見る行動，3, 4か月頃には微笑・発声・手を伸ばす・触れるなどの関心行動が出現し，その後，やり取りの初歩形態も現れる．相手の手中にある玩具などに興味をひかれてその物を取り合うようなやり取りもみられ，次第にお互いの活動自体に興味をもち，単純な相互交渉が活発になり，お互いが相補的な役割を取りながら相互交渉が展開できるようになる．

　仲間との相互交渉には，「いざこざ」や「仲間入り」がある．「いざこざ」とは，子どもたちの間でよく生じる争いである．ものの所有，遊びのイメージのずれ，ルール違反などが原因となる．年少の頃は，いざこざの過程で身体的な攻撃や泣くことなどもみられるが，年長になると減り，言葉でのやり取りが中心になる．集団保育の場では，子どもたちのコミュニケーション能力や社会性を育む機会になると捉えられ，否定的には考えられていない．いざこざを通して，自分と同じものを欲しがる他者に気がついたり，自分とは異なる考えをもつ他者に気がついていく．子どもたちが仲間と一緒に楽しく遊ぶ経験を繰り返すと，いざこざを回避して遊びを続けるために，妥協案を出したり条件を出したり，あるいは言い方を変えてみたりと，いろいろ工夫をするようになる．

　仲間入りは，すでに遊んでいる集団に後から入る行動であり，日本では「入れて」などのようにその場面で話す決まりきった言い方がある．地方によって，「寄せて」「よらして」「かたして」「かたらして」などの方言がある．欧米では，こうした言い方がないので，入りたい遊び集団の周りをうろうろして何をしているのか理解してから，その集団の遊びにあった方法で接近する，というような一連の手続きを取ることで仲間に入れることが多いようだが，仲間入りの試みの半数は拒絶されることが報告されている．日本では，年少であれば，「入れて」などの決まりきった言い方を使うことで仲間に入れることが多い．年長になると，遊

びが複雑になったり，入れたくない相手ができたりして，入れないことも増えてくる．また，仲間入りがうまくいけば一緒に遊べるのか，というとそういうわけでもなく，一緒に遊ぶための協調性なども求められる．こうしたやり取りをしながら，子どもたちは他者の気持ちを理解したり，自分の気持ちを伝えるための方法を考えたりして，一緒に過ごすための力を身につけていく．

●**友情**　仲間関係の中で，特に親密な二者関係であり，双方向的な関係である．友達は選択するものであり，選択されるものである．親友として，児童期中期から思春期は，同年代，同性，同種を選択する．思春期までに学校での態度や抱負，同世代文化の中での指向性が調和する相手を選択するようになる．青年期前半の親友関係が，後の異性との愛着関係への発達のためには重要である．

　友達が発達に必要不可欠かどうかはわからないが，発達を促すのに有益であることは確かである．例えば，社会的情緒的発達に問題のある子どもは，友達関係の広がりがみられず，友達との間の社会的相互交渉の複雑さも増さないことが知られている．

●**異年齢**　少子化が進んでいる現状では，異年齢で触れ合う機会がなかなかない．義務教育が始まれば，クラス，学年は年齢によって明確に区切られる．こうした中で，「異年齢保育」が注目されている．しかし，ただ年齢の異なる子と同じ集団で過ごしても意味のある異年齢保育にはならないことがさまざまな実践から報告されている．年長児の発達を保障しつつ，年少児の負担にならないような活動の展開について検討されている．年少児は年長児にあこがれをもち，いろいろなことを吸収しようとするし，年長児は年少児のお世話をすることで自信をつけたり，同年齢との遊びが難しい子が年少児とスムーズに遊べるなどのメリットも確認されている．異年齢保育のよさが活かされるような保育実践が期待されている．

●**公園デビュー**　親が子どもを初めて公園に連れて行くことを指している．子どものために公園に連れて行かなければならないという義務感で公園に連れて行くが，すでにそこには子育て中の仲良し親子集団ができていて，なかなか仲間に入りにくいという状況があり，マスコミに大きく取り上げられた．子育て支援センターのような親子が集える場では，センタースタッフの援助である程度スムーズに集団に入れることが期待できる．最近では，SNS（ソーシャル・ネットワーキング・サービス）が発達し，それを利用して仲間がつくれるようになったが，それが集団を排他的にすることも指摘されている．　　　　　　　　　　　［倉持清美］

先生との関係

●「教え込み型」と「滲み込み型」　日本の教育は「教え込み型」と「滲み込み型」が混合している．「教え込み型」は「教える者」（教師）と「教えられる者」（学習者）の役割が明確に分かれ，互いが向き合って意図的な教授が行われる．両者の関係をつなぐのは言葉による概念で，それを持っているか持っていないかで権威と受容の関係が生じる．一方，「滲み込み型」は模倣や環境のもつ教育作用に依存し，基本的にはよい環境とよいモデルがあれば，子どもが「自然に」学んでいくことを前提とする．これは意図的に直接何かを教えようとする方法に対して，よい環境を子どもに与えることに配慮するという方法である．

●「滲み込み型」の教師　近代学校が成立する以前の日本人は，学習者と教師とが共生する関係性の中で，教師自らがよき環境の一部となるような「滲み込み型」の教育方法がとられていた．したがって，そこで展開される教師像も，教えるプロが権威をもって前に立つような対面関係ではなく，教師がよりよきモデルの一人として子どもの前に立つ前後関係であった．

　貝原益軒の教師論では，師匠が子どもにとっての「手本」として模倣の対象となり，絶対的に信頼できる存在となれば，学習者の内発的な模倣への意欲を生み出すことが示されている．ここでは，よき「手本」として学習者の前を進む教師が必要とされており，そのような自分のあるべきモデルと感じられるかどうかが，子どものやる気に影響するという．教師を信頼できるかどうかは，教師と子どもとの関係において絶対必要条件なのである．

●教えようがない教育　教師が教えようと思っても，言葉や理屈では伝えようがない教育がある．西岡常一は刃物を研ぐということについて，師匠は実際にやってみるだけで，あとは弟子が自分で考え工夫して努力を重ねていくしかないという．そして弟子の考えや創造力が膨らむようなことを「ぽつん」とだけ言う．その時すぐには意味がわからなくともいろいろとやっていくうちにわかってくる．このように徒弟教育では，師匠の「わざ」を見て能動的に習い，師匠の厳選されたアドバイスを自分の技に練り込んで身体化していく．

●「教え込み型」の教師　近代以後の学校教育は，大量の知識を一定年齢の子どもたちに教えることが求められ，それを制限時間内に行うためには秩序体系を組織し，効率的に「教え込む」必要があった．しかしこのようにすべての子どもが，一定年齢の相当長い時間，学校という特定の場所・施設に強制的に囲い込まれて，一様の教育を受けるという現象は，日本では高度経済成長期以後のことで，人類の長い歴史からみても近年の特異な事態とされている．

第1次産業が中心であった時代の日本は，農山漁村で貧しい暮らしをする中で，子どもの多くが労働力の一員として貴重な存在とされていた．ゆえに大人と同じ存在ともみなされ，例えば田植えの貴重な労働力になった子どもたちも，酒や煙草が振る舞われる御馳走の場に招待されていたのである．ところが産業構造の変化によって，人々が高収入と近代的な暮らしを求めて都市で勤め人になると，さらなる豊かさのためにわが子の学歴水準を高めようと，子どもを学校の空間に囲い込むようになった．そして勉強の妨げになる仕事や生活から子どもたちが切り離されていき，共に暮らす生活者ではなく，保護や指導をする教育対象の「児童・生徒」として親や教師から世話をされる存在に転身したのである．このような中で日本の現代教育は，教える側主体の一斉教授である「教え込み型」の教育方法がとられている．

●**現在の教師と子どもの関係**　現在の教師は知識や技術を教える権威主義を好まず，子どもと横に並ぶ関係を求める．その結果，教師は生徒の先輩か友達かのように振る舞い，互いの距離感を取り除こうとするが，そこには生徒側からの教師に対する尊敬心や信頼感の衰弱が見てとれる．これは一見「滲み込み型」関係に似ているが，伝統的な師弟関係は弟子が師匠を選択することが重視され，そこで信頼と尊敬の念を抱けるかがポイントとされた．しかし現在の教師と生徒の関係は制度上の関係によって規定されており，子ども側から教師を選べず，また教師も子どもを選べない．ゆえに両者の意思が尊重されず，信頼関係を生み出しようがない土台で，現代の学校教育は成立している．

●**「教科書を教える」のか，「教科書で教える」のか**　日本の学校の教師は「教科書で教える」のではなく，「教科書を教える」ことが授業だと思っているといわれることがある．これは近代学校の原則が，教師は「教える主体」であり，教科書は教えるための「教材」とされたことに起因する．つまり教科書とは，教師が教えるための道具や手段にすぎない．「教科書を教える」方が「教科書で教える」よりも楽であるが，「教科書を教える」場合，教師は媒介者，ガイド役として子どもと対面することになる．　　　　　　　　　　　　　　　　　　　　　　［花輪由樹］

引用・参考文献
[1] 門脇厚司，『親と子の社会力』，pp.190-191，朝日選書，2003
[2] 辻本雅史，『「学び」の復権』，pp.2-10，p.38，pp.146-149，pp.177-179，pp.186-187，pp.223-225，pp.231-236，岩波現代文庫，2012

地域の人間関係

●**子どもが育つ地域社会の空間的特性**　現代社会は交通・通信機関の発達により，1日の限られた時間であっても居住地域を越えてさまざまに空間を移動することができる．通学，購買，娯楽，交際といったさまざまな目的に合わせて行動範囲を広げられ，日常生活圏は幾層にも分化していく．このように私たちが暮らす場所は生活に必要な機能が地理的に散在し，それを求めて人が動いていくために日常的な社会関係も重層化し，ゆえに集積している地域社会の範囲も広くなる．

　しかし幼児期や児童期の子どもにとっての生活圏は，日々通っている通学区域内でほぼ完結する．子どもは，都市か農村かあるいは土着的か流動的かといった生まれ育つ場所の特性を選ぶことができず，両親の都合により運命的に定められていく．子どもが身につける生活様式や生活機会，そして住む場所に対する思考や行動は，どのような地域社会に生まれ育つかで変わり，そして彼らの身につけた暮らし方はいずれ社会を支える基盤となっていく．

●**子どもの社会化**　子どもの発達は，子どもを取り巻く人々からのさまざまな働きかけによって方向づけられるが，それは「社会化」（socialization）と呼ばれる．社会化とは，個人が他者との相互作用を通して，所属している集団や社会の価値・規範・行動様式を習得していく過程をいい，子どもは他者からの働きかけに反応して相互のやり取りを行う．その中で，他者が期待し，評価する方向へと発達していくのである．このように子どもが人間としての社会的発達を得るためには，生活圏内に充実した人間関係が含まれる地域社会の存在が望まれる．

●**地域の人々の特性**　家庭，学校，職場に属する人々は，それぞれ類似性や共通性を有する．家庭では構成員の生活環境，生活経験，生活様式において共通性がみられ，学校では構成員が同年齢で知識や技能等の諸能力が類似しており，職場では構成員が同一企業で同列の地位という点で共通性がある．一方で地域の人々は同一地域に属しながらも，さまざまな価値・規範，生活経験・様式をもち，社会的地位や階層も異なる．しかしこのような多様性こそが地域の特徴となる．

　子どもにとって大人とは，子どもを庇護・保護・指導・援助する親のような大人と，そのような義務を負わない大人とに分けられる．家庭という場で長期間庇護される子どもは，地域に出ると自分に対して肯定的，否定的，拒否的，無関心，時には悪意をもつなどの，自由な立場で接してくる大人に出会う．これにより子どもは一方的に保護される家庭の大人とは異なる大人への対応が求められ，これが社会化のきっかけとなる．

●**子どもと地域社会の人々との関係**　子どもが地域社会で地縁をもとに取り結ぶ

日常的な社会関係は，同世代の「仲間関係」と異世代の「隣人関係」がある．

家庭が唯一の世界であった子どもたちは，同世代の異なる考え方に出会うと，自分の行動の仕方が問われてくる．仲間に受け入れられるような振る舞いに向かって，自身を相対化していくのである．小学校中学年から高学年にかけての「ギャング・エイジ」と呼ばれる時代には，親や教師の目を離れて仲間と共に「独自の世界」を形成しようとするが，ここでの集団的遊びでは，家庭において養われた絶対的見地を背負いながら，仲間たちとの対立や葛藤を経て，妥協しながら他人の見地を取り入れ，自己の見地の境界を越えていく．

隣人関係において，子どもと地域の大人は，家庭とは違う価値観をもつ人として子どもの社会化の方向性を決めていく．地域の大人が子どもを肯定的に評価した場合，彼らの社会化はこれまでの習慣に則ってそのまま助長されるが，否定された場合は，社会化に何らかの修正が迫られるのである．

●**既存社会の変容**　子どもは家族の中で基礎的な社会化がなされ，地域社会での仲間関係や隣人関係を通して既存のものとは異なる価値観を見出し，社会化の修正を行う．

しかし近年の地域社会では，「サンマ（三間）の変容」とも呼ばれるように，仲間・時間・空間が変容し，また都市化の影響で地域活動も乏しく隣人関係は希薄化している．また，1960年代の高度経済成長期に始まった，家族の消費生活の充実に価値をおくマイホーム主義は，家族生活に直接関係しない限りは他のことに無関心になる私生活化という生活スタイルも浸透させた．これらの理由により現代の地域社会は，子どもの社会化の方向を修正する機能が弱体化している．また学校という場も，厳格な秩序と規律に従った行動が求められるため，自由で寛容な家族に育てられた場合，地域社会で行われるような社会化を修正する機会に恵まれなければ，学校の厳格な秩序社会に適応できない子どもも出てくる．子どもにとっての当たり前の観念を修正する場として，現在も地域社会の人間関係が期待されているのである．

［花輪由樹］

📖 引用・参考文献
[1] 住田正樹編，『子どもと地域社会』，pp.3-21，pp.60-61，学文社，2010
[2] 「家政学のじかん」編集委員会編，『今こそ家政学』，p.59，ナカニシヤ出版，2012

就労する親の子育てに対する支援

　女性の就労率の増加に加え，政府による女性活用の促進政策も後押しし，夫婦共働き家庭をはじめ就労する親は今後さらに増えることが見込まれる．幼い子どものいる就労する親の子育てに対しては，公的 (formal)，私的 (informal) なさまざまな支援が必要となる．公的な支援には保育所や認定こども園等の保育施設・保育事業が，一方，私的な支援には親族，友人・知人による支援がある．このうち私的な支援は就労する親を取り巻く地域の人間関係に重なる．

●**就労する親に対する公的な支援**　現代の子育てをめぐるさまざまな課題を背景に，「質の高い幼児期の教育・保育の総合的な提供」「保育の量的拡大・確保，教育・保育の質的改善」「地域の子育て支援の充実」を目指して平成24年8月に子ども・子育て関連3法が成立した．これに基づき，平成27年4月から子ども・子育て支援新制度（以下「新制度」と記す）が本格実施となった．この新制度における就労する親に対する支援としては，待機児童対策と地域型保育がある．

　認可保育所に入りたくても入れない「待機児童問題」は都市部を中心に深刻化し，仕事と子育ての両立の困難さ，少子化の原因として指摘されてきた．この対策として，新制度では幼稚園と保育所両方の機能をもつ認定こども園や，3歳未満児を対象とする地域型保育（家庭的保育，小規模保育）の拡大が図られる．また，新制度に先立って2013年に「待機児童解消加速化プラン」が導入され，約40万人分の保育の受け皿を確保することが目指された．しかし，「待機児童問題」は潜在的な保育ニーズの掘り起こしによる需要の増加と保育士不足などから，その解消はいまだ重大な社会的課題である．

　また，新制度で新たに市町村の認可事業とした地域型保育事業は，少人数単位（原則19人以下）で0～2歳児を対象とするものである．具体的には，家庭的雰囲気のもとで5人以下の子どもを保育する家庭的保育（保育ママ）や，6～19人の子どもを保育する小規模保育などである．

　さらに，地域のすべての子育て家庭を対象とした保育所等での一時預かりや，病児保育，放課後児童クラブ（学童保育）などの子育て支援事業に対するニーズも大きい．これらの充実は，親が仕事と子育てを両立し，働き続けるための大きな課題である．

　なお，これら以外にも，就労する親が利用する保育事業には，無認可の保育施設や民間のベビーシッター等がある．これらの保育事業は，利用者のニーズにきめ細かく柔軟に対応可能である一方で，料金が高かったり，保育者の資格や研修制度が不十分であったりするなどの課題がある．子どもの安全を守り事故やトラ

ブルを回避するためには，利用にあたっては事業者とその保育の質を確認し，質の保障された事業者を利用することが必要である．

●**就労する親に対する私的な支援**　就労する親にとって最も身近な支援は親族による支援である．多くの親は，子どもの送迎などの支援を実父母や義父母から受けている．特に子どもが病気になった際には，これら子どもの祖父母に対応を頼ることが最も多くなる．また，夫の労働・通勤時間の長さにより育児参加が困難な場合に，共働き家庭では祖父母などの親族が子育てに関わる度合いが高くなる．したがって，同居もしくは近居する親族の存在は，就労する親子育ての重要なサポート源であるといえる．

親族以外の私的な支援には，知人・友人がある．母親同士の子育てを通じた友人は「ママ友」と呼ばれ，ほとんどの母親がママ友付き合いをしている．母親にとって，ママ友は子育ての相談相手など重要なサポート源である．ママ友の付き合い方には就労状況による違いがあり，専業主婦のママ友関係が共に過ごす時間が長く関係が深まりやすいがゆえに葛藤を抱えやすい一方で，就労する母親のママ友関係は共に過ごす時間が短く関係が深まりにくいがゆえに葛藤が少ない．また，就労する母親は，育児休業期間中は専業主婦と同様に，母親学級や子育てサークルなどでママ友と出会うが，復職後はその付き合いが中断したり，疎遠になったりする．一方，父親同士の子育てを通じた友人である「パパ友」はママ友に比べると，その関係を有する父親の割合は低いとされているが，その関係を通して父親は子育ての不安を解消したり，子育てへの参加を強めたりしている．子どもをもつ職場の同僚だけでなく，子どもが通う保育所や幼稚園等の父親との付き合いとその活動（例えば「おやじの会」など）は，父親が自分の子育てを通して地域社会につながる契機にもなる．

親族，知人・友人による支援以外に，近年ではSNS（Social Networking Service）を通した人間関係も日常生活に浸透している．遠く離れた相手とのSNSなどを介した付き合いもまた，就労する親の子育てに対する支援を提供するものといえる．

［砂上史子］

📖 引用・参考文献

[1] 内閣府・文部科学省・厚生労働省,「子ども・子育て支援新制度 なるほどBOOK」, 2014
http://www8.cao.go.jp/shoushi/shinseido/event/publicity/naruhodo_book.html
（情報取得日 2014/10/10）
[2] 久保桂子,「共働き夫婦における親族の育児援助と夫の育児参加―子どもの病気時の育児を中心に―」, 日本家政学会誌, 63（7）, pp.369-378, 2012
[3] 實川慎子,「子育てを取りまくネットワーク」,『発達』, Vol.35, No.140, pp.65-70, ミネルヴァ書房, 2014

子ども集団の力関係

●**幼児期における仲間関係** 園生活は家族以外の仲間と集団で出会う最初の場である．仲間とは，年齢や立場がほぼ等しい人同士を指す．仲間と活動すればいざこざが起こる．幼児期前期は，ものの所有や使用をめぐるいざこざが多く，次いで叩いた等の不快な働きかけが多い．幼児期後期になると，ものの所有や使用とともに，遊びのイメージの不一致や生活上のルール違反が原因になる．要求や主張のぶつかり合いを繰り返し経験する中で，自分の意見を通す方略を学んだり，ルールの大切さを理解したり，相手の気持ちに共感して思いやりを示したり，自分の気持ちを抑えて過ちを謝罪したり，相手と自分の意見を話し合って調整したりして，集団生活での社会的スキルを身につける．

●**学級集団の測定と仲間内地位** ある学級集団の仲間関係を把握し，仲間内地位を測定する方法としてソシオメトリック・テストが挙げられる．モレノ（J.L.Moreno）によって創始され，日本では田中熊次郎がより望ましい学級集団づくりを目指して紹介した．学級全員から一緒に遊びたい子と遊びたくない子を尋ねる方法（指名法），クラス全員を一緒に遊びたい気持ちの強さに応じて分類する方法（評定法）がある．人気のある子，平均的な子，敵味方の多い子，無視される子，拒否される子に分類し，行動パターンやその後の仲間内地位等が検討される[1]．なお，否定的指名は，現在倫理的観点から行われない傾向にある．

仲間から拒否される子は攻撃性が高いか，引っ込み思案な特徴があり，社会的情報処理モデルに認知的な歪みがある[2]．手がかりを1）符号化し，2）解釈し，3）目標を明確化し，4）記憶されている反応にアクセスするか，新たな反応を生成し，5）ある反応を選び，6）実行する，という循環において，攻撃的な子どもは仲間が呼びかけで肩を叩いても，意地悪で叩いたと解釈し，怒って叩き返してしまう．引っ込み思案の子どもは過去の社会的失敗にとらわれて不安が高く，失敗すると自分のせいにしてしまう．このような子どものため，適切な仲間とのやり取りを学ぶソーシャルスキルトレーニングも行われている．

●**友人関係の変化** 学級集団で生活する中，同世代の仲間から気の合う友人，親友が生まれる．友人関係の発達的変化として3つの特徴がある[3]．1）一時的で壊れやすい関係から持続的関係への変化．友人関係は年齢とともに安定性が高まる．2）自分の要求のために友人を必要とする功利的自己中心的関係から，相互の要求を満足させる互恵的関係への変化．3）家が近い等の行動的表面的関係から，パーソナリティの類似等の共感的人格的内面的関係への変化である．

また，子どもの友情理解は社会的視点取得能力に関連し，5段階提示されてい

る[4]．1）レベル０：自己中心的理解（近くにいて一緒に遊んでいる人），2）レベル１：一方的理解（助けてくれる人），3）レベル２：互恵的理解（友人関係に互恵性と相互調整の認識をもつが都合よいときに協同），4）レベル３：相互的理解（親密で相互に共有した関係），5）レベル４：相互依存的理解（相手の独立と依存を統合する能力から友情へ発展）．

●児童期以降の仲間集団　小学校中学年から高学年の年代はギャング・エイジと呼ばれる．同性同年代の２〜12人程度で結束力の強い集団（クリーク）を形成し，一緒に活動する．集団規律に合わせ，大人より仲間の承認を重視し，異なる価値観や社会的スキルを発達させる．青年期には共通の関心で結びついたより大きな集団（クラウド）に参加する．音楽，活動の好み，成績への関心等を共有する中でアイデンティティを確認したり，恋愛関係を得たりする．性差として，女子は男子よりも集団規模が小さい傾向がある．女子は集団内の親密性や集団外の排他性が高く，排他性が強すぎるといじめが生じる．

●いじめ　いじめとは「当該児童生徒が，一定の人間関係のある者から心理的・物理的な攻撃を受けたことにより，精神的な苦痛を感じているもの」と定義される[5]．悪口・からかいが男女とも最も多く（86.8％，86.6％），男子は叩く・蹴る・脅す（54.9％），女子は無視・仲間はずれ（68.1％）と続く[6]．男子は直接的な身体的攻撃を親しくない相手や外部に行い，女子は間接的な関係的攻撃を親しい集団内の相手に行う傾向がある．

　森田・清永は四層構造モデルを提示した[6]．いじめでは，止めに入る仲裁者が欠け，加害者と被害者の周囲に観衆と傍観者がいる．多くの傍観者や観衆がいると問題を許容する雰囲気が生まれ，いじめを増幅させる．教師が何か対応すれば「いじめがなくなった・少なくなった」を合わせて65.3％と効果があるため，まず教師がいじめに対応することが重要である．教師は観衆や傍観者が仲裁者になるよう規範意識を高める指導を行い，集団凝集性と協調性を形成することが，いじめ予防・抑止につながる．

［堀越紀香］

📖 引用・参考文献

［1］　Asher, S.R. & Coie, J.D. Eds., Peer rejection in childhood. New York：Cambridge University Press, 1990（山崎晃，中澤潤監訳，『子どもと仲間の心理学』，北大路書房，1996）
［2］　Crick, N. R. & Dodge, K. A., A review and reformulation of social information-processing mechanisms in children's social adjustment. Psychological Bulletin, 115, pp.74-101, 1994
［3］　遠藤純代，「友だち関係」，無藤隆，高橋道子，田島信元編著，『発達心理学入門Ⅰ：乳児・幼児・児童』，pp.161-176，東京大学出版会，1990
［4］　Selman, R.L. & Schultz, L.H., Making a friend in youth：Developmental theory and pair therapy. Chicago：University of Chicago Press, 1990（大西文行監訳，『ペア・セラピィ：どうしたらよい友だち関係がつくれるか』，北大路書房，1996）
［5］　文部科学省，「児童生徒の問題行動等生徒指導上の諸問題に関する調査」，2007
［6］　森田洋司編著，『いじめの国際比較研究』，金子書房，2001

Chapter 6

子どもと健康：衣食住，看護，性

子どもと衣生活
  (1) 乳児の衣服 ──────── 102
  (2) 子どもの衣服 ─────── 104
子どもと住生活
  (1) 子どもと住環境 ────── 106
  (2) 子どもと地域の居住環境 ─ 110
子どもと食生活
  (1) 妊娠・授乳期の栄養 ─── 114
  (2) 乳児期の食生活 ────── 116
  (3) 幼児期の食生活 ────── 118
  (4) 学童期・思春期の食生活 ─ 120
  (5) 日本人の食事摂取基準と
  食事バランスガイド ────── 124

子どもと性 ──────────── 130
子どもと健康
  (1) 予防接種 ────────── 134
  (2) 不慮の事故 ───────── 138
  (3) 食物アレルギー ────── 140
  (4) 紫外線 ──────────── 142
  (5) 主な疾患（Ⅰ）─────── 144
  (6) 主な疾患（Ⅱ）─────── 146
子どもと看護
  (1) 基本的な看護 ─────── 148
  (2) 応急処置 ────────── 150

子どもと衣生活（1）——乳児の衣服

●**乳児と衣服**　衣服は身体を保護する役割を果たすが，特に乳児には人体と衣服によって形成される衣服内環境を整えてあげることが大切である．母親の免疫効果がなくなる生後半年以降の乳児は，抵抗力や体温調節機能は十分には発達していない．また乳児の体は約70％が水分といわれ，新陳代謝は大人の約3倍で，体表面積に対する汗の量が多くなる．そのため，乳児の衣服には吸湿吸水性がよく，汗をよく吸収する素材を用いることが大切である．また乳児の衣服は，乳児の体温を調節するという役割も担うため，保温性と通気性を兼ね備えた素材であることが重要である．したがって乳児の衣服に用いる素材の条件は，①通気性に優れ，蒸れないこと，②保温性に富むこと，③吸湿吸水性に優れること，④防汚性があること，⑤伸縮性に富むこと，⑥肌触りがよく，柔らかいこと，⑦軽いことなどである．これらの観点から綿は吸湿吸水性が高くしなやかで肌触りもよく，アレルギー体質の乳児でも安心して装えるため，下着はもちろん乳児期の衣服全般に適した素材である．

●**乳児の発達段階と衣服の着装**　生後0か月〜3か月の乳児期はまだ自分で体温調節ができないので，大人よりも1枚多く肌着などを着せるとよい．また，着替えさせる人は乳児を寝かせたまま着替えを行うので，着替えさせやすい前あきのベビードレス（図1（a））が適している．ベビードレスは，広げた衣服の上に赤ちゃんを寝かせ，腕を通して，前を合わせるタイプの衣服であり，着脱時に乳児をあまり動かさないので，乳児に負担がかからない．生後4〜6か月には体温調節もできるようになり，大人より体温が高いので，大人より1枚少なく着せてあげるとよい．また寝返りをし，活発に手足を動かすようになるため，デザインはそのような動きを妨げず，着くずれの少ないカバーオール（図1（b））やロンパース（図1（c））が適している．7〜12か月にはお座りやハイハイ，歩き出す子どももおり，動きが活発になるため，この時期の乳児は衣服の影響をより受けやすくなる．そして着脱時に手足をバタつかせて嫌がったりするなど，着替えさせるのが大変になってくるため，この時期も動きを妨げず，着替えもさせやすいカバーオールやロンパースは適しているが，ハイハイの時期の赤ちゃんには，膝が隠れるくらいの丈の服を着せてあげるとよい．また，動きを妨げない，乳児のサイズに適合する衣服を選ぶ必要があり，小さすぎるものは動きを制限し，大きすぎるものは体に絡まったり，踏みつけたりと，危険を生じる原因となる．

　13か月以上の子どもは自分で立って歩くようになり，動きもさらに活発になり，身体もしっかりしてくる．この時期もお腹が出ているため，パンツやスカートの

(a) ベビードレス　(b) カバーオール　(c) ロンパース

図1　乳児期の衣服

ウエストがずり落ちる可能性があるが，楽に着替えのできる上下別々の衣服や子どもが一人でも着替えられる衣服を選び，気温や TPO に応じて適宜調整しやすい衣服が望ましい．しかし，まだ不安定に立って歩くため，裾が長すぎるパンツやスカートは危険が大きくなる．また，ウエストが大きいものも，ずり落ちて足先が隠れる可能性があり危険なので，サスペンダーを使用するなどウエストのずれにも配慮が必要である．過度に装飾された衣服や紐やファスナーなどの副資材を用いた衣服も，安全性の観点から避けることが望ましい．

●**乳児の汗，排泄物と衣服**　乳児は，汗，尿，便，そして皮膚表面から雑多な物質を排出している．これは乳児の発生熱量および平均体温が成人よりも高いため，排泄し汗をかくことで体温を調節し，発熱を防いでいるためである．衣服はこれらの生理機能に対応できるものでなければならない．

また，乳児はおむつをつけているが，おむつをつけているおしりは蒸れやすく，長時間着用すると排泄がなくても汗で蒸れる恐れがあるため，特に夏にはおむつのこまめな交換を心がける必要がある．おむつの上に着用するパンツについても通気性がよく伸縮性のある素材でゆとりのある物を選ぶ必要がある．

乳児は首が短く，手足の関節に汗が溜まりやすい．衿や袖口などの開口部の狭いデザインの衣服は，空気の換気が減少し，蒸れる可能性があるので，通気性，吸湿吸水性のある素材を選び，衿のデザインやあきにも十分配慮する必要がある．

［大塚美智子］

子どもと衣生活（2）——子どもの衣服

●**衣生活の基本的生活習慣** 食事・睡眠・排泄・着脱衣・清潔に関わる基本的生活習慣が身につく時期に個人差はあるものの，発達段階によるものであり，無理強いをしてはいけない．子どもが興味を示した時に手助けや見守りをしながらやらせ，できたときには大いに褒めることによって生活習慣は身につく．食べこぼし対応としてのエプロンは頻繁に洗濯が可能でかつ食事が楽しくなるようなデザインが望ましい．パジャマは吸湿性・保温性など衣服の保健衛生的な機能が充足されなければならない．自立の時期までおむつやトレーニングパンツの着用は必須であり，幼児の衣服は保育者にとっておむつ替えのしやすさやおむつ分のゆとりが考慮されたデザインが求められる．パンツの着脱だけでなく衣服の着脱を自分でしようとする時期には，着脱しやすい前あき構造でとめ具の形や大きさも扱いやすいものがよい．また，かぶり型のシャツやパンツは前後が区別しやすいようなマークや柄などがあるとよい．

●**自我の発達と衣服へのこだわり** 衣服へのこだわりは一般的に女児の方が早く，したがって着脱の自立も早い傾向にある．色に対するこだわりや服種へのこだわりなどが2歳過ぎから現れることがある[1]．こだわりの根拠はさまざまであるが，周りの大人からの衣服についての賞賛や批評，兄弟・姉妹からの影響も考えられる．こだわりは自我の発達を表すものであるが，成長とともに変化することが多い．しかし，幼児期のこだわりが長く継続することもある．

●**思春期における衣服選択** 小学校高学年になると初経を迎える女児もあり，自分や他者の体つきに興味と関心をもつようになる[2]．胸のふくらみをカバーするようなゆったりした衣服を選択したり，ブラジャーの選択に悩む時期でもある．また，この時期はファッションに興味を示す時期でもあり，マスコミの影響を受けやすい．衣服の購入にあたっては，保護者同伴の場合が多いが，子どもと意見の相違が生じやすい．この相違が生じる原因は，衣服の購入にあたり，子どもは色やデザインなどの外見を重視し，保護者は素材や手入れや機能性を重視するところにある．しかしながらファッションに関する話題を通して親子間のコミュニケーションが生まれることもある[3]．

　中学生は大人の体つきへの移行期であり，男子は特に急速な成長変化を遂げる時期である．近年では男性向けのファッション雑誌も出回り，ブランド物に興味を示す生徒も多い．女子も流行に興味を示し，ファッション情報を収集し，友達のファッションに敏感になり，流行に同調しようとする傾向がみられる．また，大人のファッションを取り入れようとする傾向が強くなる．それまでの友達との

横並び思想から，個性的に装う生徒も目立つようになる．被服以外では化粧やヘアースタイルやヘアーダイ，ピアス，タトゥーなどで突出した装いをする生徒もみられる．個性的に装うといいつつも，流行の影響は大きい．あこがれのタレントやミュージシャンの装いを真似する生徒もみられる．

最近では，思春期の児童生徒に共通して痩せ志向が強い．スリムな衣服を身に着けるために無理なダイエットに走る場合もある．衣服の選択や着装においても，気になる部位を隠す着装をしたり，やせて見えるデザインや色使いなどに神経質になる子どもたちもいる．成長期の健康的な身体美を衣服で上手に表現する知恵も大切である．

●制服と成長　中学の制服を購入する場合に，今日では詳細な採寸をしてオーダーするということはほとんどない．制服メーカーは，フィッティング用の複数サイズの制服を用意し，生徒は保護者とともに既製の制服を注文し購入する．中学生の時期は急速な成長を遂げる時期であり，男子では12歳から15歳までの3年間に，全国平均で，身長は18.3 cm，胸囲は9.8 cm，胴囲は7.8cm増加する．女子では身長は8.7cm，胸囲は7.5 cm，胴囲は3.8 cm増加する[4]．この増加に対応するためには，男子は2サイズ，女子では1サイズ大きいものを用意する必要がある．なお女子は胸囲の増加は1サイズのうちには収まらない．入学当初から2サイズ大きいものでは不都合を生じる．男子は少なくとも3年間に1回は制服の買い替えが必要になる．保護者は経済的な観点から1サイズ大きめの物を選ぶ傾向がある．しかしながら，成長の速度と成長量には個人差があり，成長の予測は難しい．成長量を裾や袖口や脇縫い目に縫い代として縫い込んでおくことは有効のようではあっても，毎日着用する中で折り目が擦り切れたり，退色することもあり，あまり現実的な対応ではない．また，衣服のお直しを家庭で行うことができる保護者は少ない．そこで，制服のリサイクルをPTAなどが学年末に呼びかけて，高学年から低学年への有効活用がなされている学校もある．　［布施谷節子］

引用・参考文献

[1] 布施谷節子，「乳幼児の衣生活の現状（第2報）―地域・年齢・出生順位が衣生活に及ぼす影響―」，家政誌，42，pp.551-558，1991
[2] 桐原美保，布施谷節子，高部啓子，「被服行動の発達と身体発達との関連」，家政誌，56，pp.115-123，2005
[3] 細谷佳菜子，服部由美子，浅野尚美，柘植泰子，森透，「児童生徒の服装に対する意識と着装行動」，福井大学教育実践研究，32，pp.157-165，2008
[4] 松山容子編著，『衣服製作の科学』，p.44，建帛社，2004

子どもと住生活（1）──子どもと住環境

●**子どもの住生活と住居**　住居は子どもが人として成長していく最も基本となる場所である．子どもは住居という器の中で保護され支援され，就寝・食事・団らん・勉強・家事・祭事行事などの日々の生活行為を重ねて成長し，家族の親和の中で人格形成され，大人へと自立していく．住居の必須要件として，生命を保護し，家族員個人と全員が心身共に健康で快適な生活を営むに十分な構造や広さ，設備，環境を備えていなければならないが，特に子どもは住居内の生活時間が長く，与えられた住環境の中で育つことから，直接的に心身の発達に影響を受けることになる．子どもの成長に合わせて住環境を適切に整え，健全な住生活を保障することは，子どもの人権の上からも非常に大切なことである．

●**子どもの成長と住環境**　子どもは日々成長し，それに応じて家族の住生活も種々に変化するが，どのライフステージにあっても，子どもの安全と健康は何よりも最優先される．特に乳幼児期は，誤飲等による「不慮の窒息」や浴室等での「不慮の溺死及び溺水」など，小さな不注意が重大な事故を招くことになるので（表1）[1]，子どもと親の空間を緊密にして，子どもから目を離さない，危険物や不衛生な物を置かないなど，安全と衛生に細心の注意を払う必要がある．さらに幼児期は，住居内の活動が活発化し，また，食事や着替え，おもちゃの片づけなど基本的生活習慣を身につける時期で，親の粘り強い見守りが大切である．学童期になると，子どもの生活時間や生活空間も変化し，子ども部屋の要求が高まる．子どもにとって自分の空間を持つことは，親との就寝分離を促し，自我の確立や自己管理，自発性を促進する．一方，勉強部屋として，むしろ親の希望でつくられることも多い．部屋を持てば自立するということではないので，部屋の掃除や持

表1　家庭内における不慮の事故死

事故の内容	0歳	1～4歳	5～9歳	10～14歳
転倒・転落	2	9	4	3
不慮の溺死及び溺水	2	12	5	9
その他の不慮の窒息	58	27	3	5
煙，火及び火炎への曝露	0	8	6	7
その他	3	3	0	3
合　計	65人	59人	18人	27人

[（平成26年厚生労働省「人口動態調査」14歳以下）]

ち物管理の習慣づけを含め，子どもの発達状況を見極めて対応すべきであろう．思春期では，勉強時間も延び，精神的にも個人の時間が重要になり，また，衣服や持ち物も増えるため，個室化が進む．異性の兄弟姉妹では特にそうである．この時期はプライバシーと家族生活，個室と家族室の程よい独立と融和が課題となる．なお，受験期は勉強だけを優先して，部屋の掃除や持ち物管理は母親任せとならないように親も子も心がけたい（表2, 表3）[2]．

●**子ども部屋の計画**　子ども部屋が一般家庭に登場するのは，子どもの人権が見直された大正期以降の中流住宅からで，当時は結核が家屋病として恐れられ，子どもの健康のためサンルームや広縁が推奨された（図1）[3]．子ども部屋のありようは各国・各時代の子ども観の表れでもある．戦後は，提唱された最小限住宅（図2）[4]でも，公団の2DK住戸でも，ダイニングキッチンによる食寝分離と共に子どもの空間は確保された．現代の多くの核家族において，子ども部屋は居間の一角から個室の勉強部屋へ，子の独立後は空き室へと変化する．子どもにとって子ども部屋は愛情こもる拠り所であり（図3），自立への準備空間でもある．部屋の掃除や物の管理術もしっかり身につけたい．子ども部屋の計画では，安全と健康性を保ち，成長に対応できる柔軟性，柔らかな独立性と融和性，兄弟姉妹の平等性をもつ豊かな空間を形成したい（図4）[5]．　　　　　　　　　　　　［米村敦子］

表2　子どもの発達と住環境

発達期	住要求と住空間のキーワードと注意点
乳児期	安全・衛生の優先．子どもと親のいる空間は密接．育児用品の収納整理．
幼児期	安全・衛生の確保．遊び活動や生活習慣や物の片づけに親の見守り必要．
学童期	子ども部屋要求．勉強，友だち，自我，物の管理と掃除．親と就寝分離．
思春期	個室要求，受験勉強，部屋の管理と掃除，プライバシーと家族との融和．

［筆者作成］

表3　子ども部屋の状況（小学生対象）　　　　　　　　　　　　　（％）

		子ども部屋を持った年齢				部屋の形態			子ども部屋の掃除		
		3歳以下	4～5歳	6～7歳	8歳以上	個室	共有部屋	コーナー等	自分	時々自分	親等
合計		16.5	25.9	43.5	14.1	44.4	52.2	3.3	31.1	32.2	36.7
性別	男子	18.0	25.6	41.0	15.4	39.0	56.1	4.8	31.7	19.5	48.8
	女子	15.2	26.1	45.7	13.1	49.0	49.0	2.0	30.6	42.9	26.5
学年	低学年	18.2	36.4	39.4	6.1	50.0	50.0	0	32.4	26.5	41.2
	高学年	15.4	19.2	46.2	19.2	41.1	53.6	5.4	30.4	23.2	33.9

［「子どもの住生活と安全に関する調査」宮崎大学住居学研究室（2009年）より］

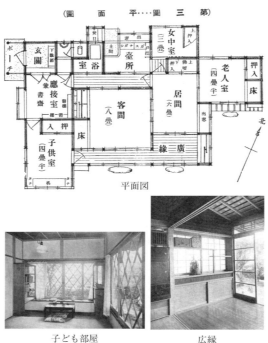

図1 昭和初期の中流住宅の子ども部屋
［『便利な家の新築集』，主婦の友社，昭和11年より］

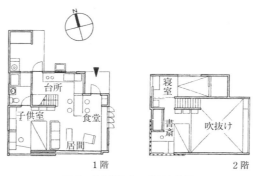

図2 最小限住宅の子ども部屋
［池辺陽研究室設計，昭和23年］

6. 子どもと健康：衣食住，看護，性 こどもとじゅうせいかつ (1)　　109

図3　9歳児が描いた私の家・私の部屋
[「宮崎大学住居学研究室調査」同上より]

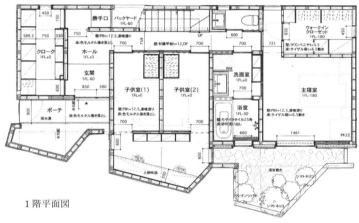

図4　やわらかな独立性と融和性をもつ子ども部屋
[「川越の家」手嶋保建築事務所設計，（『住宅建築』No.443，建築資料研究社］

📖 引用・参考文献

[1] 厚生労働省「平成25年　人口動態調査」
[2] 宮崎大学住居学研究室，「子どもの住生活と安全に関する調査」，2009
[3] 『便利な家の新築集』，主婦の友社，1936
[4] 日本建築学会編，『第2版コンパクト建築設計資料集成［住居］』，丸善出版，2006
[5] 「川越の家」，『住宅建築』No.443，建築資料研究社，2014

子どもと住生活（2）――子どもと地域の居住環境

●**子どもと地域の居住環境**　子どもは成長とともに活動範囲を住居まわりから近隣，小学校区，中学校区と広げ，その中でさまざまな体験を積み，学校の友だちや地域の多くの人々と関わり，社会性と自立性を身につけていく．地域は子どもの発達を育む場でもある．国土交通省では「住生活基本法」に基づく「住生活基本計画」において，地域の居住環境水準の指標に，〈安心・安全〉〈美しさ・豊かさ〉〈持続性〉〈日常生活を支えるサービスへのアクセスのしやすさ〉を挙げており（表1）[1]，他方，安全性・保健性・利便性・快適性・持続可能性の5項目を挙げる提案もある[2]．これらは住民の誰もが必要とする要件で，子どもの発達段階や各々のライフステージによって必要度や注意点は異なっているが，地域の施設およびサービスでは，医療，教育，福祉，保安，防災，衛生，購買，文化，集会，公園，スポーツ，娯楽，通信，金融，交通などの整備が必須であり，自然環境や

表1　居住環境水準の指標項目

〈1. 安全・安心〉	①地震・大規模な火災に対する安全性　②自然災害に対する安全性 ③日常生活の安全性　④環境阻害の防止
〈2. 美しさ・豊かさ〉	①緑　②市街地の空間のゆとり・景観
〈3. 持続性〉	①良好なコミュニティ及び市街地の持続性　②環境負荷への配慮
〈4. 日常生活を支えるサービスへのアクセスのしやすさ〉	①高齢者，子育て世帯等の各種生活サービスへのアクセスのしやすさ　②ユニバーサルデザイン

［国土交通省：住生活基本法「住生活基本計画」より］

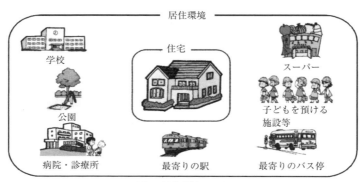

図1　居住環境の一例
［国土交通省「子育てに適した居住環境に関する研究」より］

地域コミュニティも大きな要素となる（図1）[3].

●**子どもの屋外活動と地域生活**　子どもの発達段階別に屋外活動や地域生活の状況をみると，乳児期は屋外活動のすべてを親などに委ねるため，乳児と親の双方の支援整備として，医療・保健施設の充実，ベビーカー向けバリアフリー，授乳やおむつ替え用設備の普及などが特に必要とされる．幼児期では遊びの行動が活発化し，身近な公園や遊具の充実とともに，幼稚園や保育所への通園（所）時の安全確保など，思わぬ行動をとることの多い幼児に対し大人の間断ない注意が必要となる．学童期は一人での屋外活動や児童館などの施設利用が増え，行動圏が広がり，自転車にも乗り始める．同時に犯罪や交通事故の被害者となるリスクも伴うので，地域の見守り機能が最も重要となる時期である（表2）．筆者の研究室で行った調査では，子どもたちは遊びや塾や習い事など長時間を自宅外で過ごし，交通事故，不審者，転倒転落などを主として危険感を約40％が抱いていた（表3）．保護者の危機意識は，地方の宮崎県内調査のためか比較的低い（表4）[4]．その後，思春期になると行動圏はさらに拡大し，交通手段や利用施設など大人に近づいていく．

●**子どもを守り育てる地域居住環境**　子どもには，自然豊かで機能的で快適で親しみと文化に溢れた地域居住環境の中，のびのびと成長してもらいたいと誰しも

表2　子どもの地域生活と地域環境

発達期	地域活動・地域空間のキーワードと注意点
乳児期	親や大人と行動，授乳やおむつ替え用設備，医療・保健施設，バリアフリー
幼児期	遊び空間の拡大，保育園，幼稚園，公園，チャイルドシート，見守り
学童期	一人での屋外行動，小学校，児童館，公園，塾・習い事，徒歩・自転車
思春期	行動範囲の拡大，中学・高等学校，図書館，購買施設，多様な交通手段
共通項目：自然環境，防災，防犯，交通，医療，教育，福祉，文化，コミュニティ等	

［筆者作成］

表3　子どもの屋外生活の状況（小学生対象調査）　　　　（％）

		屋外遊び時間		塾や習い事		屋外の危険感		（自由記述）
		4時間未満	4時間以上	通う	通わない	ある	ない	
性別	男子	33.3	66.7	44.4	55.6	35.6	64.4	〈屋外遊び場〉児童館，公園，自宅庭や周辺，友達の家周辺，団地内，広場，道路等
	女子	36.4	63.6	49.1	50.9	47.3	52.7	
学年	低学年	29.7	70.3	37.8	62.1	37.8	62.2	〈危険内容〉車や自転車の交通事故，不審な人，転倒，川への転落，競技中等
	高学年	38.1	61.9	52.4	47.6	44.4	55.5	

［筆者作成］

表4 子どもの安全に対する保護者の意識（保護者対象調査） (%)

全体	子どもの安全への不安感				防犯対策		防災の話し合い	
	非常に不安	やや不安	あまりない	全くない	している	ない	している	ない
	3.0	25.3	62.6	9.1	27.3	72.7	25.0	75.0
自由記述	〈屋内の不安〉	火災，地震，包丁やはさみ，机の角，物の飲み込み，親の不在時等						
	〈屋外の不安〉	交通事故，不審者，一人歩き，転倒事故，友人関係等						
	〈子の防犯対策〉	防犯ブザー所持，一人で歩かない，一人でドアを開けない等						
	〈子の防災対策〉	避難・集合場所，被災時の教育，避難時の携行品，連絡方法等						

[「子どもの住生活と安全に関する調査」宮崎大学住居学研究室（2009年）より]

願うが，最優先されるのは犯罪や災害や交通事故や日常事故から子どもを守る安全性である．それは地域防犯・保安対策，地域防災と避難施設・訓練整備，児童館・図書館・公園などの子どもの拠点づくり，放課後対策，子育て支援制度・設備，交通・道路整備，建物などのさまざまなバリアフリー，地域コミュニティの醸成，情報発信，人材育成など，いわば地域総合力の指標でもある．写真1，2は子ども110番見守り制度・施設，わかりやすい津波避難掲示，東日本大震災仮

楽しく入りやすい工夫をしたこども110番支援の花屋さん

津波避難掲示

東日本大震災仮設団地内ちびっこ広場

写真1 子どもを守り育む施設設備①

オムツ交換台を備えた買い物施設の授乳室と多目的トイレ

公営住宅団地に隣接する子育て支援センター(外観および内部)と児童遊園
写真2　子どもを守り育む施設設備②

設団地内ちびっこひろば，買い物施設内おむつ替え設備付授乳室と多目的トイレ，公営団地に隣接する子育て支援センターと児童遊園で，いずれも地域で子どもを大切に守り育む施設設備である．地域の居住環境を美しく安全に保ち，その中で子どもを育んでいこうとする地域住民自身の熱意は何より力強い支えとなる．

[米村敦子]

📖 引用・参考文献
[1]　国土交通省，住生活基本法「住生活基本計画」，2006
[2]　浅見泰司，「住環境の5つの基本理念」，2001
[3]　国土交通省，「子育てに適した居住環境に関する研究」，2010
[4]　宮崎大学住居学研究室，「子どもの住生活と安全に関する調査」，2009

子どもと食生活（1）──妊娠・授乳期の栄養

● **DOHaD説**　子どもの将来の健康を左右する主なものに，栄養，ストレス，環境化学物質（環境ホルモン）の3つがある．受精時・胎児期，生後1〜2年までの短い期間は，その影響を受けやすく，developmental stage という．その影響とは遺伝子の働きを調節するメカニズムとされるエピジェネティクス[註]の変化で，この変化が生活習慣病などの病気の大きな素因になると考えられている．小さく生まれた子どもは将来，糖尿病，高血圧，脂質異常症，精神発達への影響，メタボリック症候群などが起こりやすいことが明らかとなってきた．すなわち，この時期に望ましくない環境，低栄養または過剰な栄養環境で育つとエピジェネティクスの変化が起こり，その変化の一部は長い間続き，時に世代を超えて続くこともある（ソフトな世代間伝達現象）．この変化に，望ましくない生活習慣が加わると，病気が起こりやすくなる．この期間の環境要因と遺伝子との関連が将来健康になるか病気にかかりやすくなるかを決めていくと考えられ，これをDOHaD説（Developmental Origins of Health and Disease）という．病気の起源が人生の早期にあるという重要な学説である（適切な日本語がないためドーハッド説と称している）．

　言い換えると，乏しい栄養で発育した胎児は少ない栄養でも生きていける仕組みが体にできる．小さく産まれると，同じ栄養量でも肥満になりやすいことに加えて，大きく育てようとして，親は沢山の栄養を与えがちである（小さく産んで大きく育てる）．その結果，肥満になりやすくなる．それは糖尿病などの生活習慣病になるリスクを高くする．このような体質に，運動不足，ストレス，栄養豊富な食事などの望ましくない生活習慣を続けると，やがて生活習慣病などの病気が起こる．

　いま日本では出生体重が低下している．低出生体重児（出生体重 2,500 g 未満の児）の割合は，約10％（2013年9.6％）にまで達している（図1）．先進工業国の中では特に高い数値であり，生活習慣病がさらに増えていくことを予想させる．出生体重は，妊娠期間，母親の体格や年齢，喫煙，妊娠合併症などに影響されるが，その中でも妊娠前，妊娠中の栄養が重要である．20代女性の平均エネルギー摂取量は減少しており，痩せ（BMI18.5以下）の頻度が20〜25％と高く，栄養状態の望ましくない妊娠前の女性が多い．さらにエネルギー摂取量は妊娠す

註　エピジェネティクス：遺伝子の働きを調節するメカニズムをいい，環境の変化に応じてダイナミックに変化していく．また胎児期と乳幼児の望ましくない環境により生じた変化の一部は一生続き，それが生活習慣病の素因になるともいわれ始めている．

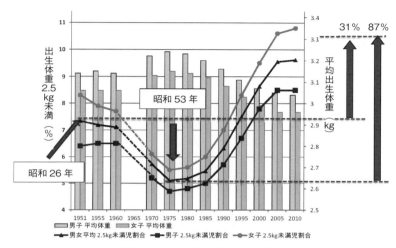

図1 平均出生体重ならびに低出生体重児頻度の変化（1951～2010年）

る前と，妊娠中とはほとんど変わらず増えないという状況がある．炭水化物も大切な栄養である．妊娠前半に必要量を摂らないと子どもが将来肥満になりやすいという報告もある．他に葉酸等のビタミン類，ミネラル，カルシウムも不足している．それ故バランスのよい食生活を妊娠前から意識し，妊娠中も出産後も続けることが，子どもの健康に重要といえる．「妊産婦のための食生活指針」[1]などを参考にしていただきたい．

しかし，たとえ小さく産まれても，将来病気になりやすくなるリスクを少なくするには母乳哺育，（母乳が出なくても）十分なスキンシップ，母子健康手帳にある成長曲線内の発育を心がけることなどが大事である．このDOHaDの考え方が基盤となって，小さく産まれても健康を維持することが十分可能であるとの研究成果が出てきている．

●**若い時からの健康なからだづくりが大切**　日本では，20代，30代で痩せている女性が多くなっている．食生活の乱れに加え，痩せ願望が広がり，若い女性の摂取エネルギーは年々減り続けている．この痩せ願望は，男性を意識した気持ちが一つの原因であるかも知れないことに注意したい．健康な姿こそが女性の美しさであるという社会全体の認識が広がっていくことが，女性自身のみならず次世代の健康を確保するためには重要なことといえる．　　　　　　　　　　　［福岡秀興］

📖 引用・参考文献
[1]「妊産婦のための食生活指針」（健やか親子21推進検討会：食を通じた妊産婦の健康支援方策研究会）
　　http://rhino.med.yamanashi.ac.jp/sukoyaka/ninpu_syoku.html

子どもと食生活（2）——乳児期の食生活

●**乳児期の栄養・食生活の意義と特徴**　乳児期の栄養・食生活の主な特徴としては，①エネルギー，栄養素の必要量が多いこと，②適正な栄養量の幅が狭く，過不足時の影響が大きいこと，③消化・吸収機能，代謝機能が未熟であること，④疾病や感染に対する抵抗力が弱いこと，⑤味覚，食習慣の形成期であること，⑥個人差が大きいことなどが挙げられる．乳児期前半は乳汁を主な栄養源とし，後半は次第に離乳食へ移行していく．

●**乳汁栄養**

〈母乳栄養〉

・**母乳育児の意義**　母乳は乳児と母親にとって，最も自然で理想的なエネルギーや栄養素の供給源である．母乳育児の利点としては，免疫学的感染防御作用がある，成分組成が乳児に最適であり，代謝負担が少ない，アレルギーを起こしにくい，将来，母児ともに生活習慣病になりにくい，出産後の母体の回復を早める，母子相互関係の良好な形成に役立つ，衛生的・経済的で手間もかからないなどがある．

・**母乳（初乳と成熟乳）の成分**　分娩後，4日頃までに出る黄色味を帯びた粘ちょう性のある母乳を初乳という．分泌型免疫グロブリン（IgA）の濃度は，初乳が通常の母乳の10～20倍多く含まれている．また，生体防御機能を果たすリンパ球などの免疫細胞群も高濃度で含まれる．

　出生後，10日位で乳汁の組成，分泌量はほぼ一定になる．この乳を成熟乳といい，初乳と成熟乳の間の母乳を移行乳という．成熟乳は淡黄色で芳香があり，淡い甘味がある．固形分は約13％で，泌乳期が進むとたんぱく質，無機質が減少して，乳糖が増加する傾向がある．

〈人工栄養〉

・**育児用ミルクの基礎知識**　乳児の栄養が母乳以外の乳汁で行われる場合を人工栄養という．現在，乳汁としては育児用ミルクが用いられている．

　育児用ミルクには，調製粉乳（乳児用調製粉乳，フォローアップミルク，低出生体重児用粉乳），市販特殊ミルク（牛乳アレルゲン除去粉乳，大豆たんぱく調製乳など），市販外特殊ミルク（先天性代謝異常症用ミルクなど）がある．乳児用調製粉乳は母乳代替品として牛乳の成分を母乳に近づけるように改善したものである．

●**離乳**

〈離乳の意義と必要性〉離乳とは「母乳または育児用ミルク等の乳汁栄養から幼児食に移行する過程をいう」と「授乳・離乳の支援ガイド」（厚生労働省，2007年）

で定義されている．

離乳は，①エネルギーと栄養素の補給，②消化機能の増強，③摂食機能の発達を助長，④精神発達の助長，⑤正しい食習慣の確立のために必要である．

〈離乳の開始と進め方の目安〉離乳の開始とは，なめらかにすりつぶした状態の食物を初めて与えた時をいう．その時期は5, 6か月頃が適当である．離乳の開始前に果汁を与えることは，栄養学的な意義は認められていないこと，また，咀しゃく機能の発達の観点からも推奨されない．

離乳食の進め方の目安は「授乳・離乳の支援ガイド」（厚生労働省，2007年）に示されている（図1）．

〈離乳の完了〉離乳の完了とは，形のある食物をかみつぶすことができるようになり，エネルギーや栄養素の大部分が母乳または育児用ミルク以外の食物からとれるようになった状態をいう．その時期は12か月から18か月頃である．離乳の完了は，母乳または育児用ミルクを飲んでいない状態を意味するものではない．

●成長の目安　食事の量の評価は，成長曲線のグラフに体重や身長を記入して，成長曲線のカーブに沿っているかどうかを確認する．体重増加がみられない，あるいは急速な体重増加で成長曲線からはずれていく場合には，医師に相談してその後の変化を観察しながら対応する．　　　　　　　　　　　　　　　　［堤ちはる］

📖 引用・参考文献
[1] 厚生労働省，「授乳・離乳の支援ガイド」, 2007
[2] 堤ちはる，平岩幹男,『新訂版　やさしく学べる子どもの食』，診断と治療社，2012

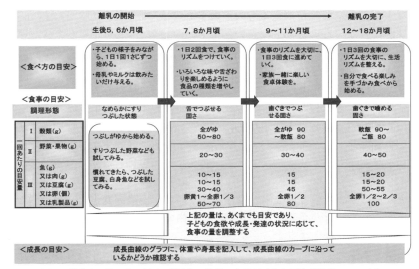

図1　離乳食の進め方の目安（「授乳・離乳の支援ガイド」厚生労働省　2007年）

子どもと食生活（3）——幼児期の食生活

●**幼児期の成長，発達と食生活**　幼児期（1歳頃～小学校入学前まで）は，乳児期に引き続いて成長，発達の著しい時期である．出生時において，身長は約50 cm，体重は約3 kgであるが，1歳では身長が約1.5倍（75 cm），体重は約3倍（9 kg）となる．さらに5歳になると，男女差があるが，平成22年乳幼児身体発育調査の男児の中央値でみると，身長は約108 cm，体重は約17.5 kgである[1]．

　また，幼児期は運動機能の発達により行動が活発になり，運動量が増す．このように活動的で，しかも日々成長を重ねている幼児期は，十分な栄養素の供給が必要となる．幼児期の推定エネルギー必要量や栄養素の推定平均必要量などについては，日本人の食事摂取基準（2015年版）で示されている[2]．幼児は体が小さい割に，体重1kg当たりにすると多くのエネルギーや栄養素を必要とする．しかし，幼児の消化機能は未熟であり，また胃の内容量が小さいため，3回の食事だけでは必要な量を満たすことが難しい．そこで，間食（補食）でエネルギー・栄養素の補給を行う．間食の適量は運動量や体格の個人差もあるが，1日に必要なエネルギー量の10～20％程度が望ましいと考えられている．間食の回数は，1～2歳児は1日に1～2回，3～5歳児は午後のみ1回を目安とする．間食の内容は，穀類，いも類，卵，牛乳・乳製品，野菜，果物などを組み合わせて，3回の食事で不足する栄養素などを補えるものが望ましい．平成22年度幼児健康度に関する継続的比較研究によると，間食の与え方について，「欲しがるときに」と回答した者は約23％であった[3]．幼児の欲しがるままに間食を与えていると，むし歯（う歯）や肥満，生活リズムを乱す原因になることがあるので注意する．

●**幼児の口腔機能の発達**　幼児期の口腔機能，特に咀嚼機能（かむこと）に関しては，歯の生え方と密接な関係がある．幼児期は乳歯の萌出に伴って，咀嚼機能が獲得されていく時期である．1歳半頃に第一小臼歯が生えてきて，歯ぐきでかみにくい食物もすりつぶせるようになる．上下の第一乳臼歯が生えそろう前に固い食物を与えると，かまない，丸のみ，偏食などの原因になることがある．2歳半頃～3歳頃になると，第二乳臼歯が生え，20本の乳歯が生えそろう．乳歯がすべて生えそろう3歳頃までは個人差も大きいので，口腔の発達と食物の固さや調理形態に十分な配慮が必要である．また，乳歯のときからむし歯にならないように口腔内の衛生管理に注意する．

●**幼児期の食生活上の問題点**　幼児期は自我の芽生えに伴い，特有な食生活上の問題がみられることがある．平成17年度乳幼児栄養調査によると，1歳以上の

子どもの食事で母親が困っていることは，遊び食い（45.4％），偏食する（34.0％），むら食い（29.2％），食べるのに時間がかかる（24.5％），よくかまない（20.3％）の順で多く認められた[4]．幼児期は「手づかみ食べ」から「食具食べ」に移行する時期であるが，行動範囲が広がり食事に集中できずいろいろと興味が移り，遊び食いやむら食いなどがみられる．この対策として，「おなかがすいた」感覚をもつように，適度な運動や，食事を規則的に摂ることができる生活環境が必要である．注意するばかりでは子どもの自分で食べたい意欲を失うことにつながりかねないので，発達の過程として見守ることも大切である．「偏食」とは，ある種の食品に対して極端に好き嫌いを示す場合をいい，"嫌い"の方を指していることが多いが，広義には好きなものしか食べない場合も含まれる．また，偏食は長期間継続する場合と，自然に改善される場合がある．偏食の対策として，無理強いはせず，小さく切る，下茹でするなど調理の工夫をすることや，代替食品を用いることなどが挙げられる．また，「栽培」「収穫」「調理」などの活動を通じて食材を身近に触れることで，食べ物が自然の恵みからできたものであることを実感するようになり，偏食の改善につながることが期待される．

●**食育**について　平成17年に「食育基本法」が制定され，人々が生涯にわたって健全な心身を培い，豊かな人間性を育むために「食育」が推進されている．食育基本法に基づいて示された第2次食育推進基本計画では，家族が食卓を囲む「共食（きょうしょく）」を通じた食育が進められている．幼児期は身体面だけでなく精神面の発達も著しい時期であり，家族や友達など周囲の人たちとの関わりを通して社会性が育まれ，基本的な生活習慣が形成される．家族や友達と一緒に食べる楽しさを学び，食への興味や関心がもてるように，食べる意欲を大切にして，食の体験を広げていくことが望ましい．

［田辺里枝子，五関正江］

📖 引用・参考文献

[1]　厚生労働省，「平成22年　乳幼児身体発育調査」
[2]　菱田明，佐々木敏監修『日本人の食事摂取基準（2015年版）』，第一出版，2014
[3]　平成22年度　幼児健康度に関する継続的比較研究
[4]　厚生労働省，「平成17年度　乳幼児栄養調査」

子どもと食生活（4）——学童期・思春期の食生活

●**学童期・思春期の特徴と課題**　学童期前半は幼児期と比較して成長速度が遅くなるが，学童期後半から思春期前半にかけて第2発育急進期となり，身長・体重の著しい増加とともに各器官の発達，二次性徴の発現・成熟がみられ，性差，個人差が顕著となる．さらに認知能力などの知的能力や，筋肉量の増加や骨の発育により運動能力も高まる．したがって子どもの成長や身体活動レベルに見合ったエネルギーや各種栄養素の摂取が必要となる．

学童期・思春期は「食生活・生活習慣の完成・自立期」であり，この時期に望ましい食生活や睡眠，排便などの生活習慣，適切な運動習慣を確立する支援や環境整備が望まれる．しかし，塾・お稽古事など学校外の活動の増加や，ICT・SNS（ソーシャル・ネットワーキング・サービス）の普及は，生活習慣の変化をもたらし朝食の欠食や夜食・間食，こ（孤・個・固など）食の増加など不適切な食生活の一因となっている．また，学童期においてもクラブチームなどの加入による運動過多群と体育の時間以外は全く運動をしない運動過少群の2極分化もみられ，これらが小児肥満や運動器症候群予備軍などの健康問題の誘因となっている．

さらに，思春期は自我の確立や性心理の発達によって心身のアンバランスも生じやすく，過食や拒食など食行動に問題をきたすこともある．

●**学童期・思春期の食生活**
〈栄養素摂取についての留意点〉[1]　エネルギー必要量は男子15〜17歳，女子12〜14歳が最も多くなる．1日のエネルギー配分は朝：昼：夕＝3：3：4が望ましく，21時以降は軽食とする．エネルギー摂取量は，食事の栄養組成や脂肪のエネルギー比率，食品の美味しさや摂食パタンなどが影響するので，個人の消費量や体重の変化を考慮する必要がある．

たんぱく質は体たんぱく質の維持量に加えて，成長に伴い蓄積される量を摂取する必要があるので，動物性たんぱく質など良質なたんぱく質の摂取を心がける．

葉酸は，妊娠中に欠乏すると胎児に神経管閉鎖障害などを引き起こすので，思春期から十分な摂取を心がける．

カルシウムは骨形成に不可欠である．カルシウム蓄積量が最も増加するのは男子が13〜16歳，女子が11〜14歳と報告されており，この時期に適切な食生活と運動によって成人期の最大骨量を増やすことが，中年期以降の骨粗鬆症予防のために重要である．カルシウムの吸収率は25〜30％程度と低く，年齢や妊娠・授乳，その他の食品成分などさまざまな要因により影響を受けるので，吸収を促進するビタミンDを含む乳製品などの摂取を心がける．

鉄はヘモグロビンや各種酵素を構成し，その欠乏は貧血や運動機能，認知機能等の低下を招く．女性では初経発来後は月経血による鉄の損失があり，造血のために必要量が高くなる．鉄欠乏性貧血の発生を予防するために，鉄含有量の多い食品や鉄吸収のよい食品の摂取を心がける．

亜鉛については，亜鉛欠乏による若年者の味覚障害も報告されており，バランスの取れた食生活を心がける．

〈食の5W1Hを意識する〉文部科学省の「全国学力・学習状況調査」ならびに「全国体力・運動能力，運動習慣等調査」結果から，「毎日朝食を食べている子」の方がすべての教科の成績がよいことや，体力合計点が高い傾向にあることが報告されている[2]．朝食（英語：Breakfast）の意味は夕食後からの「空腹を破ること」である．朝食の役割は，脳のエネルギー源となるグルコースを供給すること，体温上昇を促すこと，身体活動に必要な栄養素を供給することなどである．朝食欠食は，脂肪蓄積能力が高まり太りやすい体質になる．さらに，副腎からアドレナリンも分泌されて，イライラの原因になる．一方，私たちの生体は1日25時間周期とする概日リズムを刻んでいる．このリズムを1日24時間に調整するためには，「朝の光」を浴びて脳視床交叉上核の「主時計遺伝子」を刺激することと，「朝食摂取」により主要臓器に存在する「末梢時計遺伝子」を刺激することである[3]（図1）．逆に深夜のPCやスマートフォンの使用による強い光や，不規則な時間の食事摂取は生体リズムを乱すことになる．

また，子どもたちの朝食の共食率は低く，夕食においても「共食は週2～3回」が約3割となっている．「朝食を一人で食べる」子は「イライラ」や「身体のだるさや疲れやすさ」を感じている．一方，「毎日，家族そろって食事をする」家庭では「楽しい会話」や「あいさつ」の割合が高くなっている[4]．第2次食育推進基本計画（平成23～27年度）では，重点課題の一つとして「家庭における共食を通じた子どもへの食育の推進」が新たに挙げられた．したがって，共食は家庭における食育の場であり嗜好の発達や心の発達の上でも重要である．保護者の欠食状況が子どもの欠食にも影響することも報告されており，保護者も含めて「食の5W1H」（Who／誰と食べるか，Why／なぜ食べるか，When／いつ食べるか，Where／どこで食べるか，What／何を食べるか，How／どのように食べるか）」を

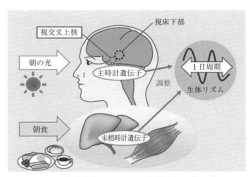

図1　時計遺伝子の2つの調整経路（概要）
『時間栄養学』（香川靖雄編著，女子栄養大学出版部，2009）を参考に作図

意識するような取り組みが必要である.

現在,「早寝早起き朝ごはん」全国協議会による運動が推進されている.また,文部科学省ホームページには「家庭教育手帳」が掲載されており,「食生活の乱れは心身のバランスを乱す」「1日のスタートは朝食から」など食育に関する内容が盛り込まれているので参考にするとよい.

〈適正体重を理解し維持する〉学校保健統計調査では,平成18年度から性別,年齢別,身長別標準体重から肥満度を算出し,肥満度20％以上の者を肥満傾向児,－20％未満の者を瘦身傾向児としている.肥満傾向児の出現率はやや減少しているが,小学校高学年以降では男女共に8～10％もある[5].この時期の肥満は成人肥満に移行しやすいこと,高度肥満児では,脂質代謝異常などの合併症があることから,小児期メタボリックシンドローム診断基準が設けられた[6](平成18年,表1).過度な食事制限や減量は正常な発育を妨げる可能性があるので,日常生活における生活時間の見直しや身体活動量を増やすことが重要である.

表1 小児メタボリックシンドロームの診断基準(6～15歳)[6]

(1) 必須項目：ウエスト周囲径
・中学生 80cm 以上 / 小学生 75cm 以上 　もしくはウエスト周囲径（cm）÷身長（cm）=0.5 以上
(2) 選択項目（下記項目のうち2項目以上） 　1) トリグリセライド（中性脂肪）：120mg/dl 以上 　　かつ／または HDL コレステロール：40mg/dl 未満 　2) 収縮期（最大）血圧：125mmHg 以上 　　かつ／または拡張期（最小）血圧：70mmHg 以上 　3) 空腹時血糖：100mg/dl 以上

一方,瘦身傾向児の出現率は,男女共に約3％であるが[5],中学生,高校生の女子では「不健康瘦せ」が約20％もみられる[7].女子では,学童期前半から自己の理想とする体型を求めてやせ志向やダイエット行動がみられる.しかしながら,過度の瘦せは摂食障害,無月経など将来の妊孕性や低出生体重児の出産など次世代への健康にも影響を及ぼすことがある（DOHaD説）.したがって,脂肪組織はホルモン産生に関わる重要な組織であり,適正な体重を維持することの重要性を理解させる教育が必要である.

〈しっかり噛んで五感で味わう〉学童期になると,永久歯が「第1大臼歯（六歳臼歯）」から生え始め,「第2大臼歯（十二歳臼歯）」が生えて,ほぼ32本の歯が揃う.全年齢で「う歯」の者の割合は4割を越えており,12歳の永久歯の一人当たりの平均う歯数は約1本となっている[5].一方,味覚は8～9歳に決まるといわれており,五基本味（甘味・酸味・塩味・苦味・うま味）についても,種々の食材や調理法による食経験の学習が必要である.したがって,この時期は歯磨きの指導だけでなく,さまざまな食材,食体験を通してしっかり噛んで五感（視覚・聴覚・嗅覚・触覚・味覚）を使って味わうことの指導が必要である.厚生労働省は,一口30回以上噛むことを目標とした「噛ミング30（カミングサンマル）

表2　食育に関する施策の基本方針

1.	国民の心身の健康の増進と豊かな人間形成
2.	食に関する感謝の念と理解
3.	食育推進運動の展開
4.	子どもの食育における保護者，教育関係者等の役割
5.	食に関する体験活動と食育推進活動の実践
6.	伝統的な食文化，環境と調和した生産等への配意および農山漁村の活性化と食料自給率の向上への貢献
7.	食品の安全性の確保等における食育の役割

運動」[8] を提唱しており，噛むことの8大効用は肥満予防，脳の発達など頭文字をとって「ひみこのはがいーぜ」としている．

〈食育を推進する〉「食育基本法」（平成17年）では「子どもたちが豊かな人間性をはぐくみ，生きる力を身に付けていくためには何よりも「食」が重要である．いま改めて食育を，生きる上での基本であって，知育，徳育および体育の基礎となるべきものと位置付けるとともに，さまざまな経験を通じて「食」に関する知識と「食」を選択する力を習得し，健全な食生活を実践することができる人間を育てる食育を推進することが求められている」としている（表2）．学校教育においては「栄養教諭制度」（平成17年）が導入され，給食の時間や家庭科を中心とする各教科において，総合的・多面的に推進することが求められている．

　食育活動の一つとして平成13年に香川県の滝宮小学校で始まった子どもが作る"弁当の日"の実施校は，全国で1,700校を越えている（平成27年）．

［篠原久枝］

📖 引用・参考文献

[1] 厚生労働省，「日本人の食事摂取基準（2015年版）策定検討委員会」報告書，2014
http://www.mhlw.go.jp/stf/shingi/0000041824.html
[2] 内閣府，「平成27年版食育白書」，2015
http://www8.cao.go.jp/syokuiku/data/whitepaper/2015/pdf-gaiyou.html
[3] 香川靖男編著，「時間栄養学」，女子栄養大学出版部，2009
[4] 内閣府，「平成24年版食育白書」，2013
http://www8.cao.go.jp/syokuiku/data/whitepaper/2012/book/index.html．
[5] 文部科学省，「平成26年度学校保健統計調査」，2015
http://www.mext.go.jp/b_menu/toukei/chousa05/hoken/kekka/k_detail/1356102.htm．
[6] 厚生労働省，「子どものメタボリックシンドロームが増えている」
http://www.e-healthnet.mhlw.go.jp/information/metabolic/m-06-001.html
[7] 山縣然太朗，思春期やせ症及び不健康やせの発生頻度に関する研究，厚生労働科研費，「健やか親子21」の最終評価・課題分析及び次期国民健康運動の推進に関する研究報告書，pp.476-481，2013
[8] 厚生労働省，「歯科保健と食育の在り方に関する検討会報告書（概要）」，2009
http://www.mhlw.go.jp/shingi/2009/07/dl/s0713-10a.pdf

子どもと食生活（5）
——日本人の食事摂取基準と食事バランスガイド

●日本人の食事摂取基準[1]

〈日本人の食事摂取基準の目的〉「日本人の食事摂取基準」は健康増進法（平成14年法律第103号）第30条の2に基づき，国民の健康の保持・増進を図る上で摂取することが望ましいエネルギーおよび栄養素の量の基準を厚生労働大臣が定めるもので，5年ごとに改定が行われる．現在，エネルギーと34種類の栄養素について策定されている．

1969年から策定されてきた「日本人の栄養所要量」は栄養欠乏症予防を主眼として，標準となるエネルギーおよび各栄養素の摂取量を示すものであった．しかしながら，「真」の望ましい摂取量を測定することは，非常に困難であることや国際的な動向を踏まえて，2005年からは生活習慣病の予防を特に重視し，「摂取量の範囲」を示して，その範囲に摂取量がある場合には生活習慣病のリスクが低いとする「食事摂取基準」という考え方が導入された．

「日本人の食事摂取基準（2015年版）」の主な改定のポイントは1）策定目的に，生活習慣病の発症予防とともに「重症化予防」を加えたこと．2）エネルギーの指標に「体格（BMI：body mass index）」を採用したこと．3）生活習慣病の予防を目的とした「目標量」を充実したこと．4）ナトリウム（食塩相当量）について，高血圧予防の観点から，18歳以上男性は8.0g/日未満，18歳以上女性は7.0g/日未満としたこと．5）さらに小児期からの生活習慣病予防のため，食物繊維とカリウムについて，新たに6～17歳における目標量を設定したことである．

〈策定の基本的事項〉

(1) 設定指標：エネルギーについては1種類，栄養素については5種類の指標が設定されている．エネルギー必要量を算出する身体活動レベルは，「低い」「ふつう」「高い」の3つのレベルとしている（図1，表1）．

(2) 年齢区分：表2の区分としている．

(3) 主な栄養素の食事摂取基準　わが国では，推定エネルギー必要量は，基礎代謝を用いて算出している．基礎代謝量とは，覚醒状態で生命維持に必要な最小限のエネルギーであり，年齢，性別ごとに算出されている基礎

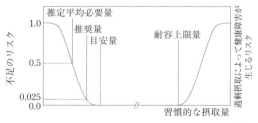

図1　食事摂取基準の各指標を理解するための概念図[1]

表1 設定指標[1]

エネルギー	推定エネルギー必要量	エネルギー出納が0（ゼロ）となる確率が最も高くなると推定される習慣的な1日当たりのエネルギー摂取量
栄養素	推定平均必要量	ある母集団に属する50%の人が必要量を満たすと推定される1日の摂取量
	推奨量	ある母集団のほとんど（97〜98%）の人において1日の必要量を満たすと推定される1日の摂取量
	目安量	推定平均必要量および推奨量を算定するのに十分な科学的根拠が得られない場合に，特定の集団の人々がある一定の栄養状態を維持するのに十分な量
	耐容上限量	ある母集団に属するほとんどすべての人々が，健康障害をもたらす危険がないとみなされる習慣的な摂取量の上限を与える量
	目標量	生活習慣病の一次予防を目的として，現在の日本人が当面の目標とすべき摂取量

代謝基準値に体重をかけて算出できる[1]．成長期である小児（1〜17歳）は，身体活動に必要なエネルギーに加えて，組織合成に要するエネルギーと組織増加分（エネルギー蓄積量）を余分に摂取する必要があるので

　　推定エネルギー必要量(kcal/日)
　　　＝基礎代謝量(kcal/日)×身体活動レベル＋エネルギー蓄積量(kcal/日)

として算出される（表3，4）．表5に年齢，性別の食事摂取基準を示す．

表2 年齢区分[1]

ライフステージ	区　　　分
乳児（0〜11か月）	0〜5か月，6〜11か月（6〜8か月，9〜11か月）注)
小児（1〜17歳）	1〜2歳，3〜5歳，6〜7歳，8〜9歳，10〜11歳，12〜14歳，15〜17歳
成人（18〜69歳）	18〜29歳，30〜49歳，50〜69歳
高齢者（70歳以上）	70歳以上
その他	妊婦，授乳婦

注）乳児については，成長に合わせてより詳細な区分設定が必要なエネルギーおよびたんぱく質については，「0〜5か月」「6〜8か月」「9〜11か月」の3つの区分で表した．

●**食事バランスガイド**　「食事摂取基準」や「6つの食品群」などは「1日の適量」が理解しにくく，食生活の改善につなげにくい．そこで，「食生活指針」（平成12年3月）を具体的に行動に結びつけるものとして，平成17年6月に農林水産省と厚生労働省により「食事バランスガイド」が決定された．

「食事バランスガイド」は，1日に「何を」「どれだけ」食べたらいいのかを，コマの形と料理のイラストで表現しており，コマのイラストと実際の食事を見比べることで，何をどう組み合わせて食べたらバランスがよくなるのかが誰でもひと目で理解することができるようになっている[2]（図2）．

「料理」は，「主食」「副菜」「主菜」「牛乳・乳製品」「果物」の5つに分けてい

表3 参照体重における基礎代謝基準値[1]

性別	男性			女性		
年齢 (歳)	基礎代謝基準値 (kcal/kg 体重/日)	参照体重 (kg)	基礎代謝量 (kcal/日)	基礎代謝基準値 (kcal/kg 体重/日)	参照体重 (kg)	基礎代謝量 (kcal/日)
1〜2	61.0	11.5	700	59.7	11.0	660
3〜5	54.8	16.5	900	52.2	16.1	840
6〜7	44.3	22.2	980	41.9	21.9	920
8〜9	40.8	28.0	1140	38.3	27.4	1050
10〜11	37.4	35.6	1330	34.8	36.3	1260
12〜14	31.0	49.0	1520	29.6	47.5	1410
15〜17	27.0	59.7	1610	25.3	51.9	1310

表4 成長に伴う組織増加分のエネルギー(エネルギー蓄積量)[1]

性別	男性				女性			
	A. 参照 体重 (kg)	B. 体重 増加量 (kg/年)	組織増加分		A. 参照 体重 (kg)	B. 体重 増加量 (kg/年)	組織増加分	
年齢等			C. エネル ギー密度 (kcal/g)	D. エネル ギー蓄積量 (kcal/日)			C. エネル ギー密度 (kcal/g)	D. エネル ギー蓄積量 (kcal/日)
0〜5(月)	6.4	9.5	4.4	120	5.9	8.7	5.0	120
6〜8(月)	8.5	3.4	1.5	15	7.8	3.4	1.8	15
9〜11(月)	9.1	2.4	2.7	15	8.5	2.5	2.3	15
1〜2(歳)	11.7	2.1	3.5	20	11.0	2.1	2.4	15
3〜5(歳)	16.2	2.1	1.5	10	16.2	2.2	2.0	10
6〜7(歳)	22.0	2.5	2.1	15	22.0	2.5	2.8	20
8〜9(歳)	27.5	3.4	2.5	25	27.2	3.1	3.2	25
10〜11(歳)	35.5	4.5	3.0	35	34.5	4.1	2.6	30
12〜14(歳)	48.0	4.2	1.5	20	46.0	3.1	3.0	25
15〜17(歳)	58.4	2.0	1.9	10	50.6	0.8	4.7	10

組織増加分のエネルギー蓄積量(D)は,組織増加量(B)と組織増加分のエネルギー密度(C)の積として求めた.

る.「摂取量」は「茶碗1杯」「小鉢1皿」など普段使う食器の大きさを目安に示し「1つ[1SV(サービング)]」という単位で表している.さらに「コマ」が回転する=「運動」することによって初めて安定すること,「水・お茶」をコマの軸とし,食事の中で欠かせない存在であること,また「菓子・嗜好飲料」の1日の適量は200kcalまでとして,「楽しく適度に」というメッセージを付したコマを回すための「ヒモ」で

図2 食事バランスガイドのコマの例[2]

表5 日本人の食事摂取基準 2015[1] (乳児～成人期)

栄養素	性別	0～5(月)	6～8(月)	9～11(月)	1～2歳	3～5歳	6～7歳	8～9歳	10～11歳	12～14歳	15～17歳	18～29歳	30～49歳	妊婦(付加量) 初期	妊婦(付加量) 中期	妊婦(付加量) 後期	授乳婦(付加量)
参照身長 (cm)	男性	61.5	69.8	73.2	85.8	103.6	119.5	130.4	142.0	160.5	170.1	170.0	170.7				
	女性	60.1	68.3	71.9	84.6	103.2	118.3	130.4	144.0	155.1	157.7	158.0	158.0				
参照体重 (kg)	男性	6.3	8.4	9.1	11.5	16.5	22.2	28.0	35.6	49.0	59.7	59.7	68.5				
	女性	5.9	7.8	8.4	11.0	16.1	21.9	27.4	36.3	47.5	51.9	50.0	53.1				
推定エネルギー必要量 (kcal/日)[1]	男性	550	650	700	950	1,300	1,550	1,850	2,250	2,600	2,850	2,650	2,650	+50	+250	+450	+350
	女性	500	600	650	900	1,250	1,450	1,700	2,100	2,400	2,300	1,950	2,000				
たんぱく質 (g/日)	男性	10[4]	15[4]	25[4]	20	25	35	40	50	60	65	60	60	+0	+10	+25	+20
	女性	10[4]	15[4]	25[4]	20	25	30	40	50	55	55	50	50				
脂質 (%エネルギー)[2]	男女	50[4]		40[4]													
炭水化物 (%エネルギー)[2]	男女								50～65	20～30							
食物繊維 (g/日)[2]	男性	-	-	-	-	-	11以上	12以上	13以上	17以上	19以上	20以上	20以上				
	女性	-	-	-	-	-	10以上	12以上	13以上	16以上	17以上	18以上	18以上				
ビタミンA (μgRAE/日)[3]	男性	300[4]	400[4]	400[4]	400	500	450	500	600	800	900	850	900	+0	+0	+80	+450
	女性	300[4]	400[4]	400[4]	350	400	400	500	600	700	650	700	700				
ビタミンD (μg/日)[4]	男性	5.0	5.0	5.0	2.0	2.5	3.0	3.5	4.5	5.5	6.0	5.5	5.5	7.0	7.0	7.0	8.0
	女性	5.0	5.0	5.0	2.0	2.5	3.0	3.5	4.5	5.5	6.0	5.5	5.5				
ビタミンB[1] (mg/日)[3]	男性	0.1[4]	0.2[4]	0.2[4]	0.5	0.7	0.8	1.0	1.2	1.4	1.5	1.4	1.4	+0.2	+0.2	+0.2	+0.2
	女性	0.1[4]	0.2[4]	0.2[4]	0.5	0.7	0.8	0.9	1.1	1.3	1.2	1.1	1.1				
ビタミンB[2] (mg/日)[3]	男性	0.3[4]	0.4[4]	0.4[4]	0.6	0.8	0.9	1.1	1.4	1.6	1.7	1.6	1.6	+0.3	+0.3	+0.3	+0.6
	女性	0.3[4]	0.4[4]	0.4[4]	0.5	0.8	0.9	1.0	1.3	1.4	1.4	1.2	1.2				
葉酸 (μg/日)[3]	男性	40[4]	60[4]	60[4]	90	100	130	150	180	230	250	240	240	+240	+240	+240	+100
	女性	40[4]	60[4]	60[4]	90	100	130	150	180	230	250	240	240				
ビタミンC (mg/日)[3]	男性	40[4]	40[4]	40[4]	35	40	55	60	75	95	100	100	100	+10	+10	+10	+45
	女性	40[4]	40[4]	40[4]	35	40	55	60	75	95	100	100	100				
ナトリウム食塩相当量 (g/日)[3]	男性	0.3[4]	1.5[4]	1.5[4]	3.0未満	4.0未満	5.0未満	5.5未満	6.5未満	8.0未満	8.0未満	8.0未満	8.0未満	-	-	-	-
	女性	0.3[4]	1.5[4]	1.5[4]	3.5未満	4.5未満	5.5未満	6.0未満	7.0未満	7.0未満	7.0未満	7.0未満	7.0未満				
カルシウム (mg/日)[3]	男性	200[4]	250[4]	250[4]	450	600	600	650	700	1000	800	800	650	+0	+0	+0	-
	女性	200[4]	250[4]	250[4]	400	550	550	750	750	800	650	650	650				
マグネシウム (mg/日)[3]	男性	20[4]	60[4]	60[4]	70	100	130	170	210	290	360	340	370	+40	+40	+40	-
	女性	20[4]	60[4]	60[4]	70	100	130	160	220	290	310	270	290				
鉄 (mg/日)[3] 月経なし	男性	0.5[4]	5.0	5.0	4.5	5.5	6.5	8.0	10.0	11.5	9.5	7.0	7.5	+2.5	+12.5	+12.5	+2.5
	女性	0.5[4]	4.5	4.5	5.0	5.0	6.5	8.5	10.0	14.0	7.0	6.0	6.5				
月経あり	女性	-	-	-	-	-	-	-	14.0	14.0	10.5	10.5	10.5	-	-	-	-
亜鉛 (mg/日)[3]	男性	2[4]	3[4]	3[4]	3	4	5	6	7	9	10	10	10	+2	+2	+2	+3
	女性	2[4]	3[4]	3[4]	3	4	5	5	7	8	8	8	8				

[1] 必要量：身体活動レベル ふつう，[2] 目標量，[3] 推奨量，[4] 目安量
「日本人の食事摂取基準 2015」より抜粋作成

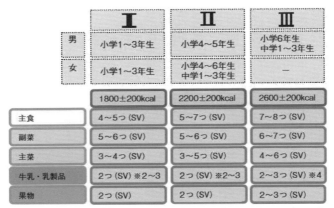

※ 牛乳・乳製品は，成長期に必要なカルシウムを十分とるために，少し幅をもたせて米印の量を目安にとるよう心がけましょう．

図3　自分の1日の適量チャート[2]

図4　バランスの良い例と悪い例[2]

あることなどが表現されている．

　コマの量を調節することで，年齢・性別・身体活動量に合った1日に必要な料理の量を知ることができる（図3）．

　それぞれ1日に必要な量をコマの形に当てはめて，食べ過ぎや偏った食事でコマが倒れてしまわないように意識して食べることにより，栄養バランスのとれた食習慣を身につけることができる[3]（図4）．

　「食事バランスガイド」は食生活の見直しと改善を図るものであり，1日のバランスが悪くても，3日間単位あるいは1週間単位でバランスを整えるとよい．

　なお，各都道府県により郷土料理を取り入れた食事バランスガイドや，「幼児向けの食事バランスガイド」も作成されている[4]（図5）．

　さらに，1回に食べる食事の量を，自分の手を使って量る「塩山式手ばかり」も子どもの指導には活用しやすいツールである[5]（図6）．　　　　　［篠原久枝］

6. 子どもと健康：衣食住，看護，性　こどもとしょくせいかつ (5)

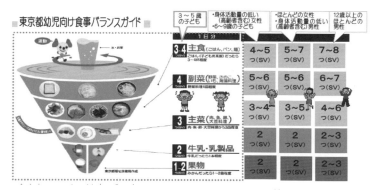

図5　東京都幼児向け食事バランスガイド [4]

図6　子ども用えんざん式手ばかり（甲州市） [5]

引用・参考文献

[1] 厚生労働省，「日本人の食事摂取基準（2015年版）策定検討委員会」報告書，2014
　　http://www.mhlw.go.jp/stf/shingi/0000041824.html
[2] 北海道，「ライフステージ別どさんこ食事バランスガイド　学齢期（6〜15歳）編」
　　http://www.maff.go.jp/j/syokuiku/zissen_navi/balance/features.html
[3] 農林水産省，「実践食育ナビ」
　　http://www.maff.go.jp/j/syokuiku/zissen_navi/balance/features.html
[4] 東京都，「幼児向け食事バランスガイド指導マニュアル」
　　http://www.fukushihoken.metro.tokyo.jp/kensui/ei_syo/youzi.files/youjishidou_manual.pdf
[5] 甲州市，「塩山式手ばかり」
　　http://www.city.koshu.yamanashi.jp/kenkou_fukushi_kyouiku/files/20120720/「手ばかり」子ども__.pdf

子どもと性

●**こころとからだの成長——その多様性** 一般的にからだやこころの成長は女性か男性かの二分で本質的に異なるものとされる傾向にあるが，実際には多くの共通性があり，多様性を前提として捉えていく必要がある．以下に性を3つの側面（こころの性，からだの性，性指向）から整理したい[1]．

こころの性は自らの性をどのように捉えているか（性別自認）であるが，からだの性とこころの性が一致しているものをシスジェンダー，何らかの違和を感じているものをトランスジェンダーという．トランスジェンダーの中でも強い違和を感じる場合，トランスセクシュアル（診断名が性同一性障害，性別違和）といい，こころの性に合わせてからだの性を手術する（性別適合手術）場合もある．トランスジェンダーは，女性から男性へ，男性から女性への移行ではなく，違和を感じつつも移行までは望まない，確定しないことを望む場合もあり，非常に幅広い．こころの性を自覚し始める年齢は3～5歳頃であり，中学時にその自覚と葛藤が強まるとされるが，社会的な要因による葛藤により個人差も大きい．

からだの性は胎生6週頃まで性器は未分化であるが，Y染色体上のSRYによって未分化性腺が精巣へ，SRYが存在しないと卵巣へと分化する．胎生7週頃には生殖結節が女性ではクリトリス，男性はペニスとなる．また女性の陰唇は男性の陰嚢にあたる．思春期には脳の視床下部より性腺刺激ホルモン放出ホルモンが放出され，下垂体から精巣，卵巣に性腺刺激ホルモンが送られ，性腺よりホルモンが全身に送られる．これによって女性は脂肪が皮下と乳房，臀部，外性器周辺と広範囲につくことが多い．乳房では乳管が発達する．卵管，子宮，膣が発達し，卵巣から卵子が生産されるようになり，月経が開始する（初経）．初経後しばらくはホルモンバランスが安定していないことから排卵されていないこともある．男性は筋肉と骨の形成が促進され，喉仏の成長によって声変わりが起こり，陰茎，陰嚢の発達により精子が製造されるようになり，射精が起こる（精通）．男女ともに性器周辺には性毛が生える．からだの性は遺伝子型や性腺，ホルモンバランスなどで男女の二分で考えられてきたが，性別が明確に分けられないインターセックスが約2,000人に1人の割合で存在することが明らかになっている．

性指向（性的指向）は，性的欲望の対象がどこに向かうかによって分類される．こころの性とは異なる性に向かう場合は異性愛（ヘテロセクシュアル），同性の場合は同性愛（ホモセクシュアル，レズビアン／ゲイ），性別が重要な要素ではない両性愛（バイセクシュアル），性指向がどこにも向かない無性愛（エー／アセクシュアル）などがある．

3つの側面から見て少数派をセクシュアルマイノリティ（性的マイノリティ，性的少数者，LGBT）といい，5～10％の割合で存在するという調査結果もあるが，未だ社会的なバイアスが強い中でこうしたテーマを実施しても正確な回答を得られにくい．セクシュアルマイノリティ当事者は，男女二分で異性愛を前提とされがちな社会において，生きづらさを抱えることも多く，自殺念慮や自傷，自殺未遂率の高さが指摘されている．とりわけピアプレッシャーの強まる子ども期（中学生）がピークであり，セクシュアリティに起因したいじめ体験率も高い．

●**子ども期の性的関心**　子ども期は人間のからだへの興味・関心が強まる時期である．幼児期はからだ全体を教える中に性の内容を盛り込むことが可能である．性器にはからだの他の部分と同様に名前を教える，入浴時の性器の洗い方や入浴後のからだの拭き方を教える中でからだのプライバシー性について伝える等が挙げられる[2]．

しかし子ども期のさまざまな場面で，性的関心に基づく言動があった際に，大人側の抵抗感によって，適切な情報を得る機会が奪われていることも少なくない．例えば幼児期に見られる性的な行動として「性器いじり」がみられることがあるが，男女限らず思春期等のマスターベーションに通じる快楽性への気づきからくることもあれば，単に愛着の行動として触ることもある．または性的な被害経験による性化行動によるものや発疹などで性器にかゆみを生じたことに起因することもある．いずれにしても叱る，頭ごなしに注意するといった対応ではなく，行動に現れる背景を見きわめた上での対応が必須となる．その際にプライバシー性や安全面を確保した上で自ら性器を触ることは快楽を伴うこともあり，それは決して否定的なものではないことを伝えることも肯定的なからだ観を育む上での前提となる．

また，幼児期には他者への直接的な行動として現れることもある．例えばスカートめくりや保育者の胸をさわる，好ましく思う相手にキスをする等が挙げられる．そこでも自分のからだは他者によって侵害されてはいけないということを伝えていく必要がある[3]．これと関連して，性教育の方向性や内容を示す国際文書としてユネスコが中心となって出された『International Technical Guidance on Sexuality Education（性教育国際ガイドライン）』の学習目標（5～8歳）の一つにも「『からだの権利』の意味について説明する」が設定されている．そこには「すべての人が，誰が，どこを，どのようにして自分のからだに触れることができるかを決める権利を持つ」ことが明記されている[4]．

子ども期はこころとからだの成長が目まぐるしい．子どもたちはそれを個別の体験として受け止めるが，同時に周囲の人間との関わりを通してからだ観は深化されていく．子ども期の性的関心に基づく言動は子どもにとって，また大人にとっても同様に貴重な学習の機会であることを自覚した上での対応が求められる[5]．

●**性に関わる諸課題**　性は人権であることは国際的に広く確立されている．セクシュアル・ライツとは日常生活でも，身体の性でも性自認でも性的指向でも，女か男かの性別二元論を押しつけられず，自由に生きるという概念であり，性の多様性を認め，自己肯定に基づく性の自己決定を尊重することを意味する．しかし子どもも大人もセクシュアル・ライツが十分に保障されているとはいえないというのが現状である．

●**多様なセクシュアリティ**　これまで，セクシュアリティは「女性」「男性」の二分のみであり，自らの性と性自認に違和を感じず，異性愛であることが前提とされ，生きづらさを抱えることが多い現状がある．性のあり方を3側面でみると，① Gender Identity（性自認），② Sex「身体の性」（身体的区分），③ Sexual orientation（性指向）とされ，①から③「少数派」全体を指してセクシュアルマイノリティ（性的マイノリティ，性的少数者，LGBT）といい，約5～10％といわれる．生涯を通して揺らいだり，定義づけをしたくないセクシュアルマイノリティも存在しており，非常に多様である．また，セクシュアリティはライフスタイルと直接的に結びついており，セクシュアルマイノリティのメンタルヘルスの不調や自殺念慮，自傷・自殺未遂率の高さが指摘されている[1]．日本でも教育における取り組みが始まっている．法務省人権擁護局「人権教育・啓発に関する基本計画」や法務省・文部科学省『平成24年度　人権教育・啓発白書』にセクシュアルマイノリティに関する項目が立てられた．文科省初等中等教育局では「児童生徒が抱える問題に対しての教育相談の徹底について（通知）」に続き，「性同一性障害に係る児童生徒に対するきめ細かな対応の実施等について」が出されている．

●**若者の関係性に関する問題**　他者との関係性に関するさまざまな問題が明らかになっている．若者の性行動を見ると，性の「消極化」が進んでいることが指摘されている．他者と，性を含めて関わることに対して慎重になっているというよりは，学校教育や家庭教育において性教育を受けず，不正確な性情報から得た偏見によって，人間関係や性に関することをネガティブなものとして捉え，「保留」にしている可能性がある[1]．一方で，恋愛至上主義の考え方や，関連した同調圧力（ピアプレッシャー）も根深い．それは異性愛中心主義に貫かれたものであることが多い．「消極化」と合わせて関係性における暴力の問題も深刻である．WHO調査によると，日本の大都市圏の女性は既婚女性の約35％が初めての暴力を結婚前に受けている[6]．内閣府の調査では20代・30代女性の約4人に1人に被害経験がある．男女ともに被害・加害経験は広範囲に存在している．内閣府による別の調査では，携帯電話に絡む被害経験（男性の53.1％，女性の44.6％）や「機嫌が急に悪くなったり，優しくなったりして，相手にいつも気をつかわされる」（男性42％，女性25％）では男性の被害者が多い[7]．

●**性の商品化の問題**　日本では性情報が氾濫しているが，近年，その対象が低年齢化している．警察庁の調査によると，2014年に児童ポルノ事件による摘発件数は1,828件であり，2013年調査より184件の増加であった．新たに被害者と特定された子ども（18歳未満）は736人（うち小学生以下の被害者が138人）と過去最多となった．経済格差が広がる中で，社会的に下位に位置づけられる子どもが，性の商品化や性的搾取の問題に巻き込まれやすくなっている現状がある．2014年6月には「児童買春，児童ポルノに係る行為等の規制及び処罰並びに児童の保護等に関する法律」が改正され，児童ポルノの定義が明確化され，単純所持への罰則規定が設けられた．

●**性に関する幅広い学びの必要性**　性に関して多くの課題があるが，これは性に関する包括的，科学的な学びが保障されていないことと不可分ではない．2000年以降の都立七生養護学校（現・七生特別支援学校）に端を発した性教育バッシングの影響から，学校教育において性の学びが保障されているとは言い難い．性に関する現状については国際的にさまざまな角度から指摘を受けている．アメリカの国務省民主主義・人権・労働局による国別人権報告書では「日本の人種・民族マイノリティ（少数派）や，LGBTらへの社会的な差別にも言及」[8]している．児童の権利委員会からは，子どもの売買，子ども買春および子どもポルノグラフィーに関する選択議定書でも，学校カリキュラムおよび人権教育を通じ，選択議定書を子どもたちに周知させるよう勧告を受けている．また女性差別撤廃委員会からも，固定的なステレオタイプが，特に教科書や教材にも反映されていることの懸念と，あらゆる教科書および教材の見直しを速やかに行うようにとの勧告を受けている．性は人権であるという認識を大人が共有し，包括的な性の学びを子どもたちに保障していくことが求められている．　　　　　　　　　　　［艮　香織］

📖 **引用・参考文献**

[1] 橋本紀子，田代美江子，関口久志編，『ハタチまでに知っておきたい性のこと』，大月書店，2014
[2] "人間と性"教育研究協議会編，『季刊SEXUALITY』，No.62，特集ここからスタート！幼児への性教育，2013
[3] 浅井春夫ほか，『あっ！そうなんだ！性と生—幼児・小学生そしておとなへ』，エイデル研究所，2014
[4] United Nations Educational, Scientific and Cultural Organization, International Technical Guidance on Sexuality Education, 2009
[5] 浅井春夫，『セクシュアル・ライツ入門　子どもの性的人権と性教育のための20章』，十月舎，2000
[6] 吉浜美恵子，釜野さおり編著，『女性の健康とドメスティック・バイオレンス』，2007
[7] 内閣府，「10～20代の若い世代での恋人間の暴力に関するインターネット調査」，2007
[8] 国務省民主主義・人権・労働局による国別人権報告書（2014/02/27発表）http://japanese.japan.usembassy.gov/j/p/tpj-20140327a.html（2014/07/01）

子どもと健康（1）――予防接種

●**予防接種とは**　何らかの免疫学的反応を生体に起こさせることによって，実際の感染や野生のウイルスの感染を防ぐものである．1796 年に E. Jenner によって牛痘による天然痘予防の接種が行われて以来，さまざまな細菌やウイルスに対しての予防接種が行われるようになった．世界的にも予防接種が広がったことにより，天然痘はすでに WHO（世界保健機構）によって絶滅宣言が出されており，ポリオもほとんどの国で消滅するに至っている．予防接種の種類は医学の進歩とともに増加し，当初の感染症への対策から，ヒトパピローマウイルスワクチンのように感染を介した悪性腫瘍（子宮頸がん）の発症を防止するなど幅広くなっている．予防接種には一定の費用がかかるため，アフリカなどを始めとして予防接種を受けられないために本来であれば予防可能な疾患，例えば麻疹に罹患し死亡したり後遺症を残したりする子どもたちも少なくない．経済格差による問題である．一方でわが国は小児用肺炎球菌ワクチンや b 型インフルエンザ菌ワクチンなどは先進国の中では最も遅く定期接種が開始された．その意味では予防接種に関しては後進国といえるであろう．定期接種化されているはずの風疹でさえ，混合ワクチンの副作用問題から接種を受けていない世代が出産年齢に至り，2013 年からは先天性風疹症候群が多数報告されている．これは予防接種行政の責任でもある．なおワクチンは予防接種に用いる製剤のことである．

●**社会防衛か個人防衛か**　予防接種には当然，その個人を守るということだけではなく，社会を守ることも含まれる．その意味からわが国においても定期接種は義務接種であったが，多くの予防接種訴訟に国が敗訴したことをきっかけとして平成 6 年に予防接種法が改正され，それまでの義務接種から勧奨接種へと変更になった．これにより接種率の低下が懸念されていたが，多くのワクチンについての接種率は低下していない．しかしながら副作用の問題から接種が一時見送られたり中止されたりすると，当該疾患が増加し，上記のような先天性風疹症候群の多発という事態が起きる．なお，2009 年からの新型インフルエンザの流行時には，個人防衛だけではなく社会防衛のために，医療関係者を始めとして積極的な接種が行われた．例えば麻疹の予防接種は 1 歳を過ぎてから行うことになっているが，乳児期に罹患した方が一般的に症状は重い．勧奨接種であるから接種せず，麻疹が流行している状況となれば，多くの乳児が罹患することは明らかであり，やはり社会防衛の観点は必要である（図 1）．

●**定期接種と定期外接種，臨時接種**　2014 年末の定期接種と定期外接種を表 1 に示した．定期外接種は国内で一般的に行われているものを挙げたが，海外渡航

6. 子どもと健康：衣食住，看護，性　こどもとけんこう（1）

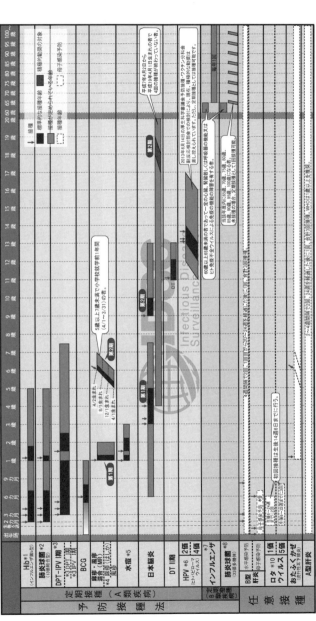

図1　日本の定期／任意予防接種スケジュール（平成27年4月1日以降）

表1　定期接種と任意接種

	ワクチンの名称
定期接種	（いずれも接種の年齢幅は指定されているので，それ以外の年齢では定期外接種となる）BCG，三種混合，四種混合ワクチン（百日咳，ジフテリア，破傷風までが三種，不活化ポリオが加わると四種），不活化ポリオワクチン，小児用肺炎球菌ワクチン，b型インフルエンザ菌ワクチン，麻疹・風疹混合ワクチン，水痘ワクチン，日本脳炎ワクチン，ヒトパピローマウイルスワクチン，（成人ではインフルエンザワクチンと成人型肺炎球菌ワクチン：年齢制限あり）
定期外接種	B型肝炎ワクチン，ロタウイルスワクチン，流行性耳下腺炎ワクチン，小児のインフルエンザワクチン

表2　生ワクチンと不活化ワクチン

	ワクチンの名称
生ワクチン	BCG，麻疹・風疹混合ワクチン，水痘ワクチン，ロタウイルスワクチン，流行性耳下腺炎ワクチン
不活化ワクチン	三種混合，四種混合ワクチン，不活化ポリオワクチン，小児用肺炎球菌ワクチン，b型インフルエンザ菌ワクチン，日本脳炎ワクチン，ヒトパピローマウイルスワクチン，B型肝炎ワクチン，インフルエンザワクチン

時に必要となるその他のワクチンもある．

　定期接種は予防接種法に定められており，市区町村が接種の責任を負う．基本的には無料のことが多いが，一部自己負担となる場合もある．定期外接種は自己負担であり，医療保険の対象外であるため費用は医療機関により異なる．臨時接種は先述の新型インフルエンザの流行時に行われたが，今後も例えば鳥インフルエンザの流行時，生物学的兵器としての天然痘の流行などに際しては行われる可能性がある．

●**同時接種と同日接種，接種間隔**　これだけワクチンの種類が増えると受ける側も大変である．以前は1回に1種類のワクチンを接種することが通常であったが，それでは予定された年齢内に接種を完了できないことから，同じ日に異なるワクチンを，時間をずらして接種することが行われるようになり，最近では場所を変えて連続的に数種類のワクチンを接種することが行われるようになった．そのために特段副作用が増加したという報告もない．接種間隔は生ワクチンは4週間以上の間隔で，不活化ワクチンは1週間以上の間隔で接種することがわが国では一般的であるが，生ワクチンの4週間以上には明確な根拠はないので今後変更になる可能性もある．なお不活化ワクチンの場合，同じワクチン同士の場合には基本的に4週あけることが望ましい（インフルエンザの場合には2週でもよいとされている）．

●**生ワクチンと不活化ワクチン**　生ワクチンとは流行をもたらす野生のウイルス

を弱毒化して接種するものであり，いわば軽い感染を起こすことによって野生のウイルスへの免疫を得るものである．不活化ワクチンは菌体やウイルス成分の一部などを接種することにより感染予防効果を得るものであるが，一般的には複数回の接種によって効果が出る．したがって対象疾患の感染を実際に起こすことはない．表2に表1に掲げたワクチンの区分を示した．

●副反応と副作用　しばしば混同されているが副反応とは，接種のあとに起きるすべての有害事象を含んでいる．であるから例えば接種2時間後に転んで骨折した場合に，ワクチンとの因果関係は考えにくいが接種後に起きた有害事象であるので，副反応には含まれる．このように副反応とはとても広い概念である．これに対して副作用とはワクチンの接種との因果関係が疑われるものであり，それを科学的に厳密に証明することは困難であるが，疫学的研究やウイルスの証明などが主たる方法である．例えば麻疹・風疹・流行性耳下腺炎の混合ウイルスの接種により，流行性耳下腺炎によると考えられる髄膜炎が多発した．このためにワクチン接種が一時見送られ，その後に麻疹・風疹の二種混合ワクチンとして接種が開始された．しかしこの接種中断により先述の先天性風疹症候群によって障害を抱えた子どもたちが生まれてきているという問題が起きた．副作用が明らかになると多くの場合には接種が中断され，ワクチンの改良や変更などによって対応されてから再開されるが，そこでは免疫をもたない子どもたちが存在する結果になる．

[平岩幹男]

📖 引用・参考文献
[1]　渡辺博，『わかりやすい予防接種　改訂第5版』，診断と治療社，2014

子どもと健康（2）――不慮の事故

●**不慮の事故とは**　国語の問題であるが不慮の事故とは予想しない事故ということになり，事故は英語ではaccidentである．しかし不慮といっても予想できる事故が少なくないことから，事故ではなく傷害（injury）であるという考え方が強くなり，わが国でも山中[1]がこれを力説している．すなわち製品の欠陥によって起きる事故は改良するなどの方法によって根絶できるからである．

　不慮の事故は子どもの死亡において重要な位置を占めている．すなわち0歳の乳児期には死亡原因の4位であるが1歳から4歳では2位であり，5歳から9歳では1位である．感染症による死亡よりもはるかに多い．平成26年の不慮の事故の死亡について表1に示したが，交通事故を除いても平成26年には0歳～9歳の年齢で212人が不慮の事故により死亡している．いうまでもなく外傷などはこの数倍に上ると考えられている．

　こうなると行政的にも対応が必要になる．厚生労働省の健やか親子21計画においても子どもの事故防止対策は重要視され，そのための啓発ポスターも作成された．ここでは幼児期を対象として主に家庭での対応を呼びかけているが，それだけでは事故は防げない．例えば溺水を防ぐために風呂に残り湯を貯めない，誤飲を防ぐためにピーナッツやあめ玉は子どもの手の届くところに置かないなどは確かに予防ではあるが，具体的な防止につながるかどうかは不明である．「ポットや炊飯器は子どもの手の届かないところに置く」が1歳6か月頃の注意点として挙げられているが，これは手の届くところにあっても安全な製品を作るべきであり，そうすれば事故は起きないという「積極的な」考え方が出てきた．

　この流れは科学的に事故の内容を評価，検討し，対応を考えるという流れであり，消費者庁が山中らの協力もあって「子どもを事故から守る！プロジェクト」が発足し，情報の収集や対応策の報告などに積極的に乗り出した．さまざまな事故の情報を収集することが防止への第1歩であり，それをいかに科学的・工学的に評価するかが実際に製品の改善にもつながり，すでに一定の成果もあげられ始めている．評価できる製品に対してはキッズデザイン賞により表彰も行

表1　不慮の事故による子どもの死亡数（平成26年）

不慮の事故	0歳	1～4歳	5～9歳
総数	78	113	102
交通事故	2	29	50
転落や転倒	3	11	5
不慮の溺死・溺水	2	21	32
不慮の窒息	64	34	8
煙・火・火災への曝露	―	10	6
その他	7	8	1

［平成26年厚生労働省「人口動態調査」］

われている．ホームページのメールマガジンではほぼ毎週，具体的な注意喚起が行われている．これらに加えて日本小児科学会でも山中らにより傷害速報がホームページ上や学会誌に公開され，情報の収集も呼びかけている．

●**不慮の事故による死亡**　平成 26 年の不慮の事故による死亡について表 1 に示したが，0 歳では不慮の窒息が 64 人と多い．ここには不適切な衣類の紐による窒息，不適切な衣類や遊具により窒息をもたらす体位になった事例，食物などによる窒息が含まれる．1～4 歳でも 34 人が死亡している．これらの死亡の状況すべてが明らかになっているわけではないことが解決のための大きな支障であり，監察医制度の敷かれている東京都など以外では，単に検視の結果として記載されている可能性がある．こうしたことを解決するためには，先進諸国ではすでに行われている「すべての子どもの死亡調査（child death review）」をわが国でも行うことが必須であり，日本小児科学会でもそのような認識の下で実施に向けた動きが始まっている．乳児期～幼児期には直径 35 mm 以下のものは口に入り，誤飲や窒息の原因になりうるが，そうした知識を一般に広げるだけではなく，乳幼児を対象とした食品などにこうした危険をもたないようにすべきであるが，実際には製造者の意識もあり，この点は困難な面もある．例えば親指と人差し指あるいは中指で輪を作ると直径が約 35 mm になる．これを通るものは子どもの側に置かないということも重要であるが，子どもの側に置くものは形状や長さを含めて通らないものにすることが望まれる．

　1～4 歳では交通事故による死亡が 29 名に上る．この中には不適切なシートベルト使用によるものも含まれると考えられ，その場合には適切な使用により死亡は防ぐことができた可能性がある．実際に筆者が過去に幼児の集会に集まった自家用車を交通安全協会の協力で調査したところ，適切なシートベルトの設置がなされていた車は半数以下であった．これも適切に使用しなければ設置できないものにすべきことはいうまでもないし，そこに強制力が働く仕組みも必要である．転落や転倒によってもこの年齢では 11 人が死亡していた．階段からの転落であれば予防柵，遊具からの転落であれば工学的な検討による改善が欠かせないことはいうまでもない．不慮の溺死・溺水もこの年齢層から増加する．山中が障害予防に取り組むきっかけとなったといわれている蓋のなかったプールの排水口での死亡事故は今でも起きている．教訓は次につながらなければ意味がないが，実際には次につながっていない．

［平岩幹男］

📖 引用・参考文献

[1]　山中龍宏，「事故による子どもの障害予防に取り組む」，国民生活研究，49-2, pp.49-76, 2009

子どもと健康（3）――食物アレルギー

　食物アレルギーは「食物によって引き起こされる抗原特異的な免疫学的機序を介して生体にとって不利益な症状が惹起される現象」と定義される．有病率は乳児で5～10％程度で，その後年齢が大きくなるとともに減少し幼児期には5％前後となり，学童期には1～3％，成人では1～2％程度である．患者数は近年増加傾向にあるといわれている．

●**食物アレルギーの特徴**　食物アレルギーにより起こる症状は，局所的な蕁麻疹やかゆみ，顔面や唇の腫れ，咳・喘鳴や嘔吐・下痢などから，全身性のアナフィラキシーまでさまざまである．表1に食物アレルギーで起こりうる症状を示す．その多くは即時型反応として原因食物摂取後2時間以内に現れる．

　アレルギーの原因食物は乳幼児では鶏卵，牛乳，小麦でほとんどを占める．年長児ではこの他に甲殻類，ピーナッツ，果物，そば，魚卵などが原因となる．

　乳幼児期に発症した食物アレルギーは3歳までに半数近くが自然に治り，就学時までには7割程度が寛解するとされている．ただし，もともとの症状が強い，特異的IgE値が高いなどの場合は治りにくい．

●**治療の基本は「必要最小限の食品除去」**　食物アレルギーでは原因食物を除去する必要があるが，適切な診断に基づく「必要最小限の除去」が基本である．血液検査で特異的IgE抗体が陽性であるという理由だけで対象食物を除去したり，症状もないのに「アレルギーになりやすいから念のため」ピーナッツやエビの摂取を控えたりする必要はない．本当に必要な除去をした上で，適切な代替食品で栄養バランスを維持するようにする．

　加工食品にアレルギーを起こしやすい原材料が使用されている場合には，特定原材料として表示することになっている．現在7品目が表示義務，20品目が表示

表1　食物アレルギーの症状

部位	症　状
皮膚	かゆみ，あかみ，むくみ，蕁麻疹，湿疹
眼	結膜の充血・腫れ，かゆみ，瞼の腫れ，涙
鼻	鼻水，くしゃみ，鼻づまり
口・のど	唇のはれ，口の中の違和感・腫れ，のどのかゆみ・イガイガ感，のどのつまり，かすれ声
消化器	吐き気，嘔吐，腹痛，下痢，血便
呼吸器	咳，ぜーぜーする（喘鳴），呼吸困難
神経	頭痛，元気がない，ぐったり，意識障害
循環器	血圧低下，脈が速くなる，手足が冷たくなる
全身性	アナフィラキシー（複数の部位に症状が現れる場合），アナフィラキシーショック（血圧低下や意識障害を伴う重症な場合）

表2 加工食品のアレルギー表示対象品目

特定原材料（表示義務）	卵, 乳, 小麦, そば, 落花生, えび, かに
特定原材料に準ずる（表示の推奨）	あわび, いか, いくら, オレンジ, カシューナッツ, キウイフルーツ, 牛肉, くるみ, ごま, さけ, さば, ゼラチン, 大豆, 鶏肉, バナナ, 豚肉, まつたけ, もも, やまいも, りんご

推奨の対象として定められている（表2）．ただし「乳」の表示に「牛乳，脱脂粉乳，ホエイ，練乳，クリーム」などさまざまな表記が認められているなど，利用には注意が必要である．

●アトピー性皮膚炎と食物アレルギー　乳児では食物アレルギー患者の多くがアトピー性皮膚炎を合併している．以前は食物が原因で湿疹が悪化すると考えられてきたが，最近ではアトピー性皮膚炎による皮膚バリア機能障害により，食物アレルギーが発症しやすくなることが判明した．食物アレルギーの予防・治療には，まず皮膚の治療を行うことが重要である．

●緊急時の対応　誤って原因食物を摂取すると症状が誘発されることがある．症状が軽度の皮膚症状，口腔内違和感など軽症であれば抗ヒスタミン薬，アレルギー薬を内服させて慎重に経過を観察する．

呼吸困難，意識障害，頻回の嘔吐などが出現して重篤な場合は，アナフィラキシーと呼ばれ，緊急対応が必要となる．アドレナリンが最も有効で，症状出現後できるだけ速やかに筋肉注射することが望ましい．アナフィラキシーを起こす可能

図1　エピペン®
（アドレナリン自己注射薬）

性がある患者には自分で注射できる携帯用アドレナリン注射薬（エピペン）（図1）が処方されている．注射後は症状が改善しても必ず医療機関を受診する．

●日常生活への配慮　食物アレルギーがある子どもは，原因食物を食べなくても，接触や吸入により症状が誘発されることがある．教材として牛乳パックや小麦粘土などの使用もアレルギーがある場合には避けることが望ましい．年長児になると食物制限があることに対して疎外感や不満をいだくようになるため，心理面でのケアにも注意を払う必要がある．

［成田雅美］

📖 引用・参考文献

[1] 五十嵐隆監修，大矢幸弘編，『国立成育医療研究センターBookシリーズ．こどものアレルギー（アトピー性皮膚炎・食物アレルギー・ぜんそく）』，メディカルトリビューン，2013

子どもと健康（4）──紫外線

　紫外線（Ultraviolet, UV）は太陽光線に含まれており，波長によってさらに，UVC（波長100～280nm），UVB（波長280～315nm），UVA（波長315～400nm）に分類される．UVCは，大気中のオゾン層で吸収されて地表には到達しない．UVBは，大気中のオゾン層などで吸収されるが，一部は地表に到達し，人に有害な影響を与える．UVAは地表に到達し人に有害な影響を与えるが，UVBほどではない．UVAとUVBが人の健康に重要な影響を与える．

　紫外線も適切な量であれば，人体内でビタミンDの合成に必要であり，さらにリケッチャ感染症，乾癬，湿疹，黄疸の治療に利用されている．しかし紫外線の被爆を過度に受けると，人体に急性並びに慢性の健康被害を与える．子どもは皮膚の成長が完成していないので，成人に比べて傷害を受けやすい．この項目では健康被害を中心に述べる．健康被害は主として皮膚，眼，免疫系に現れ，急性病変と慢性がある．慢性病変には数年から数十年を経て現れるものもある．

●健康被害について

〈皮膚〉UVによる皮膚病変には急性病変と慢性病変がある．急性病変には①日焼け（sunburn）（紅斑：紫外線被爆後数時間で紅斑が出現し8～24時間で最大になり，2～3日後に消失する）がある．慢性病変には①日焼け（suntan）（色素斑：紫外線被爆後，数日を経て皮膚が黒く色素沈着が始まり数週間から数か月で消失する），②色素性母斑，③弾性繊維変性（しわ），④日光角化症，⑤黒色腫，基底細胞癌，扁平上皮癌がある．

〈眼〉UVによる眼の病変には急性病変と慢性病変がある．急性病変には①光線角膜炎，②光線結膜炎がある．慢性病変には①翼状片，②白内障，③網膜剥離，④黄斑変性がある．

〈免疫系〉UVによる免疫系の病変には急性病変と慢性病変がある．急性病変はUVによって表皮に存在するランゲルハンス細胞が消失して免疫能が低下し，ヘルペスウイルス，ヒトパピローマウイルス，エイズウイルスなどが活性化することが指摘されている．慢性病変は免疫能が低下し，細胞性免疫機構が影響を受ける．

●**紫外線被爆の日時，季節，地域性**　1日のうちでは午前10時から午後2時頃までが紫外線が最も強く，1日の紫外線被爆量の60％以上を占める．また，1年のうちでは5月から9月までが紫外線が強い．

　地域性として緯度が低くなるほど紫外線は強くなり，緯度が高いと紫外線は弱くなる．紫外線の強さは，北海道は少なく，沖縄は北海道の約2倍強くなる．また平地より高さが増すほど強くなる．したがって高山では紫外線は強い．また，

屋外の環境によっても紫外線の被爆量は異なる．

●**紫外線の反射率** 紫外線被爆は太陽からの直射日光からだけでなく，周囲環境からの被爆（反射光と散乱光）を合計したものになるため，太陽からの直射日光の対策だけでなく，環境からの被爆の対策が重要である．雪山（スキー）や海水浴等には十分な対策が必要である．環境からの反射率（％）を示すと，新雪は80％，砂浜は10〜25％，アスファルトは10％，水面は10〜20％，草地・土は10％以下である．

●**UVインデックス** UVインデックス（index）は，紫外線の強さを指標化したもので，WHOが利用を推奨している世界共通の指標である．

```
11+   ：極度に強い ⎫ 日中は外出をはできるだけ控える．長袖シャツ，日焼け止め，
8〜10 ：非常に強い ⎭ 帽子を必ず利用する．
6〜7  ：強い      ⎫ 日中は日陰を利用する．長袖シャツ，日焼け止め，帽子を利用
3〜5  ：中等度    ⎭ する．
1〜2  ：弱い        安心して戸外で過ごすことができる．
       （+：以上の意）
```

●**紫外線対策** 成長期にある子どもは細胞分裂が盛んであり，各臓器も未熟であるため，紫外線の被爆は成人より敏感である．子ども時代の紫外線被爆は，後年皮膚がん，白内障，免疫系の疾患の発病リスクを高める．18歳までに一生で浴びる紫外線の大半を浴びる．

●**具体的対策** ①紫外線の強い時間帯を避ける．②日陰，日傘，帽子，サングラス等を利用する．③長袖，衿のついている衣服を利用する．④日焼け止めを利用するなどが有効である． ［熊澤幸子］

📖 引用・参考文献

[1] WHOのWebサイト
  http://www.who.int/uv/en/
[2] 気象庁Webサイト
  http://www.jma.go.jp/
[3] 環境省Webサイト
  http://www.env.go.jp/

子どもと健康（5）――主な疾患（I）

●**先天性異常** 先天性異常（以下先天異常）は新生児期から乳児期までの小児の死亡原因としては最も多いものであり，形態的な異常と質的な異常に分かれる．形態的な異常は染色体異常など多臓器にわたる異常をきたす場合を始めとして，中枢神経系（脳，脊髄），循環器系（心臓，大血管），消化器系（口腔，胃，腸，肝臓，胆のう，すい臓），四肢など全身のあらゆる部位に起き，重症度もさまざまである．国際的に見てわが国の新生児死亡が少ないにもかかわらず，乳児期の死亡がそれほど少ないわけではないのは，新生児期に救命しえた子どもたちがその後の乳児期に死亡することも原因の一つと考えられている．今から20年以上前には，循環器系や消化器系の重篤な先天異常は，ただ座して死を待つのみであったが，外科的な手術方法の進歩により，単に救命できるだけではなく，その後の正常に近い発達をもたらす例も出現している．また新生児医療の発展に伴い，出生体重が1,000g未満の超未熟児の救命も可能となったが，この群では満期産児に比べて先天異常の合併率が高いと考えられている．

一方，形態学的な異常が明らかではない質的な異常としては，内分泌・代謝異常がその例として挙げられる．内分泌疾患としては先天性甲状腺機能低下症がその代表であり，早期に発見して治療を開始することにより発達の遅れが予防できることから，新生児マススクリーニングの対象となっている．代謝疾患は先天性代謝異常症がやはり新生児マススクリーニングの対象となっており，従来のガスリー法に対して，最近では2つの質量分析計を同時に使うタンデムマススクリーニングが行われるようになり，発見される疾患の数も飛躍的に増加した．

最近では先天異常に対する倫理的問題が取り上げられるようになっている．医学の進歩とともに胎児早期に先天異常の診断が可能となる場合があり，その場合に妊娠を継続するのか，人工妊娠中絶をするのかという問題である．形態学的に確認できる異常についてはもとより，染色体異常など「きわめてその疾患である可能性が高い」というような100％の確率ではない場合に，どのような判断が社会的に許容されるのか，これは今後遺伝子レベルでの胎児診断が進むことが予想される中，社会にとっても大きな課題である．

●**感染症** 感染症は小児において最も日常的な疾患であり，今から50年前には幼児の主な死亡原因であり，例えば肺炎では毎年数万人が命を落としていた．しかし現在では肺炎での死亡は幼児期以降では年に200人以下となり，しかもその多くは生来健康な子どもたちではなく，先天異常や悪性腫瘍などを合併した子どもたちである．このように感染症による死亡が激減した理由は3つ挙げられる．

一つは環境衛生の進歩（例えば汲み取り式のトイレから水洗式のトイレへの変化），栄養面での進歩（いわゆる栄養失調児は，疾患によるもの以外は現在ではほぼみられなくなった）であり，二つめは予防接種の普及である．そして三つめは抗生物質を代表とする化学療法，医療の進歩である．これらによってわが国では感染症による死亡は著しく減少した．しかしこれらの条件がいまだに整わない国や地域は相当数に上り，例えば麻疹（はしか）で死亡する子どもは，わが国ではほぼゼロ（予防接種もれなどによる感染の小流行は時にみられるが，死亡に至ることはきわめてまれである）であるが，アフリカでは年間に数十万人が麻疹の感染やその合併症により死亡していると推定されている．

●がん　がんはほぼ悪性腫瘍と同様に使用されている一般語であるが，白血病などのいわゆる血液のがんも小児では多くみられる．小児期のがんには成人のがんとは異なり，二つの特徴がある．一つは固形腫瘍では幼若な細胞が増殖する芽細胞腫（神経節・副腎，肝臓，網膜，小脳，腎臓など）が主に幼児期以前に発症することであり，もう一つは白血病が悪性腫瘍全体に占める割合が大きく，特に急性リンパ性白血病が半数以上を占めることである．

　固形腫瘍についてはいうまでもなく早期発見が予後を左右する．このことから神経芽細胞腫ではマススクリーニングが行われてきた経緯があるが，遅発例を含めてすべてのケースが発見できるわけではないことや，スクリーニングが陽性であっても悪性とは考えられないケースが多数発見されたことなどから現在では行われていない．成人の場合と異なり，現時点では小児期の「がん検診」は存在しない．したがって日常臨床や育児の場で，小さな症候を見逃さないことが早期発見につながる．例えば白血病では持続する発熱やリンパ節の腫脹などが診断の契機になりうるし，網膜芽細胞腫では白色瞳孔（光を反射すると白く見える）などが発見の契機とされる．小脳の髄芽細胞腫では歩行時のふらつきや転倒，筋力の低下などが診断の契機となることが多い．

　固形腫瘍においては外科手術や抗がん剤などの化学療法，放射線療法の進歩などによって治療成績は著しく向上しつつあるが，やはり早期に発見できない場合には進行がんの状態で発見され，予後不良の場合もある．急性リンパ性白血病を始めとする白血病では抗がん剤治療の進歩だけではなく，骨髄移植療法が普及したことから治療成績は著しく向上し，おおむね90％以上が一時寛解（骨髄，血中に白血病細胞がみられなくなること）に達する．骨髄移植療法は，強力な化学療法を行う固形腫瘍にも用いられている．このように小児がんへの治療は目覚ましい進歩を遂げているが，今後，遺伝子治療は遺伝子検査による発症前からのケアも期待される．なお福島原子力発電所の爆発を契機として小児の甲状腺がんの増加が懸念されているが，現状ではまだ正確な判断はできず，今後の調査にその結論は待つべきであると考えられる．

［平岩幹男］

子どもと健康（6）——主な疾患（Ⅱ）

●**神経系** 神経系の疾患は数多いが，日常遭遇する代表的なものはけいれんである．けいれんは意識障害を伴う場合と伴わない場合がある．全身性のけいれん発作では意識障害を伴うことが多く，体の一部分の発作（部分発作）では意識障害を伴わないことが多い．子どものけいれんで最も多いのは発熱時に起きる熱性けいれんで，5〜8％の頻度で1歳6か月頃を発生のピークとする．再発率は約50％と考えられており，頻回に再発する場合には抗けいれん剤の予防投与を行う．熱性けいれん自体が発達への影響を及ぼすことはまれであり，4歳以降にはけいれん発作は減少する．次に多い原因がてんかんであり，小児てんかんの約70〜80％は成人になる前に軽快する良性のてんかんであるが，乳児期から幼児期に発症する点頭てんかんや，重症ミオクローヌスてんかん（Drave症候群とも呼ばれる）などは発達の遅れや知的障害を合併することがある．

最近話題となっているのは発達障害で，全人口の1〜2％を占めるともいわれる．発達障害には自閉症スペクトラム障害（autism spectrum disorder: ASD，従来の広汎性発達障害に相当），注意欠陥・多動性障害（attention deficit/ hyperactivity disorder: ADHD），学習障害などがあり，これらは相互に合併することもある．ASDには言語発達の遅れを伴うことが多い古典的な自閉症（Kannerの自閉症とも呼ばれる）と伴わない高機能自閉症（高機能とは知的障害がない，明らかではないという意味，従来のAsperger症候群に臨床的には相当）の双方が含まれる．従来は知的障害として生活習慣習得のための集団療育のみが行われていたKanner型の自閉症に対して，個別にプログラムを作成し，それに基づいた療育を行うことによって言語を獲得し発達の遅れを取り戻す群があることが明らかになった[1]．ADHDに対しては社会生活訓練（social skills training: SST）が欠かせないが，わが国ではまず薬物療法を行うことが多い．学習障害は適切な対応によって学習の伸びが期待できるが，わが国では教育の世界ですら認識が不十分であり，放置されていることも少なくない．

●**泌尿器系** 泌尿器系の疾患のうち小児期に多くみられるのは尿路感染症と腎炎である．尿路感染症は乳児期には男児に，その後は女児に多くみられるが，発熱に際しての尿検査はしばしば乳幼児では行われないために発見が遅れやすい．腎炎は急性糸球体腎炎と紫斑病性腎炎（IgA腎症），およびその慢性腎炎がみられる．急性糸球体腎炎は溶連菌感染の後に発症することが多いが，最近では減少傾向にある．そのほかに数は少ないが先天奇形などにより，幼児期に腎不全に至る場合や，腎臓のWilms腫瘍が発生することもある．

●**消化器系**　消化器系の疾患も数多いが，代表的なものはノロウイルス，ロタウイルスなどによる胃腸炎である．前者は幼児〜成人にみられ，後者は乳児期に多く，2012年からワクチン接種も開始された．ウイルスによる胃腸炎は多くは嘔吐に始まり，その後，下痢を合併して数日で軽快するが，脱水には注意が必要である．時にけいれんを起こす場合もある．ウイルス感染症では血便がみられることはまれであり，みられた場合には細菌感染症を考えて便の細菌培養を行う．キャンピロバクターなどが検出されることが多いが，まれに赤痢菌や病原性大腸菌（O-157など）が検出されることもある．適合する抗菌薬を使用する．

　消化器疾患とは言い切れないが思春期の子どもたちで過敏性腸症候群が増加しており，下痢や頑固な便秘などの症状から不登校などに至ることもある．消化器症状への治療だけではなく，カウンセリングや抗不安薬の投与が必要な場合もある．

●**皮膚系**　代表は湿疹，皮膚炎，紫斑である．湿疹はいわゆるおむつかぶれを始めとして乳児期に多くみられるが，重症化することは少ない．皮膚炎の代表はアトピー性皮膚炎で乳児期からみられる．アトピー性皮膚炎の場合には皮膚での抗原感作が食物アレルギーにつながることが2005年からの茶のしずく石鹸問題もあって知られるようになり，乳児期に適切な治療を行う必要性が認識されるようになった．紫斑は血小板の減少を伴わない血管性紫斑病（アレルギー性紫斑病とも呼ばれる）と血小板減少性紫斑病が代表である．前者は血便などを伴うことがあるほか，のちに紫斑病性腎炎を合併することがある．後者の多くは急性でガンマグロブリンやステロイドによる治療が行われるが，その一部は慢性化する．

●**耳鼻科系**　重要な疾患は先天性を含む難聴と中耳炎である．先天性の難聴は1,000人に1人程度の頻度であり，中等度以上の難聴では言語発達の遅れが必発であるが，生後6か月頃までに治療を開始すれば言語発達の遅れが回避できる場合が少なくないことから新生児聴覚スクリーニングが開始された．しかし2014年時点では出生後に検査を受けている児は全出生児の約60%と考えられており十分とはいえない．発見された場合には補聴器の使用や人工内耳の手術が行われる．

　急性中耳炎は多くが細菌感染症であるが，肺炎球菌などの予防接種の普及に伴って減少している．しかしその他の原因菌を含めていまなお治療を要する子どもたちが多い．急性中耳炎を繰り返す，遷延することによって慢性である滲出性中耳炎となれば鼓膜にチューブを挿入して減圧するなどの治療が行われる．流行性耳下腺炎の合併によるものと並んで，後天的な難聴の代表的な原因となる．

　最近では小児期から花粉症と診断される子どもたちが増加している．代表はスギ花粉症であるが，通年性のアレルギー症状を認める場合もある．　　［平岩幹男］

子どもと看護（1）──基本的な看護

　子どもの身体は著しい成長過程にあり，体の構造や機能が未熟であるために同じ病気にかかっても大人とは症状や経過が異なる．看護にあたっては子どもの病気の特徴を知って，上手に病気と付き合い，子どもの治る力を応援することが大切であり，子ども自身が心地よく過ごせることを基本とする．子どもの病気の特徴は以下のとおりである．

〈特徴1〉感染症にかかりやすい
　子どもが生まれて最初にもらうプレゼントは，母親からの免疫（体の防御機能）だが，生後6か月頃から徐々に免疫がなくなってくる．したがって自分自身で病原体一つひとつに対して免疫を作らなければならないため，おおむね6か月から8歳くらいまでの乳幼児期はさまざまな感染症にかかりやすい時期である．予防接種で防げる感染症は予防接種できちんと防ぎ，必要に応じて医師の指示のもと薬の助けを借り，症状に合わせた看護でのりきることが大切である．

〈特徴2〉病気の進み方が速い
　子どもの病気は，かかると症状の進行が速いのが特徴だが，適切な対応を施せば回復も速い．体調不良に気づくには，"いつもと違う"感じの見方を知っておくとよい．生活の中で「食べること・眠ること・遊ぶこと」がうまくいっているかどうかをまずチェックし，もしSOSを出していたら，さらに詳しく普段とどこが違うのか確認する．観るポイントは6つ．身体の出入口（目・耳・鼻・口）とそこから出た物（便・尿）の観察をし，診察の際に伝えることで正確な診断につながり，的確な治療やケアにより本人の辛さを最小限に抑えることになる．

〈特徴3〉病気の原因はひとつ
　子どもの病気の原因は大人と違い，ほとんどの場合ひとつである．小児科に受診して早期に感染症の病原体を確定することで適切な治療が可能になる．医師の治療方針に従い病気に合わせたケアをして，早く回復できるよう見守る．

●**熱がある時のケア──熱の数字より大切な機嫌と食欲**　発熱は子どもの仕事といえるほど多い．熱があっても水分がとれて時々笑顔が出ていれば慌てなくてよい．子どもは体温調節機能が未熟で，環境によって体温が変わりやすく，1日のうちでも変化する．発熱は平熱より1℃以上体温が高い状態とし，一般的に37〜37.4℃までを微熱，37.5℃以上を発熱として捉える．熱の出始めは手足が冷たく，体は熱くても「寒い」と感じていることが多いので衣類を1枚多めに着せて温かくし，しばらくして布団を蹴飛ばしたり手足が温かくなったら熱が出きった合図で，衣類や布団を1枚減らして涼しくする．寒そうなら温かく暑そうなら涼しく

が基本である．冷却シートやクールパックなどで冷やす場合は，本人の気持ちが良くなり眠りやすいようなら使用するが，嫌がる時は冷やす必要はない．熱がある時は，のどが渇き脱水症状を起こしやすいので，水分は多めに欲しがるだけ与える．また，熱が下がる時にはたくさん汗をかくのでこまめに汗を拭いたり着替えると気持ちよく過ごせる．

●**子どもの病気は脱水に注意**　子どもは大人に比べて体重に占める水分の割が多く，常に多くの水分を必要としている．熱や下痢・嘔吐などで水分や体液が失われると脱水症になりやすく，チェックポイントはおしっこが出ているかどうかであるが，子どもが水分をまったく受け付けなくなったら危険で命にかかわる場合もある．水分がとれる時にはこまめに飲ませ，症状に合ったものならなんでもよい．ぐっすり眠っている時は起こす必要はないが，起きた時・泣いた後・おむつ交換の時などこまめに飲ませる．嘔吐がある時は吐き気を誘う柑橘類の果汁は避け，下痢の時は便をゆるくする柑橘類や乳酸飲料は避ける．

●**病気の時の食事**　体調の悪い時は食も進みにくいものである．普段どおりに食べられなくても無理強いしないで，様子をみながら症状に合わせて食べやすいものを用意する．離乳食はワンステップ戻してもよい．熱などで食欲がない時は食事より水分補給を心がけ，普段食べているものの中から，柔らかくてのど通りのよいもの・消化のよいものを選び，いつもより少なめの量を与える（野菜スープ・ポタージュ・豆腐・プリン・ヨーグルトなど）．

〈嘔吐がある時〉水分補給が一番というが，吐いてすぐにという意味ではない．吐いた後に「ケロッ」としていてもすぐに飲ませればたいてい吐いてしまう．最初は2～3時間して吐き気がおさまってから10 ml，次に15分おきに20 ml，30 mlと少しずつ増やしながら与えていく．吐かないようなら消化の良いものから少しずつ与える．

〈下痢の時〉食べ物を控えなければいけない下痢では食欲もなくなっているので，食欲があるときは水分中心に量を控えめに，消化の良いものを本人の食欲に合わせてあげればよい．

●**病気の時の入浴**　子どもは新陳代謝が盛んな上に，病気の時には発熱による汗，下痢の排泄物，嘔吐物や発疹からの分泌物などで体が汚れがちになる．清潔を心がけたいが入浴は体力を消耗するので，基本的な目安として「熱があるとき」「食欲がなく元気がないとき」「下痢，嘔吐，咳などの症状がひどいとき」は避ける．入浴ができない日が続くときは，洗面器にお湯を入れて座浴をしたり，温かいタオルで体を拭き，着替えをすると気持ちよく過ごせる．

●**病気の時の不安解消の助け**　子どもの病気の時，気になるあれこれの不安に電話で答えてくれる窓口がある．市町村の保健所や保健センター，保育所などが提供している．電話相談の特長を知って上手に利用するとよい．　　　　［並木由美江］

子どもと看護（2）——応急処置

　子どもの事故は，発達段階と深く関わっている．生後5か月を過ぎると誤飲事故が多く，つかまり立ちの頃は階段からの転落，あんよの頃はベランダからの転落やふろ場での溺水が多くなる．子どもの発達を知ることで，事故の多くは予測でき予防することが可能である．3歳までの子どもの事故は安全なはずの家庭で起こっている．命に関わる事故を防ぐために，5か月頃になったら子どもの口の中に入る大きさ（直径約39mm以下）のものは子どもの手の届かない床上1m以上のところに置く．また乗車中の交通事故が多いことから，チャイルドシートは正しい着用を習慣化することなど発達の段階に合わせた対策をとることである．

●**頭を打った・体を打った**　子どもは頭が大きくてバランスが悪い上に好奇心が旺盛で，ぶつかったり転んだりして頭や体を打つことがある．打撲した直後に大泣きをして泣きやんだ後ケロリとしているようならまずは安心である．しかし，しばらくしてから異常が現れることがあるので，2～3日は様子に気をつける．意識はあるがぐったり泣きやまないとき，嘔吐したとき，手足が動かせないまたは動かそうとすると痛がるときなど普段と違う様子が現れたら受診をする．意識がない場合は至急救急車を要請し，心肺蘇生を行う．

●**ものがつまった（誤嚥→窒息）**　ものが気管（空気の通り道）に入ることを誤嚥といい，つまった状態を窒息といい呼吸ができないため非常に危険である．3歳頃まではあめ玉やピーナッツなどを食べさせない．ビー玉，硬貨，ボタン電池などは手の届かないところにしまう．ミニトマトや巨峰，白玉団子，こんにゃくやこんにゃくゼリーなどツルッとした食品は避けるか小さくカットする．もし何かをのどにつまらせて咳き込んでいたら咳こませ，咳こみができないときは肩甲骨の間を強く叩いたり胸腹部を圧迫して吐かせる．出てこないときは急いで病院に受診する．意識がない場合は救急車を要請して心肺蘇生を行う．心肺蘇生や吐かせ方の実技を一次救命処置といい日赤や消防署で実施している講習で学べるので受講しておくとよい．救急車を要請した際にも，口頭指導で指示されるので落ち着いて対応する．

●**おぼれた（溺水）**　おぼれるというと海や川，プールなどを思い浮かべるが，子どもでは口と鼻を覆えるコップ1杯の水でもおぼれる．お風呂やトイレ，洗濯機など家庭の水のあるところで一人にしないこと，水を溜めたままにしないことで事故を防ぐ．自宅だけでなく，子どもが出かける祖父母や友人の家庭でも同様の配慮ができるよう伝えておくことも重要である．もし事故に気づき，水から引きあげた時に大泣きするようならひと安心．しかし，意識がはっきりしないとき

は至急救急車を要請する．気道を確保し，いつもどおりの呼吸があれば体を横向きにして観察を続け，なければ心肺蘇生を実施しながら救急隊に引き継ぐ．

●**よくある手足のけが（すり傷・切り傷・さし傷）** 手当の前には受傷部位だけでなく全身状態の観察をする．①傷は流水で汚れや血液を洗い流す．②止血する：傷口を圧迫しても支障ないか確認してラップ（調理用で可）で覆い圧迫して止血する．消毒薬や軟膏は不要である．③包帯をする：止血できたらラップの上に保護ガーゼを置き，適度な圧迫をしながら包帯をする．病院に受診する場合は，出血がとまらない・傷のまわりがきれいにならない・傷が深い・傷口が大きい・動物に噛まれたり引っ掻かれた・翌日傷が赤くはれている・子どもの全身状態が気になる・骨折や脱臼の疑いがあるなどの場合，適切なケアと安心のためにも医師の指示を受けておく．

●**やけどをした** やけどに気づいたらまず流水で20分冷やす．衣類を脱がせると水疱が破れたり皮がむけたりすることがあるので着せたまま冷やす．やけどの重症度は深さと広さで判断する．やけどの深さは，Ⅰ度（赤くなる），Ⅱ度（水疱ができる），Ⅲ度（皮膚の深部までダメージを受ける）と3段階に分かれ，Ⅱ度以上は受診が必要である．また，やけどの広さは体表面積の10％以上（大人の手のひら2つ分が目安）のやけどをすると脱水症やショック症状を起こすことがあり危険である．少し赤くなった程度でも，大人の手のひら一つ分より大きい時は至急受診する．

●**誤飲・誤食** 食べ物でないものを飲んだり食べたりすることをいう．生後5か月頃から赤ちゃんが興味のあるものを手に取ると口に入れて確かめることは発達のステップとして自然なことであるので，飲み込むと危険な物は子どもの手の届かないところに置く．もしへんなものを口にしてしまった場合の対処の基本はすぐに吐かせることであるが，まず何を飲んだかを確認をし吐かせるものか吐かせないものか判断する（表1）． ［並木由美江］

表1 誤飲・誤食したものを吐かせないほうがよい場合の状態と対処・措置

状態・症状	対処・措置	誤飲・誤食したものの例
・ケロリとしている	水を飲ませ様子をみる	・少量の石鹸・クリームなど
・嘔吐する ・口の周りがただれている	病院に至急搬送 （揮発性のものは気管に入って肺炎を起こすことがあるので吐かせない．また誤った措置は皮膚や粘膜を再度傷つけるので何もせず受診する（飲んだり食べたものを病院に持参））	・強酸性・強アルカリ性洗浄剤（トイレ洗剤，漂白剤，カビ取り剤など） ・石油製品（灯油，除光液など） ・尖ったもの（画鋲，くぎなど） ・ボタン電池
・ぐったりしている ・意識がはっきりしない	救急車要請（救急車を待つ間，吸収を遅らせるため左側を下に臥位にする）	・たばこ（煙草は中毒症状が出る場合がある）

Chapter 7

子どもと保育・教育

保育・教育を取り巻く状況
 (1) 少子化時代 ── 154
 (2) 多文化共生時代 ── 156
 (3) 待機児童 ── 158
 (4) 認定こども園の創設 ── 160
 (5) 幼保小家庭の
 連携と専門性 ── 162
子どもと家庭（家庭教育）
 (1) 家庭教育の意義と課題 ── 164
 (2) 現代の家庭生活と子ども ── 166
 (3) 習い事・お稽古事 ── 168
集団保育・教育
 (1) 保育の基本としての
 遊びと保育内容 ── 170

 (2) 幼稚園教育要領, 保育所保育指針,
 幼保連携型認定こども園教育・
 保育要領 ── 172
 (3) 保育所の生活と保育内容 ── 174
 (4) 幼稚園の生活と保育内容 ── 176
 (5) 認定こども園で
 展開される生活 ── 178
豊かな育ちを保障する環境づくり
 (1) 保育ニーズの多様化 ── 180
 (2) 子育て支援システム ── 182
 (3) 子どもを中心にした
 ネットワークの構築 ── 184
学校を取り巻く現代的な課題 ── 186
学童保育 ── 188

保育・教育を取り巻く状況（1）
——少子化時代

●**出生数と合計特殊出生率の推移**　日本の年間出生数は，図1に示したように第1次ベビーブーム期には約270万人，第2次ベビーブーム期には約200万人であった．しかし，その後減少傾向となり，1984（昭和59）年には150万人を割り込み，2014（平成26）年には100万1千人となっている．

　合計特殊出生率とは一人の女性が一生の間に出産する子どもの数を示す指標であり，人口を維持するためには合計特殊出生率が2.07以上必要とされる．日本の合計特殊出生率は，図1に示したように1989年（平成元）年にはそれまでの最低であった丙午の数値を下回る1.57を記録し，さらに2005（平成17）年には過去最低である1.26まで落ち込んだ．2014（平成26）年には1.42となり微増傾向であるが，人口を維持するために必要な水準を下回る状態が続いている．

●**少子化の要因**　少子化の主な要因としては，未婚化，晩婚化，夫婦の出生力の低下などが挙げられている．未婚化の現状は，2010（平成22）年の総務省「国勢調査」によると，25～39歳の未婚率が男女ともに上昇している．生涯未婚率を30年前と比較すると，男性は2.6%（1980（昭和55）年）から20.1%（2010年），女性は4.5%（1980年）から10.6%（2010年）へ上昇している．

　晩婚化の現状に関しては次のような統計がある．日本人の平均初婚年齢は

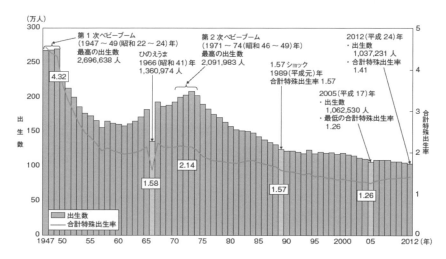

図1　出生数と合計特殊出生率の年次推移
［出典：厚生労働省「人口動態統計」］

2012（平成24）年で，夫が30.8歳，妻が29.2歳であった．1980（昭和55）年では，夫が27.8歳，妻が25.2歳だったので，約30年間に夫が3.0歳，妻が4.0歳上昇していることになる．

夫婦の出生力の低下に関しては，国立社会保障・人口問題研究所の出生動向基本調査の結果が示している．夫婦の完結出生児数（結婚持続期間（結婚からの経過期間）15～19年夫婦の平均出生子ども数であり，夫婦の最終的な平均出生子ども数を意味する）は戦後大きく低下し，1972（昭和47）年で2.20人となった後は，2002（平成14）年の2.23人まで30年間にわたって一定水準で安定していた．しかし，2005（平成17）年で2.09人へと減少し，2010年（平成22）年にはさらに1.96人へと低下し，2人を割り込んでいる．

では，なぜ未婚化，晩婚化，夫婦の出生力の低下が進んでいるのか．その背景には，①子育て期にある世代の男女の労働環境の未整備，②若年層の雇用環境の不安による社会的自立の困難，③社会全体での保育サービスを含めた子育て支援体制の不足などの要因があることが指摘されている．

●**少子化時代における子育て環境の変容**　子どもを取り巻く状況は今日どのように変容しているであろうか．今日の日本では，少子化や都市化といった社会環境や生活環境の変化が子どもの生活や遊びに大きな影響を与えている．子ども同士の遊びやトラブルの体験，異年齢の子どもとの交流の機会が減少し，生活の中で育まれるべき人間関係力や規範意識が育ちにくくなっている．これら生活や遊びの中で身につけるべき創造性や社会性，人とのコミュニケーションが失われていくことは，子どもの成長には大きな問題である．

親を取り巻く状況の変容に関しては，地域とのつながりが希薄になり，親だけが子育ての役割を担っている場合が多くなっている．さらに，以前に比べて親になる前の育児経験の少なさ，孤立化する子育て，社会的な自己実現と親役割を担うこととの葛藤などの課題が浮かび上がっている．

少子化に伴い"子ども"や"親"を取り巻くさまざまな課題が顕在化している．これらの課題を解決するためには，我々が「社会全体で子育てをしていく」という共通認識のもと，よりよい子育て環境の整備に向けて，家庭，地域，企業，政府が一体となって取り組んでいかなればならない．　　　　　　　　　　［小原敏郎］

保育・教育を取り巻く状況（2）
——多文化共生時代

多文化共生社会とはさまざまな文化をもつ人たちが，互いの文化を相互に承認して共に平和的に生きる社会のことをいう．世界では民族や宗教などの違いによる紛争も多いが，一方で，違いを認め合って協調して暮らしていこうとする営みも行われてきた．特に移民の多い国々では，社会を安定させる一つの方策として，早くから多文化の共存が目指されてきた．

写真1 バングラディッシュの僧侶との談笑

日本では外国からの入国者が激増した1990年代から，この言葉が用いられ始めている．2000年代になると多文化共生社会の推進が全国的な施策となった．「多文化共生の推進に関する報告書」（総務省，2006）では，地域の多文化共生を，「国籍や民族などの異なる人々が，互いの文化的違いを認め合い，対等な関係を築こうとしながら，地域社会の構成員として共に生きていくこと」としている．また「多文化共生社会」の「文化」の意は，一般に広義に捉えられており，障害の有無や性別，性的指向性などの違いをもつ人々との共存をも意味する．

日本列島には朝鮮半島などの外国にルーツをもつ人たちがそもそもいたが，1970年代後半からは新たな国々からも日本にやってくる人々が増えた．1990年の出入国管理および難民認定法の改正は，南米等からの入国者を大きく増加させることとなった．以前から日本にいた外国にルーツのある人々はオールドカマー，主に1980年代以降の新たな人々はニューカマーと呼ばれる．2014年末時点での在留外国人数（法務省調査）は約210万人で，東京都，大阪府，愛知県の順に多く住んでいる．国籍では中国等のアジア地域が大半を占め，南米，北米と続いている．

外国から日本に来る人々が増加する要因としては，少子高齢化などの影響による日本の労働力人口の減少や，経済活動等に伴って人々が地球規模で移動するようになったグローバリゼーションの影響がある（写真1は愛知県での交流）．

●ニューカマーの子どもたち　ニューカマーは一時的な滞在者でもあるが，定住化も進行している．子どもは親と一緒に来日したり，後で呼び寄せられたり，日本で生まれたりしている．国際結婚の増加等の要因から，日本と異なる文化の中で育つ日本国籍児童もいる．日本の大多数の家族とは異なる文化の中で育つこれらの子どもたちは，その背景の多様さに鑑み，「外国人」・「外国にルーツのある子ども」から「外国につながりのある子ども」といわれるようになった．文部科

学省の調査によると，公立学校に在籍している外国人児童生徒は，2012年5月時点で約7万人，日本語指導が必要な日本国籍の児童生徒は約6千人である．

日本は「児童の権利に関する条約」に基づき，外国籍の子どもであれ在留資格のない子どもであれ，すべての児童を義務教育諸学校へ受け入れる体制にある．就学案内，就学援助制度，日本語指導体制の整備が進められているが，日本語や日本の生活（学校等）に馴染めず不就学となるなどの問題も発生している．日本で育った子どもの場合などでは，日常会話が流暢なために問題が見えなくなって，教育ニーズが見過ごされることも問題となっている．それゆえ多文化共生を実現するためには，日本語学習支援や多様な言語での情報提供のほかに，地域ぐるみの取り組みや多文化共生の視点にたった国際理解教育の推進が求められている．子どもの進路指導や就職支援も必要とされる．さらには，日本語教育方法の確立と専門員の配置，外国人学校のあり方の検討など，取り組むべき課題が多くある．

保育・教育の実践上の課題に，平等についての考え方がある．外国につながりのある子どもも，原則的には「日本の子どもと同様に」扱うとされており，それが障壁となることがある．保育の場では，すべての子どもが言語習得期であるため「子どもは皆同じ」として，言葉に関する独自の問題が見過ごされる傾向がある．平等な扱いと個別のニーズの，両方に対する配慮が求められている．

●指針・要領の中の多文化共生　日本における多文化共生社会の実現に向けて，保育や教育が取り組む内容は，保育所保育指針や学習指導要領の中でも触れられている．各地の実践では独自のカリキュラム開発も進められている．

保育所保育指針では保育内容・人間関係において「外国人など，自分とは異なる文化をもった人に親しみをもつ」と示され，さまざまな国の遊びや歌，地球儀や世界地図，簡単な外国語の言葉の紹介などの具体例が示されている．また「子どもの国籍や文化の違いを認め，互いに尊重する心を育てる」配慮が求められている．

小・中学校では国際理解教育が各教科，道徳，特別活動，総合的な学習の時間などで取り扱われる．例えば社会科の取り扱いでは「外国とのかかわりにも気づく」（3年），「さまざまな外国の文化を具体的に理解できるように」（6年）などがある．小学校の外国語活動では「違いを知り多様なものの見方や考え方があることに気づくこと」や「異なる文化をもつ人々との交流等を体験」といった内容などがある．中学校さらに高等学校においても体験的な学習が求められている．

●適応・同化から共生へ　日本における多文化共生の試みは，外国につながりのある子どもを日本社会へ適応・同化させる側面に主眼が置かれがちであった．しかし今，「多様なあり方が共存する」という本来の理念を目指すことによって，日本の教育自体を新たな形に再生することが期待されている．　　　［荒川志津代］

📖 引用・参考文献

[1] 松尾知明編，『多文化教育をデザインする』，頸草書房，2013

保育・教育を取り巻く状況（3）
——待機児童

　子どもが生まれてうれしい．だが不安もある．職場復帰の際，子どもは保育所に入れるだろうか（写真1の母親は預け先を思案中）．都市部の若夫婦の多くは，自分たちだけで子育てをしなければならないし，一人親も増えている．頼りは保育所等であるが，入れずに待っている子どもが多く，待機児童が社会問題になっている．

写真1　第二子が誕生した仕事をもつ母親

●**待機児童数とその把握**　待機児童数は調査時の基準のあり方による影響を受ける．子育て支援新制度以前における待機児童とは，入所申し込みが提出されており，入所要件（保育に欠ける）に該当しているが，入所していない児童のことであった．しかし2003年以降の調査では，この通りであるのに除かれる例があった．特定の保育所を希望して入所可能な保育所があっても待機している児童や，週に数日預かるような特定保育などでやむなく保育されている場合等である．発表された待機児童数と保育需要の実態との間に乖離のあることが課題になっていた．

　2015年の子育て支援新制度以降では入所要件が見直され，「保育の必要性」が認定される．その事由には，昼間に働いていることが常態である人のほかに，夜間勤務やパートタイムなどすべての就労を含む．また妊娠・出産，保護者の疾病・障害，介護・看護等々の就労以外の必要性も含まれる．待機の状態も育児休業延長等の実情が勘案される．したがって待機児童は，認定を受けて入所を申し込んだが利用していない児童である．また対象施設は保育所，認定子ども園等になる．

●**待機の状況**　日本では少子化が進行しているため，保育所定員を満たさない地域も数多い．過疎地域には独自の保育課題があるが，一方で待機が発生しその解消が急務となっている地域もある．調査時点によって数字は変動するが，発生傾向は一定している．2014年4月時点の調査（厚生労働省発表）を例にみると，待機児童数100人未満の都道府県が27ある．東京都には5,000人以上の待機児童がいる．日本の待機児童数は約2万人で，その78.4%を都市，つまり首都圏，近畿圏，7府県およびその他の政令指定都市・中核市が占める．50人以上の待機児童がいる特定市区町村は98である．また0〜2歳の低年齢児が待機児童の84.5%を占めており，待機の主たる課題は乳児保育である．一般に，10月の調査では待機児童数が増加しており，年度始めは多少なりとも解消されている．

●**学童の待機** 事業として放課後児童クラブ等々の呼び方がされるが，小学生の放課後について，安全を守り健全育成を図る事業が行われている．ここでも申請が多く待機となって利用できないことや，近くに学童保育がないことが問題となっている．子育て支援新制度以降では運営の整備を進めつつ，預かる子どもの年齢を小学6年生まで拡大する．需要はさらに増加するが，整備が追いつくか課題である．幼少期に子どもを保育園に預けていた保護者の場合では，特に小学校就学とともに待機の問題が大きな障壁となる．一般に「小1の壁」と呼ばれる．

●**発生の要因** 待機問題発生からの保育所および収容定員数は増加している．しかし需要には追いついていない．これが待機発生の主因である．需要が増加した背景要因は社会構造の変化であり，それに伴う生活様式と意識の変化である．産業構造が近代化・現代化する過程では，産業領域における量の変化だけでなく，生活様式における質の変化も伴った．仕事と子育てを並行的に行うことも可能であった社会から，職場と子育てを明確に分離する社会になった．論争となったタレントのアグネス・チャンの子連れ就労（1987年）は，この事態への問題提起となっている．現在新たな形で職場と子育ての場の統合を図る試みも行われているが，大勢とは至っていない．

一般には，女性の就業率上昇が具体的要因として指摘される．上昇の背景には性役割意識等の変化による女性の自己実現欲求や，日本の労働人口減少を補うための女性活用政策がある．若年層の生活不安が高まったことも大きい．雇用環境や処遇の変化に伴い経済的展望への不安が発生し，共働きへの動因となっている．

その他，育児休業等の子育て支援体制の不備や，家庭規模の縮小に伴う経済要因，親の影響に関する保育・教育観の変化などが挙げられる．

●**対策と対応** エンゼルプラン（1994年）以降の少子化対策に関わる諸政策の中で，待機児童ゼロ作戦（2001年），新待機児童ゼロ作戦（2008年），待機児童解消加速化プラン（2013年）等が遂行され，早急な解消が政策として目指されている．施策の主眼は保育施設の量的拡大であり，そのための設置基準の緩和などである．認定子ども園や小規模保育の活用も緩和対策の側面をもつ．保育士の量的確保にも取り組んでいる一方で，保育の質の低下が懸念されてもいる．保育士の待遇改善案等に質の確保についての配慮もみられるものの，実効性を高めることが今後の課題である．量的解決と質の確保が同時に求められる．

保護者の側では情報を収集するなどして，個人としてできる限りの対策を立てている．入所可能性の高い地域に引っ越したり就労条件を変更するなどして，より有利な条件を整えて対応しようとしている．これらの活動は就職活動の「就活」や結婚に向けた「婚活」になぞらえて，一般に「保活」と呼ばれる．［荒川志津代］

📖 引用・参考文献

[1] 猪熊弘子，『「子育て」という政治』，角川マガジンズ，2014

保育・教育を取り巻く状況（4）
——認定こども園の創設

●**認定こども園の創設とその背景**　2006（平成18）年，文部科学省と厚生労働省による少子化対策・多様な保育ニーズへの対応として，幼稚園・保育所の両方の機能を併せもつ「認定こども園」制度が創設された．その機能として，1）就学前の子どもに幼児教育・保育を提供する機能（保護者が働いている，いないにかかわらず受け入れ，教育・保育を一体的に行う機能），2）地域における子育て支援を行う機能を備えている施設が都道府県知事から認定こども園として認定されることとなった．なお，認定こども園の形態として，地域の実情に応じて「幼保連携型」「幼稚園型」「保育所型」「地方裁量型」の4つのタイプが認められた（表1）．

表1　認定こども園の4つのタイプ

タイプ	概　要
幼保連携型	幼稚園と認可保育所とが連携して，一体的な運営を行うことにより，認定こども園としての機能を果たすタイプ
幼稚園型	幼稚園が，保育に欠ける子どものための保育時間を確保するなど，保育所的な機能を備えて認定こども園としての機能を果たすタイプ
保育所型	認可保育所が，保育に欠ける子ども以外の子どもも受け入れるなど，幼稚園的な機能を備えることで認定こども園としての機能を果たすタイプ
地方裁量型	幼稚園・保育所いずれの認可もない地域の教育・保育施設が，認定こども園としての必要な機能を果たすタイプ

●**認定こども園制度の改正**　2012（平成24）年に成立した「子ども・子育て関連三法」[註1]に基づいて，2015（平成27）年から「子ども・子育て支援新制度」がスタートした．この新制度では，従来の4つのタイプの認定こども園のうち，幼保連携型が「幼保連携型認定こども園」として新たに整備され，学校および児童福祉施設として法的位置づけがなされた．また，これまで学校教育法および児童福祉法に基づいた認可が必要であったものが，改正認定こども園法に基づく単一の認可となった．詳しい認可基準を表2に示す．新たに園をつくり，幼保連携型認定こども園として認可を受ける場合には，調理室や園庭が必要となるなど，既存の幼稚園，保育所の認可基準のより高い方の基準を満たすことが求められている．さらに，財政措置に関しては，認定こども園，幼稚園，保育所を通じた共通の「施設型給付」[註2]が創設され，一本化された．

註1　「子ども・子育て支援法」「認定こども園法の一部改正法」「子ども・子育て支援及び認定こども園法の一部改正の施行に伴う関係法律の整備等に関する法律」を指す．

表2 新たな「幼保連携型認定こども園」の認可基準
（新規に幼保連携型認定こども園を設置する場合）

主な基準	概　要
学級編制・職員配置基準	・満3歳以上の子どもの教育時間は学級を編制し，専任の保育教諭[*1]を1人配置． ・職員配置基準は，4・5歳児30：1，3歳児20：1[*2]，1・2歳児6：1，乳児3：1
園長等の資格	・原則として，教諭免許状と保育士資格を有し，5年以上の教育職・児童福祉事業の経験者 ・ただし，これと同等の資質を有する者も認める．（設置者が判断する際の指針を示す）
園舎・保育室等の面積	・満3歳以上の園舎面積は幼稚園基準（3学級420m^2，1学級につき100m^{2}増） ・居室・教室面積は，保育所基準（1.98m^2／人，乳児室は1.65m^2／人，ほふく室は3.3m^2／人）
園庭（屋外遊戯場，運動場）の設置 ※名称は「園庭」とする．	・園庭は同一敷地内又は隣接地に必置とし，面積は，①と②の合計面積 ①満2歳の子どもについて保育所基準（3.3m^2／人） ②満3歳以上の子どもに係る幼稚園基準（3学級400m^2，1学級につき80m^{2}増）と保育所基準のいずれか大きい方
食事の提供，調理室の設置	・提供範囲は，保育認定を受ける2号・3号子ども（1号子どもへの提供は園の判断）． ・原則自園調理．満3歳以上は現行の保育所と同じ要件により外部搬入可．

[*1] 保育教諭とは，幼稚園教諭免許と保育士資格の両方を持ち，幼保連携型認定こども園において子どもの教育・保育に従事する者をいう．
[*2] 質の改善事項として，公定価格において3歳児20：1→15：1への配置改善を実施

● 「幼保連携型認定こども園教育・保育要領」の創設　2014（平成26）年には，新たな「幼保連携型認定こども園」の保育内容の基準として，「幼保連携型認定こども園教育・保育要領」が，内閣総理大臣・文部科学大臣・厚生労働大臣によって告示された．策定に当たっての基本的考え方として，1) 幼稚園教育要領と保育所保育指針との整合性を確保，2) 小学校における教育との円滑な接続に配慮，3) 認定こども園として特に配慮すべき事項を考慮が挙げられる．

　幼稚園教育要領と保育所保育指針との整合性を確保するため，教育内容は現行の幼稚園教育要領を基本に策定され，健康・人間関係・環境・言葉・表現の5領域を維持した構成となっている．保育の内容については，現行の保育所保育指針の内容を基本に策定され，養護のねらいや内容および乳児・3歳未満児の保育の配慮事項について規定されている．また，認定こども園として特に配慮すべき事項では，入園時期や在園時間の違い等に配慮し，生活の連続性や生活リズムの多様性に配慮した教育および保育の実施が規定されている．　　　　　[小原敏郎]

註2　従来の財政措置では，保育所・幼稚園・認定こども園に対し，異なる財源のもと助成金が支給されてきたものが，2015（平成27）年4月以降は施設型給付費という形で一体化され，市町村が保護者・施設に対して財政保障を行うこととなった．

保育・教育を取り巻く状況（5）
——幼保小家庭の連携と専門性

　幼保小の連携とは，すなわち，幼稚園，保育所と小学校との連携のことである．近年，この幼保小連携は全国各地で実践されており，2008年3月に改訂された幼稚園教育要領や保育所保育指針，小学校学習指導要領においてもその重要性が明記されている．幼保小連携の実態を調査した研究では，幼小連携は全国の96.8％の自治体で実施されており[1]，保小連携は全国の保育所の68.2％で実施されている[2]．

●**小1プロブレム**　幼保小連携の取り組みの必要性が叫ばれるようになった背景には通称「小1プロブレム」と呼ばれる小学校入学時の子どもたちの不適応問題が注目されるようになったということが挙げられる．小学校入学直後の小学校1年生のクラスで，授業中に立ち歩く，学級全体での活動の際に各自が勝手に行動する，教員の指示が全体的に行き届かないという問題が目立ったと報告されている．このように，小1プロブレムの社会問題化が一つの契機となって，幼稚園と小学校との連携，さらに保育所を含めての連携の必要性が強く求められるようになってきた．

●**幼保小連携・接続の3分類**　幼保小連携・接続の取り組みとして，大きくは次の3つに分類することができる．

①子ども同士の交流：小学生が近隣の幼稚園，保育所を訪問して乳幼児と遊んだり，幼稚園や保育所の園児が小学校に行って生活科の時間に一緒に活動するというものなどが挙げられる．

②保育者と小学校教師の交流：幼稚園，保育所と小学校の連絡会などでの情報交換や小学校教師が幼稚園や保育所で音楽や図画工作などの活動を担当するというような取り組みがなされている．

③接続カリキュラムの開発：幼児教育と小学校教育の間の滑らかな接続を達成することで，幼児教育と小学校教育の双方の質の向上を図ることが目的である．連携のためのカリキュラム開発は，幼児教育と小学校教育のこれまでの蓄積のどの部分を独自性として尊重し，どの部分で一貫・連続させていくかという検討が不可欠である[3]．

●**段差と逆段差**　幼稚園・保育所と小学校における生活や学びの違いについては，通園・通学，規模，生活空間，1日の活動，活動内容，活動の区切り，トイレ，昼食，着替え，持ち物などの観点から比較することができる[4]．幼稚園や保育所では1日の活動スケジュールはあるものの，子どものペースに寄り添いながら緩やかな流れの中で生活している．それに対して，小学校では幼稚園や保育所と異

なり，明確な区切りが存在する．45分の授業，10分間の休み時間，中休み，給食時間，昼休み，清掃時間などの時間の始まりと終わりはすべてチャイムで子どもたちに知らされる．

　このように，幼稚園・保育所と小学校での違いは大きく，この変化をうまく乗り越えることができれば，子どもにとっては大きな自信となるが，その反対に，小学校生活にうまく適応できず，とまどいや不安を感じる子どもたちも多い．そのような子どもたちにとって，幼児期から児童期への移行は大きな「段差」と感じられるであろう．また，幼児期には年長さんという園のリーダーとして自己を発揮していた子どもが，小学校に入学した途端何もできない赤ちゃん扱いを受けてしまうこともあり「逆段差」といわれている．幼保小連携では，このような生活や学びの違いを保育者や小学校教師がきちんと認識した上で子どもたちを支援することが求められる．

●**滑らかな接続**　5歳児の10月から小学校1年生の1学期までを「接続期」と設定し，幼児教育と小学校教育のカリキュラムが「滑らかに接続」することを目指して，幼稚園や保育所の年長児3学期を「アプローチカリキュラム」，小学校の1学期を「スタートカリキュラム」とする取り組みがなされる自治体が増えてきている．アプローチカリキュラムの例としては，椅子に座って落ち着いて話を聞くことや，保育室に1日の流れを掲示し幼児が見通しをもって行動できるようにすることなどが挙げられる．スタートカリキュラムでは，小学校1年生の1学期の授業時間45分を分割したり，体験活動を多く取り入れて幼児期の環境や経験からの学びを生かすなどの取り組みがなされている．

●**家庭との連携**　子どもが小学校に入学することは保護者にとっても不安やストレスになりやすく，保護者の不安感が子どもの不安感に影響すると考えられる．そのため，接続期には家庭との連携が不可欠である．年長児の3学期には，自分の身の回りの管理が子ども自身でできることや，規則正しい生活リズムについても，家庭と園で相互確認することが必要である．また，小学校入学後は，保護者の不安を軽減するため，スタートカリキュラムの内容について，保護者に丁寧に説明することなどの連携も大切である．

〔白川佳子〕

📖 **引用・参考文献**

[1] お茶の水女子大学子ども発達教育研究センター，「幼児教育と小学校教育をつなぐ幼小連携の現状と課題」，子ども発達教育研究センター報告書，2003
[2] 松嵜洋子（主任研究者），「保育所と小学校の連携のあり方に関する調査研究」，平成19年度児童関連サービス調査研究等事業報告書，財団法人こども未来財団（平成20年2月），2008
[3] 酒井朗，横井紘子，『保幼小連携の原理と実践』，ミネルヴァ書房，2011
[4] 小泉左江子，「第12章　小学校などとの連携」，藤永保監修，『障害児保育』，萌文書林，pp.186-197，2012

子どもと家庭（家庭教育）(1)
——家庭教育の意義と課題

●**家庭教育とは**　家庭教育とは，父母やその他の保護者が家庭で行う教育のことをいう．家庭には家族と呼ばれる人々が生活しており，それぞれの家庭には異なった雰囲気がある．それはそこで生活する家族の関係のあり方や，時代的・文化的・経済的背景といった社会的条件の違いに代表されるものから生まれてくるものである．それゆえに家族における「子どもを養育する機能」としての家庭教育は，どの家庭ももつ重要な機能でありながら，その色合いは各家庭で異なる．子どもはこの家庭に誕生し，心身を発達させ，基本的人格の形成や基本的生活習慣を取得し，やがては自立の時を迎えて巣立っていく．この家庭教育は，学校教育のように年齢的な区切りをもって教育をしていくのではなく，自立までのおよそ20年間継続していくゆえに子どもの人格形成に大きな影響を与える．また，家庭教育の特徴として，教育として意図的に行われる場合と，「親の背中を見て育つ」という表現に代表されるように，家族が自然に日常生活を行う中で子どもに伝わっていく無意図的な場合がある．家庭教育においては，むしろ後者の無意図的なもののもつ影響が大きい．

●**改正教育基本法と家庭教育**　家庭教育が学校教育，社会教育と並んで，わが国の教育の基本を定めた改正教育基本法に条を設けられたのは平成18年のことである．その第十条において「父母その他の保護者は，子の教育について第一義的責任を有するものであって，生活のために必要な習慣を身に付けさせるとともに，自立心を育成し，心身の調和のとれた発達を図るように努めるものとする．2　国及び地方公共団体は，家庭教育の自主性を尊重しつつ，保護者に対する学習の機会及び情報の提供その他の家庭教育を支援するために必要な施策を講ずるよう努めなければならない．」という家庭教育に関する文言が置かれた．それまでは家庭教育が法律に規定されたことはなかったが，国があえてそこに踏み込み，その支援をも射程に入れていることから，わが国においては家庭教育にかなり差し迫った危機が訪れていることが読み取れる．家庭教育の色合いはそれぞれの家庭で異なるといっては済まされない状況が顕在化しているといえる．

●**家庭教育の現状**　家庭教育に対する支援の取り組みの歴史は長く，昭和30年代からの家庭教育学級に始まる．その後，核家族化の進行，共働き世帯の増加，ひとり親家庭の増加，さらにはそのひとり親家庭の相対貧困率がOECD加盟国の中でも高いことなど，時代が下るにつれて子育て家庭を取り巻く状況が厳しさを増している．また少子化の影響も無視できない．さらに加えて以前からいわれている子育て家庭の孤立化の問題も解決されてはいない．いずれにしても過去の

ように「家庭で自然にしていれば子どもは自然に育つ」時代ではなくなったことだけははっきりしているといえよう．子育て家庭の家庭教育の努力だけではいかんともし難い社会の状況があるのである．

●**子どもの育ちと格差**　現代の子どもには社会性や人間関係力，自立心の育ちが弱い現状がある．学校基本調査（平成26年，文部科学省）によれば，小学生の276人に1人，中学生の37人に1人が不登校であり，特に中学生においては20年前の2倍となっている．またニートや引きこもりなど，社会との関係の弱い若者が増えている（平成22年，内閣府「引きこもりに関する実態調査」）．

　また，これらの原因を家庭教育のみに帰するような社会の風潮もある．しかし，それぞれの家庭がそのことに手をこまねいていたわけではない．グローバル化，少子高齢化など，変化の激しい社会にあっても，子どもたちがそこを生き抜けるだけの力をもたせようと努力を重ねている家庭も多い．その一方で，経済的なことをはじめとするさまざまなストレスを抱えている家庭も多く，家庭教育にまで手が回らない家庭があることも事実である．つまり，この20年の間に家庭教育が二極化し，格差が生じていることが垣間みえる．家庭教育に力を入れることのできる家庭は，家庭教育だけでは保障できない遊びの体験や自然体験などを意図的に子どもに経験させることができる一方，さまざまな理由でそれができない家庭もある．この現実に子どもの間に格差が生じる懸念を否定できない．

●**家庭教育と家庭教育支援**　現代では家庭教育を家庭だけで担って全うしていくことが難しくなっている．家庭教育の責任を家庭のみに帰すると，そこで育つ子どもたちに個性を通り越した格差が生じることが懸念されるということも新たな現代的課題として浮上してきた．そのような中，改正された教育基本法は家庭教育の自主性を尊重しつつも，国および地方公共団体等が保護者に対しての学習の機会，情報の提供等，支援のための施策を講じることを規定している．これは家庭教育が家庭の中で完結するものではなく，地域や学校等と相互協力しながら，子どもたちの健やかな育ちにとって必要な取り組みを実践していく方向性を示唆しているといえよう．

　個々の親の家庭教育に対する努力を尊重しつつ，その親の主体的な学びや育ちをいかに支えていくかということが家庭教育支援の課題となる．親を支えることは，その親の元で育つ子どもの育ちを支えていくことにもなるからである．また，主体的な学びを支援された親は，次には支援する側に回る可能性をはらんでいる．この循環が機能することで，地域に開かれた家庭となり，子どももまた地域や社会に開かれるであろう．

［入江礼子］

📖 引用・参考文献

[1]　文部科学省,「家庭教育支援の推進に関する検討委員会報告書」, 平成24年3月

子どもと家庭（家庭教育）(2)
——現代の家庭生活と子ども

　現代の家庭をめぐる生活環境については第2章に詳しい．その状況を概観すると，現代は子どもたちが健やかに育つには厳しい状況であることがわかる．国もこのような状況を見逃すことはできず，「家庭はすべての教育の出発点」として社会が家庭を応援するというスタンスで家庭教育支援に力を入れている．社会における価値観が多様化する中，子育て世代家庭の意識も変化の度を増し，就労をはじめとするライフスタイルもさまざまな様相を呈している．ここでは，そうした中で家庭生活と子どもについて具体的にみていく．

●乳幼児期の子どもの家庭生活・子どもの居場所　平成26年の厚労省の統計によれば，3歳未満児においては1歳児の11.4%，また2, 3歳児の子どもの35.1%が日中保育所等に預けられている．年齢が低ければ低いほどフルタイムの母親の割合が高く，預けられる時間も長時間となることも多い．一方，この年代の子育て家庭では，昼間の育児を一人で担っている母親が多数を占める．その親たちは最近では児童館，子育て支援センターなどひろば型の育児支援の場を利用して，孤独な密室育児を免れることもできるようになってきている．ところで，この時期に保育所等の集団保育を経験した子どもと，主に家庭で養育されている子どもの生活習慣の自立等については，排泄の自立についても，身の回りの片づけ等についても若干の違いがある．これらについては保育所に通っている子どもの方が個人差はあるものの全体に早いといえる．ただし，ここで興味深いことは，保育所で自分の身の回りことがよくできても，家庭では「しない」という意思を示す子どもが多いことである．この年齢の子どもたちも周りの状況はよく読める．子どもなりに保育所と家庭が違う場であることをよく知っているといえよう．

　次に就学前の3〜5歳児をみると，保育所に通っている子どもが44.5%，幼稚園が52.5%となっている（厚労省・文科省による平成26年の統計調査による）．この年代になるとほとんどの子どもが幼稚園・保育所等の集団保育施設に通っていることがわかる．また，近年では，保育所に通う子どもが増加傾向にあり，幼稚園に通う子どもが漸減傾向になっている．いずれにしてもこの年代になると，日中の生活の大半を幼稚園・保育所等の集団保育施設で過ごしている．降園後の生活は，自宅あるいは友人の家での遊びが多い．水泳などの習い事・お稽古事に通い始めるのもこの時期である．しかし，最近ではプレイパークと呼ばれる指導員の置かれた冒険遊び場も少しずつ広がりをみせている．特に都会でそのような遊び場ができると，この地域にこんなにたくさんの子どもがいたのかと思うほど，子どもや親子で溢れるようになる．子どものもつエネルギーを考えるとき，この

ような場がますます増えることが望まれる．

●**学童期の家庭生活・子どもの居場所** 子どもたちの起床・就寝・睡眠時間の乱れが問題となっていたが，平成18年に始まった文科省の「早寝早起き朝ごはん」運動の全国的展開の影響もあったためか，少しずつその傾向が改善されている．また食事の時間を楽しいと思う子どもたちの割合は少しずつではあるが増加傾向にある一方，テレビを見ながら食べる「ながら食べ」は微減傾向にある．そういった生活リズムは整う方向に向かっているともいえる．それでは子どもたちは放課後，どこで過ごしているのだろうか．2009年度版「全国家庭児童調査結果の概要」からみてみると，「自分の家」「友だちの家」「公園や広場」が性別・地域ともに多くなっている．しかしながら大都市をみると「学校の教室」「学校の運動場」さらには「児童館や図書館などの公共施設」が多くなっていることが目につく．これは大都市の狭い住宅事情や，共働き家庭の増加などで学童保育に登録している子どもも多いため，学校や児童館といった施設で過ごすことが多くなっていると考えられる．ここでの問題点は，学校には運動場が必ず用意されているが，児童館には庭のないところも多いことである．小学生という動きのエネルギーにあふれた年代の子どもたちが「外遊び」をできない状況の中で放課後を過ごす大変さが大都市にはある．既存の公園をプレイパークに替えていくなど，小学生が力いっぱい知力と体力を使える場を保障していく施策が求められる．

●**思春期の家庭生活・子どもの居場所** 中高生は，放課後に部活に参加していることが多い．その参加割合は8割を超えるという現状は以前と変わらない傾向である．その活動時間をみると，1～3時間程度が最も多くなっている．中高生の放課後の居場所をみると「自分の家」「友だちの家」「公園や広場」などの比率が低くなり，代わって「書店やコンビニ」「ゲームセンターやカラオケ店」「ファストフード店やファミリーレストラン」「デパートなどがある繁華街」の比率が高くなる．また，大都市に限ると「ファストフード店やファミリーレストラン」が4割近くに達している．これを性差でみていくと傾向に違いのあることがわかる．男子で多いのが「自分の家」「友だちの家」である．一方，女子は「コンビニ・スーパーなどの近くの店」「ゲームセンターやカラオケ店」「ファストフード店やファミリーレストラン」「デパートなどがある繁華街」などの割合が高くなっている．

ところで普段の生活の中でどのようなことを行っているのだろうか．「漫画や雑誌を読む」「テレビのニュース番組を見る」は7～8割になっているが，最近では，これらに代わって，携帯・スマートフォンなどが中高生の生活に入り込み，インターネットを通じて情報を得たり，友人などとつながったりすることも増えてきている．

［入江礼子］

子どもと家庭（家庭教育）(3)
——習い事・お稽古事

●**習い事ランキングのいろいろ**　日本の子どもたちはどのような習い事をして，どのように育っているのだろうか．おもちゃメーカーのバンダイが行ったアンケート調査[1]では，子どもがしている習い事は，1位水泳19.1％，2位ピアノ18％，3位学習塾16.5％だった．幼児では習い事をしていない割合は5割前後だが，1，2割が水泳に通い始め，小学生になると男子は水泳などの体育系，女子はピアノなどの音楽系の習い事の比重が高くなる．この水泳・ピアノが，幼児から小学校低学年の習い事の主流である傾向はベネッセなどの調査でも明らかであり，別の調査では就学前に81％の幼児が習い事を経験していたとも報告されている．また，住田ら[2]によると，習い事は水泳のほか学習塾・通信教育が多く，習い事をしていない人が始めさせてみたいものは①水泳，②ピアノ，③習字となっており，若干のずれがあることが報告されている．

習い事は，子どもの可能性を広げたいとの思いから，親が意識的に選択していることが多い．英会話教室に通わせているAさんは「英語好きになってほしい．英語が苦手だと違う国に行きたくても行けないから．世界で羽ばたくかどうかはわかりませんけど」と語り，自分から英語を勉強する

写真1　ピアノ教室の一場面

表1　日本の子どもの習い事上位10位

1位	水泳	19.1％
2位	ピアノ	18.0％
3位	学習塾	16.5％
4位	英会話	11.3％
5位	習字	10.5％
6位	サッカー	8.4％
7位	その他	6.1％
8位	そろばん	5.0％
9位	体操・新体操	3.3％
10位	ダンス	3.0％

[バンダイ，「子どもの習い事に関する意識調査結果」子どもアンケートレポート，Vol.215，2014 より抜粋]

きっかけになってくれればと期待を寄せる[3]．親は「将来困らないように」「自分がやりたかった」などさまざまな理由から，親自身の価値判断で選んでいる．最初のうちは，子どもの意思を尊重し無理はさせないつもりであったのが，小学校1年生で「水曜日はスイミング，木曜は英語，金曜はそろばんとピアノ」というように4つの習い事に通っている場合もある．「そんなつもりはぜんぜんないんですけど，一つ一つこれいいよねってさせてたら，意外と教育ママみたいですね」と発言するBさん．時間的経済的エネルギーを費やしているうちに，いつのまにか子どもより熱心にのめりこんでいく母親たちの姿が透けて見える．

●**大人の価値判断に素直に順応する子どもたち**　子ども時代に机にしがみつかせて勉強させることが得策ではないことに親は気づき始めている．そのため，心と身体をバランスよく育てるため習い事に熱心になるのだが，その熱心さがアダとなり，大人の要求に過剰適応気味に反応する子どもが育ってしまう危険性がある．子どもは小さい頃から，多くの大人のまなざしを受けて生活している．家庭の中の子ども数も減少し，公園にも群れて遊ぶ子どもの姿は少ない．ギャング・エイジと呼ばれる児童期中期に仲間と秘密基地づくりをしたような，かつての日本の異年齢集団はもはや見られず，事件や事故に巻き込まれないよう親の保護下で子どもは遊ぶ．自分の価値判断ではなく大人の価値判断によって行動することが当たり前になり，ルールがないところでは不安になる子どもたち．日本体育大学の調査では，「すぐに疲れたという子ども」の数は保育所で 68.7％，幼稚園で 72.9％（『子どものからだの調査』2005）と多い．

　特に気になるのは，過度に叱咤激励して頑張らせすぎた場合である．前日の疲れがとれず園で朝からぐったりしている子ども，週にいくつも習い事に通い疲れ切ってしまっている子ども，親に反発するエネルギーもなく間違えないようにうまくやろうとして緊張状態が続き，「燃え尽き症候群」になる子もいる．聞き分けがよく「おりこうね」と褒められようとする一方で，自分に自信がもてず，自分の将来に対して楽観的な見通しがもてない子どもの姿も指摘されている．

●**子どもに必要な豊かな体験とは**　習い事・お稽古事が子どもの可能性を広げ豊かに生きる方法の一つになりうるためには，子ども自身が自分にとって意味がある活動だと理解でき，やるかやらないかも含めて常に選択できるようにされていることである．ただし，選択できるようにしているからといって，子どもに必要な体験の優先順位を間違えてはいけない．大事なのは，毎日の食事を美味しいねと家族と共感しながら食べること，自然豊かな環境の中で友だちとのびのびと遊ぶこと，そしてありのままの自分が受け止められているという実感をもてることなどである．これらを奪い取ることなしに毎日をより楽しめるようにすることこそが，子どもには必要なのではないだろうか．　　　　　　　　　　　　［齋藤政子］

📖 引用・参考文献
[1]　バンダイ，「子どもの習い事に関する意識調査結果」，子どもアンケートレポート，Vol. 215，2014
[2]　住田正樹ほか，「保護者の保育ニーズに関する研究―選択される幼児教育・保育―」．放送大学研究年報，30 号，pp.25-30，2012
[3]　片桐真弓，「家庭教育の現在と母親たち」，尚絅大学研究紀要，人文科学篇，45 号，pp.1-20，2013
[4]　子どものからだと心連絡会議編集，「子どものからだと心白書 2007」，p.107，2007

集団保育・教育（1）
──保育の基本としての遊びと保育内容

　幼稚園や保育所などで，保育時間の多くを占めるのは遊びである．幼稚園教育要領や保育所保育指針，教育・保育要領においても，基本的重視事項として（1）幼児にふさわしい生活の展開，（2）遊びを通しての総合的な指導，（3）一人ひとりの発達の特性に応じた指導が挙げられ，遊びは幼児教育における主要な教育手段として活用されている．

　遊びは子どもを自由にすることにより，自発的な行動を促進し，それに指導を加えることによって総合的な発達を促すものである．遊びが教育手段として有効なのは，幼児期は人としての生活行動の基盤を習得する時期であること，また自我が芽生え，自発性や自律性の獲得の時期でもあることによる．しかし同時に，それらの個人差や発達差の大きい時期であり，効率よく一斉教授方式で教育をすることは，困難であるばかりか不適切であるという幼児期の発達的特性に合わせたものである．フレーベルも，世界最初の幼稚園において遊びを主要な教育方法として用いている．

　また一方で，遊びは子どもだけではなく，成人にとっても労働や生活と同様に生きていく上で不可欠な行動様式である．これら3つは生きることの内容であり，そのまま教育内容にもなる．幼児教育において，遊びは主要な教育方法とみなされているが，教育内容と考えることもできる．

●**遊びのもつ発達的な機能**　遊びは，人が身の回りの環境に関わっていくときの一つの方法である．何か他の目的のために行われる行動ではなく，その行動の楽しさやおもしろさを求めて行われるものである．遊びのもつ発達的な機能として，一般には次の3つが挙げられる．第1に，その時に獲得しているあるいはしつつある身体機能をフルに使おうとすることから，結果的に身体の発達を促す機能をもっている．第2に，遊びの中でさまざまな知識を動員し，思考をめぐらして行動することにより，知的発達を促すものともなる．最後に遊びは多くの場合複数の子どもで行われるものであり，その中でさまざまな感情を体験し，豊かな人間関係を経験する場となり，対人関係能力も発達する．しかしこれらはよく考えると，遊びだけがもつ機能ではなく，日常の生活や労働においても同様に獲得できるものである．

●**教育内容としての遊び**　労働や生活に比べて，遊びが幼児期の教育手段として重要な点は，以下の3つである．

　第1に，生活行動や労働とは異なり，遊びの行動原理がおもしろさや楽しさ・好奇心などであり，最終的に自己充実を目的としていることである．その原理に

従って行動することにより，子どもは周囲の世界を肯定的に受け止めることができ，自己を取り巻く環境や自己に対する基本的信頼を得ることができる．

第2に，遊びの特性である自由・自発・自己目的という原理によって，子どもは能動性を発動できる．この能動性は，世界への関わり方の基本態度であり，他者が外から教えることは困難で，自ら環境に関わることで獲得するしかない．能動性は自己意識や自己概念の主要な内容でもある．それに磨きをかけ，発達させていくことができる．

第3に，遊びを楽しくおもしろく発展させていくためにも，肯定的・共感的な人間関係を求めて行動することになる．遊びにおける多様な人間関係は，他者との相互性や共生を志向し，他者と自己に対する信頼感を得ることができる．全般に，労働や生活行動においても人は発達するが，その社会や文化に適応するという大きな目的に規定されているので，遊びとは別の性格をもっている．

●**保育者の役割**　保育者の役割は，何かを教えるために子どもを遊ばせるという短期的な効果を求めるというより，遊びの特性を理解し，子どもが自発的に十分に遊び込める環境を準備し，その中で子どもが出会う事柄を豊かにしていくことである．また保育者が，子どもが体験している感情や感覚などを共に受け止めることによって，子どもは自分の体験の意味を理解できる．さらに，子どもの能動性を支えることや子ども同士の多様な関わりを援助することを通して，子どもが自己を形成していくことを支えることができる．そのための方法としても，遊びは強制する必要がない上に，自由で自発的な行動であるので，その子どもの心身の状態を最もよく反映し，保育者の「その子理解」の起点となる．遊びを認めることは，子どもがその時々に自分にもっともふさわしいやり方で世界に関わることを認めることである．

現代生活の中で失われがちな身体性や生命性，他者との具体的なつながりを体験できる行動として，遊びは人の発達に欠かせないものであり，生涯継続して行っていくものである．　　　　　　　　　　　　　　　　　　　［友定啓子］

📖 **引用・参考文献**

[1]　岡本夏木,『幼児期』, 岩波書店, 2005

集団保育・教育（2）――幼稚園教育要領，保育所保育指針，幼保連携型認定こども園教育・保育要領

　標題の三者は，幼稚園，保育所，幼保連携型認定こども園の教育や保育の拠り所となるものであり，それぞれに特色を有する．一方で，就学前の子どもを対象としていることから共通事項も多い．ここではそれぞれの法的根拠や構成等について解説し，全体の章立てについて表1を付す．

● 幼稚園教育要領
① 幼稚園教育要領の法的根拠
・学校教育法〔教育課程〕第25条―「幼稚園の教育課程その他の保育内容に関する事項は，第22条及び第23条の規定に従い，文部科学大臣が定める．」
・学校教育法施行規則〔教育課程〕第38条―「幼稚園の教育課程その他の保育内容については，この章に定めるもののほか，教育課程その他の保育内容の基準として文部科学大臣が別に公示する幼稚園教育要領によるものとする．」

が法的根拠として挙げられる．幼稚園は，学校教育法〔学校の範囲〕第1条に，学校として規定されており，小学校や中学校等と同じく文部科学省が管轄する学校である．そのため学校教育法には関連する法律がほかにもいくつか挙げられる．〔幼稚園の教育目的〕第22条「幼稚園は，義務教育及びその後の教育の基礎を培うものとして，幼児を保育し，幼児の健やかな成長のために適当な環境を与えて，その心身の発達を助長することを目的とする」を始めとして，他に，〔幼稚園の教育目標〕第23条，〔特別支援学級〕第81条等がある．

② 幼稚園教育要領の構成
　昭和31年に制定され，その後，昭和39年，平成元年・10年・20年にそれぞれ改訂され現在に至っている．第1章では，幼児期における教育が生涯にわたる人格形成の基礎を培う重要なものであるとし，幼稚園の目的を達成するために，幼児期の特性を踏まえ，環境を通して行うことを基本とするとしている．第2章では，幼稚園修了までに育つことが期待される心情，意欲，態度を「ねらい」とし，ねらいを達成するために指導する事項を「内容」として，幼児の発達の側面から「健康」「人間関係」「環境」「言葉」「表現」の5つの領域にまとめ，示している．

● 保育所保育指針
① 保育所保育指針の法的根拠
・児童福祉法最低基準〔保育の内容〕第35条―「保育所における保育は，養護及び教育を一体的に行うことをその特性とし，その内容については，厚生労働大臣が定める指針に従う．」

が根拠として挙げられる．保育所は，児童福祉法の第7条に規定される児童福祉施設で，厚生労働省が管轄する．同じく児童福祉法の第39条には，「保育所は，日日保護者の委託を受けて，保育に欠けるその乳児または幼児を保育することを目的とする施設とする．」と保育所の目的が明記される．「保育所保育指針」は，目的を達成し，併せて幼児期の教育も一体的に行うものとなっている．

②保育所保育指針の構成

　昭和40年に制定され，その後平成2年・11年・20年にそれぞれ改定されている．平成11年までは局長通知であったが，平成20年には厚生労働大臣による告示となり，各保育所が遵守し，保育の質を向上させるために内容の大綱化を図ったものとなった．第2章では子どもの発達，第3章1（1）では養護に関わるねらい及び内容が記述される．同（2）教育に関わるねらい及び内容は，5領域「健康」「人間関係」「環境」「言葉」「表現」から述べており，「幼稚園教育要領」に準じたものとなっている．

●**幼保連携型認定こども園教育・保育要領**　幼保連携型認定こども園は平成26年4月，内閣総理大臣・文部科学大臣・厚生労働大臣によって告示され，平成27年度に施行される．教育と保育を一体的に提供することを目的に，これまでの所謂認定こども園（平成18年制定：就学前の子どもに関する教育，保育等の総合的な提供の推進に関する法律）を前進させた形で整備されたものとなっている．

表1　「幼稚園教育要領」「保育所保育指針」「幼保連携型認定こども園教育・保育要領」の構成

	幼稚園教育要領	保育所保育指針	幼保連携型認定こども園 教育・保育要領
第1章	総則	総則	総則
第2章	ねらい及び内容	子どもの発達	ねらい及び内容並びに配慮事項
第3章	指導計画及教育課程に係る教育時間の終了後に行う教育活動などの留意事項	保育の内容	指導計画作成に当たっての配慮すべき事項
第4章	—	保育の計画及び評価	—
第5章	—	健康及び安全	—
第6章	—	保護者に対する支援	—
第7章	—	職員の資質向上	—

［酒井幸子］

集団保育・教育（3）
——保育所の生活と保育内容

保育所は産休明けの2か月前後の赤ちゃんから就学前の幼児が生活する児童福祉施設である．児童福祉法第39条の規定に基づき，「保育に欠ける子どもの保育を行い，

写真1
0歳児クラスでは，午前の睡眠から目覚め，ミルクも飲んでご機嫌の赤ちゃんたちが保育士とお散歩やわらべうた遊びを楽しんでいる．今日は，うつ伏せで顔を見合わせながら，おもちゃを振ったり顔を見合わせて笑いあったり…あ，いいものみ〜つけた

その健全な心身の発達を図ること」（保育所保育指針第1章）を目的としており，「子どもの最善の利益を考慮し，その福祉を積極的に増進することに最もふさわしい生活の場」でなければならないとされている（写真1）．保育の内容に関わる基本原則は，厚生労働省の告示する保育所保育指針（以下，「指針」と省略）に明記されている．

●**保育所と幼稚園の共通点**　保育所保育の特性は，子ども一人ひとりの状況や発達を踏まえて「養護」と「教育」を一体的に行うことである．そのため，まず重要なのは十分に養護の行き届いた環境で生命の保持や情緒の安定を図ることや，心身の健康の基礎を培うことであるが，人に対する愛情と信頼感，人権を大切にする心，自主，自立や協調の態度，自然や社会の事象に対する豊かな心情や思考力，言葉の豊かさ，豊かな感性や表現力，創造性の芽生えなどを育てることも，保育所保育の目標とされている．単なる託児所ではなく「乳幼児期の教育と養護」（Early Childhood Education and Care，略称 ECEC）のための施設として，幼稚園や認定こども園と同様その役割を期待されているのである．また，この役割は，すでに1963年に出された文部省初等局長と厚生省児童局長の連名通知以降，明確にされている．保育所保育指針と幼稚園教育要領とが関連した内容となるきっかけとなったこの通知は，幼稚園と保育所の機能の違いを明確にしたというだけでなく，保育所が教育施設でもあることをはっきりさせたという点で重要であった．保育所保育が乳幼児にとって意味のあるものになるよう，創意工夫を凝らしながら保育者たちがその内容と方法を自主作成してきた努力が下地となっていることはいうまでもない．

●**保育所での乳幼児の生活**　乳幼児の保育所の全生活は，大きくは「生活」「遊び」「課業」に分けられると考えられる．「生活」は，子どもの生命や健康を守り，発展させていく活動であり，子どもが基本的生活に能動的に取り組みそれを自分のものにしていく中で，人間独自の生活文化を獲得し，人間的自由さを拡大してい

写真2 「ひとりで着れるよ」（着脱に挑戦する2歳児）　写真3 「年長さんが育てたお芋大きくなったよ」（近くの畑で芋掘り大会）

く，保育の基礎となる活動である．例えば写真2の2歳児のように，着脱活動は，服の前後・左右・上下・裏表を理解して，自分がもっている諸能力を駆使しながら課題に取り組んでいく活動であり，人間的自由を拡げていく活動ともいえる．保育者は，傍らで，子どもの意欲を引き出すよう温かく関わり，この活動を支えているのである．また，「遊び」は，子どもが発達に応じて楽しみ，おもしろさを追求していく活動であり，子ども自身の自主的・自発的な活動である．子どもはおもしろさゆえに自分のもっている力を十二分に出して遊びに熱中し，その過程で種々の力を拡げ，結果としてその諸能力を育てていく．5歳児のA君は，リズム遊びが終わった後「先生，遊んできていい？」と聞きに来た．たっぷり遊んだつもりだった先生は驚いたという．A君にとってはリズム遊びは「遊び」ではなかったのである．しかし，だからといって「リズム遊び」が意味のないものだとはいえない．保育者自身にきちんとした「ねらい」と方法論があれば，むしろ「課業」という側面の強い遊びなのだともいえる．「課業」とは，人類が築いていきた科学や芸術，スポーツなどの文化遺産を乳幼児に系統的に伝える活動であり，絵本や紙芝居，わらべうた遊び，音楽・描画・造形活動もこれに入る．早く何かができるように沢山の知識や技能を身につけさせることではなく，より豊かな人生を健康的によりよく生きていくために系統的に育てていく取り組みである．

　このような生活を豊かな体験として乳幼児に保障していくために，各保育所は「保育計画」を作成している．発達課題を明確にし，保育に見通しをもつために入園から卒園までの保育の大綱を示したもので，具体的な指導計画では，夏祭りやプール遊び，運動会，芋掘り（写真3），遠足などさまざまな行事や取り組みが工夫されている．

〔齋藤政子〕

集団保育・教育（4）
――幼稚園の生活と保育内容

　幼稚園は，幼児期にふさわしい幼児の生活を実現することを通して，幼児一人ひとりの発達を実現していく場である．そのためには，家庭や地域と十分に連携を図りながら，幼稚園でこそ得られる経験を実現できるようにしていくことが必要である．幼稚園教育は「環境を通して行う教育」であるといわれる．「環境を通して行う教育」とは，教育内容に基づいた計画的な環境をつくり出し，幼児が主体的にその環境に関わり展開していく遊びや生活を通して幼児の発達を促していく教育である．「環境を通して行う教育」の中で，幼児の中に育まれていくものと援助のポイントについて以下にまとめる．

●一人ひとりが存在感を発揮する　入園当初，初めての集団生活に戸惑い，幼児は不安に包まれている．手にした遊具，座り込んだ場所，つないだ保育者の手を頼りに，ようやくその場にとどまることができるというような状況である．保育者が，一人ひとりの幼児に向き合い，どのような在り方もかけがえのないものとして受け止める援助を重ねる中で，幼児は次第に自分が安心できる場を見つけ，安心できる友だちや保育者を支えにしながら，自分らしく動き始めるようになっていく．

　幼児期は，一人ひとりの家庭環境や生活経験の違いによって，興味や関心，事物への関わり方に大きな違いがある時期である．このように違う一人ひとりが出会うことによって，刺激し合い，育ち合うことが期待される．そのために，保育者がそれぞれの在り方や関わり方を受け止め認めていくことが必要なのである．同時に，保育者は幼児一人ひとりの発達の特性を理解し，その特性やその幼児が抱えている発達課題に応じた指導をすることも大切である．

●遊びや生活において能動性を発揮する　能動性とは，自分で選んで自分で行おうとする意欲を引き出すものであり，本来誰もが生まれながらにもっているものである．幼児期は，生活の中で自分の興味や欲求に基づいた多様な体験を通して，人格形成の基礎となる心情や意欲，態度が培われていく時期であり，そのために能動性が発揮できるようにしていくことが大切だと考える．

　能動性が発揮される生活を創っていくためには，幼児の心を揺り動かし多様な体験ができる環境が必要である．四季折々変化する自然環境との出会いは，幼児の心を揺さぶりさまざまな感動を与える．手を加えることでさまざまに変化する可塑性に富んだ素材や道具との関わりは，探究力や思考力の基盤になっていく．園内や園外の環境を見直し，豊かな関わりの場にしていく取り組みが必要である．

　幼児の能動的な動きは，保育者の援助の影響を大きく受ける．幼児の思いつき

や行動は，時に保育者の予想を超える．その時に大人の常識で判断せず，幼児が実現しようとしていることを支えていく援助を重ねていくと，幼児は伸びやかに活動を展開していく．意欲的に活動を展開していくようになるのである．

●**多様な人と関わり相互性を実感する**　人として互いに調整し合う経験を重ねる中で身についていくのが，相互性である．少子化，核家族化が進み，孤立した子育て環境の中で育つ幼児が多くなる中で，多様な人との関わりを通して相互性を実感することは，就学前教育の重要な課題となっている．人と関わる力の基礎には，自分が保護者や周囲の人々に温かく見守られているという安心感や安定感がある．安心感や安定感が支えとなり，幼児は少しずつ人との関わりを広げていく．このように幼児自身の中に，人と関わろうとする意欲が芽生えていくことが大切であり，そのためには幼児自らが関わろうとする動きをじっくり待つ必要がある．

　幼児は幼稚園生活において同年齢や異年齢の幼児と触れ合う中で，自分の感情や意志を表現し，相手の思いや気持ちにも気づいていく．共に活動する楽しさを味わうとともに，ときには互いの思いの違いからぶつかり合う体験もするようになる．これらの体験を重ねながら相互性を実感していくのであろう．

●**多様な体験を通して体と心で感じ取る**　幼児は，実際に見たり触れたり味わったりすることを通して世界を理解していく．直接的で具体的な体験は幼児の体と心に深く残り，生涯にわたる学びの基盤になっていく．レイチェル・カーソン[1]が，『「知る」ことは「感じる」ことの半分も重要ではない』といっているように，「知識」へと急いで導くのではなく，体験を通して幼児自身がさまざまに「感じる」ことを十分に保障していくようにしたい．そのためには保育者自身も体験を共有し，体と心で感じ取る時間を味わっていくとが必要だと思われる．

　多様な体験は大切であるが，それは幼児に次々に活動を提供するという意味ではない．幼児が自分で考え，判断し，行動することを通して生きる力の基礎を見につけていくためには，活動を精選することも必要になってくる．大切なのは，体験の質である．心を動かされる体験が幼児自身の中に深く残ると，それが次の活動の動機づけになっていく．一つひとつの体験が相互に関連性をもち体験が深まっていくように，生活の自然な流れに配慮しながら保育をデザインすることで，保育の質が高まっていくのである．

[宮里暁美]

📖 引用・参考文献

[1]　レイチェル・カーソン著，上遠恵子訳『センス・オブ・ワンダー』，新潮社，1996

集団保育・教育（5）
――認定こども園で展開される生活

　2006（平成 18）年に認定こども園制度が創設されて 8 年が経過した 2014（平成 26）年，幼保連携型認定こども園教育・保育要領が告示された．2015（平成 27）年からは幼保連携型認定こども園が新たに整備され法的位置づけがなされた（詳しくは本章「認定こども園の創設」）．ここに至るまでの約 10 年，地域の実情に応じて 4 つのタイプの認定こども園が生まれている．しかし，幼稚園，保育所に次ぐ第三の保育施設となる認定こども園に関してはさまざまな生みの苦しみを伴う試行錯誤の 10 年であったともいえる．法的整備がなされた現在も，子どもたちにとってより良い保育施設であろうとする努力が続けられている．ここでは，比較的早い時期にこども園として歩み始めた A 園の例を挙げよう．

●A こども園の事例（長時間保育と短時間保育）　この園では，0，1，2 歳児の生活は保育所保育における生活と変わらない．しかし，3 歳児以上になると，利用の状況によって子どもたちは「長時間保育」と「短時間保育」という 2 つのグループに分けられる．園の開園時間は 7:30〜19:30 までの 12 時間．長時間保育の子どもたちの在園最大時間は 12 時間である．一方，短時間の子どもたちは 9:00〜14:00 の 5 時間在園である．この 5 時間は幼稚園教育要領に基づく教育時間となっている．3 歳児以上の保育においては保育所と幼稚園が合体しながら走っているということになる．では保育者はどのような連携体制をとっているのだろうか．早朝保育と延長保育の各 1 時間を除いた正規の時間内では，保育士と幼稚園教諭がチームを組んで保育を行っている．長時間保育の担任は保育士資格保持者であり，短時間保育の担任は幼稚園免許保持者である．8:30 から 17:00 の早番担当は長・短担任各 1 名があたり，10:00 からはこれに長時間保育の遅番担当が加わって 18:30 まで保育を行う．ここに必要に応じて非常勤職員が加わる．A 園の場合，3 歳児という年齢を考えると，15 人 1 クラスを目指したいと保育者たちは考えているが，施設的・人員的な限界もあり，3 歳児クラスの人数は 30 人となっている．4，5 歳児は 35 人となっている．

〈0〜2 歳児と 3〜5 歳児〉　0〜2 歳児は，基本的には保育所の生活と変わらないことは前にも述べた．解決しなければならない問題を多く抱えているのが 3 歳児以上のクラスである．こども園という性格上，長時間保育，短時間保育の担任保育者を各 1 名は確保する必要がある．A 園の場合はこの人員確保が難しいこともあって，きめの細かい保育を目指すために 2 クラスで保育を行いたいという保育者の願いは現時点ではかなえられていない．

〈保育文化差の中での保育者間の連携〉　保育所においても，幼稚園においても，

保育者間の連携は外すことのできない課題である．特に保育所保育においては，0～2歳児クラスにおいては複数担任が基本となっている．そこでの連携についてはさまざまな知見も積み重ねられている．一方，幼稚園においても多くは一人担任を基本としながらも，特に3歳児クラスにおいては複数で担任することが最近では主流になってきている．これについても子どもに資する連携について知見が積み重ねられつつある．しかしながら，こども園における保育者間の連携ということになると現在のところ，一つの大きな壁がある．それは「保育文化の違い」である．保育の内容については幼稚園教育要領と保育所保育指針は齟齬のないように吟味されてはいる．しかし，130年あまりの歴史を積み重ねてきた幼稚園と保育所は，この間にそれぞれ独自の「保育文化」を築き上げてきている．それはこども園が創設されるまでは顕在化していなかった．ところが，幼稚園教諭と保育士が同じ場で保育を始めた時，それぞれの保育で大切にしていること，つまり保育観に微妙な違いがあり，それが日常の子どもたちとの関わり，あるいは保育者間の関わりにおいて壁として立ちはだかり始めたのである．

例を挙げると，保育士は「気持ちへの寄り添い」「安心できる環境」「子どもとの信頼関係」などを大切にし，幼稚園教諭は「子どもの主体性」「子どもの発達を促す環境」「人との関わりを通してさまざまなことを経験すること」などを大切にしていることが研究知見から知られている．この微妙に異なる保育観を土台とした保育文化の中で育った両者は，なかなか互いのこの文化差を認めることができないでいるのが，この10年の多くのこども園の現状である．この壁は職場に緊張を生む．

〈未来に向かって──「子ども」という原点に戻って──〉　A園はこの緊張や壁があるからこそ，毎年毎年保育を進化させ続けてきている．前年と同じということはなく，「子どもにとっては何が大切か」ということに戻りながら保育士・幼稚園教諭の立場を越えて話し合ってきている．お互いに自分たちの方が正しいという思いを越えて「今，目の前の子どもたちとって」という原点に戻る努力を重ねている．また最近では初めての職場がこども園である若い保育者も増えてきている．彼・彼女らは先輩たちの連携についての苦労や努力を感じつつ，また多くの痛みを伴った取り組みがあったことを知りつつ，壁を取り去る新たな道を切り開き始めている．

これから増加が見込まれるこども園であるが，保育所文化，幼稚園文化を越えて，さらにその上で「今の子どもたち」という原点に常に立ち返りつつ保育の進化を求められているといえよう．　　　　　　　　　　　　　　　　　［入江礼子］

📖 引用・参考文献
[1] 小原，ほか，「保育者の保育観に関する研究──保育経験年数，保育所・幼稚園の違いに着目して──」，保育士養成研究，第31号，pp.57-66，2013

豊かな育ちを保障する環境づくり（1）
——保育ニーズの多様化

　保育ニーズというと保育所や幼稚園，認定こども園での保育を思い浮かべるかもしれないが，保育ニーズは保護者の就労支援だけではない．写真1は親子が遊んでいる様子だが，場所は子育て支援センターのひろばである．このようなひろばは，主として家庭で育つ3歳未満の子どもと保護者が遊びに来るところであり，これも保育ニーズへの対応である．

写真1　子育て支援センター（福島県南会津郡下郷町）
[画像提供：下郷町役場]

　保育ニーズを捉える視点としては，子どものニーズ，保護者のニーズがある．

●**子どものニーズ**　児童憲章に「児童は人として尊ばれる．児童は社会の一員として重んぜられる．児童は良い環境の中で育てられる．すべての児童は心身ともに健やかに生まれ，育てられ，その生活を保障される」と書かれているように，一人ひとりの子どもが，豊かな経験を通して健やかに幸せに成長するという子どものニーズがある．このニーズが守られることが大前提であり，子ども一人ひとりの個別のニーズに対応し，育ちへの支援が必要である．また障がいをもつ子どもには，それぞれ特別のニーズがある．

　人々の移動がグローバル化し，日本でもさまざまな国籍の子どもが暮らしている．保育・教育は，生活や文化を基盤として展開されるものであり，子どもと保護者のよりどころとなる自国の生活や文化が尊重されるようにというニーズもある．

●**保護者のニーズ**　この子どものニーズを保証するために，社会的・家庭的環境から保護者の多様なニーズが生じてくる．

　就労等により子どもの養育ができない保護者にとって，就労している間，代わりに養育を行って欲しいというニーズが生じる．社会構造の変化により，保護者の働き方は多様になっている．平日の日中だけでなく，休日や夜間に仕事をしなくてはならない保護者もいる．就業時間も長時間から短時間までさまざまであり，それぞれのニーズがある．また保育を必要とする保護者は，就労している人だけではない．仕事を探している人，勉学中の保護者，介護をしている人，妊娠や出産，災害の復旧にあたっている人などその理由は多岐にわたる．

　経済状況が厳しい社会では，雇用者の労働時間が長時間になり，正規の保育時

間後に子どもを預かる延長保育へのニーズもある．また子どもが病気の時に仕事を休みたいと思っても休めず，核家族でまわりに助けてくれる人のいない保護者にとっては，病気の子どもを預かってくれる病児保育や治る過程にあるが集団保育は無理な子どもを預かる病後児保育のニーズもある．

　保護者が就労を続ける場合には，乳幼児期だけでなく学童期においても，学校が終わってから保護者が帰宅するまでの時間をどのように過ごすかが問題であり，学童保育等へのニーズも高い．

　しかし，保護者が必要としているからといって，そのニーズにすべて応えればよいのではない．あくまでも子どもが健やかに幸せに成長することができることを一番に考えなくてはならない．そのために保護者が子育ても仕事もワーク・ライフ・バランス（生活と仕事の調和）の取れる社会の実現が求められる．

　保護者の保育へのニーズは，主として家庭で子どもを育てる場合にも生じる．地域社会の人々のつながりが薄れ，世代間の子育ての伝承もなくなり，保護者自身の成育歴において子どもと触れ合った経験が全くなく親になる人も増加し，家庭と地域の教育力の低下がいわれている．

　地域社会とのつながりがなく，どのように子育てをしたらよいかわからないまま親になった人は，孤独に不安を抱えながら子育てをしている．このような状況で子育てをしている保護者は，自分が病気になった時や疲れがたまって子育てができなくなった時など，緊急の場合に一時的に子どもを預かってもらう一時保育を必要としている．また，子どもが遊べ，子育て中の他の保護者と出会える場，保育士がいて子育てについて相談できるひろばなどの支援を求めている．

　保護者のニーズには，当事者が自覚していない潜在的ニーズもある．虐待が発生している場合など，保護者が保育の必要性を自覚していなくても，子どもが幸せで健やかな育ちが保障されない状況においては，社会が子どものニーズを把握し保育へつなげる必要がある．　　　　　　　　　　　　　　　［榎田二三子］

豊かな育ちを保障する環境づくり（2）
——子育て支援システム

●**少子化対策と「子育て支援」** 図1に示したように，日本では1990年代から国レベルでの「子育て支援」施策が本格的に実施されてきた．初期の特徴は，少子化対策として保育サービスを拡大させること，特に女性の仕事と子育ての両立を支援していくことがその中心的課題であった．しかし，問題として働いている親に支援が偏り，「すべての子育て家庭」への支援につながらず，保育サービスを充実させれば少子化が改善するという取り組みの限界が示されたといえる．

●**次世代育成支援としての「子育て支援」** その後，次世代を担う子どもの健全な育ちへの支援，すべての子育て家庭が子育てに伴う喜びを実感するため，社会全体で子育てを支援していく理念を掲げた「次世代育成支援対策推進法」（2003（平成15）年）が制定された．さらに次世代育成，新たな少子化対策を推進する具体的実施計画として，「子ども・子育て応援プラン」（2005（平成17）年～2009（平成21）年）がまとめられた．このプランの重点課題は，①若者の自立とたくましい子どもの育ち，②仕事と家庭の両立支援と働き方の見直し，③生命の大切さ，家庭の役割等についての理解，④子育ての新たな支え合いと連帯であった．

●**子ども・子育て支援新制度** 新たな次世代育成支援のための包括的・一元的な制度の構築を目指して，2012（平成24）年に「子ども・子育て支援法」および関連法案が成立した．これら子ども・子育て関連三法に基づく新たな子ども・子育て支援制度では，「保護者が子育てについての第一義的責任を有する」という基本的な認識のもとに，幼児期の学校教育・保育，地域の子ども・子育て支援を総合的に推進することが規定されている．具体的には，①認定こども園，幼稚園，保育所を通じた共通の給付（「施設型給付」）および小規模保育等への給付（「地域型保育給付」）の創設，②認定こども園制度の改善，③地域の実情に応じた子ども・子育て支援の充実を図ることとされている．なお，これらの施策は2015（平成27）年4月から市町村が実施主体となり，地域の実情等に応じた子ども・子育て支援等の給付・事業を計画的に実施していくこととなった．

●**今後の子育て支援** 一連の施策の流れを見ると，少子化対策としての子育て支援から，生活と仕事と子育ての調和が目指され，子育てを社会全体で担うことへと施策が展開している．今後の子育て支援に求められることは，子どもの幸せを第1に考え，その実現のために子どもと親と地域が人間関係のネットワークを結び，地域のさまざまな子育て資源を活用しながら，子どもの共育（共に育てる・育ち合う）を進めることであるといえる．

［小原敏郎］

7. 子どもと保育・教育　ゆたかなそだちをほしょうする
かんきょうづくり (2)

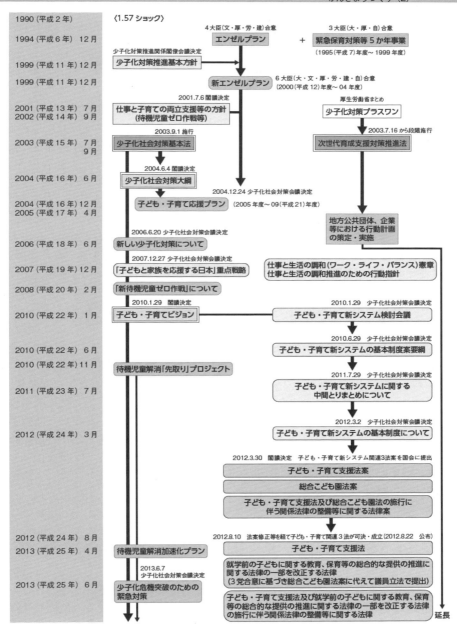

図1　少子化・子育て支援対策のこれまでの取り組み
［出典：内閣府，「平成26年度少子化社会対策白書」p.38］

豊かな育ちを保障する環境づくり（3）
――子どもを中心にしたネットワークの構築

●**今日的課題と保育・教育の現場から**　今日は少子化，核家族化が進み，子どもが直接触れ合える人やもの，自然との関係世界は縮小し，健やかな成長に必要な多様な経験をする機会が失われている．子どもの豊かな育ちを保障する保育・教育を実現するための，ネットワークの構築が大きな課題となっている．

　ネットワークの構築について保育・教育が行われる場（保育所，幼稚園，認定こども園など）においてはどのように示されているのであろうか．その要領，指針からは，「幼児一人一人の活動の場面に応じて，様々な役割を果たし，その活動を豊かにすること」「幼稚園全体の教師による協力体制をつくりながら，一人一人の幼児が興味や欲求を十分に満足させるような適切な援助をおこなうこと」「保護者が，共に幼児を育てるという意識が高まるようにすること」「地域における幼児期の教育のセンターとしての役割を果たすこと」（幼稚園教育要領，2008），「入所する子どもの保護者に対する支援及び地域の子育て家庭に対する支援を行う役割を担うもの」「地域の子育ての拠点としての機能」「特別支援学校などの障害のある子どもとの活動を共にする機会を設けるよう配慮すること」「小学校の教師との意見や合同の研究の機会を設けたり，連携を通じた質の向上を図ること」（保育所保育指針，2008，幼保連携型認定こども園　教育・保育要領，2014）とあり，園，保育者，教師による，ネットワークづくりの重要性，その役割の果たし方が示唆されているものと考える．また国では，2007年から開始された地域子育て支援事業により，「地域の子育て中の親子の交流促進や育児相談等を実施し，子育ての孤立感，負担感の解消を図り，全ての子育て家庭を地域で支える取組の拡充を図ってきた」が，さらに2013年には，従来の子育て支援拠点のひろば型，センター型を一般型に，児童館型を連携型に再編し，「利用者支援」・「地域支援」を行う「地域機能強化型」を創設し，多様化する地域や利用者のニーズに基づく機能強化を推進している．

●**子ども時代を豊かに**　それでは，乳幼児から青少年までの時期の子どもの保育・教育の中で，子ども中心のネットワークづくりはどのような考え方，方法で進めていけばよいのだろうか．①子どもの健やかな成長，権利が保障されること，②子どもは著しく関係的存在であることが配慮され，周囲の人，ものとの関わりの調整，発展が測られること，③子ども期は人格の形成が大きく行われる時期であるので，生涯の発達に配慮し，その基礎が豊かに育まれ援助されること，④子どもは家庭，幼稚園，保育所，学校，施設，地域などで日々生活を送っており，各々の場で子どもの確かな自己実現，相互のやりとりが促され，肯定的な配慮をもと

に信頼関係が築かれていくこと，⑤子どもをめぐる今日的な社会，環境を考慮し，子ども期に必要な，生活体験（基本的な生活習慣の確立，自然やさまざまな環境，文化との触れ合い），関係体験（家族，仲間，保育・教育者，地域の人々との関わり），役割体験（いろいろな状況の中で子ども期に必要なさまざまな役割を取る体験）が積まれること，などが挙げられる．

●ネットワークの構築とシステム　子どもの発達的，関係的特性からは，子どもの自己の育ちと周囲との関係，すなわち人間関係，物との関係を捉え，その関わり合いが三者関係的に発展していく方向で，ネットワークを構築していくことが重要である．特に幼少期にある子どもほど，その中核に親密な信頼できる人間関係があることが重要である．さらに，効果的なネットワークの構築には複数の人が共に関わり，共存，発展していく機能，システムが必要である．複数の人とは障がいのある子ども，異なる文化をもつ子どもも含むすべての子どもを中心として，家族，保育者，教員，職員はもとより，地域のさまざまな人材，高齢者，ボランティアなどの連携，開かれたネットワークづくりが望まれる．一人ひとりが大切にされ，さらには集団全体も共に育ち合う関係が展開できること，集団を運営する指導者のチームワーク，協働が大切である．すなわち，個人と集団と地域社会との相即的発展を促すチームの機能である．ネットワークづくりには，その力動的な機能（働き）が理解され，共に育ち合えるようなチームワーク，役割の連担が重要である．そのことを認識し，具体的に活動し，経過，成果を共有できるようにする．チームワーク機能とは方向性機能，内容性機能，関係性機能がある．方向性機能とは，活動全体の方向性を明確化し，個人と集団の関係の統合，発展を図る機能，内容性機能は参加する子どもの自発性，主体性を大切に，その内容を具体的に充実，実現していく機能，関係性機能とは，子ども一人ひとりの自己と人，物，課題との関係を発展する機能である．例えば，子どもの発達に悩む親の訴えから，現在の親と子どものニーズ，関係状況を把握し，①支援の方針（目的）（方向性機能），②具体的活動の場（環境），内容，形態（内容性機能）の設定，③子どもの自己，人，ものとの関係性，発達への援助（関係性機能）などがチームで実現されていくことが望まれる．子どもの問題が複雑化している現状から，専門家（医師，保育士，教員，臨床心理士，弁護士，子育てサークル代表等）との連携が必須である．虐待問題など，緊急を要する問題も少なくない．専門的知見が必要な問題にいつでも対応できるようにしたい．

［吉川晴美］

　引用・参考文献
[1]　吉川晴美編著，『共に育つ―人間探究の児童学―』，宣協社，2010
[2]　武藤安子，吉川晴美，松永あけみ編著，『家庭支援の保育学』，建帛社，2010
[3]　松村康平，斎藤緑，『人間関係学』，関係学研究所，1991
[4]　厚生労働省，「地域子育て支援事業」，2007，2013

学校を取り巻く現代的な課題

●**学力の量と質を問い続けて**　「小中の学力　底上げ進む」（朝日新聞 2014 年 8 月 26 日）という記事が 1 面トップにでた．文部科学省が子どもたちの学力状況を把握するために 2007 年度から毎年実施している全国学力・学習状況調査（小学 6 年生，中学 3 年生全員対象．一般的に「全国学力テスト」という）の結果に基づくニュースである．

写真 1　話し合い授業（5 年生）

　そもそも学力とは，生涯にわたる人間生活の基礎をなす学ぶ力のことである．日本では学校教育法（昭和 22 年法律第 26 号）で「学力」の語が使用され，狭義には学校教育（幼稚園・初等・中等・高等教育）によって習得した能力を指す．広義には学校に依らずとも身につけた「経験から学ぶ力」であり，人間生活の質は「学力」を駆使することによって変容する．重要なことは，学力をどう捉えるか（学力観）が教育の在り方を決める，という点である．

　日本の学校教育では各学校段階の教育課程の基準として学習指導要領（幼稚園では幼稚園教育要領）を文部科学省が告示する．そこには学習指導の目的（why なぜ行うのか）や目標（what 何を行うのか）が示され，学力調査はそれらに基づいて身についた学力を測定する．ただし意欲や自律，主体性や公共性など見えにくい学力の質をはかるのは困難である．一方，全国学力テストの体力版として全国体力・運動能力，運動習慣等調査が（一般的に「全国体力テスト」「全国運動テスト」）2008 年度より全国小学 5 年生，中学 2 年生全員対象で行われている．

　学習指導要領は学校教育法施行規則の規定を根拠に，小学校，中学校，中等教育学校，高等学校，特別支援学校の各学校が各教科等で教える内容を定めたもので，その時代の社会情勢を反映して 1947（昭和 22）年から約 10 年ごとに改定されてきた．学校をめぐるさまざまな出来事や議論，学力問題や国際関係，その解釈の仕方などにより学習指導要領の内容や重点課題は変化してきている．

　2008（平成 20）年に告示され，平成 23 年には戦後 8 度目の改定が行われている．そこでは 1977（昭和 52）年の告示以来，減り続けてきた授業時間が約 30 年ぶりに増加し，小学校の授業時間は 278 コマ増えて 5,675 コマとなり自治体によって土曜授業も可能となった．さらに小学 5, 6 年生に英語を中心とする「外国語活動」

が創設された.

　かつて小学校では，1992（平成4）年に1・2年生の理科・社会科をなくし生活科を導入したり，2002（平成14）年には3年生以上に「総合的な学習の時間」を創設するなど，急激な社会の変化に自ら対応できる心豊かな人間，個性を大切にいかす教育を目指す「新学力観」が提起された．しかし教科内容を削減する「ゆとり教育」には成果とともに批判もあり，現行では教科（国語，算数，理科，社会，体育）の総授業時間が増加し総合的な学習の時間が減った．文部科学省は新しい学習指導要領で，「生きる力」を育むために基礎的な知識・技能の習得と思考力・判断力・表現力の育成を強調する．

　ただし，教育改革の最前線に立つのは現場の教師たちである．教師が同僚と協働して授業と学校を自ら「学びの共同体」として改善していく必要がある．このような日本の「授業研究」は，その成果が世界的に注目されている．

●**教育格差**　子どもが生まれ育つ環境によって受けられる教育に差が生じることを教育格差といい，現代日本では「学力格差」と「教育機会格差」に課題がある．経済的富裕家庭では塾や家庭教師にテストで測ることのできる学力アップを委ね家庭内文化財（絵本や図鑑や芸術）も潤沢に揃えられるが，災害や失業などにより教育費を捻出できない家庭（4人世帯で年収250万円以下の貧困率は15.7%，「平成22年　国民生活基礎調査の概況」）が，この25年間に増え続けている．全国の自治体のうち，子ども・若者の貧困対策専門部署のあるところは2.4%である（平成25年1月全国調査）．子どもの貧困は義務教育課程での学力不振や不登校につながるおそれがある．格差の負のスパイラルを断ち切る教育・社会政策が求められる．

●**情報リテラシー**　近年，小中学生の携帯電話やスマートフォン，タブレットなど情報端末の使用経験が急速に増えており，「音声通話可能な携帯コンピュータ」を各自が持つ社会の到来を予感させる．子どもたちがブログやLINEで遊ぶコミュニケーションの姿を目にして時代の変化に驚く大人も多いのではないだろうか．

　文部科学省は「情報活用の実践力」「情報の科学的理解」「情報社会に参画する態度」の3要素を情報活用能力として提唱し，「総合的な学習の時間」には「情報」も扱う．小・中学校国語教科書には「ニュース番組を作ろう」などの内容が入り，情報をクリティカル（批判的）に読み取りかつ発信する能力を育成しようとする．しかし，インターネットの普及により児童期から大量の情報に晒される機会も多く，情報処理や理解の未熟さからいじめの温床になる事件も発生しており，情報リテラシー教育の新たな課題が問われている．　　　　　　　　　［浅川陽子］

📖 引用・参考文献
[1]　全国学力調査（全国学力・学習状況調査等）
　　　http://www.mext.go.jp/a_menu/shotou/gakuryoku-chousa/
[2]　全国体力・運動能力，運動習慣等調査
　　　http://www.mext.go.jp/a_menu/sports/kodomo/zencyo/1266482.htm

学童保育

　学童保育は，小学校に就学している児童であって，その保護者が労働等により昼間家庭にいないものに，授業の終了後に児童厚生施設等の施設を利用して，適切な遊びや生活の場を与えて，その健全な育成を図る事業をいう（児童福祉法第6条の3第2項）．これは，核家族化が進行する中，日中に保護者が就労により昼間家庭にいない子どもや，疾病，介護等により昼間家庭での養育ができない子ども（保護者以外の同居家族がいない状況も含む）を対象として，小学校から帰った後の放課後や，長期休暇（春休み・夏休み・冬休み）等の学校休業日に，その時間・期間において適切な遊びや生活の場を提供し，子どもの放課後の遊び・生活を支援し，子どもの健全育成を図ることを目的とする事業である．

写真1　夏休みの行事（はらだ児童クラブ：富士市）

　学童保育の呼び方は，地域や自治体によって異なり，「学童クラブ」「児童クラブ」「学童保育所」「留守家庭児童会(室)」「児童育成会(室)」「子どもクラブ」「児童ホーム」などさまざまである．なお，国（厚生労働省）の資料には，学童保育を必要とする児童を「放課後児童」，学童保育のことを「放課後児童クラブ」と記されている．なお，法律上の正式名称は「放課後児童健全育成事業」で，厚生労働省が所管する．設置状況は，全国21,482か所で登録児童数889,205人である（平成25年5月1日現在，厚生労働省雇用均等・児童家庭局育成環境課調べ）．また，運営主体別数は公営8,472か所，民間13,010か所となっている．

●「小1の壁」と運営基準　「小1の壁」とは，就労・疾病・介護等，母子・父子家庭等の理由で，保護者が子どもの小学校入学を機に仕事と育児の両立が困難になること，延長保育制度がある保育所に対して学童保育は終了時間が早いことや，保護者会・授業参観など平日の行事が増えることなどが原因で，働き方の変更を見直す必要に迫られる仕事と子育ての両立に関わる問題のことをいう．このような問題から，放課後児童クラブの量と質を確保する観点として，子ども・子育て関連3法による児童福祉法の改正により，省令で定める基準を踏まえ，市町村が条例で基準を定めることになり，平成26年4月に「放課後児童健全育成事業の設備及び運営に関する基準」（以下：運営基準）を策定・公布した．主な基準としては，第5条 支援の目的（市町村が参酌すべき基準）「支援は，留守家庭児童につき，家庭，地域等との連携の下，発達段階に応じた主体的な遊びや生活

が可能となるよう，児童の自主性，社会性及び創造性の向上，基本的な生活習慣の確立等を図り，もって当該児童の健全な育成を図ることを目的として行わなければならない」とし，第10条　児童の集団の規模（市町村が参酌すべき基準）では，一の支援の単位を構成する児童の数（集団の規模）は，おおむね40人以下とした．開所日数と開所時間は，第18条で，原則1年につき250日以上，土・日・長期休業期間等（小学校の授業の休業日）は，原則1日につき8時間以上，平日（小学校授業の休業日以外の日）は，原則1日につき3時間以上（その地方における保護者の労働時間，授業の終了時刻等を考慮して事業を行う者が定める）とした．

●**学童保育を行う職員の資格**　学童保育を行う職員の資格要件は設置者（自治体・事業者）によって異なるが，平成19年10月，厚生労働省よりだされた放課後児童クラブガイドラインでは，「放課後児童クラブには，放課後児童指導員を配置すること．放課後児童指導員は，児童福祉施設最低基準（昭和23年12月29日厚生省令第63号）第38条に規定する児童の遊びを指導する者の資格を有する（保育士，社会福祉士，教員免許等）者が望ましい」とある．また，設置者が，（大学において，心理・教育・社会・芸術・体育のいずれかに関する学部・学科・専攻を卒業し）認めた者等である．また，運営基準において，職員の資格要件は，施行の日（平成26年4月1日）から平成32年3月31日までの間に放課後児童指導員の資格要件を満たすこととされている．

●**今後の学童保育の動き**　「小1の壁」を打破するとともに，次代を担う人材を育成するため，すべての児童が放課後等を安全・安心に過ごし，多様な体験・活動を行うことができるよう，文部科学省と厚生労働省が協力し，一体型を中心とした放課後児童健全育成事業および地域住民等の参画を得て，放課後等にすべての児童を対象として学習や体験・交流活動などを行う事業（以下「放課後子ども教室」という）の計画的な整備等を進める．「放課後子ども教室」とは，教育委員会と福祉部局が連携を図り，すべての子どもを対象とし，地域の人びとの参画を図り，勉強やスポーツ・文化活動等を行う取り組みである．また，「放課後児童クラブ」はまさに生活の場であり，毎日一定時間の開設が必須で，さらに夏季休業期間中も開設していることが必須である．こうした両事業の特性に配慮した連携が必要とされている．

［伊藤陽一］

📖 引用・参考文献
[1] 厚生労働省，「放課後児童健全育成事業（放課後児童クラブ）について」，放課後子ども総合プランに関する自治体担当者会議（資料4）
[2] 全国学童保育連絡協議会，「学童保育情報2014-2015」，全国学童保育連絡協議会，2014

Chapter 8

子どもと遊び

遊ぶことの意味──子どもはなぜ遊ぶのか？ ── 192
遊びの学術的意味 ── 194
遊びの歴史的変遷 ── 196
遊びの分類 ── 198
遊びの種類 ── 200
遊びの発達と学習
　(1) 乳児 ── 202
　(2) 幼児 ── 204
　(3) 児童 ── 206
遊びと時間 ── 208
遊びと空間 ── 212
遊びと仲間
　(1) 異年代 ── 214
　(2) 同年代 ── 216
遊びと生活 ── 218
遊びと文化 ── 220

遊ぶことの意味──子どもはなぜ遊ぶのか？

●**遊びとは何か**　「遊び」は一般に，余暇活動などのように労働の対極にある活動であり，とるに足りないものと考えられている．そのため「遊び」という言葉を耳にすると，非生産的であり，余暇時間を過ごすための活動や，物事に真剣に向かい合わない活動をイメージすることが多いであろう．

　しかし実際には，そのように単純なものではない．例えば，我々は労働中であっても，その活動に楽しさや喜びを見出し，その活動そのものを自らの意志で進んで行うときがある．このようにして行った活動は，労働でありつつも「労働」を超えた何か，つまり「遊び」の部分をもつといっても異論はあるまい．さらにこのような場合，その「遊び」を通して我々は物事に真摯に向き合い，結果的には何らかのものを生産しているといえる．また，基本的に労働者ではない子どもに対して「遊び」という言葉を多用することを考えれば，「遊び」を労働と対立する概念としてのみ説明することの不十分さがわかるであろう．

　そもそも「遊び」とは何かと考えるとき，それを一言で表現するのは大変難しい．それは，「遊び」がさまざまな意味を包括しており，その対象が誰であり，どのような場面においてであるかなどによって，多様な広がりを持つ語であることに由来していると考えられる．

●**子どもにとっての「遊び」とは**　では，子どもにとって「遊び」とは何か．乳児期の子どもが，自らの手や足を弄ったり，見つめたり，時に口に入れている．ある幼児期の子どもは，砂場の砂に絶妙に水を加えながら，ひたすらに泥団子を丸め，砂場の縁に一つずつ丁寧に並べている．また別の幼児期の子どもが，お気に入りのアニメの主題歌を大声で歌いながら，ミュージカルさながらのダンスを踊っている．これらの活動に共通するのは，第1に，その姿が非常に真剣で集中力に富み，その活動そのものを目的としている点である．これらの活動は何かを生み出す，またはその活動を通して何かを得るために行われているとは考え難く，ただその活動を行うこと自体を目的としていると考えられる．第2に，これらの活動は誰かに強制されたものではなく，子どもたち自身が自ら選択し，活動している点である．ときに養育者や保育者，友だちとの関わりの中で影響を受けることはあるものの，子どもは自分でその活動を選択して行っている．さらに第3として，これらの活動を子どもたちがそれぞれ楽しんでいるであろうと考えられる点である．労働とは異なり何らかの制約がない活動において，やりたくないことをし続ける理由は見当たらない．「遊び」が継続されるのは，その活動が楽しいと感じているからだと考えるのが自然であろう．

以上のことから，子どもにとっての遊びとは，次のように考えることができる．すなわち，「そのことそのものを目的として自主的・自発的に行われる，楽しいと思ってなされる活動」である．逆に，例えば，何か褒美を得るためになされる活動や，自らの意思とは関わりなく他者から促されて行われる活動，自身が楽しいと思えないままに展開する活動は，たとえ「遊びの時間」といわれる枠組みの中で行われている活動であっても，それは「遊び」とはいえない．

●「遊んでいる」という意識　子どもは自分がやりたいと思う活動を楽しみながら行っており，それを「遊び」という．では，「遊び」をしている，つまり，自分自身が「遊んでいる」という意識を子どもたちはもっているのだろうか．これについてはさまざまな研究者が説明している．例えば，Piaget (1945)[1] は自らの娘を観察する中で，1歳3か月12日時点において，布を枕に見立て，それを吸いながら眠るふりをしたという事例を挙げている．これをなぜ，「眠るふり」とPiagetが捉えたのか．それはこのふりと思しき行為の際に，その幼児が「何度も瞬きをし，笑った」からである．つまり，「これは遊びですよ (This is play)」という合図を幼児は送っていたために，Piagetはその行為を「眠るふり」と理解することができたのである．このような合図をメタ・メッセージといい，このメッセージが表出され，それを他者が受け入れることで，そのやりとりは「遊び」の中にあることが互いに了解される．Bateson (1955)[2] はメタ・メッセージの「発信―受信」によって成立するメタ・コミュニケーションの存在と構造を動物園での子ザルの相互交渉を通して明らかにしている．

●子どもはなぜ遊ぶのか？　以上のように，子どもは「遊んでいる」という意識をもちつつ，自らの思いのままに自由に楽しい活動を行う．なぜ，子どもが遊ぶのか？については，これもさまざまな学説があり（項目「遊びの学術的意味」参照），一元的に説明することは難しい．しかし事実として，子どもは「遊ぶ」のである．そして，その遊びを通してさまざまなことを体験し，結果的にさまざまなことを獲得していく．それは，一見すると「遊び」にはみえない日々の生活の中にも多く存在している．それこそ子どもにとっての「遊び」であり，私たちが考えている以上に多様なことが子どもにとっての「遊び」となりうるのである．

［吉澤千夏］

📖 引用・参考文献

[1] Piaget, J., La formation du symbole chez l' enfant: imitation, jeu et rêve, image et représentation, Delachaux et Niestlé, Neuchâtel; Paris, 1945
[2] Bateson, G., *Steps to an Ecology of Mind*, Harper and Row, 1972（佐藤良明訳，『精神の生態学』，思索社，1990）

遊びの学術的意味

●**古典・近代の遊び理論**　進化論の影響を受けて，さまざまな理論が提唱されてきた．シラー（Schiller, J. C. F. von.）およびスペンサー（Spencer, H.）は，遊びは生存に必要とする以上に余ったエネルギーの存在によって引き起こされるという「剰余エネルギー説」を唱えた．グロース（Groos, K.）は，遊びは将来の生活準備をするために，生まれつき不完全な本能を不断の練習によって練り上げる活動であるという「練習（準備）説」を唱えた．ホール（Hall, G. S.）は，種としての発展の歴史をその成長期に繰り返し経験するという「反復説」を唱えた．他にも，遊びにエネルギーの再生をもたらす役割を与えた，パトリック（Patrick, G. T. W.）の「気晴らし説」，ラツァルス（Lazarus. M.）や，サポラとミッチェル（Sapora, A. V., & Mitchell, E. D.）の「レクリエーション説」などがある．

近代の遊びの理論として，フロイト（Freud, S.）やエリクソン（Erikson, E. H.）は，子どもの遊びを快楽の追求であるとみなし，非常に不快な経験を遊びの中で再び繰り返すことによって，心理的葛藤を克服し，適応が保たれると考えた（「精神分析説」）．その後，アンナ・フロイト（Freud, A.）らは，子どもたちが内的な世界を表現するための場として遊びを利用する遊戯療法（プレイセラピー）を考え出した．ピアジェ（Piaget, J.）は，外界へ自己のシェマ（schema：枠組み）を適応し，新たな対象を取り入れる同化のはたらきと，外界に応じて既存のシェマを変化させていく調節のはたらきとの両方のはたらきからなる均衡化の過程によって認知の発達が進むと考えた．遊びは，子どもの知的能力の発達によって引き起こされ，同化が優位な活動であると捉えた．ヴィゴツキー（Vygotsky, L. S.）は，子どもが与えられた課題を個人で解決することができる領域と，その領域に近接し，大人からの援助によって解決できる領域があることを指摘した．この領域のことを「発達の最近接領域」とよんだ．子どもの遊びは，生活の中では満たすことのできない欲求や願望を，一般化された形で虚構場面の中で遂行するものであり，遊びは発達の最近接領域をつくり出すと考えた．

これらの理論は，遊びという活動のうちの限られた側面での説明でしかなく，また，遊びの研究対象が子どもに特定されていった（中野，1996）．

●**遊びの教育論**　フレーベル（Frobel, F.）は，遊びは幼児期の発達の最高段階を示しているといい，遊びを中心とした幼児教育施設（Kindergarten：幼稚園）を設立，独自の教育遊具（恩物）を考案した．モンテッソーリ（Montessori, M.）は，子どもの発達には敏感期があるとし，子どもの発達を助ける教具や玩具を考案した．遊びは，子どもの「望ましい」遊びに矮小化され，「遊びは子どもに価値の

ある行為であり，その子の将来に有用であるという遅延効果モデル」の無条件の肯定（プレイ・エースト）が確立された（Smith, 2010）．

しかし，子どもの遊びには，「望ましい」遊びだけでなく，おどけ，悪ふざけ，いたずらなど，大人が禁止したくなるようなものが多々含まれる（中野，1996）．

遊びは発達の「手段」ではない．遊びには，遊ぶことそのこと以外にはどのような目的もない．遊ぶことそのことが喜びであり，目的なのである（矢野，2005）．

ウッド（Wood, 2012）は，遊びの理解には「遊びでしている」ことと，「遊びが子どもにもたらす影響」との違いを知ることが重要だと論じている．

●**社会的遊び論** 遊びを外的な活動形態ではなく，主体のある心理状態や心的な態度として捉える考え方もある．アンリオ（Henriot, 1974）は，「遊びは何よりもまず，遊び手とその遊びとのあいだに存在する遊びによって成立する」と述べており，遊びは，行為者の主観的な態度だと論じている．

ベイトソン（Bateson, 1972）は，動物園の猿山で，子ザル同士の遊びの観察を通して，「遊び」には「これは遊びである」とのメタメッセージが不可欠であるとし，遊びのメタ・コミュニケーション理論を唱えた．

麻生（2010）は，「遊び」は「哺乳類の成体（親）が幼体（子）に示す態度」であり，「遊び」となるには，「これは遊びである」とのメッセージをかわす相手が必要で，子どもは，大人たちによって「遊ばれる」ことを学ぶことから，「遊ぶ」ことを学ぶと論じている．

●**遊びの情動論** 中野（2014）は，遊び（社会的遊び）の楽しさを生み出す脳神経学の研究（Vanderschuren, 2010）や，脳内での「遊びシステム」の発見（Panksepp, 2005）などから，「なぜ遊ぶか」の一つの答えに，遊びは「楽しいから」であり，「脳の中にそのように導く経路があるから」と説いている．また，サットン＝スミス（Suttoun-Smith, 1997）の「遊びの多様性モデル」やスピンカら（Spinka et al., 2001）の「遊びの不確実性トレーニング」という提案から，「遊びとは何か」の一つの答えに，遊びは自分の力で物事が可能だと信じられるもう一つの世界，「可能世界」での情動行動だと説いている．

このように，現在の遊び研究は，新たな展開を迎えている． ［中川　愛］

📖 引用・参考文献
[1] Ellis,M 著，森楙，大塚忠剛，田中亨胤訳，『人間はなぜ遊ぶのか』，黎明書房，2000
[2] 高橋たまき，中沢和子，森上史朗，『遊びの発達学－基本編－』，培風館，1996
[3] Henriot, J 著，佐藤信夫訳『遊び－遊ぶ主体の現象学へ』，白水社，2000
[4] 麻生武，「遊びと学び」，佐伯胖監修，『「学び」の認知科学辞典』，大修館書店，2010
[5] 中野茂，「遊び研究の展望」，小山高正，田中みどり，福田きよみ編，『遊びの保育発達学－遊び研究の今，そして未来に向けて』，川島書店，2014

遊びの歴史的変遷

　現代に生きるわたしたちは，遊びは子どもの発達のために重要であり，子どもはよく遊ぶべきだ，と言う．しかし，そのように遊びを発達的・教育的意義のあるものとして捉えるようになったのは，近代になってからである．

●**古代**　古代ギリシアやローマでは，大人は子どもの遊びに対して寛容であった．子どもは大人としての資質を欠いた存在であり，子どもを社会に役立つ責任ある市民に育てることが大人の仕事であったが，厳しすぎるしつけは警戒された．子どもが本来遊び好きであり，遊びへの欲求があることは広く認められていた．

●**中世・ルネサンス期**　キリスト教の影響が色濃い中世ヨーロッパにおいても，子どもを甘やかすことは警戒されるべきことであったが，遊びに対しては許容的であった．中世後期に編纂された百科事典には，幼児にはたくさんの遊び時間が必要であると示されている．中世においては，大人の世界と子どもの世界の区別はあまりなく，子どもは分別がつくようになると大人社会の中で仕事や活動をした．仕事をせずに怠惰でいることは罪深いことであった．遊ぶときは大人も子どもと一緒になって遊んだ．子どもは無垢で保護すべき存在であるとは考えられておらず，この時代の遊びは粗野で荒々しいものもあったであろう．玩具はそれまで家庭内の手作りであったが，15世紀にはドイツ南部で玩具産業が興っていた．玩具は大人も楽しむものであり，人形の家などが非常に精巧で優美に作られていた．16世紀の画家ブリューゲルは，数多くの当時の子どもの遊び（写真1）や，子どもが大人に混じって遊んでいる様子を作品に描いている．歌の中には，当時の大人によって歌われていた歌が，現在の子どもの歌として残っているものがある．

●**近代へ**　17世紀になると，次第に大人と子どもの遊びが区別されるようになり，子どもの遊びの捉え方は多様になる．プロテスタンティズムでは勤勉と自制心が重視され，遊びは人を勉学や職業訓練から遠ざける，罪深く無責任な行為と考えられた．大人の権威を保ちつつも穏健な教育観を唱え，アメリカを含め西洋社会に広く影響を与えた思想家ロックは，子どもを「白紙（タブラ・ラサ）のようだ」と考え，早期からの習慣形成と自制心の養成を重んじた．彼は，子どもの遊

写真1　ピーテル・ブリューゲル（父）『子供の遊び』［1560年，ウィーン美術史美術館所蔵，©Kunsthistorisches Museum Wien c/o DNPartcom］

びと気晴らしは，善良で有益な習慣が身につく方向に指導されるべきであり，さもなければ悪い習慣を持ち込むことになるだろうといっている．ロックはまた，学習を遊びのように見せかけて教えることを提案した．一方，ルソーは子どもを大人への準備段階ではなく，子どもそのものとして捉えようとした．彼は著書『エミール』（1762年）において，こう述べた．「子どもを愛するがいい．子どもの遊びを，楽しみを，その好ましい本能を，好意をもって見守るのだ．（中略）どうしてあなたがたは，あの純真な幼い者たちがたちまちに過ぎさる短いときを楽しむことを妨げ，彼らがむだに使うはずがない貴重な財産を使うのを妨げようとするのか．」彼のロマン主義的子ども観は，現在の子ども観や子どもの遊びの捉え方に影響を与えている．

●**日本において**　中世では大人も子どももよく遊んでいた．ところが近世に至る途上で，大人の遊びと子どもの遊びが分化していく．太田によると，大人が禁欲的になり，遊びを禁ずる態度が一般化する一方で，子どもの遊びは許容するという意識が生まれた．江戸時代の儒者・貝原益軒は，「小児のあそびをこのむは，つねの情なり．道に害なきわざならば，あながちにおさえかがめて，其気を屈せしむべからず」（『和俗童子訓』，1710年）と述べている．

●**19世紀以降**　19世紀になると，子どもの遊びの重要性が教育的観点から強調されるようになった．遊び活動を幼児教育に導入したフレーベルは，遊びは幼児の発達の最高の段階であると述べ，生活と認識と美をより豊かに育み，神的真理へ導く教育の手段として「恩物」と呼ばれる遊具を考案した．モンテッソーリも子どもの遊びの観察を踏まえ，独自の教具を用いる新たな幼児教育法を構想した．それらの教育法は教育的意図をもって子どもに操作的活動をさせるものであったが，自由な想像遊びはまだ子どもの発達において重視されていなかった．20世期に入ると，多くの教育者がそれまでの高度に構造化された遊び活動による教育から離れ，子どもの自発性や創造的表現に価値をおくようになった．日本においても，倉橋惣三が子どもの自発的な遊びを大切にする幼児教育思想を打ち出し，それは現在の幼児教育の礎となっている．

［細谷里香］

📖 引用・参考文献
[1] 太田素子，『近世の「家」と家族　子育てをめぐる社会史』，角川学芸出版，2011
[2] ヒュー・カニンガム著，北本正章訳，『概説子ども観の社会史 ヨーロッパとアメリカにみる教育・福祉・国家』，新曜社，2013

遊びの分類

　子どもにとって生活の大半を占める「遊び」をどのように分類して捉えていくことが可能であるか．著名な研究者による分類を見ていこう．

●**パーテン（Parten, M. B.）による分類**　特に集団保育の場では，社会性の発達によって分類したパーテンによる分類が用いられることが多い．順に①専念しない行動（とりとめのない動作・何もしない行動），②一人遊び（他者と関わることなく遊ぶ），③傍観遊び（他者に関心をもってながめる），④並行（平行）遊び（同じ場で同じようなことをして別々に遊ぶ），⑤連合遊び（他者と関わりながら一緒に遊ぶが役割分担はない），⑥協同遊び（共通の目的を叶えるため役割を分担して遊ぶ）といった他者と関わる視点から発達段階を表したものである．これに沿って保育の場での様子を以下に表してみる．

　②一人遊びの頃までは，子どもの関心の対象は，保護者や保育者といった養育者が中心である場合が多く，養育者の存在を感じながら遊んでいる時期である．養育者の応答的な関わりが，子どもの遊びへの関心と養育者との関係性を育む．2〜3歳頃には③傍観遊びや④並行遊びの段階がよくみられる．これは自分と同じような姿形をした子どもへの関心がでてきて，自分の中に吸収したり蓄積したりし，またそれを実行に移していこうとする段階である．このような様子は，少し上の年齢になっても，環境の変化や新たな遊びとの出合いの時にはしばしば見られる．④並行遊びでは同じ場に存在することを許し合うだけの関係性はできているので，物の貸し借りなど必要が生じて関わりが始まり，「一緒に」という気持ちへと結びついていく．⑤連合遊びの段階では，仲間と同じものを持ち，または身に着けることで仲間であることを確認している．一人が思いついた動きや言葉を皆が同じように行い，遊び仲間が居ることの喜びを感じている状態である．次第に皆が思いを出せるようになってくると衝突も多発する．ここでの自己発揮と他者理解が，4歳から5歳にかけて，遊びの中で育てるべき力であると考えたい．⑥協同遊びは鬼ごっこ等のルールに則って集団で行う比較的短時間のものから，子どもが自らの手でつくり出す砂場でのダム工事や，店ごっこ，遊園地ごっこなどの継続的な時間を保証することで目的達成が可能になるものも含まれる．子どもの興味関心に見合った環境構成が子どもの活動意欲を満たし，そこでの発見や工夫，試行錯誤を自己肯定感や有用感につなげていきたい．

●**ピアジェ（Piaget, J.）による分類**　ピアジェによる遊びの分類は児童期までを見通した遊びの分類であり，①感覚運動的遊び，②象徴遊び，③規則的遊びに分けられる．子どもの具体的な姿で説明していくと次のようになる．①感覚運動

的遊びは，授乳に慣れてきた乳児が乳首をもて遊ぶ，目がよく見えるようになってくると自分の手をなめる，手足の動きが活発になるとさまざまに動かしたり姿勢を変えたりしようとする，といった感覚機能や運動機能を使って遊ぶことを指している．歩けるようになってくると周りの人を真似て色々なことをしようとして模倣が始まる．②象徴遊びは幼児期の遊びの中心をなすごっこ遊びである．本物でなくてもそれと『見立てる』，無いけれど有る・違うけれどそう思うといった『つもりになる』遊び方で楽しむ．

　身近な家族を真似て家ごっこをしたり，テレビの登場人物の役になったりする遊びから，次第に社会に目が向き，店ごっこ，宅配便ごっこ，映画館ごっこなど，社会の機能を遊びの中に取り込み，それらしい言葉を使ったり動きをしたりする．5歳頃には，遊びに必要なものをつくり出したり，さまざまな道具や材料を扱えるようになるので，実物に近いものを求めて盛んに工夫する．③規則的遊びは戸外では鬼ごっこのような簡単なルールのある遊びから，次第に難しいルールも取り込んで，野球やサッカーを遊びとして行うようになる．本格的なスポーツとの違いは，居合わせたメンバーで理解し合えるルールを決め，可能な役を割り振って楽しむ点である．室内では，自分自身は登場せず人形に役を与えて操り，ドールハウスや街をつくり出し，状況や物語を設定してそれに則って楽しむ．抽象思考が進み，応用力が出てくる学童期の遊び方といえる．

●ビューラー（Bühler, K.）による分類　ビューラーが整理した子どもの興味に注目した分類では，①機能遊び（感覚遊び・運動遊び），②虚構遊び（想像的遊び・象徴的遊び），③受容遊び，④構成遊びに分けられる．①②は前述ピアジェの①②に相当すると考えられる．③受容遊びは絵本を見たり童話を聞いたり，テレビやアニメを見ることを指す．④構成遊びはブロックや製作のようにイメージしたものをつくり出す遊びを指す．

●カイヨワ（Caillois, R.）による分類　カイヨワは遊びを4つの要素に分類している．

　①アゴン（競争）運動やかけっこといった大人のスポーツにつながる遊び
　②アレア（偶然）じゃんけんやくじといった大人のギャンブルにつながる遊び
　③ミミクリ（模倣）ままごとや劇場ごっこといった大人の演劇につながる遊び
　④イリンクス（眩暈）ブランコ・メリーゴーランド等の大人のスキーや登山といった陶酔につながる遊び

と，個別の遊びの質的な違いに着目している．また，それらが大人の楽しみ方の質的な違いにつながることにまで言及している．　　　　　　　　　　［本山ひふみ］

遊びの種類

　遊びの種類は，遊ぶ子どもの状況から「戸外遊び」と「室内遊び」に大別できる．

●戸外遊び　まず，「戸外遊び」の中には，外の自然等の環境を利用するものとして"散歩"が挙げられる．子ども自身が歩かなくても，大人に抱かれたりベビーカーに乗ったりする状態であっても可能である．外気を取り込む，鳥の声や虫の音に耳を傾ける，植物などの季節変化を見る，働く車やポストや工事現場を見つけるなど，室内にはないさまざまな環境に触れることが可能であるので，安全や暑さ寒さに留意した上で，幼いうちから経験できることが望ましい．歩けるようになってくるとまずは公園内など車の来ない場所を利用して，次第に路地や歩道を使って，歩くこと自体を積み重ねていくが，子どもは大人と違って目的地まで最短で進もうとはせず，歩くこと自体が目的のいわば"遊び歩き"といえるような時間を楽しんでいることを知っておきたい．足取りが確かになってくると，そこにある段差や敷石の色分けや階段などに関心を寄せ，段から飛び降りたり，細い段を平均台のように渡ったり，色を選んで跳んだり，階段をじゃんけんで進んだりといった，そこにある環境を生かした"見立て遊び"も興味の対象となる．小石や水や砂や泥を使った見立て遊びでは，物質の特性・変化といった科学の目も養われる．

　さらに身体機能の発達に伴い，公園などの"固定遊具遊び"も可能となる．低い滑り台なら大人の管理の下，滑り面を腹ばいで上って滑り降りる遊びも可能であるが，階段の利用は運動機能の発達を待って慎重に進める必要がある．ジャングルジムなどの登っていく遊具は，登ることよりも降りることが難しいので，使い始めた頃は降りる際の補助が必要になる．こういった固定遊具は，子どもにとっては運動遊具であるだけでなく，"ごっこ遊び"の場ともなりうる．滑り台でのトンネルごっこやジェットコースターごっこ，ジャングルジムでの家ごっこや基地ごっこなどはよく見られる遊び方である．ごっこ遊びをしていても戸外である分，動きが活発になることはいうまでもない．

　また"ボール遊び"も戸外でするにふさわしい遊びである．1歳台では手からボールを放つこと自体を楽しんでいるので，大人が拾って返す，また子どもが放つといった具合に，子ども一人に大人一人ボール一つという関係で遊びが成立する．その後の運動諸機能，社会性の発達に伴って就学前には子ども集団でボール一つのドッジボールのような遊びが成立するのは著しい成長といえよう．その他，縄跳び，ゴム跳び，自転車などは特に学童期に好まれる戸外遊びである．

●室内遊び　次に「室内遊び」であるが,「既製の玩具を使った遊び」と「遊びに使うものをつくり出しての遊び」と「特にものを必要としない遊び」とに分けて考えることで,子どもが遊びを通して育つ姿を見ていくことができる.

「既製の玩具を使った遊び」には,乳児期ではガラガラ・おしゃぶりなどの育児玩具,絵本・アニメなどの視聴覚遊びも早くから興味をもつが,電子映像機器の長時間使用は避けたい.手指が器用に使えるようになってくると積み木,ブロックなどの構成遊び,模倣から役割分担ができるようになってくると人形・ぬいぐるみ・ままごとなどのごっこ遊び,ある程度のルールに則って楽しめるようになるとトランプ・電子ゲームなどのゲーム類が好まれる.室内で電子ゲームのやりすぎを注意された小学生が,公園に行ってベンチに横並びに座り電子ゲームをする光景には,大人が何らかの手を打っていく必要があろう.

「遊びに使うものをつくり出しての遊び」には,紙製のお面,箱製のロボット,段ボールの基地,不織布を使った衣装,描いた紙芝居,ペープサート(紙人形芝居),店ごっこで売る食品など,身近な材料を使って遊びに必要なものを生み出して遊ぶ遊びである.テープカッターからセロファンテープを切り取る,ボンドや糊をのばす,ハサミで紙を切る,指先で布ガムテープを切る,段ボールカッターで段ボールを切るといった道具や用具,さまざまな材料を扱う器用さが育って初めて可能になる遊び方である.これには創造性や想像力,情報収集力,物の特性把握も必要となる総合的な遊び方である.子どもにとってつくること自体が目的ではなく,あくまでごっこ遊びなど友だちとの遊びに使うために努力して取り組む姿である.ごっこ遊びの中でもテレビキャラクターごっこは,従来のヒーロー・ヒロイン一人型から,1975年の戦隊シリーズ,1992年のセーラームーン登場以来,複数の同格キャラクターが浸透し,友だちとの遊びに大いに貢献した.各色のマントやベルトなどの小道具をつくって身につけ,時には友達と思いがぶつかる中で,子どもが遊びを通してどのような力をつけていくのかをしっかり見極めたい.

最後に「特にものを必要としない遊び」とは,わらべ歌遊びのように歌いながら手や足を動かして遊んだり,相撲のように体ごとぶつかったりする遊び方である.これは年長の子どもや大人が丁寧に関わることでその遊びの楽しさを伝えていけるものだが,近年ではあまりに既製の玩具が容易に手に入り,しかも子どもだけで扱えてしまうことから,こういった遊びの年長者からの投げかけを忘れないようにしたい.

［本山ひふみ］

遊びの発達と学習（1）——乳児

　乳児のエネルギーの大半は生命を維持するために使われている．その一方で，日々獲得しつつある身体機能を用いて外界に働きかけ続けており，その行動は遊びの要素をもっている．遊びの中でも特に「機能的遊び」が旺盛なのがこの時期の特徴であり，幼児期の発達の基礎となる．

●機能的遊び　機能的遊びとはビューラーによる遊び類型の一つで，0歳から2歳頃までの遊びの多くを占める．ピアジェのいう「感覚運動的遊び」に相当する．感覚遊びとは，視覚，聴覚，触覚などの感覚機能を働かせること自体を楽しむ遊びである．オルゴールや起き上がり，おしゃぶりなど，見たり聞いたり感触を確かめたりする遊びである．運動遊びは，身体機能を行使すること自体を楽しむ遊びである．手や足を動かす，寝返りやはいはい，つかまり立ちをするなどがある．また，ある特定の運動ができるようになると，何度でも意欲的に繰り返し，それによってさらに運動機能は発達する．このように自分の中に力が育ってくるに従いそれを盛んに使おうとすることを「自発的使用の原理」という．

●認知的な遊び　ワトソンは2か月の乳児に対しさまざまな実験をして，乳児が，自分の体の動きと環境との間に関連性（随伴関係）を見出した時に喜びの声を発することを報告している．例えば，ベッドに寝かせた乳児の足に紐をつけて，それを頭上におかれた音の出る玩具につないでおくと，自分の足が動くと玩具が動いて音が出るということが起こる．それを何度か繰り返すうちに足の動きと玩具の動きとの関係がわかると，次にはそれを予測して故意に足を動かし玩具を動かすことを楽しむ．これについてバウアーは，学習状況では随伴関係の発見そのものが報酬価をもち，本来的に愉快な事象となると指摘している．快を求めての認知的な遊びということができる．この予期と結果の一致は認知的遊びの基盤となるもので，絵本を読んでもらいながら次の展開を予期するなどの受容遊びや構成遊びなどに引き継がれていく．

　乳児の自発行動の多くは，何かの目的と結びついているというよりは，その行為のもつ感覚的快感や認知的な快に結びついているので，遊びの性格をもっている．

●周囲の世界を知る　乳児は身の回りのさまざまなものに興味をもつが，それが何のために存在しているかは理解できない．彼らはまずそれのモノとしての性質を知るための行動をする．あらゆるモノを口にもっていったり，握ったり振ったり放り投げたりしてみて，それが快であるかどうかを試してみる．口などの感覚が判断の基準である．このようなことを乳児は生活環境の中で繰り返し，モノの

性質を学習していく．しかし，生活の文脈におけるそのモノの意味を理解するためには，社会的関係の中におかれなければならない．

●**乳児の遊びと人間関係**　前述のように，乳児は感覚遊びや運動遊びを繰り返し行い，機能的満足を味わう．この機能的遊びは，その行為が周囲の親しい人に共感され受け止められた時に自己の基盤となる．このことを，エリクソンは「社会的現実の中で明確に位置づけられた自己に発達しつつあるという一つの確信となる」と述べている．例えば，自力で立ち上がれた時に，周囲の人がそれを認めてくれた時に初めて自分もできたと思えるということである．一人遊びも一人でしているように見えるが，その前提として養育者などが近くにいると思えることが必要で，そこでの安心感がないと，乳児は落ち着いて遊ぶことができない．

また，モノや道具との関わり方も人との関係の中で学んでいく．初めは感覚運動的な快感が主目的であるが，しだいに周囲の大人の関わり方を見ながらモノの意味を学習していく．例えば，当初はカップを放り投げてその音や動きを楽しんでいても，周囲の者がそれにどのように関わっていくかを観察することや教えられることによって，放り投げるものではなく器として使用するものだということを理解し，そのものへの合目的な関わり方を学んでいく．このように乳児の遊びは，応答的な人間関係の中で行われることによって学習につながっていく．

遊びは自発的行為であるが，乳児の自発性は身体機能や知的機能に大きく限定され，幼児期以降に比べて目立ちにくいが，発達しつつある機能と周囲の人との関係の中で，精いっぱいの自発性を発揮している．自発使用の原理は機能的遊びだけではなく，大人との応答的遊びの中でも発揮される．子どもと養育者間で行われる身体的応答も子どもにとっては重要である．おんぶやだっこ，くすぐり，いないいないばあなど，養育者と自分との関係を確かめる遊びを重ねることで，心理的安定の基盤をつくる．

これらに引き続き，2歳頃から見立てやふり遊びができるようになり，友だちにも関心を抱くようになり，幼児期の象徴的遊びの段階へ移行する．

［友定啓子］

📖 引用・参考文献
［1］　E.H. エリクソン著，仁科弥生訳，『幼児期と社会Ⅰ』，みすず書房，p.302，1977

遊びの発達と学習（2）——幼児

　乳児期と同様に，幼児期の心身の発達は目覚ましく，それに呼応して遊びも大きく変化していく．その時々に持ち合わせている心身の機能をフルに用いて遊ぶことにより，その発達が促進され，その結果遊びも変化するというように，遊びと発達は車の両輪のような関係にある．
　幼児期には歩行が完成し，走る・跳ぶなどの基本的な運動機能を獲得し，手や指先の巧緻性も発達する．また言語も発達し，会話ができ，思考力も発達する．これらと並行するように自我が生まれ，他者を認識し，応答を繰り返しながら社会的な能力も発達する．
●**遊びの種類とその発達**　乳児期は，感覚遊びや比較的単純な運動遊びが主であったが，幼児期になると，認知機能の発達に伴ってしだいに遊びが複雑になってくる．その変化をビューラーの分類に従って見ていく．
　機能遊び（感覚運動的遊び）は，2歳頃までは追いかけっこのような単純なものであったが，5歳児後半になるとルールのあるボール遊びもできるようになってくる．身体機能の調整ができるようになると，三輪車・自転車・一輪車も乗りこなすようになる．これによって身体機能の発達が促進される．
　虚構遊び（想像遊び）は，ごっこ遊びともいわれるが，身近な事象を自身に取り込んでなりきりや見立てを行うもので，食物のやり取りから始まり，ペットを含む家族ごっこやヒーローごっこ，お店ごっこなどがある．集団保育の場では，幼児期の後半になり人間関係が安定してくると，集団でストーリー共有しながら長時間あるいは長期間持続することもある．この遊びの中で，観察力や模倣力・表現力・言語能力などが育ち，人間関係についても重要な体験をすることができる．
　受容遊び（鑑賞遊び）は，さまざまなメディアを受け止める遊びである．絵本を読んでもらったり，テレビやDVDを見たりする遊びは，幼児期全体を通して行われる．そこで提供される情報は発達に応じて変化してはいくが，子どもの関わりが一方向的で受動的であるという一面をもっている．感性，想像力，言語能力，思考力などが影響を受ける．
　構成遊びは，さまざまな素材を用いて何かをつくっていく遊びであり，典型的なものとして，ブロックや積木遊び，折り紙，絵を描く，粘土遊びなどがある．さまざまな素材の性質を知り，それらを使いこなしながら自己を表現していくことができる．思考力，想像力，表現力などが発達する．
●**遊びと人間関係の発達**　パーテンは，幼児の遊びの発達を社会行動の側面から

捉え，一人遊び・傍観的行動・並行遊び・連合遊び・協同遊びに分類し，おおよそこの順序で発達することを示した．一人遊びは，文字通り他者との交流を伴わないもので，傍観的行動は，他者が遊ぶ姿に関心をもって見ている状態である．これらは主に幼児期前期にみられる．並行遊びは，空間的に近接して同じような遊びをしているが双方にやり取りのない状態であり，これが連合遊びになると，ものの貸し借りや簡単な言葉のやり取りが成立してくる．さらに協同遊びになると，参加者間での役割分担やルールの共有などが行われるようになる．このように遊びは社会行動の発達と学習の場になる．

●**幼児の遊びと認知行動**　ピアジェは，幼児の遊びを認知面から捉え「感覚運動的遊び」（1歳半頃まで）→「象徴的遊び」（5，6歳頃まで）→「規則的遊び」（7歳頃から）と発達することを示した．感覚運動的遊びは，感覚や運動の機能を行使すること自体を楽しむ遊びで，音や動きを楽しむ遊びや移動を楽しむ遊びなどである．象徴的遊びとは見立てや想像を楽しむ遊びで，代表的なものがごっこ遊びで，幼児期を代表する遊びでもある．規則的遊びはその名の通りルールのある遊びで幼児期の終わりごろから可能になり，学童期以降で盛んになる．

●**幼児の遊びと現代生活**　ベネッセ研究所が行った幼児の生活調査[1]によると，この15年間で代表的な遊びに大きな変化はみられない．代表的な遊びとは，①公園の遊具を使った遊び，②積木・ブロック，③人形遊び，ままごとなどのごっこ遊び，④砂場などでの泥んこ遊び，⑤絵や漫画を描くなどである．また一方で，家庭での遊びの多くは，テレビやビデオ・DVDなどの電子メディアの視聴に費やされている．特に就園前の幼児や幼稚園児に多い．少子社会となり家庭や地域での遊び相手の確保も困難になり（図1），今後ますます集団保育の場での遊びの果たす役割が大きくなり，遊び環境の整備が重要な課題となっている．

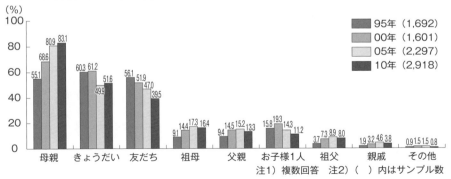

図1　一緒に遊ぶ相手（経年比較）
［第4回幼児の生活アンケート（2010），ベネッセ教育総合研究所］

［友定啓子］

遊びの発達と学習（3）——児童

　児童期になると，幼児期に到達したルールや役割分担のある遊びがさらに発達して，より大人数で，複雑な遊びが可能になってくる．ルールのある集団遊びが多く行われるようになり，児童期の後半ではスポーツとゲーム，趣味的行動などに分化していく．

●**現代日本の児童の遊び**　2010年の調査（図1）によると，低学年までは遊びの種類は多岐にわたり，鬼ごっこやサッカーなどの運動を伴う大人数の集団遊びも行っている．しかし，中学年から急激に携帯型ゲームとテレビゲームが増え，高学年ではそれが圧倒的な比率を占めるようになることがわかる．

　小学生は行動範囲も人間関係も広がってくるにもかかわらず，実際には集団遊びをしようにも，それを行うための時空間や遊び相手の確保などの条件が整わず，せいぜい数人程度の遊びしかできないでいる．その代替として，室内で一人でも可能な遊びとして携帯型ゲームやテレビゲームが選ばれている．また，これらは時間的にも融通が利き，他者との調整をする必要もなく，機器さえあれば，個々の状況に応じて楽しむことができるので，多くの子どもが選んでいる．

　しかし，ゲームなどの室内遊びが主流を占める場合，危惧されるのは運動能力の低下や人と関わる力への影響であり，すでに1980年代から運動能力の低下が指摘され，また従来発生するとされていたギャンググループの消失の可能性も報

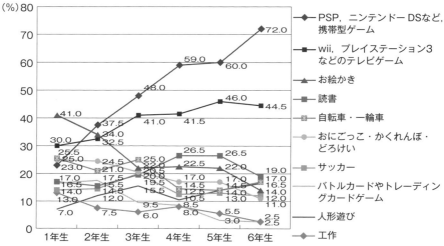

図1　よくやる遊び（3つまでの複数回答による全体の上位10種（「その他」を除く），学年別）　2010年[1]

告され，人間関係を体験する機会の減少も指摘されている[1]．

●児童期とテレビゲーム　テレビゲームは，想像遊びが言語的・視覚的・聴覚的に形を変えたものともみなされる．児童期は言語や思考力が発達し，体験の内面化の可能な時期である．物語を苦労なく楽しむことができるようになり，想像遊びが読書や漫画にとって代わり，テレビや電子ゲームに移行する時期でもある．また，電子ゲームはテレビとは異なり，自身が機器の操作をし，展開に応じてさまざまな判断をすることによって，ゲーム内容も変化していくという双方向性をもっている．それゆえに子どもを強く引き付け，中毒性をもつことも指摘されている．巨大なゲームソフト市場が形成され，中高生や成人のゲーム依存症が社会問題化しつつある．ゲーム依存症とは，オンラインゲームを行うために現実の生活が破壊されている状態をいう．日本でも児童期の後半からこの危険にさらされている．

　また，テレビゲームの使用が攻撃性を高めることが欧米でも指摘され，日本での大規模調査でも確認されている．2001年の総務省による「青少年とテレビゲーム等に係る暴力性に関する調査研究」[2]では，小・中学生でゲームセンターでも家庭でもテレビゲームまたは格闘ゲームを多く経験しているものは暴力経験が多いということが明らかにされている．

　ゲームは，教育手段としての有用性も確認されており，その利用が広がってきているが，子どもたちは，内容によって良い影響や悪い影響を受ける．テレビゲームに限らず，オンラインゲームなどについての教育的対応が社会的課題となっている．

●児童期の友人関係の発達と遊び　児童期は，友人関係の発達にとって重要な時期である．この時期に友人関係が変化し，一次的で壊れやすい関係から持続的関係へ，功利的・自己中心的な関係から相互の要求を満足させる互恵的な関係へ，行動的・表面的な関係から共感的・人格的・内面的な関係への変化などがみられる．しかし実態としては，友だちとよく遊ぶと答える子どもは，複数の調査で約半数にとどまっており，放課後や休日などに友だちと一緒に遊ぶ体験が減少している．また，携帯電話の普及により，友人関係が潜在化したり即時的になったりするなど，実生活にも影響を受けるという新しい問題が浮上しつつある[3]．

[友定啓子]

📖 引用・参考文献

[1]　学研教育総合研究所，「小学生白書 Web 版」，2010
[2]　総務省青少年対策本部，「青少年とテレビゲーム等に係る暴力性に関する調査研究報告書」，2001
[3]　國枝幹子，古橋啓介，「児童期における友人関係の発達」，福岡県立大学社会学部紀要，Vol.15，2006

遊びと時間

●**追い立てられる現代の生活**　今日の生活の中では，速いこと，物事を速く処理できることは価値あることであり，重要なことであるという暗黙の了解があるようである．飛行機や新幹線を移動手段として日常的に利用し，それによって私たちは時間的短縮というメリットを受けている．子どもに対する日常的な「しつけ」方略について幼稚園児の母親を対象に調査した結果，「望ましい子ども像」として「物事に丁寧に取り組む」「しっかりとしている」は68％の母親が回答し，次いで「テキパキしている」が58％である．「のんびり」「ゆっくり」などは10％程度の回答である．具体的な場面では「さっさと食べること」に対して82％の母親が誉め，「そんなに急がないでいいのよ」とたしなめる親は8.6％にすぎない．日常生活では「はやくしなさいと言う」は82％の母親が回答し「時々言う」と合わせると98.2％となる[1]．

　そして，もう一つのはやいこと，つまり早期に成し遂げることができることも，価値あることとみなされているといえるだろう．このように時間の圧力は，しつけ方略として一般的であると思われる．

●**「遊びの流れ」と「日課的時間割」の関係**　保育とは，遊びを通して行うものであり，遊びのありようは保育の中心課題である．一方で，幼稚園・保育所は現実の社会生活の枠組みの中にあり，例えば園バスを時間通りに安全に運行するためには，子どもが遊びを続けたいと訴えても外的な時間による制約を優先せざるを得ないという事情がある．

　そこで，保育者を対象に1987年と2007年に調査を行い，この20年間の比較を行った．その結果，以下のことが明らかとなった．①幼稚園・保育所ではおおよその日課的時間割は決めているものの柔軟に対応しており，それは20年前もいまも差はなかった（図1）．②子どもの「遊びの流れ」と保育者が計画した「時間割の遂行」の間にズレを感じて，遊びの終了を躊躇することが「よくある」と回答した保育者の割合は，20年前の方が高かった（図2）．③その時に保育者が行っている工夫は，20年前には「遊びが一区切りつくまで待つ」が相対的に多かったが，いまでは「次の活動を説明する」が多い（図3）．④その際の子どもの反応は，20年前には「抗議の声をあげる」が多かったが，いまでは「子どももわかっているので，切り上げる」の回答の割合が高い（図4）．

　したがって，現在では保育者の「待つ」姿勢は乏しくなり，保育者側が計画した日課を進めようとする傾向が読み取れる．また，子どもも遊びの継続に固執せず，保育者の指示に従い，ものわかりの良い子どもの姿を垣間みることができる

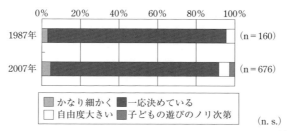

図1　時間割に基づく保育の実施状況（1987年と2007年の比較）[1]

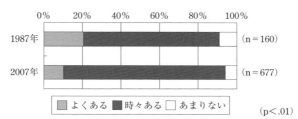

図2　遊びを終了することに対する保育者の躊躇（1987年と2007年の比較）[1]

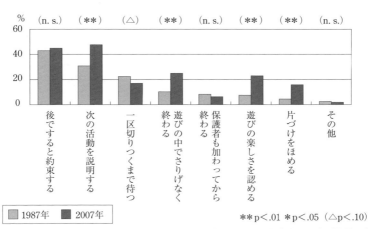

図3　子どもの内なる時間が充実している時に遊びを終了する際の保育者の工夫（複数回答）[1]

ように思われる[1].

●「いきいきと遊ぶ」とは「自分が主体者である時間」　津守真は「幼児が自分自身を打ちこんで，ひたむきに遊ぶ姿を生み出すところに，保育のはたらきがある．」と述べている[2]．子どもが「いきいきと遊ぶ」とは，自分が生きている世界が充実していて，そこにおいては自分が自分自身の小宇宙の主体者であるという「とき」の中の時間の流れ方であるといえるだろう．それはたとえ10分間であっても永遠であり，あるいは一瞬であるかもしれない．大人は自分の心の原点

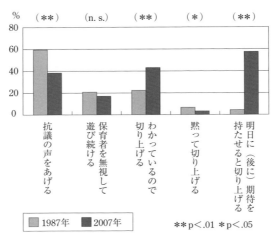

図4 子どもの内なる時間が充実している時に遊びを終了した場合の子どもの反応（複数回答）[1]

を探るとき，幼い頃のこの「時を忘れた精神の躍動」を思い起こしてホッとする．それは，幼い日々をそこに見出すことができるからではなかろうか．

したがって，子どもが「いきいきと遊ぶ」の中の時間とは，暦や時計などの具体的な外的な時間とは独立したもので，自己の内なる世界の時間が存在していると思われる．このように考えると，「いきいきと遊ぶ」の中の時間とは，「自分が主体者である時間」と捉えることができるだろう[1]．

近年では，外的時間を表す時刻表示は，デジタルによるものが一般的になり，一瞬一瞬の時刻はバラバラに存在しているかのようである．すなわち，"時間の流れ"を感じとることが，かつてに比べて難しくなっている．それに伴って，私たちの生活はメリハリが乏しくなり，平坦化しているといえるだろう．

子どもの生活は，朝は家庭で毎日の決まった活動（ルーチン）をこなすべく，親にせき立てられて「時間の圧力」の中で過ごしていると推測されるが，幼稚園・保育所に登園してからの内的時間を充実させて「いきいきと遊ぶ」ことが大切といえる．子どもが主体的に環境と関わることによってもたらされる自己充実の重要性が，改めて示唆される．

そして，このことは「生きる力」を身につけるという，わが国が現在直面している教育課題に対しても大いなる示唆を与えるものである．したがって，子どもの視点から時間的環境を含めた生活環境を整えることが，現代において一層重要な課題であるといえよう．

●**コンピュータなどのメディア接触時間**　現代の生活環境においてはさまざまな領域にまでコンピュータによる制御が行われているが，子どもの遊びにおいて

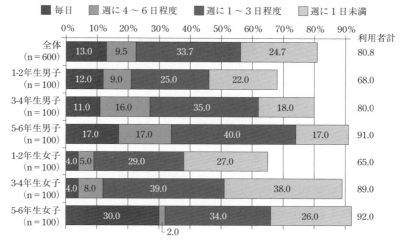

図5 小学生のパソコンの利用状況

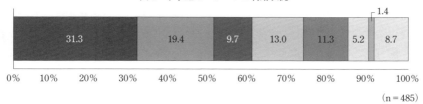

図6 小学生のパソコン開始時期

もコンピュータ・ゲームが浸透してきた．

　首都圏の小学生を対象としたメディア接触に関する実態調査[3]では，小学生の 80.8％がパソコンを利用し，そのうちの 31.3％は小学校入学前から利用している（図 5，図 6）．パソコンの利用内容は「インターネットをする」56.9％，「ゲームをする」39.2％，「動画を見る」38.4％などであり，高学年（5〜6 年生）では 44.8％が動画を見ている．

　1 日当たりのメディア・コンテンツ接触時間は，「テレビ」が最も多く（平均 116.0 分），次いで「ゲーム」（47.9 分），「本」（25.8 分），「パソコン」（25.7 分）である．高学年になるほどメディア接触時間は増えている．　　　　[岡野雅子]

📖 引用・参考文献
[1]　岡野雅子，『現代の時間的環境における保育に関する研究』，風間書房，2011
[2]　津守真，『保育の体験と思索』，p4，大日本図書，1980
[3]　博報堂 DY メディアパートナーズ，「小学生のメディア行動に関する調査報告」，2012 年 7 月 25 日

遊びと空間

　日本の子どもが自由に子どもらしく遊び回れる時間をもてた，ごく限られた幸福な短い時期があったといわれる．それは，教育熱の高まっていた戦前と戦後の復興期に挟まれた混乱期であり，原っぱなどの空間が多数あったころである．大人たちに余裕がなかっただけに子どもたちは放任にされ，大戦後の焼け野原を舞台に子どもたちだけで群れをなし，存分に遊び回ることができたのである．

　日本は地勢の変化に富み，小川・湧き水・池など水場も多く，四季の変化が大きいため，場所や季節による遊びの種類も豊富である．同時代でも子どもたちの育つ地域が農村部であるのか都市部であるのかにより遊びの環境は異なっていた．

●自然　日本における子どもの遊び空間は，元来自然の中の川，山や森，田んぼなど田園風景の中にあり，その景色は子どもたちの遊びの原風景と重なり合う．いわゆる自然遊びは，虫を捕って行う虫あそびや植物に細工をする草花あそびといった自然生物との関係性に集約される．自然の中で，木に登りぶら下がり，探検し，隠れ家をつくり，虫とりや植物採取，小川などの水場では水遊びだけでなく水棲生物を捕獲するなど，それらは鮮烈な体験であり，大人になっても忘れ難い空間となる．

　このような子どもの遊び環境は，戦後，時代と共に大きく変化してきた．経済成長に伴い空き地は減り，代わりに公園空間が整備されてきたが，子どもたちは習い事や塾などで忙しく，自由かつ集団での外遊びの時間は減少した．一方，幼少期から自転車の普及が進み，遊びの行動範囲は広く表層的なものへと変化した．

　また，土の道路や路地などの生活に密着した重要な遊び場は，舗装された地面へと変貌している．

　豊かな自然環境が貴重となった都市部では，公園や学校内の一角に自然の水辺を模したビオトープなどもみられる．また，里山保全のためのナショナルトラスト運動なども行われ始め，かつての子どもたちの遊びの原風景は現代では意識的に保たれた，非日常的な観察体験の場ともなってきている．

●オープンスペース　オープンスペースは子どもたちが自由に遊べる「広がりのある空間」であり，農村部では家の広々とした庭も当てはまるが，都市部においては空き地である広っぱ・原っぱなどの自然空間だ

写真1　都市公園の例

けでなく，開発前の空き地，資材置き場なども含まれていた．広っぱ・原っぱは戦後 1960 年代ごろまで都市周辺に豊富にみられ，放置されたオープンスペースとして子どもたちは草野球を始めとしたボール遊びや鬼ごっこ，缶蹴りなど自分たちのルールでさまざまなゲーム（集団遊び）を繰り広げていた．学校の運動場もかつてはオープンで重要な遊び場所であったが，事件・事故などへの恐れから利用が制限されるようになり，自由な遊び空間とは言い難くなってしまった．

●公園　日本における公園の分類では，自然景観の保全を行う自然公園と，整備の対象となる施設としての都市公園に大別され，さらに遊具を伴う児童公園および商業施設などに併設された遊び場

図 1　羽根木プレーパーク

など多くの種類がある．公園・遊び場では，一般的な遊具として，すべり台，ブランコ，砂場が多く設置されている．公園の遊具は，それぞれ子どもの成長段階に応じて活用できる．例えばすべり台は成長段階に応じて集団遊びもできる利点をもっている．だが，旧い遊具は安全性の問題から公園から撤去され，維持管理の難しい砂場も少なくなっている．また，近年の都市公園は多世代に対応し，多目的に活用されやすいよう整備される傾向がみられ，一時避難場所としても利用される．

1970 年代に東京都世田谷区で，子どもたちの育つ環境に不安を抱く父母たちが中心となって，ヨーロッパのアドベンチャー・プレー・グラウンドに倣った自由に活動できる冒険遊び場をつくる活動が始まった．その後，集団遊びをプレーリーダーと呼ばれる大人たちが見守るプレーパークへと発展し，大都市圏の都市部を中心に全国に広がっている（図 1）．

現代の多くの子どもたちは，携帯電話や携帯ゲーム機を介した通信機能でつながっている，ある意味バーチャルな関係性がみられる．自然の中で実際に身体を動かし，集団遊びを経験する中でリアルな関係性を育み，心身共にバランスのとれた成長につながるような遊び環境の再構築が求められる．　　　　　［亀﨑美苗］

📖 引用・参考文献
[1]　仙田 満,『子どもとあそび』, 岩波書店, 1992
[2]　堀切直人,『原っぱが消えた　―遊ぶ子供たちの戦後史―』, 晶文社, 2009
[3]　羽根木プレーパークの会編,『冒険遊び場がやってきた！―羽根木プレーパークの記録―』, 晶文社, 1987
[4]　羽根木プレーパーク　http://www.playpark.jp/info_pp/hanegi.html

遊びと仲間（1）──異年代

●**子どもにとって最初の遊び仲間は誰？** 遊びを「誰と遊ぶか」という視点でみると，一人で遊ぶ「一人遊び」と他者との関わりの中で遊ぶ「仲間遊び」に大きく分類することができる．

では，子どもにとって最初の遊び仲間はいったい誰なのだろうか？ それは一般に，日常生活において子どものケアを行っている養育者であると考えられる．例えば，赤ちゃんへの授乳やおむつ替えをする際，多くの養育者は赤ちゃんに微笑みかけたり，頬っぺたをつんつんと突いたり，言葉かけなどを行う．それに呼応するように赤ちゃんは，声を上げたり，手足を動かしたり，微笑みを返したりする．このように，子どもと他者との遊びは，養育者側の働きかけから始まる．また，これらのやり取りは大変素朴であり，人間関係の原初的な姿であるといえる．養育者は子どもの姿からさまざまなことを間主観的に感じとり，その発露として，多様な行為や発話を子どもに向けて表出する．子どもはそれを受けて，さらにいろいろな姿を養育者に向ける．先に述べたように，遊びとは「そのことそのものを目的として自主的・自発的に行われる，楽しいと思ってなされる活動」であり，その意味からいって，上記のようなやり取りは遊びの原型と考えることができる．

子どもは自分よりも知識・経験に長けた，高い他者理解能力をもつおとなからの働きかけをきっかけとして，原初的な「遊び」の中に巻き込まれる．その際，おとなからの働きかけが快のものであれば快の反応を，不快なものであれば不快な反応を返す．その子どもからの反応を受けて，おとなはさらに適切な応答を行う．このようなやり取りを通して，子どもと養育者の間には愛着（アタッチメント：attachment）が形成され，それをベースとしてさらに人との関わりを学んでいく．このことから，愛着の形成において，遊びは重要な役割を果たしているといえる．

●**おとなと遊ぶということ** そもそも乳児期の子どもたちは「遊び」というものを知っているわけではない．しかし，子どもがおとなと遊ぶとき，それは比較的スムースに展開することが多い．なぜならば，おとなとの遊びでは，おとな側が子どもと遊びたいという気持ちをもって，子どもの思いを感じ，読み取り，それに適切に反応するように，子どもに働きかけを行うからである．このような働きかけを乳児期の子どもからおとなに向けることは困難であり，この点において，おとなは子どもに比べて巧者であるといえる．

しかし，おとな側が高度な力をもっているだけでは，やり取りを維持するのは

困難である．やり取りとは，あくまでも互いが表出したものが行き来することであり，おとなだけが一方的に働きかけをするだけでは成立せず，また一方的な働きかけを長期にわたり，継続して行うことは意外なほど難しい．このように，一見すると不公平にも思えるおとなと子どものやり取りが継続するのには訳がある．すでに述べたように，養育者が子どもに何らかの働きかけを行ったとき，子どもはそれに対して何らかの反応をみせる．そのことは，養育者による次の働きかけを促す役割を果たしている．つまり，子ども―養育者間のやり取りを成立させる要因は，実は子ども側にあるといえる．言い換えるならば，子どもという存在には，おとなから遊びモードを引き出すアフォーダンスが備わっているといえる（麻生，1998）[2]．養育者と子どもの間には相互作用が存在し，互いに影響し合うことで，やり取りを維持している．一般に，母子間におけるこのような影響関係を母子相互作用といい，子どもの発達において，重要な意味をもつことが知られている．もちろん，この相互作用は母親的な役割をもつ養育者と子どもとの影響関係を指すものであり，生物学的な母親を必ずしも意味していない．いずれにせよ，おとなとの相互作用が「遊び」にとって重要な役割を果たしていることは間違いない．

●いつしか子どもと関わるために　子どもはいつしかおとなになり，次世代たる子どもと関わることになる．その際に基盤となるのが，それまでの育ちの中で培われた「遊び」である．例えば，赤ちゃんをあやすときの言葉かけやだっこの仕方，「いないいないばあ」や「たかいたかい」などは，教育によって習得されたものというより，自らが幼かったときに養育者やさまざまなおとなたちとの遊びの中で体験し，身につけたものである．

　私たちは，子どもの時代にあっては，おとなとの関わりの中で十分に「遊び」，子ども同士の遊びを通してその「遊び」にしっかりと浸り，そこで得たものを次の世代に伝えていく役割をももっており，これまでさまざまな遊び文化が世代間で伝達されてきた（遊び文化を含む「子ども文化」については「7章　子どもと文化」を参照のこと）．しかし近年，こういった遊び文化の伝承が困難になりつつあるといわれている．私たちは自らが文化の伝承者の一人であることを認識し，その役割を果たせるよう，いま自らのもつ遊び文化を次世代に伝えていくことが求められている．

[吉澤千夏]

📖 引用・参考文献
[1]　鯨岡峻，『原初的コミュニケーションの諸相』，ミネルヴァ書房，1997
[2]　麻生武，『遊びという謎　シリーズ発達と障害を探る　第2巻』，ミネルヴァ書房，1998

遊びと仲間（2）──同年代

●**友だちとの遊びの始まり**　おとなとのやり取りに始まる「遊び」は，次第に同年代の子どもたちとの遊びへとシフトしていく．一般に，同年代の子ども同士の遊びのスタートは2歳頃と考えられている．しかし，他児に対する子どもの興味・関心は，もっと早い時期に始まっている．例えば，まだ乳児期と思われる赤ちゃん同士が，互いに見つめ合っているといった場面に遭遇したことはないだろうか．声をかけたり，手を伸ばしたりするわけではないものの，なんとなく相手のことが気になっているように感じられる，そんな姿である．このことからもわかるように，赤ちゃんたちは互いにやり取りをすることはできないものの，互いに意識し合い，興味を持ち合っているのである．

　同年代の子ども同士が遊ぶ姿が頻繁にみられるようになるのは，先にも述べたように2歳から2歳半頃といわれる．この時期の子どもたちの遊びは「傍観遊び」「並行遊び」（項目「遊びの分類」を参照）と呼ばれ，他児が遊ぶ様子を眺めたり，他児の傍で同じ遊びをしたりしているものの相互交渉はなく，それぞれが一人で遊んでいる．さらに3歳頃になると，互いにものを貸し借りしたりさまざまなやり取りをしながら遊ぶことが可能となる．

●**友だちとの遊びは難しい？**　おとなの遊びは，同年代の子ども同士の遊びに比べて早い段階で可能になるものの，同年代の子ども同士の遊びでは，子どもは他児を意識しつつも，ともにやり取りをしながら遊べるようになるには，一定の時間がかかる．なぜ，同年代の子ども同士の遊びの成立には時間がかかるのだろうか．

　項目「遊びと仲間（1）──異年代」でも述べたように，子どもとおとなとのやり取りの成立には，人間関係能力における巧者であるおとなの果たす役割が大きい．しかし，他者とのやり取りの発達において，互いに未成熟である同年代の子ども同士の場合には，さまざまな問題が生じる．一般に，コミュニケーションが成立するには，自分の思いを他者に対して表現をするための発信する力と，相手が伝えようとする情報等を理解するための受信する力が必要となる．幼い子どもにおいては，その発信する力と受信する力が発達途上であるために，相手にうまく伝えられなかったり，相手が伝えようとしていることを正しく理解することが困難になったりする場合が多い．また，そもそも発信するためのツールとしての言葉の獲得過程にあるがゆえに，十分に思いを伝えられず，また他児の伝えている思いがわからないことも多い．

●**心の理論**　さらに，幼児同士の遊びの成立を考える上で重要な理論として「心

の理論」が挙げられる．この理論は，「サリーとアン課題」等の誤信念課題の実験に代表されるように，他者には自分とは異なる心があり，その他者の心の状態を推論することができる心の働きについての知識や原理を意味している．

「心の理論」の出現期は4歳頃といわれ，その後6歳頃までに獲得されることが指摘されている．同年代の子どもとの遊びの成立においては，相互に他方の心の状態を推論することが重要な意味をもつことを考えれば，この「心の理論」の獲得期である4歳児以降の子ども同士の遊びは，それ以前の年齢の子ども同士の遊びに比べて，やり取りがスムースになると推察される．他者とのやり取りによって展開される「協同遊び」（Sternによる）や「連合遊び」「協同遊び」（Partenによる）は，主に4歳児以降の子どもたちに多くみられることからも，同年代の子どもたち同士が共に遊びを展開していく際に，「心の理論」が重要な意味をもつことが明らかである．

●**空想の友だち：イマジナリーコンパニオン**　近年，子どもの遊び仲間に関する研究として注目をされているのが「空想の友だち（イマジナリーコンパニオン：imaginary companion：以下，IC）」である．ICとは，目に見えない存在としての友だちだけでなく，ぬいぐるみなどの無生物に人格を付与し，対話する存在のことを指す（森口，2014）．ICの存在について，古くはHurlock & Burstein（1932）が高校生や大学生を対象とした調査によって，20～30％程度の人が，幼い頃にIC（ここではイマジナリープレイメイト：imaginary playmateと記載されている）を持っていたことを明らかにしている．日本国内でも研究が進んでおり（例えば，大塚ら，1991，富田・山崎，2002，Moriguchi & Shinohara, 2012 等），ICの出現率（ICがいる子どもの割合）は研究によってばらつきがみられるものの，一定数の子どもがICを所有していると考えられている．

かつてICは，精神疾患の現れなどと考えられていた．しかし現在では，肯定的な意味をもって研究の対象となっている．リアルな世界における友だちと共に，想像の中で子どもたちが遊ぶ相手としてのICについて，研究がさらに深まることが期待される．

［吉澤千夏］

📖 引用・参考文献
[1] 森口佑介，『おさなごころを科学する：進化する幼児観』，新曜社，2014
[2] Hurlock, E. B. & Burstein, M., The imaginary playmate: A questionnaire study, Journal of genetic Psychology, 41, pp.380-392
[3] 大塚峰子，佐藤至子，和田香誉，「想像上の仲間に関する調査研究」，児童青年精神医学とその近接領域 32（1），pp.32-48，1991
[4] 富田昌平，山崎晃，「幼児期の空想の友達とその周辺現象に関する調査研究（1）」，幼年教育研究年報 24, pp.31-39, 2002
[5] Moriguchi, Y. & Shinohara, I., My Neighbor: Children's Perception of Agency in Interaction with an Imaginary Agent. PLoS One, 7(9), e44463 2012

遊びと生活

写真1 「かき混ぜる」（ままごと遊び：3歳時）

写真2 「かき混ぜる」（おやつ作り：4歳時）

●**遊ぶことと生活すること**　先に述べたように，子どもの生活におけるさまざまな体験的活動を「遊び」ということができる．このことから，保育・幼児教育では，子どもの生活そのものは「遊び」であるということもある．それに加えて，その生活を通して学び得たものが，いわゆる「遊び」の中に反映されることもしばしば見受けられる．その代表的な遊びとして，ままごと遊びが挙げられる．ままごと遊びとは，その名の通り，「まま（まんま）」の「真似事」をする遊びであり，多くの子どもの遊びの姿にみることができる．

例えば1歳児であっても，ままごと用のカップの取っ手を持ち，口元に運んで飲むふりをし，スプーンの先で皿をつつき，そのスプーンの先を口に入れるといった飲食の模倣が行われる．2歳になると調理をし，その調理したものを皿やカップに入れ，相手に供するふり行為が表出される．さらに2歳から3歳にかけては，食に関わる一定の手続きをままごと遊びの中で表出することができるようになる．つまり，子どもの生活経験が豊かになり，それが知識化されることにより，ままごと遊びそのものが豊かになっていく（吉澤ら，2001[1]，ほか）．このことから，子どもは日常生活を通して，遊ぶための材料を得ているといえる．

一方で，日常生活においては体験できないことも，遊びを通して疑似体験することができる．上記の例で説明するならば，多くの2歳児，3歳児は，現実の生活の中で調理や供応を行うことは稀であり，食に関わる一連の行為を自分だけで行うことは困難である．しかし，ままごと遊びを通して，ご飯を作ったり，お茶を入れたり，盛り付けたりすることが可能となる．別の言い方をするならば，ままごと遊びを通して，生活のリハーサルをしているのである．このことから，生活と遊びは互いに分かち難く結びつき，相互に影響し合うということができる．

●**生活における台本：スクリプト**　上記のような生活における時系列的な手順に関する知識をスクリプト（script）という（Schank & Abelson, 1977）[2]．これはいわば生活における台本であり，生活における基本的な台本は，3歳頃までには獲得されていることがわかっている（Nelson & Seidman, 1984[3]，ほか）．スク

リプトに類似する概念として GER（Generalized Event Representations：一般的出来事表象）などもある．スクリプトや GER の獲得には，繰り返し生活経験を積むことが必要であるとともに，他者がどのように生活しているかを観察することにより，その行動様式を獲得することが重要な意味をもつ．このように自分以外の人間等をモデルとして，その行動や振る舞いなどを観察することを通して，新たな行動を習得したり，これまでの自分の行動等をコントロールしたりして，自分自身の行動を変化させていくことをモデリング（modeling：Bandura, 1972）[4] という．子どもが現実の生活の中では体験していないことをままごと遊び等の中で再現することができるのは，このモデリングの作用によるところが大きい．

●遊びと生活を分けるとき　生活で学んだことが遊びに表出され，遊びを通して生活の疑似体験がなされることは，上記に示した通りである．しかし，子どもにとって遊びと生活が分かち難いがゆえに，生活場面において「遊んでしまう」ことがある．例えば，幼い子どもをもつ家族にとって，悩みの種となるのが「遊び食べ」である．食べ物を遊びの道具のように扱ったり，食事中に立ち歩いてしまったり，いわゆる遊びを始めてしまったりする姿は，多くの子どもにみられる姿であるとともに，いかにして遊ばずに食事を完了させるかが家族にとっては課題となる．子どもたちにとっては，食べることそのものも遊びとなりうることは，先にも述べたとおりである．しかし，子どもはいつまでも子どもであるわけではなく，社会の一員として生きることが求められる．つまり，当該社会・文化の中で適切な振る舞いができることが必要になるのである．食事場面を例に挙げるならば，適切に食具や食器を扱い，適切な話題を話し，適切に行動する．いわゆるマナー等を身につけることは，食べることが一通り可能になった子どもが次に求められる内容である．このようにして，「遊び」と分かち難く結びついていた「生活」は「遊び」と区別され，それに伴い，その場に合った振る舞いを獲得していく．そして，「遊び」は「遊び」として，子どもに明確に意識されるようになっていく．

［吉澤千夏］

引用・参考文献

[1] 吉澤千夏，大瀧ミドリ，松村京子，「1歳児のままごと遊びにおける食に関するスクリプトについて」，日本家政学会誌 52(2), pp.147-153, 2001
[2] Schank, R. C. and Abelson, R. P., Scripts, Plans, Goals and Understanding: An Lnquiry into Human Knowledge Structures, Lawrence Erlbaum Associates, Hillsdale, NJ, pp.36-68, 1977
[3] Nelson, K. and Seidman, S., Playing with Scripts, in Symbolic Play: The Development of Social Understanding (ed. By Bretherton, I.), Academic Press, New York, pp.45-71, 1984
[4] Bandura, A., Modeling theory: Some traditions, trends, and disputes. In R. D. Park (ed.), Recent orends in social learning theory, Academic Press, pp. 35-61, 1972

遊びと文化

　幼い子どもにとって遊びは日々の活動の中心であり、子どもは遊びを通じて、自分が所属する文化における大人の活動それ自体のスキルや、文化的に共有される価値や規範を学ぶ。

●**模倣遊びと文化**　日本における「おままごと」を思い浮かべればわかるように、ほとんどすべての文化において、大人の模倣は子どもの遊びを構成する中心的な活動の一つである。日々の遊びの中に大人の生活様式やそこで使われる道具のミニチュア版が存在し、これらの模倣遊びを通じて、子どもは所属する文化における重要なスキルやコミュニケーション様式、そこに含まれる規範や価値を学ぶ。

　例えば狩猟と原始的な農耕を生活の糧とするニューギニア山地のダニ族では、幼い子どもにおもちゃの弓と矢を与える（図1）。また、頻繁に部族間での戦闘が行われるダニ族において、少年たちは集団同士が行ったり来たりしながら突撃し、草の茎の矢を互いに投げ合うという戦闘ゲームを好む。少年たちはその中で実際の戦闘における戦略だけでなく、投げる技術や素早く身を隠す技能を身につける[1]。科学技術が進んだ先進国においても、同様に、スマートフォンなどの電子機器を模したおもちゃを使用する遊びが好まれていることなどからもわかるように、子どもの遊びの構成要素の多くが、大人の日々の生活で多用されるやり取りや道具である（図2）。

　子どもたちは、このように大人の模倣遊びを通じて、自分の将来取りうる可能性のある役割を試したり、やり取りを繰り返すことで、自分の文化に特有の規範やコミュニケーションのあり方を身につけていく。

●**遊びと文化差**　子どもの遊びには、子どもが所属する文化において大人が日常生活で重視する規範や価値が反映される。例えば子どもの遊びは時に競争的であり、われわれの文化でも勝敗がついた時点で終了となるゲームは一般的である。しかし、誰か一人が勝者になることが好まれない社会もある。例えば、パプアニューギニアのニューブリテン島の狩猟採集民族のカウ

図1　ダニ族のおもちゃ[1]

図2　5歳児の作成したノートPC

ロン族では，その場の子ども全員にいきわたる本数のバナナを1本ずつ分けるのではなく，それぞれが自分の1本のバナナを半分に分け，一方を自分が食べ，一方を他の子どもに差し出し，その差し出されたバナナもまた半分に分けられ，一方は自分に，残りは他の子に提供するという遊びがみられるという．この行為は5回ほど繰り返され，32分の1まで小さくなったバナナを全員が食べ終わることで終わる．この遊びには平等に獲得した食料を分け合うという狩猟採集社会における規範を反映していると考えることができる[2]．

また，大人が子どもの遊びの場をどのように構成するのかについても文化差が指摘されている．例えば子どもの遊びを楽しみや大人の模倣ととらえるメキシコやインドネシアの母親と比較して，アメリカの母親は，教育や認知発達によいものと考えて，子どもの遊びに介入したり，援助することが多いという[3][4]．

●**遊びと文化における課題** 近年，特に先進国では都市化の影響による遊び場の減少，交通リスクの増大，犯罪リスクに対する保護者の懸念などから，子どもが自由に遊べる公共の空間が少なくなった．このような状況に対して，子どもにとって主要な活動である遊びの場を守り，子どもの遊びの文化に関する調査や啓発を行う「子どもの遊ぶ権利のための国際協会」（IPA：International Play Association）が1961年に結成され，現在はUNESCOの諮問機関と認定されている．

また，国際化を背景に文化的背景の異なる子どもたちが生活を共にし，学ぶことが多くなってきた．遊びの文化的な差異によって，マイノリティの子どもたちがマジョリティの子どもたちの遊び文化になじめず，教育現場において結果的に不利益を被る可能性がないように遊びと文化に関する理解が求められている．

［亀井美弥子］

📖 引用・参考文献

[1] バーバラ・ロゴフ著，當眞千賀子訳，『文化的営みとしての発達―個人，世代，コミュニティ』，新曜社，2006
[2] ジャレド・ダイアモンド著，倉骨彰訳，『昨日までの世界―文明の源流と人類の未来』，日本経済新聞出版社，2013
[3] Farver, J. & Howes, C., Cultural differences in American and Mexican mother-child pretend play, in M. Gauvain & M. Cole (Eds.) Readings on the Development of Children, 4th ed., pp. 178-186, New York：Worth, 2005
[4] Farver, J. & Wimbarti, S., Indonesian children's play with their mothers and older siblings, Child Development, 66, pp.1493-1503, 1995

Chapter **9**

子どもと文化

子ども文化とは何か ——— 224
育児玩具 ——— 226
固定遊具 ——— 228
運動遊具 ——— 230
構成玩具 ——— 232
ごっこ遊び用玩具 ——— 234
知育玩具 ——— 236
ゲーム ——— 238
ファッション玩具 ——— 240
子どもの本の歴史 ——— 242
絵本 ——— 244
子どもと文学 ——— 246
映像文化 ——— 248
子どもに文化を手渡す活動 ——— 250
児童文化施設 ——— 252
通過儀礼 ——— 254

子ども文化とは何か

　人は生きる営みの中で，身の回りの環境に働きかけて，生きる手段の技術として「文明」をつくり出してきた．人は誕生以前から，ある特定の文化の中に存在し，その中で育てられていく．さらに，成長と共に積極的に新しい文化をつくり出していく．文化は絶えず変化していくものなのである．

　「文化」とは，「文明」が技術や物質的なものであるのに対して，精神的な部分に関わる芸術，宗教，道徳，法律など集団が共有している生活の仕方である．文化は世代から世代に受け継がれ，その集団に属する人々のものの考え方や生活に根差した伝統的なものになっていく．

　子ども文化という用語は，日本独自に使われている言葉である．ちなみに「子どもの日」という概念も日本だけのものである．子どもを大人とは別の存在として意識する，子ども観の成立に伴い，子どもに関わる法律・制度・道徳・知識・技術が生まれてきた．これらの子どもを取り巻く衣・食・住の生活場面，家庭・保育所・学校での生活場面，地域・近隣の生活場面の中で成立する生活文化全体が子ども文化といえるが，ここでは子どものために大人が企画し，つくり出した文化とし，具体的には子どものための玩具，文学，文化施設などとする．

●子ども文化の歴史

〈歴史のあけぼの〉子ども時代のない人間は存在しないので，人類の歴史の発生から子どもは存在していた．北海道や東北地方の縄文時代（紀元前7千年から5千年）の遺跡の中から，乳幼児や児童の足形や手形をつけて焼いた土製品が出土している．子どもの健康と成長を祈るお守りと考えられているが，当時の大人が子どもを自分たちとは別の存在として意識していたしるしと考えることができる．

〈古代から中世〉平安時代の『源氏物語絵巻』には，ひいな遊び（人形遊び・ままごと）や読み聞かせを行っている場面が描かれている．物質的にも精神的にもゆとりの出てきた階層では，子どもを対象として独自の文化活動が行われていたことがわかる．庶民の子どもたちの遊ぶ様子も絵巻物の中に記録されている．『年中行事絵巻』では，印地打ち（石合戦），毬杖（ホッケーのように槌で木製の毬を打つ）をしている子どもの姿が描かれている．囲碁やすごろくをする様子を，大人たちに混ざって見物する子どもたちの姿も描かれている．

〈近世〉室町時代には『お伽草子』という短編小説集がつくられ，読まれたり語られたりした．絵師による手書きの絵巻や奈良絵本に仕立てられたが，上流階級の女性の嫁入り道具の一つであり，子どものためのものではなかった．しかし，江戸時代になり社会が安定すると，子どものための玩具や絵本が考えられるよう

になってきた．京都には，子どものためのおもちゃ屋も存在していた．大人たちにより商売や寺社への参詣が行われ人々の行動範囲が広がり，留守を守る妻（女性）や子どものためのお土産として，江戸や大坂・京都でつくられた絵入りの昔話本や玩具・人形などが日本全体に広まっていった．当時の絵本（赤本）は大人のためのものであり，現在のような対象を子どもを限定にしたものではなかった．

〈近代〉長い鎖国が解かれると，欧米からの教育制度や新しい玩具や読み物などが紹介された．グリム童話，アンデルセン童話などが翻訳され，音楽も取り入れられ，唱歌として学校教育の中で歌われるようになった．玩具の材料として，ゴム，セルロイド，ブリキなどが使われるようになり，工場で大量に生産されるようになると庶民の子どもたちも遊ぶことができるようになった．玩具の中には「教育玩具」という名前をつけられたものが発売され，玩具に教育的価値が付加された．国を挙げて「子どもは教育すべき存在である」ことが意識されると，昔話絵本なども子ども向けに配慮された内容に書き換えられるようになった．

図1　京都のおもちゃ屋の絵（持遊細物屋（もちあそびこまものや））
[『人倫訓蒙図彙7巻』，国立国会図書館]

欧米の近代的なライフスタイルの導入は中産階級以上の家庭で行われ，衣食住ばかりでなく，子ども部屋，学習用品，子ども向け文学全集，洋風の子ども服へと広がり，徐々に一般庶民階級へも浸透していった．

日清・日露戦争，第1次世界大戦と10年ごとに起こった戦争は，日本の産業革命を進行させ，新中間層と呼ばれる一定の給与を得て経済的に余裕のある階層を生み出した．子どもたちに良い教育や高い学歴を与えようとする考え方が生まれ，「20世紀は児童の世紀」という言葉と呼応して「児童文化」という言葉もこのころから使用されるようになった．

〈現代〉科学技術の進歩と情報化，さらに少子高齢社会の中で，子ども文化は様変わりしてきている．コンピュータやICを駆使した玩具を子どもが使い，大人がアニメーションやキャラクター玩具に夢中になったり，子どもの時に満足できなかった購入欲を満たす大人もいて，大人と子どもの文化の区別がつきにくくなっている．

[武田京子]

📖 引用・参考文献

[1]　皆川美恵子，武田京子編著，『児童文化—子どものしあわせを考える学びの森—』，ななみ書房，2008

育児玩具

　乳児期から幼児期のはじめ（出生から満1歳3か月）に使用される玩具のこと．この時期の子どもは，感覚が非常に鋭敏である．大人が一緒に遊ぶことで，感覚や運動機能の発達を促すような玩具を与えるよう配慮する．

●子どもの育ちにおける玩具の役割

〈身体性の発達（手指の巧緻性）〉身体全体を動かす玩具や遊具は，歩く・走る・バランスをとるという運動能力を養う．手で持って遊ぶ，道具を使うことは器用さを育てるとともに集中力を育てる．

〈自立性・自律性を養う〉親から離れて自分の力で行動する自立性を育み，自分なりの遊びの世界をつくり上げることで，自分の意思で責任をもって行動するという自律性も養われる．

〈社会性の発達〉おもちゃの受け渡しは，人との関わり方や他者理解を育む．

〈知性の発達〉積木やブロックをくっつけたり離したり，積んだり転がしたりする中で，物や色の名前，大きい小さい・多い少ない・長い短い・数・形などを認識する．遊びながら自然や生活についての知識や言葉を獲得する．

〈想像力・創造力の発達〉おもちゃのやり取りやごっこ遊びはイメージを豊かにし，想像力や言葉の発達を促す．

〈感性の発達〉遊びの中で子どもは，思いっきり笑う，怒る，悲しむという喜怒哀楽を体験し，感受性を豊かにする．土・砂・水や動植物と触れること，音楽を聞いたりすることはさまざまな感覚を養う．

〈精神的安定〉なじみのあるおもちゃ，お気に入りのおもちゃで遊ぶことは気持ちの安定につながる．

●子どもの発達に即した育児おもちゃ

〈生後3か月頃まで（見つめる・目で追う・音を聞く）〉聴覚・視覚の発達が著しく，目覚めているときにじっと見つめたり，見まわしたり，目で追ったり，音に反応する．ベットの上につるして，あおむけに横たわっている姿勢でもその動きや色音を楽しむ玩具，例えばモビール，くす玉，オルゴールメリーなどがある．明快な色彩で，動きは目で追うことが可能なように緩やかなもの，音は優しく，リズミカルなものがよい．

〈3～6か月頃（手指を動かす・さわる・つかむ・にぎる）〉音のする方向に目を向け，目の前のものには手を伸ばすようになる．柔らかい，つるつるしている，ふかふかしているなど，つかんだりふれたり，なめたりすることによってさまざまな感触が楽しめる玩具がよい．口に入れても安心な材質や塗料を使用している

こと，洗濯・消毒などの衛生管理が可能なもの，誤飲しないものを選ぶ．また手指の発達が進むので，子どもの手の動きによって音が出るもの（ガラガラ），柔らかい材質のものでつかむと音の出るものなど，転がすと鈴が鳴るようなボール，起き上がりこぼしなどもよい．

おしゃぶりは，木製のアレイ型のものが，江戸時代の浮世絵の中にも描かれている．当時は，歯が生える際のむずがゆさをしのぐための歯固めの役割もはたしていたと考えられる．19世紀半ばのイギリスでは，ゴム製のリングが柔らかい歯固めとして使用されていたが，乳母の雇えない庶民階級が使用する不衛生なものと考えられていた．現在は，「指しゃぶりをさせるよりも，おしゃぶりを与えた方が子どもにとっては望ましい」という考え方から，おしゃぶりを与える保護者は多いが，3か月～1歳の範囲ではものや指をしゃぶる（なめる）ことで物の形や性質を覚える学習をするので，無理におしゃぶりを代用させることはない．2006年に起きた「おしゃぶり訴訟（おしゃぶりの長期使用によってかみ合わせが悪くなった責任をおしゃぶりを製造した企業責任とする）」を受けて，厚生労働省は2007年度の母子健康手帳に「おしゃぶりの長期間の使用によるかみ合わせへの影響について」の記述を新規に追加し，全国の保健所・病院等で行われる乳幼児健診の際におしゃぶりの使用について注意が喚起されるようになった．

〈6か月～1歳3か月頃(手指を使う・なめる・さわる・にぎる・つかむ・たたく・引っ張る・ころがす・吹く・つかまりだちする)〉寝返りができるようになったり，一人座りやはいはいができ，移動しながら遊ぶようになる．自分でものをつかむ，つまむ，引っ張る，叩く，振る，容器の中のものを出したり入れたりするなど，腕や手先を自分の意思で動かすようになる．身近な人への興味・関心を示し，自分から探索行動を行う．玩具を仲立ちにやり取りをしたり，周囲の人々とコミュニケーションのとれるような遊びに発展する玩具がよい．吹くと音の出るラッパ，浴槽に浮かべて遊べる玩具，手のひら全体で握れるような一辺が3.5 cmくらいの積木，ひもを引くと動く玩具，歩行が可能になったら手押し車などもよい．身体が安定していないので，転倒などの危険のある玩具を使用するときには，遊んでいる場所の周囲（敷居・すべりやすい床材，カーペットなど）についても注意を払う必要がある．

　　　　　　　　　　　　　　　　　　　　　　　　　　　　　［武田京子］

固定遊具

　子どもたちが遊びに使う玩具・道具を総称して遊具という．大型遊具は，明治になって間もなく児童公園が設置されるのに伴って，西洋から日本にもたらされた．その後，児童公園には必ずといっていいほど遊具が設置されるようになった．1899（明治32）年，幼稚園の設置にあたって「幼稚園保育及び設備規定」がだされた．子どもたちの自由な遊びを尊重し，屋外での活動を重視するようになり，子どもたちのダイナミックな遊びを保障するために，屋外に遊具を置くようになった．現在では，幼稚園や保育所などの保育施設の主に屋外に固定されている大型遊具を固定遊具という．すべり台，ブランコ，砂場，雲梯（うんてい），ジャングルジム，プレイスカルプチュアなどが挙げられる．

　1956（昭和31）年の幼稚園設置基準では，「すべり台，ブランコ，砂遊び場」が設置すべきものとして具体的に示されていたが，1995（平成7）年設置基準が改正され，「時代の進展等にかんがみてそれぞれの園で工夫し，学級数や幼児数に応じて，必要な種類・数を備えること，また常に改善し，補充しなければならない」ことが示された．さらに1996（平成8）年に示された「幼稚園における園具・教具のあり方について（報告）」をもとに，保育現場では遊具などの設置や選択については幼稚園・保育所の独自の工夫ができるようになっている．

〈すべり台〉2歳くらいになれば，大人と一緒に登ってすべることができる．この頃は身体の重心が上にあり，降り口のところでバランスがとれずに，転倒し頭を打つことがあるので，大人の注意が必要である．すべり台は，上から下へとすべるだけでなくさまざまな動作が組み合わされている．仙田満は，すべり台の遊びを「はしごを上がる，高いところに立つ，すわる，すべりの用意をする，すべる，うまく着地する，立つ，走る，はしごをまた上がる，という繰り返し」と捉え，一連の活動の中に遊びの本質である「めまい体験もあり征服感もあり，工夫もある」と分析している．すべり台の遊びができるようになるには，これだけの動作ができるようになることが必要なのである．一連の動作がスムーズにできるようになると，すべるだけでは物足りなくなり，寝ころぶ・うつ伏せになる・友だちとつながるなどとすべり方の工夫を始める．縄跳びのひもを持つ，遊び道具を持つ，バンザイをするなど手の使えない状態や砂を上から流すなど危険な遊び方をする場合や，すべり方に慣れていない子どもたちをせかすような場合には注意をし，遊び方のルールを決める必要がある．

〈ブランコ〉前後に揺れる，身体をゆすることでスピードやスリルを楽しむ遊具である．古くから大人にも子どもにも，世界中で広く親しまれている．

小さい子どもは大人や年長の子どもに抱きかかえられるか支えられて，揺れる感覚を楽しむ．その後も背中を支え背中を押して，タイミングを学ぶ手助けをするとよい．ブランコの位置とひざの曲げ伸ばしを組み合わせて「こぐ」やり方をつかむことができ，「速く・高く」や「スピードを落としてうまく止める」方法を覚え，一人で楽しめるようになるのは4歳くらいである．子どもにとって，決して扱いやすい遊具ではないが，一人で乗れるようになると特別の達成感があり，空に届くように高く上がり身体全体で風を感じる感覚は，空飛ぶ乗り物に乗ったり鳥になったような爽快感につながる．立ち乗りや，2人でこぐ方法も覚えると友だちと高さを競い合う姿もみられる．

写真1　プレイスカルプチュア
（岩手大学教育学部附属幼稚園）

　ブランコは人気のある遊具なので，順番で使用するため交代が必要になるので，こぐ数を数える，数え歌を歌うなどのルールを決めて守らせる機会にもつながる．あまり高くこがない，止める時にはスピードを落とす，飛び降りをしないなど自分自身の安全な遊び方のほかに，近くを通ったときにぶつからないように柵を設置するなどの配慮も必要である．

〈砂場〉ごく小さい子どもから大人まで楽しめる場所である．さらさらとした乾いた砂，水分を含んだ砂などに触る，つかむ・にぎる・すくう・指の間を通すなどをしながらその感触を楽しむ．手や道具を使って，掘る・積んで山をつくる・トンネルを掘る・型ぬきをする・団子を作る・崩すなど，砂と水分の割合によってできる形態の変化を楽しみながらさまざまな造形活動が展開する場所になる．

　4歳ぐらいからは友だちと協力して，イメージを共有しながら一人ではつくり出せないような世界を，道具を使いこなしてつくり出すダイナミックな遊びが展開する．掘ったところに水を運び入れて，海やプールをつくる．道路や水路をつくって工事現場にしたり，ダム工事遊びをすることもある．

　砂場は，広い年齢幅の子どもたちが遊べるので「一緒に遊ぶ」「場所を分け合って遊ぶ」などの人間関係を学ぶよい機会にもなる．また，放置しておくと，土が混ざって固くなったり，不衛生になるので適切な管理が必要である．

〈プレイスカルプチュア〈遊戯彫刻〉〉屋外の美術館などに設置される子どもが中に入って遊ぶことのできる造形作品．遊びの中に自然に色彩や色の美しさ，造形の面白さを発見できる（写真1）．

［武田京子］

運動遊具

　子どもの遊び道具の中で，子どもが全身の筋肉を使っていろいろな動きを楽しむ運動遊びを誘発する遊具を運動遊具と呼ぶ．本来は運動用具としてつくられ，体育用教具として使用されるものでも子どもの遊びの道具として活用されるものも含む場合もある．

　身体発達の著しい幼児期から児童期の，全身の基本的な運動機能を活用する遊具である．ブランコ・すべり台は保育施設や児童遊園の基本的な遊具として普及率の高いもので，ジャングルジム・シーソーがこれに次ぐ．最近では上記の遊具を組み合わせたアスレチック遊具なども製品化され，デザインの良さ，遊びの広がりなどで子どもをひきつけている．

　全身の基本的な運動には，歩く・走る・登る・跳ぶなどの動きがあるが，これらの動きは従来，特別な遊具がなくても日常的な生活行動の中で修得できる機能であった．しかし，家庭への自家用車・保育施設などへの送迎バスの普及，道路の安全性等の問題により，子どもたちが安全に散歩したり・走ったりできる道路がなくなったため，保育施設などで基本的な運動機能の修得を意図的に行う必要がある．また，ゆすぶる・よじ登る・またぐ・くぐる・投げる・すべる・ぶら下がる・跳ねる・バランスをとるなど多くの動きやその調整の機能は，遊びを通じて発達する部分が大きい．運動遊具は，子どもの発達しつつある心身の多くの機

表1　基本的な運動を体験できる遊具と呼応する運動

遊具名	体験できる運動
ブランコ・遊動円木	ゆすぶる
ジャングルジム・登り棒	よじ登る
すべり台	梯子を登る・しゃがむ・すべる・走る
雲梯・たいこ橋・鉄棒・つり輪	ぶら下がる・自分の体重を支える
シーソー・つり橋・平均台	バランスをとる（上下に動く・歩く）
ネット遊具（ネット登り）	上る・くぐる・ぶら下がる
トランポリン	バランスをとる（飛び跳ねる）
巧技台	跳ぶ・くぐる・またぐ・すべる
三輪車・二輪車・一輪車	バランスをとる（こぐ・走る）
ローラースケート・竹馬・缶ポックリ	バランスをとる（歩く・動く）
ボール・輪投げ	投げる・受け止める・コントロールする（方向・距離・強さ）

能を活用して遊ぶことにより，心理的に満足感を与えると同時に運動の機能の発達を助長する．固定遊具は安全に設置されているので，ジャングルジムで鬼ごっこをするなど，子どもの創意工夫で自由な使い方ができる．移動できる巧技台などは自由に場所を設定できるという利点があるが，セットする際の安全性への配慮が必要になる．

　体育用教具として考案された遊具でも子どもは遊びの用具として使用するものがあるので，それらの代表例を遊具としての側面から考えてみたい．
〈低鉄棒〉幼児は両手でぶら下がり，その状態で身体を前後にゆすったり手を持ちかえながら左右に移動したり，横向きで両手両足でぶら下がる．両手を肩幅くらいに間隔をあけ，前から両足を入れて回転し着地するなどの動きを楽しむ．幼児期の後半には技能的に高度な足かけあがり，前まわりなどができる子どももいる．腕の筋力，持久力が養われる．
〈登り棒・登り綱〉手と足を使って，どこまで登れるか，だれが早く登れるかなどの競争を行う．途中で片手を離したり，並んで立っている2本の棒を使って登り降りをするなどの新しい技にも挑戦する．登り綱で下部が固定されていないものでは，綱につかまってゆすることができる（ターザンごっこ・忍者ごっこ）．自然の樹木で木登りができなくなった現代では，高さへの挑戦をすると同時に筋力・手足の運動と感覚の協応性を養うことができる．
〈平均台〉落ちないで渡ることを基本に一本橋に見立てたり，両側から歩き始めて出会ったところでじゃんけんをするようなゲームに使うこともある．またいだり，くぐったり，飛び越えたりして身のこなしのしなやかさが養われる．バランス感覚や敏捷性，巧緻性，柔軟性も養われる．
〈マット〉巧技台・跳び箱・平均台などから飛び降りるときに，けがをしないよう安全のために使用するほかに，転がったりでんぐり返しなどのマット運動をする際に用いられる．
〈跳び箱〉マットを敷いて跳び降りるなど本来の跳び越し以外の運動に用いる．箱の枠を外して並べ，島飛びをしたり，枠の中に何人か入って乗り物ごっこなどの遊びにも利用できる．
〈その他の体育用教具〉大小のボール（発達段階によって大きさ・固さを考慮する），バトン，とびなわ（個人用・大縄跳び用），フープなどのスポーツ用品は本来の使用目的だけでなく子どもの自由発想で，いろいろな遊びの道具に使用できるものである．

［武田京子］

構成玩具

　子どもが積木などを使ってイメージを表現していく遊びを構成遊びという．現代ではさまざまな材質の積木ばかりでなくプラスチックのブロック，さまざまな形のプラスチックの部品を組み合わせるもの，木製・金属製の穴のあいた小片をボルトとナットで組み合わせるものなど，たくさんの商品が市場には出回っている．

　構成遊びに使われる玩具は，ごっこ遊びの補助玩具として使われることもあるので，子どものもつさまざまな可能性を伸ばすことができる．子どもに積木やブロックを与えればよいのではなく，大人の関わり方も重要である．「高く積めたね」「すごいね」と認めてあげる．一人で集中して遊ぶことは悪いことではないが，積み木やブロックに限らず，「良いおもちゃを選んで与えておけば自然に子どもは育つ」というわけではない．子どもの遊んでいる様子を観察し，遊びがマンネリ化したり，玩具の扱いが雑になったように感じられるときには，新しい遊び方を考えたり部品を加えたりするのも大人の役割である．

〈積木〉木やプラスチックなどの材質でつくられた直方体・立方体・三角柱・円柱などの形をしたもので，積み重ねたり，並べたり，崩したりして楽しむ玩具．教育目的の教材としてフリードリヒ・フレーベルは，積木の原型とも考えられる「恩物」を1838年に考案している．乳幼児が初めて使用する場合は，「つかむ」という行為を通じて脳に刺激が与えられる．家・自動車などものに見立てて遊ぶようになるにつれ想像力を伸ばし，積み重ねて建物などをつくるようになると創造力が養われ，ままごと遊びやごっこ遊びの補助材料として使われることもある．

　積木を並べて線路や町などをつくることもあれば，タワーづくりなど，高く積み上げることに挑戦する場合もある．固定して遊ぶものではないので，つくることと同時に形を変えたり崩したりすることも行うので，子どもの行動の背景にどのような心の動きがあるのか，何を面白く感じているのかを洞察することも大切である．

　家庭内で使用される場合は小型のものであるが，幼稚園・保育所では大型のものも使用される．無垢の木材を裁断したもの，板材を使って箱型（中が空洞になっている）にしたものなどがある．ぶつかっても痛くないように表面にコルクを張ったものや軽いウレタンでつくられたもの，耐水性のあるABS樹脂でできたものは耐水性があり退色しないなど特色があるので，使う場所や年齢などを考えて選択する．

〈ブロック〉積木とは反対に固定することを特徴としたものがブロックである．

組み立ててつなげることで，いろいろな形をつくることができる．年齢の低い子どもは，並べたりつなげたりすること自体を楽しむ．長くつなげる・高く積み上げる行動の中で手指の巧緻性が養われ，つなげているうちに長さや高さ，立体の感覚が養われ予想しない形が出現し，それを電車やピストルに見立てて遊ぶこともある．家庭用に市販されているキットの中には，はじめから完成図がつけられているものがあるが，一通りの遊びにとどまることなく，さまざまな組み合わせによって新しい独自の世界がつくれることも知らせたい．材質は主にプラスティックであるが，大きさは手指の発達に合わせて，大きいものから小型のものまである．自動車をつくるための車軸が通るような穴が開けられたブロックや90°方向を変更させるためのちょうつがいの機能をもったブロックなどさまざまなものがあるので，イメージを膨らませながら活用する経験を積ませたい．大人向きにICを組み込んでロボットを作成するキットまで発売されている．

　家庭でブロックに慣れ親しんできた子どもにとって，入園当初の不安定な時期に，手を動かしながらブロックで遊ぶことは心の安定をもたらす．年齢が高くなると大型のものがつくられるので，ある程度の分量を用意しておくこと．落としたり，踏んだりすることで破損するとけがをしやすいので，定期的に点検する必要がある．

〈粘土〉一般的には工芸材料として使用されるものであるが，可塑性と粘着性を利用して子どもの遊び道具として使用される．「子どもが自分の手足で土の重さや感触を実感できる」「力を加えて思ったような形をつくり出していく可能性がある」などの特徴がある．ちぎる・指で穴をあける・ひっぱる・こねる・くっつけるなどの行動を行い，ひも・球・おせんべい形をつくり，組み合わせて作品をつくり出す．

　幼児の場合は口の中に入れても安全な小麦粘土，乾燥しにくく繰り返し使える油粘土，値段が安く加工しやすい紙粘土など子ども向きのものでも種類が豊富なので，年齢と目的に合わせて選び使用することが可能である．

〈折り紙〉正方形の紙を折り，立体的なものをつくり出す，日本古来の芸術ともいえる遊びである．ツル・やっこさんなど伝承折り紙のほかに，創作折り紙も盛んである．1877（明治10）年，東京女子師範学校附属幼稚園の保育科目に「織紙」「畳紙」として取り入れられ，全国の幼児教育に影響を与えた．型にはまった造形活動で子どもの個性を伸ばさない，という理由から否定されたこともあったが，現在では，伝承文化の継承として評価されるとともに，手指の運動機能を育てる遊び，色彩感覚や造形感覚を育てる遊びとして見直されている．市販の折紙ばかりでなく，包装紙や新聞紙など身近な紙で，かぶとや紙飛行機をつくって遊ぶこともできる．

［武田京子］

ごっこ遊び用玩具

　通常，1歳半頃からみられる，子どもが日常生活の中で見たり聞いたりしたことを表情・身振りを使って役割をとったり，身の回りの物を見立てるなどして一貫したテーマに基づいて組み立てていく遊びを「ごっこ遊び」と呼んでいる．それらの遊びを充実させるために有効な玩具を総称してごっこ遊び用玩具として解説する．

〈ままごと道具〉幼児期の代表的なごっこ遊びがままごとである．ままごとは，飯事（まんまごと）に由来しているといわれるように，食事場面を中心に日常の家族の生活を模倣する遊びである．子どもは一番身近な大人である母親が，子ども自身では扱うことの許されない調理用具や食品を使って食事を用意する姿をいつも目にしている．また，食卓を囲む情景は，家族やお客様との楽しい会話が弾む場面でもある．遊びがスムースにいくように子どもが扱いやすいままごと道具を用意することが大切である．ままごと道具は，ミニチュアの食器ではなく，子どもが実際につくり，盛り，食べるふりをするのに扱いやすい大きさでがよい．ブナ材をろくろ加工したのち，丁寧に研磨した本格的なままごと道具には日本の食卓には欠かせない急須・湯のみ・茶椀・箸をセットしているものもある．

　流し台，コンロ，レンジ，冷蔵庫，食器収納などをままごとコーナーに置くことで，家庭での料理の様子を再現しやすくなる．電気を使用してホットケーキが実際に焼けるようなものが市販されているが，子どもと一緒に段ボールなどで手作りしてみるのもよいだろう．

　衣装も欠かすことはできない．エプロンをするだけで，お母さんになった気分になれるし，レストランごっこならばシェフの帽子など用意してみるのもよい．

　ままごとの料理の材料は，庭の草花や，色紙を切ったものが使われることもあるが，ポリエチレンで作られた野菜や果物，マジックテープを使い，包丁で切る感覚を体験できる木製の野菜や果物なども製品化されている．

〈人形・ぬいぐるみ〉人間の形になぞらえて，木，紙，土，布，ゴム，金属，プラスチックなどでつくられた玩具である．古くは，魔除けやまじないなどを目的とした信仰の対象であったが，中世以降観賞用として発達し，美術工芸品となった．宗教などにおける役割を終えて，大人が必要としなくなったものが子どもの遊び用に与えられ，玩具になったと考えられる．明治以降は，材料もセルロイド，ビニール，ソフトプラスチックと変化し，欧米風の人形や横たえると目を閉じるもの，ミルクを飲ませることのできるものなどが登場している．子どもが母親役となって乳幼児に接するように世話をする（お世話人形・赤ちゃん人形）

ものと，流行のファッションを着せかえて遊ぶ（着せ替え人形）ものに大別される．

　お世話人形は，遊びのメンバーとして遊びを広げる役割をする．子どもたちは，自分をお父さん，お母さん，お姉さんとして，人形を子どもに見立て，あやしたり，おんぶしたり，寝かしつけたりする．

　動物の形になぞられてつくられるものがぬいぐるみである．お世話をするよりも，子どもにとっては自分の分身であったり友だちであったりすることが多い．ごっこ遊びの中で，家のペットに見立て，動物の幼さや愛らしさ，布でできているための感触の柔らかさや温かみは，抱いているだけで子どもの心を落ち着かせ，穏やかな気持ちにさせる力をもっている．子どもが心のよりどころとして必要な時期もあるので，「汚いから」「ぼろぼろになったから」などといって無理に取り上げて洗濯をしたり，新しいものに取り換えたりしないようにしたい．

　着せ替え人形の代表例であるリカちゃん人形は1967年につくられ，家族の人形，仲間たちの人形，ハウス，家具，衣装小物などがつくられている．同様に1984年に発売された動物家族の人形，「シルバニアファミリー」も人形を集めるだけでなく，自分自身の手を加えることによって，自分だけのもの，という意識が高められる玩具である．家の中に家具を配置するにとどまらず，部品をジョイントさせることによって増築や改築も可能にしている．アイディアブックを手掛かりに衣装をつくってブティックごっこをしたり，レストランメニューを考え，インテリアを考えることも可能にしている．

〈超合金合体玩具〉1972年末に放映が開始されたテレビアニメ「マジンガーZ」は，巨大ロボットアニメの元祖とされ，さまざまな玩具が発売された．超合金Zと呼ばれる架空の非常に硬い合金でつくられているという設定から，アルミダイキャストとABS樹脂のパーツでつくられた重量感のある玩具が生まれた．部品を組み替えることで変身し，ロボットパンチやばね式のミサイルが仕込まれているのも特徴である．

〈変身なりきり玩具〉テレビアニメは子どもたちのごっこ遊びのイメージ源になっている．主人公の特徴ある衣装（変身ベルト，バッジ，剣など）を身につけることで，子どもたちの遊びに対するイメージは強化される．自分たちでつくる場合もあるが，商品化されているものもある（「ファッション玩具」の項目の〈変身コスチューム〉〈変身ベルト・変身アイテム〉の項参照）．　　　　　［武田京子］

知育玩具

　乳幼児の知的能力を促進し学習の効果が期待される玩具をいう．教育機関で知識を与えるために用いられる教材・教具とは異なり，知育玩具は，考えること・表現することを通じて，知能全般の発達を促すことを目的としている．

　「子どもは遊びを通して学ぶ」ということから考えると，子ども用の玩具はすべて知育玩具ともいえる．情操教育から知能の発達までのさまざまな影響を考えると，玩具を通して子どもが影響を受けることは大きい．大人が買い与える玩具が大半を占める現代では，購入の最終的決定権は大人の側にあるので，大人が子どもに何を期待するかによって選択の方向は定まってくる．知的発達を望む保護者が多くなればなるほど，知育玩具の開発や販売に玩具メーカーが力を入れるのもうなずける．

　日本において知育玩具の概念が定着したのは，1970年代頃の教育ブーム以降で，おもちゃを使って親が教育を行うという玩具が発売された．現代では，電子化された知育玩具，音声による語学教育，インタラクティブな絵本も市場に出回っている．玩具が子どもに働きかけ，子どもが玩具に応答するというような一人遊びに近い遊びが展開することが多いため，他者とのコミュニケーション力を育成する乳幼児期にこれらの電子玩具で遊ぶことの危険性についての警告も行われている．

　一方，親子のふれあいの大切さを重視する観点から，広い意味で知育を考え，親が知育おもちゃを手づくりするための情報を掲載した育児雑誌が増えている．運動（身体・手指），生活習慣形成，思考力，水遊び，外遊び，学習遊び（文字・数・時計）などが知育の対象と考えられている．

〈幼児向け語学・数学的玩具〉ひらがな・かたかな・アルファベット，数字・一桁の足し算引き算などをプリントした布やスポンジなどの柔らかい素材でできた玩具．小型の立方体積木の6面にプリントされたものもある．大人が一緒に遊びながら意味や遊び方を教える．

〈パズル〉嵌め絵とも呼ばれ，人気のあるキャラクターや動物などを描き，単純なジグソーパズルにした平面のもの．立体パズルには，図形，文字，数字などの部品を穴やくぼみに嵌めこむものがある．

〈自由に形をつくることのできる玩具〉組み立てて何かの形を模倣させることで，空間認識能力の強化や創意工夫の意欲を強化させるのに役立つと考えられている．手指を駆使することで大脳の発達を促すと考えられており，乳幼児にとって好ましい玩具と考えられている．プラスチック製のブロックが代表例であるが，色

つきビーズをひもに通すもの，丸や三角などのさまざまな色や形の厚紙製のピースを組み合わせて動物や植物，建物をつくるものなどさまざまな製品が開発されている．

〈お絵かきボード〉子どもは「自由にのびのびと絵を描きたい」という気持ちをもっている．その気持ちを「落書き」ではなく，決められた場所に描くために考えられた知育玩具がお絵かきボードである．磁石の原理を応用して1977年に開発されたが，現在では赤・黒のマグネットペンやスタンプ，文字学習のためのアルファベット・ひらがなシートなどが付け加えられている．線で絵を描く玩具としては，ペンにひもを通してプラスチックのボードの穴に差し込み一筆書き感覚で絵や文字を描くもの，パンチングボードに色糸を縫いとるものなどもある．

〈生活習慣形成玩具・食育玩具〉家庭教育の新たな課題として挙げられるのが，生活習慣形成と食育である．これらの分野と関連した知育玩具が開発されている．「早寝・早起き・朝ごはん」をスローガンに，成長期の子どもに必要な基本的生活習慣形成が見直されている．適切な運動，調和のとれた食事，排泄，十分な休養，睡眠が基本的習慣形成の柱である．本来は家庭教育で行われるべきものであるが，社会全体の問題として見直されている．玩具とこれらの動きが一体となってつくり出されているのが，生活習慣知育玩具である．目覚まし時計をセットして生活習慣形成を図るとともに，時計の見方を学習するもの，歯磨き習慣づけをするもの，交通安全教育も兼ねた生活習慣すごろくなどもある．

　食べ物への関心を高めるために，鰹節メーカーの食育活動から生まれたカツオの解体ぬいぐるみが販売されている．カツオの三枚おろしを疑似体験できるように，原寸大のカツオを部位ごとに解体でき，心臓，中骨などもアレンジされている．食育と数遊びをセットにしたものでは，ぬいぐるみの果物が分割できて量や数を認識させるもの，お店屋さんごっこのためのお金セット，箸を使いこなすために箸で細い棒をつまみあげるおはしゲームなど，枚挙にいとまがない．本来，食育も基本的生活習慣の形成も家庭教育の一環として行われてきたものである．できれば玩具の力を借りずに，子どもと大人の日常生活の中での工夫を優先したいものである．

〔武田京子〕

ゲーム

　プレイヤーが相手の出方を絶えず考慮に入れながら，自分の利益を最大限に達成するための行動を数学的に分析する理論をゲームの理論という．子どもの遊びの中にも，相手との駆け引きをしながらプロセスを楽しみ，勝ち負けが決着する遊びがあり，これをゲームと呼んでいる．

〈コマ〉一本足で直立し勢いよく回転するコマの回転時間の長さや，互いにぶつけ合わせて，決められた領域からはじき飛ばすことによって勝敗を決める．全体が木製のもの，足が鉄製のものや，全体が鉄でできているベーゴマがある．ひもの巻き方やコマの投げ方の習得など，自分で手を加えて工夫する余地の多いものであるが，ベーゴマにはさらにコマの削り方も加わる．しかし，現在のコマの中には，削る・ひもを巻くなどの部分を省略して，誰でもすぐに回せて，手軽に改造できるものが見受けられる．このようなコマはコマ同士を戦わせるという遊び方には変わりはないが，手の動きを通して，子どもの発達を促すことにはつながらない．コマ遊びに伴う，簡単に回すことができないからこそ上手な人から教えてもらうといったコミュニケーション能力の育成や，根気よく玩具とつきあい努力した後で得られる達成感や満足感を見逃すことはできない．

〈メンコ〉コマと同じようにメンコも子どもたちが屋外で行う人気の高い玩具であったが，屋外から室内への遊び場の変化やテレビアニメなどの影響から，地面に打ち付けて勝負をするのではなく，登場人物をプリントしたカードを集めることが遊びの中心になっている．カード専用の自動販売機から購入したり，お菓子や雑誌のおまけとして入手し，子ども同士の交換によってカードを自分の好みのコレクションにしていく．強いメンコに育てて試合をするのではなく，数や希少性を競うものになってきている．手を使う遊びから見せ合う遊びへと変化してきているのは，カードに描かれている映像文化の影響が大きいといえる．さらにカードに組み込まれた情報を使って行うカードゲームが流行してきている．相手との駆け引きや知恵比べのおもしろさはあるが，強いカードを集めるために大量に買い込む危険性がある．カードの単価はそれほどではないが，金銭教育も視野に入れて指導する必要がある．

〈カルタ〉古来からあるカード遊びとして，カルタがある．百人一首を代表例とする，数十首を一組とし和歌の上下の句を合わせるものや，「いろは」を頭文字としてことわざ，物語の登場人物とそのエピソードなどを絵で表現した絵札を取るものなどがある．同じくカードの遊びとしての花札，トランプは，賭け事に使用されたため，子どもの遊びとして歓迎されないかもしれないが，相手の表情を

見ながらの駆け引きなどが楽しめる．
〈コンピュータゲーム〉コンピュータを利用したゲームの総称．その形態から次のように分類することができる．①アーケードゲーム：ゲームセンターなどに設置されている業務用ゲーム機，②オンラインゲーム：汎用のコンピュータでオンラインによるネットワークを利用してゲームを行うもの，③コンシューマーゲーム：個人や家庭向けに販売されている小型専用機とソフト．コインの投入によって使用可能になる専用機は，アメリカで1970年頃に登場した．以前からあった機械式・電気式のピンボールマシンをコンピュータ化したものと，ブロック崩しやインベーダーゲームのように遊び自体が新しくつくられたものとがあり，反射神経を競うものが多い．日本ではインベーダゲームは喫茶店に設置され，ピーク時には全国で28万台設置されたが，これらはむしろサラリーマンの娯楽対象であった．1983年，「ファミリーコンピュータ」が発売されると，テレビと接続して家庭でのテレビゲームが可能になり遊ぶ対象が子どもにも広がり，ファミコンブームの引き金となった．さらに1989年，小型化されたゲームボーイが発売され，場所を選ばずに簡単に楽しめるようになった．

　パーソナルコンピュータの普及に伴ってゲームソフトの種類・量が急増した．チェス・オセロ・麻雀などの以前からあるテーブルゲームをプログラム化したものとアドベンチャーゲーム，ロールプレイングゲーム，シミュレーションゲームなどのジャンルゲームも増えている．ゲームは「ステージ」と呼ばれる段階を一つずつクリアすることによって進展していく．クリアすることは難しく，そのために必ず攻略本と呼ばれるマニュアルがつくられる．ゲームそのものは個人で行うものと対戦という2人以上で行うものである．どのステージまでクリアしたか，どんな裏技があるかなどの情報交換が仲間同士で行われる．1996年2月に発売された「ポケットモンスター」は主人公が旅をしながら数多くのキャラクターを捕まえ，育て，戦わせるゲームで，通信ケーブルを使って仲間同士でキャラクターの交換も可能である．捕獲・育成・交換・戦闘というゲームを盛り上げる要素すべてを兼ね備えており，子どもたちに大人気となった．従来から行われている勝負性のある遊びとゲームとの大きな違いは，与えられた範囲（ストーリー）の中で楽しむことである．状況に応じて，ルールを変えたりハンディを付けることは難しい．また，室内で遊び相手は機械なので，場所や時間，体力的な制限を受けることはない．他の遊びをせずにゲームだけで過ごすことは可能であるが，対人関係を学ぶ機会を失い，だらだらと惰性でゲームを続けることは，睡眠時間の減少や過労から人間らしい生活を営むことが難しくなるゲーム依存症になる危険性を含んでいる．

[武田京子]

ファッション玩具

　かつての子どもの服装は，一部の富裕階級を除外すると，簡素なものであったことが写真などによって記録されている．子どもたちが化粧をしたり着飾るのは，お祭りなどの特別な時に限られていた．

　おしゃれは「身なりや化粧を気のきいたものにすること」，身だしなみは「身の回りについてのこころがけ．頭髪や衣服などを整え言葉や態度をきちんとすること．教養として，武芸や芸能などを身につけること」を意味しているが，現代の子どもたちを取り巻くファッションの状況はかなり変化してきている．

　第2次世界大戦が終結し，高度経済成長期（1955～1972年）が終了してから，子どもの服装について大きな変化が現れた．おしゃれや流行は，大人のものではなく子どもにまで浸透したのである．

　戦後生まれの世代が親になる時期を迎え「自分と同じものを着せたい」「かわいく見えるには多少の出費は気にしない」という意識が定着し，さまざまなブランドからさまざまなスタイルの衣服が発信され受容されている．「おしゃれは自己表現」という意識から，奇抜なファッションや子どもの運動や成長の妨げになるようなものが選ばれることがある．また，公園デビュー・入園・卒園・修了式用の服装などが雑誌や売り場などで提案されることからもわかるように，他の親子との足並みをそろえながらも，個性の主張を基本的な考え方としている流れもある．子ども服に対しては，清潔と健康を維持し，運動を妨げないことを基本にTPO（時・場所・目的）をわきまえた服装を心がけ，周囲との適応に気を配るような考え方をしたいものである．

〈変身コスチューム〉テレビ番組の主人公になりきるために，主人公と同じような服装をするような風潮は，テレビ放映が本格化した頃から始まった．風呂敷をマントのように肩からはおって「月光仮面」や「スーパーマン」を演じたことがこれに当たる．現在では，アニメーションや映画の主人公のコスチュームが市販され，簡単に本物に近い服装をすることが可能である．なりきりセットには，コスチュームを模した下着まであり，トータルに遊びを盛り上げたり集中するために，衣装や小道具は大きな効果をもたらすものである．

　また，年中行事の変化によってハロウィンが定着すると，10月31日には魔女や魔法使い，骸骨などの扮装をする幼稚園や保育所なども増えている．

〈変身ベルト・変身アイテム〉1971年「仮面ライダー」のヒーローが腰に巻いていたベルトを模した玩具が発売された．当初は「光らないし，風車も回らない」を理由に子どもたちは見向きもしなかったが，「光る，回る，変身ベルト」に改

良されると，価格が当時の玩具としては破格の1,500円であったにもかかわらず，2年間で380万個を売り上げた．その後シリーズごとに違ったデザインの変身ベルトが考案され，リストビットに代わることもあったが，1988年まで継続した．2000年に「平成仮面ライダーシリーズ」が開始されると変身ベルト玩具も復活し，スピーカー搭載，「アドベントカード」を収納するトレイ機能付き，携帯電話玩具と組み合わされたものもつくられた．2006年には仮面ライダー生誕35周年を記念して，大人向け変身ベルト玩具「コンプリートセレクションシリーズ」が発売された．サイズや造形を撮影使用のものに近づけた本格仕様であり，大人のファンから高い評価を得た．2010年代になるとベルト本体にさまざまなミニアイテムを装てんすることによって多種多様な音声や光を発することができるようになり，このミニアイテムは収集欲を刺激し，人気を得ている．

　女の子向けの変身用品にはコスチューム，コンパクト，スティック，ブローチなどがあり，アニメのヒロインによってさまざまである．ストーリーの展開につれて，変身・攻撃（敵と戦う）・敵の力が強くなったときに使用する強化アイテムに変化したり新しいアイテムが加わる場合がある．変身ベルトと同様に，変身アイテムとして本物のリップスティックやフェイスパウダーを組み込んだ，大手化粧品メーカーと共同開発した大人向けの化粧品シリーズやブローチなどの装飾品が発売されている．

〈キッズコスメ〉3歳から小学校低学年を対象とした市場は，おおむね30〜40億円といわれている．玩具メーカーや化粧品メーカーなどがリップグロス，アイシャドウ，ネイルなどを華やかでボリュームのあるパッケージにセットしたものは，プレゼント用としての需要もある．販売は玩具店で行われるが，薬事法では大人の化粧品と同じ項目に分類されており，使用が許可されている主成分は大人用と同じで，敏感な子どもの肌に合った安全な成分構成が求められている．2007年，日本玩具協会は「ST基準内商品表示ガイドライン」に化粧品の項目を追加し「これは化粧品です．必ず保護者の監視の下で使用させて下さい」と表示し，保護者の適切な判断と十分な監護を喚起している．大型玩具店ではゴールデンウィークや夏休みにメイクアップイベントを展開し，アドバイザーが女の子にネイルやメイクを施し，喜ぶこどもの姿を見る保護者の購買意識を高める効果を上げている．花王の調査によると，年齢別化粧経験は3〜9歳のどの年齢でも80％前後であり，所有率も年齢が上がるにつれて上昇している．保護者は約6割がキッズコスメの使用に肯定的ではあるが，安全面での不安を感じている．現在は玩具メーカーが主流の市場であるが，化粧品メーカーは安全性を押し出すことによって新たな市場の開拓を考えている．小学生や中学生をメインターゲットにした化粧品を生産することは，長期的な利用者の取り込みにもつながっている．　　　　　　［武田京子］

子どもの本の歴史

　かつて日本では，文字の読めない人のために，絵のみで内容を伝える「絵巻」があり，絵本の原型といわれている．ヨーロッパでもウィリアム征服王の功績を刺繍絵で表現した「バイユーのタペストリー」が有名である．これらの場合，対象はあくまでも大人であり，子どもの教育を目的とした書物が誕生するには，子どもを教育する存在として捉える考え方だけでなく，印刷技術の発明が必要であった．

●ヨーロッパの歴史　教育を目的に子どもを読者として考えてつくられた本の嚆矢は，コメニウスの『世界図絵――絵で示された目に見える世界』（1685 年）といわれている．ラテン語を学びやすくするために 150 項目を選び，事物（絵）と説明（言語）を関連づけ，ラテン語とドイツ語で出版された．各ページに掲載された木版画によって全世界が秩序立てて示されている画期的なもので，子どものための最初の絵本，絵入りの教科書，図解事典として評価されている．内容は，教師が少年に「勉強して賢くなりましょう」と誘い，動物の鳴き声等で説明された絵入りアルファベット，神・世界・天空…樹木・果実・花・野菜…と項目が並び 150 項目の最後の審判へと学びが続いていく．ドイツでは 200 年近く出版され，ゲーテも読み，聖書に次ぐベストセラーといわれている．イギリスでは 1686 年，小学校長チャールズ・フルーが英訳し銅版印刷によって出版された．

　現代感覚の絵本は 19 世紀に始まった．トーマス・ビュイックによって発展した木版画の技法は銅版画・石版画へと発展し，『グリム童話』『ロビンソン・クルーソー』『シンデレラ』が子ども向けの本に仕立てられた．エドワード・リアの『ナンセンスブック』やハインリッヒ・ホフマンの『もじゃもじゃペーター』が著者による挿絵入りの本の古典となった．20 世紀に入ると写真製版その他の印刷技術の発展に伴い，絵本はめざましく進歩した．ビアトリクス・ポター，アーサー・ラッカムらによる芸術的な絵本が生まれた．20 世紀前半の絵本の特徴は絵と文章リズムの調和であり，マージョリー・フラック，ワンダ・ガアグが代表的作家である．さらに，オフセット印刷の発明によって物語性豊かな絵本作家が育ち，エドワード・アーディゾーニ，バージニア・リー・バートン，ジャン・ド・ブリュノフ，ハンス・フィッシャー，フェリックス・ホフマンなど優れた絵本作家を輩出した．グラフィックアートやコンピュータ技術の導入，広範囲の国際交流などにより，表現技術ばかりでなくテーマも多様化した．比重は文章より絵に多くかかるようになり，イラストレーションだけでなくコラージュ，漫画も含むさまざまな表現方法が使われるようになり，読者も子どもだけに限るものでなくなってきている．

●日本の歴史　平安時代末期から『源氏物語絵巻』『鳥獣人物戯画』『信貴山縁起』『伴大納言絵詞』を代表とする絵巻物の傑作がつくられ絵本の始まりと考えられている．室町時代以降，庶民芸能が発展する中で，教科書の嚆矢といえる『庭訓往来』を代表とする往来物がつくられた．娯楽の面では 500 編の通俗的な短編物語を集めたお伽草紙（お伽草子）が書かれ，絵巻物や絵巻きのサイズを冊子にしたものがつくられるようになった．手描きのこれらは上流階級の婦女の読み物であった．17 世紀末から菱川師宣による浮世絵の時代が始まる．絵を主，文章を従として，ストーリーを追いながら絵そのものを楽しむ浮世絵絵本がつくられた．読者を子どもに限った赤本は，享保時代に黄金期を迎えるが，一方で西川祐信，奥村政信，北尾重政らが黒本・青本などとよばれる大人を対象とした絵草紙をつくるようになる．同じ絵師たちは対象を子どもに限った絵本ではない目付絵，文字絵，判じ絵，嵌め絵，凧絵などの遊び絵やおもちゃ絵のジャンルを開拓した．江戸時代の末期には，黒本・青本として『桃太郎』『花咲か爺』『かちかち山』などの物語絵本がつくられ，明治以降に受け継がれる昔話絵本の典型となった．

　明治維新を迎えると西洋印刷技術の導入や義務教育の開始に伴い，教科書の補助教材として絵本は重用された．グリムやアンデルセンの童話の翻訳や児童雑誌も米英のものをモデルにして発刊された．明治中期以降は印刷技術と挿絵技法が発展し，子ども向けの本の挿絵が特別な分野として考えられるようになり，巌谷小波を先駆けとする児童文学の興隆と，武内桂舟，小林清親，鏑木清方ら，当時の著名な画家の仕事が刺激となり挿絵の進歩に大きく貢献した．

　大正時代は，童心主義と子ども雑誌の発展，幼児教育の普及が特筆できる．保育観察絵本「キンダーブック」は童画と幼児絵本のイメージづくりに貢献した．キンダーブックと対をなすのが講談社の絵本である．昔話・内外の古典的名作・動物・乗り物・童謡など素材はバラエティに富み，日本画家，西洋画家，商業美術家，漫画家のベテランを挿絵画家として迎え，読者を魅了した．

　第 2 次大戦後，欧米の絵本の流入が日本の絵本に大きな影響を与えた．「岩波子どもの本」のシリーズでは『ちいさいおうち』『ちびくろさんぼ』をはじめイギリスやアメリカの翻訳絵本が紹介され，日本の創作絵本も発表された．編集者，画家，作家の創作意欲は非常に高まり，福音館書店の月刊絵本「子どものとも」の刊行は，日本の伝統的表現形式を土台に，外国の絵本から学んだ技法を駆使して新しい世界を開拓し，瀬川康男，赤羽末吉，安野光雅，いわさきちひろらの国際的なコンテストで評価を得る絵本作家を輩出した．　　　　　　［武田京子］

📖 引用・参考文献
[1]　鳥越信編，『はじめて学ぶ 日本の絵本史 (1)〜(3)』，ミネルヴァ書房，2001〜2002

絵本

「絵本」は絵と言葉の異なる要素が互いに調和してつくり出す作品（本）である．絵と言葉の関係は，飾りや説明ではなく相互に助け合って「絵本」という新しい世界がつくり出される．

● 絵本の特徴

① 絵本は子どもが大人と一緒に楽しむもの

　絵本の本当の楽しさは，読み手（親・保育者）と聞き手が一緒になって，言葉と絵によって表現される世界を共有するところにある．子どもが信頼を寄せる人に読んでもらうことは，一人で読むときに比べて，ストーリーや言葉の意味や価値を与え喜びを感じさせる．また，読み手の大人にとっても生きがいや喜びを感じることのできる充実した時間となる．

② ページを繰ることによってストーリーは展開する

　絵本は絵が描かれた場面が綴じ合わされてつくられている．テレビのアニメーションは，受け手の意向にかかわらず進行するが，絵本はページをめくるという行為によってストーリーが進行する．読んでもらっている子どもは絵を見ながら「次はどうなるだろう？」と期待し想像している．

③ 絵本は繰り返し読まれる

　お気に入りの本は何度も繰り返し読まれる．子ども自身は，記憶の確認や好きな本を好きな人が自分のためだけに読んでくれることに安心感を得ている．

④ 子どもは大人の語りを記憶する

　繰り返し読んでもらうことで，語りを記憶するようになる．文字の読めない子どもでも絵を見ることによって，語りの記憶がよみがえり，文字を読んでいるかのように読む．語りの記憶が受容され物語の世界を十分楽しんだ結果ともいえる．

⑤ 絵本の世界は表紙から始まり裏表紙まで続く

　大人は文字のあるページから読み始めてしまうが，絵本では表紙から物語が始まっていることがある．表紙，見返し，扉，本文，後ろ扉，裏表紙までを通して絵本の世界が形成されている．

⑥ 絵本の形と大きさには意味がある

　絵本には手のひらに載るような小さなものから一人で読むには手に余るような大きいものがあり，形も正方形・縦長・横長などさまざまである．同じ形態の方が書棚に整理するには便利だが，形，大きさ，紙の材質，色彩，文字の大きさ・配置・書体などは絵本の構成要素の一つでありそれぞれ意味をもっている．

●絵本の種類

① 赤ちゃん絵本：ファーストブック（子どもが初めて出会う本）とも呼ばれる．主に0～2歳の子どもが赤ちゃんの時に初めて出会う絵本．絵本を見ながら読み手が話しかけることによって，親密なコミュニケーションが形成される．扱いやすいように大きさや重さに配慮が必要であり，単純なストーリーのもの，絵がはっきりと描かれているものが望ましい．

② 創作絵本（物語絵本）：絵と言葉でストーリーが展開していくもので，現代絵本の主流であり，作者の個性やメッセージが強く表現されている．子どもの日常生活をそのまま描いたものや，空想の世界での冒険や不思議な出来事を描いた作品がある．

③ 昔話・民話絵本：昔話や一般民衆が語り継いできた話を題材にし絵本化したもの．語り口を現代的にするのではなく，テーマ・思想・願いを現代の作者の感性によって再話し，絵本化される．

④ 知識の絵本：子どもに事物や事柄についての知識を伝える絵本である．知識を教えるために用いるのではなく，知的な興味や好奇心を満たし育てることが大切である．動物・植物・自然現象・身体・生命などについて，系統立てた説明や知識を伝える科学絵本，数の概念や数量的なものの考え方を伝える数の絵本などがある．

⑤ 言葉の絵本：文字を覚え始める子どもを対象とした「あいうえお絵本」ばかりでなく，詩や言葉遊び，早口言葉やだじゃれ，オノマトペなどの言葉のリズムの楽しさや音の面白さを楽しんだり，言葉の美しさを味わったりする絵本．

⑥ 文字のない絵本：絵だけで構成され文章の全くない絵本．赤ちゃん向けの絵本ばかりでなく，年齢の高い子ども向けのだまし絵や隠し絵など，絵の仕掛けや細部を楽しむことができるものもある．文字を使わないことで，表情や動きの豊かさを感じ取らせたり，時間の経過を気づかせる構成になっている．

⑦ 写真絵本：写真によって場面が構成されている絵本．図鑑的な絵本や科学的な絵本で多く用いられるが，ドキュメンタリータッチの物語絵本などもある．

⑧ 仕掛け絵本：切り抜き，飛び出し，折りたたみなどさまざまな仕掛けによって絵本の楽しみ方を工夫した絵本．ロバート・サブダによるポップアップ（飛び出す仕掛け）の作品が現在の代表的な例である．観音開きやスライド式にしたりトレーシングペーパーやホログラムによって絵が変わったり，音や声が出る仕掛けなどもあるが，仕掛けに重点が置かれるとお話を楽しむ要素よりもおもちゃ的な比重が高くなる．

［伊藤美佳・武田京子］

引用・参考文献

[1] 中川素子，吉田新一編，『絵本の事典』，朝倉書店，2011

子どもと文学

　本格的な文学を楽しむようになるには，書かれている文字が表現する物語の世界を思い浮かべ理解する能力を身につけなければならない．文字を学習するのは義務教育が始まってからであるが，あやし・語り・絵本・紙芝居などによって言葉や会話の世界を経験させることは，国語学習や学校教育ばかりでなく自己形成やコミュニケーション能力の習得の面からも必要なことである．文字や言葉の学習ばかりでなく，さまざまな生活経験を重ねることが物語の理解には重要である．

〈あやす〉大人が赤ちゃんに言葉をかけ，その反応を楽しむこととして，「あやす」という行為がある．「いない・いない・ばあ」が代表的な例であるが言葉かけによる反応の繰り返しが，人とのコミュニケーションへと発展し，言葉をかけられる心地よさへとつながっていく．「わらべうた」と呼ばれるものは，大人が子どもに語りかけ，遊ばせる中で自然にふしやリズムが編み出され伝えられてきたものである．少子化・核家族化などの大きな社会の変容の中で，わらべうたの良さが見直され，子育ての中にわらべうたを生かそうという動きがある．

〈お話を聞く〉ストーリーテリング・語りなどとも呼ばれる．絵本や紙芝居と違って，絵や映像などの補助を使わずに童話や昔話を聞かせることである．語りは，テレビなどのメディアのない時代には大人にとっても，日常生活の唯一の娯楽であった．文字や映像などに保存される過程で絵本や文学が生まれてきたともいえる．

　お話をする場合に身振りや表情が多少の影響を与えるが，魅力の中心は語り手の言葉が主体となる．聞き手の年齢や経験によって，集中できる時間が異なるので，話の内容や登場人物なども考慮する必要があり，事前の準備や練習も必要である．

〈絵本〉（「絵本」の項目参照）

●紙芝居　一つの物語の内容をいくつかの場面に区切り構成したもので，絵を1枚1枚見せながら，せりふとナレーションによって聞かせていく．日本で生まれた，幼児にはきわめてわかりやすい視覚的文化財である．アニメーションなどの動く映像に親しんできた子どもたちにとって，単に受け身で見ているテレビとは違った，物語の世界に入り込むような感覚を体験できる魅力がある．物語が1枚1枚絵が抜かれることで展開していくため，演ずる人と観客の呼吸によってストーリーのメリハリやテンポが決まってくる．

　画面に観客の視線が集中するように，必要なものだけ目立つように描いたり，クローズアップ，画面外に出ていく絵や線の多用など，絵本には使用されない特殊な表現方法が用いられる．演じ手は，声色・間・紙の抜き方（途中で止める，

引っ張る，グラグラ・ガタガタさせる，勢いをつけるなど）を使い分ける．画面に観客の視線が集中するように，専用の舞台を使用するのが望ましい．

●**幼年童話**　幼児・幼年期（就学前～小学1，2年頃）の子どもを読者対象にした文学を幼年童話と呼び，年齢を基準とした書物の分類名称として使われている．絵の分量とその役割から考えると，絵本は絵がストーリーを語り，ページをめくっていくことによってストーリーが展開し，文字を読んでくれる人がいれば，さらにストーリーの理解を深めることが可能になる．これに対して幼年童話は，一般的な児童文学書に比べると挿し絵の分量は多いが，挿し絵を見るだけではストーリーを理解することはできない．ストーリーの大半は言葉で語られ，読み手は書かれたストーリーを読み取り，自分で描かれている世界を思い浮かべる必要があり，挿し絵は想像するときの手がかりとなる．学校で文字を読む教育を受けるようになっても，場面を想像する力や生活経験が身についていない子どもも多いので，大人が一緒に読むことが必要である．

　幼年童話は，子ども向き絵本からやや遅れて，明治期の終わり頃から登場した．教訓性が強く，その後，童話雑誌『赤い鳥』の鈴木三重吉によって文学的価値をもつ作品がつくられたが，保護者としての大人の視点から書かれた作品であった．

　豊かな想像力と行動力にあふれた子どもの世界を描いた作品は，1960年代になって中川李枝子（『いやいやえん』），寺村輝男（『ぼくは王様』），松谷みよ子（『ちいさいももちゃん』）によって，現在では古典と呼ばれるような作品がたくさんつくり出された．

●**児童文学**　一般的に児童文学というと子どもを読書対象とした詩，戯曲，小説，絵本などの総称であるが，ここでは子どもの本の中でも挿絵に頼らず，文字によって読書の楽しさを味わう9歳から14歳くらいまでの子どもを読者対象としている読み物のこととする．

　非現実的，超自然的な物語をファンタジーと呼び，現実の世界を基盤に過去や近未来へ時間や空間を超えた世界を描いたものや，人間の内面への冒険を描いたものなどたくさんの作品が存在している．

　一方，現実社会を取材し，学校や家庭での生活，長い休暇中の出来事や旅行体験，昔の人々の暮らしなどを写実的に描いた作品がリアリズムである．そこでは親子やきょうだいの愛情，友情のほかに貧困，病気，離別や死別，家庭崩壊，戦争などの過酷な運命に出会う子どもの姿も描かれる．

　自伝や伝記，昆虫・動物記，歴史，科学，スポーツ，芸術，生きることの意味を問うような本はノンフィクションとして別に分類される．　　　　［武田京子］

📖 **参考文献**

[1]　阿部ヤヱ，『「わらべうた」で子育て　入門編』，福音館書店，2002

映像文化

　テレビは子どもにとって非常に身近なメディアである．現在の子育て中の親世代が生まれた時からテレビは生活の中に入り込んでいて，あって当たり前のものである．世界中ばかりでなく宇宙からの情報が瞬時に家庭に届くのは，テレビやインターネットのおかげ，ということもできるが，子どもの発達や生活面から考えると必ずしも良い点ばかりではない，ということもできる．

●テレビ　19世紀末，イギリスで「明暗を電気の強弱に変えて遠方に伝える」という現在のテレビの開発が始まった．20世紀に入ってからブラウン管を用いた受像機が考案され，1929年英国放送協会（BBC）が実験放送を開始した．日本では1939年に実験放送が開始され，1953年日本放送協会（NHK）によりテレビ放送が始まった．番組数が少なく，受像機は非常に高価だったため，多くの人は街頭や喫茶店・飲食店が客寄せのために設置したものを視聴していた．1959年の皇太子（今上天皇）ご成婚をきっかけに一般家庭にも普及する頃には，多くの民間局が開設された．1960年にはカラー放送が始まり，1964年の東京オリンピックの開催が一般家庭へのカラー受像機の普及に貢献した．1991年にはBSハイビジョンの試験放送が始まり，2012年3月末，東日本大震災によって予定よりも1年遅れたが，完全デジタル化が完了した．

　世界中で最もテレビを見る時間が長いのは日本人であり，平均視聴時間は4時間，70歳以上は平日でも5時間以上である．2013年に行われた幼児生活時間調査では，テレビの視聴時間は10年前に比べると大きく減少している．子どものテレビ視聴に関して，61％の母親が制限をかけており，母親の視聴時間の長短と子どもの視聴時間には関連性があることがわかった．テレビの視聴が身体と精神の健康に与える影響については，賛否両論がある．プラスの面では，「セサミストリート」などの教育番組が言語能力や数的処理能力に良い影響を与えたといわれている．マイナスの面では暴力的な番組の視聴により，その直後ばかりでなく，数年後の攻撃性を予測するという長期的な影響も指摘されている．長時間の視聴は運動不足や睡眠時間の減少の原因となり，食事をしながらの視聴，お菓子や清涼飲料のCMの刺激などが肥満を招く．言語発達の遅れや注意欠陥障害の可能性，視力の低下の危険性から，日本小児科学会こどもの生活環境改善委員会（2004）では，長時間のテレビ視聴は子どもの発達に悪影響を与えると警告している．見る時は子ども一人ではなく大人が一緒に見て，会話することが大切である．

　学校や地域が中心となって，テレビを見ないよう呼び掛ける運動も行われている．生活習慣の改善や親子の触れ合いを増やすことを目的に「町内一斉ノーテレ

ビデー」キャンペーンが各地で行われている．

●**アニメーション** セルアニメーションの技術を駆使してマンガ映画を芸術の域にまで押し上げたのは，ウォルト・ディズニーである．ミッキーマウスを主人公とした『蒸気船ウィリー』(1928)で映像に音を取り込む手法を用い，『白雪姫』(1937)では音楽を取り入れた長編アニメーションを，『ファンタジア』(1940)では音楽と映像の融合を試みた．日本では，『白雪姫』(1950)，『シンデレラ』『ピノキオ』『ピーターパン』『眠れる森の美女』と次々に公開された．ウォルト・ディズニーが亡くなった後もプロダクションとして，グリムやアンデルセンの童話や児童文学を題材として次々と映像化しているが，アニメーション化される際にストーリーにも変更が加えられることが多くなっている．映像から受け取るイメージは活字を読んで形成するイメージよりも強く，即時に多数の人が同じイメージを受け取ることを可能にすることは，キャラクター商品の販売に大いに貢献している．

日本のアニメーションは，動画という名称で政岡憲三が『くもとちゅうりっぷ』(1943)，『フクちゃんの潜水艦』(1944)をつくっている．第2次世界大戦中には，戦意高揚のため，瀬尾光世を中心として『桃太郎の海鷲』(1943)，『桃太郎海の神兵』(1945)がつくられ，潤沢な軍部の製作費によって日本のアニメーション技術は向上した．1958年には東映動画『白蛇伝』が公開され，マンガ映画が製作公開されるようになった．その後，テレビが家庭に普及すると1963年，手塚治虫によって『鉄腕アトム』が，東映動画も『狼少年ケン』を制作し，テレビ漫画と呼ばれた．テレビアニメーションと呼ばれるようになるのは，1965年代以降である．劇場上映された長編アニメは，テレビアニメを再編集した松本零士の『宇宙戦艦ヤマト』(1977)が人気を呼び，社会現象にもなった．劇場上映独自の作品としては，1980年代になって宮崎駿によって『風の谷のナウシカ』『天空の城ラピュタ』などが次々に制作され，1990年代になると日本映画の興行成績の上位を占めるようになった．『魔女の宅急便』(1989)，『耳をすませば』(1995)，『もののけ姫』(1997)はその年の日本映画興行成績の最上位を記録している．『千と千尋の神隠し』は2002年にアメリカで公開され，翌年のアカデミー賞長編アニメーション部門賞を受賞するなど国際的にも高く評価されている． 〔武田京子〕

子どもに文化を手渡す活動

　子どもの身の回りに玩具や絵本を置けば、子どもは興味を示し自発的に遊び始めるかもしれない。しかし、その玩具のもつ特性に到達することができずに、また文字を読むことができずに、ストーリーの面白さまで到達することができないかもしれない。逆に、教育的効果を期待しすぎて無理やり教え込もうとすると、子どもは自発性を無視されたように感じて不快感を示し、玩具に興味や関心を示さなくなる場合もある。玩具の場合は、子ども自身が自分から遊び込めるようになるまで、また遊びに飽きた時には新しい発展ができるように何か刺激を与えたり、絵本の場合は、文字を読み自分で想像して物語の世界を楽しめるようになるまで読み聞かせをするなど、周りの大人たちはつかず離れず見守ることが必要になる。

〈大人が子どもと一緒に楽しむこと〉子どものための質の良い文化財は、大人にとっても十分魅力のあるものである。一緒に遊んでみる、一緒に読んでみることを通して、子どもとのつながりを深めることも大切である。子どもが遊び方を理解し自発性とやる気を示すようになったら、子どもを信頼して、子どもに遊びを任せることも必要になる。子どもの遊びは、想像力を駆使して創造活動を行うのであるから、すべてを教えられ人から与えられるのでは経験が身につかず楽しさも生まれない。親や保育者が親切丁寧に口出しをすることは、子どもの自発性を摘み取ることにほかならない。

〈適切なものを選ぶ〉玩具を選ぶ際には、子どもの発達段階や興味関心に適合したものであることのほかに安全性に配慮しなければならない。市販の玩具には日本玩具協会が管理している玩具安全マーク「ST」がついている。1971年から第三者検査機関により、玩具の安全基準であるST基準（機械的安全性, 可燃安全性, 科学的安全性）に適合していると認められた製品につけられている。1995年の製造物責任法（PL法）施行に伴い、日本玩具協会はPL絵記号をつけるようにしている。

〈おもちゃコンサルタント〉良質な遊びやおもちゃをバランスよく与えることのできる資格を持った人のこと。定められたカリキュラムを受講することによって資格を得ることができ、おもちゃの製造・販売などの場や保育施設・子育て関連施設で活動する。

〈おもちゃドクター〉日本おもちゃ病院協会に所属し、壊れたおもちゃを無料で修理し、新しい生命を与えることに価値と生きがいを感じているボランティアグループで1996年に組織化された。全国各地でおもちゃ病院活動を展開し、養成

講座を受講した 1,201 名のドクターが登録されている（2014 年 7 月 11 日現在）．
〈ブックスタート運動〉イギリスのバーミンガムで 1992 年に始まった「識字率向上」と「本を仲立ちに赤ちゃんとの楽しい時間を分かち合う」ことを目的に始められた教育改革運動．①家庭で読み書き能力の基礎を培う，②赤ちゃんと共に本を読む時間を持ち習慣化する，③本から得られる喜びや満足感を共有する，この 3 点を応援する活動である．日本では「子ども読書年（2000 年）」に紹介され，東京都杉並区をパイロット地区として試行された．日本では「識字率向上」ではなく「養育者と赤ちゃんの関係作り」に重点が置かれている．NPO 法人ブックスタートによると，2014 年 7 月 31 日現在 885 の市区町村で実施されている（全国の市区町村数は 1,741）．実施される月齢はさまざまであるが，定期健康診断時に保健師・図書館員・読み聞かせボランティアが協力し，絵本を紹介しながら絵本の持つ楽しさを体験させ，子育ての重圧から孤立しがちな母親をさまざまな人が支援していることを実感させる活動である．

〈読み聞かせ〉一般的には，大人（字の読める人）が子どもに本を読むことを読み聞かせという．家庭で個人的に行う場合と幼稚園保育所，図書館などで集団に対して行うことがあり，本の選び方などに多少の違いがある．子どもにとって読み聞かせとは，①大好きな人と過ごすひととき，②日常とは違った一つの体験をする，③想像力を豊かに育む，④言葉の美しさリズムの楽しさを知る，⑤読書活動の始まり，の意味を持っている．最近では，高齢者のための読み聞かせ活動の効果が報告されている．

〈読書ボランティア〉子どもの読書活動を推進するためのさまざまなサポートをする．多くは小学校の朝の読書に時間において，読み聞かせやブックトーク（本の紹介）などを行う．

〈家読（うちどく）〉「家庭読書」の略語で，「家族ふれあい読書」を意味している．「朝読（学校での朝の読書）」の家庭版として考えられた．家庭内でそれぞれが好きな本を読み，コミュニケーションをして「家族の絆づくり」をすることが目的である．「子どもに読書を勧める親が読書をしなければ，読書好きの子どもには育たない．」という考えが根本にある．特にやり方は決まってはいないが，同じ時間，同じ空間を家族で共有し，本について語り合うという方法が取られる．

〈わらべうた〉子どもたちが日常の遊びの中で口伝えに歌い継ぎ，作り替えてきた遊び歌のこと．日本語のリズムに密接に関わっており，手遊びや絵描き歌にもなっている．言葉を獲得していない赤ちゃんと，身体の動きや肌の触れ合いを通じて，気持ちを通わせることも可能にしてくれるわらべうた（あそばせ歌）もある．保育の現場では，欧米の遊び歌をルーツにする「ロンドン橋落ちた」やお弁当や集会の時に歌われる創作された遊び歌もある．　　　　　　　　　　［武田京子］

児童文化施設

　社会教育は，かつては地域の共同体の中で行われていた．祭りなどでは子どもの役割があり，役割を果たすことで家族以外の人々と関わり，礼儀作法をはじめ人々と関わる方法が教えられた．「子ども組」と呼ばれる伝統的な組織は，都市化に伴い町内会や通学区域の中の「子ども会」に変化して行った．そこでは異年齢集団が遊びや行事を通して触れ合い，情操文化を楽しむ活動が展開した．
　第2次世界大戦後，家族形態の変化や人口の都市への集中化によって，地域における子どもの生活や遊びが大きく変化をした．1947年，児童福祉法が制定され，子どもに「健全な遊びを与えて，その健康を増進し，または情操を豊かにすることを目的」に児童館や児童遊園が建設され，行政が子どもの文化を支えることに大きく関わり始めた．また，戦前から鉄道会社や百貨店が，遊園地などの子ども文化の施設経営に携わっていた．近年では，共働き家庭をターゲットに学童保育と塾をセットにしたアフタースクール施設を開設している．
〈放課後子どもプラン〉2002年4月から完全週5日制が実施されたことにより，公立学校へ通う子どもたちは週休2日となった．子どもの生活時間や生活スタイルが大きく変化することが予測され，文部科学省により「子どもプラン」が推進された．土日の休みを利用して学校以外の場所，例えば児童館・博物館・美術館・図書館などの文化施設で専門家から学んだり，地域の人たちから生活体験，社会体験，野外活動体験をする機会を積極的に持つことが期待された．学校とは異なる場所で異年齢集団による共同体験活動を行い，連帯感や友情を育て，社会性を養うことを目指す社会教育プログラムである．今までは子どもを対象と考えていなかった博物館や美術館も巻き込んだ子ども文化を支えていく活動である．
〈児童館など〉子どもたちの遊びを保障するとともに母親クラブ・子ども会活動，指導者育成を行う．児童福祉法に定められた児童厚生員が配置されている．小型児童館・児童センター（体力増進の設備，中高生の利用を考慮）・大型児童館がある．大型児童館には屋内施設（遊戯室・展示室・図書室・工作室・音楽室・ホールなど），屋外施設（動物園・キャンプ場・アスレチック・プールなど）のほかに宿泊施設があるところもある．
〈遊び場〉幼児や児童が楽しく安全に遊べるよう，さまざまな遊具を備えた場所（施設）である．日本では従来「児童公園」と呼ばれていた施設もこれに含まれる．地方自治体が設置する「街区公園」は，児童だけでなく広い年齢層による日常的な公園とするため，1993年児童公園から名称変更された．一般的にはシーソー，鉄棒，すべり台，ジャングルジム，ブランコなどの遊戯が設置され，さらに噴水

や人工的な小川など水遊びの場を設けている場合もある．いずれの場合も事故防止の観点から，保護者の眼の届く程度の広さである．

　指を挟む・乗っていた子どもが投げ出される・破損した遊具が倒れるなどの子どものけが防止の理由から，遊具が禁止されたり撤去されるケースが増えている．また，サッカー・野球・ゴルフ・スケートボードなど一部の子どもたちで広い面積を占有したり，それらの用具が他の子どもたちに危険を及ぼすものは禁止され，キャッチボールや犬の散歩が禁止されている遊び場もある．

〈図書館・家庭文庫〉1887年に初めて一般の図書館に子どもの利用者が受け入れられた．その後，いくつかの公立図書館に児童室や独立した児童図書館がつくられている．2000年，国立の児童図書専門図書館として，国際子ども図書館が開館した．個人が蔵書を地域の子ども向けに開放する家庭内図書館を家庭文庫と呼んでいる．「かつら文庫」（石井桃子），「瀬田文庫」（瀬田貞二）は児童文学者によるもので，個人やグループの協力で地域に根差した家庭文庫は全国に広がっている．家庭文庫の運営方法，人材養成，お話の実技講座などを行う公益財団法人東京子ども図書館は家庭文庫から始まった活動の拠点となっている．

〈美術館〉金沢21世紀美術館（石川県金沢市）は，18歳以下は入場無料であり，好奇心を刺激し遊び体験ができる展示方法で，子どもを積極的に招き入れる美術館として知られている．一般の美術館でも子どもの入場を積極的に考えているところは増えており，子ども向けのパンフレットや図録の作成，親子で参加するワークショップを企画しているところもある．

〈博物館・歴史館・郷土館〉今まで子どもを対象と考えていなかった博物館でも，理解しやすい展示，体験活動，キュレーターによるガイドツアーを企画している．多くの施設がそれぞれの特質を生かしながら，子ども自身が手を使い，実際に触れ，試し，考えることを楽しめるような工夫をしている．

〈動物園・水族館・植物園〉1882年に開園した上野動物園内に，子どもが直接小動物や家畜と触れ合うことのできる「子ども動物園」が1948年に開設された．動植物をできるだけ自然に近い状態で飼育栽培しており，動物にえさを与えたりする飼育体験ができ，夜の動物たちの観察・夜に咲く花々を鑑賞するような企画が動物園・水族館・植物園によって実施されている．

〈科学館〉自然科学・交通・鉄道・通信・科学技術・天文宇宙などの自然科学に関する博物館を総称して科学館と呼んでいる．子どもの理科・科学教育に重点を置いた科学館には，「こども」を冠しているものがある．宇宙への関心が高まる現在，天文台プラネタリウムなどが子どもたちの関心を高めている．先進技術を紹介する「日本科学未来館」もある．　　　　　　　　　　　　　　　　［武田京子］

通過儀礼

　人生の節目とは，個人が所属する集団内における地位の変化や新しい役割の獲得を意味するものであり，その節目を迎えるにあたり課せられた条件を満たすための一連の行事を行うことを通過儀礼という．人生儀礼という場合もある．個人の成長過程に行われるばかりでなく，宗教集団や世俗的集団から他の集団へ移行する際に行われる儀礼も通過儀礼である．例えば，少年が若者組に入るときの儀礼，秘密結社でのイニシエーション，戴冠式・就任式なども通過儀礼と考えられる．

　通過儀礼ということばをはじめて使用したのは，ドイツ生まれの民俗学者ファン・ヘネップ（van Gennep）で，その段階を分離・過渡・統合に区分している．第一段階の分離儀式は個人がそれまで置かれていた状態から分離することを象徴的に表すことで行われる．日本の嫁入り婚で「出立ちの儀式」として，娘の使っていた茶碗を割ったり，屋敷の入り口に架かっている橋を落とすことなどがこれにあたる．第二段階の過渡儀礼は個人がまだ過渡的な状態にあることを表すもので，新しい生活への修業や学習を行う場合が多い．無言の行，男の女装・女の男装という中性化，胎児化を象徴する始原回帰的行動など，過渡的不安定を示す行動を体現する．第三段階の統合儀式は新しく生まれ変わった個人を社会に迎え入

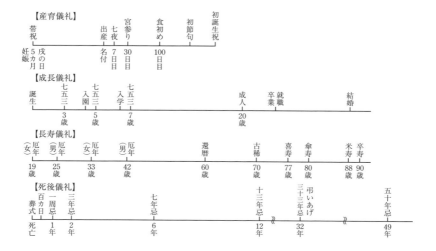

図1　通過儀礼（人生儀礼）

れるための儀式であり，大規模な祝祭（宴）が行われる．日本の嫁入り婚では「披露」「親子固め」「床入りの儀」などがこれにあたり，これらの統合儀礼が終了することによって，嫁は夫側の家族の一員として承認される．死亡者が出たときの儀礼においても同様で，近親者は穢れの影響を受け「一定期間生臭物（なまもの）を食さない」などの制約を受けるが，穢れをぬぐい落とす「精進落とし」の食事をすることによって，平常の状態に戻る．

●子どもと通過儀礼

　日本の通過儀礼のうち子どもの成長の節目の行事では，父方・母方それぞれの「家」が儀礼を行う役割を果たした．乳幼児死亡率の非常に高かった時代には，儀式を行うことで子どもの生命が続いていることを確認し，儀式後に行われる共食は，地域の共同体の中で守り育てる，という意識を高めた．栄養知識の普及と医療技術の進展により，乳幼児死亡率は劇的に低下し，生まれた子どものほとんどは，命を落とすことなく成人する現代では儀式の祝い方も大きく変化している．名付け親（実の親以外の親役割をとる地域の人）を招いて行う祝宴はなくなり，父方・母方の祖父母を招いて祝う家族中心のものへと変化している．

〈子授けと帯祝〉妊娠の仕組みが科学的な知識として普及していない時代には，子授けの祈願をする神社が各地にあり，ここで安産祈願（帯祝）を行い，誕生後は子どもの成長の守り神となった．近年では，結婚年齢や出産年齢が上昇するにつれ不妊症に悩む人たちが増え，一見，非科学的に思えるような子授け祈願の神社は，子授けのためのパワースポットとなっている．

〈誕生〉出産は人生の一つの危機とも考えられていた．出血という穢れを伴うことから忌みの観念が強まった．そのため母屋とは別の小屋（産屋）を集落に共同で設置したり，自宅内に特定の場所が産室として定められた．産婆（助産婦）の介助ばかりでなく，産湯を沸かすこと，産婦の不安を取り除くための言葉かけなど，家族や近隣の女性の協力を必要とした．

　「お産は命の交換」などといわれ，新生児ばかりでなく産婦が命を落とすことも多く，人々は厳粛に出産（誕生）を見守った．妊娠期間だけに使われる臓器である胎盤は胞衣（えな）と呼ばれ，特別な甕に入れられて家の敷地内に埋められた．母親と子どもをつないでいたへその緒は，現在でも桐の箱に納めて大切に保管される．

〈命名〉新生児が無事に育つことが少なかった時代には，生まれてすぐに名前を付けず，お七夜（生後7日目の夜）に，半紙に書いた命名書を神棚や床の間に貼ってお披露目をした．妊娠中に子どもの性別がわかる現代では，誕生前に名前を決めていることも多く，命名の意味は薄れてきている．正常な出産の場合，7日目は退院の日にあたることから，退院祝いとして母親や手伝いをしてくれた家族

で内々のお祝いをすることもある．

〈お宮参り〉生後30日頃行う．乳児の守り神である産土神（うぶすながみ）との対面の儀式である．氏神様を参拝することで新しい氏子として祝福を受ける．母親にとって参拝は，穢れを払う，忌み明けの意味をもっている．子どもにとっては新生児期，母親にとっては産褥（さんじょく）期の終わりにあたり，初めて外出する機会ともいえる．誕生1か月頃を目安として，母子の健康状態や天候によって日程を決めることが必要である．

〈お食い初め〉生後100日目に行われる儀式で，「真魚（まな）初め」「百日（ももか）の祝い」「歯固め」と呼ぶ地域もある．「一生食べることに困らないように」という願いを込めて，一汁三菜の祝い膳——鯛の尾頭付き・赤飯・煮物・香のもの・紅白の餅・吸い物（吸う力がつくように）・歯固め石（歯が丈夫になるように）などが用意される．石の代わりに栗の実やタコが使用される場合もある．

〈初誕生〉満1歳の誕生日に，誕生餅（1升の米でついた餅）を背負わせて歩かせたり，枡と算盤を用意し，どちらを選ぶかによって子どもの将来を占う風習のある地域がある．誕生日以前に歩く子どもは，大きくなって家から離れたところに行ってしまう，などといわれ，わざと転ばせる風習もある．満1歳の誕生日だけ特別のお祝いをするのは，歩き出すほどに成長したことを喜び，以後の健康な成長を祈る意味をもっている．

　数え年が使われていた頃は，生まれた時を1歳として，初めてのお正月を迎えると，2歳になり，その後お正月を迎えるたびに1歳ずつ歳をとる数え方をした．しかし，毎年元旦に誕生を祝うのではなく，還暦や古稀などを迎える特別な時だけ，その年の正月に「年祝い」を行った．

〈初節句〉男女ともに誕生して初めてのお節句は特別な意味をもち，母方から節句人形を贈る風習がある．現代では，父母双方の祖父母からお祝いをされることが多い．

〈七五三〉3歳（男女），5歳（男），7歳（女）の子が11月15日に氏神様や神社を参詣し，健やかな成長を感謝・祈願するとともに氏神の氏子として共同体の一員として認知を受ける行事である．古来の髪置き（3歳），袴着（5歳），帯解き（7歳）という衣服の着方や髪型の変化を伴う成長の区切りの行事が各地で行われていたが，江戸時代に諸国の人々が集まるようになり，七五三という行事にまとめられたようである．

　髪置きとは，髪を剃っていた男の子（女の子）が初めて髪を伸ばすという行事で，櫛置きともいわれる．「白髪頭になるまで長生きするように」と子どもの頭に白粉を塗り白髪（白髪綿）と呼ばれる綿帽子をかぶせた．

　5歳になると子どもは童子と呼ばれ，初めて袴をはく行事を袴着という．本来は男女共に行われていた行事だったが，男の子に限定され，女の子は7歳の帯解

きへと移行した.

　帯解きは童子の着物に付いている付け紐を外し，帯を使い始める行事．男女共に9歳に行われていたが，男の子は5歳の袴着に，女の子は7歳の帯解きへと分れていった.

　髪置きの際に白髪綿をかぶせる人を髪置き親，袴着で袴の紐を結ぶ人を袴親，帯解きの際に帯を贈る人を帯親と呼び，親以外の大人が子どもの成長の節目に関わることで子どもの成長や育て方を客観的に見直す機会でもあった.

〈成人式〉子どもが成人し，社会の一員として認めるための儀式は，世界中のどの民族でも行われている．一人前の大人として周囲から扱われるためには，年齢で区切るのではなく，慣習的に定められた労働や社会的な基準が設けられ，それに達することができたものを成人と認めていた．一定の時間に行う農作業や裁縫の量などで判断され，「きもだめし」や「ちからくらべ」のような認定試験があり，合格すると地域の若者組や娘組と呼ばれる集団への加入が認められ，親元から離れた共同生活を行い，結婚への準備を始めた．男の子は15歳くらいで前髪を切り，名前を成人名に変えた．女の子は13歳くらいで大人と同じ裁断法の着物（本裁ち）を肩上げ，腰上げをして着ることになった．髪型，入れ墨，お歯黒など外見的にも大人になったことがわかるような変化が加えられる場合もある.

　現在，法律的に成人と認められ飲酒や喫煙も許されるのは，満20歳になってからである．世界的には18歳を成人と認める国が多く，年齢の引き下げも検討されている.

　国民の祝日に関する法律によって，「おとなになったことを自覚し，みずから生き抜こうとする青年を祝いはげます日」として1月15日を成人の日と定めた（2000年より1月第2月曜日に変更）．旧暦の1月15日は初めての満月の日にあたり，新しい年が始まると考えられており，新しい年に成人になった人たちのお祝いをした．現在では，地域によっては夏季の帰省に合わせて，8月15日に「夏の成人式」を行うところもある.

　　　　　　　　　　　　　　　　　　　　　　　　　　　　［武田京子］

Chapter 10

子どもと福祉

子どもの権利 ———————— 260
子どもの福祉に関わる法律 ———— 262
子どもの福祉に関わる制度 ———— 264
子どもの福祉に関わる専門機関 —— 266
子育てと仕事 ———————— 268
子育てと少子化 ——————— 270
地域での子育て支援 —————— 272
世界の子育て支援 ——————— 276

子どもの権利

　この世の中で子どもと大人は同じ重みをもって存在する．そうした考え方が人々の間で共有され，また共有されていることを明文化しておく必要性への認識が高まったことが，子どもの権利が形を成す契機となった．
　「20世紀は児童の世紀である」としたエレン・ケイの『児童の世紀』（原著1900年，大村仁太郎訳1906年，小野寺信・小野寺百合子完訳1979年　冨山房）を子どもの権利論の嚆矢とすることが一般的である．

●ジュネーブ宣言（1924年の児童の権利宣言）　第1次世界大戦後にジュネーブで結成された国際連盟は，1924年に児童の権利宣言を採択した．
　国家総力戦の幕開けといわれる第1次世界大戦では，戦場となったヨーロッパ市街を中心に子どもを含む非戦闘員の被害が顕著であった．戦争という非常事態に子どもが巻き込まれ，必ずしも子どもが最優先で保護されなかった体験を経て，「子どもである」ことを要件とした特別扱いを子どもは受ける権利があり，大人は「子どもである」条件だけで最優先の扱いをするべきである，という考え方について社会的コンセンサスをとる必要が議論された．その成果が，児童は「必要な手段が講ぜられる」「食を給せられる」「最先に救済される」「搾取から保護される」「育てられる」と，児童を主格とした受動態（The child must be〜）で表現されたこの権利宣言である．
　「子どもである」ことを保護を受けるための法的地位として位置づけ，将来の市民となる発達途上にある子どもに特有の依存性がここに認められた．

●児童の権利宣言　しかしながら子どもたちは再び戦禍を被り，第2次世界大戦後に結成された国際連合で，1959年に児童の権利宣言が改めて採択された．前文で「人類は，児童に対して最高のものを与える義務を負う」と謳うこの宣言では，1924年の児童の権利宣言の原則を踏まえながらも，1948年の世界人権宣言を受けて拡大した10条にわたる原則が示された．

●児童憲章　第2次世界大戦で大きな惨禍を受けて敗戦した日本では，児童の権利に関する国際的な潮流とは別に，国の立て直しの課題を読み込んだ児童関連法規の整備がなされた．まず，GHQが教育制度と軍国主義との関連を重くみたために教育制度改革が急がれ，9年間の義務教育と教育の機会均等の原則を謳った教育基本法に結実し，次いで1947年末に児童福祉法が成立した．児童福祉法では，日本国憲法に描かれた生存権が児童福祉施設最低基準を典拠とする措置制度によって具現化された．しかしせっかくの新法も，その理念と運用の両面ともに国内での周知徹底には時間を要した．そこで，児童の幸福のための福祉の考え方の普

及と児童に対する正しい観念の確立を目指して，1951年5月5日「こどもの日」に制定されたのが児童憲章である．

児童憲章は，「われらは，日本国憲法の精神にしたがい，児童に対する正しい観念を確立し，すべての児童の幸福をはかるために，この憲章を定める．児童は，人として尊ばれる．児童は，社会の一員として重んぜられる．児童は，よい環境のなかで育てられる．」という誇らかな前文に次いで，「すべての児童は，…される」という文型で児童を主格に据えた児童の健全な育ちのための環境保障を10項目にわたって謳いあげている．項目の中に，「自然を愛し，科学と芸術を尊ぶ」「よい遊び場と文化財」へ言及があり，次世代育成からの児童への関心を超えた，子どもの心身にともに健康な育ちのために子どもらしい時間を保障する考え方が織り込まれている．

しかし今日，以後の児童福祉の具体的な指標として機能し続けている児童憲章に謳われた児童の健全育成が，児童の貧困問題によって阻害されている．2009年の厚生労働省の調査によれば，等価可処分所得の中央値の50％以下の所得で暮らす相対的貧困の17歳以下の子どもの存在を示す「子どもの貧困率」は15.7％である．この数値は母子世帯では66％と，さらに上昇する．この問題に特化した「子どもの貧困対策の推進に関する法律」が2013年に成立し，児童憲章の理念の今日的な具体化が求められている．

●**児童の権利に関する条約**　国際連合では児童の権利宣言20周年の1978年を国際児童年と定め，児童の権利に関する啓発年とした．国際人権規約が定める基本的人権を子どもに敷衍する議論をもとに，児童の権利宣言を国内法に対する規制力をもつ条約に整備する必要性が認識されていた．国際連合で始まった児童の権利に関する条約の審議に，国連児童基金（ユニセフ）は草案作成段階から参加している．

各国から出された要望は，経済，宗教，家族制度等の各国事情と調整が困難な事項が多く，またアメリカ合衆国が提案した意見表明権を初めとする一連の自律権が論議をよび，審議に10年を費やしたすえ条約は1989年に成立した．18歳未満を児童と定義し，生きる権利，守られる権利，育つ権利，参加する権利を4つの柱とし，児童の生存や保健衛生，教育等の人権問題に地球規模で取り組む視点も盛り込まれた．日本の批准が1994年だったことなど，国内法との調整に時間を要する国が少なくなく，速やかに条約の精神そのものがすべての国で受け入れられたわけではない．

締約国となった日本政府は，以来，定期的に国連児童の権利に関する委員会に対して報告書を提出し，審査を受ける義務を負っている．多くの「懸念事項」「提案及び勧告」を得て，国内の児童の権利に関する状況に対して国際的な標準に照らす視点を得る機会となっている．

［田澤　薫］

子どもの福祉に関わる法律

　第2次世界大戦後の1947年に制定された児童福祉法は，従来の実践と制度の上に「すべての児童の健全育成」を企図して編まれ，今日に至るまで児童福祉の要に位置づいている．児童福祉法以来，1971年までに整備された子どもの福祉関連法を児童福祉六法（児童福祉法，児童扶養手当法，母子及び寡婦福祉法，特別児童扶養手当等の支給に関する法律，母子保健法，児童手当法）と称するが，その後の急激な少子化や子育てをめぐる諸課題を受けて1990年代以降に法律の新設が相次ぎ，子どもの福祉に関わる法制度の新たな整備が模索されている．

　なかでも，児童虐待防止に関する法の整備と，子ども・子育て支援法等による保育制度の改編は，今日の子どもが育つ環境が急速に変化していることを物語る．
●**児童虐待の防止等に関する法律**　違法な児童労働や搾取に対するため1933年に児童虐待防止法が制定され，その内容は児童福祉法に吸収された．しかし1980年代以降，家庭内での育児不安等を背景とした別種の児童虐待が社会問題となり，2000年の児童虐待の防止等に関する法律の成立につながった．

　児童虐待は，身体的虐待（殴る，蹴る，投げ落とす，激しく揺さぶる，やけどを負わせる，溺れさせる，首を絞める，縄などにより一室に拘束するなど）・性的虐待（子どもへの性的行為，性的行為を見せる，性器を触るまたは触らせる，ポルノグラフィの被写体にするなど）・ネグレクト（家に閉じ込める，食事を与えない，ひどく不潔にする，自動車の中に放置する，重い病気になっても病院に連れていかないなど）・心理的虐待（言葉による脅し，無視，きょうだい間での差別的扱い，子どもの目の前で家族に対して暴力をふるうなど）に分類される．親としての責任と権限である親権の逸脱した行使を児童虐待と定義し，捉え方が多様で実態に迫りにくかった親からの暴力を一本化して社会的認知を得たことで，児童虐待は白日の下に晒されることとなった．厚生省（当時）が児童相談所における児童虐待対応件数の統計を取り始めた1990年度以来，件数は増加の一途をたどり，1990年度に1,101件だったものが，2012年度現在では66,701件である．

　児童虐待は児童相談所が対応の核であるが，早期発見が必須である．そこで，早期発見努力を「学校の教職員，児童福祉施設の職員，医師，保健師，弁護士その他児童の福祉に職務上関係のある者」（法5条）に求めるとともに，厚生労働省は2009年から児童相談所に全国共通ダイヤルを設置して「育児や子育てに悩んだ時，虐待を受けたと思われる子どもを見つけた時などに，ためらわずに児童相談所に電話」するよう勧奨している．

　2001年に配偶者からの暴力の防止及び被害者の保護に関する法律（DV法）が

成立したことから，配偶者間の暴力は同居児童への心理的虐待にあたるという理解が定着した．また2004年に発達障害者支援法の成立を契機として，発達障害児の育てにくさが虐待を誘発しやすい面があり，被虐待児が発達障害に類似した様相を呈する場合がある等，発達障害と児童虐待の関連性への着目も研究が進んでいる．里親制度にも，2002年度の児童福祉法改正によって，虐待を受けた児童を専門的に支援する専門里親の区分が設けられた．虐待者は実母が半数を超え，虐待者自身が被虐待経験をもつ場合が少なくない．世代間連鎖を断ち切るために，児童虐待による心的外傷が子育てに際して不適切な子どもへの向き合い方を誘発することを危惧して，保健師による家庭訪問を通した予防的介入が試みられている．

児童虐待に対する社会の注視が確保され予防や支援の策が進む中で，むしろ支援現場では新たに不適切な養育（マルトリートメント）と呼ぶ方向性がみられる．家族機能は有機的であることから，子育ての方法や技能に未熟な家族がマルトリートメントに陥ることはあっても，適切な日常の支援によって児童虐待に至らずに立ち直れると考えられ，その担い手として日々子どもの保育と子育て支援に携わる保育所に期待が寄せられている．

●子ども・子育て関連3法　2012年8月に，子ども・子育て支援法，認定こども園法の一部を改正する法律，関係法律の整備等に関する法律のいわゆる子ども・子育て関連3法が成立した．消費税引き上げによる財源確保を当初から実施条件として構想された新制度である．同じ国で育つ子どもが異なる保育サービスを享受することへの疑問を前面に出して提案されたが，旧来の幼稚園と保育所の一致型である総合こども園構想は初期に頓挫し，幼稚園，保育所に加えて，幼保連携型認定こども園や地域型保育の充実を図ることで折り合いがつけられた．

幼稚園・保育所・認定こども園は異なる財源による財政措置を受けてきたが，これを一本化した施設型給付費制度が2015年4月に設けられた．施設型給付費は概念上は保護者に支払われるが，介護保険と同様に法定代理受領方式により施設が保護者に代わり市町村に請求する．これは，給付費が確実に子育て支援に用いられるための工夫と説明される．ただし，対象施設のうち幼稚園は，給付費制度によるか旧来の私学助成等を受けるかを選択でき，私立保育所は児童福祉法24条の市町村が保育の実施義務を担うことに基づく措置として，これまで通り市町村が委託費を支弁する．

地域型保育は，従来は市町村事業として実施されてきた小規模保育事業（定員6〜19人）や家庭的保育事業（定員5人以下），居宅訪問型保育事業，事業所内保育事業に保育所より緩い基準を設けて地域型保育給付費の対象とするもので，待機児童が都市部の3歳未満児に集中していることを受けて，設置が比較的容易で3歳未満児に重点を置いたこれらの施設を拡充させ待機児童問題を解消するねらいが明白である．

〔田澤　薫〕

子どもの福祉に関わる制度

　児童福祉法第1条で「すべて国民は，児童が心身ともに健やかに生まれ，且つ，育成されるよう努めなければならない．」（第1項），「すべての児童は，ひとしくその生活を保障され，愛護されなければならない．」（第2項）と規定され，また母子保健法第3条で「乳児及び幼児は，心身ともに健全な人として成長してゆくために，その健康が保持され，かつ，増進されなければならない．」と規定されており，すべての児童は愛護されて健やかに成長することを保障されている．よって，子どもの福祉に関わる制度は子ども自身の福祉だけでなく，子どもを生み育てやすい社会をめざし，子どもの健全な生育に必要な環境づくりを推進する制度である．

●児童福祉制度　児童福祉法が1947年に制定されたが，戦後の混乱期には戦災孤児や浮浪児といった要保護児童対策が中心であった．1951年に児童福祉憲章が制定され，さらに1994年に国連「児童の権利に関する条約」の批准を経て「児童の最善の利益」を考慮することを前提とした次世代を担うすべての児童の健全育成という児童福祉が推進されることになった．その後，急激な少子化や家庭や地域の子育て機能の低下に伴い児童福祉のニーズは多様化するとともに拡大している．2000年に児童虐待防止法，2003年，次世代育成支援対策推進法が制定されて対応が強化されるとともに，2012年には子ども・子育て関連3法（子ども・子育て支援法，認定こども園法の一部改正，子ども・子育て支援法及び認定こども園法の一部改正法の施行に伴う関係法律の整備等に関する法律）が成立し「子ども・子育て支援新制度」が2015年4月に本格施行された．

　子どもの福祉に関わる施策には保育施策（保育所，一時預かり事業，家庭的保育事業，保育対策等推進事業），子育て家庭支援施策（子育て短期支援事業，乳児家庭全戸訪問事業，養育支援訪問事業，），要保護児童対策（児童自立生活援助事業，小規模住居型児童養護事業，里親，乳児院，児童養護施設，情緒障害児短期治療施設，児童自立支援施設），障害児支援施策（障害児相談支援事業，障害児通所支援事業，障害児入所施設，児童発達支援センター），健全育成（放課後児童健全育成事業，児童館，児童遊園），母子対策（助産施設，母子生活支援施設），医療施策（小児慢性特定疾患治療研究事業，療育の給付，療育の指導），相談支援事業（地域子育て支援拠点事業，児童相談所，保健所，児童家庭支援センター）がある．

●要保護児童対策　児童福祉法に基づいて，保護者のない児童または保護者に監護させることが不適当であると認められる児童（要保護児童）については，児童

相談所において一時保護を行い，必要に応じて家庭養護（family-based care）や施設養護（residential care）などの措置をとることができる．

さまざまな要因により家庭で生活できなくなった子どもを養育者の家庭に迎え入れて養育を行う家庭養護には，里親制度や小規模住居型児童養護事業（ファミリーホーム）がある．

施設養護には家庭や保護者に問題が生じた場合に児童を保護し養育する乳児院や児童養護施設等と，何らかの障害がある子どもの育ちを支援する障害児入所施設や不良行為その他生活指導を要する児童の自立支援を行う児童自立支援施設がある．義務教育終了後に児童養護施設や児童自立支援施設等を退所して就職する児童等に対しては，共同生活を営むべき住居（自立援助ホーム）で自立を支援する児童自立生活援助事業がある．

社会的養護においては，原則として家庭養護を優先するとともに，施設養護も小規模グループケアやグループホームの形態に変え，できる限り家庭的養護（family-like care）を推進していく必要がある．児童虐待が社会問題化していることから，社会的養護の対応強化が図られている．

●子ども子育て支援新制度　子ども・子育て関連3法の趣旨は幼児期の学校教育と乳幼児の保育，地域のさまざまな子ども・子育て支援を総合的に推進することにある．新制度では子どもの年齢や親の就労状況に応じて多様な支援が受けられるように，幼稚園，保育園，認定こども園を通じた共通の給付（施設型給付）になる．

また，地域型保育給付（小規模保育，家庭的保育，居宅訪問型保育，事業所内保育）が新設され，待機児童解消とともに子どもの数が減少している地域の保育機能確保に対応する．

すべての子どもに質の高い幼児期の学校教育および保育の総合的な提供を行うため，学校かつ児童福祉施設の単一施設として認定こども園制度が改善され，幼保連携型認定こども園教育・保育要領が策定された．

地域の実情に応じたすべての子育て家庭を支援できるように，地域子ども・子育て支援事業（利用者支援，地域子育て支援拠点，放課後児童クラブ等）の充実が図られる．

［後藤さゆり］

引用・参考文献

[1] 厚生労働省，児童養護施設等の社会的養護の課題に関する検討委員会・社会保障審議会児童部会社会的養護専門委員会とりまとめ，「社会的養護の課題と将来像」，平成23年7月
[2] 第64回国連総会採択決議第64号議題，「児童の代替的養護に関する指針」，2009

子どもの福祉に関わる専門機関

児童福祉施設

　児童福祉施設は，国（国立病院機構含む独立行政法人含）および都道府県，市町村（地方行政法人含）のほか，社会福祉法人も設置でき，児童と妊産婦の福祉のために児童福祉法をはじめとする法令に従って福祉事業を行う施設である．ここでいう児童とは児童福祉法第4条に明記されている0歳から17歳までを指し，妊産婦とは，妊娠中または出産後1年以内の女子をいう．

●**児童福祉施設の例**　福祉業務を行う施設とは具体的には，授産施設，乳児院，母子生活施設，保育所，児童厚生施設，児童養護施設，知的障害児施設，知的障害児通園施設，盲ろうあ児施設，肢体不自由児施設，重症心身児施設，情緒障害児短期治療施設，児童自立支援施設，児童家庭支援センターの合計14施設である．この数年では，地域の多様なニーズと一人ひとりの児童の状況が複雑でそれぞれに異なり，また入所する子どもの数も多く，特に地域の住宅地中に新たな小規模の児童養護施設（グループホーム）を2000年から設置している都道府県もある．

●**児童福祉施設の最低基準**　子どもや妊産婦の福祉業務から，これら児童福祉施設には児童福祉法第45条の規定に基づき最低基準が定められている．その一般原則は，児童福祉法第5条にあるように，入所しているものの人権を尊び，地域社会との交流や連携を行い，目的を達成するために必要な施設のインフラを行うことである．それによって各施設の設備には基準が設けられている．

●**児童福祉施設の役割**　近年，働く女性の増加に伴い，子育てとの両立支援が社会的に求められている．実際，第14回出生動向基本調査（夫婦調査2011年）では，正規雇用を継続する妻の9割が何らかの支援制度・施設を利用し，具体的には「産前・産後休暇」，施設では「認定保育所」を約50％利用しているという結果であった．今後，「日本再生戦略」として女性の継続就業率に対して目標値が掲げられ，2015（平成27）年には50％，2020（平成32）年には55％としている．したがって，この両立支援に対して児童福祉施設の中のとりわけ「保育所」の役割は大きく，単に「女性の労働力の活用」ではなく，支援対策の拡充と質的向上が国策と企業に求められている．

児童相談所

　児童相談所は，児童福祉法第12条に基づき，47都道府県に最低1以上設置されている専門機関である．2006年4月からは指定される予定の市および過去に指定されていた市からも設置ができるようになった．地理的条件や都道府県によ

る規模の違いから，複数の児童相談所のほか，その支所がある．妊産婦と子どもが対象であり，子どもの年齢は児童福祉法第4条の0歳から17歳までである．

●**児童相談所の業務内容**　業務内容は，「イ　各市町村の区域を超えた広域的な見地から，実情の把握に努めること．　ロ　児童に関する家庭その他からの相談のうち，専門的な知識及び技術を必要とするものに応ずること．　ハ　児童及びその家庭につき，必要な調査並びに医学的，心理学的，教育学的，社会学的及び精神保健上の判定を行うこと．　ニ　児童及びその保護者につき，ハの調査又は判定に基づいて必要な指導を行うこと．　ホ　児童の一時保護を行うこと．　ヘ　里親につき，その相談に応じ，必要な情報の提供，助言，研修その他の援助を行うこと」の6内容である（児童福祉法第11条の2）．

近年，児童虐待や保護者の子どもの育児放棄・入院・逮捕などにより相談所による一時保護が行われている．この一時保護は行政処分であり，緊急保護・行動観察・短期入所指導がある．

案件に対する調査・判定など業務内容自体と相談者からの内容は多岐にわたり，しかも子どもの状況も多様であるため，それぞれの業務内容につきその専門相談員がいる．

●**専門相談員**　専門相談員は，大きく分類すると一般の行政職員と専門的資格をもつ医師・児童心理司・児童福祉司（2年以上の実務経験，資格取得後2年以上所員として勤務した場合）の職員が必要である．しかし，実際は一般行政職員が相談に対応している都道府県もあり，専門職員の配置と加配が求められる．

●**相談の種別**　相談の内容は次の5つに大別される．①保健相談，②育成相談，③心身障害相談，④非行相談，⑤養護相談である．保健相談は主に身体にまつわる相談であり，育成相談や非行相談は不登校や性格など問題行動などを扱う相談である．養護相談は，近年社会問題とされる親（保護者）の虐待からの擁護をはじめ，親（保護者）の離婚・入院・災害などの状況から，子どものケアを必要とする場合などの相談である．

［齋藤美保子］

参考文献

[1]　児童福祉六法，平成27年版
[2]　伊藤周平，『保育制度改革と児童福祉法のゆくえ』，かもがわ出版，2010

子育てと仕事

　現在，仕事と生活を両立させるための法律や制度の充実が図られている．
●**育児・介護休業法**　少子高齢化社会の進展や女性の社会進出に伴い，育児や介護の社会的支援が求められている．労働者が雇用関係を継続したまま，一定期間育児または家族の介護に専念できる制度が，育児休業制度と介護休業制度である．育児休業制度は，企業内福祉の一環として事業所単位で導入されていたが，1992年「育児休業等に関する法律」が施行され，31人以上規模の事業所に義務化された．その後，すべての男女が育児休業制度を利用できるようにするため，また家族の介護も大きな問題となっていたことから，「育児休業，介護休業等育児又は家族介護を行う労働者の福祉に関する法律」（以下「育児・介護休業法」）が，1995年制定され，1999年施行された．

　2001年，2009年の改正後，労働者が申請すると，育児休業制度については，子が1歳，場合によっては1歳6か月に達するまでの間，育児休業をすることができる．介護休業制度については，要介護状態にある対象家族一人につき，常時介護を必要とする状態ごとに1回の介護休業をすることができる．期間は通算して93日とする．また，小学校就学前の病気やけがをした子の看護のために，1年に5日まで休暇を取得することができるようになった．なお，事業主は，育児休業，介護休業や子の看護休暇の申出をしたこと，または取得したことを理由に，労働者に対して解雇その他不利益な取扱いをしてはならないし，1か月24時間，1年150時間を超える時間外労働や，深夜（午後10時から午前5時まで）において労働させてはならない．さらに，3歳未満の子を養育し，または要介護状態にある対象家族の介護を行う労働者については，勤務時間の短縮等の措置を講じなければならないなど，事業者は育児，介護，看護しやすい労働環境を整えることが求められている．

　育児休業の取得率は男性1.89％，女性83.6％（2012年）であり，育児休業の取得には男女間で歴然の差異がある．介護休業の取得率は全就業者数のわずか0.06％（2011年），看護休暇の取得率は6.1％（2008年）にとどまっている．制度に関する政策課題としては，制度利用者の代替要員の確保，給付率の引き上げ，男性の取得支援などが残されている．
●**ワーク・ライフ・バランス**　わが国の社会は，人々の働き方に関する意識や環境が社会経済構造の変化に必ずしも適応しきれず，仕事と生活が両立しにくい現実に直面している．そのため，誰もがやりがいや充実感を感じながら働き，仕事上の責任を果たす一方で，子育て・介護の時間や，家庭，地域，自己啓発等にか

かる個人の時間をもてる健康で豊かな生活ができるよう，社会全体で仕事と生活の双方の調和（ワーク・ライフ・バランス）の実現が求められている．

このようなワーク・ライフ・バランスの実現に向けて，2007年12月，関係閣僚，経済界・労働界・地方公共団体の代表等からなる「官民トップ会議」において，「仕事と生活の調和（ワーク・ライフ・バランス）憲章」・「仕事と生活の調和推進のための行動指針」が策定された．さらに，2010年6月，「憲章」・「行動指針」に新たな視点や取組を盛り込み，仕事と生活の調和の実現に向けて一層積極的に取り組む決意を表明するために，政労使トップによる新たな合意が結ばれた．

「憲章」には，①就労による経済的自立が可能な社会，②健康で豊かな生活のための時間が確保できる社会，③多様な働き方・生き方が選択できる社会の3つを目指すべきであるとされ，仕事と生活の調和の必要性，目指すべき社会の姿，国や地方公共団体，経済界，労働界などの関係者の果たすべき役割が示されている．「行動指針」には，企業や働く者，国民の効果的な取り組み，国や地方公共団体の施策の方針が定められている．さらに，企業，働く者，国民，国および地方公共団体の取り組みを推進するための社会全体の目標として，政策によって一定の影響を及ぼすことができる14項目について2020年の数値目標が設定された．具体的には，フリーターの数（約178万人→124万人），週労働時間60時間以上の雇用者の割合（10%→5割減），年次有給休暇取得率（47.4%→70%），第1子出産前後の女性の継続就業率（38%→55%），男性の育児休業取得率（1.23%→13%）などが挙げられている．

ワーク・ライフ・バランスという言葉や考え方の認知度は，まだそれほど高くはないが，「言葉は聞いたことがある」とするものが，2008年43.7%から2012年50.0%と増加傾向にある．やりがいや充実感を感じながら働き，仕事上の責任を果たすとともに，家庭や地域生活などにおいても多様な生き方が選択・実現できる社会も間近いと考える． 　　　　　　　　　　　　　　　［岡田みゆき］

参考文献
[1] 厚生労働省，育児・介護休業法のあらまし
　　http://www.mhlw.go.jp/general/seido/koyou/ryouritu/aramashi.html
[2] 内閣府，仕事と生活の調和の実現に向けて
　　http://wwwa.cao.go.jp/wlb/government/20barrier_html/20html/charter.html

子育てと少子化

出生率が減り続けるわが国において少子化問題は、社会・経済の根幹をも揺るがしかねない大きな問題となっている。

●**合計特殊出生率**（total fertility rate）　15～49歳までの女性の年齢別出生率を合計した指標で、一人の女性が一生の間に子どもを生むと仮定したときに生む子どもの数を考える目安になる。

出生率の推移を示した図1からわかるように、第1次ベビーブーム時（1947～1949（昭和22～24）年）に4.3を超えていた合計特殊出生率は、1950（昭和25）年以降、急激に下降した。その後は「ひのえうま」の1966（昭和41）年の1.58を除き、第2次ベビーブーム（1971～1974（昭和46～49）年）までおよそ2.1台で推移していたが、1975（昭和50）年の1.91以降は下降傾向が続いている。1989（平成元）年には、「ひのえうま」の1.58をさらに下回ることとなり、世間では「1.57ショック」と騒がれ、少子化は社会問題として注目を集めるようになった。その後も少子化は進行し、2005（平成17）年に1.26と過去最低を記録した。その後は微増傾向にあるが、楽観できない状況にある。

都道府県別では、沖縄県（1.86）、宮崎県（1.69）、島根県（1.66）、熊本県（1.66）、長崎県（1.63）などが高く、東京都（1.15）、京都府（1.24）、奈良（1.27）、北海道（1.27）など、大都市を含む地域が低くなっている（平成26年人口動態統計

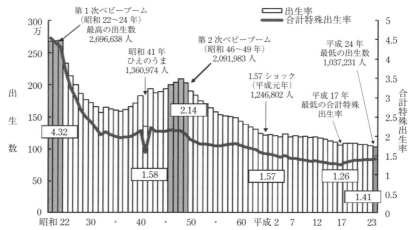

厚生労働省「人口統計」http://www8.cao.go.jp/shoushi/shoushika/data/shusshou.html

図1　合計特殊出生率の推移

月報年計（概数）の概況：厚生労働省 HP）．

●**少子化と政府の対策**　少子化傾向に危機感を抱く政府は，1990 年代からさまざまな少子化対策を打ち出してきた．1994（平成 6）年には，「今後の子育て支援のための施策の基本的方向について」（エンゼルプラン）を策定したが，これは 1995 年度からの 10 年間に取り組むべき子育て支援の在り方と重点施策を定めた初の総合的な少子化対策であった．エンゼルプランの実施にあたり，政府は保育の量的拡大や 0〜2 歳児保育，延長保育等の多様な保育の充実，地域子育て支援センターの拡充を図るなどの「緊急保育対策 5 か年事業」を定め，1999 年までの実現を目指した．1999（平成 11）年には「少子化対策推進基本方針」を定め，従来のエンゼルプランを見直した新エンゼルプラン（「重点的に推進すべき少子化対策の具体的実施計画について」）を策定し，2000 年から 2004 年までの 5 年間で，雇用・母子保健・相談・教育等についても具体的目標を設定した．

　2003 年，少子化対策を総合的に推進するために，「少子化社会対策基本法」が制定・施行された．その結果，待機児童数は一時的に減少したが，2008（平成 20）年に再び増加傾向へ転じた．2014 年 10 月の待機児童は 43,184 人（多くが 0〜2 歳児）おり，待機児童の問題の解決が急がれる．

　出生率が上がったフランスやスウェーデンでは，「子どもは社会で育てる」という考えのもと，保育サービスの提供や金銭給付を充実させた（「世界の子育て支援」の項目参照）．日本でも類似の政策を行ってはいるが十分とはいえず，今後さらに社会全体で子育てを支援する枠組みをつくる必要がある．

●**内閣府子ども子育て本部，子ども子育て会議，地方版子ども子育て会議**　2015（平成 27）年，待機児童の解消や子育て環境の充実を目指した「子ども・子育て支援新制度」（「子どもの福祉に関わる制度」の項目参照）が施行された．

　新制度の推進体制を整備するために，平成 27 年度より内閣府に子ども子育て本部の設置が予定された．これに先立ち平成 25 年から子ども子育て会議を設置し，有識者，地方公共団体，事業主代表・労働者代表，子育て当事者，子育て支援当事者などが，政策に参画できる体制を整えている．市町村には，地方版子ども・子育て会議の設置を努力義務として求められており，これにあわせて平成 26 年 4 月現在，全国で 1,756 団体（98.2％）とほぼすべての自治体が地方版子ども・子育て会議を設置あるいは設置を予定している．　　　　　　　　　　［南　元子］

地域での子育て支援

　少子化対策，子育て支援の中では待機児童をなくす対策が注目されがちであるが，地域で子どもを育てることを充実させる，いわば家庭育児の子ども，特に就学前の乳幼児の子育てについての支援を手厚くしていくことが求められている．
●**地域子ども子育て支援事業**　子ども・子育て支援法第59条によれば市町村は子ども子育て家庭等を対象とする事業として，市町村子ども子育て事業計画に従って実施する13事業を挙げている．13の事業とは，①利用者支援事業，②地域子育て支援拠点事業，③妊婦健康診査，④乳児家庭全戸訪問事業，⑤養育支援訪問事業，子どもを守る地域ネットワーク機能強化事業，⑥子育て短期支援事業，⑦ファミリー・サポート・センター事業，⑧一時預かり事業，⑨延長保育事業，⑩病児保育事業，⑪放課後児童クラブ（放課後健全育成事業），⑫実費徴収に係る補足給付を行う事業，⑬多様な主体が本制度に参集することを促進するための事業である．

　これらのうち，①利用者支援事業は新規の事業であり，子どもまたはその保護者の身近な場所にある教育保育施設や地域の子育て支援事業などの情報提供および相談助言等を行うとともに，関係機関との連絡調整などを実施する事業である．具体的には，行政の窓口以外で親子が継続的に利用できる施設を活用するのを基本型とし，主に利用者支援を実施する特定型は行政の窓口を利用する（図1）．
●**地域子育て支援拠点事業**　乳幼児およびその保護者が相互の交流を行う場所を開設し，子育ての相談，情報提供，助言その他の援助を行う．

　一時預かり事業は，家庭において保育を受けることが一時的に困難になった乳幼児を保育所等で預かる事業である．①一般型，②余裕活用型（定員の範囲内で一時預かり），③幼稚園型（園児への預かり保育同様），④訪問型（児童の居宅で一時預かり）に再編される．
●**乳児家庭全戸訪問事業等**　生後4か月までの乳児のいるすべての家庭を訪問し，子育て支援に関する情報提供，養育環境等の把握を行う事業．早期から子育ての不安や悩みについて支援し，重症化の予防，虐待予防へとつなげることが目的である．
●**ファミリー・サポート・センター事業**　乳幼児や小学生の児童を有する子育て中の保護者を会員として，児童の預かり等の援助を受けることを希望する者（利用会員）と援助を行うことを希望する者（援助会員）との相互援助活動に関する連絡調整を行う事業．
●**地域の子育て支援の実際**　地域には子育て中の親と子どもが利用できる支援の

10. 子どもと福祉　ちいきでのこそだてしえん

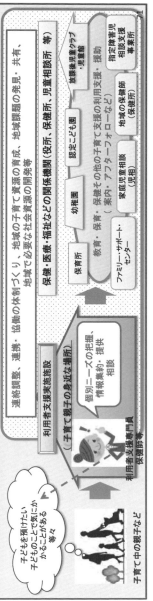

事業の目的
子ども・子育て支援の推進にあたって、子ども及びその保護者等、または妊娠している方がその選択に基づき、教育・保育・保健その他の子育て支援を円滑に利用できるよう、情報提供及び必要に応じ相談・助言等を行うとともに、関係機関との連絡調整等を実施し、支援。

主な事業内容
○総合的な利用者支援
　子育て家庭の「個別ニーズ」を把握し、教育・保育・保健施設及び地域の子育て支援事業等の利用に当たっての「情報集約・提供」「相談」「利用支援・援助」
○地域連携
　子育て支援などの関係機関との連絡調整、連携・協働の体制づくりを行い、地域の子育て資源の育成、地域課題の発見・共有、地域で必要な社会資源の開発等

いずれかの類型を選択して実施
① 「基本型」：「利用者支援」と「地域連携」を共に実施する形態
　　（主として、行政窓口以外で、親子が継続的に利用できる施設を活用。）
② 「特定型」：主に「利用者支援」を実施する形態 ※地域連携については、行政がその機能を果たす。
　　（主として、行政機関の窓口等を活用。）（例：横浜市「保育コンシェルジュ事業」）
③ 「母子保健型」：保健師等の専門職が全ての妊産婦等を対象に「利用者支援」と「地域連携」を共に実施する形態
　　※継続的な把握、支援プランの策定等を実施
　　（主として、保健所・保健センター等を活用。）

図1 「利用者支援事業」について（平成27年7月、内閣府）

場がさまざまに用意されている．それぞれの場によって，支援の内容や活動する支援者，支援プログラムが異なる．例えば初めて子育てする，子育てに慣れない父親向けの子育て講座がある．また一方で，育てにくさや障害のある子どもをもつ親向けの支援の場がある．孤立しやすい親子に地域の居場所として利用できるような支援の場を用意することは虐待予防につながる（図2）．

●**子育て支援センター**　地域の子育て支援の中核的存在．育児不安の相談や子育てサークル支援地域で子育てを支える基盤の形成を図る．

　支援活動を企画し調整，実施を担当したり，子育てに対する育児不安などについての相談指導を行う．地域の保育需要に応じた特別保育事業などの積極的な実施もみられる．保育資源の情報提供や家庭的保育を行う者への支援などを実施して，地域の育児支援を行うことを目的とする．

●**児童館**　児童福祉法第4条に規定する厚生施設の一つで，地域において児童に健全な遊びを与えて情操を豊かにすることを目的にする児童福祉施設．

●**子育てひろば**　児童館や保育園など指導が明確な空間と異なり，地域の見守りの場にあたるのが子育てひろばである．いわば地域の居場所であり，未就園の子どもと親が孤立せず，自由に参加でき，プログラムがなく育児の伝達の場とされる．NPO，個人，委託事業など多様．また親をエンパワーする要素もあるといわれ，育児仲間を得て，仲間を見て育児を学び，親が親として成長し支え合う．子どもは他の子どもの遊びを見て学び，親以外の大人の働きかけを経験する．どちらにとっても社会性を身につける経験になる．

●**子育てネットワーク**　日常的なコミュニケーションの関係づくりを通して孤立した親子を支えていく．一つの機関で役割を担うのは困難で，機関同士が連携を図り役割を遂行しつつ多機関で支えていく．また各地域，市区町村が子育てを中心としたネットワークをつくることで具体的に連携しやすくなる．

〔吉川はる奈〕

📖 引用文献
[1]　内閣府，子ども・子育て支援新制度について，平成27年7月

	一般型	連携型
機能	常設の地域の子育て拠点を設け、地域の子育て支援機能の充実を図る取組を実施	児童福祉施設等多様な子育て支援に関する施設に親子が集う場を設け、子育て支援のための取組を実施
実施主体	市町村（特別区を含む。）（社会福祉法人、NPO法人、民間事業者等への委託等も可）	
基本事業	①子育て親子の交流の場の提供と交流の促進　②子育て等に関する相談・援助の実施　③地域の子育て関連情報の提供　④子育て及び子育て支援に関する講習等の実施	
実施形態	①～④の事業を子育て親子が集い、うち解けた雰囲気の中で語り合い、相互に交流を図る常設の場を設けて実施 地域の子育て拠点として地域の子育て支援活動の展開を図るための取組（加算）一時預かり事業や放課後児童クラブなど多様な子育て支援活動を拠点施設で一体的に実施し、関係機関等とネットワーク化を図り、よりきめ細かな支援を実施する場合に、地域子育て支援拠点事業本体事業に対して、別途加算を行う　出張ひろばの実施（加算）常設の子育て拠点を開設している主体が、週1〜2回、1日3時間以上、親子が集う場を常設することが困難な地域に出向き、出張ひろばを開設　地域支援の取組の実施（加算）①地域の多様な世代との連携を継続的に実施する取組　②地域の団体と協働して伝統文化や習慣・行事を実施し、親子の育ちを継続的に支援する取組　③地域ボランティアの育成、町内会、子育てサークルとの協働による地域団体の活性化等地域の子育て資源の発掘・育成を継続的に行う取組　④家庭に対して訪問支援等を行うことで地域とのつながりを継続的に持たせる取組　※利用者支援事業を併せて実施する場合は加算しない。	①～④の事業を児童福祉施設等で従事する子育て中の当事者や経験者をスタッフとして実施　地域の子育て力を高める取組の実施（加算）拠点施設における中・高校生や大学生等ボランティアの日常的な受入・養成の実施
従事者	子育て支援に関して意欲があり、子育てに関する知識・経験を有する者（2名以上）	子育て支援に関して意欲があり、子育てに関する知識・経験を有する者（1名以上）に児童福祉施設等の職員が協力して実施
実施場所	保育所、公共施設空きスペース、商店街空き店舗、民家、マンション・アパートの一室等を活用	児童福祉施設等
開設日数等	週3〜4日、週5日、週6〜7日／1日5時間以上	週3〜4日、週5〜7日／1日3時間以上

図2　地域子育て支援拠点事業の概要（平成27年7月、内閣府）

世界の子育て支援

●**世界の子育て支援事情**　諸外国の子育て支援策から，以下に複数の事例を示す．それぞれ国の実情が異なるが，家族にとって子育てしやすいように工夫されている．

　各国の工夫を特徴づける視点として，①所定労働時間が短いこと，②労働形態が多様であること，③保育形態が多様であること，④継続相談ができること，⑤支えになる人がいること，⑥就学前保育が一貫している安心感があること，⑦育休期間が充実していることを取り上げ，以下に概観する．

　例えばフランスは，所定労働時間が週に35時間であり，長時間労働と無縁である①こと，保育がさまざまな形で存在③すること，労働の形が在宅を含めた多様②であることなどにより，子育てと仕事が両立しやすい．2歳までは保育ママを利用し，3歳になると保育学校か幼稚園に入園するなど子どもの成長に合わせて対応を変化することが可能である．

　フィンランドでは，出産や育児の際に，母親，子ども，家族に対する相談所となるネウボラ，いわば出産前から子育て期へと続く切れ目のない子育て相談④サポートが挙げられる．無料で，親子双方に向け，長期継続した子育て支援の仕組みとして知られる．妊娠期から子どもの小学校入学まで親子がさまざまな健診や支援を無料で受診できる．リスクのある場合を除き，通常，産科病院は出産時に利用するだけある．ネウボラでの受診記録は継続され，子どもの入学後は学校保健師が引き継ぐ．両親がそれを拒否することは可能だが，拒否する人は少ない．フィンランドでも育児に不安を抱え，イライラする母親はいる．しかし同じ場所で決まった保健師と継続して出会う仕組みに，支え手が存在する⑤ことで深刻な事態になる前にキャッチして予防的に対応できているという．万が一SOSの連絡が家族からあった場合には1週間以内に行動を起こす，3週間以内に解決方法を見つけるというルールがあるという．

　ニュージーランドでは，妊娠期から一貫した子育て支援の仕組み，出産・育児・健康サポート支援⑥がある．妊娠するとミッドワイフ（担当の助産師）が決まり，健診などをサポートしていく．出産後は子育て支援団体に引き継がれ，健診や予防接種，子育て相談に対応している．また，幼保統一のカリキュラム「テファリキ」によって，就学前教育は子どもの主体性を育てるための原則や要素が明確に定められ，妊娠中から就学前教育まで一貫した子育て支援の仕組みとなっている．

　スウェーデンでは，育児休業制度が普及しており，ゼロ歳児保育はみられない⑦．父親も母親も育児休業を取得し，その間最初の390日間は従前給与の大部分

を支給され，加えて2か月間の休業の権利もつ．さらに他のきょうだいが育児休業中あるいは親が失業中の子どもには，1日3時間程度の保育を利用できるようになっている．

各国が背景にもつ事情はそれぞれ異なるだけでなく，国内の州，地方，地域によっても事情が異なるので，子育て支援の目指す方向は同じではない．しかし子育てはいかなる国にとっても，次世代を育てる行為であり，それぞれの国の未来を支えることになる．持続可能な社会を考える上で，子育てをESDの視点で捉えていくことも需要である．

● ESD（Educational for Sustainable Development）　ESDとは，持続可能な開発のための教育である．2002年，南アフリカ・ヨハネスブルグでの世界首脳会議で日本が提案した「国連持続可能な開発のための教育の10年（United Nations Decade of Education for Sustainable Development）」は賞賛され，採択された．そして2012年のブラジル・リオデジャネイロでもさらなる推進が合意されることとなった．

国連地球サミットでは持続可能な開発は社会開発，経済開発，環境保全という3つの柱を基礎に存在する．未来に向けたライフスタイル環境に配慮した人間と経済社会の関係を追求していくものである．ESDでは生活の質の向上，すなわち個人レベル，家族，地域レベル，社会，地球規模でのレベルの質の向上を目指す教育である．

日本において展開される地域の活性化，まちづくり，子育て支援活動などを地球規模で考えていく，それは未来に向けての視点，ESDの視点で捉えていくことで，人間として新たな活動を地球規模で理解していくプロセスでもある．したがってESDとは，学校教育に限らない．また何かを獲得する教育ではない．持続可能な社会づくりのための担い手を育む教育である．多様な人間同士の関わりやつながりを尊重できる個人を育むことでもある．　　　　　　　　　　　　　　　　［吉川はる奈］

📖 引用・参考文献
[1] 高橋睦子，藤井ニエメラみどり編著，『安心・平等・社会の育み　フィンランドの子育てと保育』，明石書店，2007
[2] 「特集　世界の子育て支援に学ぶ」，『教育と医学』，第58巻，7号，2010
[3] フランス，フィンランド，ニュージーランド，スウェーデン各大使館ホームページ

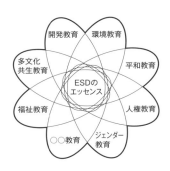

図1　ESDのエッセンス
［出典：ESDがわかる！（ESD-J）］

Chapter 11

特別な配慮が必要な子ども

子ども虐待 ──────── 280
発達障害 ──────── 282
情緒障害 ──────── 284
子どもの問題行動 ──────── 286
家庭・家族の問題をもつ子ども ── 288
集団不適応を示す子ども ──────── 290
子どもの相談支援 ──────── 292

子ども虐待

●**子ども虐待の社会背景**　1980年代後半の欧米で「児童虐待」が大きな問題となり，1989年には国連総会で「児童の権利条約」が採択された．次第に日本でも虐待が問題になり，2000年には児童虐待防止法ができた．児童虐待防止法では児童虐待を身体的虐待，ネグレクト，性的虐待，心理的虐待と定義し，2004年の改正では，同居人の虐待行為が続く場合，それを放置し見逃している保護者はネグレクトに相当するとされ，夫婦間の暴力の目撃も心理的暴力とされた．

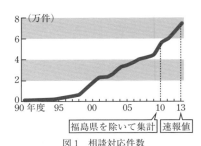

図1　相談対応件数
（厚生労働省調べ．全国の児童相談所が対応した件数）

　子ども虐待を引き起こす要素は家族の構造的問題であり，「健やか親子21」では，①多くの親は子ども時代に大人から愛情を受けていない，②生活にストレス（経済不安や夫婦不和や育児負担など）が積み重なり危機的状態にある，③社会的に孤立し，援助者がいない，④親にとって意に添わない子（望まぬ妊娠，愛着形成阻害，育てにくい子）であるとされている．

●**虐待への対応**　虐待が疑われる場合は通告しなければならないとされ，「立ち入ることによる権利侵害」と「子どもの命に関わる法益侵害」という親との権利の対立が浮かび上がるが，「子どもの最善の利益を守るためには親に引き渡せない」という判断は児童相談所によってなされていく．子どもが親から離れる不安を受け入れ，生活・遊びの場面で緊密な関わりをもち，少しでも不安を除去し子どもが安心して生活できる対応が目指されるが，一時保護の現状は，身の安全は図られるが，狭い空間に幼児から中卒児までが頻繁に入退所するため，落ち着けない問題もある．

●**親への支援**　子どもを虐待する加害者として親を責めることなく，被害者性に焦点を当て事情を聴くと，夫との関係で暴力を受けていたり，自身の親からも被害を受けた経験があったりする．虐待した人であっても一方的に責めるのではなく，「辛い人生を頑張って生きてきたのね」と今の自分が守られ，肯定され，受け入れられることを通して，初めて自分の行為の重さに気づくゆとりが生まれる．親に対しては，受容と親の置かれた状況への共感的理解を基本に親子関係が改善されるように援助し，究極の目的を家庭復帰とする．いつでもどのようなことでも親と共に考え，協働して子育てをしていく姿勢を表していくことが必要である．

●**親との関係での虐待児へのケア**　虐待された子どもは親思いで親を支えており，

殴られるのは愛されているからと思うことで生きている．こんな悪い子どもは親から見捨てられるのではないか，という不安をもって親にしがみつき，虐待されるのは自分が悪いからという低い自己評価をしている．PTSD（心的外傷後ストレス障害）による親への歪んだ愛着の物語が繰り返される時，その考え方は歪んでいること指摘することも必要になる．被害を受けた子どもが「親は子どもを愛している」という常識に囚われている時，「あなたは親から被害を受けている．親が加害者だと思うことは正しい」と気づくことも必要である．その際に，親の「意図」と「行為」を分けて，「行為」を問題にし，親を「悪者」にしないことが大切である．

●**施設での支援**　虐待を受けた子どもは，乳幼児の頃からの親の不適切な関わりの中で発達遅滞，情緒・行動障害も併せ持ち，複雑かつ多様な心理的課題を抱えている場合が多い．周りの大人や親に対する不信感（基本的信頼感の欠如）や自己概念の歪み（低い自己評価，自尊心の欠如）から対人関係がうまくとれず，過度の愛着傾向を示したり，ひねくれていたり，攻撃や乱暴，虐待の反復傾向などの「試し行動」をするために，施設で援助しようとする人の怒りを引き出すことになる．心の傷が深い子どもほど，支援者が本当に自分のことを受容し自立させてくれる人なのか，その真意や人間性を確かめようと信頼を寄せるようになるまで試し行動は続く．支援者は，子どもを理解する力を養い，子どもの特長を活かしエンパワーメントできるようになる必要がある．①安全・安心の感覚の再形成：他者が危険な存在でないと感じられるようにする．②保護されている感覚の回復：自分は守られている・自分が理解されているという感覚の回復を通して自分の思考や感情を伝えられるようにする．③人間関係の修正：虐待的人間関係の再現傾向，無差別的愛着傾向，強いものへの従順さと弱い者への抑圧・攻撃性を特徴とした「力に支配された人間関係」，人間関係を苦痛なもの，不快なものとして避ける対人関係の回避傾向など，これらの対人関係の歪みを，「何かいやなことがあったのかな」等，子どもを受容し寄り添う態度を通して，次第に感情を理解できるようにする．④感情調整の形成：子どもから爆発的に出された感情を抱きかかえ，次に子どもへ「あなたが一緒にしたかったのに，私が気づかなくて，背を向けていたから悲しくなってそれから腹立たしくなったのね」など，子ども感情の動きを受容したことばにしてフィードバックする．さらに「私に背を向けていたから悲しくなり怒った」と自ら言語化できるようになり怒りを爆発させなくする．

［矢吹芙美子］

📖 **引用・参考文献**

[1]　厚生労働省,「子ども虐待対応の手引き」, 2013 改定版
[2]　信田さよ子編,『子どもの虐待防止最前線』, 大月書店, 2001

発達障害

　子どもの中には，友だちと一緒に遊ぶことが苦手，忘れっぽくて最後まで活動をやりきれない，落ち着きがなく座っていられない，字は読めるのになぜか文章がよく理解できないなど，気になる子どもがいる．「発達障害」とは，そうした子どもたちの中で，医学的な診断の基準を満たしたものである．

●発達障害とは何か　発達障害は，「精神疾患の診断・統計マニュアル（DSM）」または「国際疾病分類（ICD）」に基づき医師によって診断される．DSMの最新版DSM-5においては，発達障害は「神経発達障害」として「典型的には発達早期，しばしば小学校入学前に現れ，個人的・社会的・学業あるいは職業的な機能を損なう発達的な欠陥により特徴づけられる」と定義される[1]．代表的なものとして，自閉症スペクトラム障害（Autism Spectrum Disorder，ASDともいう．いわゆる自閉症）は，社会性・他者とのコミュニケーションの困難や同一性へのこだわり，感覚の過敏性や鈍感性の問題を抱える．共同注意や心の理論の獲得の遅れ，全体を把握できない中枢性統合の困難などの認知の特性がある．ADHD（Attention Deficit Hyperactivity Disorder，注意欠陥/多動性障害）は，不注意や，年齢に不相応な多動衝動性をもつ．実行機能がうまく働かず，わかっていても適切に行動できない．LD（Learning Disability，学習障害）は，医学的な診断によるものは，読字障害・算数障害・書字表出障害に限られる．学校教育上の学習障害（Learning Disorder）は，全般的な知的発達に遅れはないものの，「聞く」「話す」「読む」「書く」「計算する」「推論する」のどれかの能力に著しい困難をもち，そのために学校での学習につまずいている状態を指す．

　発達障害に共通する特徴には次のようなものがある．①基盤に生物学的な要因がある．②困難の程度や状態は，子どもの個としての育ちに関わる人々も含めた生活環境のあり方によって左右される．また，発達段階やライフステージが進むにつれて，本人の発達とともに姿を変えていき，③ある領域の困難が他の領域の発達に影響する．例えばことばの発達に遅れのある幼児が，子ども同士の関わりや遊びにうまく参加できないことにより，社会性の育ちが妨げられる．④医学的な治療や専門的な訓練によって「治す」ものではない．日々の生活の中で，環境や周りの人々の関わり方の改善をも含めた支援によって，より良い生活と健やかな成長を目指すものである．⑤一人の子どもがいくつもの診断基準を満たす状態になりやすい．例えばASDの子どもの一部は知的障害やADHD，LDを同時にもつ．また，ライフサイクルや環境の変化によって，問題の現れ方（あるいは周囲からの見方）が変わる．例えば，幼児期にADHDやASDと診断された子ども

の多くが，小学校に上がると LD の問題を抱えやすい．

●**支援に大切な視点**　支援にあたっては，まず診断名の有無と，「今」の支援の必要度は必ずしも等しくないことを理解したい．障害の状態は固定されるものではなく，診断名があったとしても，個人の中で好ましい状態から好ましくない状態まで変わり得る，インクルーシブなものである．そして診断名をもつ子どもと，もつまでには至らない子ども（「気になる子ども」），いわゆる定型発達といわれる子どもとの間に，生物学的な違いは同定されておらず，スペクトラム（連続している）である．その上，支援のありようによって状態は良くも悪くも変化する．幼児期に「典型的な自閉症」と診断された子どもが，質の高い保育を受け，学齢期に入り他者との良好なコミュニケーションが成り立つようになることがある．その逆に，幼児期に「自閉症の疑い」とされた子どもが，ますます不適応が広がり，小学校入学時にはことばは流暢に話せるにもかかわらず，集団生活にほとんど入れないということもある．すなわち，診断名があるから支援するのではなく，目の前に困難を抱える子どもがいるとき，その状況に応じて支援に取り組むことが求められる．

　第2に，診断名がある場合，その認知の特徴や障害特性をきちんと理解すると同時に，障害特性から子どもの行動を解釈してはならないことにも留意したい．障害特性は，その障害の状態像をまとめたもので，子どもの抱える困難の「原因」を説明しているのではないからである．例えば，「自閉症だから予定が変わるだけでパニックになる」のではなく，「友だちや保育者との関わり，保育内容・方法等を含めた保育環境に何らかの問題があり，予定が変わるだけで大きな不安が湧き起こりパニックになる，それは自閉症の障害特性にあてはまる」のである．したがって，支援とは，障害特性をいかにコントロールするかという発想に基づくものではない．子どもを取り巻く環境にあるさまざまな課題を探り，周りの子どもたちへの指導や安定した集団づくり，特性に配慮した保育の改善に取り組み，子どもの発達それ自体を伸ばすための教育的な手立てをとることが支援となる．

　第3に，2次的な情緒障害の予防に配慮する．叱責やマイナスの評価ばかりを受け続けることにより自己効力感が低下し，情動のコントロールが困難になったり無気力になったりと，情緒的なもつれが進みやすい．個々の育ちの特性を十分理解し，子どもに寄り添って肯定的な対応を心がける．プラス面に注目してそれを伸ばし，自己効力感の維持や向上を図ることなどが重要である．　　［西本絹子］

📖 引用・参考文献

[1] American Psychiatric Association（Corporate Author）．（2013）．Diagnostic and Statistical Manual of Mental Disorders：Dsm-5（日本精神神経学会監修，『DSM-5 精神疾患の診断・統計マニュアル』，医学書院，2014）

情緒障害

●**情緒障害とは** 「情緒障害」は厳密な定義はなく，発達障害などの障害概念の変化や，社会の変遷に伴い，その意味は変わってきている．医学的には，症状，状態の呼称で，1960年代以前の米国では，自閉症等の現在では発達障害とされている障害やほとんどの精神障害が親の養育の仕方に原因があるとされていた．その後，発達障害や内因性精神病の原因は脳機能の障害にあると考えられるようになると，原因が心理的なものか脳機能の障害かを問わずに，情緒障害は「情緒が著しく不安定で激しい現れ方をする状態」となった．さらに，現在では発達障害の概念が広まるにつれて，心理的な反応として起きる状態に用いられるようになった．教育行政分野では，「情緒障害とは情緒の表れ方が偏っていたり，その表れ方が激しかったりする状態を，自分の意志ではコントロールできないことが継続し，学校生活や社会生活に支障となる状態である」（2002，文科省）とし，選択性かん黙等の心理的・環境的要因を主な原因とする不適応状態を情緒障害とし，発達障害と分けて考えることが多くなっている．特殊教育から特別支援教育への移行に伴い，情緒障害教育の対象者を，①発達障害（自閉症等）により言語発達の遅れや対人関係の形成が困難であるために社会的適応が困難な状態と，②心理的要因による社会的適応が困難な状態の，不登校，選択性かん黙，多動，チックなどとした．2009年には情緒障害特別支援学級が自閉症・情緒障害特別支援学級と名称変更された．厚生労働省の情緒障害児短期治療施設では，強度行動障害を示す自閉症の子どもが多く収容されていた時期があるが，現在では，虐待や不適切な養育によって，情動の著しい不安定や激しい現れ方を示す子どもが多くなっている．しかし，被虐待の情緒的問題ばかりでなく，発達障害の二次障害として環境との相互作用で生じる摩擦が情緒的な発達に大きな影響を与えている問題も浮上している．全国情緒障害児短期施設協議会実態調査（2009年）によると，被虐待児72.5％，広汎性発達障害19.5％，愛着障害を含む社会的障害26.8％，軽中度の知的障害12.6％であり，虐待を主訴として措置されている子どもの中に発達障害や知的障害の子どもが含まれる実態がある．

●**二次障害としての情緒障害** 自閉症・情緒障害特別支援学級における実態調査（2011年）を基に，教師と親の捉えた情緒障害をもつ子どもの状態の把握を見ると，親は子どもの苦痛，それも内的苦痛をより敏感に気づいていることがわかる（図1）．不登校は担任との関係の悪さ，対人関係のトラブル，いじめ，学習の困難さ，知覚過敏などが契機といわれる．自閉症スペクトラム特にアスペルガー障害ではからかいやいじめの対象になったり，ADHDは不注意，多動性，衝動性により

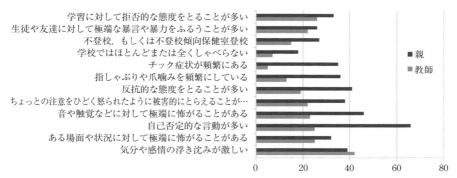

図1　自閉症・情緒障害特別支援学級の教師と親の情緒障害状態把握
（教師と親が判断した対象児は共通ではない）

仲間集団からの孤立，気分障害を併存して，引きこもりの契機になることもある．しかし思春期になり落ち着く場合もあるので，環境との関係で生じている行動を早期に診断し親子の問題に転化して親子を悩ましてしまうことを避けねばならない．ただし，こうした時期に適切な対応が欠けると二次障害へと進行する．自己以外の対象に向けて表現する反抗挑発性障害（周りの大人に反抗し子どもとも仲良くできず，暴言を吐き暴力的な行動を繰り返す）や行動障害（反社会的，攻撃的な行動を繰り返す，敵意を抱く）などの「外在化障害」と，自己の内的苦痛を特徴とする情緒障害（不登校，選択性かん黙，チック），不安障害（強い不安を感じ人見知りが激しい，極度の心配性）・愛着障害（養育者が対応を誤り重大な情緒の混乱を生じた状態で，愛着不形成のため対人関係に問題を抱えやすく衝動や怒りのコントロールも難しい），気分障害（気分の低下からうつや気分の高揚など），強迫性障害（特定の考えが頭から離れず同じ行為を繰り返し日常生活に支障が現れる）などの「内在化障害」である．

●情緒障害をもつ子どもへの対応　被虐待児への対応と共通するが，自己否定感の強い子どもには子どもの良いところを見つけ，頑張っている姿を肯定的に評価し支え，自分の中の良い部分を発見することで自己の捉え直しになるようにする．挫折体験，迫害体験を避けるために，頑張らせすぎない．今できていること，しようとしていることを支え，少し先の目標を立て，安心して自分なりの挑戦ができるようにする．攻撃性を和らげるためには，怒りの気持ちを受容，共感し，自分のあり方を肯定してくれる人がいることに気づくようにすることが必要である．

[矢吹芙美子]

📖 引用・参考文献
[1]　笹森洋樹，ほか，「発達障害と情緒障害の関連と教育的支援に関する研究」，国立特別支援教育総合研究所，2011

子どもの問題行動

　子どもは，ストレスや葛藤を抱えているとき，自分の思いを内省したり，それを適切なことばで表したりすることは十分にできない．また，発達の危機やつまずき，環境との折り合いの悪さをさまざまの形で表す．それが大人の目には「問題行動」として映る．「問題行動」とは，子どもからの「支援ニーズがある」というメッセージである．また，問題行動は，子どもの育ちと子どもを取り巻く環境との相互作用の中に起こる．

●問題行動の現れ方　子どもの声にならない声は，問題行動として次のように現れる．①身体化：発熱や腹痛，吐き気やおう吐などの身体症状で表す．病気として現れると，過敏性大腸症候群，起立性調節障害，抜毛症などの「心身症」と呼ばれるものとなる．②行動化：こだわりや退行などの非合理的な行動，社会ルールから逸脱した行動で表す．社会ルールからの逸脱行動とは，他者への暴力やいじめ，非行などの外へ向かう形で現れることもあれば，自傷行為など自身へ向かうこともある．③言語化：ことばで表す．ただし，自分のモヤモヤ，イライラした気持ちや満たされない思いなどを，適切なことばではなかなか表せない．「むり」「べつに」「うざい」などの曖昧な決まり文句でしのぐ，「超むかつく」「ぶっ殺す」などの攻撃的なことばを頻繁に発する．他者の嫌がることを挑発的に言うことも含まれる．④出せない：心の危機を抱えながら，それが身体にも行動にもことばにも表されず，奥底に隠されている．

　このうち，最も困った状況は「出せない」である．①〜③は，子どもが危機に直面しているとき，それに立ち向かい，生きようとする力の現れである．大人は，こうした，きちんとしたことばにはならない訴えに対して，その裏にある意味を読み取り，子どものニーズにアプローチできるチャンスとして捉えたい．

●発達要求としての意味　問題行動を子どもの立場からみたとき，それは発達への要求という意味をもつ．問題行動は発達のつまずきや積み残しの現れである．例えば，「遊びや集団のルールが守れず，気に入らないときには他児に暴力をふるう5歳児クラスの子ども」がいるとき，その子どもは，就学を前にした時期に期待される，ことばとコミュニケーションや情動コントロールの発達が十分ではないと考えられる．それは集団の中で，より複雑なルールに沿って他者との関係を結ぶ力の獲得が求められる段階にあるからこそ現れてくる危機である．すなわち，マイナスとされる行動は，過去から未来に向かう発達の道筋において，それを乗り越えて望ましい状態に至るプロセスの中にある，とみる．したがって，問題行動とは「そういうことをしないでいいように育てて欲しい，発達それ自体を伸ば

して欲しい」という，子どもからの「発達要求」として捉える．これを「チャレンジング行動」とする見方（園山，2006）もある．「チャレンジする」の主語は子どもではなく，育てる側の大人である．子どもがそうした行動を起こさなくてもすむような環境調整や育て直しに大人がチャレンジするのである．

●ニーズの理解と支援　自閉症を発見したことで知られる児童精神科医カナーは，症状や問題行動は，その裏にある真のニーズを理解するためにあるとして，次のような見方を示している（Kanner, 1935）．①問題の本質に入るための入場券である．②「何か良くないことが起こっているよ」という子どもからの信号であり，「良くないこと」の本質を見出して助けて欲しいという周りの大人への警告である．③今，問題行動を起こすことで，心のバランスを取ったり，より深刻な問題になることを防いでいたりする安全弁である．④不具合な状況に対処するための，最良ではないが子どもなりの一つの問題解決の方法である．⑤行動の真の意味を理解しなければ単に大人を煩わすものとして捉えがちであるが，厄介であればあるほど早期に支援の機会に恵まれる．

　また，精神分析家であるフロイトは，人は病気や症状が出ることによって，意識はしていないが，何らかの利得が得られている（疾病利得）という考え方を示した．利得とは，心の葛藤を身体症状に置き換えることによって真の心の問題から逃れたり，周囲の人たちから同情や注目や慰めをもらったり，社会的な補償を受けたりすることなどを指す．これは，カナーの「問題解決の手段」にも通じる考え方である．

　例えば，「体育の授業がある日は決まって体調不良になり，保健室に行く子ども」がいるとする．身体症状にはきちんとした手当てが必要だが，子どもなりの問題解決の方法とみることができる．苦手なことから逃れられる，からかいや嘲笑を受けなくてすむ，養護教諭と話ができる，クラスの子どもたちに心配してもらえるなどという利得を得ているのかもしれない．利得を得ている部分に支援ニーズがある．すなわち，子どもの発達の弱さのみを問題解決の対象とするのではなく，授業方法や内容，教師との関係，クラス集団の育ち，クラス内での子どもの位置づけや友達関係など，子どもを取り巻く生態学的な環境のあり方を振り返り，それぞれにある課題を解決していくことが支援となる．　　　　　　　　［西本絹子］

📖 引用・参考文献
[1] Kanner, L., Child Psychiatry, Thomas, 1935（カナー，L. 著，黒丸正四郎，牧田清志共訳，『カナー児童精神医学』，医学書院，1975）
[2] 園山茂樹，「行動問題のアセスメントと支援」，本郷一夫，長崎勤編，「別冊「発達」28 特別支援教育における臨床発達心理学的アプローチ」，ミネルヴァ書房，2006

家庭・家族の問題をもつ子ども

　子どもが育つ上で基本となる場が家庭であり，その子どもが最初に属する集団が家族である．家庭・家族は子どもに衣食住を提供し，生存と生活を保障し，子どもにとって心のよりどころとなり情緒的絆で結ばれた場であるといえよう．例えば，幼児期の子どもにとって保育所や幼稚園といった集団の場は社会性を身につける上での大切な経験を重ねていく場ではあるが，時にはその中で体験するいざこざやケンカにより子ども自身がストレスを感じることもある．その場合，子どもがそこで表出することができなかった感情や，自分で対処しきれない気持ちを発散できる場が家庭であり，安心して受け止めてもらえる相手が家族である．しかし，子育てが多様化するに伴い家庭・家族の機能もまた多様化し，子どもにとって必ずしも安心できる場とはいえない場合がある．そこで，ここでは家庭・家族に問題がある場合，子どもの育ちにどのような影響があるかについて述べる．

●地域との関わりの問題　農業などの第1次産業従事者が多かったかつての日本の子育てにおいては，三世代同居の大家族が主流であり，異なる立場の家族員が互いに助け合い，それぞれ何かの役割を担いながら生活していた．また地域の住民同士のつながりも強く，子育てに関わる時間が減った親が子育ての知識や技術を若い親に伝えたり，他人の子どもを自分の子どもと一緒に面倒を見たりしつけたりすることで，地域でのつながりが結ばれていた．しかし，都市化や家族の小規模化が進むにつれ，地域の住民同士が共同で活動する機会は減少し，地域のつながりが弱体化していった．親自身が生まれ育った地域以外で，あるいは顔見知りのいない地域で子育てする夫婦が増えた．また少子化の進行に伴い，きょうだいとの関係を経験せずに育つ子どもや，近所に遊び仲間のいない子どもといった問題も出てきた．

　地域とのつながりが希薄な環境では，親自身が子育てを学ぶ機会が減り，自分の子ども以外の子どもと接する機会も減る．「親と子」という一対一の関係の中で何らかの問題が生じた場合，解決の糸口を見出すことが難しくなり，問題が深刻化する危険性も高まる．ちょっとした相談や困ったときに子どもの面倒を見てもらえる人が身近にいないことで親のストレスが高まる．また，子どもにとっても親以外の身近な大人との関わりは，多様な価値観を学ぶ上でも大切なものであるが，その機会が体験できない．そのような環境で子育てが行われることは，子育ての問題を深刻化することになりかねないことを認識しておく必要がある．

●経済的問題　2010年度の国勢調査によると母子世帯数は75万5,972世帯，父子世帯数は8万8,689世帯である．また，厚生労働省の「全国母子世帯等調査」

によると母子世帯の平均年間収入は291万円，父子世帯は455万円であり，児童のいる1世帯当たりの平均697万円と比べると低い水準になっている．子育て世帯の経済的問題は子育てに直接的な影響を及ぼす要因の一つであり，親の精神的不安を高めることになりかねない．そのストレスはともすると家庭内で子どもに向けられ，虐待といった問題に発展する恐れもある．時には子どもを大切に「よりよく」育てようとするあまり，経済的にそのことがかなわない状況に対しての不満がより一層高まることもある．

「子育てはお金がかかる」という認識が当たり前のようになっているが，子どもを育てる際に本当に必要なことについて改めて考える必要がある．親の経済的格差，貧困といった問題が子どもの世界にまで影響を及ぼしかねない昨今の子育て環境について，真摯にとらえ考えていくべきであろう．

●**子育て意識の問題** 親がどのような課題を抱えているかは家族・家庭によりさまざまである．ドメスティック・バイオレンス，ひとり親家庭，ステップファミリー，親自身の養育体験など多岐にわたる．多様な環境の中で共通して重要な点は，親自身がどのような子育て意識をもっているかということである．親の問題と子どもの問題とを切り離して向き合うことができるか（あるいは向き合おうとしているか）どうかは，子育てをする上で重要なことである．親である自分と子どもは別の人格をもった個人であること，さまざまな体験を通して子ども自身が自立した大人となっていく過程を支えることが親の役割の一つであることを認識しなければならない．子どもの体験に共感することは大切であるが，それと子どもと親の問題が同じであると捉えることは異なる．そうした意識をもたないまま子育てに没頭することは，時には子どもの育っていく道筋をふさいでしまう危険性も生じさせる．特に，母親は，わが子を愛するがゆえに子育てで大切にしなければならないことを見失うことがある．「3歳児神話（子どもは3歳までは常時家庭において母親の手で育てなければ，その後の子どもの成長に悪影響を及ぼす）」によって日本の母子関係は少なからぬ影響を受けている．「厚生白書」（1998年）で3歳児神話の合理的根拠は否定されたが，いまだにその神話の影響は残っている．親の子育て意識が多様化したことはある意味では大切であるが，どのような背景のもとに多様化したかを考えなければならない．

家庭・家族の問題は子どもに直接的な影響を及ぼす．その問題の所存を家族・家庭のみに帰するのではなく，社会全体の問題として捉えることが大切である．

[向井美穂]

📖 引用・参考文献

[1] 松本園子，永田陽子，福川須美，堀口美智子，『家庭支援論』，ななみ書房，2001

集団不適応を示す子ども

　子どもにとって，これまで生活の基盤であった家庭を離れて，幼稚園，保育所など，同年代の仲間と生活する集団に参加することは大きな出来事である．保護者にとっても，これまでとは異なる関わりが求められるようになる養育の転換点であろう．初めての集団生活に対して不適応を示す子どもについて，①入園期にみられる不適応，②集団生活という環境への不適応，③心身の障害が要因となって引き起こされる不適応という観点から考えていこう．

　「集団不適応」とは，集団の動きに合わせて行動することができない，集団のもつ生活環境や決まりごとに対して適切な行動を示すことが難しいという状態を指す．集団に適応した行動ができていても，自己抑制が強く自己欲求を表せず，充足感も得にくい状況であれば，真に「適応」しているとはいいがたい．

●**入園期にみられる不適応**　家庭と異なる新しい環境に養育者から離れて一人参加し身を置く入園期に，強い緊張や不安を感じる子どもは多い．中には泣いて登園をいやがるような「登園しぶり」（年間30日以上欠席するのは「不登園」）の状態を示すこともある．しばらくの間，登園時に泣いたり保育室に入ることを拒否したり，頻尿・発熱・腹痛などの軽度の身体症状が現れる．新しい環境や人間関係に適応していく過程で，どの子どもでも一時的に示す可能性がある．要因として，一般的には「母子分離不安」が挙げられるが，ほかにも性格や発達特性など多様な要素が絡み合っている．そこで，入園期の不適応行動としての「登園しぶり」の解消に際しては，性格や発達に合わせて環境を整え，母親との安定した関係の中で自立を促していく援助が求められる．担任保育者や友だちなど，集団内に信頼できる存在ができると安心して過ごし始め，問題が解消していく．

●**集団生活という環境への不適応**　集団生活において子どもには，自分一人でやり遂げたり解決したりすることや，気持ちよく生活するためのきまりを守ること，他の人の思いを大切にすることや我慢をすることが求められる．その中で子どもはさまざまな感情を体験し，葛藤を乗り越えて成長していくので，集団不適応とは，成長に伴って発達の過程でみられる姿であるともいえる．

　友だちと遊べない，乱暴，自分勝手，落ち着きがない，自己主張が強いなどは，保育者が「集団不適応」と感じる行動であろう．けれども，これらを「問題行動」と捉える前によく観察することで，行動の意味や理由が見えてくる．

　友だちと遊ばずに一人でいる姿をよく見ると，表情や体全体がこわばっている子どもがいる．人見知りが激しい子ども，内気な性格や緊張感の強いタイプの子どもは，自分から動き出すことすら難しいだろう．一方，時折笑顔も見せながら

友だちの遊ぶ様子をじっと見ている子どももいる．一見遊べないように見えるが，「見る」ことによって遊びに参加して，頭の中ではあたかも一緒に遊んでいるような楽しさを感じているのかもしれない．また，一緒に遊び始めるものの途中から抜けてしまう子どももいる．表出言語の未熟さから，相手の言動理解はできるものの，自分の気持ちや考えを的確に言葉に表せずに困惑しているのかもしれない．このように，「遊べない」姿一つをとっても背後には異なる理由があるので，それを探り理解しようと努力することが，適切な関わりの土台となる．

　乱暴や自分勝手な行動が多いと見える子どもも，十分に自分の気持ちを言葉で表すことが難しいために，その子なりのやり方で懸命に伝えようとしているのではないだろうか．行動ばかりに目を奪われ「○君は乱暴者」と問題視して注意するばかりでは却ってエスカレートさせることもある．うまく言葉にできない気持ちを受け止められたときに，子どもは保育者に信頼を寄せ，行動も変化していく．

　「不適応」とは，子どもを取り巻く人間関係や環境との相互作用の結果として生じるものである．したがって，保育者の行動理解の枠組みや関わり方が変われば関係の質も変わり，子どもの姿も変化する．不適応行動を起こさせている集団の特性に目を向け，生活環境を見直して子どもの実態に即したものに変えていく努力によって，「不適応」自体が消滅することもあるだろう．子どもが示す不適応行動は，子どもを取り巻く養育・保育環境や大人の関わりの見直しを促し，保育の質を高めていくきっかけともなりうるものである．

●障害が要因となって引き起こされる不適応　知的障害や運動障害からくる集団行動の困難さのほかに，「自閉症スペクトラム（ASD）」にみられる周囲への関心が乏しくコミュニケーションが成立しにくい，興味が限定され行動の切り替えが難しいという行動特徴や，注意欠如／多動性障害（AD／HD）にみられる注意集中が困難で遊びや課題活動にじっくり取り組むことが難しい，多動でじっとしていることが苦手，衝動的で気持ちの変化が激しいなどの行動特徴を示す子どもに対しては，障害特性の理解に基づく関わりや環境の工夫が求められる．

　このような障害が要因となって引き起こされる不適応行動は，自由遊び場面，課題活動場面，生活場面など，活動形態や内容によって質も程度も異なってくるので，場面に応じたきめ細かな配慮が必要となる．また，不適応と捉えるか否かは，子ども同士の関係性や相手に対する共感性によっても大きく変わってくるので，子ども同士の相互理解を促すクラス運営も重要である．　　　　　［上垣内伸子］

引用・参考文献
[1]　森則夫，杉山登志郎，岩田泰秀編著，『臨床のための DSM-5 虎の巻』，日本評論社，2014
[2]　秦野悦子，山崎晃編著，『シリーズ臨床発達心理学・理論と実践，③保育の中での臨床発達支援』，ミネルヴァ書房，2011

子どもの相談支援

　特別な配慮が必要な子どもたちと関わる保護者や保育者は，さまざまな悩みを抱える．それは普段の生活での困り事であったり，就園や就学など子どもの将来のことであったりする．子どものより良い育ちにつながることを願い，保護者や保育者などの相談者の不安な気持ちを受け止め，子どもと向き合う気持ちを高めることを目指し，相談支援が行われている．

●保護者からの相談　特別な配慮が必要な子どもの保護者に悩み事がある場合，子どもが通っている保育施設（幼稚園や保育所，認定こども園など）や学校，病院，保健所（保健センター），療育機関，教育相談所，子育て支援センター，発達障害支援センターなど，公立・民間を含めさまざまな機関で相談をすることができる．また，相談する相手も，教師，保育士，医師，看護師，保健師，臨床心理士，言語聴覚士，作業療法士，理学療法士，ソーシャルワーカーなど，子どもの特徴や保護者の悩み事によって多岐にわたる．

　相談を開始するためには，保護者からの申し込みが基本的には必要となるが，他者から勧められて相談に至る場合もある．例えば，家庭では困ってはいないが，子どもを保育する保育者から子どもの発達や行動面などについて相談するように勧められることがある．他者から勧められた場合，保護者は困ったり心配したりしていないが仕方なく相談に来たというように，相談のニーズがない場合がある．また，自ら保護者が希望した場合でも，自分の納得する答えを求めていろいろな人に相談し続けているということもある．このようなことから，相談に至る経緯を含め，初回には主訴や相談のニーズを確認することが求められる．また，初回の相談では，安心して相談できる場所だと認識してもらうための態度や環境づくりが必要である．そのため，相談の形態として保護者のみ，保護者と子どもが同室，または別室が挙げられるが，保護者や子どもの様子や状態，相談の内容を考慮して対応することが求められる．

　実際の相談場面でどのようなことが行われているかについては，臨床心理士の相談を例に挙げる．まずは聞き取りである．上記のとおり，主訴や子どもの成育歴，家族や家庭環境，家庭での様子などを聞き取る．それをもとに子どもの状態や取り巻く環境などを把握する．また，相談が継続される中で，子どもの発達状態や特徴を把握し，今後の援助計画や見通しを立てるために，発達検査や知能検査を実施する．発達検査や知能検査は，成長した部分や成長しにくい部分を把握するため，援助計画の見直しのためなどに，数か月ごとや1年ごとなど定期的に実施される．相談においては，子どもの発達状況や家庭の状況などを踏まえ，生

活や遊びなど身近なことだけでなく，就園や就学についての助言もなされる．加えて，定型発達児の母親と比較すると障害児の母親はストレスが高いといういくつかの報告がなされていることから，保護者の抱えている日常の悩みや将来への不安などに傾聴・共感し，受容的に関わることが求められる．

8：45〜	保育者との打ち合わせ
9：00〜	対象児の観察（登園から午睡まで）
13：00〜	保育者へのコンサルテーション
15：00〜	保護者との面談
16：00	終了

図1　巡回相談の流れ（例）

●**保育者からの相談**　特別な配慮を必要とする子どもと関わる保育者も，子どもへの援助や生活や遊びの展開について迷ったり悩んだりする．そのため保育者に対しても相談支援が行われている．子どもが利用している療育機関や病院などの専門機関に保育者が訪れる場合もあるが，保育現場にさまざまな専門家が訪れ相談支援がなされることもある．その例としては，巡回相談が挙げられ，医師，臨床心理士，言語聴覚士，保健師などがチームを組んで行う場合もあれば，ある専門家が単独で行う場合もある．巡回相談の1日の流れの例を図1に示す．

　まず，巡回相談の前日までに対象児についての資料が送られてくる．その資料に目を通し，おおよその対象児の様子や保育者の困っている点や課題等を把握する．巡回相談当日は，対象児の行動，保育の参加の様子，保育者や他児との関わりの様子，身辺自立の程度など，観察や関わりから理解することを試みる．その際，なるべく普段に近い姿が発揮されるよう，保育に支障をきたすことがないよう，態度や関わりに気をつけなければならない．また，保護者からの了解が得られ，保育者からのオーダーがあった場合，発達検査や知能検査などを実施することがある．そして，午睡時や対象児の降園後などに，専門家が把握した対象児の状態をもとに，保育者へのコンサルテーション・助言などがなされる．その際は，対象児に園全体で関わるという意識がもてるよう担任以外の保育者の参加を期待したい．また専門家は，保育者の思いや園の状況をくみ取りながら，コンサルテーション・助言をすることが望まれる．保護者と面談が行われる場合は，保護者の思いに寄り添いながら，明らかな園の代弁者とならないよう，中立な立場をとらなければならない．あくまでも子どもの健やかな成長のために，園と保護者がより良い関係が形成されるよう，それを仲立ちする，援助する立場であることを忘れてはならない．

〔岸本美紀〕

📖 引用・参考文献

[1] 道原里奈, 岩元澄子,「発達障害児をもつ母親の抑うつに関する研究―子どもと母親の属性とソーシャルサポートに着目して―」, 久留米大学心理学研究, 第11号, pp.74-84, 2012

Chapter 12

子どもの研究法

質的研究
 (1) 観察法 —————— 296
 (2) 面接法 —————— 298
 (3) 記述法 —————— 300
量的研究
 (1) 実験法 —————— 302
 (2) 質問紙法 ———— 304

質的研究（1）——観察法

●**自然的観察法と実験的観察法** 観察を場面に着目して分類すると，実験的統制を行わず日常的な場面で行われる「自然的観察法」と，特殊なセッティングの中で行われる観察である「実験的観察法」の2つが挙げられる[1]．人間のライフスタイルや文化などを観察の対象とする質的研究においては「自然的観察法」が多く用いられる．「自然的観察法」において，観察者が対象とする人々の生活の場（フィールド）で観察し，記述することを「フィールドワーク」という．岡本は，フィールドを観察者にとって物理的，感覚的な距離に基づいて分類している[2]．例えば，観察者がすでに行ったことや見たことがあり，そこでの営みや，雰囲気などを知っている場合，観察者にとってそこは「身近なフィールド」になる．一方，観察者が育った文化とは異なる文化をもつ場をフィールドとした場合，観察者はその地に足を運び，異なった文化を理解する，「異文化のフィールド」となる．フィールドにはその他にもさまざまな側面から分類することができるが，いずれにしても観察者がどのような側面に着目して選ぶのかによって，得られる情報は変わってくる．

●**参加観察法と非参加観察法** 質的研究においては，被観察者とどのように関わるかによって，見えてくる事象が大きく異なってくる．観察者が被観察者に対して，存在を明示しながら直接観察する方法を「参加観察法」といい，一方，視鏡やビデオを利用することによって被観察者に意識させずに自然な行動を観察する方法を「非参加観察法」という[3]．例えば，幼稚園などの集団保育において子どもの遊びの様相を観察する場合，子どもと積極的に関わることでより詳細な様相を見ることが可能となる．一方で近づき過ぎてしまうと，観察対象の様相が見えなくなることにもなりえる．観察者は，自らの位置を明確にしておく必要がある．

●**機器を用いた観察法** さらに，観察においては，ビデオや録音機器を用いる方法がある．ビデオ機器などの記録に基づく間接的観察[3]のほか，参加観察の場面でビデオ機器等を設置し，観察記録の補助的な役割として用いる場合もある．

●**記録の取り方** フィールドワークでは，観察者が見たものを形にする際，フィールドノーツがその原型となる．例えば集団保育における子どもの遊びの様相を観察した場合，「誰と」「どのような場所」「どのように」などをメモやノートに書いていく．観察を終えたら，そのメモはすぐに形にしなければならない．人間の記憶は次々に塗り替えられたり，消え去ってしまったりする．どのように事象を記述していくのかが研究の重要なポイントである．観察の記録の取り方にはさまざまな方法があるが，質的研究においてはエピソード記述が多く用いられる．

私たちは通常，自分の目で見た事象を確かなものだと考えるが，他者から見た場合，それは不確かなものであったりすることが多々ある．観察という行為は，観察者が見て記録したものを，他者が見たときにも同感あるいは同調，少なくともその事象がどのようなものだったのか正しく理解できなければならない．観察者が見て感じたものが他者に伝わらなければ研究としての意味をなさないのである．

●フィールドワークの実際　ここでは筆者が実践している，幼稚園でのフィールドワークを紹介する．筆者は幼児の片づけ場面を参与観察し，記録とビデオ映像をもとに幼児の行動の変容を研究している．事例は，4歳児クラスの男児が，自由遊び場面で保育者に片づけと言われた瞬間から，実際に片づけを行うまでの記録の一部である[4]．

事例「集団保育における遊びから片づけへの移行場面の4歳男児の行動」

> 保育者の呼びかけで，片づけ時間が始まる．カイトは，お店屋さんごっこで使うためのお財布を作っていて，遊びに参加しようとしたところだった．お店屋さんごっこをしていた子たちが片づけを始めるが，カイトはしばらくぼんやり立ったままその様子を見ている．やがて，我に返った様子で，作ったお財布をロッカーにしまいに行く．それからキッチンコーナーに行くと，段ボール箱を持ち出し，「お皿はありませんか〜？」と声をかけながら歩き始める．あちこちで展開していたお店やさんごっこの場所をめぐり，片づけている子たちにお皿を箱に入れてもらう．

カイトは片づけと言われてもすぐに始められず，遊びたい気持ちをなかなか切り換えられなかった．やがて自分から，まるでお店屋さんのような声かけをしながら片づけを始めた．筆者はカイトの行動を，「お店屋さんで遊びたかった気持ちを片づけ場面で再現することで調整した」と考察した．観察から対象者たちの行動を記述して明らかにするには，文脈からそれを察していくが，ビデオ映像は文脈を再確認するために有効である．質的研究においては，観察対象者の日常的な場面で観察し，十分な記録をとり，多角的な視点から丁寧に察することによって豊かな記述が導かれる．量的研究では明らかにできなかった子どもたちのリアルな姿を描き出すことが可能となるのである．　　　　　　　　　　［永瀬祐美子］

📖 引用・参考文献
[1] 能智正博，『臨床心理学をまなぶ6　質的研究法』，東京大学出版会，2011
[2] 岡本依子，『動きながら識る，かかわりながら考える　心理学における質的研究の実践』，ナカニシヤ出版，2005
[3] 中澤潤，『心理学マニュアル　観察法』，北大路書房，2001
[4] 永瀬祐美子，倉持清美，「集団保育の片付け場面にみる幼児の生活習慣」，日本家政学会誌，Vol.64，No.6，pp.289-298，2013

質的研究（2）——面接法

　面接法とは，面接者の質問に対して被面接者が応答する形式で，言語を中心としたやり取りの中から被面接者の内面を探っていく研究法である．文字による読み書きがまだ十分でなく質問紙への回答が困難な年齢の子どもにおいても，言語によるやり取りがある程度可能であれば研究対象となり得るため，幼児や低学年の児童に対して広く使われている研究法である．

●面接法の長所・短所

長所：基本的には面接者と子どもが対面しながら調査を行うため，言語以外にも表情，動作などコミュニケーションの多様な情報をもとに，子どもの回答を解釈することができる．子どもが質問の意味を誤解している場合には言い直しや説明の補足をしたり，子どもが不明瞭な回答をした場合には確認のための質問をするなど，子どもの回答に応じた柔軟な質問ができる（このような，質問に一定の構造と自由度がある面接は，半構造化面接と呼ばれている）．

短所：大量のデータを一度に取ることができず，データの収集に時間がかかる．面接者と被面接者とのやり取りを通して行われるため，場面を客観的に統制することが難しい．面接者の質問の仕方や表情，態度によって被面接者の回答が左右され，回答を誘導してしまう危険性や，回答の分析に主観が入りやすいという欠点がある．

●**面接のやり方**　研究の目的に応じて，面接でどのような質問を行うかを決定する．質問には，「はい・いいえ」など回答の形式が決まっているものと，自由に答えさせるものがある（図1，図2参照）．子どもが幼い場合には，質問内容をわかりやすくするために絵カードを用いて説明したり，回答の際に絵カードを選択させることもある．

　面接には，回答を記録するための記録用紙やレコーダーなどの録音機材を準備する．面接の最初に氏名を尋ねたり簡単な会話を交わ

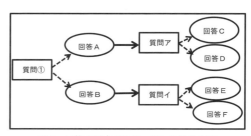

図1　回答の形式が決まっている場合の例

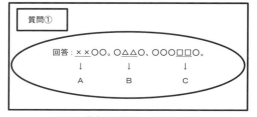

図2　自由に回答させる場合の例

し，簡単な質問から入ると答えやすい雰囲気をつくることができる．子どもの集中力は長く続かないので，10～20分以内など，できるだけ短時間で面接を終えるようにする．面接の際の子どもの態度や面接の雰囲気などで何か気になる点があれば，併せて記録しておく．

最後の質問の印象は残りやすいのでネガティブな内容を避けたり，面接終了時に「楽しかった？」と尋ねたり，簡単な会話を交わすなど，子どもが気分をリフレッシュできる工夫をする．また，園や学校などで面接を行う場合は，他の子どもに質問内容を話さないよう伝えておくことも重要である．

●**面接データの分析**　面接での回答を文字に書き起こし，トランスクリプト（逐語録）を作成する．

カテゴリーを用いて分析する場合は，回答からいくつかのカテゴリーを作成したり，事前に定めておいたカテゴリーに分類し，量的，質的に分析する．量的に分析する際には，独立した複数の評定者がそれぞれ全体データの少なくとも20%くらいをカテゴリーに分類し，その一致度（カッパー係数など）を検討する必要がある．質的な分析をする際には，質問内容に対する回答の中から重要なものを取り上げ，それを直接引用する場合もある．

●**子どもへの面接の留意事項**

・子どもの保護者，園・学校などに研究目的やデータの扱いなどについて十分に説明し，了解が得られた子どものみを対象とする．

・子どもが見知らぬ面接者に質問されることや，自分の内面を話さなければならないことに圧迫感を覚えないよう，事前に子どもと会話したり，遊んでおくなど，親和的な関係（ラポール）を十分に形成しておく．それでも子どもが面接を拒否したり，質問に答えたがらない場合は決して無理強いはしない．

・子どもへの面接は，園や学校，子どもの自宅などで行うことができるが，他の人物や騒音などにより面接が妨害されることがないように配慮し，子どもが安心して集中して面接に臨める環境を整える．

・面接を始める前に，子どもに「一緒にゲームをしよう」「○○のお話を聞かせてね」などと話し，面接者から質問を受ける状況を子どもなりに解釈できるようにしておく．

［園田菜摘］

質的研究（3）――記述法

●**ドキュメント分析**　日記，詩，小説，議事録，新聞，調査票の自由記述，HP，ブログなど，文字で書かれたものすべてを素材に分析する．もう少し広げると絵も入るだろう．

　ドキュメント分析で気をつけなければならないのは，書くことの制約である．書くことができるようになる年齢の制約，学力の差による制約などが考えられるだろう．また，日記，調査票の自由記述など，どのようなことが目的で書かれたものかによって表現のされ方は異なる．研究者が目的を定めて，書く内容の範囲を明確にして書かせる場合もある．研究目的を鑑みながら，何を分析の対象とするか検討が必要になる．また，どのような状況で書いたものなのかも注意を要する点である．感想文など，書かせる前の説明の仕方の影響を受けることもあるので，研究方法にはどのように説明して書かせたかを必ず明記するようにする．

　次に，もう少し詳しくドキュメントの種類として，日誌（日記），感想文，ナラティブ，質問紙自由記述欄を取り上げ，これら記述したものの分析方法について簡単に説明する．

〈日記（日誌）〉日々の生活をつづったものを分析する．例えば，江戸時代に書かれた家族間の交換日記である桑名日記を分析することで，当時の子ども観を明らかにする研究や，子どもが意味のある言葉を発する様子を日々の日記から分析して，その発達過程を詳細に検討する研究などがある．後者はかなり意図的な目的をもって書かれることになる．日記は，書かれた当時の生活の様子を知るための情報源となることができる．また，日々の様子を積み重ねて書いていくことから，日々の変化の記録となり，発達的変化など縦断的に理解するための情報源ともなる．書き手の主観が反映されやすい特徴がある点を考慮する必要はある．

〈感想文〉授業終了後に授業の感想を書かせたり，イベントの後に書かせたりして，経験している内容と授業やイベントの効果を分析するものがある．経験したことを振り返り，全体的な印象や自分自身の思いを書くことになるが，一般的な読み書き能力とリンクしていることが多く，子どもの中の得手不得手が反映されやすい．

〈質問紙自由記述〉質問調査の中で，ある項目について自由に考えを書かせる欄を設ける場合がある．質問項目として選択肢をつくりにくかったり，尺度にして問うことが難しい項目，あるいは選択肢をつくるための予備調査として自由に書かせる場合もある．欄の大きさによって記述する量が制約される．また，質問紙配布数が多いと，自由記述欄を整理することに多くの時間がとられる．

〈ナラティブ〉ナラティブとは一般的に,「物語」とか「語り」などと訳される.自分の体験したことを時系列に沿って,その時の自分の感情も思い出して記述したものをナラティブと呼び,触れ合い体験後に生徒に書かせる実践がある.ナラティブは読み書き能力に関係なく,どの生徒にとっても書きやすいようだ.また,時系列に沿うことで自分の体験を振り返りやすくなる.

〈再生課題〉授業で何を学んだかを探るために,授業後に再生課題として,例えば「あなたが覚えていることをできるだけたくさん書いてください」といって書かせる.そして書いたものを分析の対象とし,どのような場面を覚えているのか,何についてよく覚えているのかを検討する研究がある.

●**分析方法** 書かれたものを分析する方法は,コンピュータソフトを使って量的に分析する方法や,カテゴリーを作成する方法などさまざまである.観察によるフィールドノーツや,面接によるインタビュー記録なども文字化してテキストデータにすれば,同様の分析方法は可能になる.どのような特徴を持つ記述データかということと,自分が明らかにしたいことは何かという研究の目的とから,研究方法を選ぶ必要がある.いくつか分析方法を紹介する.

〈テキストマイニング〉テキストデータを単語や文節で区切り,その出現頻度や,共出現の相関,出現傾向,時系列などを解析して,有益な情報を抽出する方法.

〈KJ法〉文化人類学者の川喜田二郎が,データをまとめるために考案した方法.データをカードに記述し,カードをグループごとにまとめていく.

〈グランデッド・セオリー・アプローチ〉社会学者のバーニー・グレイザーとアンセルム・ストラウスによって提唱された.後にこの2人は対立を深めたため,この手法を厳密に定義することは難しい.研究者によってその方法は微妙に異なる.文章データ(テキストデータ)のコード化と分類を行い,分析結果を出した上で理論構築を目指す質的調査法ということはできる.日本においては木下康仁が修正版グランデッド・セオリー・アプローチを提唱している.　　　[倉持清美]

量的研究（1）──実験法

　子どもの行動，学習，人間関係などに影響を与える要因を明らかにするために，実験法では，因果関係に注目した仮説を立て，客観的に観察可能な行動（反応）データを複数収集し，統計的解析をもとに仮説を検証する．
●**実験仮説と実験計画**　仮説とは，合理的根拠や理論を前提とした因果的（原因と結果）関係の推測である．その仮説の正しさを検証するために，実験法では，特定の母集団において，原因（独立変数）を人為的に操作し，その結果（従属変数）が因果的関連をもって変動することを客観的，数量的に記述することが求められる．仮に，「宿題がたくさん出された方が児童の学習は定着する」という経験的な印象が正しいかどうかを検証しようとする場合を考えてみよう．実験仮説の設定においては，対象とする母集団の特性を定義し，宿題の量（独立変数）の操作をどのように客観化（条件分け）し，学習の定着（従属変数）をどのように数量化するのかを明確にする必要がある．例えば，A小学校の3年生2クラスの児童（母集団）を対象に，漢字プリントの枚数（要因）を宿題の「量」として操作し，学習の定着の指標として漢字テストの得点を用いるとする．「2週間にわたり宿題として漢字プリントを1日2枚ずつ出された3年1組の方が，1日1枚ずつの3年2組よりも，1か月後の漢字テストの平均点が高い」というような実験仮説を立てることができる．また，同じ漢字プリントを「宿題」として家で取り組むのか，帰りの会など学校活動の中で取り組むのかによって学習効果に違いがあるかどうかを確かめようとする場合には，プリントの枚数（1枚か2枚）とプリントをやる場面（家庭か学校）の2要因の実験計画となる．それぞれの要因が独立して結果に与える影響を主効果といい，要因間の影響の重なりが結果に与える影響を交互作用という．また，結果に影響を及ぼす可能性のある他の原因については，できる限りその影響を排除するような手続き（統制）が必要とされる．
●**実験環境**　子どもの発達や教育に関する研究において，実験は研究専用の実験室ばかりでなく，学校や家庭のような教育や生活の現場で行われている．実験室での実験の場合は，実験計画において必要のない外的因子を排除するための環境統制が比較的容易である．一方，現場における実験的研究は，予測される外的因子の人為的排除が困難なだけでなく，研究者が意図しない因子による影響も多いと考えられる．しかしながら，教育効果や家族・友達関係など社会的要因について明らかにしようとする場合は，実験室的研究では限界があり，現場における実験より適切である場合も多い．現場での実験を計画する場合には，研究方法の客観性を高める工夫が重要であり，実験データの測定だけでなく，結果やその解

釈に影響する外的因子の存在を推測するための情報を同時に収集・分析することによって，より妥当で発展的な考察を得ることができる．

●**乳幼児を対象とした実験手法** 乳幼児を対象とした実験的研究においては，運動・認知・言語など諸能力の発達が未熟であるために，言語（音声や文字）による教示や質問を理解したり，言語による応答を反応指標としたりすることが困難である．また，注意を集中できる時間が短く，興味関心の偏りが大きい傾向がある．乳幼児の発達段階に応じた実験刺激や応答方法の工夫として，心拍数や脳波などの生理学的指標や，視線や表情変化などの非言語的行動を指標とした実験手法がある．さらに，発達の個人差が大きい時期であることから実験条件を割り振る集団の等質性について慎重に確認することが必要となる．

●**実験対象者への倫理的配慮** 人を対象とする実験においては，実験に参加することによってもたらされる対象者の不利益に対して，慎重な配慮が必要となる．例えば，日本心理学会の倫理規程（2009年）において，実験研究に携わる者は，実験参加者の心身の安全に責任をもたなければならないこと，実験の目的・方法，予想される苦痛や不快感などを含む実験内容，さらには実験成果の公表方法，実験終了後の対応などについて実験前に対象者に説明し同意を得る（インフォームド・コンセント）こと，実験終了後にも説明を十分に行うことによって研究が実験参加者に悪い影響を与えることを未然に防ぐこと，個人情報の収集と保護や実験データの使用と管理について配慮することなどが挙げられている．特に，対象者が小児の場合のインフォームド・コンセントにあたっては，本人の自由意思による同意を得ることが困難であるため，保護者や後見人が代諾者となることも多い．ただし，代諾者への十分な説明を行い，文書による同意を得られたとしても，対象者である子どもが実験に参加したことによって，実験者の意図しない心身へのストレスや不利益を受けることも考えられる．子どもを対象とした実験においては，実験データの測定を始める前に，実験対象者が実験場面に慣れるための時間をとることや，実験者とのラポールを形成することが必要である．

[林　安紀子]

📖 引用・参考文献

[1]　公益社団法人日本心理学会，「倫理規程」第3版，2009

量的研究（2）——質問紙法

　質問紙法（questionnaire method）は，予め用意した「質問」と回答欄を「紙」に印刷して調査対象者に配布し，それぞれの質問への回答を求める研究法の一つである．フランス語に由来したアンケート法（enquête method）ともいう．

　子どもの研究に質問紙法が使われるようになったのは19世紀後半に遡る．アメリカの心理学者ホール（G.S.Hall,1833-1924）は，小学校入学期の子どもの知識の実態を調べるために，当時の主流であった実験法ではなく質問紙法を用いて，多数の子どもから一般的傾向を見出そうとした．こうした取り組みを端緒とし，さまざまな質問紙法が開発され，子どもの研究にも本格的に活用されるようになったのである．

写真1　G.S.Hall（1833-1924年）

●**質問の種類と回答方法**　質問文と選択肢のセットを質問項目（question items）といい，質問項目の全体を指して○○尺度，○○検査と呼ぶことがある．回答者が自由に答えることができる開かれた質問（open question）には選択肢を設ける必要はないが，調査者が答え方を決めて提示する閉ざされた質問（closed question）には，「はい・いいえ」もしくは「当てはまる・どちらともいえない・当てはまらない」といったいくつかの選択肢を回答欄に設ける．それぞれの選択肢は数値に置き換えて集計できるとともに，数量的に示すことができる．

●**質問紙法の実施**　一定の場所に集まっている調査対象者に質問紙を配布し，その場で回答を求める集合調査法（gang survey）と，調査対象者に直接もしくは郵送で質問紙を配布し，一定の期間を設けて回答を求める留め置き法（leaving method）や郵送調査法（mail survey）などによって実施される．いずれも，調査対象者が質問紙に書かれた質問の意味を理解し，回答を記入することが必要であり，識字能力が前提となっている．このため，言語能力が十分に発達していない乳幼児を調査対象者にする場合，例えば「ブラゼルトン新生児行動評価」「津守式乳幼児精神発達質問紙」などでは，親や保育者をはじめとする周りの大人に，その観察所見に基づいて回答を依頼することが多い．児童を対象にする場合は，子ども自ら回答できるようになったとはいえ，大人を対象にする場合に比べて質問の数を少なくしたり，途中にイラストを入れたり，既習でない漢字にルビを振

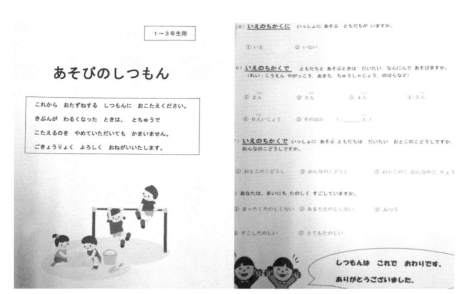

図1　質問紙の実際例（小学校1〜3年生用）

るといった配慮が必要である．また，児童用質問紙の内容は，態度・興味・性格・意見・欲求・学力など多岐にわたるが，一般的に教示を含めて実施時間は20分以内，質問の数は50以下が望ましいとされている（図1参照）．

●**実施上の注意点**　質問紙法は，短時間に多数の調査対象者から回答を得ることができる一方，短時間で実施されるがゆえに，調査の趣旨や個人情報の保護については調査対象者に口頭もしくは書面で十分な説明をし，同意を得る必要がある．これをインフォームド・コンセント（informed consent）という．また，質問紙を他者に見せたり，紛失することがないように管理に注意しなければならない．実施後は，どのような結果が得られたかをまとめ，調査対象者に報告することが望ましい．

［金　娟鏡］

📖 引用・参考文献
[1]　小塩真司，西口利文編，『質問紙調査の手順』，ナカニシヤ出版，2007
[2]　高橋順一，渡辺文夫，大渕憲一編，『研究法ハンドブック』，ナカニシヤ出版，1998

付録Ⅰ　子どもに関する法律・制度

1. 子どもの権利の規定と教育，福祉に関する法律
- 1-1　日本国憲法［抄］……………………………………308
- 1-2　児童福祉法［抄］……………………………………309
- 1-3　児童憲章………………………………………………326
- 1-4　児童の権利に関する条約……………………………328
- 1-5　教育基本法……………………………………………347
- 1-6　学校教育法［抄］……………………………………352
- 1-7　学校保健安全法………………………………………354

2. 幼児教育・保育に関する要領・指針
- 2-1　幼稚園教育要領………………………………………363
- 2-2　保育所保育指針………………………………………375
- 2-3　幼保連携型認定こども園教育・保育要領…………396

3. 昭和戦後期に制定された子どもに関する法律
- 3-1　母体保護法［抄］……………………………………414
- 3-2　優生保護法［抄］……………………………………426
- 3-3　母子保健法……………………………………………434
- 3-4　児童手当法［抄］……………………………………440

4. 平成期に制定された子どもに関する法律
- 4-1　育児休業介護休業または家族介護を行う労働者の福祉に関する法律［抄］……………………………………451
- 4-2　児童買春，児童ポルノ禁止法………………………455
- 4-3　児童虐待の防止等に関する法律……………………461
- 4-4　健康増進法［抄］……………………………………473
- 4-5　次世代育成支援対策推進法…………………………475
- 4-6　少子化社会対策基本法………………………………489
- 4-7　食育基本法……………………………………………495
- 4-8　就学前の子どもに関する教育，保育等の総合的な提供の推進に関する法（認定こども園についての法律）……503
- 4-9　子ども・子育て支援法………………………………529

5. 法令等の年齢区分
- ・各種法令等による青少年の年齢区分…………………579

1. 子どもの権利の規定と教育，福祉に関する法律

1-1　日本国憲法［抄］
(昭和二十一年十一月三日憲法)

　日本国民は，正当に選挙された国会における代表者を通じて行動し，われらとわれらの子孫のために，諸国民との協和による成果と，わが国全土にわたつて自由のもたらす恵沢を確保し，政府の行為によつて再び戦争の惨禍が起ることのないやうにすることを決意し，ここに主権が国民に存することを宣言し，この憲法を確定する．そもそも国政は，国民の厳粛な信託によるものであつて，その権威は国民に由来し，その権力は国民の代表者がこれを行使し，その福利は国民がこれを享受する．これは人類普遍の原理であり，この憲法は，かかる原理に基くものである．われらは，これに反する一切の憲法，法令及び詔勅を排除する．

　日本国民は，恒久の平和を念願し，人間相互の関係を支配する崇高な理想を深く自覚するのであつて，平和を愛する諸国民の公正と信義に信頼して，われらの安全と生存を保持しようと決意した．われらは，平和を維持し，専制と隷従，圧迫と偏狭を地上から永遠に除去しようと努めてゐる国際社会において，名誉ある地位を占めたいと思ふ．われらは，全世界の国民が，ひとしく恐怖と欠乏から免かれ，平和のうちに生存する権利を有することを確認する．

　われらは，いづれの国家も，自国のことのみに専念して他国を無視してはならないのであつて，政治道徳の法則は，普遍的なものであり，この法則に従ふことは，自国の主権を維持し，他国と対等関係に立たうとする各国の責務であると信ずる．

　日本国民は，国家の名誉にかけ，全力をあげてこの崇高な理想と目的を達成することを誓ふ．

第三章　国民の権利及び義務

第二十五条　すべて国民は，健康で文化的な最低限度の生活を営む権利を有する．
②　国は，すべての生活部面について，社会福祉，社会保障及び公衆衛生の向上及び増進に努めなければならない．
第二十六条　すべて国民は，法律の定めるところにより，その能力に応じて，ひとしく教育を受ける権利を有する．
②　すべて国民は，法律の定めるところにより，その保護する子女に普通教育を受けさせる義務を負ふ．義務教育は，これを無償とする．

1-2　児童福祉法 [抄]

(昭和二十二年十二月十二日法律第百六十四号)

最終改正：平成二七年七月一五日法律第五六号

第一章　総則

第一条　すべて国民は，児童が心身ともに健やかに生まれ，且つ，育成されるよう努めなければならない．
○2　すべて児童は，ひとしくその生活を保障され，愛護されなければならない．

第二条　国及び地方公共団体は，児童の保護者とともに，児童を心身ともに健やかに育成する責任を負う．

第三条　前二条に規定するところは，児童の福祉を保障するための原理であり，この原理は，すべて児童に関する法令の施行にあたつて，常に尊重されなければならない．

第一節　定義

第四条　この法律で，児童とは，満十八歳に満たない者をいい，児童を左のように分ける．
一　乳児　満一歳に満たない者
二　幼児　満一歳から，小学校就学の始期に達するまでの者
三　少年　小学校就学の始期から，満十八歳に達するまでの者
○2　この法律で，障害児とは，身体に障害のある児童，知的障害のある児童，精神に障害のある児童（発達障害者支援法（平成十六年法律第百六十七号）第二条第二項に規定する発達障害児を含む．）又は治療方法が確立していない疾病その他の特殊の疾病であつて障害者の日常生活及び社会生活を総合的に支援するための法律（平成十七年法律第百二十三号）第四条第一項の政令で定めるものによる障害の程度が同項の厚生労働大臣が定める程度である児童をいう．

第五条　この法律で，妊産婦とは，妊娠中又は出産後一年以内の女子をいう．

第六条　この法律で，保護者とは，第十九条の三，第五十七条の三第二項，第五十七条の三の三第二項及び第五十七条の四第二項を除き，親権を行う者，未成年後見人その他の者で，児童を現に監護する者をいう．

第六条の二　この法律で，小児慢性特定疾病とは，児童又は児童以外の満二十歳

に満たない者（以下「児童等」という．）が当該疾病にかかつていることにより，長期にわたり療養を必要とし，及びその生命に危険が及ぶおそれがあるものであつて，療養のために多額の費用を要するものとして厚生労働大臣が社会保障審議会の意見を聴いて定める疾病をいう．

○2　この法律で，小児慢性特定疾病医療支援とは，都道府県知事が指定する医療機関（以下「指定小児慢性特定疾病医療機関」という．）に通い，又は入院する小児慢性特定疾病にかかつている児童等（政令で定めるものに限る．以下「小児慢性特定疾病児童等」という．）であつて，当該疾病の状態が当該小児慢性特定疾病ごとに厚生労働大臣が社会保障審議会の意見を聴いて定める程度であるものに対し行われる医療（当該小児慢性特定疾病に係るものに限る．）をいう．

第六条の二の二　この法律で，障害児通所支援とは，児童発達支援，医療型児童発達支援，放課後等デイサービス及び保育所等訪問支援をいい，障害児通所支援事業とは，障害児通所支援を行う事業をいう．

○2　この法律で，児童発達支援とは，障害児につき，児童発達支援センターその他の厚生労働省令で定める施設に通わせ，日常生活における基本的な動作の指導，知識技能の付与，集団生活への適応訓練その他の厚生労働省令で定める便宜を供与することをいう．

○3　この法律で，医療型児童発達支援とは，上肢，下肢又は体幹の機能の障害（以下「肢体不自由」という．）のある児童につき，医療型児童発達支援センター又は独立行政法人国立病院機構若しくは国立研究開発法人国立精神・神経医療研究センターの設置する医療機関であつて厚生労働大臣が指定するもの（以下「指定発達支援医療機関」という．）に通わせ，児童発達支援及び治療を行うことをいう．

○4　この法律で，放課後等デイサービスとは，学校教育法（昭和二十二年法律第二十六号）第一条に規定する学校（幼稚園及び大学を除く．）に就学している障害児につき，授業の終了後又は休業日に児童発達支援センターその他の厚生労働省令で定める施設に通わせ，生活能力の向上のために必要な訓練，社会との交流の促進その他の便宜を供与することをいう．

○5　この法律で，保育所等訪問支援とは，保育所その他の児童が集団生活を営む施設として厚生労働省令で定めるものに通う障害児につき，当該施設を訪問し，当該施設における障害児以外の児童との集団生活への適応のための専門的な支援その他の便宜を供与することをいう．

○6　この法律で，障害児相談支援とは，障害児支援利用援助及び継続障害児支援利用援助を行うことをいい，障害児相談支援事業とは，障害児相談支援を行う事業をいう．

○7　この法律で，障害児支援利用援助とは，第二十一条の五の六第一項又は第

二十一条の五の八第一項の申請に係る障害児の心身の状況，その置かれている環境，当該障害児又はその保護者の障害児通所支援の利用に関する意向その他の事情を勘案し，利用する障害児通所支援の種類及び内容その他の厚生労働省令で定める事項を定めた計画（以下「障害児支援利用計画案」という．）を作成し，第二十一条の五の五第一項に規定する通所給付決定（次項において「通所給付決定」という．）又は第二十一条の五の八第二項に規定する通所給付決定の変更の決定（次項において「通所給付決定の変更の決定」という．）（以下この条及び第二十四条の二十六第一項第一号において「給付決定等」と総称する．）が行われた後に，第二十一条の五の三第一項に規定する指定障害児通所支援事業者等その他の者（次項において「関係者」という．）との連絡調整その他の便宜を供与するとともに，当該給付決定等に係る障害児通所支援の種類及び内容，これを担当する者その他の厚生労働省令で定める事項を記載した計画（次項において「障害児支援利用計画」という．）を作成することをいう．

○8 この法律で，継続障害児支援利用援助とは，通所給付決定に係る障害児の保護者（以下「通所給付決定保護者」という．）が，第二十一条の五の七第八項に規定する通所給付決定の有効期間内において，継続して障害児通所支援を適切に利用することができるよう，当該通所給付決定に係る障害児支援利用計画（この項の規定により変更されたものを含む．以下この項において同じ．）が適切であるかどうかにつき，厚生労働省令で定める期間ごとに，当該通所給付決定保護者の障害児通所支援の利用状況を検証し，その結果及び当該通所給付決定に係る障害児の心身の状況，その置かれている環境，当該障害児又はその保護者の障害児通所支援の利用に関する意向その他の事情を勘案し，障害児支援利用計画の見直しを行い，その結果に基づき，次のいずれかの便宜の供与を行うことをいう．
一　障害児支援利用計画を変更するとともに，関係者との連絡調整その他の便宜の供与を行うこと．
二　新たな通所給付決定又は通所給付決定の変更の決定が必要であると認められる場合において，当該給付決定等に係る障害児の保護者に対し，給付決定等に係る申請の勧奨を行うこと．

第六条の三　この法律で，児童自立生活援助事業とは，第二十五条の七第一項第三号に規定する児童自立生活援助の実施に係る義務教育終了児童等（義務教育を終了した児童又は児童以外の満二十歳に満たない者であつて，第二十七条第一項第三号に規定する措置のうち政令で定めるものを解除されたものその他政令で定めるものをいう．以下同じ．）につき第三十三条の六第一項に規定する住居において同項に規定する日常生活上の援助及び生活指導並びに就業の支援を行い，あわせて第二十五条の七第一項第三号に規定する児童自立生活援助の実施を解除さ

れた者につき相談その他の援助を行う事業をいう．
○2　この法律で，放課後児童健全育成事業とは，小学校に就学している児童であつて，その保護者が労働等により昼間家庭にいないものに，授業の終了後に児童厚生施設等の施設を利用して適切な遊び及び生活の場を与えて，その健全な育成を図る事業をいう．
○3　この法律で，子育て短期支援事業とは，保護者の疾病その他の理由により家庭において養育を受けることが一時的に困難となつた児童について，厚生労働省令で定めるところにより，児童養護施設その他の厚生労働省令で定める施設に入所させ，その者につき必要な保護を行う事業をいう．
○4　この法律で，乳児家庭全戸訪問事業とは，一の市町村（特別区を含む．以下同じ．）の区域内における原則としてすべての乳児のいる家庭を訪問することにより，厚生労働省令で定めるところにより，子育てに関する情報の提供並びに乳児及びその保護者の心身の状況及び養育環境の把握を行うほか，養育についての相談に応じ，助言その他の援助を行う事業をいう．
○5　この法律で，養育支援訪問事業とは，厚生労働省令で定めるところにより，乳児家庭全戸訪問事業の実施その他により把握した保護者の養育を支援することが特に必要と認められる児童（第八項に規定する要保護児童に該当するものを除く．以下「要支援児童」という．）若しくは保護者に監護させることが不適当であると認められる児童及びその保護者又は出産後の養育について出産前において支援を行うことが特に必要と認められる妊婦（以下「特定妊婦」という．）（以下「要支援児童等」という．）に対し，その養育が適切に行われるよう，当該要支援児童等の居宅において，養育に関する相談，指導，助言その他必要な支援を行う事業をいう．
○6　この法律で，地域子育て支援拠点事業とは，厚生労働省令で定めるところにより，乳児又は幼児及びその保護者が相互の交流を行う場所を開設し，子育てについての相談，情報の提供，助言その他の援助を行う事業をいう．
○7　この法律で，一時預かり事業とは，家庭において保育（養護及び教育（第三十九条の二第一項に規定する満三歳以上の幼児に対する教育を除く．）を行うことをいう．以下同じ．）を受けることが一時的に困難となつた乳児又は幼児について，厚生労働省令で定めるところにより，主として昼間において，保育所，認定こども園（就学前の子どもに関する教育，保育等の総合的な提供の推進に関する法律（平成十八年法律第七十七号．以下「認定こども園法」という．）第二条第六項に規定する認定こども園をいい，保育所であるものを除く．第二十四条第二項を除き，以下同じ．）その他の場所において，一時的に預かり，必要な保護を行う事業をいう．
○8　この法律で，小規模住居型児童養育事業とは，第二十七条第一項第三号の

措置に係る児童について，厚生労働省令で定めるところにより，保護者のない児童又は保護者に監護させることが不適当であると認められる児童（以下「要保護児童」という．）の養育に関し相当の経験を有する者その他の厚生労働省令で定める者（次条第一項に規定する里親を除く．）の住居において養育を行う事業をいう．
○9　この法律で，家庭的保育事業とは，次に掲げる事業をいう．
一　子ども・子育て支援法（平成二十四年法律第六十五号）第十九条第一項第二号の内閣府令で定める事由により家庭において必要な保育を受けることが困難である乳児又は幼児（以下「保育を必要とする乳児・幼児」という．）であつて満三歳未満のものについて，家庭的保育者（市町村長（特別区の区長を含む．以下同じ．）が行う研修を修了した保育士その他の厚生労働省令で定める者であつて，当該保育を必要とする乳児・幼児の保育を行う者として市町村長が適当と認めるものをいう．以下同じ．）の居宅その他の場所（当該保育を必要とする乳児・幼児の居宅を除く．）において，家庭的保育者による保育を行う事業（利用定員が五人以下であるものに限る．次号において同じ．）
二　満三歳以上の幼児に係る保育の体制の整備の状況その他の地域の事情を勘案して，保育が必要と認められる児童であつて満三歳以上のものについて，家庭的保育者の居宅その他の場所（当該保育が必要と認められる児童の居宅を除く．）において，家庭的保育者による保育を行う事業
○10　この法律で，小規模保育事業とは，次に掲げる事業をいう．
一　保育を必要とする乳児・幼児であつて満三歳未満のものについて，当該保育を必要とする乳児・幼児を保育することを目的とする施設（利用定員が六人以上十九人以下であるものに限る．）において，保育を行う事業
二　満三歳以上の幼児に係る保育の体制の整備の状況その他の地域の事情を勘案して，保育が必要と認められる児童であつて満三歳以上のものについて，前号に規定する施設において，保育を行う事業
○11　この法律で，居宅訪問型保育事業とは，次に掲げる事業をいう．
一　保育を必要とする乳児・幼児であつて満三歳未満のものについて，当該保育を必要とする乳児・幼児の居宅において家庭的保育者による保育を行う事業
二　満三歳以上の幼児に係る保育の体制の整備の状況その他の地域の事情を勘案して，保育が必要と認められる児童であつて満三歳以上のものについて，当該保育が必要と認められる児童の居宅において家庭的保育者による保育を行う事業
○12　この法律で，事業所内保育事業とは，次に掲げる事業をいう．
一　保育を必要とする乳児・幼児であつて満三歳未満のものについて，次に掲げる施設において，保育を行う事業
イ　事業主がその雇用する労働者の監護する乳児若しくは幼児及びその他の乳児

若しくは幼児を保育するために自ら設置する施設又は事業主から委託を受けて当該事業主が雇用する労働者の監護する乳児若しくは幼児及びその他の乳児若しくは幼児の保育を実施する施設

ロ　事業主団体がその構成員である事業主の雇用する労働者の監護する乳児若しくは幼児及びその他の乳児若しくは幼児を保育するために自ら設置する施設又は事業主団体から委託を受けてその構成員である事業主の雇用する労働者の監護する乳児若しくは幼児及びその他の乳児若しくは幼児の保育を実施する施設

ハ　地方公務員等共済組合法（昭和三十七年法律第百五十二号）の規定に基づく共済組合その他の厚生労働省令で定める組合（以下ハにおいて「共済組合等」という．）が当該共済組合等の構成員として厚生労働省令で定める者（以下ハにおいて「共済組合等の構成員」という．）の監護する乳児若しくは幼児及びその他の乳児若しくは幼児を保育するために自ら設置する施設又は共済組合等から委託を受けて当該共済組合等の構成員の監護する乳児若しくは幼児及びその他の乳児若しくは幼児の保育を実施する施設

ニ　満三歳以上の幼児に係る保育の体制の整備の状況その他の地域の事情を勘案して，保育が必要と認められる児童であつて満三歳以上のものについて，前号に規定する施設において，保育を行う事業

○13　この法律で，病児保育事業とは，保育を必要とする乳児・幼児又は保護者の労働若しくは疾病その他の事由により家庭において保育を受けることが困難となつた小学校に就学している児童であつて，疾病にかかつているものについて，保育所，認定こども園，病院，診療所その他厚生労働省令で定める施設において，保育を行う事業をいう．

○14　この法律で，子育て援助活動支援事業とは，厚生労働省令で定めるところにより，次に掲げる援助のいずれか又は全てを受けることを希望する者と当該援助を行うことを希望する者（個人に限る．以下この項において「援助希望者」という．）との連絡及び調整並びに援助希望者への講習の実施その他の必要な支援を行う事業をいう．

一　児童を一時的に預かり，必要な保護（宿泊を伴つて行うものを含む．）を行うこと．

二　児童が円滑に外出することができるよう，その移動を支援すること．

第六条の四　この法律で，里親とは，養育里親及び厚生労働省令で定める人数以下の要保護児童を養育することを希望する者であつて，養子縁組によつて養親となることを希望するものその他のこれに類する者として厚生労働省令で定めるもののうち，都道府県知事が第二十七条第一項第三号の規定により児童を委託する者として適当と認めるものをいう．

○2　この法律で，養育里親とは，前項に規定する厚生労働省令で定める人数以下の要保護児童を養育することを希望し，かつ，都道府県知事が厚生労働省令で定めるところにより行う研修を修了したことその他の厚生労働省令で定める要件を満たす者であつて，第三十四条の十九に規定する養育里親名簿に登録されたものをいう．

第七条　この法律で，児童福祉施設とは，助産施設，乳児院，母子生活支援施設，保育所，幼保連携型認定こども園，児童厚生施設，児童養護施設，障害児入所施設，児童発達支援センター，情緒障害児短期治療施設，児童自立支援施設及び児童家庭支援センターとする．
○2　この法律で，障害児入所支援とは，障害児入所施設に入所し，又は指定発達支援医療機関に入院する障害児に対して行われる保護，日常生活の指導及び知識技能の付与並びに障害児入所施設に入所し，又は指定発達支援医療機関に入院する障害児のうち知的障害のある児童，肢体不自由のある児童又は重度の知的障害及び重度の肢体不自由が重複している児童（以下「重症心身障害児」という．）に対し行われる治療をいう．

第二節　児童福祉審議会等

第八条　第七項，第二十七条第六項，第三十三条第五項，第三十三条の十五第三項，第三十五条第六項，第四十六条第四項及び第五十九条第五項の規定によりその権限に属させられた事項を調査審議するため，都道府県に児童福祉に関する審議会その他の合議制の機関を置くものとする．ただし，社会福祉法（昭和二十六年法律第四十五号）第十二条第一項の規定により同法第七条第一項に規定する地方社会福祉審議会（以下「地方社会福祉審議会」という．）に児童福祉に関する事項を調査審議させる都道府県にあつては，この限りでない．
○2　前項に規定する審議会その他の合議制の機関（以下「都道府県児童福祉審議会」という．）は，同項に定めるもののほか，児童，妊産婦及び知的障害者の福祉に関する事項を調査審議することができる．
○3　市町村は，第三十四条の十五第四項の規定によりその権限に属させられた事項及び前項の事項を調査審議するため，児童福祉に関する審議会その他の合議制の機関を置くことができる．
○4　都道府県児童福祉審議会は，都道府県知事の，前項に規定する審議会その他の合議制の機関（以下「市町村児童福祉審議会」という．）は，市町村長の管理に属し，それぞれその諮問に答え，又は関係行政機関に意見を具申することができる．
○5　都道府県児童福祉審議会及び市町村児童福祉審議会（以下「児童福祉審議会」

という.）は，特に必要があると認めるときは，関係行政機関に対し，所属職員の出席説明及び資料の提出を求めることができる.
○6　社会保障審議会及び児童福祉審議会は，必要に応じ，相互に資料を提供する等常に緊密な連絡をとらなければならない.
○7　社会保障審議会及び都道府県児童福祉審議会（第一項ただし書に規定する都道府県にあつては，地方社会福祉審議会とする．第二十七条第六項，第三十三条第五項，第三十三条の十二第一項及び第三項，第三十三条の十三，第三十三条の十五，第三十五条第六項，第四十六条第四項並びに第五十九条第五項及び第六項において同じ.）は，児童及び知的障害者の福祉を図るため，芸能，出版物，玩具，遊戯等を推薦し，又はそれらを製作し，興行し，若しくは販売する者等に対し，必要な勧告をすることができる.

第九条　児童福祉審議会の委員は，児童又は知的障害者の福祉に関する事業に従事する者及び学識経験のある者のうちから，都道府県知事又は市町村長が任命する.
○2　児童福祉審議会において，特別の事項を調査審議するため必要があるときは，臨時委員を置くことができる.
○3　児童福祉審議会の臨時委員は，児童又は知的障害者の福祉に関する事業に従事する者及び学識経験のある者のうちから，都道府県知事又は市町村長が任命する.
○4　児童福祉審議会に，委員の互選による委員長及び副委員長各一人を置く.

第三節　実施機関

第十条　市町村は，この法律の施行に関し，次に掲げる業務を行わなければならない.
一　児童及び妊産婦の福祉に関し，必要な実情の把握に努めること.
二　児童及び妊産婦の福祉に関し，必要な情報の提供を行うこと.
三　児童及び妊産婦の福祉に関し，家庭その他からの相談に応じ，必要な調査及び指導を行うこと並びにこれらに付随する業務を行うこと.
○2　市町村長は，前項第三号に掲げる業務のうち専門的な知識及び技術を必要とするものについては，児童相談所の技術的援助及び助言を求めなければならない.
○3　市町村長は，第一項第三号に掲げる業務を行うに当たつて，医学的，心理学的，教育学的，社会学的及び精神保健上の判定を必要とする場合には，児童相談所の判定を求めなければならない.
○4　市町村は，この法律による事務を適切に行うために必要な体制の整備に努

めるとともに，当該事務に従事する職員の人材の確保及び資質の向上のために必要な措置を講じなければならない．

第十一条　都道府県は，この法律の施行に関し，次に掲げる業務を行わなければならない．
一　前条第一項各号に掲げる市町村の業務の実施に関し，市町村相互間の連絡調整，市町村に対する情報の提供，市町村職員の研修その他必要な援助を行うこと及びこれらに付随する業務を行うこと．
二　児童及び妊産婦の福祉に関し，主として次に掲げる業務を行うこと．
イ　各市町村の区域を超えた広域的な見地から，実情の把握に努めること．
ロ　児童に関する家庭その他からの相談のうち，専門的な知識及び技術を必要とするものに応ずること．
ハ　児童及びその家庭につき，必要な調査並びに医学的，心理学的，教育学的，社会学的及び精神保健上の判定を行うこと．
ニ　児童及びその保護者につき，ハの調査又は判定に基づいて必要な指導を行うこと．
ホ　児童の一時保護を行うこと．
ヘ　里親につき，その相談に応じ，必要な情報の提供，助言，研修その他の援助を行うこと．
○2　都道府県知事は，市町村の前条第一項各号に掲げる業務の適切な実施を確保するため必要があると認めるときは，市町村に対し，必要な助言を行うことができる．
○3　都道府県知事は，第一項又は前項の規定による都道府県の事務の全部又は一部を，その管理に属する行政庁に委任することができる．
○4　都道府県知事は，第一項第二号ヘに掲げる業務に係る事務の全部又は一部を厚生労働省令で定める者に委託することができる．
○5　前項の規定により行われる第一項第二号ヘに掲げる業務に係る事務に従事する者又は従事していた者は，その事務に関して知り得た秘密を漏らしてはならない．

第十二条　都道府県は，児童相談所を設置しなければならない．
○2　児童相談所は，児童の福祉に関し，主として前条第一項第一号に掲げる業務（市町村職員の研修を除く．）及び同項第二号ロからホまでに掲げる業務並びに障害者の日常生活及び社会生活を総合的に支援するための法律第二十二条第二項及び第三項並びに第二十六条第一項に規定する業務を行うものとする．
○3　児童相談所は，必要に応じ，巡回して，前項に規定する業務（前条第一項

第二号ホに掲げる業務を除く．）を行うことができる．
○4　児童相談所長は，その管轄区域内の社会福祉法に規定する福祉に関する事務所（以下「福祉事務所」という．）の長（以下「福祉事務所長」という．）に必要な調査を委嘱することができる．

第十二条の二　児童相談所には，所長及び所員を置く．
○2　所長は，都道府県知事の監督を受け，所務を掌理する．
○3　所員は，所長の監督を受け，前条に規定する業務をつかさどる．
○4　児童相談所には，第一項に規定するもののほか，必要な職員を置くことができる．

第十二条の三　児童相談所の所長及び所員は，都道府県知事の補助機関である職員とする．
○2　所長は，次の各号のいずれかに該当する者でなければならない．
一　医師であつて，精神保健に関して学識経験を有する者
二　学校教育法に基づく大学又は旧大学令（大正七年勅令第三百八十八号）に基づく大学において，心理学を専修する学科又はこれに相当する課程を修めて卒業した者
三　社会福祉士
四　児童の福祉に関する事務をつかさどる職員（以下「児童福祉司」という．）として二年以上勤務した者又は児童福祉司たる資格を得た後二年以上所員として勤務した者
五　前各号に掲げる者と同等以上の能力を有すると認められる者であつて，厚生労働省令で定めるもの
○3　所長は，厚生労働大臣が定める基準に適合する研修を受けなければならない．
○4　判定をつかさどる所員の中には，第二項第一号に該当する者又はこれに準ずる資格を有する者及び同項第二号に該当する者又はこれに準ずる資格を有する者が，それぞれ一人以上含まれなければならない．
○5　相談及び調査をつかさどる所員は，児童福祉司たる資格を有する者でなければならない．

第十二条の四　児童相談所には，必要に応じ，児童を一時保護する施設を設けなければならない．

第十二条の五　この法律で定めるもののほか，児童相談所の管轄区域その他児童

相談所に関し必要な事項は，命令でこれを定める．

第十二条の六　保健所は，この法律の施行に関し，主として次の業務を行うものとする．
一　児童の保健について，正しい衛生知識の普及を図ること．
二　児童の健康相談に応じ，又は健康診査を行い，必要に応じ，保健指導を行うこと．
三　身体に障害のある児童及び疾病により長期にわたり療養を必要とする児童の療育について，指導を行うこと．
四　児童福祉施設に対し，栄養の改善その他衛生に関し，必要な助言を与えること．
○2　児童相談所長は，相談に応じた児童，その保護者又は妊産婦について，保健所に対し，保健指導その他の必要な協力を求めることができる．

第四節　児童福祉司

第十三条　都道府県は，その設置する児童相談所に，児童福祉司を置かなければならない．
○2　児童福祉司は，都道府県知事の補助機関である職員とし，次の各号のいずれかに該当する者のうちから，任用しなければならない．
一　都道府県知事の指定する児童福祉司若しくは児童福祉施設の職員を養成する学校その他の施設を卒業し，又は都道府県知事の指定する講習会の課程を修了した者
二　学校教育法に基づく大学又は旧大学令に基づく大学において，心理学，教育学若しくは社会学を専修する学科又はこれらに相当する課程を修めて卒業した者であつて，厚生労働省令で定める施設において一年以上児童その他の者の福祉に関する相談に応じ，助言，指導その他の援助を行う業務に従事したもの
三　医師
三の二　社会福祉士
四　社会福祉主事として，二年以上児童福祉事業に従事した者
五　前各号に掲げる者と同等以上の能力を有すると認められる者であつて，厚生労働省令で定めるもの
○3　児童福祉司は，児童相談所長の命を受けて，児童の保護その他児童の福祉に関する事項について，相談に応じ，専門的技術に基いて必要な指導を行う等児童の福祉増進に努める．
○4　児童福祉司は，政令の定めるところにより児童相談所長が定める担当区域により，前項の職務を行い，担当区域内の市町村長に協力を求めることができる．

○5　第二項第一号の施設及び講習会の指定に関し必要な事項は，政令で定める．

第十四条　市町村長は，前条第三項に規定する事項に関し，児童福祉司に必要な状況の通報及び資料の提供並びに必要な援助を求めることができる．
○2　児童福祉司は，その担当区域内における児童に関し，必要な事項につき，その担当区域を管轄する児童相談所長又は市町村長にその状況を通知し，併せて意見を述べなければならない．

第十五条　この法律で定めるもののほか，児童福祉司の任用叙級その他児童福祉司に関し必要な事項は，命令でこれを定める．

第五節　児童委員

第十六条　市町村の区域に児童委員を置く．
○2　民生委員法（昭和二十三年法律第百九十八号）による民生委員は，児童委員に充てられたものとする．
○3　厚生労働大臣は，児童委員のうちから，主任児童委員を指名する．
○4　前項の規定による厚生労働大臣の指名は，民生委員法第五条の規定による推薦によつて行う．

第十七条　児童委員は，次に掲げる職務を行う．
一　児童及び妊産婦につき，その生活及び取り巻く環境の状況を適切に把握しておくこと．
二　児童及び妊産婦につき，その保護，保健その他福祉に関し，サービスを適切に利用するために必要な情報の提供その他の援助及び指導を行うこと．
三　児童及び妊産婦に係る社会福祉を目的とする事業を経営する者又は児童の健やかな育成に関する活動を行う者と密接に連携し，その事業又は活動を支援すること．
四　児童福祉司又は福祉事務所の社会福祉主事の行う職務に協力すること．
五　児童の健やかな育成に関する気運の醸成に努めること．
六　前各号に掲げるもののほか，必要に応じて，児童及び妊産婦の福祉の増進を図るための活動を行うこと．
○2　主任児童委員は，前項各号に掲げる児童委員の職務について，児童の福祉に関する機関と児童委員（主任児童委員である者を除く．以下この項において同じ．）との連絡調整を行うとともに，児童委員の活動に対する援助及び協力を行う．
○3　前項の規定は，主任児童委員が第一項各号に掲げる児童委員の職務を行うことを妨げるものではない．

○4　児童委員は，その職務に関し，都道府県知事の指揮監督を受ける．

第十八条　市町村長は，前条第一項又は第二項に規定する事項に関し，児童委員に必要な状況の通報及び資料の提供を求め，並びに必要な指示をすることができる．
○2　児童委員は，その担当区域内における児童又は妊産婦に関し，必要な事項につき，その担当区域を管轄する児童相談所長又は市町村長にその状況を通知し，併せて意見を述べなければならない．
○3　児童委員が，児童相談所長に前項の通知をするときは，緊急の必要があると認める場合を除き，市町村長を経由するものとする．
○4　児童相談所長は，その管轄区域内の児童委員に必要な調査を委嘱することができる．

第十八条の二　都道府県知事は，児童委員の研修を実施しなければならない．

第十八条の三　この法律で定めるもののほか，児童委員に関し必要な事項は，命令でこれを定める．

第六節　保育士

第十八条の四　この法律で，保育士とは，第十八条の十八第一項の登録を受け，保育士の名称を用いて，専門的知識及び技術をもつて，児童の保育及び児童の保護者に対する保育に関する指導を行うことを業とする者をいう．

第十八条の五　次の各号のいずれかに該当する者は，保育士となることができない．
一　成年被後見人又は被保佐人
二　禁錮以上の刑に処せられ，その執行を終わり，又は執行を受けることがなくなつた日から起算して二年を経過しない者
三　この法律の規定その他児童の福祉に関する法律の規定であつて政令で定めるものにより，罰金の刑に処せられ，その執行を終わり，又は執行を受けることがなくなつた日から起算して二年を経過しない者
四　第十八条の十九第一項第二号又は第二項の規定により登録を取り消され，その取消しの日から起算して二年を経過しない者
五　国家戦略特別区域法（平成二十五年法律第百七号）第十二条の四第八項において準用する第十八条の十九第一項第二号又は第二項の規定により登録を取り消され，その取消しの日から起算して二年を経過しない者

第十八条の六　次の各号のいずれかに該当する者は，保育士となる資格を有する．
一　厚生労働大臣の指定する保育士を養成する学校その他の施設（以下「指定保育士養成施設」という．）を卒業した者
二　保育士試験に合格した者

第十八条の七　厚生労働大臣は，保育士の養成の適切な実施を確保するため必要があると認めるときは，その必要な限度で，指定保育士養成施設の長に対し，教育方法，設備その他の事項に関し報告を求め，若しくは指導をし，又は当該職員に，その帳簿書類その他の物件を検査させることができる．
○2　前項の規定による検査を行う場合においては，当該職員は，その身分を示す証明書を携帯し，関係者の請求があるときは，これを提示しなければならない．
○3　第一項の規定による権限は，犯罪捜査のために認められたものと解釈してはならない．

第十八条の八　保育士試験は，厚生労働大臣の定める基準により，保育士として必要な知識及び技能について行う．
○2　保育士試験は，毎年一回以上，都道府県知事が行う．
○3　保育士として必要な知識及び技能を有するかどうかの判定に関する事務を行わせるため，都道府県に保育士試験委員（次項において「試験委員」という．）を置く．ただし，次条第一項の規定により指定された者に当該事務を行わせることとした場合は，この限りでない．
○4　試験委員又は試験委員であつた者は，前項に規定する事務に関して知り得た秘密を漏らしてはならない．

第十八条の九　都道府県知事は，厚生労働省令で定めるところにより，一般社団法人又は一般財団法人であつて，保育士試験の実施に関する事務（以下「試験事務」という．）を適正かつ確実に実施することができると認められるものとして当該都道府県知事が指定する者（以下「指定試験機関」という．）に，試験事務の全部又は一部を行わせることができる．
○2　都道府県知事は，前項の規定により指定試験機関に試験事務の全部又は一部を行わせることとしたときは，当該試験事務の全部又は一部を行わないものとする．
○3　都道府県は，地方自治法（昭和二十二年法律第六十七号）第二百二十七条の規定に基づき保育士試験に係る手数料を徴収する場合においては，第一項の規定により指定試験機関が行う保育士試験を受けようとする者に，条例で定めるところにより，当該手数料の全部又は一部を当該指定試験機関へ納めさせ，その収

入とすることができる．

第十八条の十　指定試験機関の役員の選任及び解任は，都道府県知事の認可を受けなければ，その効力を生じない．
○2　都道府県知事は，指定試験機関の役員が，この法律（この法律に基づく命令又は処分を含む．）若しくは第十八条の十三第一項に規定する試験事務規程に違反する行為をしたとき，又は試験事務に関し著しく不適当な行為をしたときは，当該指定試験機関に対し，当該役員の解任を命ずることができる．

第十八条の十一　指定試験機関は，試験事務を行う場合において，保育士として必要な知識及び技能を有するかどうかの判定に関する事務については，保育士試験委員（次項及び次条第一項において「試験委員」という．）に行わせなければならない．
○2　前条第一項の規定は試験委員の選任及び解任について，同条第二項の規定は試験委員の解任について，それぞれ準用する．

第十八条の十二　指定試験機関の役員若しくは職員（試験委員を含む．次項において同じ．）又はこれらの職にあつた者は，試験事務に関して知り得た秘密を漏らしてはならない．
○2　試験事務に従事する指定試験機関の役員又は職員は，刑法（明治四十年法律第四十五号）その他の罰則の適用については，法令により公務に従事する職員とみなす．

第十八条の十三　指定試験機関は，試験事務の開始前に，試験事務の実施に関する規程（以下「試験事務規程」という．）を定め，都道府県知事の認可を受けなければならない．これを変更しようとするときも，同様とする．
○2　都道府県知事は，前項の認可をした試験事務規程が試験事務の適正かつ確実な実施上不適当となつたと認めるときは，指定試験機関に対し，これを変更すべきことを命ずることができる．

第十八条の十四　指定試験機関は，毎事業年度，事業計画及び収支予算を作成し，当該事業年度の開始前に（指定を受けた日の属する事業年度にあつては，その指定を受けた後遅滞なく），都道府県知事の認可を受けなければならない．これを変更しようとするときも，同様とする．

第十八条の十五　都道府県知事は，試験事務の適正かつ確実な実施を確保するた

め必要があると認めるときは，指定試験機関に対し，試験事務に関し監督上必要な命令をすることができる．

第十八条の十六　都道府県知事は，試験事務の適正かつ確実な実施を確保するため必要があると認めるときは，その必要な限度で，指定試験機関に対し，報告を求め，又は当該職員に，関係者に対し質問させ，若しくは指定試験機関の事務所に立ち入り，その帳簿書類その他の物件を検査させることができる．
○2　前項の規定による質問又は立入検査を行う場合においては，当該職員は，その身分を示す証明書を携帯し，関係者の請求があるときは，これを提示しなければならない．
○3　第一項の規定による権限は，犯罪捜査のために認められたものと解釈してはならない．

第十八条の十七　指定試験機関が行う試験事務に係る処分又はその不作為について不服がある者は，都道府県知事に対し，行政不服審査法（昭和三十七年法律第百六十号）による審査請求をすることができる．

第十八条の十八　保育士となる資格を有する者が保育士となるには，保育士登録簿に，氏名，生年月日その他厚生労働省令で定める事項の登録を受けなければならない．
○2　保育士登録簿は，都道府県に備える．
○3　都道府県知事は，保育士の登録をしたときは，申請者に第一項に規定する事項を記載した保育士登録証を交付する．

第十八条の十九　都道府県知事は，保育士が次の各号のいずれかに該当する場合には，その登録を取り消さなければならない．
一　第十八条の五各号（第四号を除く．）のいずれかに該当するに至つた場合
二　虚偽又は不正の事実に基づいて登録を受けた場合
○2　都道府県知事は，保育士が第十八条の二十一又は第十八条の二十二の規定に違反したときは，その登録を取り消し，又は期間を定めて保育士の名称の使用の停止を命ずることができる．

第十八条の二十　都道府県知事は，保育士の登録がその効力を失つたときは，その登録を消除しなければならない．

第十八条の二十一　保育士は，保育士の信用を傷つけるような行為をしてはなら

ない．

第十八条の二十二　保育士は，正当な理由がなく，その業務に関して知り得た人の秘密を漏らしてはならない．保育士でなくなつた後においても，同様とする．

第十八条の二十三　保育士でない者は，保育士又はこれに紛らわしい名称を使用してはならない．

第十八条の二十四　この法律に定めるもののほか，指定保育士養成施設，保育士試験，指定試験機関，保育士の登録その他保育士に関し必要な事項は，政令でこれを定める．

第十九条〜第三十八条　省略

第三十九条　保育所は，保育を必要とする乳児・幼児を日々保護者の下から通わせて保育を行うことを目的とする施設（利用定員が二十人以上であるものに限り，幼保連携型認定こども園を除く．）とする．
○2　保育所は，前項の規定にかかわらず，特に必要があるときは，保育を必要とするその他の児童を日々保護者の下から通わせて保育することができる．

第三十九条の二　幼保連携型認定こども園は，義務教育及びその後の教育の基礎を培うものとしての満三歳以上の幼児に対する教育（教育基本法（平成十八年法律第百二十号）第六条第一項に規定する法律に定める学校において行われる教育をいう．）及び保育を必要とする乳児・幼児に対する保育を一体的に行い，これらの乳児又は幼児の健やかな成長が図られるよう適当な環境を与えて，その心身の発達を助長することを目的とする施設とする．
○2　幼保連携型認定こども園に関しては，この法律に定めるもののほか，認定こども園法の定めるところによる．

第四十条〜第六十二条　省略

1-3 児童憲章

制定日：昭和 26 年 5 月 5 日
制定者：児童憲章制定会議
（内閣総理大臣により招集．国民各層・各界の代表で構成．）

われらは，日本国憲法の精神にしたがい，児童に対する正しい観念を確立し，すべての児童の幸福をはかるために，この憲章を定める．

児童は，人として尊ばれる．

児童は，社会の一員として重んぜられる．

児童は，よい環境の中で育てられる．

一　すべての児童は，心身ともに健やかにうまれ，育てられ，その生活を保障される．

二　すべての児童は，家庭で，正しい愛情と知識と技術をもつて育てられ，家庭に恵まれない児童には，これにかわる環境が与えられる．

三　すべての児童は，適当な栄養と住居と被服が与えられ，また，疾病と災害からまもられる．

四　すべての児童は，個性と能力に応じて教育され，社会の一員としての責任を自主的に果たすように，みちびかれる．

五　すべての児童は，自然を愛し，科学と芸術を尊ぶように，みちびかれ，また，道徳的心情がつちかわれる．

六　すべての児童は，就学のみちを確保され，また，十分に整つた教育の施設を用意される．

七　すべての児童は，職業指導を受ける機会が与えられる．

八　すべての児童は，その労働において，心身の発育が阻害されず，教育を受ける機会が失われず，また，児童としての生活がさまたげられないように，十分に

保護される．

九　すべての児童は，よい遊び場と文化財を用意され，悪い環境からまもられる．

十　すべての児童は，虐待・酷使・放任その他不当な取扱からまもられる．あやまちをおかした児童は，適切に保護指導される．

十一　すべての児童は，身体が不自由な場合，または精神の機能が不充分な場合に，適切な治療と教育と保護が与えられる．

十二　すべての児童は，愛とまことによつて結ばれ，よい国民として人類の平和と文化に貢献するように，みちびかれる．

1-4　児童の権利に関する条約

　この条約の締約国は,
　国際連合憲章において宣明された原則によれば, 人類社会のすべての構成員の固有の尊厳及び平等のかつ奪い得ない権利を認めることが世界における自由, 正義及び平和の基礎を成すものであることを考慮し,
　国際連合加盟国の国民が, 国際連合憲章において, 基本的人権並びに人間の尊厳及び価値に関する信念を改めて確認し, かつ, 一層大きな自由の中で社会的進歩及び生活水準の向上を促進することを決意したことに留意し,
　国際連合が, 世界人権宣言及び人権に関する国際規約において, すべての人は人種, 皮膚の色, 性, 言語, 宗教, 政治的意見その他の意見, 国民的若しくは社会的出身, 財産, 出生又は他の地位等によるいかなる差別もなしに同宣言及び同規約に掲げるすべての権利及び自由を享有することができることを宣明し及び合意したことを認め,
　国際連合が, 世界人権宣言において, 児童は特別な保護及び援助についての権利を享有することができることを宣明したことを想起し,
　家族が, 社会の基礎的な集団として, 並びに家族のすべての構成員, 特に, 児童の成長及び福祉のための自然な環境として, 社会においてその責任を十分に引き受けることができるよう必要な保護及び援助を与えられるべきであることを確信し,
　児童が, その人格の完全なかつ調和のとれた発達のため, 家庭環境の下で幸福, 愛情及び理解のある雰囲気の中で成長すべきであることを認め,
　児童が, 社会において個人として生活するため十分な準備が整えられるべきであり, かつ, 国際連合憲章において宣明された理想の精神並びに特に平和, 尊厳, 寛容, 自由, 平等及び連帯の精神に従って育てられるべきであることを考慮し,
　児童に対して特別な保護を与えることの必要性が, 1924年の児童の権利に関するジュネーヴ宣言及び1959年11月20日に国際連合総会で採択された児童の権利に関する宣言において述べられており, また, 世界人権宣言, 市民的及び政治的権利に関する国際規約（特に第23条及び第24条）, 経済的, 社会的及び文化的権利に関する国際規約（特に第10条）並びに児童の福祉に関係する専門機関及び国際機関の規程及び関係文書において認められていることに留意し,
　児童の権利に関する宣言において示されているとおり「児童は, 身体的及び精神的に未熟であるため, その出生の前後において, 適当な法的保護を含む特別な保護及び世話を必要とする.」ことに留意し,
　国内の又は国際的な里親委託及び養子縁組を特に考慮した児童の保護及び福祉についての社会的及び法的な原則に関する宣言, 少年司法の運用のための国際連

合最低基準規則（北京規則）及び緊急事態及び武力紛争における女子及び児童の保護に関する宣言の規定を想起し，

極めて困難な条件の下で生活している児童が世界のすべての国に存在すること，また，このような児童が特別の配慮を必要としていることを認め，

児童の保護及び調和のとれた発達のために各人民の伝統及び文化的価値が有する重要性を十分に考慮し，

あらゆる国特に開発途上国における児童の生活条件を改善するために国際協力が重要であることを認めて，

次のとおり協定した．

第 1 部

第 1 条

この条約の適用上，児童とは，18歳未満のすべての者をいう．ただし，当該児童で，その者に適用される法律によりより早く成年に達したものを除く．

第 2 条

1 締約国は，その管轄の下にある児童に対し，児童又はその父母若しくは法定保護者の人種，皮膚の色，性，言語，宗教，政治的意見その他の意見，国民的，種族的若しくは社会的出身，財産，心身障害，出生又は他の地位にかかわらず，いかなる差別もなしにこの条約に定める権利を尊重し，及び確保する．

2 締約国は，児童がその父母，法定保護者又は家族の構成員の地位，活動，表明した意見又は信念によるあらゆる形態の差別又は処罰から保護されることを確保するためのすべての適当な措置をとる．

第 3 条

1 児童に関するすべての措置をとるに当たっては，公的若しくは私的な社会福祉施設，裁判所，行政当局又は立法機関のいずれによって行われるものであっても，児童の最善の利益が主として考慮されるものとする．

2 締約国は，児童の父母，法定保護者又は児童について法的に責任を有する他の者の権利及び義務を考慮に入れて，児童の福祉に必要な保護及び養護を確保することを約束し，このため，すべての適当な立法上及び行政上の措置をとる．

3 締約国は，児童の養護又は保護のための施設，役務の提供及び設備が，特に安全及び健康の分野に関し並びにこれらの職員の数及び適格性並びに適正な監督に関し権限のある当局の設定した基準に適合することを確保する．

第 4 条

締約国は，この条約において認められる権利の実現のため，すべての適当な立法措置，行政措置その他の措置を講ずる．締約国は，経済的，社会的及び文化的権利に関しては，自国における利用可能な手段の最大限の範囲内で，また，必要な場合には国際協力の枠内で，これらの措置を講ずる．

第5条
　締約国は，児童がこの条約において認められる権利を行使するに当たり，父母若しくは場合により地方の慣習により定められている大家族若しくは共同体の構成員，法定保護者又は児童について法的に責任を有する他の者がその児童の発達しつつある能力に適合する方法で適当な指示及び指導を与える責任，権利及び義務を尊重する．

第6条
1　締約国は，すべての児童が生命に対する固有の権利を有することを認める．
2　締約国は，児童の生存及び発達を可能な最大限の範囲において確保する．

第7条
1　児童は，出生の後直ちに登録される．児童は，出生の時から氏名を有する権利及び国籍を取得する権利を有するものとし，また，できる限りその父母を知りかつその父母によって養育される権利を有する．
2　締約国は，特に児童が無国籍となる場合を含めて，国内法及びこの分野における関連する国際文書に基づく自国の義務に従い，1の権利の実現を確保する．

第8条
1　締約国は，児童が法律によって認められた国籍，氏名及び家族関係を含むその身元関係事項について不法に干渉されることなく保持する権利を尊重することを約束する．

2　締約国は，児童がその身元関係事項の一部又は全部を不法に奪われた場合には，その身元関係事項を速やかに回復するため，適当な援助及び保護を与える．

第9条
1　締約国は，児童がその父母の意思に反してその父母から分離されないことを確保する．ただし，権限のある当局が司法の審査に従うことを条件として適用のある法律及び手続に従いその分離が児童の最善の利益のために必要であると決定する場合は，この限りでない．このような決定は，父母が児童を虐待し若しくは

放置する場合又は父母が別居しており児童の居住地を決定しなければならない場合のような特定の場合において必要となることがある.

2 すべての関係当事者は，1の規定に基づくいかなる手続においても，その手続に参加しかつ自己の意見を述べる機会を有する.

3 締約国は，児童の最善の利益に反する場合を除くほか，父母の一方又は双方から分離されている児童が定期的に父母のいずれとも人的な関係及び直接の接触を維持する権利を尊重する.

4 3の分離が，締約国がとった父母の一方若しくは双方又は児童の抑留，拘禁，追放，退去強制，死亡（その者が当該締約国により身体を拘束されている間に何らかの理由により生じた死亡を含む.）等のいずれかの措置に基づく場合には，当該締約国は，要請に応じ，父母，児童又は適当な場合には家族の他の構成員に対し，家族のうち不在となっている者の所在に関する重要な情報を提供する．ただし，その情報の提供が児童の福祉を害する場合は，この限りでない．締約国は，更に，その要請の提出自体が関係者に悪影響を及ぼさないことを確保する．

第10条

1 前条1の規定に基づく締約国の義務に従い，家族の再統合を目的とする児童又はその父母による締約国への入国又は締約国からの出国の申請については，締約国が積極的，人道的かつ迅速な方法で取り扱う．締約国は，更に，その申請の提出が申請者及びその家族の構成員に悪影響を及ぼさないことを確保する．

2 父母と異なる国に居住する児童は，例外的な事情がある場合を除くほか定期的に父母との人的な関係及び直接の接触を維持する権利を有する．このため，前条1の規定に基づく締約国の義務に従い，締約国は，児童及びその父母がいずれの国（自国を含む.）からも出国し，かつ，自国に入国する権利を尊重する．出国する権利は，法律で定められ，国の安全，公の秩序，公衆の健康若しくは道徳又は他の者の権利及び自由を保護するために必要であり，かつ，この条約において認められる他の権利と両立する制限にのみ従う．

第11条

1 締約国は，児童が不法に国外へ移送されることを防止し及び国外から帰還することができない事態を除去するための措置を講ずる．

2 このため，締約国は，二国間若しくは多数国間の協定の締結又は現行の協定への加入を促進する．

第12条

1 締約国は，自己の意見を形成する能力のある児童がその児童に影響を及ぼす

すべての事項について自由に自己の意見を表明する権利を確保する．この場合において，児童の意見は，その児童の年齢及び成熟度に従って相応に考慮されるものとする．
2 このため，児童は，特に，自己に影響を及ぼすあらゆる司法上及び行政上の手続において，国内法の手続規則に合致する方法により直接に又は代理人若しくは適当な団体を通じて聴取される機会を与えられる．

第 13 条
1 児童は，表現の自由についての権利を有する．この権利には，口頭，手書き若しくは印刷，芸術の形態又は自ら選択する他の方法により，国境とのかかわりなく，あらゆる種類の情報及び考えを求め，受け及び伝える自由を含む．
2 1の権利の行使については，一定の制限を課することができる．ただし，その制限は，法律によって定められ，かつ，次の目的のために必要とされるものに限る．
(a) 他の者の権利又は信用の尊重
(b) 国の安全，公の秩序又は公衆の健康若しくは道徳の保護

第 14 条
1 締約国は，思想，良心及び宗教の自由についての児童の権利を尊重する．
2 締約国は，児童が1の権利を行使するに当たり，父母及び場合により法定保護者が児童に対しその発達しつつある能力に適合する方法で指示を与える権利及び義務を尊重する．
3 宗教又は信念を表明する自由については，法律で定める制限であって公共の安全，公の秩序，公衆の健康若しくは道徳又は他の者の基本的な権利及び自由を保護するために必要なもののみを課することができる．

第 15 条
1 締約国は，結社の自由及び平和的な集会の自由についての児童の権利を認める．
2 1の権利の行使については，法律で定める制限であって国の安全若しくは公共の安全，公の秩序，公衆の健康若しくは道徳の保護又は他の者の権利及び自由の保護のため民主的社会において必要なもの以外のいかなる制限も課することができない．

第 16 条
1 いかなる児童も，その私生活，家族，住居若しくは通信に対して恣意的に若しくは不法に干渉され又は名誉及び信用を不法に攻撃されない．

2　児童は，1の干渉又は攻撃に対する法律の保護を受ける権利を有する．

第 17 条
　締約国は，大衆媒体（マス・メディア）の果たす重要な機能を認め，児童が国の内外の多様な情報源からの情報及び資料，特に児童の社会面，精神面及び道徳面の福祉並びに心身の健康の促進を目的とした情報及び資料を利用することができることを確保する．このため，締約国は，
(a) 児童にとって社会面及び文化面において有益であり，かつ，第 29 条の精神に沿う情報及び資料を大衆媒体（マス・メディア）が普及させるよう奨励する．
(b) 国の内外の多様な情報源（文化的にも多様な情報源を含む．）からの情報及び資料の作成，交換及び普及における国際協力を奨励する．
(c) 児童用書籍の作成及び普及を奨励する．
(d) 少数集団に属し又は原住民である児童の言語上の必要性について大衆媒体（マス・メディア）が特に考慮するよう奨励する．
(e) 第 13 条及び次条の規定に留意して，児童の福祉に有害な情報及び資料から児童を保護するための適当な指針を発展させることを奨励する．

第 18 条
1　締約国は，児童の養育及び発達について父母が共同の責任を有するという原則についての認識を確保するために最善の努力を払う．父母又は場合により法定保護者は，児童の養育及び発達についての第一義的な責任を有する．児童の最善の利益は，これらの者の基本的な関心事項となるものとする．
2　締約国は，この条約に定める権利を保障し及び促進するため，父母及び法定保護者が児童の養育についての責任を遂行するに当たりこれらの者に対して適当な援助を与えるものとし，また，児童の養護のための施設，設備及び役務の提供の発展を確保する．
3　締約国は，父母が働いている児童が利用する資格を有する児童の養護のための役務の提供及び設備からその児童が便益を受ける権利を有することを確保するためのすべての適当な措置をとる．

第 19 条
1　締約国は，児童が父母，法定保護者又は児童を監護する他の者による監護を受けている間において，あらゆる形態の身体的若しくは精神的な暴力，傷害若しくは虐待，放置若しくは怠慢な取扱い，不当な取扱い又は搾取（性的虐待を含む．）からその児童を保護するためすべての適当な立法上，行政上，社会上及び教育上の措置をとる．

2 1の保護措置には，適当な場合には，児童及び児童を監護する者のために必要な援助を与える社会的計画の作成その他の形態による防止のための効果的な手続並びに1に定める児童の不当な取扱いの事件の発見，報告，付託，調査，処置及び事後措置並びに適当な場合には司法の関与に関する効果的な手続を含むものとする．

第20条
1 一時的若しくは恒久的にその家庭環境を奪われた児童又は児童自身の最善の利益にかんがみその家庭環境にとどまることが認められない児童は，国が与える特別の保護及び援助を受ける権利を有する．
2 締約国は，自国の国内法に従い，1の児童のための代替的な監護を確保する．
3 2の監護には，特に，里親委託，イスラム法のカファーラ，養子縁組又は必要な場合には児童の監護のための適当な施設への収容を含むことができる．解決策の検討に当たっては，児童の養育において継続性が望ましいこと並びに児童の種族的，宗教的，文化的及び言語的な背景について，十分な考慮を払うものとする．

第21条
　養子縁組の制度を認め又は許容している締約国は，児童の最善の利益について最大の考慮が払われることを確保するものとし，また，
(a) 児童の養子縁組が権限のある当局によってのみ認められることを確保する．この場合において，当該権限のある当局は，適用のある法律及び手続に従い，かつ，信頼し得るすべての関連情報に基づき，養子縁組が父母，親族及び法定保護者に関する児童の状況にかんがみ許容されること並びに必要な場合には，関係者が所要のカウンセリングに基づき養子縁組について事情を知らされた上での同意を与えていることを認定する．
(b) 児童がその出身国内において里親若しくは養家に託され又は適切な方法で監護を受けることができない場合には，これに代わる児童の監護の手段として国際的な養子縁組を考慮することができることを認める．
(c) 国際的な養子縁組が行われる児童が国内における養子縁組の場合における保護及び基準と同等のものを享受することを確保する．
(d) 国際的な養子縁組において当該養子縁組が関係者に不当な金銭上の利得をもたらすことがないことを確保するためのすべての適当な措置をとる．
(e) 適当な場合には，二国間又は多数国間の取極又は協定を締結することによりこの条の目的を促進し，及びこの枠組みの範囲内で他国における児童の養子縁組が権限のある当局又は機関によって行われることを確保するよう努める．

第22条
1　締約国は，難民の地位を求めている児童又は適用のある国際法及び国際的な手続若しくは国内法及び国内的な手続に基づき難民と認められている児童が，父母又は他の者に付き添われているかいないかを問わず，この条約及び自国が締約国となっている人権又は人道に関する他の国際文書に定める権利であって適用のあるものの享受に当たり，適当な保護及び人道的援助を受けることを確保するための適当な措置をとる．
2　このため，締約国は，適当と認める場合には，1の児童を保護し及び援助するため，並びに難民の児童の家族との再統合に必要な情報を得ることを目的としてその難民の児童の父母又は家族の他の構成員を捜すため，国際連合及びこれと協力する他の権限のある政府間機関又は関係非政府機関による努力に協力する．その難民の児童は，父母又は家族の他の構成員が発見されない場合には，何らかの理由により恒久的又は一時的にその家庭環境を奪われた他の児童と同様にこの条約に定める保護が与えられる．

第23条
1　締約国は，精神的又は身体的な障害を有する児童が，その尊厳を確保し，自立を促進し及び社会への積極的な参加を容易にする条件の下で十分かつ相応な生活を享受すべきであることを認める．
2　締約国は，障害を有する児童が特別の養護についての権利を有することを認めるものとし，利用可能な手段の下で，申込みに応じた，かつ，当該児童の状況及び父母又は当該児童を養護している他の者の事情に適した援助を，これを受ける資格を有する児童及びこのような児童の養護について責任を有する者に与えることを奨励し，かつ，確保する．
3　障害を有する児童の特別な必要を認めて，2の規定に従って与えられる援助は，父母又は当該児童を養護している他の者の資力を考慮して可能な限り無償で与えられるものとし，かつ，障害を有する児童が可能な限り社会への統合及び個人の発達（文化的及び精神的な発達を含む．）を達成することに資する方法で当該児童が教育，訓練，保健サービス，リハビリテーション・サービス，雇用のための準備及びレクリエーションの機会を実質的に利用し及び享受することができるように行われるものとする．
4　締約国は，国際協力の精神により，予防的な保健並びに障害を有する児童の医学的，心理学的及び機能的治療の分野における適当な情報の交換（リハビリテーション，教育及び職業サービスの方法に関する情報の普及及び利用を含む．）であってこれらの分野における自国の能力及び技術を向上させ並びに自国の経験を広げることができるようにすることを目的とするものを促進する．これに関し

ては，特に，開発途上国の必要を考慮する．

第 24 条
1 締約国は，到達可能な最高水準の健康を享受すること並びに病気の治療及び健康の回復のための便宜を与えられることについての児童の権利を認める．締約国は，いかなる児童もこのような保健サービスを利用する権利が奪われないことを確保するために努力する．
2 締約国は，1の権利の完全な実現を追求するものとし，特に，次のことのための適当な措置をとる．
(a) 幼児及び児童の死亡率を低下させること．
(b) 基礎的な保健の発展に重点を置いて必要な医療及び保健をすべての児童に提供することを確保すること．
(c) 環境汚染の危険を考慮に入れて，基礎的な保健の枠組みの範囲内で行われることを含めて，特に容易に利用可能な技術の適用により並びに十分に栄養のある食物及び清潔な飲料水の供給を通じて，疾病及び栄養不良と闘うこと．
(d) 母親のための産前産後の適当な保健を確保すること．
(e) 社会のすべての構成員特に父母及び児童が，児童の健康及び栄養，母乳による育児の利点，衛生（環境衛生を含む．）並びに事故の防止についての基礎的な知識に関して，情報を提供され，教育を受ける機会を有し及びその知識の使用について支援されることを確保すること．
(f) 予防的な保健，父母のための指導並びに家族計画に関する教育及びサービスを発展させること．
3 締約国は，児童の健康を害するような伝統的な慣行を廃止するため，効果的かつ適当なすべての措置をとる．
4 締約国は，この条において認められる権利の完全な実現を漸進的に達成するため，国際協力を促進し及び奨励することを約束する．これに関しては，特に，開発途上国の必要を考慮する．

第 25 条
　締約国は，児童の身体又は精神の養護，保護又は治療を目的として権限のある当局によって収容された児童に対する処遇及びその収容に関連する他のすべての状況に関する定期的な審査が行われることについての児童の権利を認める．

第 26 条
1 締約国は，すべての児童が社会保険その他の社会保障からの給付を受ける権利を認めるものとし，自国の国内法に従い，この権利の完全な実現を達成するた

めの必要な措置をとる．
2　1の給付は，適当な場合には，児童及びその扶養について責任を有する者の資力及び事情並びに児童によって又は児童に代わって行われる給付の申請に関する他のすべての事項を考慮して，与えられるものとする．

第27条
1　締約国は，児童の身体的，精神的，道徳的及び社会的な発達のための相当な生活水準についてのすべての児童の権利を認める．
2　父母又は児童について責任を有する他の者は，自己の能力及び資力の範囲内で，児童の発達に必要な生活条件を確保することについての第一義的な責任を有する．
3　締約国は，国内事情に従い，かつ，その能力の範囲内で，1の権利の実現のため，父母及び児童について責任を有する他の者を援助するための適当な措置をとるものとし，また，必要な場合には，特に栄養，衣類及び住居に関して，物的援助及び支援計画を提供する．
4　締約国は，父母又は児童について金銭上の責任を有する他の者から，児童の扶養料を自国内で及び外国から，回収することを確保するためのすべての適当な措置をとる．特に，児童について金銭上の責任を有する者が児童と異なる国に居住している場合には，締約国は，国際協定への加入又は国際協定の締結及び他の適当な取決めの作成を促進する．

第28条
1　締約国は，教育についての児童の権利を認めるものとし，この権利を漸進的にかつ機会の平等を基礎として達成するため，特に，
(a) 初等教育を義務的なものとし，すべての者に対して無償のものとする．
(b) 種々の形態の中等教育（一般教育及び職業教育を含む．）の発展を奨励し，すべての児童に対し，これらの中等教育が利用可能であり，かつ，これらを利用する機会が与えられるものとし，例えば，無償教育の導入，必要な場合における財政的援助の提供のような適当な措置をとる．
(c) すべての適当な方法により，能力に応じ，すべての者に対して高等教育を利用する機会が与えられるものとする．
(d) すべての児童に対し，教育及び職業に関する情報及び指導が利用可能であり，かつ，これらを利用する機会が与えられるものとする．
(e) 定期的な登校及び中途退学率の減少を奨励するための措置をとる．
2　締約国は，学校の規律が児童の人間の尊厳に適合する方法で及びこの条約に従って運用されることを確保するためのすべての適当な措置をとる．
3　締約国は，特に全世界における無知及び非識字の廃絶に寄与し並びに科学上

及び技術上の知識並びに最新の教育方法の利用を容易にするため，教育に関する事項についての国際協力を促進し，及び奨励する．これに関しては，特に，開発途上国の必要を考慮する．

第29条
1　締約国は，児童の教育が次のことを指向すべきことに同意する．
(a) 児童の人格，才能並びに精神的及び身体的な能力をその可能な最大限度まで発達させること．
(b) 人権及び基本的自由並びに国際連合憲章にうたう原則の尊重を育成すること．
(c) 児童の父母，児童の文化的同一性，言語及び価値観，児童の居住国及び出身国の国民的価値観並びに自己の文明と異なる文明に対する尊重を育成すること．
(d) すべての人民の間の，種族的，国民的及び宗教的集団の間の並びに原住民である者の理解，平和，寛容，両性の平等及び友好の精神に従い，自由な社会における責任ある生活のために児童に準備させること．
(e) 自然環境の尊重を育成すること．
2　この条又は前条のいかなる規定も，個人及び団体が教育機関を設置し及び管理する自由を妨げるものと解してはならない．ただし，常に，1に定める原則が遵守されること及び当該教育機関において行われる教育が国によって定められる最低限度の基準に適合することを条件とする．

第30条
　種族的，宗教的若しくは言語的少数民族又は原住民である者が存在する国において，当該少数民族に属し又は原住民である児童は，その集団の他の構成員とともに自己の文化を享有し，自己の宗教を信仰しかつ実践し又は自己の言語を使用する権利を否定されない．

第31条
1　締約国は，休息及び余暇についての児童の権利並びに児童がその年齢に適した遊び及びレクリエーションの活動を行い並びに文化的な生活及び芸術に自由に参加する権利を認める．
2　締約国は，児童が文化的及び芸術的な生活に十分に参加する権利を尊重しかつ促進するものとし，文化的及び芸術的な活動並びにレクリエーション及び余暇の活動のための適当かつ平等な機会の提供を奨励する．

第32条
1　締約国は，児童が経済的な搾取から保護され及び危険となり若しくは児童の

教育の妨げとなり又は児童の健康若しくは身体的,精神的,道徳的若しくは社会的な発達に有害となるおそれのある労働への従事から保護される権利を認める.
2　締約国は,この条の規定の実施を確保するための立法上,行政上,社会上及び教育上の措置をとる.このため,締約国は,他の国際文書の関連規定を考慮して,特に,
(a) 雇用が認められるための1又は2以上の最低年齢を定める.
(b) 労働時間及び労働条件についての適当な規則を定める.
(c) この条の規定の効果的な実施を確保するための適当な罰則その他の制裁を定める.

第 33 条
　締約国は,関連する国際条約に定義された麻薬及び向精神薬の不正な使用から児童を保護し並びにこれらの物質の不正な生産及び取引における児童の使用を防止するための立法上,行政上,社会上及び教育上の措置を含むすべての適当な措置をとる.

第 34 条
　締約国は,あらゆる形態の性的搾取及び性的虐待から児童を保護することを約束する.このため,締約国は,特に,次のことを防止するためのすべての適当な国内,二国間及び多数国間の措置をとる.
(a) 不法な性的な行為を行うことを児童に対して勧誘し又は強制すること.
(b) 売春又は他の不法な性的な業務において児童を搾取的に使用すること.
(c) わいせつな演技及び物において児童を搾取的に使用すること.

第 35 条
　締約国は,あらゆる目的のための又はあらゆる形態の児童の誘拐,売買又は取引を防止するためのすべての適当な国内,二国間及び多数国間の措置をとる.

第 36 条
　締約国は,いずれかの面において児童の福祉を害する他のすべての形態の搾取から児童を保護する.

第 37 条
　締約国は,次のことを確保する.
(a) いかなる児童も,拷問又は他の残虐な,非人道的な若しくは品位を傷つける取扱い若しくは刑罰を受けないこと.死刑又は釈放の可能性がない終身刑は,

十八歳未満の者が行った犯罪について科さないこと．
(b) いかなる児童も，不法に又は恣意的にその自由を奪われないこと．児童の逮捕，抑留又は拘禁は，法律に従って行うものとし，最後の解決手段として最も短い適当な期間のみ用いること．
(c) 自由を奪われたすべての児童は，人道的に，人間の固有の尊厳を尊重して，かつ，その年齢の者の必要を考慮した方法で取り扱われること．特に，自由を奪われたすべての児童は，成人とは分離されないことがその最善の利益であると認められない限り成人とは分離されるものとし，例外的な事情がある場合を除くほか，通信及び訪問を通じてその家族との接触を維持する権利を有すること．
(d) 自由を奪われたすべての児童は，弁護人その他適当な援助を行う者と速やかに接触する権利を有し，裁判所その他の権限のある，独立の，かつ，公平な当局においてその自由の剥奪の合法性を争い並びにこれについての決定を速やかに受ける権利を有すること．

第38条
1 締約国は，武力紛争において自国に適用される国際人道法の規定で児童に関係を有するものを尊重し及びこれらの規定の尊重を確保することを約束する．
2 締約国は，15歳未満の者が敵対行為に直接参加しないことを確保するためのすべての実行可能な措置をとる．
3 締約国は，15歳未満の者を自国の軍隊に採用することを差し控えるものとし，また，15歳以上18歳未満の者の中から採用するに当たっては，最年長者を優先させるよう努める．
4 締約国は，武力紛争において文民を保護するための国際人道法に基づく自国の義務に従い，武力紛争の影響を受ける児童の保護及び養護を確保するためのすべての実行可能な措置をとる．

第39条
　締約国は，あらゆる形態の放置，搾取若しくは虐待，拷問若しくは他のあらゆる形態の残虐な，非人道的な若しくは品位を傷つける取扱い若しくは刑罰又は武力紛争による被害者である児童の身体的及び心理的な回復及び社会復帰を促進するためのすべての適当な措置をとる．このような回復及び復帰は，児童の健康，自尊心及び尊厳を育成する環境において行われる．

第40条
1 締約国は，刑法を犯したと申し立てられ，訴追され又は認定されたすべての児童が尊厳及び価値についての当該児童の意識を促進させるような方法であって，

当該児童が他の者の人権及び基本的自由を尊重することを強化し,かつ,当該児童の年齢を考慮し,更に,当該児童が社会に復帰し及び社会において建設的な役割を担うことがなるべく促進されることを配慮した方法により取り扱われる権利を認める.

2 このため,締約国は,国際文書の関連する規定を考慮して,特に次のことを確保する.

(a) いかなる児童も,実行の時に国内法又は国際法により禁じられていなかった作為又は不作為を理由として刑法を犯したと申し立てられ,訴追され又は認定されないこと.

(b) 刑法を犯したと申し立てられ又は訴追されたすべての児童は,少なくとも次の保障を受けること.

(i) 法律に基づいて有罪とされるまでは無罪と推定されること.

(ii) 速やかにかつ直接に,また,適当な場合には当該児童の父母又は法定保護者を通じてその罪を告げられること並びに防御の準備及び申立てにおいて弁護人その他適当な援助を行う者を持つこと.

(iii) 事案が権限のある,独立の,かつ,公平な当局又は司法機関により法律に基づく公正な審理において,弁護人その他適当な援助を行う者の立会い及び,特に当該児童の年齢又は境遇を考慮して児童の最善の利益にならないと認められる場合を除くほか,当該児童の父母又は法定保護者の立会いの下に遅滞なく決定されること.

(iv) 供述又は有罪の自白を強要されないこと.不利な証人を尋問し又はこれに対し尋問させること並びに対等の条件で自己のための証人の出席及びこれに対する尋問を求めること.

(v) 刑法を犯したと認められた場合には,その認定及びその結果科せられた措置について,法律に基づき,上級の,権限のある,独立の,かつ,公平な当局又は司法機関によって再審理されること.

(vi) 使用される言語を理解すること又は話すことができない場合には,無料で通訳の援助を受けること.

(vii) 手続のすべての段階において当該児童の私生活が十分に尊重されること.

3 締約国は,刑法を犯したと申し立てられ,訴追され又は認定された児童に特別に適用される法律及び手続の制定並びに当局及び施設の設置を促進するよう努めるものとし,特に,次のことを行う.

(a) その年齢未満の児童は刑法を犯す能力を有しないと推定される最低年齢を設定すること.

(b) 適当かつ望ましい場合には,人権及び法的保護が十分に尊重されていることを条件として,司法上の手続に訴えることなく当該児童を取り扱う措置をと

ること.
4　児童がその福祉に適合し,かつ,その事情及び犯罪の双方に応じた方法で取り扱われることを確保するため,保護,指導及び監督命令,カウンセリング,保護観察,里親委託,教育及び職業訓練計画,施設における養護に代わる他の措置等の種々の処置が利用し得るものとする.

第41条
　この条約のいかなる規定も,次のものに含まれる規定であって児童の権利の実現に一層貢献するものに影響を及ぼすものではない.
(a)　締約国の法律
(b)　締約国について効力を有する国際法

第2部

第42条
　締約国は,適当かつ積極的な方法でこの条約の原則及び規定を成人及び児童のいずれにも広く知らせることを約束する.

第43条
1　この条約において負う義務の履行の達成に関する締約国による進捗の状況を審査するため,児童の権利に関する委員会(以下「委員会」という.)を設置する.委員会は,この部に定める任務を行う.
2　委員会は,徳望が高く,かつ,この条約が対象とする分野において能力を認められた10人の専門家で構成する.委員会の委員は,締約国の国民の中から締約国により選出されるものとし,個人の資格で職務を遂行する.その選出に当たっては,衡平な地理的配分及び主要な法体系を考慮に入れる.
(※1995年12月21日,「10人」を「18人」に改める改正が採択され,2002年11月18日に同改正は発効した.)
3　委員会の委員は,締約国により指名された者の名簿の中から秘密投票により選出される.各締約国は,自国民の中から一人を指名することができる.
4　委員会の委員の最初の選挙は,この条約の効力発生の日の後6箇月以内に行うものとし,その後の選挙は,2年ごとに行う.国際連合事務総長は,委員会の委員の選挙の日の遅くとも4箇月前までに,締約国に対し,自国が指名する者の氏名を2箇月以内に提出するよう書簡で要請する.その後,同事務総長は,指名された者のアルファベット順による名簿(これらの者を指名した締約国名を表示した名簿とする.)を作成し,この条約の締約国に送付する.
5　委員会の委員の選挙は,国際連合事務総長により国際連合本部に招集される

締約国の会合において行う．これらの会合は，締約国の3分の2をもって定足数とする．これらの会合においては，出席しかつ投票する締約国の代表によって投じられた票の最多数で，かつ，過半数の票を得た者をもって委員会に選出された委員とする．
6　委員会の委員は，4年の任期で選出される．委員は，再指名された場合には，再選される資格を有する．最初の選挙において選出された委員のうち5人の委員の任期は，2年で終了するものとし，これらの5人の委員は，最初の選挙の後直ちに，最初の選挙が行われた締約国の会合の議長によりくじ引で選ばれる．
7　委員会の委員が死亡し，辞任し又は他の理由のため委員会の職務を遂行することができなくなったことを宣言した場合には，当該委員を指名した締約国は，委員会の承認を条件として自国民の中から残余の期間職務を遂行する他の専門家を任命する．
8　委員会は，手続規則を定める．
9　委員会は，役員を2年の任期で選出する．
10　委員会の会合は，原則として，国際連合本部又は委員会が決定する他の適当な場所において開催する．委員会は，原則として毎年1回会合する．委員会の会合の期間は，国際連合総会の承認を条件としてこの条約の締約国の会合において決定し，必要な場合には，再検討する．
11　国際連合事務総長は，委員会がこの条約に定める任務を効果的に遂行するために必要な職員及び便益を提供する．
12　この条約に基づいて設置する委員会の委員は，国際連合総会が決定する条件に従い，同総会の承認を得て，国際連合の財源から報酬を受ける．

第44条
1　締約国は，(a) 当該締約国についてこの条約が効力を生ずる時から2年以内に，(b) その後は5年ごとに，この条約において認められる権利の実現のためにとった措置及びこれらの権利の享受についてもたらされた進歩に関する報告を国際連合事務総長を通じて委員会に提出することを約束する．
2　この条の規定により行われる報告には，この条約に基づく義務の履行の程度に影響を及ぼす要因及び障害が存在する場合には，これらの要因及び障害を記載する．当該報告には，また，委員会が当該国における条約の実施について包括的に理解するために十分な情報を含める．
3　委員会に対して包括的な最初の報告を提出した締約国は，1 (b) の規定に従って提出するその後の報告においては，既に提供した基本的な情報を繰り返す必要はない．
4　委員会は，この条約の実施に関連する追加の情報を締約国に要請することが

できる．
5　委員会は，その活動に関する報告を経済社会理事会を通じて2年ごとに国際連合総会に提出する．
6　締約国は，1の報告を自国において公衆が広く利用できるようにする．

第45条
　この条約の効果的な実施を促進し及びこの条約が対象とする分野における国際協力を奨励するため，
(a)　専門機関及び国際連合児童基金その他の国際連合の機関は，その任務の範囲内にある事項に関するこの条約の規定の実施についての検討に際し，代表を出す権利を有する．委員会は，適当と認める場合には，専門機関及び国際連合児童基金その他の権限のある機関に対し，これらの機関の任務の範囲内にある事項に関するこの条約の実施について専門家の助言を提供するよう要請することができる．委員会は，専門機関及び国際連合児童基金その他の国際連合の機関に対し，これらの機関の任務の範囲内にある事項に関するこの条約の実施について報告を提出するよう要請することができる．
(b)　委員会は，適当と認める場合には，技術的な助言若しくは援助の要請を含んでおり又はこれらの必要性を記載している締約国からのすべての報告を，これらの要請又は必要性の記載に関する委員会の見解及び提案がある場合は当該見解及び提案とともに，専門機関及び国際連合児童基金その他の権限のある機関に送付する．
(c)　委員会は，国際連合総会に対し，国際連合事務総長が委員会のために児童の権利に関連する特定の事項に関する研究を行うよう同事務総長に要請することを勧告することができる．
(d)　委員会は，前条及びこの条の規定により得た情報に基づく提案及び一般的な性格を有する勧告を行うことができる．これらの提案及び一般的な性格を有する勧告は，関係締約国に送付し，締約国から意見がある場合にはその意見とともに国際連合総会に報告する．

第3部

第46条
　この条約は，すべての国による署名のために開放しておく．

第47条
　この条約は，批准されなければならない．批准書は，国際連合事務総長に寄託する．

第 48 条
　この条約は，すべての国による加入のために開放しておく．加入書は，国際連合事務総長に寄託する．

第 49 条
1　この条約は，20 番目の批准書又は加入書が国際連合事務総長に寄託された日の後 30 日目の日に効力を生ずる．
2　この条約は，20 番目の批准書又は加入書が寄託された後に批准し又は加入する国については，その批准書又は加入書が寄託された日の後 30 日目に効力を生ずる．

第 50 条
1　いずれの締約国も，改正を提案し及び改正案を国際連合事務総長に提出することができる．同事務総長は，直ちに，締約国に対し，その改正案を送付するものとし，締約国による改正案の審議及び投票のための締約国の会議の開催についての賛否を示すよう要請する．その送付の日から 4 箇月以内に締約国の 3 分の 1 以上が会議の開催に賛成する場合には，同事務総長は，国際連合の主催の下に会議を招集する．会議において出席しかつ投票する締約国の過半数によって採択された改正案は，承認のため，国際連合総会に提出する．
2　1 の規定により採択された改正は，国際連合総会が承認し，かつ，締約国の 3 分の 2 以上の多数が受諾した時に，効力を生ずる．
3　改正は，効力を生じたときは，改正を受諾した締約国を拘束するものとし，他の締約国は，改正前のこの条約の規定（受諾した従前の改正を含む．）により引き続き拘束される．

第 51 条
1　国際連合事務総長は，批准又は加入の際に行われた留保の書面を受領し，かつ，すべての国に送付する．
2　この条約の趣旨及び目的と両立しない留保は，認められない．
3　留保は，国際連合事務総長にあてた通告によりいつでも撤回することができるものとし，同事務総長は，その撤回をすべての国に通報する．このようにして通報された通告は，同事務総長により受領された日に効力を生ずる．

第 52 条
　締約国は，国際連合事務総長に対して書面による通告を行うことにより，この条約を廃棄することができる．廃棄は，同事務総長がその通告を受領した日の後

1年で効力を生ずる.

第53条
　国際連合事務総長は,この条約の寄託者として指名される.

第54条
　アラビア語,中国語,英語,フランス語,ロシア語及びスペイン語をひとしく正文とするこの条約の原本は,国際連合事務総長に寄託する.
　以上の証拠として,下名の全権委員は,各自の政府から正当に委任を受けてこの条約に署名した.

1-5 教育基本法
（昭和二十二年法律第二十五号）

全面改正：（平成十八年十二月二十二日法律第百二十号）

　我々日本国民は，たゆまぬ努力によって築いてきた民主的で文化的な国家を更に発展させるとともに，世界の平和と人類の福祉の向上に貢献することを願うものである．

　我々は，この理想を実現するため，個人の尊厳を重んじ，真理と正義を希求し，公共の精神を尊び，豊かな人間性と創造性を備えた人間の育成を期するとともに，伝統を継承し，新しい文化の創造を目指す教育を推進する．

　ここに，我々は，日本国憲法の精神にのっとり，我が国の未来を切り拓く教育の基本を確立し，その振興を図るため，この法律を制定する．

第一章　教育の目的及び理念

（教育の目的）
第一条　教育は，人格の完成を目指し，平和で民主的な国家及び社会の形成者として必要な資質を備えた心身ともに健康な国民の育成を期して行われなければならない．

（教育の目標）
第二条　教育は，その目的を実現するため，学問の自由を尊重しつつ，次に掲げる目標を達成するよう行われるものとする．
一　幅広い知識と教養を身に付け，真理を求める態度を養い，豊かな情操と道徳心を培うとともに，健やかな身体を養うこと．
二　個人の価値を尊重して，その能力を伸ばし，創造性を培い，自主及び自律の精神を養うとともに，職業及び生活との関連を重視し，勤労を重んずる態度を養うこと．
三　正義と責任，男女の平等，自他の敬愛と協力を重んずるとともに，公共の精神に基づき，主体的に社会の形成に参画し，その発展に寄与する態度を養うこと．
四　生命を尊び，自然を大切にし，環境の保全に寄与する態度を養うこと．
五　伝統と文化を尊重し，それらをはぐくんできた我が国と郷土を愛するとともに，他国を尊重し，国際社会の平和と発展に寄与する態度を養うこと．

（生涯学習の理念）
第三条　国民一人一人が，自己の人格を磨き，豊かな人生を送ることができるよう，その生涯にわたって，あらゆる機会に，あらゆる場所において学習すること

ができ，その成果を適切に生かすことのできる社会の実現が図られなければならない．

(教育の機会均等)
第四条　すべて国民は，ひとしく，その能力に応じた教育を受ける機会を与えられなければならず，人種，信条，性別，社会的身分，経済的地位又は門地によって，教育上差別されない．
2　国及び地方公共団体は，障害のある者が，その障害の状態に応じ，十分な教育を受けられるよう，教育上必要な支援を講じなければならない．
3　国及び地方公共団体は，能力があるにもかかわらず，経済的理由によって修学が困難な者に対して，奨学の措置を講じなければならない．

第二章　教育の実施に関する基本

(義務教育)
第五条　国民は，その保護する子に，別に法律で定めるところにより，普通教育を受けさせる義務を負う．
2　義務教育として行われる普通教育は，各個人の有する能力を伸ばしつつ社会において自立的に生きる基礎を培い，また，国家及び社会の形成者として必要とされる基本的な資質を養うことを目的として行われるものとする．
3　国及び地方公共団体は，義務教育の機会を保障し，その水準を確保するため，適切な役割分担及び相互の協力の下，その実施に責任を負う．
4　国又は地方公共団体の設置する学校における義務教育については，授業料を徴収しない．

(学校教育)
第六条　法律に定める学校は，公の性質を有するものであって，国，地方公共団体及び法律に定める法人のみが，これを設置することができる．
2　前項の学校においては，教育の目標が達成されるよう，教育を受ける者の心身の発達に応じて，体系的な教育が組織的に行われなければならない．この場合において，教育を受ける者が，学校生活を営む上で必要な規律を重んずるとともに，自ら進んで学習に取り組む意欲を高めることを重視して行われなければならない．

(大学)
第七条　大学は，学術の中心として，高い教養と専門的能力を培うとともに，深く真理を探究して新たな知見を創造し，これらの成果を広く社会に提供すること

により，社会の発展に寄与するものとする．
2　大学については，自主性，自律性その他の大学における教育及び研究の特性が尊重されなければならない．

(私立学校)
第八条　私立学校の有する公の性質及び学校教育において果たす重要な役割にかんがみ，国及び地方公共団体は，その自主性を尊重しつつ，助成その他の適当な方法によって私立学校教育の振興に努めなければならない．

(教員)
第九条　法律に定める学校の教員は，自己の崇高な使命を深く自覚し，絶えず研究と修養に励み，その職責の遂行に努めなければならない．
2　前項の教員については，その使命と職責の重要性にかんがみ，その身分は尊重され，待遇の適正が期せられるとともに，養成と研修の充実が図られなければならない．

(家庭教育)
第十条　父母その他の保護者は，子の教育について第一義的責任を有するものであって，生活のために必要な習慣を身に付けさせるとともに，自立心を育成し，心身の調和のとれた発達を図るよう努めるものとする．
2　国及び地方公共団体は，家庭教育の自主性を尊重しつつ，保護者に対する学習の機会及び情報の提供その他の家庭教育を支援するために必要な施策を講ずるよう努めなければならない．

(幼児期の教育)
第十一条　幼児期の教育は，生涯にわたる人格形成の基礎を培う重要なものであることにかんがみ，国及び地方公共団体は，幼児の健やかな成長に資する良好な環境の整備その他適当な方法によって，その振興に努めなければならない．

(社会教育)
第十二条　個人の要望や社会の要請にこたえ，社会において行われる教育は，国及び地方公共団体によって奨励されなければならない．
2　国及び地方公共団体は，図書館，博物館，公民館その他の社会教育施設の設置，学校の施設の利用，学習の機会及び情報の提供その他の適当な方法によって社会教育の振興に努めなければならない．

（学校，家庭及び地域住民等の相互の連携協力）
第十三条　学校，家庭及び地域住民その他の関係者は，教育におけるそれぞれの役割と責任を自覚するとともに，相互の連携及び協力に努めるものとする．

（政治教育）
第十四条　良識ある公民として必要な政治的教養は，教育上尊重されなければならない．
2　法律に定める学校は，特定の政党を支持し，又はこれに反対するための政治教育その他政治的活動をしてはならない．

（宗教教育）
第十五条　宗教に関する寛容の態度，宗教に関する一般的な教養及び宗教の社会生活における地位は，教育上尊重されなければならない．
2　国及び地方公共団体が設置する学校は，特定の宗教のための宗教教育その他宗教的活動をしてはならない．

第三章　教育行政

（教育行政）
第十六条　教育は，不当な支配に服することなく，この法律及び他の法律の定めるところにより行われるべきものであり，教育行政は，国と地方公共団体との適切な役割分担及び相互の協力の下，公正かつ適正に行われなければならない．
2　国は，全国的な教育の機会均等と教育水準の維持向上を図るため，教育に関する施策を総合的に策定し，実施しなければならない．
3　地方公共団体は，その地域における教育の振興を図るため，その実情に応じた教育に関する施策を策定し，実施しなければならない．
4　国及び地方公共団体は，教育が円滑かつ継続的に実施されるよう，必要な財政上の措置を講じなければならない．

（教育振興基本計画）
第十七条　政府は，教育の振興に関する施策の総合的かつ計画的な推進を図るため，教育の振興に関する施策についての基本的な方針及び講ずべき施策その他必要な事項について，基本的な計画を定め，これを国会に報告するとともに，公表しなければならない．
2　地方公共団体は，前項の計画を参酌し，その地域の実情に応じ，当該地方公共団体における教育の振興のための施策に関する基本的な計画を定めるよう努めなければならない．

第四章　法令の制定

第十八条　この法律に規定する諸条項を実施するため，必要な法令が制定されなければならない．

1-6　学校教育法［抄］
（昭和二十二年三月三十一日法律第二十六号）

最終改正：平成二七年六月二六日法律第五〇号

第一章～第二章　省略

第三章　幼稚園

第二十二条　幼稚園は，義務教育及びその後の教育の基礎を培うものとして，幼児を保育し，幼児の健やかな成長のために適当な環境を与えて，その心身の発達を助長することを目的とする．

第二十三条　幼稚園における教育は，前条に規定する目的を実現するため，次に掲げる目標を達成するよう行われるものとする．
一　健康，安全で幸福な生活のために必要な基本的な習慣を養い，身体諸機能の調和的発達を図ること．
二　集団生活を通じて，喜んでこれに参加する態度を養うとともに家族や身近な人への信頼感を深め，自主，自律及び協同の精神並びに規範意識の芽生えを養うこと．
三　身近な社会生活，生命及び自然に対する興味を養い，それらに対する正しい理解と態度及び思考力の芽生えを養うこと．
四　日常の会話や，絵本，童話等に親しむことを通じて，言葉の使い方を正しく導くとともに，相手の話を理解しようとする態度を養うこと．
五　音楽，身体による表現，造形等に親しむことを通じて，豊かな感性と表現力の芽生えを養うこと．

第二十四条　幼稚園においては，第二十二条に規定する目的を実現するための教育を行うほか，幼児期の教育に関する各般の問題につき，保護者及び地域住民その他の関係者からの相談に応じ，必要な情報の提供及び助言を行うなど，家庭及び地域における幼児期の教育の支援に努めるものとする．

第二十五条　幼稚園の教育課程その他の保育内容に関する事項は，第二十二条及び第二十三条の規定に従い，文部科学大臣が定める．

第二十六条　幼稚園に入園することのできる者は，満三歳から，小学校就学の始期に達するまでの幼児とする．

第二十七条　幼稚園には，園長，教頭及び教諭を置かなければならない．
○2　幼稚園には，前項に規定するもののほか，副園長，主幹教諭，指導教諭，養護教諭，栄養教諭，事務職員，養護助教諭その他必要な職員を置くことができる．
○3　第一項の規定にかかわらず，副園長を置くときその他特別の事情のあるときは，教頭を置かないことができる．
○4　園長は，園務をつかさどり，所属職員を監督する．
○5　副園長は，園長を助け，命を受けて園務をつかさどる．
○6　教頭は，園長（副園長を置く幼稚園にあつては，園長及び副園長）を助け，園務を整理し，及び必要に応じ幼児の保育をつかさどる．
○7　主幹教諭は，園長（副園長を置く幼稚園にあつては，園長及び副園長）及び教頭を助け，命を受けて園務の一部を整理し，並びに幼児の保育をつかさどる．
○8　指導教諭は，幼児の保育をつかさどり，並びに教諭その他の職員に対して，保育の改善及び充実のために必要な指導及び助言を行う．
○9　教諭は，幼児の保育をつかさどる．
○10　特別の事情のあるときは，第一項の規定にかかわらず，教諭に代えて助教諭又は講師を置くことができる．
○11　学校の実情に照らし必要があると認めるときは，第七項の規定にかかわらず，園長（副園長を置く幼稚園にあつては，園長及び副園長）及び教頭を助け，命を受けて園務の一部を整理し，並びに幼児の養護又は栄養の指導及び管理をつかさどる主幹教諭を置くことができる．

第二十八条　第三十七条第六項，第八項及び第十二項から第十七項まで並びに第四十二条から第四十四条までの規定は，幼稚園に準用する．

第四章〜第十三章　省略

1-7　学校保健安全法
（昭和三十三年四月十日法律第五十六号）

最終改正：平成二七年六月二四日法律第四六号

第一章　総則

（目的）
第一条　この法律は，学校における児童生徒等及び職員の健康の保持増進を図るため，学校における保健管理に関し必要な事項を定めるとともに，学校における教育活動が安全な環境において実施され，児童生徒等の安全の確保が図られるよう，学校における安全管理に関し必要な事項を定め，もつて学校教育の円滑な実施とその成果の確保に資することを目的とする．

（定義）
第二条　この法律において「学校」とは，学校教育法（昭和二十二年法律第二十六号）第一条に規定する学校をいう．
2　この法律において「児童生徒等」とは，学校に在学する幼児，児童，生徒又は学生をいう．

（国及び地方公共団体の責務）
第三条　国及び地方公共団体は，相互に連携を図り，各学校において保健及び安全に係る取組が確実かつ効果的に実施されるようにするため，学校における保健及び安全に関する最新の知見及び事例を踏まえつつ，財政上の措置その他の必要な施策を講ずるものとする．
2　国は，各学校における安全に係る取組を総合的かつ効果的に推進するため，学校安全の推進に関する計画の策定その他所要の措置を講ずるものとする．
3　地方公共団体は，国が講ずる前項の措置に準じた措置を講ずるように努めなければならない．

第二章　学校保健

第一節　学校の管理運営等
（学校保健に関する学校の設置者の責務）
第四条　学校の設置者は，その設置する学校の児童生徒等及び職員の心身の健康の保持増進を図るため，当該学校の施設及び設備並びに管理運営体制の整備充実その他の必要な措置を講ずるよう努めるものとする．

（学校保健計画の策定等）

第五条　学校においては，児童生徒等及び職員の心身の健康の保持増進を図るため，児童生徒等及び職員の健康診断，環境衛生検査，児童生徒等に対する指導その他保健に関する事項について計画を策定し，これを実施しなければならない．

(学校環境衛生基準)
第六条　文部科学大臣は，学校における換気，採光，照明，保温，清潔保持その他環境衛生に係る事項（学校給食法（昭和二十九年法律第百六十号）第九条第一項（夜間課程を置く高等学校における学校給食に関する法律（昭和三十一年法律第百五十七号）第七条及び特別支援学校の幼稚部及び高等部における学校給食に関する法律（昭和三十二年法律第百十八号）第六条において準用する場合を含む．）に規定する事項を除く．）について，児童生徒等及び職員の健康を保護する上で維持されることが望ましい基準（以下この条において「学校環境衛生基準」という．）を定めるものとする．

2　学校の設置者は，学校環境衛生基準に照らしてその設置する学校の適切な環境の維持に努めなければならない．

3　校長は，学校環境衛生基準に照らし，学校の環境衛生に関し適正を欠く事項があると認めた場合には，遅滞なく，その改善のために必要な措置を講じ，又は当該措置を講ずることができないときは，当該学校の設置者に対し，その旨を申し出るものとする．

(保健室)
第七条　学校には，健康診断，健康相談，保健指導，救急処置その他の保健に関する措置を行うため，保健室を設けるものとする．

第二節　健康相談等
(健康相談)
第八条　学校においては，児童生徒等の心身の健康に関し，健康相談を行うものとする．

(保健指導)
第九条　養護教諭その他の職員は，相互に連携して，健康相談又は児童生徒等の健康状態の日常的な観察により，児童生徒等の心身の状況を把握し，健康上の問題があると認めるときは，遅滞なく，当該児童生徒等に対して必要な指導を行うとともに，必要に応じ，その保護者（学校教育法第十六条に規定する保護者をいう．第二十四条及び第三十条において同じ．）に対して必要な助言を行うものとする．

(地域の医療機関等との連携)
第十条　学校においては，救急処置，健康相談又は保健指導を行うに当たつては，必要に応じ，当該学校の所在する地域の医療機関その他の関係機関との連携を図るよう努めるものとする．

第三節　健康診断
(就学時の健康診断)
第十一条　市（特別区を含む．以下同じ．）町村の教育委員会は，学校教育法第十七条第一項の規定により翌学年の初めから同項に規定する学校に就学させるべき者で，当該市町村の区域内に住所を有するものの就学に当たつて，その健康診断を行わなければならない．

第十二条　市町村の教育委員会は，前条の健康診断の結果に基づき，治療を勧告し，保健上必要な助言を行い，及び学校教育法第十七条第一項に規定する義務の猶予若しくは免除又は特別支援学校への就学に関し指導を行う等適切な措置をとらなければならない．

(児童生徒等の健康診断)
第十三条　学校においては，毎学年定期に，児童生徒等（通信による教育を受ける学生を除く．）の健康診断を行わなければならない．
2　学校においては，必要があるときは，臨時に，児童生徒等の健康診断を行うものとする．

第十四条　学校においては，前条の健康診断の結果に基づき，疾病の予防処置を行い，又は治療を指示し，並びに運動及び作業を軽減する等適切な措置をとらなければならない．

(職員の健康診断)
第十五条　学校の設置者は，毎学年定期に，学校の職員の健康診断を行わなければならない．
2　学校の設置者は，必要があるときは，臨時に，学校の職員の健康診断を行うものとする．

第十六条　学校の設置者は，前条の健康診断の結果に基づき，治療を指示し，及び勤務を軽減する等適切な措置をとらなければならない．

（健康診断の方法及び技術的基準等）
第十七条　健康診断の方法及び技術的基準については，文部科学省令で定める．
2　第十一条から前条までに定めるもののほか，健康診断の時期及び検査の項目その他健康診断に関し必要な事項は，前項に規定するものを除き，第十一条の健康診断に関するものについては政令で，第十三条及び第十五条の健康診断に関するものについては文部科学省令で定める．
3　前二項の文部科学省令は，健康増進法（平成十四年法律第百三号）第九条第一項に規定する健康診査等指針と調和が保たれたものでなければならない．

（保健所との連絡）
第十八条　学校の設置者は，この法律の規定による健康診断を行おうとする場合その他政令で定める場合においては，保健所と連絡するものとする．

第四節　感染症の予防

（出席停止）
第十九条　校長は，感染症にかかつており，かかつている疑いがあり，又はかかるおそれのある児童生徒等があるときは，政令で定めるところにより，出席を停止させることができる．

（臨時休業）
第二十条　学校の設置者は，感染症の予防上必要があるときは，臨時に，学校の全部又は一部の休業を行うことができる．

（文部科学省令への委任）
第二十一条　前二条（第十九条の規定に基づく政令を含む．）及び感染症の予防及び感染症の患者に対する医療に関する法律（平成十年法律第百十四号）その他感染症の予防に関して規定する法律（これらの法律に基づく命令を含む．）に定めるもののほか，学校における感染症の予防に関し必要な事項は，文部科学省令で定める．

第五節　学校保健技師並びに学校医，学校歯科医及び学校薬剤師

（学校保健技師）
第二十二条　都道府県の教育委員会の事務局に，学校保健技師を置くことができる．
2　学校保健技師は，学校における保健管理に関する専門的事項について学識経験がある者でなければならない．

3　学校保健技師は，上司の命を受け，学校における保健管理に関し，専門的技術的指導及び技術に従事する．

（学校医，学校歯科医及び学校薬剤師）
第二十三条　学校には，学校医を置くものとする．
2　大学以外の学校には，学校歯科医及び学校薬剤師を置くものとする．
3　学校医，学校歯科医及び学校薬剤師は，それぞれ医師，歯科医師又は薬剤師のうちから，任命し，又は委嘱する．
4　学校医，学校歯科医及び学校薬剤師は，学校における保健管理に関する専門的事項に関し，技術及び指導に従事する．
5　学校医，学校歯科医及び学校薬剤師の職務執行の準則は，文部科学省令で定める．

第六節　地方公共団体の援助及び国の補助
（地方公共団体の援助）
第二十四条　地方公共団体は，その設置する小学校，中学校，中等教育学校の前期課程又は特別支援学校の小学部若しくは中学部の児童又は生徒が，感染性又は学習に支障を生ずるおそれのある疾病で政令で定めるものにかかり，学校において治療の指示を受けたときは，当該児童又は生徒の保護者で次の各号のいずれかに該当するものに対して，その疾病の治療のための医療に要する費用について必要な援助を行うものとする．
一　生活保護法（昭和二十五年法律第百四十四号）第六条第二項に規定する要保護者
二　生活保護法第六条第二項に規定する要保護者に準ずる程度に困窮している者で政令で定めるもの

（国の補助）
第二十五条　国は，地方公共団体が前条の規定により同条第一号に掲げる者に対して援助を行う場合には，予算の範囲内において，その援助に要する経費の一部を補助することができる．
2　前項の規定により国が補助を行う場合の補助の基準については，政令で定める．

第三章　学校安全
（学校安全に関する学校の設置者の責務）
第二十六条　学校の設置者は，児童生徒等の安全の確保を図るため，その設置する学校において，事故，加害行為，災害等（以下この条及び第二十九条第三項に

おいて「事故等」という.)により児童生徒等に生ずる危険を防止し,及び事故等により児童生徒等に危険又は危害が現に生じた場合(同条第一項及び第二項において「危険等発生時」という.)において適切に対処することができるよう,当該学校の施設及び設備並びに管理運営体制の整備充実その他の必要な措置を講ずるよう努めるものとする.

(学校安全計画の策定等)
第二十七条　学校においては,児童生徒等の安全の確保を図るため,当該学校の施設及び設備の安全点検,児童生徒等に対する通学を含めた学校生活その他の日常生活における安全に関する指導,職員の研修その他学校における安全に関する事項について計画を策定し,これを実施しなければならない.

(学校環境の安全の確保)
第二十八条　校長は,当該学校の施設又は設備について,児童生徒等の安全の確保を図る上で支障となる事項があると認めた場合には,遅滞なく,その改善を図るために必要な措置を講じ,又は当該措置を講ずることができないときは,当該学校の設置者に対し,その旨を申し出るものとする.

(危険等発生時対処要領の作成等)
第二十九条　学校においては,児童生徒等の安全の確保を図るため,当該学校の実情に応じて,危険等発生時において当該学校の職員がとるべき措置の具体的内容及び手順を定めた対処要領(次項において「危険等発生時対処要領」という.)を作成するものとする.
2　校長は,危険等発生時対処要領の職員に対する周知,訓練の実施その他の危険等発生時において職員が適切に対処するために必要な措置を講ずるものとする.
3　学校においては,事故等により児童生徒等に危害が生じた場合において,当該児童生徒等及び当該事故等により心理的外傷その他の心身の健康に対する影響を受けた児童生徒等その他の関係者の心身の健康を回復させるため,これらの者に対して必要な支援を行うものとする.この場合においては,第十条の規定を準用する.

(地域の関係機関等との連携)
第三十条　学校においては,児童生徒等の安全の確保を図るため,児童生徒等の保護者との連携を図るとともに,当該学校が所在する地域の実情に応じて,当該地域を管轄する警察署その他の関係機関,地域の安全を確保するための活動を行う団体その他の関係団体,当該地域の住民その他の関係者との連携を図るよう努

めるものとする.

第四章　雑則

(学校の設置者の事務の委任)
第三十一条　学校の設置者は，他の法律に特別の定めがある場合のほか，この法律に基づき処理すべき事務を校長に委任することができる.

(専修学校の保健管理等)
第三十二条　専修学校には，保健管理に関する専門的事項に関し，技術及び指導を行う医師を置くように努めなければならない.
2　専修学校には，健康診断，健康相談，保健指導，救急処置等を行うため，保健室を設けるように努めなければならない.
3　第三条から第六条まで，第八条から第十条まで，第十三条から第二十一条まで及び第二十六条から前条までの規定は，専修学校に準用する.

附　則　抄
(施行期日)
1　この法律中第十七条及び第十八条第一項の規定は昭和三十三年十月一日から，その他の規定は，同年六月一日から施行する.

附　則　(昭和五〇年七月一一日法律第五九号)　抄
(施行期日)
第一条　この法律は，公布の日から起算して六月を経過した日から施行する.

附　則　(昭和五三年三月三一日法律第一四号)　抄
1　この法律は，昭和五十三年四月一日から施行する.ただし，第二条の規定中学校保健法第八条第二項を削る改正規定，同条第三項及び第九条第一項の改正規定，同条第二項を削る改正規定，第十七条の改正規定，第十八条第二項を削る改正規定並びに同条第三項の改正規定は，昭和五十四年四月一日から施行する.

附　則　(昭和六〇年七月一二日法律第九〇号)　抄
(施行期日)
第一条　この法律は，公布の日から施行する.

附　則　(平成一〇年六月一二日法律第一〇一号)　抄
(施行期日)

第一条　この法律は，平成十一年四月一日から施行する．

附　則　（平成一〇年一〇月二日法律第一一四号）　抄
（施行期日）
第一条　この法律は，平成十一年四月一日から施行する．

附　則　（平成一一年一二月二二日法律第一六〇号）　抄
（施行期日）
第一条　この法律（第二条及び第三条を除く．）は，平成十三年一月六日から施行する．

附　則　（平成一四年八月二日法律第一〇三号）　抄
（施行期日）
第一条　この法律は，公布の日から起算して九月を超えない範囲内において政令で定める日から施行する．ただし，第九条及び附則第八条から第十九条までの規定は，公布の日から起算して二年を超えない範囲内において政令で定める日から施行する．

附　則　（平成一七年三月三一日法律第二三号）　抄
（施行期日）
1　この法律は，平成十七年四月一日から施行する．

附　則　（平成一八年六月二一日法律第八〇号）　抄
（施行期日）
第一条　この法律は，平成十九年四月一日から施行する．

附　則　（平成一九年六月二七日法律第九六号）　抄
（施行期日）
第一条　この法律は，公布の日から起算して六月を超えない範囲内において政令で定める日から施行する．

附　則　（平成二〇年六月一八日法律第七三号）　抄
（施行期日）
第一条　この法律は，平成二十一年四月一日から施行する．

（検討）

第二条　政府は，この法律の施行後五年を経過した場合において，この法律による改正後の規定の施行の状況について検討を加え，必要があると認めるときは，その結果に基づいて所要の措置を講ずるものとする．

附　則　（平成二七年六月二四日法律第四六号）　抄
（施行期日）
第一条　この法律は，平成二十八年四月一日から施行する．

2. 幼児教育・保育に関する要領・指針

2-1　幼稚園教育要領

第1章　総則

第1　幼稚園教育の基本

　幼児期における教育は，生涯にわたる人格形成の基礎を培う重要なものであり，幼稚園教育は，学校教育法第22条に規定する目的を達成するため，幼児期の特性を踏まえ，環境を通して行うものであることを基本とする．

　このため，教師は幼児との信頼関係を十分に築き，幼児と共によりよい教育環境を創造するように努めるものとする．これらを踏まえ，次に示す事項を重視して教育を行わなければならない．

1.　幼児は安定した情緒の下で自己を十分に発揮することにより発達に必要な体験を得ていくものであることを考慮して，幼児の主体的な活動を促し，幼児期にふさわしい生活が展開されるようにすること．

2.　幼児の自発的な活動としての遊びは，心身の調和のとれた発達の基礎を培う重要な学習であることを考慮して，遊びを通しての指導を中心として第2章に示すねらいが総合的に達成されるようにすること．

3.　幼児の発達は，心身の諸側面が相互に関連し合い，多様な経過をたどって成し遂げられていくものであること，また，幼児の生活経験がそれぞれ異なることなどを考慮して，幼児一人一人の特性に応じ，発達の課題に即した指導を行うようにすること．

　その際，教師は，幼児の主体的な活動が確保されるよう幼児一人一人の行動の理解と予想に基づき，計画的に環境を構成しなければならない．この場合において，教師は，幼児と人やものとのかかわりが重要であることを踏まえ，物的・空間的環境を構成しなければならない．また，教師は，幼児一人一人の活動の場面に応じて，様々な役割を果たし，その活動を豊かにしなければならない．

第2　教育課程の編成

　幼稚園は，家庭との連携を図りながら，この章の第1に示す幼稚園教育の基本に基づいて展開される幼稚園生活を通して，生きる力の基礎を育成するよう学校教育法第23条に規定する幼稚園教育の目標の達成に努めなければならない．幼

稚園は，このことにより，義務教育及びその後の教育の基礎を培うものとする．
　これらを踏まえ，各幼稚園においては，教育基本法及び学校教育法その他の法令並びにこの幼稚園教育要領の示すところに従い，創意工夫を生かし，幼児の心身の発達と幼稚園及び地域の実態に即応した適切な教育課程を編成するものとする．
1.　幼稚園生活の全体を通して第2章に示すねらいが総合的に達成されるよう，教育課程に係る教育期間や幼児の生活経験や発達の過程などを考慮して具体的なねらいと内容を組織しなければならないこと．この場合においては，特に，自我が芽生え，他者の存在を意識し，自己を抑制しようとする気持ちが生まれる幼児期の発達の特性を踏まえ，入園から修了に至るまでの長期的な視野をもって充実した生活が展開できるように配慮しなければならないこと．
2.　幼稚園の毎学年の教育課程に係る教育週数は，特別の事情のある場合を除き，39週を下ってはならないこと．
3.　幼稚園の1日の教育課程に係る教育時間は，4時間を標準とすること．ただし，幼児の心身の発達の程度や季節などに適切に配慮すること．

第3　教育課程に係る教育時間の終了後等に行う教育活動など

　幼稚園は，地域の実態や保護者の要請により教育課程に係る教育時間の終了後等に希望する者を対象に行う教育活動について，学校教育法第22条及び第23条並びにこの章の第1に示す幼稚園教育の基本を踏まえ実施すること．また，幼稚園の目的の達成に資するため，幼児の生活全体が豊かなものとなるよう家庭や地域における幼児期の教育の支援に努めること．

第2章　ねらい及び内容

　この章に示すねらいは，幼稚園修了までに育つことが期待される生きる力の基礎となる心情，意欲，態度などであり，内容は，ねらいを達成するために指導する事項である．これらを幼児の発達の側面から，心身の健康に関する領域「健康」，人とのかかわりに関する領域「人間関係」，身近な環境とのかかわりに関する領域「環境」，言葉の獲得に関する領域「言葉」及び感性と表現に関する領域「表現」としてまとめ，示したものである．
　各領域に示すねらいは，幼稚園における生活の全体を通じ，幼児が様々な体験を積み重ねる中で相互に関連をもちながら次第に達成に向かうものであること，内容は，幼児が環境にかかわって展開する具体的な活動を通して総合的に指導されるものであることに留意しなければならない．
　なお，特に必要な場合には，各領域に示すねらいの趣旨に基づいて適切な，具体的な内容を工夫し，それを加えても差し支えないが，その場合には，それが第

1章の第1に示す幼稚園教育の基本を逸脱しないよう慎重に配慮する必要がある．

健　康

健康な心と体を育て，自ら健康で安全な生活をつくり出す力を養う．

1　ねらい
 (1)　明るく伸び伸びと行動し，充実感を味わう．
 (2)　自分の体を十分に動かし，進んで運動しようとする．
 (3)　健康，安全な生活に必要な習慣や態度を身に付ける．

2　内容
(1)　先生や友達と触れ合い，安定感をもって行動する．
(2)　いろいろな遊びの中で十分に体を動かす．
(3)　進んで戸外で遊ぶ．
(4)　様々な活動に親しみ，楽しんで取り組む．
(5)　先生や友達と食べることを楽しむ．
(6)　健康な生活のリズムを身に付ける．
(7)　身の回りを清潔にし，衣服の着脱，食事，排泄などの生活に必要な活動を自分でする．
(8)　幼稚園における生活の仕方を知り，自分たちで生活の場を整えながら見通しをもって行動する．
(9)　自分の健康に関心をもち，病気の予防などに必要な活動を進んで行う．
(10)　危険な場所，危険な遊び方，災害時などの行動の仕方が分かり，安全に気を付けて行動する．

3　内容の取扱い
　上記の取扱いに当たっては，次の事項に留意する必要がある．
(1)　心と体の健康は，相互に密接な関連があるものであることを踏まえ，幼児が教師や他の幼児との温かい触れ合いの中で自己の存在感や充実感を味わうことなどを基盤として，しなやかな心と体の発達を促すこと．特に，十分に体を動かす気持ちよさを体験し，自ら体を動かそうとする意欲が育つようにすること．
(2)　様々な遊びの中で，幼児が興味や関心，能力に応じて全身を使って活動することにより，体を動かす楽しさを味わい，安全についての構えを身に付け，自分の体を大切にしようとする気持ちが育つようにすること．
(3)　自然の中で伸び伸びと体を動かして遊ぶことにより，体の諸機能の発達が促されることに留意し，幼児の興味や関心が戸外にも向くようにすること．その

際，幼児の動線に配慮した園庭や遊具の配置などを工夫すること．
(4) 健康な心と体を育てるためには食育を通じた望ましい食習慣の形成が大切であることを踏まえ，幼児の食生活の実情に配慮し，和やかな雰囲気の中で教師や他の幼児と食べる喜びや楽しさを味わったり，様々な食べ物への興味や関心をもったりするなどし，進んで食べようとする気持ちが育つようにすること．
(5) 基本的な生活習慣の形成に当たっては，家庭での生活経験に配慮し，幼児の自立心を育て，幼児が他の幼児とかかわりながら主体的な活動を展開する中で，生活に必要な習慣を身に付けるようにすること．

人間関係

他の人々と親しみ，支え合って生活するために，自立心を育て，人とかかわる力を養う．

1 ねらい
(1) 幼稚園生活を楽しみ，自分の力で行動することの充実感を味わう．
(2) 身近な人と親しみ，かかわりを深め，愛情や信頼感をもつ．
(3) 社会生活における望ましい習慣や態度を身に付ける．

2 内容
(1) 先生や友達と共に過ごすことの喜びを味わう．
(2) 自分で考え，自分で行動する．
(3) 自分でできることは自分でする．
(4) いろいろな遊びを楽しみながら物事をやり遂げようとする気持ちをもつ．
(5) 友達と積極的にかかわりながら喜びや悲しみを共感し合う．
(6) 自分の思ったことを相手に伝え，相手の思っていることに気付く．
(7) 友達のよさに気付き，一緒に活動する楽しさを味わう．
(8) 友達と楽しく活動する中で，共通の目的を見いだし，工夫したり，協力したりなどする．
(9) よいことや悪いことがあることに気付き，考えながら行動する．
(10) 友達とのかかわりを深め，思いやりをもつ．
(11) 友達と楽しく生活する中できまりの大切さに気付き，守ろうとする．
(12) 共同の遊具や用具を大切にし，みんなで使う．
(13) 高齢者をはじめ地域の人々などの自分の生活に関係の深いいろいろな人に親しみをもつ．

3 内容の取扱い

上記の取扱いに当たっては，次の事項に留意する必要がある．
(1)　教師との信頼関係に支えられて自分自身の生活を確立していくことが人とかかわる基盤となることを考慮し，幼児が自ら周囲に働き掛けることにより多様な感情を体験し，試行錯誤しながら自分の力で行うことの充実感を味わうことができるよう，幼児の行動を見守りながら適切な援助を行うようにすること．
(2)　幼児の主体的な活動は，他の幼児とのかかわりの中で深まり，豊かになるものであり，幼児はその中で互いに必要な存在であることを認識するようになることを踏まえ，一人一人を生かした集団を形成しながら人とかかわる力を育てていくようにすること．特に，集団の生活の中で，幼児が自己を発揮し，教師や他の幼児に認められる体験をし，自信をもって行動できるようにすること．
(3)　幼児が互いにかかわりを深め，協同して遊ぶようになるため，自ら行動する力を育てるようにするとともに，他の幼児と試行錯誤しながら活動を展開する楽しさや共通の目的が実現する喜びを味わうことができるようにすること．
(4)　道徳性の芽生えを培うに当たっては，基本的な生活習慣の形成を図るとともに，幼児が他の幼児とのかかわりの中で他人の存在に気付き，相手を尊重する気持ちをもって行動できるようにし，また，自然や身近な動植物に親しむことなどを通して豊かな心情が育つようにすること．特に，人に対する信頼感や思いやりの気持ちは，葛藤やつまずきをも体験し，それらを乗り越えることにより次第に芽生えてくることに配慮すること．
(5)　集団の生活を通して，幼児が人とのかかわりを深め，規範意識の芽生えが培われることを考慮し，幼児が教師との信頼関係に支えられて自己を発揮する中で，互いに思いを主張し，折り合いを付ける体験をし，きまりの必要性などに気付き，自分の気持ちを調整する力が育つようにすること．
(6)　高齢者をはじめ地域の人々などの自分の生活に関係の深いいろいろな人と触れ合い，自分の感情や意志を表現しながら共に楽しみ，共感し合う体験を通して，これらの人々などに親しみをもち，人とかかわることの楽しさや人の役に立つ喜びを味わうことができるようにすること．また，生活を通して親や祖父母などの家族の愛情に気付き，家族を大切にしようとする気持ちが育つようにすること．

環　境

周囲の様々な環境に好奇心や探究心をもってかかわり，それらを生活に取り入れていこうとする力を養う．

1　ねらい
(1)　身近な環境に親しみ，自然と触れ合う中で様々な事象に興味や関心をもつ．

(2) 身近な環境に自分からかかわり，発見を楽しんだり，考えたりし，それを生活に取り入れようとする．
(3) 身近な事象を見たり，考えたり，扱ったりする中で，物の性質や数量，文字などに対する感覚を豊かにする．

2　内容
(1) 自然に触れて生活し，その大きさ，美しさ，不思議さなどに気付く．
(2) 生活の中で，様々な物に触れ，その性質や仕組みに興味や関心をもつ．
(3) 季節により自然や人間の生活に変化のあることに気付く．
(4) 自然などの身近な事象に関心をもち，取り入れて遊ぶ．
(5) 身近な動植物に親しみをもって接し，生命の尊さに気付き，いたわったり，大切にしたりする．
(6) 身近な物を大切にする．
(7) 身近な物や遊具に興味をもってかかわり，考えたり，試したりして工夫して遊ぶ．
(8) 日常生活の中で数量や図形などに関心をもつ．
(9) 日常生活の中で簡単な標識や文字などに関心をもつ．
(10) 生活に関係の深い情報や施設などに興味や関心をもつ．
(11) 幼稚園内外の行事において国旗に親しむ．

3　内容の取扱い
　上記の取扱いに当たっては，次の事項に留意する必要がある．
(1) 幼児が，遊びの中で周囲の環境とかかわり，次第に周囲の世界に好奇心を抱き，その意味や操作の仕方に関心をもち，物事の法則性に気付き，自分なりに考えることができるようになる過程を大切にすること．特に，他の幼児の考えなどに触れ，新しい考えを生み出す喜びや楽しさを味わい，自ら考えようとする気持ちが育つようにすること．
(2) 幼児期において自然のもつ意味は大きく，自然の大きさ，美しさ，不思議さなどに直接触れる体験を通して，幼児の心が安らぎ，豊かな感情，好奇心，思考力，表現力の基礎が培われることを踏まえ，幼児が自然とのかかわりを深めることができるよう工夫すること．
(3) 身近な事象や動植物に対する感動を伝え合い，共感し合うことなどを通して自分からかかわろうとする意欲を育てるとともに，様々なかかわり方を通してそれらに対する親しみや畏敬の念，生命を大切にする気持ち，公共心，探究心などが養われるようにすること．
(4) 数量や文字などに関しては，日常生活の中で幼児自身の必要感に基づく体

験を大切にし，数量や文字などに関する興味や関心，感覚が養われるようにすること．

言　葉

> 経験したことや考えたことなどを自分なりの言葉で表現し，相手の話す言葉を聞こうとする意欲や態度を育て，言葉に対する感覚や言葉で表現する力を養う．

1　ねらい
(1)　自分の気持ちを言葉で表現する楽しさを味わう．
(2)　人の言葉や話などをよく聞き，自分の経験したことや考えたことを話し，伝え合う喜びを味わう．
(3)　日常生活に必要な言葉が分かるようになるとともに，絵本や物語などに親しみ，先生や友達と心を通わせる．

2　内容
(1)　先生や友達の言葉や話に興味や関心をもち，親しみをもって聞いたり，話したりする．
(2)　したり，見たり，聞いたり，感じたり，考えたりなどしたことを自分なりに言葉で表現する．
(3)　したいこと，してほしいことを言葉で表現したり，分からないことを尋ねたりする．
(4)　人の話を注意して聞き，相手に分かるように話す．
(5)　生活の中で必要な言葉が分かり，使う．
(6)　親しみをもって日常のあいさつをする．
(7)　生活の中で言葉の楽しさや美しさに気付く．
(8)　いろいろな体験を通じてイメージや言葉を豊かにする．
(9)　絵本や物語などに親しみ，興味をもって聞き，想像をする楽しさを味わう．
(10)　日常生活の中で，文字などで伝える楽しさを味わう．

3　内容の取扱い
　　上記の取扱いに当たっては，次の事項に留意する必要がある．
(1)　言葉は，身近な人に親しみをもって接し，自分の感情や意志などを伝え，それに相手が応答し，その言葉を聞くことを通して次第に獲得されていくものであることを考慮して，幼児が教師や他の幼児とかかわることにより心を動かすような体験をし，言葉を交わす喜びを味わえるようにすること．

(2) 幼児が自分の思いを言葉で伝えるとともに，教師や他の幼児などの話を興味をもって注意して聞くことを通して次第に話を理解するようになっていき，言葉による伝え合いができるようにすること．
(3) 絵本や物語などで，その内容と自分の経験とを結び付けたり，想像を巡らせたりするなど，楽しみを十分に味わうことによって，次第に豊かなイメージをもち，言葉に対する感覚が養われるようにすること．
(4) 幼児が日常生活の中で，文字などを使いながら思ったことや考えたことを伝える喜びや楽しさを味わい，文字に対する興味や関心をもつようにすること．

表　現

> 感じたことや考えたことを自分なりに表現することを通して，豊かな感性や表現する力を養い，創造性を豊かにする．

1　ねらい
(1) いろいろなものの美しさなどに対する豊かな感性をもつ．
(2) 感じたことや考えたことを自分なりに表現して楽しむ．
(3) 生活の中でイメージを豊かにし，様々な表現を楽しむ．

2　内容
(1) 生活の中で様々な音，色，形，手触り，動きなどに気付いたり，感じたりするなどして楽しむ．
(2) 生活の中で美しいものや心を動かす出来事に触れ，イメージを豊かにする．
(3) 様々な出来事の中で，感動したことを伝え合う楽しさを味わう．
(4) 感じたこと，考えたことなどを音や動きなどで表現したり，自由にかいたり，つくったりなどする．
(5) いろいろな素材に親しみ，工夫して遊ぶ．
(6) 音楽に親しみ，歌を歌ったり，簡単なリズム楽器を使ったりなどする楽しさを味わう．
(7) かいたり，つくったりすることを楽しみ，遊びに使ったり，飾ったりなどする．
(8) 自分のイメージを動きや言葉などで表現したり，演じて遊んだりするなどの楽しさを味わう．

3　内容の取扱い
　上記の取扱いに当たっては，次の事項に留意する必要がある．
(1) 豊かな感性は，自然などの身近な環境と十分にかかわる中で美しいもの，

優れたもの，心を動かす出来事などに出会い，そこから得た感動を他の幼児や教師と共有し，様々に表現することなどを通して養われるようにすること．
(2)　幼児の自己表現は素朴な形で行われることが多いので，教師はそのような表現を受容し，幼児自身の表現しようとする意欲を受け止めて，幼児が生活の中で幼児らしい様々な表現を楽しむことができるようにすること．
(3)　生活経験や発達に応じ，自ら様々な表現を楽しみ，表現する意欲を十分に発揮させることができるように，遊具や用具などを整えたり，他の幼児の表現に触れられるよう配慮したりし，表現する過程を大切にして自己表現を楽しめるように工夫すること．

第3章　指導計画及び教育課程に係る教育時間の終了後等に行う教育活動などの留意事項

第1　指導計画の作成に当たっての留意事項

　幼稚園教育は，幼児が自ら意欲をもって環境とかかわることによりつくり出される具体的な活動を通して，その目標の達成を図るものである．

　幼稚園においてはこのことを踏まえ，幼児期にふさわしい生活が展開され，適切な指導が行われるよう，次の事項に留意して調和のとれた組織的，発展的な指導計画を作成し，幼児の活動に沿った柔軟な指導を行わなければならない．

1　一般的な留意事項
(1)　指導計画は，幼児の発達に即して一人一人の幼児が幼児期にふさわしい生活を展開し，必要な体験を得られるようにするために，具体的に作成すること．
(2)　指導計画の作成に当たっては，次に示すところにより，具体的なねらい及び内容を明確に設定し，適切な環境を構成することなどにより活動が選択・展開されるようにすること．
ア　具体的なねらい及び内容は，幼稚園生活における幼児の発達の過程を見通し，幼児の生活の連続性，季節の変化などを考慮して，幼児の興味や関心，発達の実情などに応じて設定すること．
イ　環境は，具体的なねらいを達成するために適切なものとなるように構成し，幼児が自らその環境にかかわることにより様々な活動を展開しつつ必要な体験を得られるようにすること．その際，幼児の生活する姿や発想を大切にし，常にその環境が適切なものとなるようにすること．
ウ　幼児の行う具体的な活動は，生活の流れの中で様々に変化するものであることに留意し，幼児が望ましい方向に向かって自ら活動を展開していくことができるよう必要な援助をすること．
その際，幼児の実態及び幼児を取り巻く状況の変化などに即して指導の過程につ

いての反省や評価を適切に行い，常に指導計画の改善を図ること．

(3) 幼児の生活は，入園当初の一人一人の遊びや教師との触れ合いを通して幼稚園生活に親しみ，安定していく時期から，やがて友達同士で目的をもって幼稚園生活を展開し，深めていく時期などに至るまでの過程を様々に経ながら広げられていくものであることを考慮し，活動がそれぞれの時期にふさわしく展開されるようにすること．その際，入園当初，特に，3歳児の入園については，家庭との連携を緊密にし，生活のリズムや安全面に十分配慮すること．また，認定こども園（就学前の子どもに関する教育，保育等の総合的な提供の推進に関する法律（平成18年法律第77号）第6条第2項に規定する認定こども園をいう．）である幼稚園については，幼稚園入園前の当該認定こども園における生活経験に配慮すること．

(4) 幼児が様々な人やものとのかかわりを通して，多様な体験をし，心身の調和のとれた発達を促すようにしていくこと．その際，心が動かされる体験が次の活動を生み出すことを考慮し，一つ一つの体験が相互に結び付き，幼稚園生活が充実するようにすること．

(5) 長期的に発達を見通した年，学期，月などにわたる長期の指導計画やこれとの関連を保ちながらより具体的な幼児の生活に即した週，日などの短期の指導計画を作成し，適切な指導が行われるようにすること．特に，週，日などの短期の指導計画については，幼児の生活のリズムに配慮し，幼児の意識や興味の連続性のある活動が相互に関連して幼稚園生活の自然な流れの中に組み込まれるようにすること．

(6) 幼児の行う活動は，個人，グループ，学級全体などで多様に展開されるものであるが，いずれの場合にも，幼稚園全体の教師による協力体制をつくりながら，一人一人の幼児が興味や欲求を十分に満足させるよう適切な援助を行うようにすること．

(7) 幼児の主体的な活動を促すためには，教師が多様なかかわりをもつことが重要であることを踏まえ，教師は，理解者，共同作業者など様々な役割を果たし，幼児の発達に必要な豊かな体験が得られるよう，活動の場面に応じて，適切な指導を行うようにすること．

(8) 幼児の生活は，家庭を基盤として地域社会を通じて次第に広がりをもつものであることに留意し，家庭との連携を十分に図るなど，幼稚園における生活が家庭や地域社会と連続性を保ちつつ展開されるようにすること．その際，地域の自然，人材，行事や公共施設などの地域の資源を積極的に活用し，幼児が豊かな生活体験を得られるように工夫すること．また，家庭との連携に当たっては，保護者との情報交換の機会を設けたり，保護者と幼児との活動の機会を設けたりな

どすることを通じて，保護者の幼児期の教育に関する理解が深まるよう配慮すること．
(9) 幼稚園においては，幼稚園教育が，小学校以降の生活や学習の基盤の育成につながることに配慮し，幼児期にふさわしい生活を通して，創造的な思考や主体的な生活態度などの基礎を培うようにすること．

2 特に留意する事項
(1) 安全に関する指導に当たっては，情緒の安定を図り，遊びを通して状況に応じて機敏に自分の体を動かすことができるようにするとともに，危険な場所や事物などが分かり，安全についての理解を深めるようにすること．また，交通安全の習慣を身に付けるようにするとともに，災害などの緊急時に適切な行動がとれるようにするための訓練なども行うようにすること．
(2) 障害のある幼児の指導に当たっては，集団の中で生活することを通して全体的な発達を促していくことに配慮し，特別支援学校などの助言又は援助を活用しつつ，例えば指導についての計画又は家庭や医療，福祉などの業務を行う関係機関と連携した支援のための計画を個別に作成することなどにより，個々の幼児の障害の状態などに応じた指導内容や指導方法の工夫を計画的，組織的に行うこと．
(3) 幼児の社会性や豊かな人間性をはぐくむため，地域や幼稚園の実態等により，特別支援学校などの障害のある幼児との活動を共にする機会を積極的に設けるよう配慮すること．
(4) 行事の指導に当たっては，幼稚園生活の自然の流れの中で生活に変化や潤いを与え，幼児が主体的に楽しく活動できるようにすること．なお，それぞれの行事についてはその教育的価値を十分検討し，適切なものを精選し，幼児の負担にならないようにすること．
(5) 幼稚園教育と小学校教育との円滑な接続のため，幼児と児童の交流の機会を設けたり，小学校の教師との意見交換や合同の研究の機会を設けたりするなど，連携を図るようにすること．

第2 教育課程に係る教育時間の終了後等に行う教育活動などの留意事項
1. 地域の実態や保護者の要請により，教育課程に係る教育時間の終了後等に希望する者を対象に行う教育活動については，幼児の心身の負担に配慮すること．また，以下の点にも留意すること．
(1) 教育課程に基づく活動を考慮し，幼児期にふさわしい無理のないものとなるようにすること．その際，教育課程に基づく活動を担当する教師と緊密な連携を図るようにすること．

(2) 家庭や地域での幼児の生活も考慮し，教育課程に係る教育時間の終了後等に行う教育活動の計画を作成するようにすること．その際，地域の様々な資源を活用しつつ，多様な体験ができるようにすること．
(3) 家庭との緊密な連携を図るようにすること．その際，情報交換の機会を設けたりするなど，保護者が，幼稚園と共に幼児を育てるという意識が高まるようにすること．
(4) 地域の実態や保護者の事情とともに幼児の生活のリズムを踏まえつつ，例えば実施日数や時間などについて，弾力的な運用に配慮すること．
(5) 適切な指導体制を整備した上で，幼稚園の教師の責任と指導の下に行うようにすること．

2. 幼稚園の運営に当たっては，子育ての支援のために保護者や地域の人々に機能や施設を開放して，園内体制の整備や関係機関との連携及び協力に配慮しつつ，幼児期の教育に関する相談に応じたり，情報を提供したり，幼児と保護者との登園を受け入れたり，保護者同士の交流の機会を提供したりするなど，地域における幼児期の教育のセンターとしての役割を果たすよう努めること．

2-2 保育所保育指針

第一章　総則

1　趣旨
（一）　この指針は，児童福祉施設最低基準（昭和二十三年厚生省令第六十三号）第三十五条の規定に基づき，保育所における保育の内容に関する事項及びこれに関連する運営に関する事項を定めるものである．
（二）　各保育所は，この指針において規定される保育の内容に係る基本原則に関する事項等を踏まえ，各保育所の実情に応じて創意工夫を図り，保育所の機能及び質の向上に努めなければならない．

2　保育所の役割
（一）　保育所は，児童福祉法（昭和二十二年法律第百六十四号）第三十九条の規定に基づき，保育に欠ける子どもの保育を行い，その健全な心身の発達を図ることを目的とする児童福祉施設であり，入所する子どもの最善の利益を考慮し，その福祉を積極的に増進することに最もふさわしい生活の場でなければならない．
（二）　保育所は，その目的を達成するために，保育に関する専門性を有する職員が，家庭との緊密な連携の下に，子どもの状況や発達過程を踏まえ，保育所における環境を通して，養護及び教育を一体的に行うことを特性としている．
（三）　保育所は，入所する子どもを保育するとともに，家庭や地域の様々な社会資源との連携を図りながら，入所する子どもの保護者に対する支援及び地域の子育て家庭に対する支援等を行う役割を担うものである．
（四）　保育所における保育士は，児童福祉法第十八条の四の規定を踏まえ，保育所の役割及び機能が適切に発揮されるように，倫理観に裏付けられた専門的知識，技術及び判断をもって，子どもを保育するとともに，子どもの保護者に対する保育に関する指導を行うものである．

3　保育の原理
（一）　保育の目標
ア　保育所は，子どもが生涯にわたる人間形成にとって極めて重要な時期に，その生活時間の大半を過ごす場である．このため，保育所の保育は，子どもが現在を最も良く生き，望ましい未来をつくり出す力の基礎を培うために，次の目標を目指して行わなければならない．
（ア）　十分に養護の行き届いた環境の下に，くつろいだ雰囲気の中で子どもの様々な欲求を満たし，生命の保持及び情緒の安定を図ること．

（イ）健康，安全など生活に必要な基本的な習慣や態度を養い，心身の健康の基礎を培うこと．
（ウ）人との関わりの中で，人に対する愛情と信頼感，そして人権を大切にする心を育てるとともに，自主，自立及び協調の態度を養い，道徳性の芽生えを培うこと．
（エ）生命，自然及び社会の事象についての興味や関心を育て，それらに対する豊かな心情や思考力の芽生えを培うこと．
（オ）生活の中で，言葉への興味や関心を育て，話したり，聞いたり，相手の話を理解しようとするなど，言葉の豊かさを養うこと．
（カ）様々な体験を通して，豊かな感性や表現力を育み，創造性の芽生えを培うこと．

イ　保育所は，入所する子どもの保護者に対し，その意向を受け止め，子どもと保護者の安定した関係に配慮し，保育所の特性や保育士等の専門性を生かして，その援助に当たらなければならない．

（二）　保育の方法

　保育の目標を達成するために，保育士等は，次の事項に留意して保育しなければならない．

ア　一人一人の子どもの状況や家庭及び地域社会での生活の実態を把握するとともに，子どもが安心感と信頼感を持って活動できるよう，子どもの主体としての思いや願いを受け止めること．

イ　子どもの生活リズムを大切にし，健康，安全で情緒の安定した生活ができる環境や，自己を十分に発揮できる環境を整えること．

ウ　子どもの発達について理解し，一人一人の発達過程に応じて保育すること．その際，子どもの個人差に十分配慮すること．

エ　子ども相互の関係作りや互いに尊重する心を大切にし，集団における活動を効果あるものにするよう援助すること．

オ　子どもが自発的，意欲的に関われるような環境を構成し，子どもの主体的な活動や子ども相互の関わりを大切にすること．特に，乳幼児期にふさわしい体験が得られるように，生活や遊びを通して総合的に保育すること．

カ　一人一人の保護者の状況やその意向を理解，受容し，それぞれの親子関係や家庭生活等に配慮しながら，様々な機会をとらえ，適切に援助すること．

（三）　保育の環境

　保育の環境には，保育士等や子どもなどの人的環境，施設や遊具などの物的環境，更には自然や社会の事象などがある．保育所は，こうした人，物，場などの環境が相互に関連し合い，子どもの生活が豊かなものとなるよう，次の事項に留意しつつ，計画的に環境を構成し，工夫して保育しなければならない．

ア 子ども自らが環境に関わり、自発的に活動し、様々な経験を積んでいくことができるよう配慮すること。
イ 子どもの活動が豊かに展開されるよう、保育所の設備や環境を整え、保育所の保健的環境や安全の確保などに努めること。
ウ 保育室は、温かな親しみとくつろぎの場となるとともに、生き生きと活動できる場となるように配慮すること。
エ 子どもが人と関わる力を育てていくため、子ども自らが周囲の子どもや大人と関わっていくことができる環境を整えること。
4　保育所の社会的責任
(一)　保育所は、子どもの人権に十分配慮するとともに、子ども一人一人の人格を尊重して保育を行わなければならない。
(二)　保育所は、地域社会との交流や連携を図り、保護者や地域社会に、当該保育所が行う保育の内容を適切に説明するよう努めなければならない。
(三)　保育所は、入所する子ども等の個人情報を適切に取り扱うとともに、保護者の苦情などに対し、その解決を図るよう努めなければならない。

第二章　子どもの発達

　子どもは、様々な環境との相互作用により発達していく。すなわち、子どもの発達は、子どもがそれまでの体験を基にして、環境に働きかけ、環境との相互作用を通して、豊かな心情、意欲及び態度を身に付け、新たな能力を獲得していく過程である。特に大切なのは、人との関わりであり、愛情豊かで思慮深い大人による保護や世話などを通して、大人と子どもの相互の関わりが十分に行われることが重要である。この関係を起点として、次第に他の子どもとの間でも相互に働きかけ、関わりを深め、人への信頼感と自己の主体性を形成していくのである。
　これらのことを踏まえ、保育士等は、次に示す子どもの発達の特性や発達過程を理解し、発達及び生活の連続性に配慮して保育しなければならない。その際、保育士等は、子どもと生活や遊びを共にする中で、一人一人の子どもの心身の状態を把握しながら、その発達の援助を行うことが必要である。
1　乳幼児期の発達の特性
(一)　子どもは、大人によって生命を守られ、愛され、信頼されることにより、情緒が安定するとともに、人への信頼感が育つ。そして、身近な環境（人、自然、事物、出来事など）に興味や関心を持ち、自発的に働きかけるなど、次第に自我が芽生える。
(二)　子どもは、子どもを取り巻く環境に主体的に関わることにより、心身の発達が促される。
(三)　子どもは、大人との信頼関係を基にして、子ども同士の関係を持つように

なる．この相互の関わりを通じて，身体的な発達及び知的な発達とともに，情緒的，社会的及び道徳的な発達が促される．
（四）　乳幼児期は，生理的，身体的な諸条件や生育環境の違いにより，一人一人の心身の発達の個人差が大きい．
（五）　子どもは，遊びを通して，仲間との関係を育み，その中で個の成長も促される．
（六）　乳幼児期は，生涯にわたる生きる力の基礎が培われる時期であり，特に身体感覚を伴う多様な経験が積み重なることにより，豊かな感性とともに好奇心，探究心や思考力が養われる．また，それらがその後の生活や学びの基礎になる．

2　発達過程

　子どもの発達過程は，おおむね次に示す八つの区分としてとらえられる．ただし，この区分は，同年齢の子どもの均一的な発達の基準ではなく，一人一人の子どもの発達過程としてとらえるべきものである．また，様々な条件により，子どもに発達上の課題や保育所の生活になじみにくいなどの状態が見られても，保育士等は，子ども自身の力を十分に認め，一人一人の発達過程や心身の状態に応じた適切な援助及び環境構成を行うことが重要である．
（一）　おおむね六か月未満
　誕生後，母体内から外界への急激な環境の変化に適応し，著しい発達が見られる．首がすわり，手足の動きが活発になり，その後，寝返り，腹ばいなど全身の動きが活発になる．視覚，聴覚などの感覚の発達はめざましく，泣く，笑うなどの表情の変化や体の動き，喃語などで自分の欲求を表現し，これに応答的に関わる特定の大人との間に情緒的な絆が形成される．
（二）　おおむね六か月から一歳三か月未満
　座る，はう，立つ，つたい歩きといった運動機能が発達すること，及び腕や手先を意図的に動かせるようになることにより，周囲の人や物に興味を示し，探索活動が活発になる．特定の大人との応答的な関わりにより，情緒的な絆が深まり，あやしてもらうと喜ぶなどやり取りが盛んになる一方で，人見知りをするようになる．また，身近な大人との関係の中で，自分の意思や欲求を身振りなどで伝えようとし，大人から自分に向けられた気持ちや簡単な言葉が分かるようになる．食事は，離乳食から幼児食へ徐々に移行する．
（三）　おおむね一歳三か月から二歳未満
　歩き始め，手を使い，言葉を話すようになることにより，身近な人や身の回りの物に自発的に働きかけていく．歩く，押す，つまむ，めくるなど様々な運動機能の発達や新しい行動の獲得により，環境に働きかける意欲を一層高める．その中で，物をやり取りしたり，取り合ったりする姿が見られるとともに，玩具等を実物に見立てるなどの象徴機能が発達し，人や物との関わりが強まる．また，大

人の言うことが分かるようになり，自分の意思を親しい大人に伝えたいという欲求が高まる．指差し，身振り，片言などを盛んに使うようになり，二語文を話し始める．

(四) おおむね二歳

歩く，走る，跳ぶなどの基本的な運動機能や，指先の機能が発達する．それに伴い，食事，衣類の着脱など身の回りのことを自分でしようとする．また，排泄の自立のための身体的機能も整ってくる．発声が明瞭になり，語彙も著しく増加し，自分の意思や欲求を言葉で表出できるようになる．行動範囲が広がり探索活動が盛んになる中，自我の育ちの表れとして，強く自己主張する姿が見られる．盛んに模倣し，物事の間の共通性を見いだすことができるようになるとともに，象徴機能の発達により，大人と一緒に簡単なごっこ遊びを楽しむようになる．

(五) おおむね三歳

基本的な運動機能が伸び，それに伴い，食事，排泄，衣類の着脱などもほぼ自立できるようになる．話し言葉の基礎ができて，盛んに質問するなど知的興味や関心が高まる．自我がよりはっきりしてくるとともに，友達との関わりが多くなるが，実際には，同じ場所で同じような遊びをそれぞれが楽しんでいる平行遊びであることが多い．大人の行動や日常生活において経験したことをごっこ遊びに取り入れたり，象徴機能や観察力を発揮して，遊びの内容に発展性が見られるようになる．予想や意図，期待を持って行動できるようになる．

(六) おおむね四歳

全身のバランスを取る能力が発達し，体の動きが巧みになる．自然など身近な環境に積極的に関わり，様々な物の特性を知り，それらとの関わり方や遊び方を体得していく．想像力が豊かになり，目的を持って行動し，つくったり，かいたり，試したりするようになるが，自分の行動やその結果を予測して不安になるなどの葛藤も経験する．仲間とのつながりが強くなる中で，けんかも増えてくる．その一方で，決まりの大切さに気付き，守ろうとするようになる．感情が豊かになり，身近な人の気持ちを察し，少しずつ自分の気持ちを抑えられたり，我慢ができるようになってくる．

(七) おおむね五歳

基本的な生活習慣が身に付き，運動機能はますます伸び，喜んで運動遊びをしたり，仲間とともに活発に遊ぶ．言葉により共通のイメージを持って遊んだり，目的に向かって集団で行動することが増える．さらに，遊びを発展させ，楽しむために，自分たちで決まりを作ったりする．また，自分なりに考えて判断したり，批判する力が生まれ，けんかを自分たちで解決しようとするなど，お互いに相手を許したり，異なる思いや考えを認めたりといった社会生活に必要な基本的な力を身に付けていく．他人の役に立つことを嬉しく感じたりして，仲間の中の一人

としての自覚が生まれる．
（八）　おおむね六歳

　全身運動が滑らかで巧みになり，快活に跳び回るようになる．これまでの体験から，自信や，予想や見通しを立てる力が育ち，心身ともに力があふれ，意欲が旺盛になる．仲間の意思を大切にしようとし，役割の分担が生まれるような協同遊びやごっこ遊びを行い，満足するまで取り組もうとする．様々な知識や経験を生かし，創意工夫を重ね，遊びを発展させる．思考力や認識力も高まり，自然事象や社会事象，文字などへの興味や関心も深まっていく．身近な大人に甘え，気持ちを休めることもあるが，様々な経験を通して自立心が一層高まっていく．

第三章　保育の内容

　保育の内容は，「ねらい」及び「内容」で構成される．「ねらい」は，第一章（総則）に示された保育の目標をより具体化したものであり，子どもが保育所において，安定した生活を送り，充実した活動ができるように，保育士等が行わなければならない事項及び子どもが身に付けることが望まれる心情，意欲，態度などの事項を示したものである．また，「内容」は，「ねらい」を達成するために，子どもの生活やその状況に応じて保育士等が適切に行う事項と，保育士等が援助して子どもが環境に関わって経験する事項を示したものである．

　保育士等が，「ねらい」及び「内容」を具体的に把握するための視点として，「養護に関わるねらい及び内容」と「教育に関わるねらい及び内容」との両面から示しているが，実際の保育においては，養護と教育が一体となって展開されることに留意することが必要である．

　ここにいう「養護」とは，子どもの生命の保持及び情緒の安定を図るために保育士等が行う援助や関わりである．また，「教育」とは，子どもが健やかに成長し，その活動がより豊かに展開されるための発達の援助であり，「健康」，「人間関係」，「環境」，「言葉」及び「表現」の五領域から構成される．この五領域並びに「生命の保持」及び「情緒の安定」に関わる保育の内容は，子どもの生活や遊びを通して相互に関連を持ちながら，総合的に展開されるものである．

1　保育のねらい及び内容
（一）　養護に関わるねらい及び内容
ア　生命の保持
　（ア）　ねらい
　　①一人一人の子どもが，快適に生活できるようにする．
　　②一人一人の子どもが，健康で安全に過ごせるようにする．
　　③一人一人の子どもの生理的欲求が，十分に満たされるようにする．
　　④一人一人の子どもの健康増進が，積極的に図られるようにする．

(イ) 内容
　①一人一人の子どもの平常の健康状態や発育及び発達状態を的確に把握し，異常を感じる場合は，速やかに適切に対応する．
　②家庭との連絡を密にし，嘱託医等との連携を図りながら，子どもの疾病や事故防止に関する認識を深め，保健的で安全な保育環境の維持及び向上に努める．
　③清潔で安全な環境を整え，適切な援助や応答的な関わりを通して，子どもの生理的欲求を満たしていく．また，家庭と協力しながら，子どもの発達過程等に応じた適切な生活リズムが作られていくようにする．
　④子どもの発達過程等に応じて，適度な運動と休息を取ることができるようにする．また，食事，排泄，睡眠，衣類の着脱，身の回りを清潔にすることなどについて，子どもが意欲的に生活できるよう適切に援助する．

イ　情緒の安定
　(ア) ねらい
　　①一人一人の子どもが，安定感を持って過ごせるようにする．
　　②一人一人の子どもが，自分の気持ちを安心して表すことができるようにする．
　　③一人一人の子どもが，周囲から主体として受け止められ，主体として育ち，自分を肯定する気持ちが育まれていくようにする．
　　④一人一人の子どもの心身の疲れが癒されるようにする．
　(イ) 内容
　　①一人一人の子どもの置かれている状態や発達過程などを的確に把握し，子どもの欲求を適切に満たしながら，応答的な触れ合いや言葉がけを行う．
　　②一人一人の子どもの気持ちを受容し，共感しながら，子どもとの継続的な信頼関係を築いていく．
　　③保育士等との信頼関係を基盤に，一人一人の子どもが主体的に活動し，自発性や探索意欲などを高めるとともに，自分への自信を持つことができるよう成長の過程を見守り，適切に働きかける．
　　④一人一人の子どもの生活リズム，発達過程，保育時間などに応じて，活動内容のバランスや調和を図りながら，適切な食事や休息が取れるようにする．

(二) 教育に関わるねらい及び内容
ア　健康
　　健康な心と体を育て，自ら健康で安全な生活をつくり出す力を養う．
　(ア) ねらい
　　①明るく伸び伸びと行動し，充実感を味わう．

②自分の体を十分に動かし，進んで運動しようとする．
　　　③健康，安全な生活に必要な習慣や態度を身に付ける．
　　（イ）　内容
　　　①保育士等や友達と触れ合い，安定感を持って生活する．
　　　②いろいろな遊びの中で十分に体を動かす．
　　　③進んで戸外で遊ぶ．
　　　④様々な活動に親しみ，楽しんで取り組む．
　　　⑤健康な生活のリズムを身に付け，楽しんで食事をする．
　　　⑥身の回りを清潔にし，衣類の着脱，食事，排泄など生活に必要な活動を自分でする．
　　　⑦保育所における生活の仕方を知り，自分たちで生活の場を整えながら見通しを持って行動する．
　　　⑧自分の健康に関心を持ち，病気の予防などに必要な活動を進んで行う．
　　　⑨危険な場所や災害時などの行動の仕方が分かり，安全に気を付けて行動する．
　イ　人間関係
　他の人々と親しみ，支え合って生活するために，自立心を育て，人と関わる力を養う．
　　（ア）　ねらい
　　　①保育所生活を楽しみ，自分の力で行動することの充実感を味わう．
　　　②身近な人と親しみ，関わりを深め，愛情や信頼感を持つ．
　　　③社会生活における望ましい習慣や態度を身に付ける．
　　（イ）　内容
　　　①安心できる保育士等との関係の下で，身近な大人や友達に関心を持ち，模倣して遊んだり，親しみを持って自ら関わろうとする．
　　　②保育士等や友達との安定した関係の中で，共に過ごすことの喜びを味わう．
　　　③自分で考え，自分で行動する．
　　　④自分でできることは自分でする．
　　　⑤友達と積極的に関わりながら喜びや悲しみを共感し合う．
　　　⑥自分の思ったことを相手に伝え，相手の思っていることに気付く．
　　　⑦友達の良さに気付き，一緒に活動する楽しさを味わう．
　　　⑧友達と一緒に活動する中で，共通の目的を見いだし，協力して物事をやり遂げようとする気持ちを持つ．
　　　⑨良いことや悪いことがあることに気付き，考えながら行動する．
　　　⑩身近な友達との関わりを深めるとともに，異年齢の友達など，様々な友

達と関わり，思いやりや親しみを持つ．
⑪友達と楽しく生活する中で決まりの大切さに気付き，守ろうとする．
⑫共同の遊具や用具を大切にし，みんなで使う．
⑬高齢者を始め地域の人々など自分の生活に関係の深いいろいろな人に親しみを持つ．
⑭外国人など，自分とは異なる文化を持った人に親しみを持つ．

ウ　環境
　周囲の様々な環境に好奇心や探究心を持って関わり，それらを生活に取り入れていこうとする力を養う．

(ア)　ねらい
①身近な環境に親しみ，自然と触れ合う中で様々な事象に興味や関心を持つ．
②身近な環境に自分から関わり，発見を楽しんだり，考えたりし，それを生活に取り入れようとする．
③身近な事物を見たり，考えたり，扱ったりする中で，物の性質や数量，文字などに対する感覚を豊かにする．

(イ)　内容
①安心できる人的及び物的環境の下で，聞く，見る，触れる，嗅ぐ，味わうなどの感覚の働きを豊かにする．
②好きな玩具や遊具に興味を持って関わり，様々な遊びを楽しむ．
③自然に触れて生活し，その大きさ，美しさ，不思議さなどに気付く．
④生活の中で，様々な物に触れ，その性質や仕組みに興味や関心を持つ．
⑤季節により自然や人間の生活に変化のあることに気付く．
⑥自然などの身近な事象に関心を持ち，遊びや生活に取り入れようとする．
⑦身近な動植物に親しみを持ち，いたわったり，大切にしたり，作物を育てたり，味わうなどして，生命の尊さに気付く．
⑧身近な物を大切にする．
⑨身近な物や遊具に興味を持って関わり，考えたり，試したりして工夫して遊ぶ．
⑩日常生活の中で数量や図形などに関心を持つ．
⑪日常生活の中で簡単な標識や文字などに関心を持つ．
⑫近隣の生活に興味や関心を持ち，保育所内外の行事などに喜んで参加する．

エ　言葉
　経験したことや考えたことなどを自分なりの言葉で表現し，相手の話す言葉を聞こうとする意欲や態度を育て，言葉に対する感覚や言葉で表現する力を養う．

(ア) ねらい
　①自分の気持ちを言葉で表現する楽しさを味わう．
　②人の言葉や話などをよく聞き，自分の経験したことや考えたことを話し，伝え合う喜びを味わう．
　③日常生活に必要な言葉が分かるようになるとともに，絵本や物語などに親しみ，保育士等や友達と心を通わせる．
(イ) 内容
　①保育士等の応答的な関わりや話しかけにより，自ら言葉を使おうとする．
　②保育士等と一緒にごっこ遊びなどをする中で，言葉のやり取りを楽しむ．
　③保育士等や友達の言葉や話に興味や関心を持ち，親しみを持って聞いたり，話したりする．
　④したこと，見たこと，聞いたこと，味わったこと，感じたこと，考えたことを自分なりに言葉で表現する．
　⑤したいこと，してほしいことを言葉で表現したり，分からないことを尋ねたりする．
　⑥人の話を注意して聞き，相手に分かるように話す．
　⑦生活の中で必要な言葉が分かり，使う．
　⑧親しみを持って日常のあいさつをする．
　⑨生活の中で言葉の楽しさや美しさに気付く．
　⑩いろいろな体験を通じてイメージや言葉を豊かにする．
　⑪絵本や物語などに親しみ，興味を持って聞き，想像する楽しさを味わう．
　　⑫日常生活の中で，文字などで伝える楽しさを味わう．
オ　表現
　感じたことや考えたことを自分なりに表現することを通して，豊かな感性や表現する力を養い，創造性を豊かにする．
(ア) ねらい
　①いろいろな物の美しさなどに対する豊かな感性を持つ．
　②感じたことや考えたことを自分なりに表現して楽しむ．
　③生活の中でイメージを豊かにし，様々な表現を楽しむ．
(イ) 内容
　①水，砂，土，紙，粘土など様々な素材に触れて楽しむ．
　②保育士等と一緒に歌ったり，手遊びをしたり，リズムに合わせて体を動かしたりして遊ぶ．
　③生活の中で様々な音，色，形，手触り，動き，味，香りなどに気付いたり，感じたりして楽しむ．
　④生活の中で様々な出来事に触れ，イメージを豊かにする．

⑤様々な出来事の中で，感動したことを伝え合う楽しさを味わう．
⑥感じたこと，考えたことなどを音や動きなどで表現したり，自由にかいたり，つくったりする．
⑦いろいろな素材や用具に親しみ，工夫して遊ぶ．
⑧音楽に親しみ，歌を歌ったり，簡単なリズム楽器を使ったりする楽しさを味わう．
⑨かいたり，つくったりすることを楽しみ，それを遊びに使ったり，飾ったりする．
⑩自分のイメージを動きや言葉などで表現したり，演じて遊んだりする楽しさを味わう．

2　保育の実施上の配慮事項

　保育士等は，一人一人の子どもの発達過程やその連続性を踏まえ，ねらいや内容を柔軟に取り扱うとともに，特に，次の事項に配慮して保育しなければならない．

（一）保育に関わる全般的な配慮事項

　ア　子どもの心身の発達及び活動の実態などの個人差を踏まえるとともに，一人一人の子どもの気持ちを受け止め，援助すること．

　イ　子どもの健康は，生理的，身体的な育ちとともに，自主性や社会性，豊かな感性の育ちとがあいまってもたらされることに留意すること．

　ウ　子どもが自ら周囲に働きかけ，試行錯誤しつつ自分の力で行う活動を見守りながら，適切に援助すること．

　エ　子どもの入所時の保育に当たっては，できるだけ個別的に対応し，子どもが安定感を得て，次第に保育所の生活になじんでいくようにするとともに，既に入所している子どもに不安や動揺を与えないよう配慮すること．

　オ　子どもの国籍や文化の違いを認め，互いに尊重する心を育てるよう配慮すること．

　カ　子どもの性差や個人差にも留意しつつ，性別などによる固定的な意識を植え付けることがないよう配慮すること．

（二）乳児保育に関わる配慮事項

　ア　乳児は疾病への抵抗力が弱く，心身の機能の未熟さに伴う疾病の発生が多いことから，一人一人の発育及び発達状態や健康状態についての適切な判断に基づく保健的な対応を行うこと．

　イ　一人一人の子どもの生育歴の違いに留意しつつ，欲求を適切に満たし，特定の保育士が応答的に関わるように努めること．

　ウ　乳児保育に関わる職員間の連携や嘱託医との連携を図り，第五章（健康及び安全）に示された事項を踏まえ，適切に対応すること．栄養士及び看護師等が

配置されている場合は，その専門性を生かした対応を図ること．
　　エ　保護者との信頼関係を築きながら保育を進めるとともに，保護者からの相談に応じ，保護者への支援に努めていくこと．
　　オ　担当の保育士が替わる場合には，子どものそれまでの経験や発達過程に留意し，職員間で協力して対応すること．
　(三)　三歳未満児の保育に関わる配慮事項
　　ア　特に感染症にかかりやすい時期であるので，体の状態，機嫌，食欲などの日常の状態の観察を十分に行うとともに，適切な判断に基づく保健的な対応を心がけること．
　　イ　食事，排泄，睡眠，衣類の着脱，身の回りを清潔にすることなど，生活に必要な基本的な習慣については，一人一人の状態に応じ，落ち着いた雰囲気の中で行うようにし，子どもが自分でしようとする気持ちを尊重すること．
　　ウ　探索活動が十分できるように，事故防止に努めながら活動しやすい環境を整え，全身を使う遊びなど様々な遊びを取り入れること．
　　エ　子どもの自我の育ちを見守り，その気持ちを受け止めるとともに，保育士等が仲立ちとなって，友達の気持ちや友達との関わり方を丁寧に伝えていくこと．
　　オ　情緒の安定を図りながら，子どもの自発的な活動を促していくこと．
　　カ　担当の保育士が替わる場合には，子どものそれまでの経験や発達過程に留意し，職員間で協力して対応すること．
　(四)　三歳以上児の保育に関わる配慮事項
　　ア　生活に必要な基本的な習慣や態度を身に付けることの大切さを理解し，適切な行動を選択できるよう配慮すること．
　　イ　子どもの情緒が安定し，自己を十分に発揮して活動することを通して，やり遂げる喜びや自信を持つことができるように配慮すること．
　　ウ　様々な遊びの中で，全身を動かして意欲的に活動することにより，体の諸機能の発達が促されることに留意し，子どもの興味や関心が戸外にも向くようにすること．
　　エ　けんかなど葛藤を経験しながら次第に相手の気持ちを理解し，相互に必要な存在であることを実感できるよう配慮すること．
　　オ　生活や遊びを通して，決まりがあることの大切さに気付き，自ら判断して行動できるよう配慮すること．
　　カ　自然との触れ合いにより，子どもの豊かな感性や認識力，思考力及び表現力が培われることを踏まえ，自然との関わりを深めることができるよう工夫すること．
　　キ　自分の気持ちや経験を自分なりの言葉で表現することの大切さに留意し，子どもの話しかけに応じるよう心がけること．また，子どもが仲間と伝え合った

り，話し合うことの楽しさが味わえるようにすること．
　ク　感じたことや思ったこと，想像したことなどを，様々な方法で創意工夫を凝らして自由に表現できるよう，保育に必要な素材や用具を始め，様々な環境の設定に留意すること．
　ケ　保育所の保育が，小学校以降の生活や学習の基盤の育成につながることに留意し，幼児期にふさわしい生活を通して，創造的な思考や主体的な生活態度などの基礎を培うようにすること．

第四章　保育の計画及び評価

　保育所は，第一章（総則）に示された保育の目標を達成するために，保育の基本となる「保育課程」を編成するとともに，これを具体化した「指導計画」を作成しなければならない．

　保育課程及び指導計画（以下「保育の計画」という．）は，すべての子どもが，入所している間，安定した生活を送り，充実した活動ができるように，柔軟で発展的なものとし，また，一貫性のあるものとなるよう配慮することが重要である．

　また，保育所は，保育の計画に基づいて保育し，保育の内容の評価及びこれに基づく改善に努め，保育の質の向上を図るとともに，その社会的責任を果たさなければならない．

1　保育の計画
（一）　保育課程
　ア　保育課程は，各保育所の保育の方針や目標に基づき，第二章（子どもの発達）に示された子どもの発達過程を踏まえ，前章（保育の内容）に示されたねらい及び内容が保育所生活の全体を通して，総合的に展開されるよう，編成されなければならない．
　イ　保育課程は，地域の実態，子どもや家庭の状況，保育時間などを考慮し，子どもの育ちに関する長期的見通しを持って適切に編成されなければならない．
　ウ　保育課程は，子どもの生活の連続性や発達の連続性に留意し，各保育所が創意工夫して保育できるよう，編成されなければならない．
（二）　指導計画
　ア　指導計画の作成
　　指導計画の作成に当たっては，次の事項に留意しなければならない．
　　（ア）保育課程に基づき，子どもの生活や発達を見通した長期的な指導計画と，それに関連しながら，より具体的な子どもの日々の生活に即した短期的な指導計画を作成して，保育が適切に展開されるようにすること．
　　（イ）子ども一人一人の発達過程や状況を十分に踏まえること．
　　（ウ）保育所の生活における子どもの発達過程を見通し，生活の連続性，季

　　　　節の変化などを考慮し，子どもの実態に即した具体的なねらい及び内容を設定すること．
　　　（エ）具体的なねらいが達成されるよう，子どもの生活する姿や発想を大切にして適切な環境を構成し，子どもが主体的に活動できるようにすること．
　　イ　指導計画の展開
　　　指導計画に基づく保育の実施に当たっては，次の事項に留意しなければならない．
　　　（ア）施設長，保育士などすべての職員による適切な役割分担と協力体制を整えること．
　　　（イ）子どもが行う具体的な活動は，生活の中で様々に変化することに留意して，子どもが望ましい方向に向かって自ら活動を展開できるよう必要な援助を行うこと．
　　　（ウ）子どもの主体的な活動を促すためには，保育士等が多様な関わりを持つことが重要であることを踏まえ，子どもの情緒の安定や発達に必要な豊かな体験が得られるよう援助すること．
　　　（エ）保育士等は，子どもの実態や子どもを取り巻く状況の変化などに即して保育の過程を記録するとともに，これらを踏まえ，指導計画に基づく保育の内容の見直しを行い，改善を図ること．
　（三）　指導計画の作成上，特に留意すべき事項
　　　指導計画の作成に当たっては，第二章（子どもの発達），前章（保育の内容）及びその他の関連する章に示された事項を踏まえ，特に次の事項に留意しなければならない．
　　ア　発達過程に応じた保育
　　　（ア）三歳未満児については，一人一人の子どもの生育歴，心身の発達，活動の実態等に即して，個別的な計画を作成すること．
　　　（イ）三歳以上児については，個の成長と，子ども相互の関係や協同的な活動が促されるよう配慮すること．
　　　（ウ）異年齢で構成される組やグループでの保育においては，一人一人の子どもの生活や経験，発達過程などを把握し，適切な援助や環境構成ができるよう配慮すること．
　　イ　長時間にわたる保育
　　　長時間にわたる保育については，子どもの発達過程，生活のリズム及び心身の状態に十分配慮して，保育の内容や方法，職員の協力体制，家庭との連携などを指導計画に位置付けること．
　　ウ　障害のある子どもの保育
　　　（ア）障害のある子どもの保育については，一人一人の子どもの発達過程や

障害の状態を把握し，適切な環境の下で，障害のある子どもが他の子どもとの生活を通して共に成長できるよう，指導計画の中に位置付けること．また，子どもの状況に応じた保育を実施する観点から，家庭や関係機関と連携した支援のための計画を個別に作成するなど適切な対応を図ること．
(イ) 保育の展開に当たっては，その子どもの発達の状況や日々の状態によっては，指導計画にとらわれず，柔軟に保育したり，職員の連携体制の中で個別の関わりが十分行えるようにすること．
(ウ) 家庭との連携を密にし，保護者との相互理解を図りながら，適切に対応すること．
(エ) 専門機関との連携を図り，必要に応じて助言等を得ること．
エ　小学校との連携
(ア) 子どもの生活や発達の連続性を踏まえ，保育の内容の工夫を図るとともに，就学に向けて，保育所の子どもと小学校の児童との交流，職員同士の交流，情報共有や相互理解など小学校との積極的な連携を図るよう配慮すること．
(イ) 子どもに関する情報共有に関して，保育所に入所している子どもの就学に際し，市町村の支援の下に，子どもの育ちを支えるための資料が保育所から小学校へ送付されるようにすること．
オ　家庭及び地域社会との連携
子どもの生活の連続性を踏まえ，家庭及び地域社会と連携して保育が展開されるよう配慮すること．その際，家庭や地域の機関及び団体の協力を得て，地域の自然，人材，行事，施設等の資源を積極的に活用し，豊かな生活体験を始め保育内容の充実が図られるよう配慮すること．

2　保育の内容等の自己評価
(一)　保育士等の自己評価
ア　保育士等は，保育の計画や保育の記録を通して，自らの保育実践を振り返り，自己評価することを通して，その専門性の向上や保育実践の改善に努めなければならない．
イ　保育士等による自己評価に当たっては，次の事項に留意しなければならない．
(ア) 子どもの活動内容やその結果だけでなく，子どもの心の育ちや意欲，取り組む過程などに十分配慮すること．
(イ) 自らの保育実践の振り返りや職員相互の話し合い等を通じて，専門性の向上及び保育の質の向上のための課題を明確にするとともに，保育所全体の保育の内容に関する認識を深めること．
(二)　保育所の自己評価

ア　保育所は，保育の質の向上を図るため，保育の計画の展開や保育士等の自己評価を踏まえ，当該保育所の保育の内容等について，自ら評価を行い，その結果を公表するよう努めなければならない．
　　イ　保育所の自己評価を行うに当たっては，次の事項に留意しなければならない．
　　　（ア）地域の実情や保育所の実態に即して，適切に評価の観点や項目等を設定し，全職員による共通理解を持って取り組むとともに，評価の結果を踏まえ，当該保育所の保育の内容等の改善を図ること．
　　　（イ）児童福祉施設最低基準第三十六条の趣旨を踏まえ，保育の内容等の評価に関し，保護者及び地域住民等の意見を聴くことが望ましいこと．

第五章　健康及び安全

　子どもの健康及び安全は，子どもの生命の保持と健やかな生活の基本であり，保育所においては，一人一人の子どもの健康の保持及び増進並びに安全の確保とともに，保育所の子ども集団全体の健康及び安全の確保に努めなければならない．また，子どもが，自らの体や健康に関心を持ち，心身の機能を高めていくことが大切である．このため，保育所は，第一章（総則），第三章（保育の内容）等の関連する事項に留意し，次に示す事項を踏まえ，保育しなければならない．

1　子どもの健康支援
（一）子どもの健康状態並びに発育及び発達状態の把握
　　ア　子どもの心身の状態に応じて保育するために，子どもの健康状態並びに発育及び発達状態について，定期的，継続的に，また，必要に応じて随時，把握すること．
　　イ　保護者からの情報とともに，登所時及び保育中を通じて子どもの状態を観察し，何らかの疾病が疑われる状態や傷害が認められた場合には，保護者に連絡するとともに，嘱託医と相談するなど適切な対応を図ること．
　　ウ　子どもの心身の状態等を観察し，不適切な養育の兆候が見られる場合には，市町村や関係機関と連携し，児童福祉法第二十五条の二第一項に規定する要保護児童対策地域協議会（以下「要保護児童対策地域協議会」という．）で検討するなど適切な対応を図ること．また，虐待が疑われる場合には，速やかに市町村又は児童相談所に通告し，適切な対応を図ること．
（二）健康増進
　　ア　子どもの健康に関する保健計画を作成し，全職員がそのねらいや内容を明確にしながら，一人一人の子どもの健康の保持及び増進に努めていくこと．
　　イ　子どもの心身の健康状態や疾病等の把握のために，嘱託医等により定期的に健康診断を行い，その結果を記録し，保育に活用するとともに，保護者に連絡し，

保護者が子どもの状態を理解し，日常生活に活用できるようにすること．
（三）疾病等への対応
　ア　保育中に体調不良や傷害が発生した場合には，その子どもの状態等に応じて，保護者に連絡するとともに，適宜，嘱託医や子どものかかりつけ医等と相談し，適切な処置を行うこと．看護師等が配置されている場合には，その専門性を生かした対応を図ること．
　イ　感染症やその他の疾病の発生予防に努め，その発生や疑いがある場合には，必要に応じて嘱託医，市町村，保健所等に連絡し，その指示に従うとともに，保護者や全職員に連絡し，協力を求めること．また，感染症に関する保育所の対応方法等について，あらかじめ関係機関の協力を得ておくこと．看護師等が配置されている場合には，その専門性を生かした対応を図ること．
　ウ　子どもの疾病等の事態に備え，医務室等の環境を整え，救急用の薬品，材料等を常備し，適切な管理の下に全職員が対応できるようにしておくこと．
2　環境及び衛生管理並びに安全管理
（一）環境及び衛生管理
　ア　施設の温度，湿度，換気，採光，音などの環境を常に適切な状態に保持するとともに，施設内外の設備，用具等の衛生管理に努めること．
　イ　子ども及び職員が，手洗い等により清潔を保つようにするとともに，施設内外の保健的環境の維持及び向上に努めること．
（二）事故防止及び安全対策
　ア　保育中の事故防止のために，子どもの心身の状態等を踏まえつつ，保育所内外の安全点検に努め，安全対策のために職員の共通理解や体制作りを図るとともに，家庭や地域の諸機関の協力の下に安全指導を行うこと．
　イ　災害や事故の発生に備え，危険箇所の点検や避難訓練を実施するとともに，外部からの不審者等の侵入防止のための措置や訓練など不測の事態に備えて必要な対応を図ること．また，子どもの精神保健面における対応に留意すること．
3　食育の推進
　保育所における食育は，健康な生活の基本としての「食を営む力」の育成に向け，その基礎を培うことを目標として，次の事項に留意して実施しなければならない．
（一）子どもが生活と遊びの中で，意欲を持って食に関わる体験を積み重ね，食べることを楽しみ，食事を楽しみ合う子どもに成長していくことを期待するものであること．
（二）乳幼児期にふさわしい食生活が展開され，適切な援助が行われるよう，食事の提供を含む食育
の計画を作成し，保育の計画に位置付けるとともに，その評価及び改善に努める

こと．
（三）子どもが自らの感覚や体験を通して，自然の恵みとしての食材や調理する人への感謝の気持ちが育つように，子どもと調理員との関わりや，調理室など食に関わる保育環境に配慮すること．
（四）体調不良，食物アレルギー，障害のある子どもなど，一人一人の子どもの心身の状態等に応じ，嘱託医，かかりつけ医等の指示や協力の下に適切に対応すること．栄養士が配置されている場合は，専門性を生かした対応を図ること．
4　健康及び安全の実施体制等
　施設長は，入所する子どもの健康及び安全に最終的な責任を有することにかんがみ，この章の1から3までに規定する事項が保育所において適切に実施されるように，次の事項に留意し，保育所における健康及び安全の実施体制等の整備に努めなければならない．
（一）全職員が健康及び安全に関する共通理解を深め，適切な分担と協力の下に年間を通じて計画的に取り組むこと．
（二）取組の方針や具体的な活動の企画立案及び保育所内外の連絡調整の業務について，専門的職員が担当することが望ましいこと．栄養士及び看護師等が配置されている場合には，その専門性を生かして業務に当たること．
（三）保護者と常に密接な連携を図るとともに，保育所全体の方針や取組について，周知するよう努めること．
（四）市町村の支援の下に，地域の関係機関等との日常的な連携を図り，必要な協力が得られるよう努めること．

第六章　保護者に対する支援

　保育所における保護者への支援は，保育士等の業務であり，その専門性を生かした子育て支援の役割は，特に重要なものである．保育所は，第一章（総則）に示されているように，その特性を生かし，保育所に入所する子どもの保護者に対する支援及び地域の子育て家庭への支援について，職員間の連携を図りながら，次の事項に留意して，積極的に取り組むことが求められる．
1　保育所における保護者に対する支援の基本
（一）子どもの最善の利益を考慮し，子どもの福祉を重視すること．
（二）保護者とともに，子どもの成長の喜びを共有すること．
（三）保育に関する知識や技術などの保育士の専門性や，子どもの集団が常に存在する環境など，保育所の特性を生かすこと．
（四）一人一人の保護者の状況を踏まえ，子どもと保護者の安定した関係に配慮して，保護者の養育力の向上に資するよう，適切に支援すること．
（五）子育て等に関する相談や助言に当たっては，保護者の気持ちを受け止め，

相互の信頼関係を基本に，保護者一人一人の自己決定を尊重すること．
(六) 子どもの利益に反しない限りにおいて，保護者や子どものプライバシーの保護，知り得た事柄の秘密保持に留意すること．
(七) 地域の子育て支援に関する資源を積極的に活用するとともに，子育て支援に関する地域の関係機関，団体等との連携及び協力を図ること．
2　保育所に入所している子どもの保護者に対する支援
(一) 保育所に入所している子どもの保護者に対する支援は，子どもの保育との密接な関連の中で，子どもの送迎時の対応，相談や助言，連絡や通信，会合や行事など様々な機会を活用して行うこと．
(二) 保護者に対し，保育所における子どもの様子や日々の保育の意図などを説明し，保護者との相互理解を図るよう努めること．
(三) 保育所において，保護者の仕事と子育ての両立等を支援するため，通常の保育に加えて，保育時間の延長，休日，夜間の保育，病児・病後児に対する保育など多様な保育を実施する場合には，保護者の状況に配慮するとともに，子どもの福祉が尊重されるよう努めること．
(四) 子どもに障害や発達上の課題が見られる場合には，市町村や関係機関と連携及び協力を図りつつ，保護者に対する個別の支援を行うよう努めること．
(五) 保護者に育児不安等が見られる場合には，保護者の希望に応じて個別の支援を行うよう努めること．
(六) 保護者に不適切な養育等が疑われる場合には，市町村や関係機関と連携し，要保護児童対策地域協議会で検討するなど適切な対応を図ること．また，虐待が疑われる場合には，速やかに市町村又は児童相談所に通告し，適切な対応を図ること．
3　地域における子育て支援
(一) 保育所は，児童福祉法第四十八条の三の規定に基づき，その行う保育に支障がない限りにおいて，地域の実情や当該保育所の体制等を踏まえ，次に掲げるような地域の保護者等に対する子育て支援を積極的に行うよう努めること．
　　ア　地域の子育ての拠点としての機能
　　　　(ア) 子育て家庭への保育所機能の開放（施設及び設備の開放，体験保育等）
　　　　(イ) 子育て等に関する相談や援助の実施
　　　　(ウ) 子育て家庭の交流の場の提供及び交流の促進
　　　　(エ) 地域の子育て支援に関する情報の提供
　　イ　一時保育
(二) 市町村の支援を得て，地域の関係機関，団体等との積極的な連携及び協力を図るとともに，子育て支援に関わる地域の人材の積極的な活用を図るよう努めること．

（三）地域の要保護児童への対応など，地域の子どもをめぐる諸課題に対し，要保護児童対策地域協議会など関係機関等と連携，協力して取り組むよう努めること．

第七章　職員の資質向上

　第一章（総則）から前章（保護者に対する支援）までに示された事項を踏まえ，保育所は，質の高い保育を展開するため，絶えず，一人一人の職員についての資質向上及び職員全体の専門性の向上を図るよう努めなければならない．

1　職員の資質向上に関する基本的事項

　職員の資質向上に関しては，次の事項に留意して取り組むよう努めなければならない．

（一）子どもの最善の利益を考慮し，人権に配慮した保育を行うためには，職員一人一人の倫理観，人間性並びに保育所職員としての職務及び責任の理解と自覚が基盤となること．

（二）保育所全体の保育の質の向上を図るため，職員一人一人が，保育実践や研修などを通じて保育の専門性などを高めるとともに，保育実践や保育の内容に関する職員の共通理解を図り，協働性を高めていくこと．

（三）職員同士の信頼関係とともに，職員と子ども及び職員と保護者との信頼関係を形成していく中で，常に自己研鑽に努め，喜びや意欲を持って保育に当たること．
さん

2　施設長の責務

　施設長は，保育の質及び職員の資質の向上のため，次の事項に留意するとともに，必要な環境の確保に努めなければならない．

（一）施設長は，保育所の役割や社会的責任を遂行するために，法令等を遵守し，保育所を取り巻く社会情勢などを踏まえ，その専門性等の向上に努めること．

（二）第四章（保育の計画及び評価）の2の（一）（保育士等の自己評価）及び（二）（保育所の自己評価）等を踏まえ，職員が保育所の課題について共通理解を深め，協力して改善に努めることができる体制を作ること．

（三）職員及び保育所の課題を踏まえた保育所内外の研修を体系的，計画的に実施するとともに，職員の自己研鑽に対する援助や助言に努めること．

3　職員の研修等

（一）職員は，子どもの保育及び保護者に対する保育に関する指導が適切に行われるように，自己評価に基づく課題等を踏まえ，保育所内外の研修等を通じて，必要な知識及び技術の修得，維持及び向上に努めなければならない．

（二）職員一人一人が課題を持って主体的に学ぶとともに，他の職員や地域の関

係機関など，様々な人や場との関わりの中で共に学び合う環境を醸成していくことにより，保育所の活性化を図っていくことが求められる．

2-3 幼保連携型認定こども園教育・保育要領

第1章　総則

第1　幼保連携型認定こども園における教育及び保育の基本及び目標
1　教育及び保育の基本

　乳幼児期における教育及び保育は，子どもの健全な心身の発達を図りつつ生涯にわたる人格形成の基礎を培う重要なものであり，幼保連携型認定こども園における教育及び保育は，就学前の子どもに関する教育，保育等の総合的な提供の推進に関する法律（以下「認定こども園法」という）．第2条第7項に規定する目的を達成するため，乳幼児期の特性及び保護者や地域の実態を踏まえ，環境を通して行うものであることを基本とし，家庭や地域での生活を含め園児の生活全体が豊かなものとなるように努めなければならない．

　このため，保育教諭等は，園児との信頼関係を十分に築き，園児が自ら安心して環境にかかわりその活動が豊かに展開されるよう環境を整え，園児と共によりよい教育及び保育の環境を創造するように努めるものとする．これらを踏まえ，次に示す事項を重視して教育及び保育を行わなければならない．
(1)　乳幼児期は周囲への依存を基盤にしつつ自立に向かうものであることを考慮して，周囲との信頼関係に支えられた生活の中で，園児一人一人が安心感と信頼感を持っていろいろな活動に取り組む体験を十分に積み重ねられるようにすること．
(2)　乳幼児期においては生命の保持が図られ安定した情緒の下で自己を十分に発揮することにより発達に必要な体験を得ていくものであることを考慮して，園児の主体的な活動を促し，乳幼児期にふさわしい生活が展開されるようにすること．
(3)　乳幼児期における自発的な活動としての遊びは，心身の調和のとれた発達の基礎を培う重要な学習であることを考慮して，遊びを通しての指導を中心として第2章の第1に示すねらいが総合的に達成されるようにすること．
(4)　乳幼児期における発達は，心身の諸側面が相互に関連し合い，多様な経過をたどって成し遂げられていくものであること，また，園児の生活経験がそれぞれ異なることなどを考慮して，園児一人一人の特性や発達の過程に応じ発達の課題に即した指導を行うようにすること．

　その際，保育教諭等は，園児の主体的な活動が確保されるよう園児一人一人の行動の理解と予想に基づき，計画的に環境を構成しなければならない．この場合において，保育教諭等は，園児と人やものとのかかわりが重要であることを踏ま

え，物的・空間的環境を構成しなければならない．また，保育教諭等は，園児一人一人の活動の場面に応じて，様々な役割を果たし，その活動を豊かにしなければならない．

2　教育及び保育の目標

　幼保連携型認定こども園は，家庭との連携を図りながら，この章の第1の1に示す幼保連携型認定こども園における教育及び保育の基本に基づいて一体的に展開される幼保連携型認定こども園における生活を通して，生きる力の基礎を育成するよう認定こども園法第9条に規定する幼保連携型認定こども園の教育及び保育の目標の達成に努めなければならない．幼保連携型認定こども園は，このことにより，義務教育及びその後の教育の基礎を培うとともに，子どもの最善の利益を考慮しつつ，その生活を保障し，保護者と共に園児を心身ともに健やかに育成するものとする．

　なお，認定こども園法第9条に規定する幼保連携型認定こども園の教育及び保育の目標については小学校就学の始期に達するまでの時期を通じ，その達成に向けて努力すべき目当てとなるものであることから，満3歳未満の園児の保育にも当てはまることに留意すること．

第2　教育及び保育の内容に関する全体的な計画の作成

　各幼保連携型認定こども園においては，教育基本法（平成18年法律第120号），児童福祉法（昭和22年法律第164号）及び認定こども園法その他の法令並びにこの幼保連携型認定こども園教育・保育要領の示すところに従い，教育及び保育を一体的に提供するため，創意工夫を生かし，園児の心身の発達と幼保連携型認定こども園，家庭及び地域の実態に即応した適切な教育及び保育の内容に関する全体的な計画を作成するものとする．

1　幼保連携型認定こども園における生活の全体を通して第2章の第1に示すねらいが総合的に達成されるよう，教育課程に係る教育期間や園児の生活経験や発達の過程などを考慮して具体的なねらいと内容を組織しなければならない．この場合においては，特に，自我が芽生え，他者の存在を意識し，自己を抑制しようとする気持ちが生まれるなどの乳幼児期の発達の特性を踏まえ，入園から修了に至るまでの長期的な視野を持って充実した生活が展開できるように配慮しなければならないこと．

2　幼保連携型認定こども園の毎学年の教育課程に係る教育週数は，特別の事情のある場合を除き，39週を下ってはならないこと．

3　幼保連携型認定こども園の1日の教育課程に係る教育時間は，4時間を標準とすること．ただし，園児の心身の発達の程度や季節などに適切に配慮すること．

4　幼保連携型認定こども園の保育を必要とする子どもに該当する園児に対する

教育及び保育の時間（満3歳以上の保育を必要とする子どもに該当する園児については，この章の第2の3に規定する教育時間を含む．）は，1日につき8時間を原則とし，園長がこれを定めること．ただし，その地方における園児の保護者の労働時間その他家庭の状況等を考慮すること．

第3　幼保連携型認定こども園として特に配慮すべき事項
　幼保連携型認定こども園における教育及び保育を行うに当たっては，次の事項について特に配慮しなければならない．
1　当該幼保連携型認定こども園に入園した年齢により集団生活の経験年数が異なる園児がいることに配慮する等，0歳から小学校就学前までの一貫した教育及び保育を園児の発達の連続性を考慮して展開していくこと．
2　園児の一日の生活の連続性及びリズムの多様性に配慮するとともに，保護者の生活形態を反映した園児の在園時間の長短，入園時期や登園日数の違いを踏まえ，園児一人一人の状況に応じ，教育及び保育の内容やその展開について工夫をすること．特に，入園及び年度当初においては，家庭との連携の下，園児一人一人の生活の仕方やリズムに十分に配慮して一日の自然な生活の流れをつくり出していくようにすること．
3　環境を通して行う教育及び保育の活動の充実を図るため，幼保連携型認定こども園における教育及び保育の環境の構成に当たっては，乳幼児期の特性を踏まえ，次の事項に留意すること．
(1)　0歳から小学校就学前までの様々な年齢の園児の発達の特性を踏まえ，満3歳未満の園児については特に健康，安全や発達の確保を十分に図るとともに，満3歳以上の園児については同一学年の園児で編制される学級による集団活動の中で遊びを中心とする園児の主体的な活動を通して発達を促す経験が得られるよう工夫をすること．
(2)　在園時間が異なる多様な園児がいることを踏まえ，園児の生活が安定するよう，家庭や地域，幼保連携型認定こども園における生活の連続性を確保するとともに，一日の生活のリズムを整えるよう工夫をすること．特に満3歳未満の園児については睡眠時間等の個人差に配慮するとともに，満3歳以上の園児については集中して遊ぶ場と家庭的な雰囲気の中でくつろぐ場との適切な調和等の工夫をすること．
(3)　家庭や地域において異年齢の子どもとかかわる機会が減少していることを踏まえ，満3歳以上の園児については，学級による集団活動とともに，満3歳未満の園児を含む異年齢の園児による活動を，園児の発達の状況にも配慮しつつ適切に組み合わせて設定するなどの工夫をすること．
4　養護の行き届いた環境の下生命の保持や情緒の安定を図るため，幼保連携型

認定こども園における教育及び保育を展開するに当たっては，次の事項に留意すること．

(1) 園児一人一人が，快適にかつ健康で安全に過ごせるようにするとともに，その生理的欲求が十分に満たされ，健康増進が積極的に図られるようにするため，次の事項に留意するものとする．

ア 園児一人一人の平常の健康状態や発育及び発達の状態を的確に把握し，異常を感じる場合は，速やかに適切に対応すること．

イ 家庭との連携を密にし，学校医等との連携を図りながら，園児の疾病や事故防止に関する認識を深め，保健的で安全な環境の維持及び向上に努めること．

ウ 清潔で安全な環境を整え，適切な援助や応答的なかかわりを通して，園児の生理的欲求を満たしていくこと．また，家庭と協力しながら，園児の発達の過程等に応じた適切な生活のリズムがつくられていくようにすること．

エ 園児の発達の過程等に応じて，適度な運動と休息をとることができるようにすること．また，食事，排泄せつ，睡眠，衣類の着脱，身の回りを清潔にすることなどについて，園児が意欲的に生活できるよう適切に援助すること．

(2) 園児一人一人が安定感を持って過ごし，自分の気持ちを安心して表すことができるようにするとともに，周囲から主体として受け止められ主体として育ち，自分を肯定する気持ちが育まれていくようにし，心身の疲れが癒やされるようにするため，次の事項に留意するものとする．

ア 園児一人一人の置かれている状態や発達の過程などを的確に把握し，園児の欲求を適切に満たしながら，応答的な触れ合いや言葉掛けを行うこと．

イ 園児一人一人の気持ちを受容し，共感しながら，園児との継続的な信頼関係を築いていくこと．

ウ 保育教諭等との信頼関係を基盤に，園児一人一人が主体的に活動し，自発性や探索意欲などを高めるとともに，自分への自信を持つことができるよう成長の過程を見守り，適切に働き掛けること．

エ 園児一人一人の生活のリズム，発達の過程，在園時間などに応じて，活動内容のバランスや調和を図りながら，適切な食事や休息がとれるようにすること．

5 園児の健康及び安全は，園児の生命の保持と健やかな生活の基本であることから，次の事項に留意するものとする．

(1) 健康支援

ア 健康状態や発育及び発達の状態の把握

（ア） 園児の心身の状態に応じた教育及び保育を行うために，園児の健康状態や発育及び発達の状態について，定期的，継続的に，また，必要に応じて随時，把握すること．

（イ） 保護者からの情報とともに，登園時及び在園時に園児の状態を観察し，

何らかの疾病が疑われる状態や傷害が認められた場合には，保護者に連絡するとともに，学校医と相談するなど適切な対応を図ること．
　（ウ）　園児の心身の状態等を観察し，不適切な養育の兆候が見られる場合には，市町村（特別区を含む．以下同じ）や関係機関と連携し，児童福祉法第25条の2第1項に規定する要保護児童対策地域協議会（以下「要保護児童対策地域協議会」という）で検討するなど適切な対応を図ること．また，虐待が疑われる場合には速やかに市町村又は児童相談所に通告し適切な対応を図ること．
　イ　健康増進
　　（ア）　認定こども園法第27条において準用する学校保健安全法（昭和33年法律第56号）第5条の学校保健計画を作成する際は，全ての職員がそのねらいや内容を明確にしながら，園児一人一人の健康の保持及び増進に努めていくこと．
　　（イ）　認定こども園法第27条において準用する学校保健安全法第13条第1項の健康診断を行ったときは，認定こども園法第27条において準用する学校保健安全法第14条の措置を行い，教育及び保育に活用するとともに，保護者が園児の状態を理解し，日常生活に活用できるようにすること．
　ウ　疾病等への対応
　　（ア）　在園時に体調不良や傷害が発生した場合には，その園児の状態等に応じて，保護者に連絡するとともに，適宜，学校医やかかりつけ医等と相談し，適切な処置を行うこと．養護教諭や看護師等が配置されている場合には，その専門性を生かした対応を図ること．
　　（イ）　感染症やその他の疾病の発生予防に努め，その発生や疑いがある場合には必要に応じて学校医，市町村，保健所等に連絡し，その指示に従うとともに，保護者や全ての職員に連絡し，協力を求めること．また，感染症に関する幼保連携型認定こども園の対応方法等について，あらかじめ関係機関の協力を得ておくこと．養護教諭や看護師等が配置されている場合には，その専門性を生かした対応を図ること．
　　（ウ）　園児の疾病等の事態に備え，保健室等の環境を整え，救急用の薬品，材料等を常備し，適切な管理の下に全ての職員が対応できるようにしておくこと．
（2）　環境及び衛生管理並びに安全管理
　ア　環境及び衛生管理
　　（ア）　認定こども園法第27条において準用する学校保健安全法第6条の学校環境衛生基準に基づき幼保連携型認定こども園の適切な環境の維持に努めるとともに，施設内外の設備，用具等の衛生管理に努めること．
　　（イ）　認定こども園法第27条において準用する学校保健安全法第6条の学校

環境衛生基準に基づき幼保連携型認定こども園の適切な環境の維持に努めるとともに，園児及び職員が手洗い等により清潔を保つようにすること．
イ　事故防止及び安全対策
（ア）　在園時の事故防止のために園児の心身の状態等を踏まえつつ，認定こども園法第27条において準用する学校保健安全法第27条の学校安全計画の策定等を通じ，職員の共通理解と体制づくりを図るとともに，家庭や地域の諸機関の協力の下に安全指導を行うこと．
（イ）　認定こども園法第27条において準用する学校保健安全法第29条の危険等発生時対処要領に基づき，災害や事故の発生に備えるとともに外部からの不審者等の侵入防止のための措置や訓練など不測の事態に備え必要な対応を図ること．また，園児の精神保健面における対応に留意すること．
(3)　食育の推進
　幼保連携型認定こども園における食育は，健康な生活の基本としての食を営む力の育成に向け，その基礎を培うことを目標として，次の事項に留意するものとする．
ア　園児が生活と遊びの中で，意欲を持って食にかかわる体験を積み重ね，食べることを楽しみ，食事を楽しみ合う園児に成長していくことを期待するものであること．
イ　乳幼児期にふさわしい食生活が展開され，適切な援助が行われるよう，食事の提供を含む食育の計画を作成し，教育及び保育の内容に関する全体的な計画並びに指導計画に位置付けるとともに，その評価及び改善に努めること．
ウ　園児が自らの感覚や体験を通して，自然の恵みとしての食材や調理する人への感謝の気持ちが育つように，園児と調理員とのかかわりや，調理室など食に関する環境に配慮すること．栄養教諭や栄養士等が配置されている場合は，専門性を生かした対応を図ること．
エ　体調不良，食物アレルギー，障害のある園児など，園児一人一人の心身の状態等に応じ，学校医，かかりつけ医等の指示や協力の下に適切に対応すること．栄養教諭や栄養士等が配置されている場合は，専門性を生かした対応を図ること．
6　保護者に対する子育ての支援に当たっては，この章の第1に示す幼保連携型認定こども園における教育及び保育の基本及び目標を踏まえ，子どもに対する学校としての教育及び児童福祉施設としての保育並びに保護者に対する子育ての支援について相互に有機的な連携が図られるよう，保護者及び地域の子育てを自ら実践する力を高める観点に立って，次の事項に留意するものとする．
(1)　幼保連携型認定こども園の園児の保護者に対する子育ての支援
ア　園児の送迎時の対応，相談や助言，連絡や通信，会合や行事など日常の教育及び保育に関連した様々な機会を活用して行うこと．

イ　園児の様子や日々の教育及び保育の意図などの説明を通じ，保護者との相互理解を図るよう努めること．
ウ　教育及び保育の活動に対する保護者の積極的な参加は，保護者の子育てを自ら実践する力の向上に寄与するだけでなく，地域社会における家庭や住民の子育てを自ら実践する力の向上及び子育ての経験の継承につながることから，これを促すこと．その際，保護者の生活形態が異なることを踏まえ，全ての保護者の相互理解が深まるように配慮すること．
エ　保護者の就労と子育ての両立等を支援するため，病児保育事業など多様な事業を実施する場合には，保護者の状況に配慮するとともに，園児の福祉が尊重されるよう努めること．
オ　地域の実態や保護者の要請により教育を行う標準的な時間の終了後等に希望する者を対象に一時預かり事業などとして行う活動については，園児の心身の負担に配慮するとともに，地域の実態や保護者の事情とともに園児の生活のリズムを踏まえつつ，例えば実施日数や時間などについて，弾力的な運用に配慮すること．その際，教育を行う標準的な時間の活動と保育を必要とする園児に対する教育を行う標準的な時間終了後の保育における活動との関連を考慮すること．
カ　園児に障害や発達上の課題が見られる場合には，市町村や関係機関と連携及び協力を図りつつ，保護者に対する個別の支援を行うよう努めること．
キ　保護者に育児不安等が見られる場合には，保護者の希望に応じて個別の支援を行うよう努めること．
ク　保護者に不適切な養育等が疑われる場合には，市町村や関係機関と連携し，要保護児童対策地域協議会で検討するなど適切な対応を図ること．また，虐待が疑われる場合には，速やかに市町村又は児童相談所に通告し，適切な対応を図ること．
（2）　地域における子育て家庭の保護者等に対する支援
ア　幼保連携型認定こども園において，認定こども園法第2条第12項に規定する子育て支援事業を実施する際には，当該幼保連携型認定こども園が持つ地域性や専門性などを十分に考慮して当該地域において必要と認められるものを適切に実施すること．
イ　市町村の支援を得て，地域の関係機関等との積極的な連携及び協力を図るとともに，子育ての支援に関する地域の人材の積極的な活用を図るよう努めること．また，地域の要保護児童への対応など，地域の子どもを巡る諸課題に対し，要保護児童対策地域協議会など関係機関等と連携及び協力して取り組むよう努めること．

第2章　ねらい及び内容並びに配慮事項

　この章に示すねらいは，幼保連携型認定こども園修了までに育つことが期待される生きる力の基礎となる心情，意欲，態度などであり，内容は，ねらいを達成するために指導する事項である．これらを園児の発達の側面から，心身の健康に関する領域「健康」，人とのかかわりに関する領域「人間関係」，身近な環境とのかかわりに関する領域「環境」，言葉の獲得に関する領域「言葉」及び感性と表現に関する領域「表現」としてまとめ，示したものである．
　各領域に示すねらいは，幼保連携型認定こども園における生活の全体を通じ，園児が様々な体験を積み重ねる中で相互に関連を持ちながら次第に達成に向かうものであること，内容は，園児が環境にかかわって展開する具体的な活動を通して総合的に指導されるものであることに留意しなければならない．
　この章に示すねらい及び内容は，主として教育にかかわるねらい及び内容であり，保育の実施に当たっては，園児一人一人の発達の過程やその連続性を踏まえ，この章の第1に示すねらい及び内容を柔軟に取り扱うとともに，この章の第2に示す保育の実施上の配慮事項を踏まえなければならない．その際，教育及び保育の内容が相互に関連を持つよう留意する必要がある．
　なお，特に必要な場合には，各領域に示すねらいの趣旨に基づいて適切な，具体的な内容を工夫し，それを加えても差し支えないが，その場合には，それが第1章の第1に示す幼保連携型認定こども園における教育及び保育の基本及び目標を逸脱しないよう慎重に配慮する必要がある．

第1　ねらい及び内容
健康
〔健康な心と体を育て，自ら健康で安全な生活をつくり出す力を養う〕．
1　ねらい
(1)　明るく伸び伸びと行動し，充実感を味わう．
(2)　自分の体を十分に動かし，進んで運動しようとする．
(3)　健康，安全な生活に必要な習慣や態度を身に付ける．
2　内容
(1)　保育教諭等や友達と触れ合い，安定感を持って行動する．
(2)　いろいろな遊びの中で十分に体を動かす．
(3)　進んで戸外で遊ぶ．
(4)　様々な活動に親しみ，楽しんで取り組む．
(5)　保育教諭等や友達と食べることを楽しむ．
(6)　健康な生活のリズムを身に付ける．

(7) 身の回りを清潔にし，衣類の着脱，食事，排泄などの生活に必要な活動を自分でする．
(8) 幼保連携型認定こども園における生活の仕方を知り，自分たちで生活の場を整えながら見通しを持って行動する．
(9) 自分の健康に関心を持ち，病気の予防などに必要な活動を進んで行う．
(10) 危険な場所，危険な遊び方，災害時などの行動の仕方が分かり，安全に気を付けて行動する．

3　内容の取扱い
　上記の取扱いに当たっては，次の事項に留意する必要がある．
(1) 心と体の健康は相互に密接な関連があるものであることを踏まえ，園児が保育教諭等や他の園児との温かい触れ合いの中で自己の存在感や充実感を味わうことなどを基盤として，しなやかな心と体の発達を促すこと．特に，十分に体を動かす気持ちよさを体験し，自ら体を動かそうとする意欲が育つようにすること．
(2) 様々な遊びの中で，園児が興味や関心，能力に応じて全身を使って活動することにより，体を動かす楽しさを味わい，安全についての構えを身に付け，自分の体を大切にしようとする気持ちが育つようにすること．
(3) 自然の中で伸び伸びと体を動かして遊ぶことにより，体の諸機能の発達が促されることに留意し，園児の興味や関心が戸外にも向くようにすること．その際，園児の動線に配慮した園庭や遊具の配置などの工夫をすること．
(4) 健康な心と体を育てるためには食育を通じた望ましい食習慣の形成が大切であることを踏まえ，園児の食生活の実情に配慮し，和やかな雰囲気の中で保育教諭等や他の園児と食べる喜びや楽しさを味わったり，様々な食べ物への興味や関心を持ったりするなどし，進んで食べようとする気持ちが育つようにすること．
(5) 基本的な生活習慣の形成に当たっては家庭での生活経験に配慮し，園児の自立心を育て，園児が他の園児とかかわりながら主体的な活動を展開する中で，生活に必要な習慣を身に付けるようにすること．

人間関係
〔他の人々と親しみ，支え合って生活するために，自立心を育て，人とかかわる力を養う．〕
1　ねらい
(1) 幼保連携型認定こども園の生活を楽しみ，自分の力で行動することの充実感を味わう．
(2) 身近な人と親しみ，かかわりを深め，愛情や信頼感を持つ．
(3) 社会生活における望ましい習慣や態度を身に付ける．
2　内容

(1) 保育教諭等や友達と共に過ごすことの喜びを味わう．
(2) 自分で考え，自分で行動する．
(3) 自分でできることは自分でする．
(4) いろいろな遊びを楽しみながら物事をやり遂げようとする気持ちを持つ．
(5) 友達と積極的にかかわりながら喜びや悲しみを共感し合う．
(6) 自分の思ったことを相手に伝え，相手の思っていることに気付く．
(7) 友達のよさに気付き，一緒に活動する楽しさを味わう．
(8) 友達と楽しく活動する中で，共通の目的を見いだし，工夫したり，協力したりなどする．
(9) よいことや悪いことがあることに気付き，考えながら行動する．
(10) 友達とのかかわりを深め，思いやりを持つ．
(11) 友達と楽しく生活する中できまりの大切さに気付き守ろうとする．
(12) 共同の遊具や用具を大切にし，みんなで使う．
(13) 高齢者を始め地域の人々などの自分の生活に関係の深いいろいろな人に親しみを持つ．

3 内容の取扱い上記の取扱いに当たっては，次の事項に留意する必要がある．

(1) 保育教諭等との信頼関係に支えられて自分自身の生活を確立していくことが人とかかわる基盤となることを考慮し，園児が自ら周囲に働き掛けることにより多様な感情を体験し，試行錯誤しながら自分の力で行うことの充実感を味わうことができるよう，園児の行動を見守りながら適切な援助を行うようにすること．

(2) 園児の主体的な活動は，他の園児とのかかわりの中で深まり，豊かになるものであり，園児はその中で互いに必要な存在であることを認識するようになることを踏まえ，一人一人を生かした集団を形成しながら人とかかわる力を育てていくようにすること．特に，園児が自己を発揮し，保育教諭等や他の園児に認められる体験をし，自信を持って行動できるようにすること．

(3) 園児が互いにかかわりを深め，協同して遊ぶようになるため，集団の生活の中で，自ら行動する力を育てるようにするとともに，他の園児と試行錯誤しながら活動を展開する楽しさや共通の目的が実現する喜びを味わうことができるようにすること．

(4) 道徳性の芽生えを培うに当たっては，基本的な生活習慣の形成を図るとともに園児が他の園児とのかかわりの中で他人の存在に気付き，相手を尊重する気持ちを持って行動できるようにし，また，自然や身近な動植物に親しむことなどを通して豊かな心情が育つようにすること．特に，人に対する信頼感や思いやりの気持ちは，葛藤やつまずきをも体験し，それらを乗り越えることにより次第に芽生えてくることに配慮すること．

(5) 集団の生活を通して，園児が人とのかかわりを深め，規範意識の芽生えが

培われることを考慮し，園児が保育教諭等との信頼関係に支えられて自己を発揮する中で，互いに思いを主張し，折り合いを付ける体験をし，きまりの必要性などに気付き，自分の気持ちを調整する力が育つようにすること．

(6) 高齢者を始め地域の人々などの自分の生活に関係の深いいろいろな人と触れ合い，自分の感情や意志を表現しながら共に楽しみ，共感し合う体験を通して，これらの人々などに親しみを持ち，人とかかわることの楽しさや人の役に立つ喜びを味わうことができるようにすること．また，生活を通して親や祖父母などの家族の愛情に気付き，家族を大切にしようとする気持ちが育つようにすること．

環　境
〔周囲の様々な環境に好奇心や探究心を持ってかかわり，それらを生活に取り入れていこうとする力を養う．〕
1　ねらい
(1)　身近な環境に親しみ，自然と触れ合う中で様々な事象に興味や関心を持つ．
(2)　身近な環境に自分からかかわり，発見を楽しんだり，考えたりし，それを生活に取り入れようとする．
(3)　身近な事象を見たり，考えたり，扱ったりする中で，物の性質や数量，文字などに対する感覚を豊かにする．
2　内容
(1)　自然に触れて生活し，その大きさ，美しさ，不思議さなどに気付く．
(2)　生活の中で，様々な物に触れ，その性質や仕組みに興味や関心を持つ．
(3)　季節により自然や人間の生活に変化のあることに気付く．
(4)　自然などの身近な事象に関心を持ち，取り入れて遊ぶ．
(5)　身近な動植物に親しみを持って接し，生命の尊さに気付き，いたわったり，大切にしたりする．
(6)　身近な物を大切にする．
(7)　身近な物や遊具に興味を持ってかかわり，考えたり，試したりして工夫して遊ぶ．
(8)　日常生活の中で数量や図形などに関心を持つ．
(9)　日常生活の中で簡単な標識や文字などに関心を持つ．
(10)　生活に関係の深い情報や施設などに興味や関心を持つ．
(11)　幼保連携型認定こども園内外の行事において国旗に親しむ．
3　内容の取扱い上記の取扱いに当たっては，次の事項に留意する必要がある．
(1)　園児が，遊びの中で周囲の環境とかかわり，次第に周囲の世界に好奇心を抱き，その意味や操作の仕方に関心を持ち，物事の法則性に気付き，自分なりに考えることができるようになる過程を大切にすること．特に，他の園児の考えな

どに触れ,新しい考えを生み出す喜びや楽しさを味わい,自ら考えようとする気持ちが育つようにすること.
(2) 乳幼児期において自然の持つ意味は大きく,自然の大きさ,美しさ,不思議さなどに直接触れる体験を通して,園児の心が安らぎ,豊かな感情,好奇心,思考力,表現力の基礎が培われることを踏まえ,園児が自然とのかかわりを深めることができるよう工夫をすること.
(3) 身近な事象や動植物に対する感動を伝え合い,共感し合うことなどを通して自分からかかわろうとする意欲を育てるとともに,様々なかかわり方を通してそれらに対する親しみや畏敬の念,生命を大切にする気持ち,公共心,探究心などが養われるようにすること.
(4) 数量や文字などに関しては,日常生活の中で園児自身の必要感に基づく体験を大切にし,数量や文字などに関する興味や関心,感覚が養われるようにすること.

言 葉
〔経験したことや考えたことなどを自分なりの言葉で表現し,相手の話す言葉を聞こうとする意欲や態度を育て,言葉に対する感覚や言葉で表現する力を養う.〕
1 ねらい
(1) 自分の気持ちを言葉で表現する楽しさを味わう.
(2) 人の言葉や話などをよく聞き,自分の経験したことや考えたことを話し,伝え合う喜びを味わう.
(3) 日常生活に必要な言葉が分かるようになるとともに,絵本や物語などに親しみ,保育教諭等や友達と心を通わせる.
2 内容
(1) 保育教諭等や友達の言葉や話に興味や関心を持ち,親しみを持って聞いたり,話したりする.
(2) したり,見たり,聞いたり,感じたり,考えたりなどしたことを自分なりに言葉で表現する.
(3) したいこと,してほしいことを言葉で表現したり,分からないことを尋ねたりする.
(4) 人の話を注意して聞き,相手に分かるように話す.
(5) 生活の中で必要な言葉が分かり,使う.
(6) 親しみを持って日常の挨拶をする.
(7) 生活の中で言葉の楽しさや美しさに気付く.
(8) いろいろな体験を通じてイメージや言葉を豊かにする.
(9) 絵本や物語などに親しみ,興味を持って聞き,想像をする楽しさを味わう.

(10) 日常生活の中で,文字などで伝える楽しさを味わう.
3 内容の取扱い上記の取扱いに当たっては,次の事項に留意する必要がある.
(1) 言葉は,身近な人に親しみを持って接し,自分の感情や意志などを伝え,それに相手が応答し,その言葉を聞くことを通して次第に獲得されていくものであることを考慮して,園児が保育教諭等や他の園児とかかわることにより心を動かすような体験をし,言葉を交わす喜びを味わえるようにすること.
(2) 園児が自分の思いを言葉で伝えるとともに,保育教諭等や他の園児などの話を興味を持って注意して聞くことを通して次第に話を理解するようになっていき,言葉による伝え合いができるようにすること.
(3) 絵本や物語などで,その内容と自分の経験とを結び付けたり,想像を巡らせたりするなど,楽しみを十分に味わうことによって,次第に豊かなイメージを持ち言葉に対する感覚が養われるようにすること.
(4) 園児が日常生活の中で,文字などを使いながら思ったことや考えたことを伝える喜びや楽しさを味わい,文字に対する興味や関心を持つようにすること.

表 現
〔感じたことや考えたことを自分なりに表現することを通して,豊かな感性や表現する力を養い,創造性を豊かにする.〕
1 ねらい
(1) いろいろなものの美しさなどに対する豊かな感性を持つ.
(2) 感じたことや考えたことを自分なりに表現して楽しむ.
(3) 活の中でイメージを豊かにし,様々な表現を楽しむ.
2 内容
(1) 生活の中で様々な音,色,形,手触り,動きなどに気付いたり,感じたりするなどして楽しむ.
(2) 生活の中で美しいものや心を動かす出来事に触れ,イメージを豊かにする.
(3) 様々な出来事の中で,感動したことを伝え合う楽しさを味わう.
(4) 感じたこと,考えたことなどを音や動きなどで表現したり,自由にかいたり,つくったりなどする.
(5) いろいろな素材に親しみ,工夫して遊ぶ.
(6) 音楽に親しみ,歌を歌ったり,簡単なリズム楽器を使ったりなどする楽しさを味わう.
(7) かいたり,つくったりすることを楽しみ,遊びに使ったり,飾ったりなどする.
(8) 自分のイメージを動きや言葉などで表現したり,演じて遊んだりするなどの楽しさを味わう.

3 内容の取扱い上記の取扱いに当たっては，次の事項に留意する必要がある．
(1) 豊かな感性は，自然などの身近な環境と十分にかかわる中で美しいもの，優れたもの，心を動かす出来事などに出会い，そこから得た感動を他の園児や保育教諭等と共有し，様々に表現することなどを通して養われるようにすること．
(2) 乳幼児期における自己表現は素朴な形で行われることが多いので，保育教諭等はそのような表現を受容し，園児自身の表現しようとする意欲を受け止めて，園児が生活の中で乳幼児期らしい様々な表現を楽しむことができるようにすること．
(3) 生活経験や発達に応じ，自ら様々な表現を楽しみ，表現する意欲を十分に発揮させることができるように，遊具や用具などを整えたり他の園児の表現に触れられるよう配慮したりし，表現する過程を大切にして自己表現を楽しめるように工夫をすること．

第2 保育の実施上の配慮事項

1 乳児期の園児の保育に関する配慮事項
(1) 疾病への抵抗力が弱く，心身の機能の未熟さに伴う疾病の発生が多いことから，園児一人一人の発育及び発達の状態や健康状態についての適切な判断に基づく保健的な対応を行うこと．
(2) 園児一人一人の生育歴の違いに留意しつつ，欲求を適切に満たし，特定の保育教諭等が応答的にかかわるように努めること．
(3) 乳児期の園児の保育に関する職員間の連携や学校医との連携を図り，第1章の第3の5に示す園児の健康及び安全に関する配慮事項を踏まえ，適切に対応すること．栄養教諭や栄養士等，養護教諭や看護師等が配置されている場合はその専門性を生かした対応を図ること．
(4) 保護者との信頼関係を築きながら保育を進めるとともに，保護者からの相談に応じ，保護者への支援に努めていくこと．
(5) 担当の保育教諭等が替わる場合には，園児のそれまでの経験や発達の過程に留意し，職員間で協力して対応すること．
2 満1歳以上満3歳未満の園児の保育に関する配慮事項
(1) 特に感染症にかかりやすい時期であるため，体の状態，機嫌，食欲などの日常の状態の観察を十分に行うとともに，適切な判断に基づく保健的な対応を行うこと．
(2) 食事，排泄，睡眠，衣類の着脱，身の回りを清潔にすることなど，生活に必要な基本的な習慣については，園児一人一人の状態に応じ，落ち着いた雰囲気の中で行うようにし，園児が自分でしようとする気持ちを尊重すること．
(3) 探索活動が十分できるように，事故防止に努めながら活動しやすい環境を

整え，全身を使う遊びなど様々な遊びを取り入れること．
(4) 園児の自我の育ちを見守り，その気持ちを受け止めるとともに，保育教諭等が仲立ちとなって，友達の気持ちや友達とのかかわり方を丁寧に伝えていくこと．
(5) 情緒の安定を図りながら，園児の自発的な活動を促していくこと．
(6) 担当の保育教諭等が替わる場合には，園児のそれまでの経験や発達の過程に留意し，職員間で協力して対応すること．
3 満3歳以上の園児の保育に関する配慮事項
(1) 生活に必要な基本的な習慣や態度を身に付けることの大切さを理解し，適切な行動を選択できるよう配慮すること．
(2) 園児の情緒が安定し自己を十分に発揮して活動することを通して，やり遂げる喜びや自信を持つことができるよう配慮すること．
(3) 様々な遊びの中で，全身を動かして意欲的に活動することにより，体の諸機能の発達が促されることに留意し，園児の興味や関心が戸外にも向くようにすること．
(4) けんかなど葛藤を経験しながら次第に相手の気持ちを理解し，相互に必要な存在であることを実感できるよう配慮すること．
(5) 生活や遊びを通して，きまりがあることの大切さに気付き，自ら判断して行動できるよう配慮すること．
(6) 自然と触れ合う中で，園児の豊かな感性や認識力，思考力及び表現力が培われることを踏まえ，自然とのかかわりを深めることができるよう工夫をすること．
(7) 自分の気持ちや経験を自分なりの言葉で表現することの大切さに留意し，園児の話し掛けに応じるよう心掛けること．また，園児が仲間と伝え合ったり，話し合ったりすることの楽しさが味わえるようにすること．
(8) 感じたことや思ったこと，想像したことなどを，様々な方法で創意工夫を凝らして自由に表現できるよう，保育に必要な素材や用具を始め，様々な環境の設定に留意すること．

第3章 指導計画作成に当たって配慮すべき事項

　幼保連携型認定こども園における教育及び保育は，園児が自ら意欲を持って環境とかかわることによりつくり出される具体的な活動を通して，その目標の達成を図るものである．

　幼保連携型認定こども園においてはこのことを踏まえ，乳幼児期にふさわしい生活が展開され，適切な指導が行われるよう，次の事項に留意して調和のとれた組織的，発展的な指導計画を作成し，園児の活動に沿った柔軟な指導を行わなけ

ればならない．

第1　一般的な配慮事項
1　指導計画は，園児の発達に即して園児一人一人が乳幼児期にふさわしい生活を展開し，必要な体験を得られるようにするために，具体的に作成すること．また，指導計画の作成に当たっては，次に示すところにより，具体的なねらい及び内容を明確に設定し，適切な環境を構成することなどにより活動が選択・展開されるようにすること．
(1)　具体的なねらい及び内容は，幼保連携型認定こども園の生活における園児の発達の過程を見通し，園児の生活の連続性，季節の変化などを考慮して，園児の興味や関心，発達の実情などに応じて設定すること．
(2)　環境は，具体的なねらいを達成するために適切なものとなるように構成し，園児が自らその環境にかかわることにより様々な活動を展開しつつ必要な体験を得られるようにすること．その際，園児の生活する姿や発想を大切にし，常にその環境が適切なものとなるようにすること．
(3)　園児の行う具体的な活動は，生活の流れの中で様々に変化するものであることに留意し，園児が望ましい方向に向かって自ら活動を展開していくことができるよう必要な援助をすること．
　　その際，園児の実態及び園児を取り巻く状況の変化などに即して指導の過程についての反省や評価を適切に行い，常に指導計画の改善を図ること．
2　園児の生活は，入園当初の一人一人の遊びや保育教諭等との触れ合いを通して幼保連携型認定こども園の生活に親しみ，安定していく時期から，やがて友達同士で目的を持って幼保連携型認定こども園の生活を展開し，深めていく時期などに至るまでの過程を様々に経ながら広げられていくものであることを考慮し，活動がそれぞれの時期にふさわしく展開されるようにすること．また，園児の入園当初の教育及び保育に当たっては，既に在園している園児に不安や動揺を与えないようにしつつ，可能な限り個別的に対応し，園児が安定感を得て，次第に幼保連携型認定こども園の生活になじんでいくよう配慮すること．
3　園児が様々な人やものとのかかわりを通して，多様な体験をし，心身の調和のとれた発達を促すようにしていくこと．その際，心が動かされる体験が次の活動を生み出すことを考慮し，一つ一つの体験が相互に結び付き，幼保連携型認定こども園の生活が充実するようにすること．
4　長期的に発達を見通した年，学期，月などにわたる長期の指導計画やこれとの関連を保ちながらより具体的な園児の生活に即した週，日などの短期の指導計画を作成し，適切な指導が行われるようにすること．特に，週，日などの短期の指導計画については，園児の生活のリズムに配慮し，園児の意識や興味の連続性

のある活動が相互に関連して幼保連携型認定こども園の生活の自然な流れの中に組み込まれるようにすること.
5 　園児の行う活動は，個人，グループ，学級全体などで多様に展開されるものであるが，いずれの場合にも，幼保連携型認定こども園全体の職員による協力体制をつくりながら，園児一人一人が興味や欲求を十分に満足させるよう適切な援助を行うようにすること.
6 　園児の主体的な活動を促すためには，保育教諭等が多様なかかわりを持つことが重要であることを踏まえ，保育教諭等は，理解者，共同作業者など様々な役割を果たし，園児の情緒の安定や発達に必要な豊かな体験が得られるよう，活動の場面に応じて，園児の人権や園児一人一人の個人差等に配慮した適切な指導を行うようにすること.
7 　幼保連携型認定こども園においては，その教育及び保育が，小学校以降の生活や学習の基盤の育成につながることに配慮し，乳幼児期にふさわしい生活を通して，創造的な思考や主体的な生活態度などの基礎を培うようにすること.

第 2 　特に配慮すべき事項
1 　園児の発達の個人差，入園した年齢の違いなどによる集団生活の経験年数の差，家庭環境等を踏まえ，園児一人一人の発達の特性や課題に十分留意すること．特に満 3 歳未満の園児については，大人への依存度が極めて高い等の特性があることから，個別的な対応を図ること．また，園児の集団生活への円滑な接続について，家庭との連携及び協力を図る等十分留意すること.
2 　園児の発達の連続性を考慮した教育及び保育を展開する際には，次の事項に留意すること.
(1) 　満 3 歳未満の園児については，園児一人一人の生育歴，心身の発達，活動の実態等に即して，個別的な計画を作成すること.
(2) 　満 3 歳以上の園児については，個の成長と，園児相互の関係や協同的な活動が促されるよう配慮すること.
(3) 　異年齢で構成されるグループ等での指導に当たっては，園児一人一人の生活や経験，発達の過程などを把握し，適切な指導や環境の構成ができるよう配慮すること.
3 　一日の生活のリズムや在園時間が異なる園児が共に過ごすことを踏まえ，活動と休息，緊張感と解放感等の調和を図るとともに，園児に不安や動揺を与えないようにする等の配慮を行うこと.
4 　午睡は生活のリズムを構成する重要な要素であり，安心して眠ることのできる環境を確保するとともに，在園時間が異なることや，睡眠時間は園児の発達の状況や個人によって差があることから，一律とならないよう配慮すること.

5　長時間にわたる保育については，園児の発達の過程，生活のリズム及び心身の状態に十分配慮して，保育の内容や方法，職員の協力体制，家庭との連携などを指導計画に位置付けること．

6　障害のある園児の指導に当たっては，集団の中で生活することを通して全体的な発達を促していくことに配慮し，適切な環境の下で，障害のある園児が他の園児との生活を通して共に成長できるよう，特別支援学校などの助言又は援助を活用しつつ，例えば指導についての計画又は家庭や医療，福祉などの業務を行う関係機関と連携した支援のための計画を個別に作成することなどにより，個々の園児の障害の状態などに応じた指導内容や指導方法の工夫を計画的，組織的に行うこと．

7　園児の社会性や豊かな人間性を育むため，地域や幼保連携型認定こども園の実態等により，特別支援学校などの障害のある子どもとの活動を共にする機会を積極的に設けるよう配慮すること．

8　健康状態，発達の状況，家庭環境等から特別に配慮を要する園児について，一人一人の状況を的確に把握し，専門機関との連携を含め，適切な環境の下で健やかな発達が図られるよう留意すること．

9　行事の指導に当たっては，幼保連携型認定こども園の生活の自然な流れの中で生活に変化や潤いを与え，園児が主体的に楽しく活動できるようにすること．なお，それぞれの行事については教育的及び保育的価値を十分検討し，適切なものを精選し，園児の負担にならないようにすること．

10　園児の発達や学びの連続性を確保する観点から，小学校教育への円滑な接続に向けた教育及び保育の内容の工夫を図るとともに，幼保連携型認定こども園の園児と小学校の児童の交流の機会を設けたり，小学校の教師との意見交換や合同の研究の機会を設けたりするなど，連携を通じた質の向上を図ること．

11　園児の生活は，家庭を基盤として地域社会を通じて次第に広がりを持つものであることに留意し，家庭との連携を十分に図るなど，幼保連携型認定こども園における生活が家庭や地域社会と連続性を保ちつつ展開されるようにすること．その際，地域の自然，人材，行事や公共施設などの地域の資源を積極的に活用し，園児が豊かな生活体験を得られるように工夫をすること．また，家庭との連携に当たっては，保護者との情報交換の機会を設けたり，保護者と園児との活動の機会を設けたりなどすることを通じて，保護者の乳幼児期の教育及び保育に関する理解が深まるよう配慮すること．

3. 昭和戦後期に制定された子どもに関する法律

3-1　母体保護法［抄］
（昭和二十三年七月十三日法律第百五十六号）

最終改正：平成二五年一二月一三日法律第一〇三号

第一章　総則

（この法律の目的）
第一条　この法律は，不妊手術及び人工妊娠中絶に関する事項を定めること等により，母性の生命健康を保護することを目的とする．

（定義）
第二条　この法律で不妊手術とは，生殖腺を除去することなしに，生殖を不能にする手術で厚生労働省令をもつて定めるものをいう．
2　この法律で人工妊娠中絶とは，胎児が，母体外において，生命を保続することのできない時期に，人工的に，胎児及びその附属物を母体外に排出することをいう．

第二章　不妊手術

第三条　医師は，次の各号の一に該当する者に対して，本人の同意及び配偶者（届出をしていないが，事実上婚姻関係と同様の事情にある者を含む．以下同じ．）があるときはその同意を得て，不妊手術を行うことができる．ただし，未成年者については，この限りでない．
　一　妊娠又は分娩が，母体の生命に危険を及ぼすおそれのあるもの
　二　現に数人の子を有し，かつ，分娩ごとに，母体の健康度を著しく低下するおそれのあるもの
2　前項各号に掲げる場合には，その配偶者についても同項の規定による不妊手術を行うことができる．
3　第一項の同意は，配偶者が知れないとき又はその意思を表示することができないときは本人の同意だけで足りる．

第四条～第十三条　省略

第三章　母性保護

(医師の認定による人工妊娠中絶)
第十四条　都道府県の区域を単位として設立された公益社団法人たる医師会の指定する医師(以下「指定医師」という.)は,次の各号の一に該当する者に対して,本人及び配偶者の同意を得て,人工妊娠中絶を行うことができる.
　一　妊娠の継続又は分娩が身体的又は経済的理由により母体の健康を著しく害するおそれのあるもの
　二　暴行若しくは脅迫によつて又は抵抗若しくは拒絶することができない間に姦淫されて妊娠したもの
2　前項の同意は,配偶者が知れないとき若しくはその意思を表示することができないとき又は妊娠後に配偶者がなくなつたときには本人の同意だけで足りる.

(受胎調節の実地指導)
第十五条　女子に対して厚生労働大臣が指定する避妊用の器具を使用する受胎調節の実地指導は,医師のほかは,都道府県知事の指定を受けた者でなければ業として行つてはならない.ただし,子宮腔内に避妊用の器具を挿入する行為は,医師でなければ業として行つてはならない.
2　前項の都道府県知事の指定を受けることができる者は,厚生労働大臣の定める基準に従つて都道府県知事の認定する講習を終了した助産師,保健師又は看護師とする.
3　前二項に定めるものの外,都道府県知事の指定又は認定に関して必要な事項は,政令でこれを定める.

第四章（第十六条～第十九条）　省略

第五章（第二十条～第二十四条）　省略

第六章　届出,禁止その他

(届出)
第二十五条　医師又は指定医師は,第三条第一項又は第十四条第一項の規定によつて不妊手術又は人工妊娠中絶を行つた場合は,その月中の手術の結果を取りまとめて翌月十日までに,理由を記して,都道府県知事に届け出なければならない.

(通知)
第二十六条　不妊手術を受けた者は,婚姻しようとするときは,その相手方に対

して，不妊手術を受けた旨を通知しなければならない．

（秘密の保持）
第二十七条　不妊手術又は人工妊娠中絶の施行の事務に従事した者は，職務上知り得た人の秘密を，漏らしてはならない．その職を退いた後においても同様とする．

（禁止）
第二十八条　何人も，この法律の規定による場合の外，故なく，生殖を不能にすることを目的として手術又はレントゲン照射を行つてはならない．

第七章　罰則

（第十五条第一項違反）
第二十九条　第十五条第一項の規定に違反した者は，五十万円以下の罰金に処する．

第三十条，第三十一条　省略

（第二十五条違反）
第三十二条　第二十五条の規定に違反して，届出をせず又は虚偽の届出をした者は，これを十万円以下の罰金に処する．

（第二十七条違反）
第三十三条　第二十七条の規定に違反して，故なく，人の秘密を漏らした者は，これを六月以下の懲役又は三十万円以下の罰金に処する．

（第二十八条違反）
第三十四条　第二十八条の規定に違反した者は，これを一年以下の懲役又は五十万円以下の罰金に処する．そのために，人を死に至らしめたときは，三年以下の懲役に処する．

附則
（施行期日）
第三十五条　この法律は，公布の日から起算して六十日を経過した日から，これを施行する．

（関係法律の廃止）
第三十六条　国民優生法（昭和十五年法律第百七号）は，これを廃止する．

（罰則規定の効力の存続）
第三十七条　この法律施行前になした違反行為に対する罰則の適用については，前条の法律は，この法律施行後も，なおその効力を有する．

（届出の特例）
第三十八条　第二十五条の規定は，昭和二十一年厚生省令第四十二号（死産の届出に関する規程）の規定による届出をした場合は，その範囲内で，これを適用しない．

（受胎調節指導のために必要な医薬品）
第三十九条　第十五条第一項の規定により都道府県知事の指定を受けた者は，平成二十七年七月三十一日までを限り，その実地指導を受ける者に対しては，受胎調節のために必要な医薬品で厚生労働大臣が指定するものに限り，医薬品，医療機器等の品質，有効性及び安全性の確保等に関する法律（昭和三十五年法律第百四十五号）第二十四条第一項の規定にかかわらず，販売することができる．
2　都道府県知事は，第十五条第一項の規定により都道府県知事の指定を受けた者が次の各号のいずれかに該当したときは，同項の指定を取り消すことができる．
　一　前項の規定により厚生労働大臣が指定する医薬品につき医薬品，医療機器等の品質，有効性及び安全性の確保等に関する法律第四十三条第一項の規定の適用がある場合において，同項の規定による検定に合格しない当該医薬品を販売したとき
　二　前項の規定により厚生労働大臣が指定する医薬品以外の医薬品を業として販売したとき
　三　前二号のほか，受胎調節の実地指導を受ける者以外の者に対して，医薬品を業として販売したとき
3　前項の規定による処分に係る行政手続法（平成五年法律第八十八号）第十五条第一項の通知は，聴聞の期日の一週間前までにしなければならない．

（指定医師を指定する医師会の特例）
第四十条　第十四条第一項に規定する公益社団法人には，一般社団法人及び一般財団法人に関する法律及び公益社団法人及び公益財団法人の認定等に関する法律の施行に伴う関係法律の整備等に関する法律（平成十八年法律第五十号）第二百八十三条に規定するもののほか，公益社団法人及び特例社団法人（同法第

四十二条第一項に規定する特例社団法人をいう．以下この項において同じ．）以外の一般社団法人であつて，母体保護法の一部を改正する法律（平成二十三年法律第七十五号）の施行の際特例社団法人であつたもの（次項において「特定法人」という．）を含むものとする．
2　厚生労働大臣は，都道府県の区域を単位として設立された特定法人たる医師会に対し，当該医師会が行う第十四条第一項の指定に関し必要があると認めるときは，報告を求め，又は助言若しくは勧告をすることができる．

附則（昭和二四年五月三一日法律第一五四号）
この法律は，昭和二十四年六月一日から施行する．

第一次改正法律附則（昭和二四年六月二四日法律第二一六号）
この法律は，公布の日から施行する．

附則（昭和二六年六月一日法律第一七四号）抄
1　この法律は，公布の日から施行する．

附則（昭和二七年五月一七日法律第一四一号）抄
1　この法律は，公布の日から起算して十日を経過した日から施行する．
2　この法律施行の際，都道府県及び保健所を設置する市が設置している優生結婚相談所は，改正後の第二十一条第三項（厚生大臣の設置についての承認）の規定による承認を受けて設置した優生保護相談所とみなす．
3　改正前の第二十二条（優生結婚相談所設置の認可）の規定による優生結婚相談所の設置の認可は，改正後の第二十二条（優生保護相談所の設置の認可）の規定による優生保護相談所の設置の認可とみなす．
4　この法律施行前にした行為に対する罰則の適用については，なお従前の例による．

附則（昭和二八年八月一五日法律第二一三号）抄
1　この法律は，昭和二十八年九月一日から施行する．

附則（昭和三〇年八月五日法律第一二七号）
この法律は，公布の日から施行する．

附則（昭和三五年四月二一日法律第五五号）
この法律は，公布の日から施行する．ただし，改正後の優生保護法第十一条の規

定は，昭和三十五年四月一日以後に同法第十条の規定により行なう優生手術に関する費用について適用し，同日前に同条の規定により行なう優生手術に関する費用については，なお従前の例による．

附則（昭和三五年八月一〇日法律第一四五号）抄
（施行期日）
第一条　この法律は，公布の日から起算して六箇月をこえない範囲内において政令で定める日から施行する．

附則（昭和三七年五月一六日法律第一四〇号）抄
1　この法律は，昭和三十七年十月一日から施行する．
2　この法律による改正後の規定は，この附則に特別の定めがある場合を除き，この法律の施行前に生じた事項にも適用する．ただし，この法律による改正前の規定によつて生じた効力を妨げない．
3　この法律の施行の際現に係属している訴訟については，当該訴訟を提起することができない旨を定めるこの法律による改正後の規定にかかわらず，なお従前の例による．
4　この法律の施行の際現に係属している訴訟の管轄については，当該管轄を専属管轄とする旨のこの法律による改正後の規定にかかわらず，なお従前の例による．
5　この法律の施行の際現にこの法律による改正前の規定による出訴期間が進行している処分又は裁決に関する訴訟の出訴期間については，なお従前の例による．ただし，この法律による改正後の規定による出訴期間がこの法律による改正前の規定による出訴期間より短い場合に限る．
6　この法律の施行前にされた処分又は裁決に関する当事者訴訟で，この法律による改正により出訴期間が定められることとなつたものについての出訴期間は，この法律の施行の日から起算する．
7　この法律の施行の際現に係属している処分又は裁決の取消しの訴えについては，当該法律関係の当事者の一方を被告とする旨のこの法律による改正後の規定にかかわらず，なお従前の例による．ただし，裁判所は，原告の申立てにより，決定をもつて，当該訴訟を当事者訴訟に変更することを許すことができる．
8　前項ただし書の場合には，行政事件訴訟法第十八条後段及び第二十一条第二項から第五項までの規定を準用する．

附則（昭和四〇年六月一一日法律第一二八号）
この法律は，公布の日から施行する．

附則（昭和四二年八月一日法律第一二〇号）抄
（施行期日）
1　この法律は，公布の日から施行する．

附則（昭和四五年五月一八日法律第六四号）
この法律は，公布の日から施行する．

附則（昭和五〇年六月二五日法律第四四号）
この法律は，公布の日から施行する．

附則（昭和五五年一一月六日法律第八三号）
この法律は，公布の日から施行する．

附則（昭和五六年五月二五日法律第五一号）
この法律は，公布の日から施行する．

附則（昭和五七年八月一七日法律第八〇号）抄
（施行期日）
第一条　この法律は，公布の日から起算して一年六月を超えない範囲内において政令で定める日から施行する．ただし，第五章，第八十四条，第八十七条第二項，附則第三十一条及び附則第三十二条の規定（附則第三十一条の規定による社会保険診療報酬支払基金法第十三条第二項の改正規定を除く．）は公布の日から起算して一年三月を超えない範囲内において政令で定める日から，第二章，第三十条（中央社会保険医療協議会に関する部分に限る．）及び附則第三十八条から附則第四十条までの規定に公布の日から起算して三月を超えない範囲内において政令で定める日から施行する．

（優生保護法の一部改正に伴う経過措置）
第三十九条　前条の規定に施行の日前にした行為に対する優生保護法の規定による罰則の適用については，なお従前の例による．

附則（昭和六〇年六月二五日法律第七二号）
この法律は，公布の日から施行する．

附則（昭和六二年九月二六日法律第九八号）抄
（施行期日）

第一条　この法律は，公布の日から起算して一年を超えない範囲内において政令で定める日から施行する．

附則（平成二年六月二九日法律第五六号）
この法律は，公布の日から施行する．

附則（平成五年六月一八日法律第七四号）抄
（施行期日）
第一条　この法律は，公布の日から起算して一年を超えない範囲内において政令で定める日から施行する．

附則（平成五年一一月一二日法律第八九号）抄
（施行期日）
第一条　この法律は，行政手続法（平成五年法律第八十八号）の施行の日から施行する．

（諮問等がされた不利益処分に関する経過措置）
第二条　この法律の施行前に法令に基づき審議会その他の合議制の機関に対し行政手続法第十三条に規定する聴聞又は弁明の機会の付与の手続その他の意見陳述のための手続に相当する手続を執るべきことの諮問その他の求めがされた場合においては，当該諮問その他の求めに係る不利益処分の手続に関しては，この法律による改正後の関係法律の規定にかかわらず，なお従前の例による．

（罰則に関する経過措置）
第十三条　この法律の施行前にした行為に対する罰則の適用については，なお従前の例による．

（聴聞に関する規定の整理に伴う経過措置）
第十四条　この法律の施行前に法律の規定により行われた聴聞，聴問若しくは聴聞会（不利益処分に係るものを除く．）又はこれらのための手続は，この法律による改正後の関係法律の相当規定により行われたものとみなす．

（政令への委任）
第十五条　附則第二条から前条までに定めるもののほか，この法律の施行に関して必要な経過措置は，政令で定める．

附則（平成六年七月一日法律第八四号）抄
（施行期日）
第一条　この法律は，公布の日から施行する．ただし，第三条中母子保健法第十八条の改正規定（「又は保健所を設置する市」を「，保健所を設置する市又は特別区」に改める部分を除く．）は平成七年一月一日から，第二条，第四条，第五条，第七条，第九条，第十一条，第十三条，第十五条，第十七条，第十八条及び第二十条の規定並びに第二十一条中優生保護法第二十二条の改正規定（「及び保健所を設置する市」を「，保健所を設置する市及び特別区」に改める部分を除く．）及び同法第三十条の改正規定並びに附則第三条から第十一条まで，附則第二十三条から第三十七条まで及び附則第三十九条の規定並びに附則第四十一条中厚生省設置法第六条の改正規定（「優生保護相談所の設置を認可し，及び」を削る部分に限る．）は平成九年四月一日から施行する．

（その他の処分，申請等に係る経過措置）
第十三条　この法律（附則第一条ただし書に規定する規定については，当該規定．以下この条及び次条において同じ．）の施行前に改正前のそれぞれの法律の規定によりされた許可等の処分その他の行為（以下この条において「処分等の行為」という．）又はこの法律の施行の際現に改正前のそれぞれの法律の規定によりされている許可等の申請その他の行為（以下この条において「申請等の行為」という．）に対するこの法律の施行の日以後における改正後のそれぞれの法律の適用については，附則第五条から第十条までの規定又は改正後のそれぞれの法律（これに基づく命令を含む．）の経過措置に関する規定に定めるものを除き，改正後のそれぞれの法律の相当規定によりされた処分等の行為又は申請等の行為とみなす．

（罰則に関する経過措置）
第十四条　この法律の施行前にした行為及びこの法律の附則において従前の例によることとされる場合におけるこの法律の施行後にした行為に対する罰則の適用については，なお従前の例による．

（その他の経過措置の政令への委任）
第十五条　この附則に規定するもののほか，この法律の施行に伴い必要な経過措置は政令で定める．

附則（平成七年五月一九日法律第九四号）抄
（施行期日）

第一条　この法律は，平成七年七月一日から施行する．

附則（平成七年六月一六日法律第一〇八号）
この法律は，公布の日から施行する．

附則（平成八年三月三一日法律第二八号）抄
（施行期日）
第一条　この法律は，平成八年四月一日から施行する．

附則（平成八年六月二六日法律第一〇五号）抄
（施行期日）
第一条　この法律は，公布の日から起算して三月を経過した日から施行する．

（経過措置）
第二条　この法律による改正前の優生保護法（以下「旧法」という．）第十条の規定により行われた優生手術に関する費用の支弁及び負担については，なお従前の例による．

第三条　旧法第三条第一項，第十条，第十三条第二項又は第十四条第一項の規定により行われた優生手術又は人工妊娠中絶に係る旧法第二十五条の届出については，なお従前の例による．

第四条　旧法第二十七条に規定する者の秘密を守る義務については，なお従前の例による．

第五条　この法律の施行前にした行為及び前二条の規定により従前の例によることとされる場合におけるこの法律の施行後にした行為に対する罰則の適用については，なお従前の例による．

附則（平成一一年一二月二二日法律第一六〇号）抄
（施行期日）
第一条　この法律（第二条及び第三条を除く．）は，平成十三年一月六日から施行する．

附則（平成一二年五月二四日法律第八〇号）抄
（施行期日）

1　この法律は，公布の日から施行する．

附則（平成一三年一二月一二日法律第一五三号）抄
（施行期日）
第一条　この法律は，公布の日から起算して六月を超えない範囲内において政令で定める日から施行する．

（処分，手続等に関する経過措置）
第四十二条　この法律の施行前に改正前のそれぞれの法律（これに基づく命令を含む．以下この条において同じ．）の規定によってした処分，手続その他の行為であって，改正後のそれぞれの法律の規定に相当の規定があるものは，この附則に別段の定めがあるものを除き，改正後のそれぞれの法律の相当の規定によってしたものとみなす．

（罰則に関する経過措置）
第四十三条　この法律の施行前にした行為及びこの附則の規定によりなお従前の例によることとされる場合におけるこの法律の施行後にした行為に対する罰則の適用については，なお従前の例による．

（経過措置の政令への委任）
第四十四条　この附則に規定するもののほか，この法律の施行に関し必要な経過措置は，政令で定める．

附則（平成一七年七月二九日法律第九〇号）
この法律は，公布の日から施行する．

附則（平成一八年六月二日法律第五〇号）
この法律は，一般社団・財団法人法の施行の日から施行する．

附則（平成二二年六月二三日法律第四六号）
この法律は，公布の日から施行する．

附則（平成二三年六月二四日法律第七四号）抄
（施行期日）
第一条　この法律は，公布の日から起算して二十日を経過した日から施行する．

附則（平成二三年六月二四日法律第七五号）
この法律は，公布の日から施行する．

附則（平成二五年一一月二七日法律第八四号）抄
（施行期日）
第一条　この法律は，公布の日から起算して一年を超えない範囲内において政令で定める日から施行する．ただし，附則第六十四条，第六十六条及び第百二条の規定は，公布の日から施行する．

（処分等の効力）
第百条　この法律の施行前に改正前のそれぞれの法律（これに基づく命令を含む．以下この条において同じ．）の規定によってした処分，手続その他の行為であって，改正後のそれぞれの法律の規定に相当の規定があるものは，この附則に別段の定めがあるものを除き，改正後のそれぞれの法律の相当の規定によってしたものとみなす．

（罰則に関する経過措置）
第百一条　この法律の施行前にした行為及びこの法律の規定によりなお従前の例によることとされる場合におけるこの法律の施行後にした行為に対する罰則の適用については，なお従前の例による．

（政令への委任）
第百二条　この附則に規定するもののほか，この法律の施行に伴い必要な経過措置（罰則に関する経過措置を含む．）は，政令で定める．

附則（平成二五年一二月一三日法律第一〇三号）抄
（施行期日）
第一条　この法律は，公布の日から起算して六月を超えない範囲内において政令で定める日から施行する．

3-2　優生保護法［抄］
（昭和二十三年法律第百五十六号）

第一章　総則

（この法律の目的）
第一条　この法律は，優生上の見地から不良な子孫の出生を防止するとともに，母性の生命健康を保護することを目的とする．

（定義）
第二条　この法律で優生手術とは生殖腺を除去することなしに，生殖を不能にする手術で命令をもつて定めるものをいう．
2　この法律で人工妊娠中絶とは胎児が母体外において，生命を保続することのできない時期に人工的に，胎児及びその附属物を母体外に排出することをいう．

第二章　優生手術

（医師の認定による優生手術）
第三条　医師は，左の各号の一に該当する者に対して本人の同意並びに配偶者（届出をしないが事実上婚姻関係と同様な事情にある者を含む，以下同じ）があるときはその同意を得て，優生手術を行うことができる．但し未成年者，精神病者又は精神薄弱者については，この限りでない．
　一　本人若しくは配偶者が遺伝性精神病質，遺伝性身体疾患若しくは遺伝性奇形型を有し，又は配偶者が精神病若しくは精神薄弱を有しているもの．
　二　本人又は配偶者の四親等以内の血族関係にある者が，遺伝性精神病，遺伝性精神薄弱，遺伝性精神病質，遺伝性身体疾患又は遺伝性奇型を有しているもの．
　三　本人又は配偶者が，癩疾患に罹り，且つ子孫にこれが伝染する虞れのあるもの．
　四　妊娠又は分娩が，母体の生命に危険を及ぼす虞れのあるもの．
　五　現に数人の子を有し，且つ，分娩ごとに，母体の健康度を著しく低下する虞れのあるもの．
2　前項第四号及び第五号に掲げる場合には，その配偶者についても同項の規定による優生手術を行うことができる．
3　第一項の同意は，配偶者が知れないとき又はその意思を表示することができないときは本人の同意だけで足りる．

（審査を要件とする優生手術の申請）

第四条　医師は，診断の結果，別表に掲げる疾患に罹つていることを確認した場合において，その者に対し，その疾患の遺伝を防止するため優生手術を行うことが公益上必要であると認めるときは，都道府県優生保護審査会に優生手術を行うことの適否に関する審査を申請しなければならない．

(優生手術の審査)
第五条　都道府県優生保護審査会は，前条の規定による申請を受けたときは，優生手術を受くべき者にその旨を通知するとともに，同条に規定する要件を具えているかどうかを審査の上，優生手術を行うことの適否を決定してその結果を，申請者及び優生手術を受くべき者に通知する．
2　都道府県優生保護審査会は，優生手術を行うことが適当である旨の決定をしたときは，申請者及び関係者の意見をきいて，その手術を行うべき医師を指定し，申請者，優生手術を受くべき者及び当該医師に，これを通知する．

(再審査の申請)
第六条　前条第一項の規定によつて，優生手術を受くべき旨の決定を受けた者は，その決定に異議があるときは，同条同項の通知を受けた日から二週間以内に中央優生保護審査会に対して，その再審査を申請することができる．
2　前項の優生手術を受くべき旨の決定を受けた者の配偶者，親権者，後見人又は保佐人もまた，その再審査を申請することができる．

(優生手術の再審査)
第七条　中央優生保護審査会は，前条の規定による再審査の請求を受けたときは，その旨を，手術を行うべき医師に通知するとともに，審査の上，改めて，優生手術を行うことの適否を決定して，その結果を再審査の申請者，優生手術を受くべき者，都道府県優生保護審査会及び手術を行うべき医師に通知する．

(審査に関する意見の申述)
第八条　第四条の規定による申請者，優生手術を受くべき者及びその配偶者，親権者，後見人又は保佐人は，書面又は口頭で，都道府県優生保護審査会又は中央優生保護審査会に対し，第五条第一項の審査又は前条の再審査に関して，事実又は意見を述べることができる．

(訴の提起)
第九条　中央優生保護審査会の決定に対して不服のある者は，第七条の通知を受けた日から一箇月以内に訴を提起することができる．

(優生手術の実施)
第十条　優生手術を行うことが適当である旨の決定に異議がないとき又はその決定若しくはこれに関する判決が確定したときは，第五条第二項の医師が優生手術を行う．

(費用の国庫負担)
第十一条　前条の規定によつて行う優生手術に関する費用は，政令の定めるところによつて，国庫の負担とする．

(精神病者等に対する優生手術)
第十二条　医師は，別表第一号又は第二号に掲げる遺伝性のもの以外の精神病又は精神薄弱に罹つている者について，精神衛生法（昭和二十五年法律第百二十三号）第二十条（後見人，配偶者，親権を行う者又は扶養義務者が保護義務者となる場合）又は同法第二十一条（市町村長が保護義務者となる場合）に規定する保護義務者の同意があつた場合には，都道府県優生保護審査会に優生手術を行うことの適否に関する審査を申請することができる．

第十三条　都道府県優生保護審査会は，前条の規定による申請を受けたときは，本人が同条に規定する精神病又は精神薄弱に罹つているかどうか及び優生手術を行うことが本人保護のために必要であるかどうかを審査の上，優生手術を行うことの適否を決定してその結果を，申請者及び前条の同意者に通知する．
2　医師は，前項の規定により優生手術を行うことが適当である旨の決定があつたときは，優生手術を行うことができる．

第三章　母性保護

(医師の認定による人工妊娠中絶)
第十四条　都道府県の区域を単位として設立された社団法人たる医師会の指定する医師（以下指定医師という）は，左の各号に該当する者に対して，本人及び配偶者の同意を得て，人工妊娠中絶を行うことができる．
　　一　本人又は配偶者が精神病，精神薄弱，精神病質，遺伝性身体疾患又は遺伝性奇型を有しているもの．
　　二　本人又は配偶者の四親等以内の血族関係にある者が遺伝性精神病，遺伝性精神薄弱，遺伝性精神病質，遺伝性身体疾患又は遺伝性奇型を有しているもの．
　　三　本人又は配偶者が癩疾患に罹つているもの．
　　四　妊娠の継続又は分娩が身体的又は経済的理由により母体の健康を著しく害するおそれのあるもの．

五　暴行若しくは脅迫によつて又は抵抗若しくは拒絶することができない間に姦淫されて妊娠したもの．
2　前項の同意は，配偶者が知れないとき若しくはその意思を表示することができないとき又は妊娠後に配偶者がなくなつたときには本人の同意だけで足りる．
3　人工妊娠中絶の手術を受ける本人が精神病者又は精神薄弱者であるときは，精神衛生法第二十条（後見人，配偶者，親権を行う者又は扶養義務者が保護義務者となる場合）又は同法第二十一条（市町村長が保護義務者となる場合）に規定する保護義務者の同意をもつて本人の同意とみなすことができる．

(受胎調節の実地指導)
第十五条　女子に対して厚生大臣が指定する避妊用の器具を使用する受胎調節の実地指導は，医師の外は都道府県知事の指定を受けた者でなければ業として行つてはならない．但し子宮腔内に避妊用の器具をそう入する行為は，医師でなければ業として行つてはならない．
2　前項の都道府県知事の指定を受けることができる者は，厚生大臣の定める基準に従つて都道府県知事の認定する講習を終了した助産婦，保健婦又は看護婦とする．

第四章　優生保護審査会

(優生保護審査会)
第十六条　優生手術に関する適否その他この法律で定める優生保護上必要な事項を処理するため優生保護審査会を置く．

(種類と組織)
第十七条　優生保護審査会は中央優生保護審査会及び都道府県優生保護審査会とする．
2　中央優生保護審査会は厚生大臣の監督に属し，主として優生手術に関する適否の再審査を行う外，この法律で定める優生保護上必要な事項を処理する．
3　都道府県優生保護審査会は，都道府県ごとにこれを置き，都道府県知事の監督に属し，優生手術に関する適否の審査を行う．

(構成)
第十八条　中央優生保護審査会は委員二十五人以内で，都道府県優生保護審査会は委員十人以内で，これを組織する．
2　各優生保護審査会において，特に必要があるときは，臨時委員を置くことができる．

3　委員及び臨時委員は，医師，民生委員，裁判官，検察官，関係行政庁の官吏又は吏員その他学識経験ある者の中から，中央優生保護審査会にあつては厚生大臣が，都道府県優生保護審査会にあつては都道府県知事がそれぞれ，これを命ずる．
4　各優生保護審査会に委員の互選による委員長一人を置く．
5　都道府県優生保護審査会の委員の報酬及び費用弁償については，地方自治法（昭和二十二年法律第六十七号）第二百三条（報酬及び費用弁償）の規定を準用する．

（委任事項）
第十九条　この法律で定めるものの外，委員の任期，委員長の職務その他優生保護審査会の運営に関して必要な事項は命令でこれを定める．

第五章　優生保護相談所

（優生保護相談所）
第二十条　優生保護の見地から結婚の相談に応じ遺伝その他優生保護上必要な知識の普及向上を図るとともに，受胎調節に関する適正な方法の普及指導をするため，優生保護相談所を設置する．

第二十一条　都道府県及び保健所を設置する市は，優生保護相談所を設置しなければならない．
2　前項の優生保護相談所は保健所に附置することができる．
3　都道府県及び保健所を設置する市は優生保護相談所を設置しようとするときは，あらかじめ厚生大臣の承認を受けなければならない．
4　国は，第一項の優生保護相談所の設置及び運営に要する費用について，政令の定めるところにより，その経費の一部を補助することができる．

第二十二条　国，都道府県及び保健所を設置する市以外の者は，優生保護相談所を設置しようとするときは，厚生大臣の認可を得なければならない．
2　前項の優生保護相談所は，厚生大臣の定める基準によつて医師をおき，検査その他に必要な設備をそなえなければならない．

（名称の独占）
第二十三条　この法律による優生保護相談所でなければ，その名称に優生保護相談所という文字又はこれに類似する文字を用いてはならない．

（委任事項）

第二十四条　この法律で定めるものの外，優生保護相談所に関して必要な事項は，命令でこれを定める．

第六章　届出，禁止その他

(届出)
第二十五条　医師又は指定医師は，第三条第一項，第十条，第十三条第二項又は第十四条第一項の規定によつて優生手術又は人工妊娠中絶を行つた場合は，その月中の手術の結果を取りまとめて翌月十日までに，理由を記して，都道府県知事に届け出なければならない．

(通知)
第二十六条　優生手術を受けた者は，婚姻しようとするときは，その相手方に対して，優生手術を受けた旨を通知しなければならない．

(秘密の保持)
第二十七条　優生保護審査会の委員及び臨時委員，優生手術の審査若しくは施行の事務又は人工妊娠中絶の施行の事務に従事した者及び優生保護相談所の職員は職務上知り得た人の秘密を漏らしてはならない．その職を退いた後においても同様とする．

(禁止)
第二十八条　何人も，この法律の規定による場合の外，故なく，生殖を不能にすることを目的として手術又はレントゲン照射を行つてはならない．

第七章　罰則

(第十五条第一項違反)
第二十九条　第十五条第一項の規定に違反した者は，十万円以下の罰金に処する．

(第二十二条違反)
第三十条　第二十二条の規定に違反して，厚生大臣の認可を得ないで，優生保護相談所を開設したものは，これを五万円以下の罰金に処する．

(第二十三条違反)
第三十一条　第二十三条の規定に違反して，優生保護相談所という文字又はこれに類似する文字を名称として用いた者は，これを一万円以下の過料に処する．

（第二十五条違反）
第三十二条　第二十五条の規定に違反して，届出をせず又は虚偽の届出をした者は，これを一万円以下の罰金に処する．

（第二十七条違反）
第三十三条　第二十七条の規定に違反して，故なく人の秘密を漏らした者は，これを六月以下の懲役又は五万円以下の罰金に処する．

（第二十八条違反）
第三十四条　第二十八条の規定に違反した者は，これを一年以下の懲役又は十万円以下の罰金に処する．そのために，人を死に至らしめたときは，三年以下の懲役に処する．

附則（抄）
（施行期日）
第三十五条　この法律は，公布の日から起算して六十日を経過した日から，これを施行する．
2　この法律施行の際，都道府県及び保健所を設置する市が設置している優生結婚相談所は改正後の第二十一条第三項（厚生大臣の設置についての承認）の規定による承認を受けて設置した優生保護相談所とみなす．
3　改正前の第二十二条（優生結婚相談所設置の認可）の規定による優生結婚相談所の設置の認可は改正後の第二十二条（優生保護相談所設置の認可）の規定による優生保護相談所の設置の認可とみなす．
4　この法律施行前にした行為に対する罰則の適用については，なお従前の例による．

（関係法律の廃止）
第三十六条　国民優生法（昭和十五年法律第百七号）は，これを廃止する．

（罰則規定の効力の存続）
第三十七条　この法律施行前になした違反行為に対する罰則の適用については，前条の法律は，この法律施行後もなおその効力を有する．

（届出の特例）
第三十八条　第二十五条の規定は，昭和二十一年厚生省令第四十二号（死産の届出に関する規定）の規定による届出をした場合は，その範囲内で，これを適用しない．

別表
　一　遺伝性精神病　　　　　　　　白児
　　精神分裂病　　　　　　　　　　魚りんせん
　　そううつ病　　　　　　　　　　多発性軟性神経繊維しゅ
　　てんかん　　　　　　　　　　　結節性硬化症
　二　遺伝性精神薄弱　　　　　　　先天性表皮水ほう症
　三　顕著な遺伝性精神病質　　　　先天性ポルフイリン尿症
　　顕著な性欲異常　　　　　　　　先天性手掌足しよ角化症
　　顕著な犯罪傾向　　　　　　　　遺伝性視神経い縮
　四　顕著な遺伝性身体疾患　　　　網膜色素変性
　　ハンチントン氏舞踏病　　　　　全色盲
　　遺伝性脊髄性運動失調症　　　　先天性眼球震とう
　　遺伝性小脳性運動失調症　　　　青色きよう膜
　　神経性進行性筋い縮症　　　　　遺伝性の難聴又はつんぼ
　　進行性筋性筋栄養障がい症　　　血友病
　　筋緊張症　　　　　　　　　五　強度な遺伝性奇型
　　先天性筋緊張消失症　　　　　　裂手，裂足
　　先天性軟骨発育障がい　　　　　先天性骨欠損症

3-3　母子保健法
(昭和四十年八月十八日法律第百四十一号)

最終改正：平成二六年六月四日法律第五一号

第1章　総　則

(目的)
第1条　この法律は，母性並びに乳児及び幼児の健康の保持及び増進を図るため，母子保健に関する原理を明らかにするとともに，母性並びに乳児及び幼児に対する保健指導，健康診査，医療その他の措置を講じ，もつて国民保健の向上に寄与することを目的とする．

(母性の尊重)
第2条　母性は，すべての児童がすこやかに生まれ，かつ，育てられる基盤であることにかんがみ，尊重され，かつ，保護されなければならない．

(乳幼児の健康の保持増進)
第3条　乳児及び幼児は，心身ともに健全な人として成長してゆくために，その健康が保持され，かつ，増進されなければならない．

(母性及び保護者の努力)
第4条　母性は，みずからすすんで，妊娠，出産又は育児についての正しい理解を深め，その健康の保持及び増進に努めなければならない．
2　乳児又は幼児の保護者は，みずからすすんで，育児についての正しい理解を深め，乳児又は幼児の健康の保持及び増進に努めなければならない．

(国及び地方公共団体の責務)
第5条　国及び地方公共団体は，母性並びに乳児及び幼児の健康の保持及び増進に努めなければならない．
2　国及び地方公共団体は，母性並びに乳児及び幼児の健康の保持及び増進に関する施策を講ずるに当たつては，その施策を通じて，前3条に規定する母子保健の理念が具現されるように配慮しなければならない．

(用語の定義)
第6条　この法律において「妊産婦」とは，妊娠中又は出産後1年以内の女子をいう．
2　この法律において「乳児」とは，1歳に満たない者をいう．

3　この法律において「幼児」とは，満1歳から小学校就学の始期に達するまでの者をいう．
4　この法律において「保護者」とは，親権を行う者，未成年後見人その他の者で，乳児又は幼児を現に監護する者をいう．
5　この法律において「新生児」とは，出生後28日を経過しない乳児をいう．
6　この法律において「未熟児」とは，身体の発育が未熟のまま出生した乳児であつて，正常児が出生時に有する諸機能を得るに至るまでのものをいう．

(都道府県児童福祉審議会等の権限)
第7条　児童福祉法(昭和22年法律第164号)第8条第2項に規定する都道府県児童福祉審議会(同条第1項ただし書に規定する都道府県にあつては，地方社会福祉審議会．以下この条において同じ．)及び同条第4項に規定する市町村児童福祉審議会)は，母子保健に関する事項につき，調査審議するほか，同条第2項に規定する都道府県児童福祉審議会は都道府県知事の，同条第4項に規定する市町村児童福祉審議会は市町村長の諮問にそれぞれ答え，又は関係行政機関に意見を具申することができる．

(都道府県の援助等)
第8条　都道府県は，この法律の規定により市町村が行う母子保健に関する事業の実施に関し，市町村相互間の連絡調整を行い，及び市町村の求めに応じ，その設置する保健所による技術的事項についての指導，助言その他当該市町村に対する必要な技術的援助を行うものとする．

(実施の委託)
第8条の2　市町村は，この法律に基づく母子保健に関する事業の一部について，病院若しくは診療所又は医師，助産師その他適当と認められる者に対し，その実施を委託することができる．

(連携及び調和の確保)
第8条の3　都道府県及び市町村は，この法律に基づく母子保健に関する事業の実施に当たつては，学校保健安全法(昭和33年法律第56号)，児童福祉法その他の法令に基づく母性及び児童の保健及び福祉に関する事業との連携及び調和の確保に努めなければならない．

第 2 章　母子保健の向上に関する措置

（知識の普及）
第 9 条　都道府県及び市町村は，母性又は乳児若しくは幼児の健康の保持及び増進のため，妊娠，出産又は育児に関し，相談に応じ，個別的又は集団的に，必要な指導及び助言を行い，並びに地域住民の活動を支援すること等により，母子保健に関する知識の普及に努めなければならない．

（保健指導）
第 10 条　市町村は，妊産婦若しくはその配偶者又は乳児若しくは幼児の保護者に対して，妊娠，出産又は育児に関し，必要な保健指導を行い，又は医師，歯科医師，助産師若しくは保健師について保健指導を受けることを勧奨しなければならない．

第 11 条　市町村長は，前条の場合において，当該乳児が新生児であつて，育児上必要があると認めるときは，医師，保健師，助産師又はその他の職員をして当該新生児の保護者を訪問させ，必要な指導を行わせるものとする．ただし，当該新生児につき，第 19 条の規定による指導が行われるときは，この限りでない．
2　前項の規定による新生児に対する訪問指導は，当該新生児が新生児でなくなつた後においても，継続することができる．

（健康診査）
第 12 条　市町村は，次に掲げる者に対し，厚生労働省令の定めるところにより，健康診査を行わなければならない．
一　満 1 歳 6 か月を超え満 2 歳に達しない幼児
二　満 3 歳を超え満 4 歳に達しない幼児
2　前項の厚生労働省令は，健康増進法（平成 14 年法律第 103 号）第 9 条第 1 項に規定する健康診査等指針（第 16 条第 4 項において単に「健康診査等指針」という．）と調和が保たれたものでなければならない．

第 13 条　前条の健康診査のほか，市町村は，必要に応じ，妊産婦又は乳児若しくは幼児に対して，健康診査を行い，又は健康診査を受けることを勧奨しなければならない．
2　厚生労働大臣は，前項の規定による妊婦に対する健康診査についての望ましい基準を定めるものとする．

(栄養の摂取に関する援助)
第14条　市町村は，妊産婦又は乳児若しくは幼児に対して，栄養の摂取につき必要な援助をするように努めるものとする．

(妊娠の届出)
第15条　妊娠した者は，厚生労働省令で定める事項につき，速やかに，市町村長に妊娠の届出をするようにしなければならない．

(母子健康手帳)
第16条　市町村は，妊娠の届出をした者に対して，母子健康手帳を交付しなければならない．
2　妊産婦は，医師，歯科医師，助産師又は保健師について，健康診査又は保健指導を受けたときは，その都度，母子健康手帳に必要な事項の記載を受けなければならない．乳児又は幼児の健康診査又は保健指導を受けた当該乳児又は幼児の保護者についても，同様とする．
3　母子健康手帳の様式は，厚生労働省令で定める．

(妊産婦の訪問指導等)
第17条　第13条第1項の規定による健康診査を行つた市町村の長は，その結果に基づき，当該妊産婦の健康状態に応じ，保健指導を要する者については，医師，助産師，保健師又はその他の職員をして，その妊産婦を訪問させて必要な指導を行わせ，妊娠又は出産に支障を及ぼすおそれがある疾病にかかつている疑いのある者については，医師又は歯科医師の診療を受けることを勧奨するものとする．
2　市町村は，妊産婦が前項の勧奨に基づいて妊娠又は出産に支障を及ぼすおそれがある疾病につき医師又は歯科医師の診療を受けるために必要な援助を与えるように努めなければならない．

(低体重児の届出)
第18条　体重が2,500グラム未満の乳児が出生したときは，その保護者は，速やかに，その旨をその乳児の現在地の市町村に届け出なければならない．

(未熟児の訪問指導)
第19条　市町村長は，その区域内に現在地を有する未熟児について，養育上必要があると認めるときは，医師，保健師，助産師又はその他の職員をして，その未熟児の保護者を訪問させ，必要な指導を行わせるものとする．
2　第11条第2項の規定は，前項の規定による訪問指導に準用する．

（養育医療）
第20条　市町村は，養育のため病院又は診療所に入院することを必要とする未熟児に対し，その養育に必要な医療（以下「養育医療」という．）の給付を行い，又はこれに代えて養育医療に要する費用を支給することができる．
2　前項の規定による費用の支給は，養育医療の給付が困難であると認められる場合に限り，行うことができる．
3　養育医療の給付の範囲は，次のとおりとする．
一　診察
二　薬剤又は治療材料の支給
三　医学的処置，手術及びその他の治療
四　病院又は診療所への入院及びその療養に伴う世話その他の看護
五　移送
4　養育医療の給付は，都道府県知事が次項の規定により指定する病院若しくは診療所又は薬局（以下「指定養育医療機関」という．）に委託して行うものとする．
5　都道府県知事は，病院若しくは診療所又は薬局の開設者の同意を得て，第1項の規定による養育医療を担当させる機関を指定する．
6　第1項の規定により支給する費用の額は，次項の規定により準用する児童福祉法第19条の12の規定により指定養育医療機関が請求することができる診療報酬の例により算定した額のうち，本人及びその扶養義務者（民法（明治29年法律第89号）に定める扶養義務者をいう．第21条の4第1項において同じ．）が負担することができないと認められる額とする．
7　児童福祉法第19条の12，第19条の20及び第21条の3の規定は養育医療の給付について，同法第20条第7項及び第8項並びに第21条の規定は指定養育医療機関について，それぞれ準用する．この場合において，同法第19条の12中「診療方針」とあるのは「診療方針及び診療報酬」と，同法第19条の20（第2項を除く．）中「小児慢性特定疾病医療費の」とあるのは「診療報酬の」と，同条第1項中「第19条の3第10項」とあるのは「母子保健法第20条第7項において読み替えて準用する第19条の12」と，同条第4項中「都道府県」とあるのは「市町村」と，同法第21条の3第2項中「都道府県の」とあるのは「市町村の」と読み替えるものとする．

（医療施設の整備）
第20条の2　国及び地方公共団体は，妊産婦並びに乳児及び幼児の心身の特性に応じた高度の医療が適切に提供されるよう，必要な医療施設の整備に努めなければならない．

第20条の3　国は，乳児及び幼児の障害の予防のための研究その他母性並びに乳児及び幼児の健康の保持及び増進のため必要な調査研究の推進に努めなければならない．

3-4 児童手当法［抄］
（昭和四十六年五月二十七日法律第七十三号）

最終改正：平成二六年六月一三日法律第六九号

第一章　総則

（目的）
第一条　この法律は，子ども・子育て支援法（平成二十四年法律第六十五号）第七条第一項に規定する子ども・子育て支援の適切な実施を図るため，父母その他の保護者が子育てについての第一義的責任を有するという基本的認識の下に，児童を養育している者に児童手当を支給することにより，家庭等における生活の安定に寄与するとともに，次代の社会を担う児童の健やかな成長に資することを目的とする．

（受給者の責務）
第二条　児童手当の支給を受けた者は，児童手当が前条の目的を達成するために支給されるものである趣旨にかんがみ，これをその趣旨に従つて用いなければならない．

（定義）
第三条　この法律において「児童」とは，十八歳に達する日以後の最初の三月三十一日までの間にある者であつて，日本国内に住所を有するもの又は留学その他の内閣府令で定める理由により日本国内に住所を有しないものをいう．
2　この法律にいう「父」には，母が児童を懐胎した当時婚姻の届出をしていないが，その母と事実上婚姻関係と同様の事情にあつた者を含むものとする．
3　この法律において「施設入所等児童」とは，次に掲げる児童をいう．
　一　児童福祉法（昭和二十二年法律第百六十四号）第二十七条第一項第三号の規定により同法第六条の三第八項に規定する小規模住居型児童養育事業（以下「小規模住居型児童養育事業」という．）を行う者又は同法第六条の四第一項に規定する里親（以下「里親」という．）に委託されている児童（内閣府令で定める短期間の委託をされている者を除く．）
　二　児童福祉法第二十四条の二第一項の規定により障害児入所給付費の支給を受けて若しくは同法第二十七条第一項第三号の規定により入所措置が採られて同法第四十二条に規定する障害児入所施設（以下「障害児入所施設」という．）に入所し，若しくは同法第二十七条第二項の規定により同法第六条の二の二第三項に規定する指定発達支援医療機関（次条第一項第四号において「指定発達支援医療機関」という．）に入院し，又は同法第二十七条第一項第三号若しくは第

二十七条の二第一項の規定により入所措置が採られて同法第三十七条に規定する乳児院，同法第四十一条に規定する児童養護施設，同法第四十三条の二に規定する情緒障害児短期治療施設若しくは同法第四十四条に規定する児童自立支援施設（以下「乳児院等」という．）に入所している児童（当該情緒障害児短期治療施設又は児童自立支援施設に通う者及び内閣府令で定める短期間の入所をしている者を除く．）

　　三　障害者の日常生活及び社会生活を総合的に支援するための法律（平成十七年法律第百二十三号）第二十九条第一項若しくは第三十条第一項の規定により同法第十九条第一項に規定する介護給付費等の支給を受けて又は身体障害者福祉法（昭和二十四年法律第二百八十三号）第十八条第二項若しくは知的障害者福祉法（昭和三十五年法律第三十七号）第十六条第一項第二号の規定により入所措置が採られて障害者支援施設（障害者の日常生活及び社会生活を総合的に支援するための法律第五条第十一項に規定する障害者支援施設をいう．以下同じ．）又はのぞみの園（独立行政法人国立重度知的障害者総合施設のぞみの園法（平成十四年法律第百六十七号）第十一条第一号の規定により独立行政法人国立重度知的障害者総合施設のぞみの園が設置する施設をいう．以下同じ．）に入所している児童（内閣府令で定める短期間の入所をしている者を除き，児童のみで構成する世帯に属している者（十五歳に達する日以後の最初の三月三十一日を経過した児童である父又は母がその子である児童と同一の施設に入所している場合における当該父又は母及びその子である児童を除く．）に限る．）

　　四　生活保護法（昭和二十五年法律第百四十四号）第三十条第一項ただし書の規定により同法第三十八条第二項に規定する救護施設（以下「救護施設」という．）若しくは同条第三項に規定する更生施設（以下「更生施設」という．）に入所し，又は売春防止法（昭和三十一年法律第百十八号）第三十六条に規定する婦人保護施設（以下「婦人保護施設」という．）に入所している児童（内閣府令で定める短期間の入所をしている者を除き，児童のみで構成する世帯に属している者（十五歳に達する日以後の最初の三月三十一日を経過した児童である父又は母がその子である児童と同一の施設に入所している場合における当該父又は母及びその子である児童を除く．）に限る．）

第二章　児童手当の支給

（支給要件）

第四条　児童手当は，次の各号のいずれかに該当する者に支給する．

　　一　次のイ又はロに掲げる児童（以下「支給要件児童」という．）を監護し，かつ，これと生計を同じくするその父又は母（当該支給要件児童に係る未成年後見人があるときは，その未成年後見人とする．以下この項において「父母等」と

いう.）であつて，日本国内に住所（未成年後見人が法人である場合にあつては，主たる事務所の所在地とする.）を有するもの
　イ　十五歳に達する日以後の最初の三月三十一日までの間にある児童（施設入所等児童を除く. 以下この章及び附則第二条第二項において「中学校修了前の児童」という.）
　ロ　中学校修了前の児童を含む二人以上の児童（施設入所等児童を除く.）
　二　日本国内に住所を有しない父母等がその生計を維持している支給要件児童と同居し，これを監護し，かつ，これと生計を同じくする者（当該支給要件児童と同居することが困難であると認められる場合にあつては，当該支給要件児童を監護し，かつ，これと生計を同じくする者とする.）のうち，当該支給要件児童の生計を維持している父母等が指定する者であつて，日本国内に住所を有するもの（当該支給要件児童の父母等を除く. 以下「父母指定者」という.）
　三　父母等又は父母指定者のいずれにも監護されず又はこれらと生計を同じくしない支給要件児童を監護し，かつ，その生計を維持する者であつて，日本国内に住所を有するもの
　四　十五歳に達する日以後の最初の三月三十一日までの間にある施設入所等児童（以下「中学校修了前の施設入所等児童」という.）が委託されている小規模住居型児童養育事業を行う者若しくは里親又は中学校修了前の施設入所等児童が入所若しくは入院をしている障害児入所施設，指定発達支援医療機関，乳児院等，障害者支援施設，のぞみの園，救護施設，更生施設若しくは婦人保護施設（以下「障害児入所施設等」という.）の設置者

2　前項第一号の場合において，児童を監護し，かつ，これと生計を同じくするその未成年後見人が数人あるときは，当該児童は，当該未成年後見人のうちいずれか当該児童の生計を維持する程度の高い者によつて監護され，かつ，これと生計を同じくするものとみなす.

3　第一項第一号又は第二号の場合において，父及び母，未成年後見人並びに父母指定者のうちいずれか二以上の者が当該父及び母の子である児童を監護し，かつ，これと生計を同じくするときは，当該児童は，当該父若しくは母，未成年後見人又は父母指定者のうちいずれか当該児童の生計を維持する程度の高い者によつて監護され，かつ，これと生計を同じくするものとみなす.

4　前二項の規定にかかわらず，児童を監護し，かつ，これと生計を同じくするその父若しくは母，未成年後見人又は父母指定者のうちいずれか一の者が当該児童と同居している場合（当該いずれか一の者が当該児童を監護し，かつ，これと生計を同じくするその他の父若しくは母，未成年後見人又は父母指定者と生計を同じくしない場合に限る.）は，当該児童は，当該同居している父若しくは母，未成年後見人又は父母指定者によつて監護され，かつ，これと生計を同じくする

ものとみなす．

第五条　児童手当（施設入所等児童に係る部分を除く．）は，前条第一項第一号から第三号までのいずれかに該当する者の前年の所得（一月から五月までの月分の児童手当については，前々年の所得とする．）が，その者の所得税法（昭和四十年法律第三十三号）に規定する控除対象配偶者及び扶養親族（施設入所等児童を除く．以下「扶養親族等」という．）並びに同項第一号から第三号までのいずれかに該当する者の扶養親族等でない児童で同項第一号から第三号までのいずれかに該当する者が前年の十二月三十一日において生計を維持したものの有無及び数に応じて，政令で定める額以上であるときは，支給しない．ただし，同項第一号に該当する者が未成年後見人であり，かつ，法人であるときは，この限りでない．
2　前項に規定する所得の範囲及びその額の計算方法は，政令で定める．

（児童手当の額）
第六条　児童手当は，月を単位として支給するものとし，その額は，一月につき，次の各号に掲げる児童手当の区分に応じ，それぞれ当該各号に定める額とする．
　一　児童手当（中学校修了前の児童に係る部分に限る．）　次のイからハまでに掲げる場合の区分に応じ，それぞれイからハまでに定める額
　　イ　次条の認定を受けた受給資格に係る支給要件児童の全てが三歳に満たない児童（施設入所等児童を除き，月の初日に生まれた児童については，出生の日から三年を経過しない児童とする．以下この号において同じ．），三歳以上の児童（月の初日に生まれた児童については，出生の日から三年を経過した児童とする．）であつて十二歳に達する日以後の最初の三月三十一日までの間にある者（施設入所等児童を除く．以下この号において「三歳以上小学校修了前の児童」という．）又は十二歳に達する日以後の最初の三月三十一日を経過した児童であつて十五歳に達する日以後の最初の三月三十一日までの間にある者（施設入所等児童を除く．以下この号において「小学校修了後中学校修了前の児童」という．）である場合（ハに掲げる場合に該当する場合を除く．）　次の（1）から（3）までに掲げる場合の区分に応じ，それぞれ（1）から（3）までに定める額
　　　（1）　当該支給要件児童の全てが三歳に満たない児童又は三歳以上小学校修了前の児童である場合　次の（i）から（iii）までに掲げる場合の区分に応じ，それぞれ（i）から（iii）までに定める額
　　　　（i）　当該支給要件児童の全てが三歳に満たない児童である場合　一万五千円に当該三歳に満たない児童の数を乗じて得た額
　　　　（ii）　当該三歳以上小学校修了前の児童が一人又は二人いる場合　一万五千円に当該三歳に満たない児童の数を乗じて得た額と，一万円に当該三歳以上小学

校修了前の児童の数を乗じて得た額とを合算した額
　(iii)　当該三歳以上小学校修了前の児童が三人以上いる場合　一万五千円に当該三歳に満たない児童の数を乗じて得た額と，一万五千円に当該三歳以上小学校修了前の児童の数を乗じて得た額から一万円を控除して得た額とを合算した額
　(2)　当該小学校修了後中学校修了前の児童が一人いる場合　次の(i)又は(ii)に掲げる場合の区分に応じ，それぞれ(i)又は(ii)に定める額
　(i)　当該支給要件児童の全てが三歳に満たない児童又は小学校修了後中学校修了前の児童である場合　一万五千円に当該三歳に満たない児童の数を乗じて得た額と，一万円に当該小学校修了後中学校修了前の児童の数を乗じて得た額とを合算した額
　(ii)　当該支給要件児童のうちに三歳以上小学校修了前の児童がいる場合　一万五千円に当該三歳に満たない児童の数を乗じて得た額，一万五千円に当該三歳以上小学校修了前の児童の数を乗じて得た額から五千円を控除して得た額及び一万円に当該小学校修了後中学校修了前の児童の数を乗じて得た額を合算した額
　(3)　当該小学校修了後中学校修了前の児童が二人以上いる場合　一万五千円に当該三歳に満たない児童の数を乗じて得た額，一万五千円に当該三歳以上小学校修了前の児童の数を乗じて得た額及び一万円に当該小学校修了後中学校修了前の児童の数を乗じて得た額を合算した額
　ロ　次条の認定を受けた受給資格に係る支給要件児童のうちに十五歳に達する日以後の最初の三月三十一日を経過した児童がいる場合（ハに掲げる場合に該当する場合を除く．）　次の(1)又は(2)に掲げる場合の区分に応じ，それぞれ(1)又は(2)に定める額
　(1)　当該十五歳に達する日以後の最初の三月三十一日を経過した児童が一人いる場合　次の(i)又は(ii)に掲げる場合の区分に応じ，それぞれ(i)又は(ii)に定める額
　(i)　当該支給要件児童の全てが三歳に満たない児童，三歳以上小学校修了前の児童又は十五歳に達する日以後の最初の三月三十一日を経過した児童である場合　一万五千円に当該三歳に満たない児童の数を乗じて得た額と，一万五千円に当該三歳以上小学校修了前の児童の数を乗じて得た額から五千円を控除して得た額（当該支給要件児童のうちに三歳以上小学校修了前の児童がいない場合には，零とする．）とを合算した額
　(ii)　当該支給要件児童のうちに小学校修了後中学校修了前の児童がいる場合　一万五千円に当該三歳に満たない児童の数を乗じて得た額，一万五千円に当該三歳以上小学校修了前の児童の数を乗じて得た額及び一万円に当該小学校修了

後中学校修了前の児童の数を乗じて得た額を合算した額
　(2)　当該十五歳に達する日以後の最初の三月三十一日を経過した児童が二人以上いる場合　一万五千円に当該三歳に満たない児童の数を乗じて得た額，一万五千円に当該三歳以上小学校修了前の児童の数を乗じて得た額及び一万円に当該小学校修了後中学校修了前の児童の数を乗じて得た額を合算した額
　　ハ　児童手当の支給要件に該当する者(第四条第一項第一号に係るものに限る.)が未成年後見人であり，かつ，法人である場合　一万五千円に次条の認定を受けた受給資格に係る三歳に満たない児童の数を乗じて得た額，一万円に当該受給資格に係る三歳以上小学校修了前の児童の数を乗じて得た額及び一万円に当該受給資格に係る小学校修了後中学校修了前の児童の数を乗じて得た額を合算した額
　　ニ　児童手当(中学校修了前の施設入所等児童に係る部分に限る.)　一万五千円に次条の認定を受けた受給資格に係る三歳に満たない施設入所等児童(月の初日に生まれた施設入所等児童については，出生の日から三年を経過しない施設入所等児童とする.)の数を乗じて得た額と，一万円に当該受給資格に係る三歳以上の施設入所等児童(月の初日に生まれた施設入所等児童については，出生の日から三年を経過した施設入所等児童とする.)であつて十五歳に達する日以後の最初の三月三十一日までの間にある者の数を乗じて得た額とを合算した額
2　児童手当の額は，国民の生活水準その他の諸事情に著しい変動が生じた場合には，変動後の諸事情に応ずるため，速やかに改定の措置が講ぜられなければならない.

(認定)
第七条　児童手当の支給要件に該当する者(第四条第一項第一号から第三号までに係るものに限る. 以下「一般受給資格者」という.)は，児童手当の支給を受けようとするときは，その受給資格及び児童手当の額について，内閣府令で定めるところにより，住所地(一般受給資格者が未成年後見人であり，かつ，法人である場合にあつては，主たる事務所の所在地とする.)の市町村長(特別区の区長を含む. 以下同じ.)の認定を受けなければならない.
2　児童手当の支給要件に該当する者(第四条第一項第四号に係るものに限る. 以下「施設等受給資格者」という.)は，児童手当の支給を受けようとするときは，その受給資格及び児童手当の額について，内閣府令で定めるところにより，次の各号に掲げる者の区分に応じ，当該各号に定める者の認定を受けなければならない.
　　一　小規模住居型児童養育事業を行う者　当該小規模住居型児童養育事業を行う住居の所在地の市町村長
　　二　里親　当該里親の住所地の市町村長

三　障害児入所施設等の設置者　当該障害児入所施設等の所在地の市町村長
3　前二項の認定を受けた者が，他の市町村（特別区を含む．以下同じ．）の区域内に住所（一般受給資格者が未成年後見人であり，かつ，法人である場合にあつては主たる事務所の所在地とし，施設等受給資格者が小規模住居型児童養育事業を行う者である場合にあつては当該小規模住居型児童養育事業を行う住居の所在地とし，障害児入所施設等の設置者である場合にあつては当該障害児入所施設等の所在地とする．次条第三項において同じ．）を変更した場合において，その変更後の期間に係る児童手当の支給を受けようとするときも，前二項と同様とする．

（支給及び支払）
第八条　市町村長は，前条の認定をした一般受給資格者及び施設等受給資格者（以下「受給資格者」という．）に対し，児童手当を支給する．
2　児童手当の支給は，受給資格者が前条の規定による認定の請求をした日の属する月の翌月から始め，児童手当を支給すべき事由が消滅した日の属する月で終わる．
3　受給資格者が住所を変更した場合又は災害その他やむを得ない理由により前条の規定による認定の請求をすることができなかつた場合において，住所を変更した後又はやむを得ない理由がやんだ後十五日以内にその請求をしたときは，児童手当の支給は，前項の規定にかかわらず，受給資格者が住所を変更した日又はやむを得ない理由により当該認定の請求をすることができなくなつた日の属する月の翌月から始める．
4　児童手当は，毎年二月，六月及び十月の三期に，それぞれの前月までの分を支払う．ただし，前支払期月に支払うべきであつた児童手当又は支給すべき事由が消滅した場合におけるその期の児童手当は，その支払期月でない月であつても，支払うものとする．

（児童手当の額の改定）
第九条　児童手当の支給を受けている者につき，児童手当の額が増額することとなるに至つた場合における児童手当の額の改定は，その者がその改定後の額につき認定の請求をした日の属する月の翌月から行う．
2　前条第三項の規定は，前項の改定について準用する．
3　児童手当の支給を受けている者につき，児童手当の額が減額することとなるに至つた場合における児童手当の額の改定は，その事由が生じた日の属する月の翌月から行う．

（支給の制限）

第十条　児童手当は，受給資格者が，正当な理由がなくて，第二十七条第一項の規定による命令に従わず，又は同項の規定による当該職員の質問に応じなかつたときは，その額の全部又は一部を支給しないことができる．

第十一条　児童手当の支給を受けている者が，正当な理由がなくて，第二十六条の規定による届出をせず，又は同条の規定による書類を提出しないときは，児童手当の支払を一時差しとめることができる．

（未支払の児童手当）
第十二条　児童手当の一般受給資格者が死亡した場合において，その死亡した者に支払うべき児童手当（その者が監護していた中学校修了前の児童であつた者に係る部分に限る．）で，まだその者に支払つていなかつたものがあるときは，当該中学校修了前の児童であつた者にその未支払の児童手当を支払うことができる．
2　中学校修了前の施設入所等児童が第三条第三項各号に掲げる児童に該当しなくなつた場合において，当該中学校修了前の施設入所等児童が委託されていた施設等受給資格者又は当該中学校修了前の施設入所等児童が入所若しくは入院をしていた障害児入所施設等に係る施設等受給資格者に支払うべき児童手当（当該中学校修了前の施設入所等児童であつた者に係る部分に限る．）で，まだその者に支払つていなかつたものがあるときは，当該中学校修了前の施設入所等児童であつた者にその未支払の児童手当を支払うことができる．
3　前項の規定による支払があつたときは，当該施設等受給資格者に対し当該児童手当の支給があつたものとみなす．

（支払の調整）
第十三条　児童手当を支給すべきでないにもかかわらず，児童手当の支給としての支払が行われたときは，その支払われた児童手当は，その後に支払うべき児童手当の内払とみなすことができる．児童手当の額を減額して改定すべき事由が生じたにもかかわらず，その事由が生じた日の属する月の翌月以降の分として減額しない額の児童手当が支払われた場合における当該児童手当の当該減額すべきであつた部分についても，同様とする．

（不正利得の徴収）
第十四条　偽りその他不正の手段により児童手当の支給を受けた者があるときは，市町村長は，地方税の滞納処分の例により，受給額に相当する金額の全部又は一部をその者から徴収することができる．
2　前項の規定による徴収金の先取特権の順位は，国税及び地方税に次ぐものと

する．

(受給権の保護)
第十五条　児童手当の支給を受ける権利は，譲り渡し，担保に供し，又は差し押えることができない．

(公課の禁止)
第十六条　租税その他の公課は，児童手当として支給を受けた金銭を標準として，課することができない．

(公務員に関する特例)
第十七条　次の表の上欄に掲げる者（以下「公務員」という．）である一般受給資格者についてこの章の規定を適用する場合においては，第七条第一項中「住所地（一般受給資格者が未成年後見人であり，かつ，法人である場合にあつては，主たる事務所の所在地とする．）の市町村長（特別区の区長を含む．以下同じ．）」とあり，第八条第一項及び第十四条第一項中「市町村長」とあるのは，それぞれ同表の下欄のように読み替えるものとする．
　　一　常時勤務に服することを要する国家公務員その他政令で定める国家公務員（独立行政法人通則法（平成十一年法律第百三号）第二条第四項に規定する行政執行法人に勤務する者を除く．）当該国家公務員の所属する各省各庁（財政法（昭和二十二年法律第三十四号）第二十一条に規定する各省各庁をいう．以下同じ．）の長（裁判所にあつては，最高裁判所長官とする．以下同じ．）又はその委任を受けた者
　　二　常時勤務に服することを要する地方公務員その他政令で定める地方公務員（地方独立行政法人法（平成十五年法律第百十八号）第二条第二項に規定する特定地方独立行政法人に勤務する者を除く．）当該地方公務員の所属する都道府県若しくは市町村の長又はその委任を受けた者（市町村立学校職員給与負担法（昭和二十三年法律第百三十五号）第一条又は第二条に規定する職員にあつては，当該職員の給与を負担する都道府県の長又はその委任を受けた者）
2　第七条第三項の規定は，前項の規定によつて読み替えられる同条第一項の認定を受けた者が当該認定をした者を異にすることとなつた場合について準用する．
3　第一項の規定によつて読み替えられる第七条第一項の認定を受けた者については，第八条第三項中「住所を変更した」とあるのは，「当該認定をした者を異にすることとなつた」と読み替えるものとする．

第三章　費用

（児童手当に要する費用の負担）

第十八条　被用者（子ども・子育て支援法第六十九条第一項各号に掲げる者が保険料又は掛金を負担し，又は納付する義務を負う被保険者，加入者，組合員又は団体組合員をいう．以下同じ．）に対する児童手当の支給に要する費用（三歳に満たない児童（月の初日に生まれた児童については，出生の日から三年を経過しない児童とする．以下この章において同じ．）に係る児童手当の額に係る部分に限る．）は，その十五分の七に相当する額を同項に規定する拠出金をもつて充て，その四十五分の十六に相当する額を国庫が負担し，その四十五分の四に相当する額を都道府県及び市町村がそれぞれ負担する．

2　被用者に対する児童手当の支給に要する費用（三歳以上の児童（月の初日に生まれた児童については，出生の日から三年を経過した児童とする．）であつて十五歳に達する日以後の最初の三月三十一日までの間にある者（次条において「三歳以上中学校修了前の児童」という．）に係る児童手当の額に係る部分に限る．）は，その三分の二に相当する額を国庫が負担し，その六分の一に相当する額を都道府県及び市町村がそれぞれ負担する．

3　被用者等でない者（被用者又は公務員（施設等受給資格者である公務員を除く．）でない者をいう．以下同じ．）に対する児童手当の支給に要する費用（当該被用者等でない者が施設等受給資格者である公務員である場合にあつては，中学校修了前の施設入所等児童に係る児童手当の額に係る部分に限る．）は，その三分の二に相当する額を国庫が負担し，その六分の一に相当する額を都道府県及び市町村がそれぞれ負担する．

4　次に掲げる児童手当の支給に要する費用は，それぞれ当該各号に定める者が負担する．

　一　各省各庁の長又はその委任を受けた者が前条第一項の規定によつて読み替えられる第七条の認定（以下この項において単に「認定」という．）をした国家公務員に対する児童手当の支給に要する費用（当該国家公務員が施設等受給資格者である場合にあつては，中学校修了前の施設入所等児童に係る児童手当の額に係る部分を除く．）　国

　二　都道府県知事又はその委任を受けた者が認定をした地方公務員に対する児童手当の支給に要する費用（当該地方公務員が施設等受給資格者である場合にあつては，中学校修了前の施設入所等児童に係る児童手当の額に係る部分を除く．）　当該都道府県

　三　市町村長又はその委任を受けた者が認定をした地方公務員に対する児童手当の支給に要する費用（当該地方公務員が施設等受給資格者である場合にあつて

は，中学校修了前の施設入所等児童に係る児童手当の額に係る部分を除く．）　当該市町村
5　国庫は，毎年度，予算の範囲内で，児童手当に関する事務の執行に要する費用（市町村長が第八条第一項の規定により支給する児童手当の事務の処理に必要な費用を除く．）を負担する．
6　第一項から第三項までの規定による費用の負担については，第七条の規定による認定の請求をした日の属する月の翌月からその年又は翌年の五月までの間（第二十六条第一項又は第二項の規定による届出をした者にあつては，その年の六月から翌年の五月までの間）は，当該認定の請求をした際（第二十六条第一項又は第二項の規定による届出をした者にあつては，六月一日）における被用者又は被用者等でない者の区分による．

（市町村に対する交付）
第十九条　政府は，政令で定めるところにより，市町村に対し，市町村長が第八条第一項の規定により支給する児童手当の支給に要する費用のうち，被用者に対する費用（三歳に満たない児童に係る児童手当の額に係る部分に限る．）についてはその四十五分の三十七に相当する額を，被用者に対する費用（三歳以上中学校修了前の児童に係る児童手当の額に係る部分に限る．）についてはその三分の二に相当する額を，被用者等でない者に対する費用（当該被用者等でない者が施設等受給資格者である公務員である場合にあつては，中学校修了前の施設入所等児童に係る児童手当の額に係る部分に限る．）についてはその三分の二に相当する額を，それぞれ交付する．

第十九条〜第百六十条　省略

4. 平成期に制定された子どもに関する法律

4-1 育児休業，介護休業等育児又は家族介護を行う労働者の福祉に関する法律［抄］

（平成三年五月十五日法律第七十六号）

最終改正：平成二六年六月一三日法律第六七号

第1章 総則

（目的）
第1条　この法律は，育児休業及び介護休業に関する制度並びに子の看護休暇及び介護休暇に関する制度を設けるとともに，子の養育及び家族の介護を容易にするため所定労働時間等に関し事業主が講ずべき措置を定めるほか，子の養育又は家族の介護を行う労働者等に対する支援措置を講ずること等により，子の養育又は家族の介護を行う労働者等の雇用の継続及び再就職の促進を図り，もってこれらの者の職業生活と家庭生活との両立に寄与することを通じて，これらの者の福祉の増進を図り，あわせて経済及び社会の発展に資することを目的とする．

（定義）
第2条　この法律（第1号に掲げる用語にあっては，第9条の3を除く．）において，次の各号に掲げる用語の意義は，当該各号に定めるところによる．
　一　育児休業　労働者（日々雇用される者を除く．以下この条，次章から第8章まで，第21条から第26条まで，第28条，第29条及び第11章において同じ．）が，次章に定めるところにより，その子を養育するためにする休業をいう．
　二　介護休業　労働者が，第3章に定めるところにより，その要介護状態にある対象家族を介護するためにする休業をいう．
　三　要介護状態　負傷，疾病又は身体上若しくは精神上の障害により，厚生労働省令で定める期間にわたり常時介護を必要とする状態をいう．
　四　対象家族　配偶者（婚姻の届出をしていないが，事実上婚姻関係と同様の事情にある者を含む．以下同じ．），父母及び子（これらの者に準ずる者として厚生労働省令で定めるものを含む．）並びに配偶者の父母をいう．
　五　家族　対象家族その他厚生労働省令で定める親族をいう．

（基本的理念）
第3条　この法律の規定による子の養育又は家族の介護を行う労働者等の福祉の

増進は，これらの者がそれぞれ職業生活の全期間を通じてその能力を有効に発揮して充実した職業生活を営むとともに，育児又は介護について家族の一員としての役割を円滑に果たすことができるようにすることをその本旨とする．
2　子の養育又は家族の介護を行うための休業をする労働者は，その休業後における就業を円滑に行うことができるよう必要な努力をするようにしなければならない．

（関係者の責務）
第4条　事業主並びに国及び地方公共団体は，前条に規定する基本的理念に従って，子の養育又は家族の介護を行う労働者等の福祉を増進するように努めなければならない．

第2章　育児休業

（育児休業の申出）
第5条　労働者は，その養育する1歳に満たない子について，その事業主に申し出ることにより，育児休業をすることができる．ただし，期間を定めて雇用される者については，次の各号のいずれにも該当するものに限り，当該申出をすることができる．
　一　当該事業主に引き続き雇用された期間が1年以上である者
　二　その養育する子が1歳に達する日（以下「1歳到達日」という．）を超えて引き続き雇用されることが見込まれる者（当該子の1歳到達日から1年を経過する日までの間に，その労働契約の期間が満了し，かつ，当該労働契約の更新がないことが明らかである者を除く．）
2　前項の規定にかかわらず，育児休業（当該育児休業に係る子の出生の日から起算して8週間を経過する日の翌日まで（出産予定日前に当該子が出生した場合にあっては当該出生の日から当該出産予定日から起算して8週間を経過する日の翌日までとし，出産予定日後に当該子が出生した場合にあっては当該出産予定日から当該出生の日から起算して8週間を経過する日の翌日までとする．）の期間内に，労働者（当該期間内に労働基準法（昭和22年法律第49号）第65条第2項の規定により休業した者を除く．）が当該子を養育するためにした前項の規定による最初の申出によりする育児休業を除く．）をしたことがある労働者は，当該育児休業を開始した日に養育していた子については，厚生労働省令で定める特別の事情がある場合を除き，同項の申出をすることができない．
3　労働者は，その養育する1歳から1歳6か月に達するまでの子について，次の各号のいずれにも該当する場合に限り，その事業主に申し出ることにより，育児休業をすることができる．ただし，期間を定めて雇用される者であってその配

偶者が当該子の1歳到達日において育児休業をしているものにあっては，第1項各号のいずれにも該当するものに限り，当該申出をすることができる．
　一　当該申出に係る子について，当該労働者又はその配偶者が，当該子の1歳到達日において育児休業をしている場合
　二　当該子の1歳到達日後の期間について休業することが雇用の継続のために特に必要と認められる場合として厚生労働省令で定める場合に該当する場合
4　第1項及び前項の規定による申出（以下「育児休業申出」という．）は，厚生労働省令で定めるところにより，その期間中は育児休業をすることとする一の期間について，その初日（以下「育児休業開始予定日」という．）及び末日（以下「育児休業終了予定日」という．）とする日を明らかにして，しなければならない．この場合において，同項の規定による申出にあっては，当該申出に係る子の1歳到達日の翌日を育児休業開始予定日としなければならない．
5　第1項ただし書，第2項，第3項ただし書及び前項後段の規定は，期間を定めて雇用される者であって，その締結する労働契約の期間の末日を育児休業終了予定日（第7条第3項の規定により当該育児休業終了予定日が変更された場合にあっては，その変更後の育児休業終了予定日とされた日）とする育児休業をしているものが，当該育児休業に係る子について，当該労働契約の更新に伴い，当該更新後の労働契約の期間の初日を育児休業開始予定日とする育児休業申出をする場合には，これを適用しない．

（育児休業申出があった場合における事業主の義務等）
第6条　事業主は，労働者からの育児休業申出があったときは，当該育児休業申出を拒むことができない．ただし，当該事業主と当該労働者が雇用される事業所の労働者の過半数で組織する労働組合があるときはその労働組合，その事業所の労働者の過半数で組織する労働組合がないときはその労働者の過半数を代表する者との書面による協定で，次に掲げる労働者のうち育児休業をすることができないものとして定められた労働者に該当する労働者からの育児休業申出があった場合は，この限りでない．
　一　当該事業主に引き続き雇用された期間が1年に満たない労働者
　二　前号に掲げるもののほか，育児休業をすることができないこととすることについて合理的な理由があると認められる労働者として厚生労働省令で定めるもの
2　前項ただし書の場合において，事業主にその育児休業申出を拒まれた労働者は，前条第1項及び第3項の規定にかかわらず，育児休業をすることができない．
3　事業主は，労働者からの育児休業申出があった場合において，当該育児休業申出に係る育児休業開始予定日とされた日が当該育児休業申出があった日の翌日

から起算して1月（前条第3項の規定による申出にあっては2週間）を経過する日（以下この項において「1月等経過日」という．）前の日であるときは，厚生労働省令で定めるところにより，当該育児休業開始予定日とされた日から当該1月等経過日（当該育児休業申出があった日までに，出産予定日前に子が出生したことその他の厚生労働省令で定める事由が生じた場合にあっては，当該1月等経過日前の日で厚生労働省令で定める日）までの間のいずれかの日を当該育児休業開始予定日として指定することができる．
4　第1項ただし書及び前項の規定は，労働者が前条第5項に規定する育児休業申出をする場合には，これを適用しない．

第7条〜第9条　省略

(不利益取扱いの禁止)
第10条　事業主は，労働者が育児休業申出をし，又は育児休業をしたことを理由として，当該労働者に対して解雇その他不利益な取扱いをしてはならない．

第3章　介護休業

以降省略

4-2 児童買春，児童ポルノに係る行為等の規制及び処罰並びに児童の保護等に関する法律
（平成十一年五月二十六日法律第五十二号）

最終改正：平成二六年六月二五日法律第七九号

第一章　総則

（目的）

第一条　この法律は，児童に対する性的搾取及び性的虐待が児童の権利を著しく侵害することの重大性に鑑み，あわせて児童の権利の擁護に関する国際的動向を踏まえ，児童買春，児童ポルノに係る行為等を規制し，及びこれらの行為等を処罰するとともに，これらの行為等により心身に有害な影響を受けた児童の保護のための措置等を定めることにより，児童の権利を擁護することを目的とする．

（定義）

第二条　この法律において「児童」とは，十八歳に満たない者をいう．

2　この法律において「児童買春」とは，次の各号に掲げる者に対し，対償を供与し，又はその供与の約束をして，当該児童に対し，性交等（性交若しくは性交類似行為をし，又は自己の性的好奇心を満たす目的で，児童の性器等（性器，肛門又は乳首をいう．以下同じ．）を触り，若しくは児童に自己の性器等を触らせることをいう．以下同じ．）をすることをいう．

　一　児童
　二　児童に対する性交等の周旋をした者
　三　児童の保護者（親権を行う者，未成年後見人その他の者で，児童を現に監護するものをいう．以下同じ．）又は児童をその支配下に置いている者

3　この法律において「児童ポルノ」とは，写真，電磁的記録（電子的方式，磁気的方式その他人の知覚によっては認識することができない方式で作られる記録であって，電子計算機による情報処理の用に供されるものをいう．以下同じ．）に係る記録媒体その他の物であって，次の各号のいずれかに掲げる児童の姿態を視覚により認識することができる方法により描写したものをいう．

　一　児童を相手方とする又は児童による性交又は性交類似行為に係る児童の姿態
　二　他人が児童の性器等を触る行為又は児童が他人の性器等を触る行為に係る児童の姿態であって性欲を興奮させ又は刺激するもの
　三　衣服の全部又は一部を着けない児童の姿態であって，殊更に児童の性的な部位（性器等若しくはその周辺部，臀部又は胸部をいう．）が露出され又は強調されているものであり，かつ，性欲を興奮させ又は刺激するもの

(適用上の注意)
第三条　この法律の適用に当たっては，学術研究，文化芸術活動，報道等に関する国民の権利及び自由を不当に侵害しないように留意し，児童に対する性的搾取及び性的虐待から児童を保護しその権利を擁護するとの本来の目的を逸脱して他の目的のためにこれを濫用するようなことがあってはならない．

(児童買春，児童ポルノの所持その他児童に対する性的搾取及び性的虐待に係る行為の禁止)
第三条の二　何人も，児童買春をし，又はみだりに児童ポルノを所持し，若しくは第二条第三項各号のいずれかに掲げる児童の姿態を視覚により認識することができる方法により描写した情報を記録した電磁的記録を保管することその他児童に対する性的搾取又は性的虐待に係る行為をしてはならない．

第二章　児童買春，児童ポルノに係る行為等の処罰等

(児童買春)
第四条　児童買春をした者は，五年以下の懲役又は三百万円以下の罰金に処する．

(児童買春周旋)
第五条　児童買春の周旋をした者は，五年以下の懲役若しくは五百万円以下の罰金に処し，又はこれを併科する．
2　児童買春の周旋をすることを業とした者は，七年以下の懲役及び千万円以下の罰金に処する．

(児童買春勧誘)
第六条　児童買春の周旋をする目的で，人に児童買春をするように勧誘した者は，五年以下の懲役若しくは五百万円以下の罰金に処し，又はこれを併科する．
2　前項の目的で，人に児童買春をするように勧誘することを業とした者は，七年以下の懲役及び千万円以下の罰金に処する．

(児童ポルノ所持，提供等)
第七条　自己の性的好奇心を満たす目的で，児童ポルノを所持した者（自己の意思に基づいて所持するに至った者であり，かつ，当該者であることが明らかに認められる者に限る．）は，一年以下の懲役又は百万円以下の罰金に処する．自己の性的好奇心を満たす目的で，第二条第三項各号のいずれかに掲げる児童の姿態を視覚により認識することができる方法により描写した情報を記録した電磁的記

録を保管した者（自己の意思に基づいて保管するに至った者であり，かつ，当該者であることが明らかに認められる者に限る．）も，同様とする．
2　児童ポルノを提供した者は，三年以下の懲役又は三百万円以下の罰金に処する．電気通信回線を通じて第二条第三項各号のいずれかに掲げる児童の姿態を視覚により認識することができる方法により描写した情報を記録した電磁的記録その他の記録を提供した者も，同様とする．
3　前項に掲げる行為の目的で，児童ポルノを製造し，所持し，運搬し，本邦に輸入し，又は本邦から輸出した者も，同項と同様とする．同項に掲げる行為の目的で，同項の電磁的記録を保管した者も，同様とする．
4　前項に規定するもののほか，児童に第二条第三項各号のいずれかに掲げる姿態をとらせ，これを写真，電磁的記録に係る記録媒体その他の物に描写することにより，当該児童に係る児童ポルノを製造した者も，第二項と同様とする．
5　前二項に規定するもののほか，ひそかに第二条第三項各号のいずれかに掲げる児童の姿態を写真，電磁的記録に係る記録媒体その他の物に描写することにより，当該児童に係る児童ポルノを製造した者も，第二項と同様とする．
6　児童ポルノを不特定若しくは多数の者に提供し，又は公然と陳列した者は，五年以下の懲役若しくは五百万円以下の罰金に処し，又はこれを併科する．電気通信回線を通じて第二条第三項各号のいずれかに掲げる児童の姿態を視覚により認識することができる方法により描写した情報を記録した電磁的記録その他の記録を不特定又は多数の者に提供した者も，同様とする．
7　前項に掲げる行為の目的で，児童ポルノを製造し，所持し，運搬し，本邦に輸入し，又は本邦から輸出した者も，同項と同様とする．同項に掲げる行為の目的で，同項の電磁的記録を保管した者も，同様とする．
8　第六項に掲げる行為の目的で，児童ポルノを外国に輸入し，又は外国から輸出した日本国民も，同項と同様とする．

（児童買春等目的人身売買等）
第八条　児童を児童買春における性交等の相手方とさせ又は第二条第三項各号のいずれかに掲げる児童の姿態を描写して児童ポルノを製造する目的で，当該児童を売買した者は，一年以上十年以下の懲役に処する．
2　前項の目的で，外国に居住する児童で略取され，誘拐され，又は売買されたものをその居住国外に移送した日本国民は，二年以上の有期懲役に処する．
3　前二項の罪の未遂は，罰する．

（児童の年齢の知情）
第九条　児童を使用する者は，児童の年齢を知らないことを理由として，第五条，

第六条，第七条第二項から第八項まで及び前条の規定による処罰を免れることができない．ただし，過失がないときは，この限りでない．

（国民の国外犯）
第十条　第四条から第六条まで，第七条第一項から第七項まで並びに第八条第一項及び第三項（同条第一項に係る部分に限る．）の罪は，刑法（明治四十年法律第四十五号）第三条の例に従う．

（両罰規定）
第十一条　法人の代表者又は法人若しくは人の代理人，使用人その他の従業者が，その法人又は人の業務に関し，第五条，第六条又は第七条第二項から第八項までの罪を犯したときは，行為者を罰するほか，その法人又は人に対して各本条の罰金刑を科する．

（捜査及び公判における配慮等）
第十二条　第四条から第八条までの罪に係る事件の捜査及び公判に職務上関係のある者（次項において「職務関係者」という．）は，その職務を行うに当たり，児童の人権及び特性に配慮するとともに，その名誉及び尊厳を害しないよう注意しなければならない．
2　国及び地方公共団体は，職務関係者に対し，児童の人権，特性等に関する理解を深めるための訓練及び啓発を行うよう努めるものとする．

（記事等の掲載等の禁止）
第十三条　第四条から第八条までの罪に係る事件に係る児童については，その氏名，年齢，職業，就学する学校の名称，住居，容貌等により当該児童が当該事件に係る者であることを推知することができるような記事若しくは写真又は放送番組を，新聞紙その他の出版物に掲載し，又は放送してはならない．

（教育，啓発及び調査研究）
第十四条　国及び地方公共団体は，児童買春，児童ポルノの所持，提供等の行為が児童の心身の成長に重大な影響を与えるものであることに鑑み，これらの行為を未然に防止することができるよう，児童の権利に関する国民の理解を深めるための教育及び啓発に努めるものとする．
2　国及び地方公共団体は，児童買春，児童ポルノの所持，提供等の行為の防止に資する調査研究の推進に努めるものとする．

第三章　心身に有害な影響を受けた児童の保護のための措置

（心身に有害な影響を受けた児童の保護）
第十五条　厚生労働省，法務省，都道府県警察，児童相談所，福祉事務所その他の国，都道府県又は市町村の関係行政機関は，児童買春の相手方となったこと，児童ポルノに描写されたこと等により心身に有害な影響を受けた児童に対し，相互に連携を図りつつ，その心身の状況，その置かれている環境等に応じ，当該児童がその受けた影響から身体的及び心理的に回復し，個人の尊厳を保って成長することができるよう，相談，指導，一時保護，施設への入所その他の必要な保護のための措置を適切に講ずるものとする．
2　前項の関係行政機関は，同項の措置を講ずる場合において，同項の児童の保護のため必要があると認めるときは，その保護者に対し，相談，指導その他の措置を講ずるものとする．

（心身に有害な影響を受けた児童の保護のための体制の整備）
第十六条　国及び地方公共団体は，児童買春の相手方となったこと，児童ポルノに描写されたこと等により心身に有害な影響を受けた児童について専門的知識に基づく保護を適切に行うことができるよう，これらの児童の保護に関する調査研究の推進，これらの児童の保護を行う者の資質の向上，これらの児童が緊急に保護を必要とする場合における関係機関の連携協力体制の強化，これらの児童の保護を行う民間の団体との連携協力体制の整備等必要な体制の整備に努めるものとする．

（心身に有害な影響を受けた児童の保護に関する施策の検証等）
第十六条の二　社会保障審議会及び犯罪被害者等施策推進会議は，相互に連携して，児童買春の相手方となったこと，児童ポルノに描写されたこと等により心身に有害な影響を受けた児童の保護に関する施策の実施状況等について，当該児童の保護に関する専門的な知識経験を有する者の知見を活用しつつ，定期的に検証及び評価を行うものとする．
2　社会保障審議会又は犯罪被害者等施策推進会議は，前項の検証及び評価の結果を勘案し，必要があると認めるときは，当該児童の保護に関する施策の在り方について，それぞれ厚生労働大臣又は関係行政機関に意見を述べるものとする．
3　厚生労働大臣又は関係行政機関は，前項の意見があった場合において必要があると認めるときは，当該児童の保護を図るために必要な施策を講ずるものとする．

第四章　雑則

（インターネットの利用に係る事業者の努力）

第十六条の三　インターネットを利用した不特定の者に対する情報の発信又はその情報の閲覧等のために必要な電気通信役務（電気通信事業法（昭和五十九年法律第八十六号）第二条第三号に規定する電気通信役務をいう．）を提供する事業者は，児童ポルノの所持，提供等の行為による被害がインターネットを通じて容易に拡大し，これにより一旦国内外に児童ポルノが拡散した場合においてはその廃棄，削除等による児童の権利回復は著しく困難になることに鑑み，捜査機関への協力，当該事業者が有する管理権限に基づき児童ポルノに係る情報の送信を防止する措置その他インターネットを利用したこれらの行為の防止に資するための措置を講ずるよう努めるものとする．

（国際協力の推進）

第十七条　国は，第三条の二から第八条までの規定に係る行為の防止及び事件の適正かつ迅速な捜査のため，国際的な緊密な連携の確保，国際的な調査研究の推進その他の国際協力の推進に努めるものとする．

附　則　（平成二六年六月二五日法律第七九号）　抄

（施行期日等）

第一条　この法律は，公布の日から起算して二十日を経過した日から施行する．
2　この法律による改正後の第七条第一項の規定は，この法律の施行の日から一年間は，適用しない．

（経過措置）

第二条　この法律の施行前にした行為に対する罰則の適用については，なお従前の例による．

（検討）

第三条　政府は，インターネットを利用した児童ポルノに係る情報の閲覧等を制限するための措置（次項において「インターネットによる閲覧の制限」という．）に関する技術の開発の促進について，十分な配慮をするものとする．
2　インターネットによる閲覧の制限については，この法律の施行後三年を目途として，前項に規定する技術の開発の状況等を勘案しつつ検討が加えられ，その結果に基づいて必要な措置が講ぜられるものとする．

4-3 児童虐待の防止等に関する法律
（平成十二年五月二十四日法律第八十二号）

最終改正：平成二六年六月一三日法律第六九号

（目的）
第一条　この法律は，児童虐待が児童の人権を著しく侵害し，その心身の成長及び人格の形成に重大な影響を与えるとともに，我が国における将来の世代の育成にも懸念を及ぼすことにかんがみ，児童に対する虐待の禁止，児童虐待の予防及び早期発見その他の児童虐待の防止に関する国及び地方公共団体の責務，児童虐待を受けた児童の保護及び自立の支援のための措置等を定めることにより，児童虐待の防止等に関する施策を促進し，もって児童の権利利益の擁護に資することを目的とする．

（児童虐待の定義）
第二条　この法律において，「児童虐待」とは，保護者（親権を行う者，未成年後見人その他の者で，児童を現に監護するものをいう．以下同じ．）がその監護する児童（十八歳に満たない者をいう．以下同じ．）について行う次に掲げる行為をいう．
　一　児童の身体に外傷が生じ，又は生じるおそれのある暴行を加えること．
　二　児童にわいせつな行為をすること又は児童をしてわいせつな行為をさせること．
　三　児童の心身の正常な発達を妨げるような著しい減食又は長時間の放置，保護者以外の同居人による前二号又は次号に掲げる行為と同様の行為の放置その他の保護者としての監護を著しく怠ること．
　四　児童に対する著しい暴言又は著しく拒絶的な対応，児童が同居する家庭における配偶者に対する暴力（配偶者（婚姻の届出をしていないが，事実上婚姻関係と同様の事情にある者を含む．）の身体に対する不法な攻撃であって生命又は身体に危害を及ぼすもの及びこれに準ずる心身に有害な影響を及ぼす言動をいう．）その他の児童に著しい心理的外傷を与える言動を行うこと．

（児童に対する虐待の禁止）
第三条　何人も，児童に対し，虐待をしてはならない．

（国及び地方公共団体の責務等）
第四条　国及び地方公共団体は，児童虐待の予防及び早期発見，迅速かつ適切な児童虐待を受けた児童の保護及び自立の支援（児童虐待を受けた後十八歳となっ

た者に対する自立の支援を含む．第三項及び次条第二項において同じ．）並びに児童虐待を行った保護者に対する親子の再統合の促進への配慮その他の児童虐待を受けた児童が良好な家庭的環境で生活するために必要な配慮をした適切な指導及び支援を行うため，関係省庁相互間その他関係機関及び民間団体の間の連携の強化，民間団体の支援，医療の提供体制の整備その他児童虐待の防止等のために必要な体制の整備に努めなければならない．

2　国及び地方公共団体は，児童相談所等関係機関の職員及び学校の教職員，児童福祉施設の職員，医師，保健師，弁護士その他児童の福祉に職務上関係のある者が児童虐待を早期に発見し，その他児童虐待の防止に寄与することができるよう，研修等必要な措置を講ずるものとする．

3　国及び地方公共団体は，児童虐待を受けた児童の保護及び自立の支援を専門的知識に基づき適切に行うことができるよう，児童相談所等関係機関の職員，学校の教職員，児童福祉施設の職員その他児童虐待を受けた児童の保護及び自立の支援の職務に携わる者の人材の確保及び資質の向上を図るため，研修等必要な措置を講ずるものとする．

4　国及び地方公共団体は，児童虐待の防止に資するため，児童の人権，児童虐待が児童に及ぼす影響，児童虐待に係る通告義務等について必要な広報その他の啓発活動に努めなければならない．

5　国及び地方公共団体は，児童虐待を受けた児童がその心身に著しく重大な被害を受けた事例の分析を行うとともに，児童虐待の予防及び早期発見のための方策，児童虐待を受けた児童のケア並びに児童虐待を行った保護者の指導及び支援のあり方，学校の教職員及び児童福祉施設の職員が児童虐待の防止に果たすべき役割その他児童虐待の防止等のために必要な事項についての調査研究及び検証を行うものとする．

6　児童の親権を行う者は，児童を心身ともに健やかに育成することについて第一義的責任を有するものであって，親権を行うに当たっては，できる限り児童の利益を尊重するよう努めなければならない．

7　何人も，児童の健全な成長のために，良好な家庭的環境及び近隣社会の連帯が求められていることに留意しなければならない．

（児童虐待の早期発見等）

第五条　学校，児童福祉施設，病院その他児童の福祉に業務上関係のある団体及び学校の教職員，児童福祉施設の職員，医師，保健師，弁護士その他児童の福祉に職務上関係のある者は，児童虐待を発見しやすい立場にあることを自覚し，児童虐待の早期発見に努めなければならない．

2　前項に規定する者は，児童虐待の予防その他の児童虐待の防止並びに児童虐

待を受けた児童の保護及び自立の支援に関する国及び地方公共団体の施策に協力するよう努めなければならない．
3　学校及び児童福祉施設は，児童及び保護者に対して，児童虐待の防止のための教育又は啓発に努めなければならない．

（児童虐待に係る通告）
第六条　児童虐待を受けたと思われる児童を発見した者は，速やかに，これを市町村，都道府県の設置する福祉事務所若しくは児童相談所又は児童委員を介して市町村，都道府県の設置する福祉事務所若しくは児童相談所に通告しなければならない．
2　前項の規定による通告は，児童福祉法（昭和二十二年法律第百六十四号）第二十五条の規定による通告とみなして，同法の規定を適用する．
3　刑法（明治四十年法律第四十五号）の秘密漏示罪の規定その他の守秘義務に関する法律の規定は，第一項の規定による通告をする義務の遵守を妨げるものと解釈してはならない．

第七条　市町村，都道府県の設置する福祉事務所又は児童相談所が前条第一項の規定による通告を受けた場合においては，当該通告を受けた市町村，都道府県の設置する福祉事務所又は児童相談所の所長，所員その他の職員及び当該通告を仲介した児童委員は，その職務上知り得た事項であって当該通告をした者を特定させるものを漏らしてはならない．

（通告又は送致を受けた場合の措置）
第八条　市町村又は都道府県の設置する福祉事務所が第六条第一項の規定による通告を受けたときは，市町村又は福祉事務所の長は，必要に応じ近隣住民，学校の教職員，児童福祉施設の職員その他の者の協力を得つつ，当該児童との面会その他の当該児童の安全の確認を行うための措置を講ずるとともに，必要に応じ次に掲げる措置を採るものとする．
　　一　児童福祉法第二十五条の七第一項第一号若しくは第二項第一号又は第二十五条の八第一号の規定により当該児童を児童相談所に送致すること．
　　二　当該児童のうち次条第一項の規定による出頭の求め及び調査若しくは質問，第九条第一項の規定による立入り及び調査若しくは質問又は児童福祉法第三十三条第一項若しくは第二項の規定による一時保護の実施が適当であると認めるものを都道府県知事又は児童相談所長へ通知すること．
2　児童相談所が第六条第一項の規定による通告又は児童福祉法第二十五条の七第一項第一号若しくは第二項第一号又は第二十五条の八第一号の規定による送致

を受けたときは，児童相談所長は，必要に応じ近隣住民，学校の教職員，児童福祉施設の職員その他の者の協力を得つつ，当該児童との面会その他の当該児童の安全の確認を行うための措置を講ずるとともに，必要に応じ同法第三十三条第一項の規定による一時保護を行うものとする．
3　前二項の児童の安全の確認を行うための措置，児童相談所への送致又は一時保護を行う者は，速やかにこれを行うものとする．

（出頭要求等）
第八条の二　都道府県知事は，児童虐待が行われているおそれがあると認めるときは，当該児童の保護者に対し，当該児童を同伴して出頭することを求め，児童委員又は児童の福祉に関する事務に従事する職員をして，必要な調査又は質問をさせることができる．この場合においては，その身分を証明する証票を携帯させ，関係者の請求があったときは，これを提示させなければならない．
2　都道府県知事は，前項の規定により当該児童の保護者の出頭を求めようとするときは，厚生労働省令で定めるところにより，当該保護者に対し，出頭を求める理由となった事実の内容，出頭を求める日時及び場所，同伴すべき児童の氏名その他必要な事項を記載した書面により告知しなければならない．
3　都道府県知事は，第一項の保護者が同項の規定による出頭の求めに応じない場合は，次条第一項の規定による児童委員又は児童の福祉に関する事務に従事する職員の立入り及び調査又は質問その他の必要な措置を講ずるものとする．

（立入調査等）
第九条　都道府県知事は，児童虐待が行われているおそれがあると認めるときは，児童委員又は児童の福祉に関する事務に従事する職員をして，児童の住所又は居所に立ち入り，必要な調査又は質問をさせることができる．この場合においては，その身分を証明する証票を携帯させ，関係者の請求があったときは，これを提示させなければならない．
2　前項の規定による児童委員又は児童の福祉に関する事務に従事する職員の立入り及び調査又は質問は，児童福祉法第二十九条の規定による児童委員又は児童の福祉に関する事務に従事する職員の立入り及び調査又は質問とみなして，同法第六十一条の五の規定を適用する．

（再出頭要求等）
第九条の二　都道府県知事は，第八条の二第一項の保護者又は前条第一項の児童の保護者が正当な理由なく同項の規定による児童委員又は児童の福祉に関する事務に従事する職員の立入り又は調査を拒み，妨げ，又は忌避した場合において，

児童虐待が行われているおそれがあると認めるときは，当該保護者に対し，当該児童を同伴して出頭することを求め，児童委員又は児童の福祉に関する事務に従事する職員をして，必要な調査又は質問をさせることができる．この場合においては，その身分を証明する証票を携帯させ，関係者の請求があったときは，これを提示させなければならない．
2　第八条の二第二項の規定は，前項の規定による出頭の求めについて準用する．

（臨検，捜索等）
第九条の三　都道府県知事は，第八条の二第一項の保護者又は第九条第一項の児童の保護者が前条第一項の規定による出頭の求めに応じない場合において，児童虐待が行われている疑いがあるときは，当該児童の安全の確認を行い又はその安全を確保するため，児童の福祉に関する事務に従事する職員をして，当該児童の住所又は居所の所在地を管轄する地方裁判所，家庭裁判所又は簡易裁判所の裁判官があらかじめ発する許可状により，当該児童の住所若しくは居所に臨検させ，又は当該児童を捜索させることができる．
2　都道府県知事は，前項の規定による臨検又は捜索をさせるときは，児童の福祉に関する事務に従事する職員をして，必要な調査又は質問をさせることができる．
3　都道府県知事は，第一項の許可状（以下「許可状」という．）を請求する場合においては，児童虐待が行われている疑いがあると認められる資料，臨検させようとする住所又は居所に当該児童が現在すると認められる資料並びに当該児童の保護者が第九条第一項の規定による立入り又は調査を拒み，妨げ，又は忌避したこと及び前条第一項の規定による出頭の求めに応じなかったことを証する資料を提出しなければならない．
4　前項の請求があった場合においては，地方裁判所，家庭裁判所又は簡易裁判所の裁判官は，臨検すべき場所又は捜索すべき児童の氏名並びに有効期間，その期間経過後は執行に着手することができずこれを返還しなければならない旨，交付の年月日及び裁判所名を記載し，自己の記名押印した許可状を都道府県知事に交付しなければならない．
5　都道府県知事は，許可状を児童の福祉に関する事務に従事する職員に交付して，第一項の規定による臨検又は捜索をさせるものとする．
6　第一項の規定による臨検又は捜索に係る制度は，児童虐待が保護者がその監護する児童に対して行うものであるために他人から認知されること及び児童がその被害から自ら逃れることが困難である等の特別の事情から児童の生命又は身体に重大な危険を生じさせるおそれがあることにかんがみ特に設けられたものであることを十分に踏まえた上で，適切に運用されなければならない．

（臨検又は捜索の夜間執行の制限）
第九条の四　前条第一項の規定による臨検又は捜索は，許可状に夜間でもすることができる旨の記載がなければ，日没から日の出までの間には，してはならない．
2　日没前に開始した前条第一項の規定による臨検又は捜索は，必要があると認めるときは，日没後まで継続することができる．

（許可状の提示）
第九条の五　第九条の三第一項の規定による臨検又は捜索の許可状は，これらの処分を受ける者に提示しなければならない．

（身分の証明）
第九条の六　児童の福祉に関する事務に従事する職員は，第九条の三第一項の規定による臨検若しくは捜索又は同条第二項の規定による調査若しくは質問（以下「臨検等」という．）をするときは，その身分を示す証票を携帯し，関係者の請求があったときは，これを提示しなければならない．

（臨検又は捜索に際しての必要な処分）
第九条の七　児童の福祉に関する事務に従事する職員は，第九条の三第一項の規定による臨検又は捜索をするに当たって必要があるときは，錠をはずし，その他必要な処分をすることができる．

（臨検等をする間の出入りの禁止）
第九条の八　児童の福祉に関する事務に従事する職員は，臨検等をする間は，何人に対しても，許可を受けないでその場所に出入りすることを禁止することができる．

（責任者等の立会い）
第九条の九　児童の福祉に関する事務に従事する職員は，第九条の三第一項の規定による臨検又は捜索をするときは，当該児童の住所若しくは居所の所有者若しくは管理者（これらの者の代表者，代理人その他これらの者に代わるべき者を含む．）又は同居の親族で成年に達した者を立ち会わせなければならない．
2　前項の場合において，同項に規定する者を立ち会わせることができないときは，その隣人で成年に達した者又はその地の地方公共団体の職員を立ち会わせなければならない．

（警察署長に対する援助要請等）
第十条　児童相談所長は，第八条第二項の児童の安全の確認又は一時保護を行おうとする場合において，これらの職務の執行に際し必要があると認めるときは，当該児童の住所又は居所の所在地を管轄する警察署長に対し援助を求めることができる．都道府県知事が，第九条第一項の規定による立入り及び調査若しくは質問をさせ，又は臨検等をさせようとする場合についても，同様とする．
2　児童相談所長又は都道府県知事は，児童の安全の確認及び安全の確保に万全を期する観点から，必要に応じ迅速かつ適切に，前項の規定により警察署長に対し援助を求めなければならない．
3　警察署長は，第一項の規定による援助の求めを受けた場合において，児童の生命又は身体の安全を確認し，又は確保するため必要と認めるときは，速やかに，所属の警察官に，同項の職務の執行を援助するために必要な警察官職務執行法（昭和二十三年法律第百三十六号）その他の法令の定めるところによる措置を講じさせるよう努めなければならない．

（調書）
第十条の二　児童の福祉に関する事務に従事する職員は，第九条の三第一項の規定による臨検又は捜索をしたときは，これらの処分をした年月日及びその結果を記載した調書を作成し，立会人に示し，当該立会人とともにこれに署名押印しなければならない．ただし，立会人が署名押印をせず，又は署名押印することができないときは，その旨を付記すれば足りる．

（都道府県知事への報告）
第十条の三　児童の福祉に関する事務に従事する職員は，臨検等を終えたときは，その結果を都道府県知事に報告しなければならない．

（行政手続法の適用除外）
第十条の四　臨検等に係る処分については，行政手続法（平成五年法律第八十八号）第三章の規定は，適用しない．

（不服申立ての制限）
第十条の五　臨検等に係る処分については，行政不服審査法（昭和三十七年法律第百六十号）による不服申立てをすることができない．

（行政事件訴訟の制限）
第十条の六　臨検等に係る処分については，行政事件訴訟法（昭和三十七年法律

第百三十九号）第三十七条の四の規定による差止めの訴えを提起することができない．

（児童虐待を行った保護者に対する指導等）
第十一条　児童虐待を行った保護者について児童福祉法第二十七条第一項第二号の規定により行われる指導は，親子の再統合への配慮その他の児童虐待を受けた児童が良好な家庭的環境で生活するために必要な配慮の下に適切に行われなければならない．
2　児童虐待を行った保護者について児童福祉法第二十七条第一項第二号の措置が採られた場合においては，当該保護者は，同号の指導を受けなければならない．
3　前項の場合において保護者が同項の指導を受けないときは，都道府県知事は，当該保護者に対し，同項の指導を受けるよう勧告することができる．
4　都道府県知事は，前項の規定による勧告を受けた保護者が当該勧告に従わない場合において必要があると認めるときは，児童福祉法第三十三条第二項の規定により児童相談所長をして児童虐待を受けた児童に一時保護を加えさせ又は適当な者に一時保護を加えることを委託させ，同法第二十七条第一項第三号又は第二十八条第一項の規定による措置を採る等の必要な措置を講ずるものとする．
5　児童相談所長は，第三項の規定による勧告を受けた保護者が当該勧告に従わず，その監護する児童に対し親権を行わせることが著しく当該児童の福祉を害する場合には，必要に応じて，適切に，児童福祉法第三十三条の七の規定による請求を行うものとする．

（面会等の制限等）
第十二条　児童虐待を受けた児童について児童福祉法第二十七条第一項第三号の措置（以下「施設入所等の措置」という．）が採られ，又は同法第三十三条第一項若しくは第二項の規定による一時保護が行われた場合において，児童虐待の防止及び児童虐待を受けた児童の保護のため必要があると認めるときは，児童相談所長及び当該児童について施設入所等の措置が採られている場合における当該施設入所等の措置に係る同号に規定する施設の長は，厚生労働省令で定めるところにより，当該児童虐待を行った保護者について，次に掲げる行為の全部又は一部を制限することができる．
　一　当該児童との面会
　二　当該児童との通信
2　前項の施設の長は，同項の規定による制限を行った場合又は行わなくなった場合は，その旨を児童相談所長に通知するものとする．
3　児童虐待を受けた児童について施設入所等の措置（児童福祉法第二十八条の

規定によるものに限る．）が採られ，又は同法第三十三条第一項若しくは第二項の規定による一時保護が行われた場合において，当該児童虐待を行った保護者に対し当該児童の住所又は居所を明らかにしたとすれば，当該保護者が当該児童を連れ戻すおそれがある等再び児童虐待が行われるおそれがあり，又は当該児童の保護に支障をきたすと認めるときは，児童相談所長は，当該保護者に対し，当該児童の住所又は居所を明らかにしないものとする．

第十二条の二　児童虐待を受けた児童について施設入所等の措置（児童福祉法第二十八条の規定によるものを除く．以下この項において同じ．）が採られた場合において，当該児童虐待を行った保護者に当該児童を引き渡した場合には再び児童虐待が行われるおそれがあると認められるにもかかわらず，当該保護者が当該児童の引渡しを求めること，当該保護者が前条第一項の規定による制限に従わないことその他の事情から当該児童について当該施設入所等の措置を採ることが当該保護者の意に反し，これを継続することが困難であると認めるときは，児童相談所長は，次項の報告を行うに至るまで，同法第三十三条第一項の規定により当該児童に一時保護を行うことができる．

2　児童相談所長は，前項の一時保護を行った場合には，速やかに，児童福祉法第二十六条第一項第一号の規定に基づき，同法第二十八条の規定による施設入所等の措置を要する旨を都道府県知事に報告しなければならない．

第十二条の三　児童相談所長は，児童福祉法第三十三条第一項の規定により児童虐待を受けた児童について一時保護を行っている場合（前条第一項の一時保護を行っている場合を除く．）において，当該児童について施設入所等の措置を要すると認めるときであって，当該児童虐待を行った保護者に当該児童を引き渡した場合には再び児童虐待が行われるおそれがあると認められるにもかかわらず，当該保護者が当該児童の引渡しを求めること，当該保護者が第十二条第一項の規定による制限に従わないことその他の事情から当該児童について施設入所等の措置を採ることが当該保護者の意に反すると認めるときは，速やかに，同法第二十六条第一項第一号の規定に基づき，同法第二十八条の規定による施設入所等の措置を要する旨を都道府県知事に報告しなければならない．

第十二条の四　都道府県知事は，児童虐待を受けた児童について施設入所等の措置（児童福祉法第二十八条の規定によるものに限る．）が採られ，かつ，第十二条第一項の規定により，当該児童虐待を行った保護者について，同項各号に掲げる行為の全部が制限されている場合において，児童虐待の防止及び児童虐待を受けた児童の保護のため特に必要があると認めるときは，厚生労働省令で定めると

ころにより，六月を超えない期間を定めて，当該保護者に対し，当該児童の住所若しくは居所，就学する学校その他の場所において当該児童の身辺につきまとい，又は当該児童の住所若しくは居所，就学する学校その他その通常所在する場所（通学路その他の当該児童が日常生活又は社会生活を営むために通常移動する経路を含む．）の付近をはいかいしてはならないことを命ずることができる．

2　都道府県知事は，前項に規定する場合において，引き続き児童虐待の防止及び児童虐待を受けた児童の保護のため特に必要があると認めるときは，六月を超えない期間を定めて，同項の規定による命令に係る期間を更新することができる．

3　都道府県知事は，第一項の規定による命令をしようとするとき（前項の規定により第一項の規定による命令に係る期間を更新しようとするときを含む．）は，行政手続法第十三条第一項の規定による意見陳述のための手続の区分にかかわらず，聴聞を行わなければならない．

4　第一項の規定による命令をするとき（第二項の規定により第一項の規定による命令に係る期間を更新するときを含む．）は，厚生労働省令で定める事項を記載した命令書を交付しなければならない．

5　第一項の規定による命令が発せられた後に児童福祉法第二十八条の規定による施設入所等の措置が解除され，停止され，若しくは他の措置に変更された場合又は第十二条第一項の規定による制限の全部又は一部が行われなくなった場合は，当該命令は，その効力を失う．同法第二十八条第三項の規定により引き続き施設入所等の措置が採られている場合において，第一項の規定による命令が発せられたときであって，当該命令に係る期間が経過する前に同条第二項の規定による当該施設入所等の措置の期間の更新に係る承認の申立てに対する審判が確定したときも，同様とする．

6　都道府県知事は，第一項の規定による命令をした場合において，その必要がなくなったと認めるときは，厚生労働省令で定めるところにより，その命令を取り消さなければならない．

（施設入所等の措置の解除）

第十三条　都道府県知事は，児童虐待を受けた児童について施設入所等の措置が採られ，及び当該児童の保護者について児童福祉法第二十七条第一項第二号の措置が採られた場合において，当該児童について採られた施設入所等の措置を解除しようとするときは，当該児童の保護者について同号の指導を行うこととされた児童福祉司等の意見を聴くとともに，当該児童の保護者に対し採られた当該指導の効果，当該児童に対し再び児童虐待が行われることを予防するために採られる措置について見込まれる効果その他厚生労働省令で定める事項を勘案しなければならない．

（児童虐待を受けた児童等に対する支援）
第十三条の二　市町村は，子ども・子育て支援法（平成二十四年法律第六十五号）第二十七条第一項に規定する特定教育・保育施設（次項において「特定教育・保育施設」という．）又は同法第四十三条第三項に規定する特定地域型保育事業（次項において「特定地域型保育事業」という．）の利用について，同法第四十二条第一項若しくは第五十四条第一項の規定により相談，助言若しくはあっせん若しくは要請を行う場合又は児童福祉法第二十四条第三項の規定により調整若しくは要請を行う場合には，児童虐待の防止に寄与するため，特別の支援を要する家庭の福祉に配慮をしなければならない．

2　特定教育・保育施設の設置者又は子ども・子育て支援法第二十九条第一項に規定する特定地域型保育事業者は，同法第三十三条第二項又は第四十五条第二項の規定により当該特定教育・保育施設を利用する児童（同法第十九条第一項第二号又は第三号に該当する児童に限る．以下この項において同じ．）又は当該特定地域型保育事業者に係る特定地域型保育事業を利用する児童を選考するときは，児童虐待の防止に寄与するため，特別の支援を要する家庭の福祉に配慮をしなければならない．

3　国及び地方公共団体は，児童虐待を受けた児童がその年齢及び能力に応じ充分な教育が受けられるようにするため，教育の内容及び方法の改善及び充実を図る等必要な施策を講じなければならない．

4　国及び地方公共団体は，居住の場所の確保，進学又は就業の支援その他の児童虐待を受けた者の自立の支援のための施策を講じなければならない．

（資料又は情報の提供）
第十三条の三　地方公共団体の機関は，市町村長，都道府県の設置する福祉事務所の長又は児童相談所長から児童虐待に係る児童又はその保護者の心身の状況，これらの者の置かれている環境その他児童虐待の防止等に係る当該児童，その保護者その他の関係者に関する資料又は情報の提供を求められたときは，当該資料又は情報について，当該市町村長，都道府県の設置する福祉事務所の長又は児童相談所長が児童虐待の防止等に関する事務又は業務の遂行に必要な限度で利用し，かつ，利用することに相当の理由があるときは，これを提供することができる．ただし，当該資料又は情報を提供することによって，当該資料又は情報に係る児童，その保護者その他の関係者又は第三者の権利利益を不当に侵害するおそれがあると認められるときは，この限りでない．

（都道府県児童福祉審議会等への報告）
第十三条の四　都道府県知事は，児童福祉法第八条第二項に規定する都道府県児

童福祉審議会（同条第一項ただし書に規定する都道府県にあっては，地方社会福祉審議会）に，第九条第一項の規定による立入り及び調査又は質問，臨検等並びに児童虐待を受けた児童に行われた同法第三十三条第一項又は第二項の規定による一時保護の実施状況，児童の心身に著しく重大な被害を及ぼした児童虐待の事例その他の厚生労働省令で定める事項を報告しなければならない．

（親権の行使に関する配慮等）
第十四条　児童の親権を行う者は，児童のしつけに際して，その適切な行使に配慮しなければならない．
2　児童の親権を行う者は，児童虐待に係る暴行罪，傷害罪その他の犯罪について，当該児童の親権を行う者であることを理由として，その責めを免れることはない．

（親権の喪失の制度の適切な運用）
第十五条　民法（明治二十九年法律第八十九号）に規定する親権の喪失の制度は，児童虐待の防止及び児童虐待を受けた児童の保護の観点からも，適切に運用されなければならない．

（大都市等の特例）
第十六条　この法律中都道府県が処理することとされている事務で政令で定めるものは，地方自治法（昭和二十二年法律第六十七号）第二百五十二条の十九第一項の指定都市（以下「指定都市」という．）及び同法第二百五十二条の二十二第一項の中核市（以下「中核市」という．）並びに児童福祉法第五十九条の四第一項に規定する児童相談所設置市においては，政令で定めるところにより，指定都市若しくは中核市又は児童相談所設置市（以下「指定都市等」という．）が処理するものとする．この場合においては，この法律中都道府県に関する規定は，指定都市等に関する規定として指定都市等に適用があるものとする．

（罰則）
第十七条　第十二条の四第一項の規定による命令（同条第二項の規定により同条第一項の規定による命令に係る期間が更新された場合における当該命令を含む．）に違反した者は，一年以下の懲役又は百万円以下の罰金に処する．

4-4　健康増進法［抄］
（平成十四年八月二日法律第百三号）

最終改正：平成二六年六月一三日法律第六九号

第一章　総則

第一条～第六条　省略

第二章　基本方針等

（基本方針）
第七条　厚生労働大臣は，国民の健康の増進の総合的な推進を図るための基本的な方針（以下「基本方針」という．）を定めるものとする．
2　基本方針は，次に掲げる事項について定めるものとする．
　一　国民の健康の増進の推進に関する基本的な方向
　二　国民の健康の増進の目標に関する事項
　三　次条第一項の都道府県健康増進計画及び同条第二項の市町村健康増進計画の策定に関する基本的な事項
　四　第十条第一項の国民健康・栄養調査その他の健康の増進に関する調査及び研究に関する基本的な事項
　五　健康増進事業実施者間における連携及び協力に関する基本的な事項
　六　食生活，運動，休養，飲酒，喫煙，歯の健康の保持その他の生活習慣に関する正しい知識の普及に関する事項
　七　その他国民の健康の増進の推進に関する重要事項
3　厚生労働大臣は，基本方針を定め，又はこれを変更しようとするときは，あらかじめ，関係行政機関の長に協議するものとする．
4　厚生労働大臣は，基本方針を定め，又はこれを変更したときは，遅滞なく，これを公表するものとする．

（都道府県健康増進計画等）
第八条　都道府県は，基本方針を勘案して，当該都道府県の住民の健康の増進の推進に関する施策についての基本的な計画（以下「都道府県健康増進計画」という．）を定めるものとする．
2　市町村は，基本方針及び都道府県健康増進計画を勘案して，当該市町村の住民の健康の増進の推進に関する施策についての計画（以下「市町村健康増進計画」という．）を定めるよう努めるものとする．
3　国は，都道府県健康増進計画又は市町村健康増進計画に基づいて住民の健康増進のために必要な事業を行う都道府県又は市町村に対し，予算の範囲内におい

て，当該事業に要する費用の一部を補助することができる．

（健康診査の実施等に関する指針）
第九条　厚生労働大臣は，生涯にわたる国民の健康の増進に向けた自主的な努力を促進するため，健康診査の実施及びその結果の通知，健康手帳（自らの健康管理のために必要な事項を記載する手帳をいう．）の交付その他の措置に関し，健康増進事業実施者に対する健康診査の実施等に関する指針（以下「健康診査等指針」という．）を定めるものとする．
2　厚生労働大臣は，健康診査等指針を定め，又はこれを変更しようとするときは，あらかじめ，総務大臣，財務大臣及び文部科学大臣に協議するものとする．
3　厚生労働大臣は，健康診査等指針を定め，又はこれを変更したときは，遅滞なく，これを公表するものとする．

第三章　国民健康・栄養調査等

第十条～第十六条　省略

第四章　保健指導等

第十七条～第十九条　省略

第五章　特定給食施設等

第二十条～第二十五条　省略

第六章　特別用途表示等

第二十六条～第三十三条　省略

第七章　雑則

第三十四条～第三十五条　省略

第八章　罰則

第三十六条～第四十条　省略

4-5　次世代育成支援対策推進法
(平成十五年七月十六日法律第百二十号)

最終改正：平成二六年四月二三日法律第二八号

第一章　総則

（目的）
第一条　この法律は，我が国における急速な少子化の進行並びに家庭及び地域を取り巻く環境の変化にかんがみ，次世代育成支援対策に関し，基本理念を定め，並びに国，地方公共団体，事業主及び国民の責務を明らかにするとともに，行動計画策定指針並びに地方公共団体及び事業主の行動計画の策定その他の次世代育成支援対策を推進するために必要な事項を定めることにより，次世代育成支援対策を迅速かつ重点的に推進し，もって次代の社会を担う子どもが健やかに生まれ，かつ，育成される社会の形成に資することを目的とする．

（定義）
第二条　この法律において「次世代育成支援対策」とは，次代の社会を担う子どもを育成し，又は育成しようとする家庭に対する支援その他の次代の社会を担う子どもが健やかに生まれ，かつ，育成される環境の整備のための国若しくは地方公共団体が講ずる施策又は事業主が行う雇用環境の整備その他の取組をいう．

（基本理念）
第三条　次世代育成支援対策は，父母その他の保護者が子育てについての第一義的責任を有するという基本的認識の下に，家庭その他の場において，子育ての意義についての理解が深められ，かつ，子育てに伴う喜びが実感されるように配慮して行われなければならない．

（国及び地方公共団体の責務）
第四条　国及び地方公共団体は，前条の基本理念（次条及び第七条第一項において「基本理念」という．）にのっとり，相互に連携を図りながら，次世代育成支援対策を総合的かつ効果的に推進するよう努めなければならない．

（事業主の責務）
第五条　事業主は，基本理念にのっとり，その雇用する労働者に係る多様な労働条件の整備その他の労働者の職業生活と家庭生活との両立が図られるようにするために必要な雇用環境の整備を行うことにより自ら次世代育成支援対策を実施す

るよう努めるとともに，国又は地方公共団体が講ずる次世代育成支援対策に協力しなければならない．

(国民の責務)
第六条　国民は，次世代育成支援対策の重要性に対する関心と理解を深めるとともに，国又は地方公共団体が講ずる次世代育成支援対策に協力しなければならない．

第二章　行動計画

第一節　行動計画策定指針

第七条　主務大臣は，次世代育成支援対策の総合的かつ効果的な推進を図るため，基本理念にのっとり，次条第一項の市町村行動計画及び第九条第一項の都道府県行動計画並びに第十二条第一項の一般事業主行動計画及び第十九条第一項の特定事業主行動計画（次項において「市町村行動計画等」という．）の策定に関する指針（以下「行動計画策定指針」という．）を定めなければならない．
2　行動計画策定指針においては，次に掲げる事項につき，市町村行動計画等の指針となるべきものを定めるものとする．
　一　次世代育成支援対策の実施に関する基本的な事項
　二　次世代育成支援対策の内容に関する事項
　三　その他次世代育成支援対策の実施に関する重要事項
3　主務大臣は，少子化の動向，子どもを取り巻く環境の変化その他の事情を勘案して必要があると認めるときは，速やかに行動計画策定指針を変更するものとする．
4　主務大臣は，行動計画策定指針を定め，又はこれを変更しようとするときは，あらかじめ，子ども・子育て支援法（平成二十四年法律第六十五号）第七十二条に規定する子ども・子育て会議の意見を聴くとともに，次条第一項の市町村行動計画及び第九条第一項の都道府県行動計画に係る部分について総務大臣に協議しなければならない．
5　主務大臣は，行動計画策定指針を定め，又はこれを変更したときは，遅滞なく，これを公表しなければならない．

第二節　市町村行動計画及び都道府県行動計画

(市町村行動計画)
第八条　市町村は，行動計画策定指針に即して，五年ごとに，当該市町村の事務及び事業に関し，五年を一期として，地域における子育ての支援，母性並びに乳

児及び幼児の健康の確保及び増進，子どもの心身の健やかな成長に資する教育環境の整備，子どもを育成する家庭に適した良質な住宅及び良好な居住環境の確保，職業生活と家庭生活との両立の推進その他の次世代育成支援対策の実施に関する計画（以下「市町村行動計画」という．）を策定することができる．
2　市町村行動計画においては，次に掲げる事項を定めるものとする．
　一　次世代育成支援対策の実施により達成しようとする目標
　二　実施しようとする次世代育成支援対策の内容及びその実施時期
3　市町村は，市町村行動計画を策定し，又は変更しようとするときは，あらかじめ，住民の意見を反映させるために必要な措置を講ずるものとする．
4　市町村は，市町村行動計画を策定し，又は変更しようとするときは，あらかじめ，事業主，労働者その他の関係者の意見を反映させるために必要な措置を講ずるよう努めなければならない．
5　市町村は，市町村行動計画を策定し，又は変更したときは，遅滞なく，これを公表するよう努めるとともに，都道府県に提出しなければならない．
6　市町村は，市町村行動計画を策定したときは，おおむね一年に一回，市町村行動計画に基づく措置の実施の状況を公表するよう努めるものとする．
7　市町村は，市町村行動計画を策定したときは，定期的に，市町村行動計画に基づく措置の実施の状況に関する評価を行い，市町村行動計画に検討を加え，必要があると認めるときは，これを変更することその他の必要な措置を講ずるよう努めなければならない．
8　市町村は，市町村行動計画の策定及び市町村行動計画に基づく措置の実施に関して特に必要があると認めるときは，事業主その他の関係者に対して調査を実施するため必要な協力を求めることができる．

（都道府県行動計画）
第九条　都道府県は，行動計画策定指針に即して，五年ごとに，当該都道府県の事務及び事業に関し，五年を一期として，地域における子育ての支援，保護を要する子どもの養育環境の整備，母性並びに乳児及び幼児の健康の確保及び増進，子どもの心身の健やかな成長に資する教育環境の整備，子どもを育成する家庭に適した良質な住宅及び良好な居住環境の確保，職業生活と家庭生活との両立の推進その他の次世代育成支援対策の実施に関する計画（以下「都道府県行動計画」という．）を策定することができる．
2　都道府県行動計画においては，次に掲げる事項を定めるものとする．
　一　次世代育成支援対策の実施により達成しようとする目標
　二　実施しようとする次世代育成支援対策の内容及びその実施時期
　三　次世代育成支援対策を実施する市町村を支援するための措置の内容及びそ

の実施時期
3　都道府県は，都道府県行動計画を策定し，又は変更しようとするときは，あらかじめ，住民の意見を反映させるために必要な措置を講ずるものとする．
4　都道府県は，都道府県行動計画を策定し，又は変更しようとするときは，あらかじめ，事業主，労働者その他の関係者の意見を反映させるために必要な措置を講ずるよう努めなければならない．
5　都道府県は，都道府県行動計画を策定し，又は変更したときは，遅滞なく，これを公表するよう努めるとともに，主務大臣に提出しなければならない．
6　都道府県は，都道府県行動計画を策定したときは，おおむね一年に一回，都道府県行動計画に基づく措置の実施の状況を公表するよう努めるものとする．
7　都道府県は，都道府県行動計画を策定したときは，定期的に，都道府県行動計画に基づく措置の実施の状況に関する評価を行い，都道府県行動計画に検討を加え，必要があると認めるときは，これを変更することその他の必要な措置を講ずるよう努めなければならない．
8　都道府県は，都道府県行動計画の策定及び都道府県行動計画に基づく措置の実施に関して特に必要があると認めるときは，市町村，事業主その他の関係者に対して調査を実施するため必要な協力を求めることができる．

（都道府県の助言等）
第十条　都道府県は，市町村に対し，市町村行動計画の策定上の技術的事項について必要な助言その他の援助の実施に努めるものとする．
2　主務大臣は，都道府県に対し，都道府県行動計画の策定の手法その他都道府県行動計画の策定上重要な技術的事項について必要な助言その他の援助の実施に努めるものとする．

（市町村及び都道府県に対する交付金の交付等）
第十一条　国は，市町村又は都道府県に対し，市町村行動計画又は都道府県行動計画に定められた措置の実施に要する経費に充てるため，厚生労働省令で定めるところにより，予算の範囲内で，交付金を交付することができる．
2　国は，市町村又は都道府県が，市町村行動計画又は都道府県行動計画に定められた措置を実施しようとするときは，当該措置が円滑に実施されるように必要な助言その他の援助の実施に努めるものとする．

第三節　一般事業主行動計画

（一般事業主行動計画の策定等）
第十二条　国及び地方公共団体以外の事業主（以下「一般事業主」という．）で

あって，常時雇用する労働者の数が百人を超えるものは，行動計画策定指針に即して，一般事業主行動計画（一般事業主が実施する次世代育成支援対策に関する計画をいう．以下同じ．）を策定し，厚生労働省令で定めるところにより，厚生労働大臣にその旨を届け出なければならない．これを変更したときも同様とする．
2　一般事業主行動計画においては，次に掲げる事項を定めるものとする．
　一　計画期間
　二　次世代育成支援対策の実施により達成しようとする目標
　三　実施しようとする次世代育成支援対策の内容及びその実施時期
3　第一項に規定する一般事業主は，一般事業主行動計画を策定し，又は変更したときは，厚生労働省令で定めるところにより，これを公表しなければならない．
4　一般事業主であって，常時雇用する労働者の数が百人以下のものは，行動計画策定指針に即して，一般事業主行動計画を策定し，厚生労働省令で定めるところにより，厚生労働大臣にその旨を届け出るよう努めなければならない．これを変更したときも同様とする．
5　前項に規定する一般事業主は，一般事業主行動計画を策定し，又は変更したときは，厚生労働省令で定めるところにより，これを公表するよう努めなければならない．
6　第一項に規定する一般事業主が同項の規定による届出又は第三項の規定による公表をしない場合には，厚生労働大臣は，当該一般事業主に対し，相当の期間を定めて当該届出又は公表をすべきことを勧告することができる．

（一般事業主行動計画の労働者への周知等）
第十二条の二　前条第一項に規定する一般事業主は，一般事業主行動計画を策定し，又は変更したときは，厚生労働省令で定めるところにより，これを労働者に周知させるための措置を講じなければならない．
2　前条第四項に規定する一般事業主は，一般事業主行動計画を策定し，又は変更したときは，厚生労働省令で定めるところにより，これを労働者に周知させるための措置を講ずるよう努めなければならない．
3　前条第六項の規定は，同条第一項に規定する一般事業主が第一項の規定による措置を講じない場合について準用する．

（基準に適合する一般事業主の認定）
第十三条　厚生労働大臣は，第十二条第一項又は第四項の規定による届出をした一般事業主からの申請に基づき，厚生労働省令で定めるところにより，当該事業主について，雇用環境の整備に関し，行動計画策定指針に照らし適切な一般事業主行動計画を策定したこと，当該一般事業主行動計画を実施し，当該一般事業主

行動計画に定めた目標を達成したことその他の厚生労働省令で定める基準に適合するものである旨の認定を行うことができる．

(認定一般事業主の表示等)
第十四条　前条の認定を受けた一般事業主（以下「認定一般事業主」という．）は，商品又は役務，その広告又は取引に用いる書類若しくは通信その他の厚生労働省令で定めるもの（次項及び第十五条の四第一項において「広告等」という．）に厚生労働大臣の定める表示を付することができる．
2　何人も，前項の規定による場合を除くほか，広告等に同項の表示又はこれと紛らわしい表示を付してはならない．

(認定一般事業主の認定の取消し)
第十五条　厚生労働大臣は，認定一般事業主が次の各号のいずれかに該当するときは，第十三条の認定を取り消すことができる．
　一　第十三条に規定する基準に適合しなくなったと認めるとき．
　二　この法律又はこの法律に基づく命令に違反したとき．
　三　前二号に掲げる場合のほか，認定一般事業主として適当でなくなったと認めるとき．

(基準に適合する認定一般事業主の認定)
第十五条の二　厚生労働大臣は，認定一般事業主からの申請に基づき，厚生労働省令で定めるところにより，当該認定一般事業主について，雇用環境の整備に関し，行動計画策定指針に照らし適切な一般事業主行動計画（その計画期間の末日が，当該認定一般事業主が第十三条の認定を受けた日以後であるものに限る．）を策定したこと，当該一般事業主行動計画を実施し，当該一般事業主行動計画に定めた目標を達成したこと，当該認定一般事業主の次世代育成支援対策の実施の状況が優良なものであることその他の厚生労働省令で定める基準に適合するものである旨の認定を行うことができる．

(特例認定一般事業主の特例等)
第十五条の三　前条の認定を受けた認定一般事業主（以下「特例認定一般事業主」という．）については，第十二条第一項及び第四項の規定は，適用しない．
2　特例認定一般事業主は，厚生労働省令で定めるところにより，毎年少なくとも一回，次世代育成支援対策の実施の状況を公表しなければならない．
3　特例認定一般事業主が前項の規定による公表をしない場合には，厚生労働大臣は，当該特例認定一般事業主に対し，相当の期間を定めて当該公表をすべきこ

とを勧告することができる．

（特例認定一般事業主の表示等）
第十五条の四　特例認定一般事業主は，広告等に厚生労働大臣の定める表示を付することができる．
2　第十四条第二項の規定は，前項の表示について準用する．

（特例認定一般事業主の認定の取消し）
第十五条の五　厚生労働大臣は，特例認定一般事業主が次の各号のいずれかに該当するときは，第十五条の二の認定を取り消すことができる．
　一　第十五条の規定により第十三条の認定を取り消すとき．
　二　第十五条の二に規定する基準に適合しなくなったと認めるとき．
　三　第十五条の三第二項の規定による公表をせず，又は虚偽の公表をしたとき．
　四　前号に掲げる場合のほか，この法律又はこの法律に基づく命令に違反したとき．
　五　前各号に掲げる場合のほか，特例認定一般事業主として適当でなくなったと認めるとき．

（委託募集の特例等）
第十六条　承認中小事業主団体の構成員である一般事業主であって，常時雇用する労働者の数が三百人以下のもの（以下この項及び次項において「中小事業主」という．）が，当該承認中小事業主団体をして次世代育成支援対策を推進するための措置の実施に関し必要な労働者の募集を行わせようとする場合において，当該承認中小事業主団体が当該募集に従事しようとするときは，職業安定法（昭和二十二年法律第百四十一号）第三十六条第一項及び第三項の規定は，当該構成員である中小事業主については，適用しない．
2　この条及び次条において「承認中小事業主団体」とは，事業協同組合，協同組合連合会その他の特別の法律により設立された組合若しくはその連合会であって厚生労働省令で定めるもの又は一般社団法人で中小事業主を直接又は間接の構成員とするもの（厚生労働省令で定める要件に該当するものに限る．以下この項において「事業協同組合等」という．）であって，その構成員である中小事業主に対し，次世代育成支援対策を推進するための人材確保に関する相談及び援助を行うものとして，当該事業協同組合等の申請に基づき厚生労働大臣がその定める基準により適当であると承認したものをいう．
3　厚生労働大臣は，承認中小事業主団体が前項の相談及び援助を行うものとして適当でなくなったと認めるときは，同項の承認を取り消すことができる．

4 承認中小事業主団体は，当該募集に従事しようとするときは，厚生労働省令で定めるところにより，募集時期，募集人員，募集地域その他の労働者の募集に関する事項で厚生労働省令で定めるものを厚生労働大臣に届け出なければならない．

5 職業安定法第三十七条第二項の規定は前項の規定による届出があった場合について，同法第五条の三第一項及び第三項，第五条の四，第三十九条，第四十一条第二項，第四十八条の三，第四十八条の四，第五十条第一項及び第二項並びに第五十一条の二の規定は前項の規定による届出をして労働者の募集に従事する者について，同法第四十条の規定は同項の規定による届出をして労働者の募集に従事する者に対する報酬の供与について，同法第五十条第三項及び第四項の規定はこの項において準用する同条第二項に規定する職権を行う場合について準用する．この場合において，同法第三十七条第二項中「労働者の募集を行おうとする者」とあるのは「次世代育成支援対策推進法（平成十五年法律第百二十号）第十六条第四項の規定による届出をして労働者の募集に従事しようとする者」と，同法第四十一条第二項中「当該労働者の募集の業務の廃止を命じ，又は期間」とあるのは「期間」と読み替えるものとする．

6 職業安定法第三十六条第二項及び第四十二条の二の規定の適用については，同法第三十六条第二項中「前項の」とあるのは「被用者以外の者をして労働者の募集に従事させようとする者がその被用者以外の者に与えようとする」と，同法第四十二条の二中「第三十九条に規定する募集受託者」とあるのは「次世代育成支援対策推進法第十六条第四項の規定による届出をして労働者の募集に従事する者」とする．

7 厚生労働大臣は，承認中小事業主団体に対し，第二項の相談及び援助の実施状況について報告を求めることができる．

第十七条　公共職業安定所は，前条第四項の規定による届出をして労働者の募集に従事する承認中小事業主団体に対して，雇用情報及び職業に関する調査研究の成果を提供し，かつ，これらに基づき当該募集の内容又は方法について指導することにより，当該募集の効果的かつ適切な実施の促進に努めなければならない．

（一般事業主に対する国の援助）
第十八条　国は，第十二条第一項又は第四項の規定により一般事業主行動計画を策定する一般事業主又はこれらの規定による届出をした一般事業主に対して，一般事業主行動計画の策定，公表若しくは労働者への周知又は当該一般事業主行動計画に基づく措置が円滑に実施されるように必要な助言，指導その他の援助の実施に努めるものとする．

第四節　特定事業主行動計画

第十九条　国及び地方公共団体の機関，それらの長又はそれらの職員で政令で定めるもの（以下「特定事業主」という．）は，政令で定めるところにより，行動計画策定指針に即して，特定事業主行動計画（特定事業主が実施する次世代育成支援対策に関する計画をいう．以下この条において同じ．）を策定するものとする．
2　特定事業主行動計画においては，次に掲げる事項を定めるものとする．
　一　計画期間
　二　次世代育成支援対策の実施により達成しようとする目標
　三　実施しようとする次世代育成支援対策の内容及びその実施時期
3　特定事業主は，特定事業主行動計画を策定し，又は変更したときは，遅滞なく，これを公表しなければならない．
4　特定事業主は，特定事業主行動計画を策定し，又は変更したときは，遅滞なく，これを職員に周知させるための措置を講じなければならない．
5　特定事業主は，毎年少なくとも一回，特定事業主行動計画に基づく措置の実施の状況を公表しなければならない．
6　特定事業主は，特定事業主行動計画に基づく措置を実施するとともに，特定事業主行動計画に定められた目標を達成するよう努めなければならない．

第五節　次世代育成支援対策推進センター

第二十条　厚生労働大臣は，一般事業主の団体又はその連合団体（法人でない団体又は連合団体であって代表者の定めがないものを除く．）であって，次項に規定する業務を適正かつ確実に行うことができると認めるものを，その申請により，次世代育成支援対策推進センターとして指定することができる．
2　次世代育成支援対策推進センターは，一般事業主行動計画の策定及び実施に関し，一般事業主その他の関係者に対し，雇用環境の整備に関する相談その他の援助の業務を行うものとする．
3　厚生労働大臣は，次世代育成支援対策推進センターの財産の状況又はその業務の運営に関し改善が必要であると認めるときは，次世代育成支援対策推進センターに対し，その改善に必要な措置をとるべきことを命ずることができる．
4　厚生労働大臣は，次世代育成支援対策推進センターが前項の規定による命令に違反したときは，第一項の指定を取り消すことができる．
5　次世代育成支援対策推進センターの役員若しくは職員又はこれらの職にあった者は，第二項に規定する業務に関して知り得た秘密を漏らしてはならない．
6　第一項の指定の手続その他次世代育成支援対策推進センターに関し必要な事項は，厚生労働省令で定める．

第三章　次世代育成支援対策地域協議会

第二十一条　地方公共団体，事業主，住民その他の次世代育成支援対策の推進を図るための活動を行う者は，地域における次世代育成支援対策の推進に関し必要となるべき措置について協議するため，次世代育成支援対策地域協議会（以下「地域協議会」という．）を組織することができる．

2　前項の協議を行うための会議において協議が調った事項については，地域協議会の構成員は，その協議の結果を尊重しなければならない．

3　前二項に定めるもののほか，地域協議会の運営に関し必要な事項は，地域協議会が定める．

第四章　雑則

（主務大臣）

第二十二条　第七条第一項及び第三項から第五項までにおける主務大臣は，行動計画策定指針のうち，市町村行動計画及び都道府県行動計画に係る部分並びに一般事業主行動計画に係る部分（雇用環境の整備に関する部分を除く．）については厚生労働大臣，内閣総理大臣，国家公安委員会，文部科学大臣，農林水産大臣，経済産業大臣，国土交通大臣及び環境大臣とし，その他の部分については厚生労働大臣とする．

2　第九条第五項及び第十条第二項における主務大臣は，厚生労働大臣，内閣総理大臣，国家公安委員会，文部科学大臣，農林水産大臣，経済産業大臣，国土交通大臣及び環境大臣とする．

（権限の委任）

第二十三条　第十二条から第十六条までに規定する厚生労働大臣の権限は，厚生労働省令で定めるところにより，その一部を都道府県労働局長に委任することができる．

第五章　罰則

第二十四条　第十六条第五項において準用する職業安定法第四十一条第二項の規定による業務の停止の命令に違反して，労働者の募集に従事した者は，一年以下の懲役又は百万円以下の罰金に処する．

第二十五条　次の各号のいずれかに該当する者は，六月以下の懲役又は三十万円以下の罰金に処する．

　一　第十六条第四項の規定による届出をしないで，労働者の募集に従事した者

二　第十六条第五項において準用する職業安定法第三十七条第二項の規定による指示に従わなかった者
　三　第十六条第五項において準用する職業安定法第三十九条又は第四十条の規定に違反した者

第二十六条　次の各号のいずれかに該当する者は，三十万円以下の罰金に処する．
　一　第十四条第二項（第十五条の四第二項において準用する場合を含む．）の規定に違反した者
　二　第十六条第五項において準用する職業安定法第五十条第一項の規定による報告をせず，又は虚偽の報告をした者
　三　第十六条第五項において準用する職業安定法第五十条第二項の規定による立入り若しくは検査を拒み，妨げ，若しくは忌避し，又は質問に対して答弁をせず，若しくは虚偽の陳述をした者
　四　第二十条第五項の規定に違反した者

第二十七条　法人の代表者又は法人若しくは人の代理人，使用人その他の従業者が，その法人又は人の業務に関し，第二十四条，第二十五条又は前条第一号から第三号までの違反行為をしたときは，行為者を罰するほか，その法人又は人に対しても，各本条の罰金刑を科する．

　　附　則
（施行期日）
第一条　この法律は，公布の日から施行する．ただし，第七条及び第二十二条第一項の規定は公布の日から起算して六月を超えない範囲内において政令で定める日から，第八条から第十九条まで，第二十二条第二項，第二十三条から第二十五条まで，第二十六条第一号から第三号まで及び第二十七条の規定は平成十七年四月一日から施行する．

（この法律の失効）
第二条　この法律は，平成三十七年三月三十一日限り，その効力を失う．
2　次世代育成支援対策推進センターの役員又は職員であった者の第二十条第二項に規定する業務に関して知り得た秘密については，同条第五項の規定（同項に係る罰則を含む．）は，前項の規定にかかわらず，同項に規定する日後も，なおその効力を有する．
3　この法律の失効前にした行為に対する罰則の適用については，この法律は，第一項の規定にかかわらず，同項に規定する日後も，なおその効力を有する．

(検討)
第三条　政府は，この法律の施行後五年を経過した場合において，この法律の施行の状況を勘案し，必要があると認めるときは，この法律の規定について検討を加え，その結果に基づいて必要な措置を講ずるものとする．

附　則　（平成一七年四月一日法律第二五号）　抄
(施行期日)
第一条　この法律は，平成十七年四月一日から施行する．

(その他の経過措置の政令への委任)
第十条　この附則に規定するもののほか，この法律の施行に伴い必要な経過措置は，政令で定める．

附　則　（平成一八年六月二日法律第五〇号）
この法律は，一般社団・財団法人法の施行の日から施行する．

附　則　（平成二〇年一二月三日法律第八五号）　抄
(施行期日)
第一条　この法律は，平成二十一年四月一日から施行する．ただし，次の各号に掲げる規定は，当該各号に定める日から施行する．
　一　附則第三条及び第九条の規定　公布の日
　二　第三条中次世代育成支援対策推進法第四条，第七条から第九条まで及び第二十二条の改正規定　公布の日から起算して六月を超えない範囲内において政令で定める日
　三　第二条の規定及び第四条中次世代育成支援対策推進法第七条から第九条までの改正規定並びに附則第五条及び第十七条の規定　平成二十二年四月一日
　四　第四条中次世代育成支援対策推進法第十二条及び第十六条の改正規定並びに附則第八条の規定　平成二十三年四月一日

(一般事業主行動計画の公表に関する経過措置)
第六条　第三条の規定による改正後の次世代育成支援対策推進法（次項及び次条において「新法」という．）第十二条第三項の規定は，この法律の施行の日以後に同条第一項に基づき策定し，又は変更した一般事業主行動計画について適用する．
２　新法第十二条第五項の規定は，この法律の施行の日以後に同条第四項に基づき策定し，又は変更した一般事業主行動計画について適用する．

(一般事業主行動計画の労働者への周知に関する経過措置)
第七条　新法第十二条の二第一項の規定は，この法律の施行の日以後に新法第十二条第一項に基づき策定し，又は変更した一般事業主行動計画について適用する．
2　新法第十二条の二第二項の規定は，この法律の施行の日以後に新法第十二条第四項に基づき策定し，又は変更した一般事業主行動計画について適用する．

(一般事業主行動計画の届出に関する経過措置)
第八条　附則第一条第四号に掲げる規定の施行の際現に常時雇用する労働者の数が百人を超え，三百人以下である次世代育成支援対策推進法第十二条第一項に規定する一般事業主が第四条の規定による改正前の次世代育成支援対策推進法第十二条第四項の規定により届け出た一般事業主行動計画（附則第一条第四号に掲げる規定の施行の日をその計画期間に含むものに限る．）は，第四条の規定による改正後の次世代育成支援対策推進法第十二条第一項の規定により届け出た一般事業主行動計画とみなす．

(その他の経過措置の政令への委任)
第九条　この附則に規定するもののほか，この法律の施行に伴い必要な経過措置は，政令で定める．

附　則　（平成二二年一二月一〇日法律第七一号）　抄
(施行期日)
第一条　この法律は，平成二十四年四月一日から施行する．

附　則　（平成二三年六月二四日法律第七四号）　抄
(施行期日)
第一条　この法律は，公布の日から起算して二十日を経過した日から施行する．

附　則　（平成二三年八月三〇日法律第一〇五号）　抄
(施行期日)
第一条　この法律は，公布の日から施行する．

(罰則に関する経過措置)
第八十一条　この法律（附則第一条各号に掲げる規定にあっては，当該規定．以下この条において同じ．）の施行前にした行為及びこの附則の規定によりなお従前の例によることとされる場合におけるこの法律の施行後にした行為に対する罰

則の適用については，なお従前の例による．

（政令への委任）
第八十二条　この附則に規定するもののほか，この法律の施行に関し必要な経過措置（罰則に関する経過措置を含む.）は，政令で定める．

　附　則　（平成二四年八月二二日法律第六七号）　抄
この法律は，子ども・子育て支援法の施行の日から施行する．

　附　則　（平成二六年四月二三日法律第二八号）　抄
（施行期日）
第一条　この法律は，平成二十七年四月一日から施行する．ただし，次の各号に掲げる規定は，当該各号に定める日から施行する．
　一　第一条中次世代育成支援対策推進法附則第二条第一項の改正規定並びに附則第四条第一項及び第二項，第十四条並びに第十九条の規定　公布の日

（検討）
第二条　政府は，この法律の施行後五年を目途として，この法律による改正後のそれぞれの法律の規定について，その施行の状況等を勘案しつつ検討を加え，必要があると認めるときは，その結果に基づいて必要な措置を講ずるものとする．

（政令への委任）
第十九条　この附則に規定するもののほか，この法律の施行に伴い必要な経過措置は，政令で定める．

4-6 少子化社会対策基本法
(平成十五年七月三十日法律第百三十三号)

　我が国における急速な少子化の進展は，平均寿命の伸長による高齢者の増加とあいまって，我が国の人口構造にひずみを生じさせ，二十一世紀の国民生活に，深刻かつ多大な影響をもたらす．我らは，紛れもなく，有史以来の未曾有の事態に直面している．

　しかしながら，我らはともすれば高齢社会に対する対応にのみ目を奪われ，少子化という，社会の根幹を揺るがしかねない事態に対する国民の意識や社会の対応は，著しく遅れている．少子化は，社会における様々なシステムや人々の価値観と深くかかわっており，この事態を克服するためには，長期的な展望に立った不断の努力の積重ねが不可欠で，極めて長い時間を要する．急速な少子化という現実を前にして，我らに残された時間は，極めて少ない．

　もとより，結婚や出産は個人の決定に基づくものではあるが，こうした事態に直面して，家庭や子育てに夢を持ち，かつ，次代の社会を担う子どもを安心して生み，育てることができる環境を整備し，子どもがひとしく心身ともに健やかに育ち，子どもを生み，育てる者が真に誇りと喜びを感じることのできる社会を実現し，少子化の進展に歯止めをかけることが，今，我らに，強く求められている．生命を尊び，豊かで安心して暮らすことのできる社会の実現に向け，新たな一歩を踏み出すことは，我らに課せられている喫緊の課題である．

　ここに，少子化社会において講ぜられる施策の基本理念を明らかにし，少子化に的確に対処するための施策を総合的に推進するため，この法律を制定する．

第一章　総則

(目的)
第一条　この法律は，我が国において急速に少子化が進展しており，その状況が二十一世紀の国民生活に深刻かつ多大な影響を及ぼすものであることにかんがみ，このような事態に対し，長期的な視点に立って的確に対処するため，少子化社会において講ぜられる施策の基本理念を明らかにするとともに，国及び地方公共団体の責務，少子化に対処するために講ずべき施策の基本となる事項その他の事項を定めることにより，少子化に対処するための施策を総合的に推進し，もって国民が豊かで安心して暮らすことのできる社会の実現に寄与することを目的とする．

(施策の基本理念)
第二条　少子化に対処するための施策は，父母その他の保護者が子育てについての第一義的責任を有するとの認識の下に，国民の意識の変化，生活様式の多様化

等に十分留意しつつ，男女共同参画社会の形成とあいまって，家庭や子育てに夢を持ち，かつ，次代の社会を担う子どもを安心して生み，育てることができる環境を整備することを旨として講ぜられなければならない．
2　少子化に対処するための施策は，人口構造の変化，財政の状況，経済の成長，社会の高度化その他の状況に十分配意し，長期的な展望に立って講ぜられなければならない．
3　少子化に対処するための施策を講ずるに当たっては，子どもの安全な生活が確保されるとともに，子どもがひとしく心身ともに健やかに育つことができるよう配慮しなければならない．
4　社会，経済，教育，文化その他あらゆる分野における施策は，少子化の状況に配慮して，講ぜられなければならない．

(国の責務)
第三条　国は，前条の施策の基本理念（次条において「基本理念」という．）にのっとり，少子化に対処するための施策を総合的に策定し，及び実施する責務を有する．

(地方公共団体の責務)
第四条　地方公共団体は，基本理念にのっとり，少子化に対処するための施策に関し，国と協力しつつ，当該地域の状況に応じた施策を策定し，及び実施する責務を有する．

(事業主の責務)
第五条　事業主は，子どもを生み，育てる者が充実した職業生活を営みつつ豊かな家庭生活を享受することができるよう，国又は地方公共団体が実施する少子化に対処するための施策に協力するとともに，必要な雇用環境の整備に努めるものとする．

(国民の責務)
第六条　国民は，家庭や子育てに夢を持ち，かつ，安心して子どもを生み，育てることができる社会の実現に資するよう努めるものとする．

(施策の大綱)
第七条　政府は，少子化に対処するための施策の指針として，総合的かつ長期的な少子化に対処するための施策の大綱を定めなければならない．

(法制上の措置等)
第八条　政府は，この法律の目的を達成するため，必要な法制上又は財政上の措置その他の措置を講じなければならない．

(年次報告)
第九条　政府は，毎年，国会に，少子化の状況及び少子化に対処するために講じた施策の概況に関する報告書を提出しなければならない．

第二章　基本的施策

(雇用環境の整備)
第十条　国及び地方公共団体は，子どもを生み，育てる者が充実した職業生活を営みつつ豊かな家庭生活を享受することができるよう，育児休業制度等子どもを生み，育てる者の雇用の継続を図るための制度の充実，労働時間の短縮の促進，再就職の促進，情報通信ネットワークを利用した就労形態の多様化等による多様な就労の機会の確保その他必要な雇用環境の整備のための施策を講ずるものとする．
2　国及び地方公共団体は，前項の施策を講ずるに当たっては，子どもを養育する者がその有する能力を有効に発揮することの妨げとなっている雇用慣行の是正が図られるよう配慮するものとする．

(保育サービス等の充実)
第十一条　国及び地方公共団体は，子どもを養育する者の多様な需要に対応した良質な保育サービス等が提供されるよう，病児保育，低年齢児保育，休日保育，夜間保育，延長保育及び一時保育の充実，放課後児童健全育成事業等の拡充その他の保育等に係る体制の整備並びに保育サービスに係る情報の提供の促進に必要な施策を講ずるとともに，保育所，幼稚園その他の保育サービスを提供する施設の活用による子育てに関する情報の提供及び相談の実施その他の子育て支援が図られるよう必要な施策を講ずるものとする．
2　国及び地方公共団体は，保育において幼稚園の果たしている役割に配慮し，その充実を図るとともに，前項の保育等に係る体制の整備に必要な施策を講ずるに当たっては，幼稚園と保育所との連携の強化及びこれらに係る施設の総合化に配慮するものとする．

(地域社会における子育て支援体制の整備)
第十二条　国及び地方公共団体は，地域において子どもを生み，育てる者を支援する拠点の整備を図るとともに，安心して子どもを生み，育てることができる地

域社会の形成に係る活動を行う民間団体の支援，地域における子どもと他の世代との交流の促進等について必要な施策を講ずることにより，子どもを生み，育てる者を支援する地域社会の形成のための環境の整備を行うものとする．

(母子保健医療体制の充実等)
第十三条　国及び地方公共団体は，妊産婦及び乳幼児に対する健康診査，保健指導等の母子保健サービスの提供に係る体制の整備，妊産婦及び乳幼児に対し良質かつ適切な医療（助産を含む．）が提供される体制の整備等安心して子どもを生み，育てることができる母子保健医療体制の充実のために必要な施策を講ずるものとする．
2　国及び地方公共団体は，不妊治療を望む者に対し良質かつ適切な保健医療サービスが提供されるよう，不妊治療に係る情報の提供，不妊相談，不妊治療に係る研究に対する助成等必要な施策を講ずるものとする．

(ゆとりのある教育の推進等)
第十四条　国及び地方公共団体は，子どもを生み，育てる者の教育に関する心理的な負担を軽減するため，教育の内容及び方法の改善及び充実，入学者の選抜方法の改善等によりゆとりのある学校教育の実現が図られるよう必要な施策を講ずるとともに，子どもの文化体験，スポーツ体験，社会体験その他の体験を豊かにするための多様な機会の提供，家庭教育に関する学習機会及び情報の提供，家庭教育に関する相談体制の整備等子どもが豊かな人間性をはぐくむことができる社会環境を整備するために必要な施策を講ずるものとする．

(生活環境の整備)
第十五条　国及び地方公共団体は，子どもの養育及び成長に適した良質な住宅の供給並びに安心して子どもを遊ばせることができる広場その他の場所の整備を促進するとともに，子どもが犯罪，交通事故その他の危害から守られ，子どもを生み，育てる者が豊かで安心して生活することができる地域環境を整備するためのまちづくりその他の必要な施策を講ずるものとする．

(経済的負担の軽減)
第十六条　国及び地方公共団体は，子どもを生み，育てる者の経済的負担の軽減を図るため，児童手当，奨学事業及び子どもの医療に係る措置，税制上の措置その他の必要な措置を講ずるものとする．

(教育及び啓発)

第十七条　国及び地方公共団体は，生命の尊厳並びに子育てにおいて家庭が果たす役割及び家庭生活における男女の協力の重要性について国民の認識を深めるよう必要な教育及び啓発を行うものとする．
2　国及び地方公共団体は，安心して子どもを生み，育てることができる社会の形成について国民の関心と理解を深めるよう必要な教育及び啓発を行うものとする．

第三章　少子化社会対策会議

（設置及び所掌事務）
第十八条　内閣府に，特別の機関として，少子化社会対策会議（以下「会議」という．）を置く．
2　会議は，次に掲げる事務をつかさどる．
　一　第七条の大綱の案を作成すること．
　二　少子化社会において講ぜられる施策について必要な関係行政機関相互の調整をすること．
　三　前二号に掲げるもののほか，少子化社会において講ぜられる施策に関する重要事項について審議し，及び少子化に対処するための施策の実施を推進すること．

（組織等）
第十九条　会議は，会長及び委員をもって組織する．
2　会長は，内閣総理大臣をもって充てる．
3　委員は，内閣官房長官，関係行政機関の長及び内閣府設置法（平成十一年法律第八十九号）第九条第一項に規定する特命担当大臣のうちから，内閣総理大臣が任命する．
4　会議に，幹事を置く．
5　幹事は，関係行政機関の職員のうちから，内閣総理大臣が任命する．
6　幹事は，会議の所掌事務について，会長及び委員を助ける．
7　前各項に定めるもののほか，会議の組織及び運営に関し必要な事項は，政令で定める．

附　則　抄
（施行期日）
1　この法律は，公布の日から起算して六月を超えない範囲内において政令で定める日から施行する．

4-7　食育基本法
（平成十七年六月十七日法律第六十三号）

　　　　　　　　　　　　　最終改正：平成二一年六月五日法律第四九号

　二十一世紀における我が国の発展のためには，子どもたちが健全な心と身体を培い，未来や国際社会に向かって羽ばたくことができるようにするとともに，すべての国民が心身の健康を確保し，生涯にわたって生き生きと暮らすことができるようにすることが大切である．

　子どもたちが豊かな人間性をはぐくみ，生きる力を身に付けていくためには，何よりも「食」が重要である．今，改めて，食育を，生きる上での基本であって，知育，徳育及び体育の基礎となるべきものと位置付けるとともに，様々な経験を通じて「食」に関する知識と「食」を選択する力を習得し，健全な食生活を実践することができる人間を育てる食育を推進することが求められている．もとより，食育はあらゆる世代の国民に必要なものであるが，子どもたちに対する食育は，心身の成長及び人格の形成に大きな影響を及ぼし，生涯にわたって健全な心と身体を培い豊かな人間性をはぐくんでいく基礎となるものである．

　一方，社会経済情勢がめまぐるしく変化し，日々忙しい生活を送る中で，人々は，毎日の「食」の大切さを忘れがちである．国民の食生活においては，栄養の偏り，不規則な食事，肥満や生活習慣病の増加，過度の痩身志向などの問題に加え，新たな「食」の安全上の問題や，「食」の海外への依存の問題が生じており，「食」に関する情報が社会に氾濫する中で，人々は，食生活の改善の面からも，「食」の安全の確保の面からも，自ら「食」のあり方を学ぶことが求められている．また，豊かな緑と水に恵まれた自然の下で先人からはぐくまれてきた，地域の多様性と豊かな味覚や文化の香りあふれる日本の「食」が失われる危機にある．

　こうした「食」をめぐる環境の変化の中で，国民の「食」に関する考え方を育て，健全な食生活を実現することが求められるとともに，都市と農山漁村の共生・対流を進め，「食」に関する消費者と生産者との信頼関係を構築して，地域社会の活性化，豊かな食文化の継承及び発展，環境と調和のとれた食料の生産及び消費の推進並びに食料自給率の向上に寄与することが期待されている．

　国民一人一人が「食」について改めて意識を高め，自然の恩恵や「食」に関わる人々の様々な活動への感謝の念や理解を深めつつ，「食」に関して信頼できる情報に基づく適切な判断を行う能力を身に付けることによって，心身の健康を増進する健全な食生活を実践するために，今こそ，家庭，学校，保育所，地域等を中心に，国民運動として，食育の推進に取り組んでいくことが，我々に課せられている課題である．さらに，食育の推進に関する我が国の取組が，海外との交流等を通じて食育に関して国際的に貢献することにつながることも期待される．

ここに，食育について，基本理念を明らかにしてその方向性を示し，国，地方公共団体及び国民の食育の推進に関する取組を総合的かつ計画的に推進するため，この法律を制定する．

第一章　総則

(目的)
第一条　この法律は，近年における国民の食生活をめぐる環境の変化に伴い，国民が生涯にわたって健全な心身を培い，豊かな人間性をはぐくむための食育を推進することが緊要な課題となっていることにかんがみ，食育に関し，基本理念を定め，及び国，地方公共団体等の責務を明らかにするとともに，食育に関する施策の基本となる事項を定めることにより，食育に関する施策を総合的かつ計画的に推進し，もって現在及び将来にわたる健康で文化的な国民の生活と豊かで活力ある社会の実現に寄与することを目的とする．

(国民の心身の健康の増進と豊かな人間形成)
第二条　食育は，食に関する適切な判断力を養い，生涯にわたって健全な食生活を実現することにより，国民の心身の健康の増進と豊かな人間形成に資することを旨として，行われなければならない．

(食に関する感謝の念と理解)
第三条　食育の推進に当たっては，国民の食生活が，自然の恩恵の上に成り立っており，また，食に関わる人々の様々な活動に支えられていることについて，感謝の念や理解が深まるよう配慮されなければならない．

(食育推進運動の展開)
第四条　食育を推進するための活動は，国民，民間団体等の自発的意思を尊重し，地域の特性に配慮し，地域住民その他の社会を構成する多様な主体の参加と協力を得るものとするとともに，その連携を図りつつ，あまねく全国において展開されなければならない．

(子どもの食育における保護者，教育関係者等の役割)
第五条　食育は，父母その他の保護者にあっては，家庭が食育において重要な役割を有していることを認識するとともに，子どもの教育，保育等を行う者にあっては，教育，保育等における食育の重要性を十分自覚し，積極的に子どもの食育の推進に関する活動に取り組むこととなるよう，行われなければならない．

(食に関する体験活動と食育推進活動の実践)
第六条　食育は，広く国民が家庭，学校，保育所，地域その他のあらゆる機会とあらゆる場所を利用して，食料の生産から消費等に至るまでの食に関する様々な体験活動を行うとともに，自ら食育の推進のための活動を実践することにより，食に関する理解を深めることを旨として，行われなければならない．

(伝統的な食文化，環境と調和した生産等への配意及び農山漁村の活性化と食料自給率の向上への貢献)
第七条　食育は，我が国の伝統のある優れた食文化，地域の特性を生かした食生活，環境と調和のとれた食料の生産とその消費等に配意し，我が国の食料の需要及び供給の状況についての国民の理解を深めるとともに，食料の生産者と消費者との交流等を図ることにより，農山漁村の活性化と我が国の食料自給率の向上に資するよう，推進されなければならない．

(食品の安全性の確保等における食育の役割)
第八条　食育は，食品の安全性が確保され安心して消費できることが健全な食生活の基礎であることにかんがみ，食品の安全性をはじめとする食に関する幅広い情報の提供及びこれについての意見交換が，食に関する知識と理解を深め，国民の適切な食生活の実践に資することを旨として，国際的な連携を図りつつ積極的に行われなければならない．

(国の責務)
第九条　国は，第二条から前条までに定める食育に関する基本理念(以下「基本理念」という．)にのっとり，食育の推進に関する施策を総合的かつ計画的に策定し，及び実施する責務を有する．

(地方公共団体の責務)
第十条　地方公共団体は，基本理念にのっとり，食育の推進に関し，国との連携を図りつつ，その地方公共団体の区域の特性を生かした自主的な施策を策定し，及び実施する責務を有する．

(教育関係者等及び農林漁業者等の責務)
第十一条　教育並びに保育，介護その他の社会福祉，医療及び保健(以下「教育等」という．)に関する職務に従事する者並びに教育等に関する関係機関及び関係団体(以下「教育関係者等」という．)は，食に関する関心及び理解の増進に果たすべき重要な役割にかんがみ，基本理念にのっとり，あらゆる機会とあらゆ

る場所を利用して，積極的に食育を推進するよう努めるとともに，他の者の行う食育の推進に関する活動に協力するよう努めるものとする．
2　農林漁業者及び農林漁業に関する団体（以下「農林漁業者等」という．）は，農林漁業に関する体験活動等が食に関する国民の関心及び理解を増進する上で重要な意義を有することにかんがみ，基本理念にのっとり，農林漁業に関する多様な体験の機会を積極的に提供し，自然の恩恵と食に関わる人々の活動の重要性について，国民の理解が深まるよう努めるとともに，教育関係者等と相互に連携して食育の推進に関する活動を行うよう努めるものとする．

（食品関連事業者等の責務）
第十二条　食品の製造，加工，流通，販売又は食事の提供を行う事業者及びその組織する団体（以下「食品関連事業者等」という．）は，基本理念にのっとり，その事業活動に関し，自主的かつ積極的に食育の推進に自ら努めるとともに，国又は地方公共団体が実施する食育の推進に関する施策その他の食育の推進に関する活動に協力するよう努めるものとする．

（国民の責務）
第十三条　国民は，家庭，学校，保育所，地域その他の社会のあらゆる分野において，基本理念にのっとり，生涯にわたり健全な食生活の実現に自ら努めるとともに，食育の推進に寄与するよう努めるものとする．

（法制上の措置等）
第十四条　政府は，食育の推進に関する施策を実施するため必要な法制上又は財政上の措置その他の措置を講じなければならない．

（年次報告）
第十五条　政府は，毎年，国会に，政府が食育の推進に関して講じた施策に関する報告書を提出しなければならない．

第二章　食育推進基本計画等

（食育推進基本計画）
第十六条　食育推進会議は，食育の推進に関する施策の総合的かつ計画的な推進を図るため，食育推進基本計画を作成するものとする．
2　食育推進基本計画は，次に掲げる事項について定めるものとする．
　一　食育の推進に関する施策についての基本的な方針
　二　食育の推進の目標に関する事項

三　国民等の行う自発的な食育推進活動等の総合的な促進に関する事項
　四　前三号に掲げるもののほか，食育の推進に関する施策を総合的かつ計画的に推進するために必要な事項
3　食育推進会議は，第一項の規定により食育推進基本計画を作成したときは，速やかにこれを内閣総理大臣に報告し，及び関係行政機関の長に通知するとともに，その要旨を公表しなければならない．
4　前項の規定は，食育推進基本計画の変更について準用する．

（都道府県食育推進計画）
第十七条　都道府県は，食育推進基本計画を基本として，当該都道府県の区域内における食育の推進に関する施策についての計画（以下「都道府県食育推進計画」という．）を作成するよう努めなければならない．
2　都道府県（都道府県食育推進会議が置かれている都道府県にあっては，都道府県食育推進会議）は，都道府県食育推進計画を作成し，又は変更したときは，速やかに，その要旨を公表しなければならない．

（市町村食育推進計画）
第十八条　市町村は，食育推進基本計画（都道府県食育推進計画が作成されているときは，食育推進基本計画及び都道府県食育推進計画）を基本として，当該市町村の区域内における食育の推進に関する施策についての計画（以下「市町村食育推進計画」という．）を作成するよう努めなければならない．
2　市町村（市町村食育推進会議が置かれている市町村にあっては，市町村食育推進会議）は，市町村食育推進計画を作成し，又は変更したときは，速やかに，その要旨を公表しなければならない．

第三章　基本的施策

（家庭における食育の推進）
第十九条　国及び地方公共団体は，父母その他の保護者及び子どもの食に対する関心及び理解を深め，健全な食習慣の確立に資するよう，親子で参加する料理教室その他の食事についての望ましい習慣を学びながら食を楽しむ機会の提供，健康美に関する知識の啓発その他の適切な栄養管理に関する知識の普及及び情報の提供，妊産婦に対する栄養指導又は乳幼児をはじめとする子どもを対象とする発達段階に応じた栄養指導その他の家庭における食育の推進を支援するために必要な施策を講ずるものとする．

(学校,保育所等における食育の推進)
第二十条　国及び地方公共団体は,学校,保育所等において魅力ある食育の推進に関する活動を効果的に促進することにより子どもの健全な食生活の実現及び健全な心身の成長が図られるよう,学校,保育所等における食育の推進のための指針の作成に関する支援,食育の指導にふさわしい教職員の設置及び指導的立場にある者の食育の推進において果たすべき役割についての意識の啓発その他の食育に関する指導体制の整備,学校,保育所等又は地域の特色を生かした学校給食等の実施,教育の一環として行われる農場等における実習,食品の調理,食品廃棄物の再生利用等様々な体験活動を通じた子どもの食に関する理解の促進,過度の痩身又は肥満の心身の健康に及ぼす影響等についての知識の啓発その他必要な施策を講ずるものとする.

(地域における食生活の改善のための取組の推進)
第二十一条　国及び地方公共団体は,地域において,栄養,食習慣,食料の消費等に関する食生活の改善を推進し,生活習慣病を予防して健康を増進するため,健全な食生活に関する指針の策定及び普及啓発,地域における食育の推進に関する専門的知識を有する者の養成及び資質の向上並びにその活用,保健所,市町村保健センター,医療機関等における食育に関する普及及び啓発活動の推進,医学教育等における食育に関する指導の充実,食品関連事業者等が行う食育の推進のための活動への支援等必要な施策を講ずるものとする.

(食育推進運動の展開)
第二十二条　国及び地方公共団体は,国民,教育関係者等,農林漁業者等,食品関連事業者等その他の事業者若しくはその組織する団体又は消費生活の安定及び向上等のための活動を行う民間の団体が自発的に行う食育の推進に関する活動が,地域の特性を生かしつつ,相互に緊密な連携協力を図りながらあまねく全国において展開されるようにするとともに,関係者相互間の情報及び意見の交換が促進されるよう,食育の推進に関する普及啓発を図るための行事の実施,重点的かつ効果的に食育の推進に関する活動を推進するための期間の指定その他必要な施策を講ずるものとする.
2　国及び地方公共団体は,食育の推進に当たっては,食生活の改善のための活動その他の食育の推進に関する活動に携わるボランティアが果たしている役割の重要性にかんがみ,これらのボランティアとの連携協力を図りながら,その活動の充実が図られるよう必要な施策を講ずるものとする.

（生産者と消費者との交流の促進，環境と調和のとれた農林漁業の活性化等）
第二十三条　国及び地方公共団体は，生産者と消費者との間の交流の促進等により，生産者と消費者との信頼関係を構築し，食品の安全性の確保，食料資源の有効な利用の促進及び国民の食に対する理解と関心の増進を図るとともに，環境と調和のとれた農林漁業の活性化に資するため，農林水産物の生産，食品の製造，流通等における体験活動の促進，農林水産物の生産された地域内の学校給食等における利用その他のその地域内における消費の促進，創意工夫を生かした食品廃棄物の発生の抑制及び再生利用等必要な施策を講ずるものとする．

（食文化の継承のための活動への支援等）
第二十四条　国及び地方公共団体は，伝統的な行事や作法と結びついた食文化，地域の特色ある食文化等我が国の伝統のある優れた食文化の継承を推進するため，これらに関する啓発及び知識の普及その他の必要な施策を講ずるものとする．

（食品の安全性，栄養その他の食生活に関する調査，研究，情報の提供及び国際交流の推進）
第二十五条　国及び地方公共団体は，すべての世代の国民の適切な食生活の選択に資するよう，国民の食生活に関し，食品の安全性，栄養，食習慣，食料の生産，流通及び消費並びに食品廃棄物の発生及びその再生利用の状況等について調査及び研究を行うとともに，必要な各種の情報の収集，整理及び提供，データベースの整備その他食に関する正確な情報を迅速に提供するために必要な施策を講ずるものとする．
2　国及び地方公共団体は，食育の推進に資するため，海外における食品の安全性，栄養，食習慣等の食生活に関する情報の収集，食育に関する研究者等の国際的交流，食育の推進に関する活動についての情報交換その他国際交流の推進のために必要な施策を講ずるものとする．

第四章　食育推進会議等

（食育推進会議の設置及び所掌事務）
第二十六条　内閣府に，食育推進会議を置く．
2　食育推進会議は，次に掲げる事務をつかさどる．
　一　食育推進基本計画を作成し，及びその実施を推進すること．
　二　前号に掲げるもののほか，食育の推進に関する重要事項について審議し，及び食育の推進に関する施策の実施を推進すること．

（組織）
第二十七条　食育推進会議は，会長及び委員二十五人以内をもって組織する．

（会長）
第二十八条　会長は，内閣総理大臣をもって充てる．
2　会長は，会務を総理する．
3　会長に事故があるときは，あらかじめその指名する委員がその職務を代理する．

（委員）
第二十九条　委員は，次に掲げる者をもって充てる．
　一　内閣府設置法（平成十一年法律第八十九号）第九条第一項に規定する特命担当大臣であって，同項の規定により命を受けて同法第四条第一項第十八号に掲げる事項に関する事務及び同条第三項第二十七号の三に掲げる事務を掌理するもの（次号において「食育担当大臣」という．）
　二　食育担当大臣以外の国務大臣のうちから，内閣総理大臣が指定する者
　三　食育に関して十分な知識と経験を有する者のうちから，内閣総理大臣が任命する者
2　前項第三号の委員は，非常勤とする．

（委員の任期）
第三十条　前条第一項第三号の委員の任期は，二年とする．ただし，補欠の委員の任期は，前任者の残任期間とする．
2　前条第一項第三号の委員は，再任されることができる．

（政令への委任）
第三十一条　この章に定めるもののほか，食育推進会議の組織及び運営に関し必要な事項は，政令で定める．

（都道府県食育推進会議）
第三十二条　都道府県は，その都道府県の区域における食育の推進に関して，都道府県食育推進計画の作成及びその実施の推進のため，条例で定めるところにより，都道府県食育推進会議を置くことができる．
2　都道府県食育推進会議の組織及び運営に関し必要な事項は，都道府県の条例で定める．

(市町村食育推進会議)
第三十三条　市町村は，その市町村の区域における食育の推進に関して，市町村食育推進計画の作成及びその実施の推進のため，条例で定めるところにより，市町村食育推進会議を置くことができる．
2　市町村食育推進会議の組織及び運営に関し必要な事項は，市町村の条例で定める．

附則　抄
(施行期日)
第一条　この法律は，公布の日から起算して一月を超えない範囲内において政令で定める日から施行する．

附則（平成二一年六月五日法律第四九号）　抄
(施行期日)
第一条　この法律は，消費者庁及び消費者委員会設置法（平成二十一年法律第四十八号）の施行の日から施行する．

4-8 就学前の子どもに関する教育，保育等の総合的な提供の推進に関する法律

（平成十八年六月十五日法律第七十七号）

最終改正：平成二七年六月二六日法律第五〇号

第一章　総則

（目的）

第一条　この法律は，幼児期の教育及び保育が生涯にわたる人格形成の基礎を培う重要なものであること並びに我が国における急速な少子化の進行並びに家庭及び地域を取り巻く環境の変化に伴い小学校就学前の子どもの教育及び保育に対する需要が多様なものとなっていることに鑑み，地域における創意工夫を生かしつつ，小学校就学前の子どもに対する教育及び保育並びに保護者に対する子育て支援の総合的な提供を推進するための措置を講じ，もって地域において子どもが健やかに育成される環境の整備に資することを目的とする．

（定義）

第二条　この法律において「子ども」とは，小学校就学の始期に達するまでの者をいう．

2　この法律において「幼稚園」とは，学校教育法（昭和二十二年法律第二十六号）第一条に規定する幼稚園をいう．

3　この法律において「保育所」とは，児童福祉法（昭和二十二年法律第百六十四号）第三十九条第一項に規定する保育所をいう．

4　この法律において「保育機能施設」とは，児童福祉法第五十九条第一項に規定する施設のうち同法第三十九条第一項に規定する業務を目的とするもの（少数の子どもを対象とするものその他の主務省令で定めるものを除く．）をいう．

5　この法律において「保育所等」とは，保育所又は保育機能施設をいう．

6　この法律において「認定こども園」とは，次条第一項又は第三項の認定を受けた施設，同条第九項の規定による公示がされた施設及び幼保連携型認定こども園をいう．

7　この法律において「幼保連携型認定こども園」とは，義務教育及びその後の教育の基礎を培うものとしての満三歳以上の子どもに対する教育並びに保育を必要とする子どもに対する保育を一体的に行い，これらの子どもの健やかな成長が図られるよう適当な環境を与えて，その心身の発達を助長するとともに，保護者に対する子育ての支援を行うことを目的として，この法律の定めるところにより設置される施設をいう．

8　この法律において「教育」とは，教育基本法（平成十八年法律第百二十号）

第六条第一項に規定する法律に定める学校（第九条において単に「学校」という．）において行われる教育をいう．
9　この法律において「保育」とは，児童福祉法第六条の三第七項に規定する保育をいう．
10　この法律において「保育を必要とする子ども」とは，児童福祉法第六条の三第九項第一号に規定する保育を必要とする乳児・幼児をいう．
11　この法律において「保護者」とは，児童福祉法第六条に規定する保護者をいう．
12　この法律において「子育て支援事業」とは，地域の子どもの養育に関する各般の問題につき保護者からの相談に応じ必要な情報の提供及び助言を行う事業，保護者の疾病その他の理由により家庭において養育を受けることが一時的に困難となった地域の子どもに対する保育を行う事業，地域の子どもの養育に関する援助を受けることを希望する保護者と当該援助を行うことを希望する民間の団体若しくは個人との連絡及び調整を行う事業又は地域の子どもの養育に関する援助を行う民間の団体若しくは個人に対する必要な情報の提供及び助言を行う事業であって主務省令で定めるものをいう．

第二章　幼保連携型認定こども園以外の認定こども園に関する認定手続等

（幼保連携型認定こども園以外の認定こども園の認定等）
第三条　幼稚園又は保育所等の設置者（都道府県を除く．）は，その設置する施設が都道府県の条例で定める要件に適合している旨の都道府県知事（保育所に係る児童福祉法の規定による認可その他の処分をする権限に係る事務を地方自治法（昭和二十二年法律第六十七号）第百八十条の二の規定に基づく都道府県知事の委任を受けて当該都道府県の教育委員会が行う場合その他の主務省令で定める場合にあっては，都道府県の教育委員会．以下この章及び第四章において同じ．）の認定を受けることができる．
2　前項の条例で定める要件は，次に掲げる基準に従い，かつ，主務大臣が定める施設の設備及び運営に関する基準を参酌して定めるものとする．
　一　当該施設が幼稚園である場合にあっては，幼稚園教育要領（学校教育法第二十五条の規定に基づき幼稚園に関して文部科学大臣が定める事項をいう．第十条第二項において同じ．）に従って編成された教育課程に基づく教育を行うほか，当該教育のための時間の終了後，当該幼稚園に在籍している子どものうち保育を必要とする子どもに該当する者に対する教育を行うこと．
　二　当該施設が保育所等である場合にあっては，保育を必要とする子どもに対する保育を行うほか，当該保育を必要とする子ども以外の満三歳以上の子ども（当該施設が保育所である場合にあっては，当該保育所が所在する市町村（特別区を

含む．以下同じ．）における児童福祉法第二十四条第四項に規定する保育の利用に対する需要の状況に照らして適当と認められる数の子どもに限る．）を保育し，かつ，満三歳以上の子どもに対し学校教育法第二十三条各号に掲げる目標が達成されるよう保育を行うこと．

　三　子育て支援事業のうち，当該施設の所在する地域における教育及び保育に対する需要に照らし当該地域において実施することが必要と認められるものを，保護者の要請に応じ適切に提供し得る体制の下で行うこと．

3　幼稚園及び保育機能施設のそれぞれの用に供される建物及びその附属設備が一体的に設置されている場合における当該幼稚園及び保育機能施設（以下「連携施設」という．）の設置者（都道府県を除く．）は，その設置する連携施設が都道府県の条例で定める要件に適合している旨の都道府県知事の認定を受けることができる．

4　前項の条例で定める要件は，次に掲げる基準に従い，かつ，主務大臣が定める施設の設備及び運営に関する基準を参酌して定めるものとする．

　一　次のいずれかに該当する施設であること．

　　イ　当該連携施設を構成する保育機能施設において，満三歳以上の子どもに対し学校教育法第二十三条各号に掲げる目標が達成されるよう保育を行い，かつ，当該保育を実施するに当たり当該連携施設を構成する幼稚園との緊密な連携協力体制が確保されていること．

　　ロ　当該連携施設を構成する保育機能施設に入所していた子どもを引き続き当該連携施設を構成する幼稚園に入園させて一貫した教育及び保育を行うこと．

　二　子育て支援事業のうち，当該連携施設の所在する地域における教育及び保育に対する需要に照らし当該地域において実施することが必要と認められるものを，保護者の要請に応じ適切に提供し得る体制の下で行うこと．

5　都道府県知事は，国（国立大学法人法（平成十五年法律第百十二号）第二条第一項に規定する国立大学法人を含む．以下同じ．）及び市町村以外の者から，第一項又は第三項の認定の申請があったときは，第一項又は第三項の条例で定める要件に適合するかどうかを審査するほか，次に掲げる基準（当該認定の申請をした者が学校法人（私立学校法（昭和二十四年法律第二百七十号）第三条に規定する学校法人をいう．以下同じ．）又は社会福祉法人（社会福祉法（昭和二十六年法律第四十五号）第二十二条に規定する社会福祉法人をいう．以下同じ．）である場合にあっては，第四号に掲げる基準に限る．）によって，その申請を審査しなければならない．

　一　第一項若しくは第三項の条例で定める要件に適合する設備又はこれに要する資金及び当該申請に係る施設の経営に必要な財産を有すること．

　二　当該申請に係る施設を設置する者（その者が法人である場合にあっては，

経営担当役員（業務を執行する社員，取締役，執行役又はこれらに準ずる者をいう．）とする．次号において同じ．）が当該施設を経営するために必要な知識又は経験を有すること．
　　三　当該申請に係る施設を設置する者が社会的信望を有すること．
　　四　次のいずれにも該当するものでないこと．
　　　イ　申請者が，禁錮以上の刑に処せられ，その執行を終わり，又は執行を受けることがなくなるまでの者であるとき．
　　　ロ　申請者が，この法律その他国民の福祉若しくは学校教育に関する法律で政令で定めるものの規定により罰金の刑に処せられ，その執行を終わり，又は執行を受けることがなくなるまでの者であるとき．
　　　ハ　申請者が，労働に関する法律の規定であって政令で定めるものにより罰金の刑に処せられ，その執行を終わり，又は執行を受けることがなくなるまでの者であるとき．
　　　ニ　申請者が，第七条第一項の規定により認定を取り消され，その取消しの日から起算して五年を経過しない者（当該認定を取り消された者が法人である場合においては，当該取消しの処分に係る行政手続法（平成五年法律第八十八号）第十五条の規定による通知があった日前六十日以内に当該法人の役員（業務を執行する社員，取締役，執行役又はこれらに準ずる者をいい，相談役，顧問その他いかなる名称を有する者であるかを問わず，法人に対し業務を執行する社員，取締役，執行役又はこれらに準ずる者と同等以上の支配力を有するものと認められる者を含む．以下ホ及び第十七条第二項第七号において同じ．）又はその事業を管理する者その他の政令で定める使用人（以下この号において「役員等」という．）であった者で当該取消しの日から起算して五年を経過しないものを含み，当該認定を取り消された者が法人でない場合においては，当該通知があった日前六十日以内に当該事業の管理者であった者で当該取消しの日から起算して五年を経過しないものを含む．）であるとき．ただし，当該認定の取消しが，認定こども園の認定の取消しのうち当該認定の取消しの処分の理由となった事実及び当該事実の発生を防止するための当該認定こども園の設置者による業務管理体制の整備についての取組の状況その他の当該事実に関して当該認定こども園の設置者が有していた責任の程度を考慮して，ニ本文に規定する認定の取消しに該当しないこととすることが相当であると認められるものとして主務省令で定めるものに該当する場合を除く．
　　　ホ　申請者と密接な関係を有する者（申請者（法人に限る．以下ホにおいて同じ．）の役員に占めるその役員の割合が二分の一を超え，若しくは当該申請者の株式の所有その他の事由を通じて当該申請者の事業を実質的に支配し，若しくはその事業に重要な影響を与える関係にある者として主務省令で定めるもの（以下

ホにおいて「申請者の親会社等」という.), 申請者の親会社等の役員と同一の者がその役員に占める割合が二分の一を超え, 若しくは申請者の親会社等が株式の所有その他の事由を通じてその事業を実質的に支配し, 若しくはその事業に重要な影響を与える関係にある者として主務省令で定めるもの又は当該申請者の役員と同一の者がその役員に占める割合が二分の一を超え, 若しくは当該申請者が株式の所有その他の事由を通じてその事業を実質的に支配し, 若しくはその事業に重要な影響を与える関係にある者として主務省令で定めるもののうち, 当該申請者と主務省令で定める密接な関係を有する法人をいう.)が, 第七条第一項の規定により認定を取り消され, その取消しの日から起算して五年を経過していないとき. ただし, 当該認定の取消しが, 認定こども園の認定の取消しのうち当該認定の取消しの処分の理由となった事実及び当該事実の発生を防止するための当該認定こども園の設置者による業務管理体制の整備についての取組の状況その他の当該事実に関して当該認定こども園の設置者が有していた責任の程度を考慮して, ホ本文に規定する認定の取消しに該当しないこととすることが相当であると認められるものとして主務省令で定めるものに該当する場合を除く.

　ヘ　申請者が, 認定の申請前五年以内に教育又は保育に関し不正又は著しく不当な行為をした者であるとき.

　ト　申請者が, 法人で, その役員等のうちにイからニまで又はへのいずれかに該当する者のあるものであるとき.

　チ　申請者が, 法人でない者で, その管理者がイからニまで又はへのいずれかに該当する者であるとき.

6　都道府県知事は, 第一項又は第三項の認定をしようとするときは, 主務省令で定めるところにより, あらかじめ, 当該認定の申請に係る施設が所在する市町村の長に協議しなければならない.

7　都道府県知事は, 第一項又は第三項及び第五項に基づく審査の結果, その申請が第一項又は第三項の条例で定める要件に適合しており, かつ, その申請をした者が第五項各号に掲げる基準 (その者が学校法人又は社会福祉法人である場合にあっては, 同項第四号に掲げる基準に限る.) に該当すると認めるとき (その申請をした者が国又は市町村である場合にあっては, その申請が第一項又は第三項の条例で定める要件に適合していると認めるとき) は, 第一項又は第三項の認定をするものとする. ただし, 次に掲げる要件のいずれかに該当するとき, その他の都道府県子ども・子育て支援事業支援計画 (子ども・子育て支援法 (平成二十四年法律第六十五号) 第六十二条第一項の規定により当該都道府県が定める都道府県子ども・子育て支援事業支援計画をいう. 以下この項及び第十七条第六項において同じ.) の達成に支障を生ずるおそれがある場合として主務省令で定める場合に該当すると認めるときは, 第一項又は第三項の認定をしないことがで

きる．
　一　当該申請に係る施設の所在地を含む区域（子ども・子育て支援法第六十二条第二項第一号により当該都道府県が定める区域をいう．以下この項及び第十七条第六項において同じ．）における特定教育・保育施設（同法第二十七条第一項に規定する特定教育・保育施設をいう．以下この項及び第十七条第六項において同じ．）の利用定員の総数（同法第十九条第一項第一号に掲げる小学校就学前子どもに係るものに限る．）が，都道府県子ども・子育て支援事業支援計画において定める当該区域の特定教育・保育施設の必要利用定員総数（同号に掲げる小学校就学前子どもに係るものに限る．）に既に達しているか，又は当該申請に係る施設の認定によってこれを超えることになると認めるとき．
　二　当該申請に係る施設の所在地を含む区域における特定教育・保育施設の利用定員の総数（子ども・子育て支援法第十九条第一項第二号に掲げる小学校就学前子どもに係るものに限る．）が，都道府県子ども・子育て支援事業支援計画において定める当該区域の特定教育・保育施設の必要利用定員総数（同号に掲げる小学校就学前子どもに係るものに限る．）に既に達しているか，又は当該申請に係る施設の認定によってこれを超えることになると認めるとき．
　三　当該申請に係る施設の所在地を含む区域における特定教育・保育施設の利用定員の総数（子ども・子育て支援法第十九条第一項第三号に掲げる小学校就学前子どもに係るものに限る．）が，都道府県子ども・子育て支援事業支援計画において定める当該区域の特定教育・保育施設の必要利用定員総数（同号に掲げる小学校就学前子どもに係るものに限る．）に既に達しているか，又は当該申請に係る施設の認定によってこれを超えることになると認めるとき．
8　都道府県知事は，第一項又は第三項の認定をしない場合には，申請者に対し，速やかに，その旨及び理由を通知しなければならない．
9　都道府県知事は，当該都道府県が設置する施設のうち，第一項又は第三項の条例で定める要件に適合していると認めるものについては，これを公示するものとする．

（認定の申請）
第四条　前条第一項又は第三項の認定を受けようとする者は，次に掲げる事項を記載した申請書に，その申請に係る施設が同条第一項又は第三項の条例で定める要件に適合していることを証する書類を添付して，これを都道府県知事に提出しなければならない．
　一　氏名又は名称及び住所並びに法人にあっては，その代表者の氏名
　二　施設の名称及び所在地
　三　保育を必要とする子どもに係る利用定員（満三歳未満の者に係る利用定員

及び満三歳以上の者に係る利用定員に区分するものとする.)
　四　保育を必要とする子ども以外の子どもに係る利用定員（満三歳未満の者に係る利用定員及び満三歳以上の者に係る利用定員に区分するものとする.)
　五　その他主務省令で定める事項
2　前条第三項の認定に係る前項の申請については，連携施設を構成する幼稚園の設置者と保育機能施設の設置者とが異なる場合には，これらの者が共同して行わなければならない．

（認定の有効期間）
第五条　都道府県知事は，保育所に係る第三条第一項の認定をする場合において，当該認定の日から起算して五年を超えない範囲内においてその有効期間を定めるものとする．
2　前項の有効期間の更新を受けようとする者は，主務省令で定めるところにより，都道府県知事に申請書を提出しなければならない．
3　前項の規定による申請書の提出があったときは，都道府県知事は，当該保育所が所在する市町村における児童福祉法第二十四条第四項に規定する保育の利用に対する需要の状況に照らし，当該保育所において保育を必要とする子ども以外の満三歳以上の子どもに対する保育を引き続き行うことにより当該保育を必要とする子どもの保育に支障が生じるおそれがあると認められる場合を除き，認定の有効期間を更新しなければならない．

（教育及び保育の内容）
第六条　第三条第一項又は第三項の認定を受けた施設及び同条第九項の規定による公示がされた施設の設置者は，当該施設において教育又は保育を行うに当たっては，第十条第一項の幼保連携型認定こども園の教育課程その他の教育及び保育の内容に関する事項を踏まえて行わなければならない．

（認定の取消し）
第七条　都道府県知事は，次の各号のいずれかに該当するときは，第三条第一項又は第三項の認定を取り消すことができる．
　一　第三条第一項又は第三項の認定を受けた施設がそれぞれ同条第一項又は第三項の条例で定める要件を欠くに至ったと認めるとき．
　二　第三条第一項又は第三項の認定を受けた施設の設置者が第二十九条第一項の規定による届出をせず，又は虚偽の届出をしたとき．
　三　第三条第一項又は第三項の認定を受けた施設の設置者が第三十条第一項又は第二項の規定による報告をせず，又は虚偽の報告をしたとき．

四　第三条第一項又は第三項の認定を受けた施設の設置者が同条第五項第四号イからハまで、ト又はチのいずれかに該当するに至ったとき。
　五　第三条第一項又は第三項の認定を受けた施設の設置者が不正の手段により同条第一項又は第三項の認定を受けたとき。
　六　その他第三条第一項又は第三項の認定を受けた施設の設置者がこの法律、学校教育法、児童福祉法、私立学校法、社会福祉法若しくは私立学校振興助成法（昭和五十年法律第六十一号）又はこれらの法律に基づく命令の規定に違反したとき。
2　都道府県知事は、前項の規定により認定を取り消したときは、その旨を公表しなければならない。
3　都道府県知事は、第三条第九項の規定による公示がされた施設が同条第一項又は第三項の条例で定める要件を欠くに至ったと認めるときは、同条第九項の規定によりされた公示を取り消し、その旨を公示しなければならない。

（関係機関の連携の確保）
第八条　都道府県知事は、第三条第一項又は第三項の規定により認定を行おうとするとき及び前条第一項の規定により認定の取消しを行おうとするときは、あらかじめ、学校教育法又は児童福祉法の規定により当該認定又は取消しに係る施設の設置又は運営に関して認可その他の処分をする権限を有する地方公共団体の機関（当該機関が当該都道府県知事である場合を除く。）に協議しなければならない。
2　地方公共団体の長及び教育委員会は、認定こども園に関する事務が適切かつ円滑に実施されるよう、相互に緊密な連携を図りながら協力しなければならない。

第三章　幼保連携型認定こども園

（教育及び保育の目標）
第九条　幼保連携型認定こども園においては、第二条第七項に規定する目的を実現するため、子どもに対する学校としての教育及び児童福祉施設（児童福祉法第七条第一項に規定する児童福祉施設をいう。次条第二項において同じ。）としての保育並びにその実施する保護者に対する子育て支援事業の相互の有機的な連携を図りつつ、次に掲げる目標を達成するよう当該教育及び当該保育を行うものとする。
　一　健康、安全で幸福な生活のために必要な基本的な習慣を養い、身体諸機能の調和的発達を図ること。
　二　集団生活を通じて、喜んでこれに参加する態度を養うとともに家族や身近な人への信頼感を深め、自主、自律及び協同の精神並びに規範意識の芽生えを養うこと。

三　身近な社会生活，生命及び自然に対する興味を養い，それらに対する正しい理解と態度及び思考力の芽生えを養うこと．
四　日常の会話や，絵本，童話等に親しむことを通じて，言葉の使い方を正しく導くとともに，相手の話を理解しようとする態度を養うこと．
五　音楽，身体による表現，造形等に親しむことを通じて，豊かな感性と表現力の芽生えを養うこと．
六　快適な生活環境の実現及び子どもと保育教諭その他の職員との信頼関係の構築を通じて，心身の健康の確保及び増進を図ること．

（教育及び保育の内容）
第十条　幼保連携型認定こども園の教育課程その他の教育及び保育の内容に関する事項は，第二条第七項に規定する目的及び前条に規定する目標に従い，主務大臣が定める．
2　主務大臣が前項の規定により幼保連携型認定こども園の教育課程その他の教育及び保育の内容に関する事項を定めるに当たっては，幼稚園教育要領及び児童福祉法第四十五条第二項の規定に基づき児童福祉施設に関して厚生労働省令で定める基準（同項第三号に規定する保育所における保育の内容に係る部分に限る．）との整合性の確保並びに小学校（学校教育法第一条に規定する小学校をいう．）における教育との円滑な接続に配慮しなければならない．
3　幼保連携型認定こども園の設置者は，第一項の教育及び保育の内容に関する事項を遵守しなければならない．

（入園資格）
第十一条　幼保連携型認定こども園に入園することのできる者は，満三歳以上の子ども及び満三歳未満の保育を必要とする子どもとする．

（設置者）
第十二条　幼保連携型認定こども園は，国，地方公共団体，学校法人及び社会福祉法人のみが設置することができる．

（設備及び運営の基準）
第十三条　都道府県（地方自治法第二百五十二条の十九第一項の指定都市又は同法第二百五十二条の二十二第一項の中核市（以下「指定都市等」という．）の区域内に所在する幼保連携型認定こども園（都道府県が設置するものを除く．）については，当該指定都市等．次項及び第二十五条において同じ．）は，幼保連携型認定こども園の設備及び運営について，条例で基準を定めなければならない．

この場合において,
その基準は,子どもの身体的,精神的及び社会的な発達のために必要な教育及び保育の水準を確保するものでなければならない.
2　都道府県が前項の条例を定めるに当たっては,次に掲げる事項については主務省令で定める基準に従い定めるものとし,その他の事項については主務省令で定める基準を参酌するものとする.
　一　幼保連携型認定こども園における学級の編制並びに幼保連携型認定こども園に配置する園長,保育教諭その他の職員及びその員数
　二　幼保連携型認定こども園に係る保育室の床面積その他幼保連携型認定こども園の設備に関する事項であって,子どもの健全な発達に密接に関連するものとして主務省令で定めるもの
　三　幼保連携型認定こども園の運営に関する事項であって,子どもの適切な処遇の確保及び秘密の保持並びに子どもの健全な発達に密接に関連するものとして主務省令で定めるもの
3　主務大臣は,前項に規定する主務省令で定める基準を定め,又は変更しようとするとき,並びに同項第二号及び第三号の主務省令を定め,又は変更しようとするときは,子ども・子育て支援法第七十二条に規定する子ども・子育て会議の意見を聴かなければならない.
4　幼保連携型認定こども園の設置者は,第一項の基準を遵守しなければならない.
5　幼保連携型認定こども園の設置者は,幼保連携型認定こども園の設備及び運営についての水準の向上を図ることに努めるものとする.

(職員)
第十四条　幼保連携型認定こども園には,園長及び保育教諭を置かなければならない.
2　幼保連携型認定こども園には,前項に規定するもののほか,副園長,教頭,主幹保育教諭,指導保育教諭,主幹養護教諭,養護教諭,主幹栄養教諭,栄養教諭,事務職員,養護助教諭その他必要な職員を置くことができる.
3　園長は,園務をつかさどり,所属職員を監督する.
4　副園長は,園長を助け,命を受けて園務をつかさどる.
5　副園長は,園長に事故があるときはその職務を代理し,園長が欠けたときはその職務を行う.この場合において,副園長が二人以上あるときは,あらかじめ園長が定めた順序で,その職務を代理し,又は行う.
6　教頭は,園長(副園長を置く幼保連携型認定こども園にあっては,園長及び副園長)を助け,園務を整理し,並びに必要に応じ園児(幼保連携型認定こども園に在籍する子どもをいう.以下同じ.)の教育及び保育(満三歳未満の園児に

ついては，その保育．以下この条において同じ．）をつかさどる．
7　教頭は，園長（副園長を置く幼保連携型認定こども園にあっては，園長及び副園長）に事故があるときは園長の職務を代理し，園長（副園長を置く幼保連携型認定こども園にあっては，園長及び副園長）が欠けたときは園長の職務を行う．この場合において，教頭が二人以上あるときは，あらかじめ園長が定めた順序で，園長の職務を代理し，又は行う．
8　主幹保育教諭は，園長（副園長又は教頭を置く幼保連携型認定こども園にあっては，園長及び副園長又は教頭．第十一項及び第十三項において同じ．）を助け，命を受けて園務の一部を整理し，並びに園児の教育及び保育をつかさどる．
9　指導保育教諭は，園児の教育及び保育をつかさどり，並びに保育教諭その他の職員に対して，教育及び保育の改善及び充実のために必要な指導及び助言を行う．
10　保育教諭は，園児の教育及び保育をつかさどる．
11　主幹養護教諭は，園長を助け，命を受けて園務の一部を整理し，及び園児（満三歳以上の園児に限る．以下この条において同じ．）の養護をつかさどる．
12　養護教諭は，園児の養護をつかさどる．
13　主幹栄養教諭は，園長を助け，命を受けて園務の一部を整理し，並びに園児の栄養の指導及び管理をつかさどる．
14　栄養教諭は，園児の栄養の指導及び管理をつかさどる．
15　事務職員は，事務に従事する．
16　助保育教諭は，保育教諭の職務を助ける．
17　講師は，保育教諭又は助保育教諭に準ずる職務に従事する．
18　養護助教諭は，養護教諭の職務を助ける．
19　特別の事情のあるときは，第一項の規定にかかわらず，保育教諭に代えて助保育教諭又は講師を置くことができる．

（職員の資格）
第十五条　主幹保育教諭，指導保育教諭，保育教諭及び講師（保育教諭に準ずる職務に従事するものに限る．）は，幼稚園の教諭の普通免許状（教育職員免許法（昭和二十四年法律第百四十七号）第四条第二項に規定する普通免許状をいう．以下この条において同じ．）を有し，かつ，児童福祉法第十八条の十八第一項の登録（第四項及び第三十九条において単に「登録」という．）を受けた者でなければならない．
2　主幹養護教諭及び養護教諭は，養護教諭の普通免許状を有する者でなければならない．
3　主幹栄養教諭及び栄養教諭は，栄養教諭の普通免許状を有する者でなければ

ならない．
4　助保育教諭及び講師（助保育教諭に準ずる職務に従事するものに限る．）は，幼稚園の助教諭の臨時免許状（教育職員免許法第四条第四項に規定する臨時免許状をいう．次項において同じ．）を有し，かつ，登録を受けた者でなければならない．
5　養護助教諭は，養護助教諭の臨時免許状を有する者でなければならない．
6　前各項に定めるもののほか，職員の資格に関する事項は，主務省令で定める．

（設置等の届出）
第十六条　市町村（指定都市等を除く．次条第五項において同じ．）は，幼保連携型認定こども園を設置しようとするとき，又はその設置した幼保連携型認定こども園の廃止，休止若しくは設置者の変更その他政令で定める事項（次条第一項及び第三十四条第六項において「廃止等」という．）を行おうとするときは，あらかじめ，都道府県知事に届け出なければならない．

（設置等の認可）
第十七条　国及び地方公共団体以外の者は，幼保連携型認定こども園を設置しようとするとき，又はその設置した幼保連携型認定こども園の廃止等を行おうとするときは，都道府県知事（指定都市等の区域内に所在する幼保連携型認定こども園については，当該指定都市等の長．次項，第三項，第六項及び第七項並びに次条第一項において同じ．）の認可を受けなければならない．
2　都道府県知事は，前項の設置の認可の申請があったときは，第十三条第一項の条例で定める基準に適合するかどうかを審査するほか，次に掲げる基準によって，その申請を審査しなければならない．
　一　申請者が，この法律その他国民の福祉若しくは学校教育に関する法律で政令で定めるものの規定により罰金の刑に処せられ，その執行を終わり，又は執行を受けることがなくなるまでの者であるとき．
　二　申請者が，労働に関する法律の規定であって政令で定めるものにより罰金の刑に処せられ，その執行を終わり，又は執行を受けることがなくなるまでの者であるとき．
　三　申請者が，第二十二条第一項の規定により認可を取り消され，その取消しの日から起算して五年を経過しない者であるとき．ただし，当該認可の取消しが，幼保連携型認定こども園の認可の取消しのうち当該認可の取消しの処分の理由となった事実及び当該事実の発生を防止するための当該幼保連携型認定こども園の設置者による業務管理体制の整備についての取組の状況その他の当該事実に関して当該幼保連携型認定こども園の設置者が有していた責任の程度を考慮して，こ

の号本文に規定する認可の取消しに該当しないこととすることが相当であると認められるものとして主務省令で定めるものに該当する場合を除く.
　四　申請者が, 第二十二条第一項の規定による認可の取消しの処分に係る行政手続法第十五条の規定による通知があった日から当該処分をする日又は処分をしないことを決定する日までの間に前項の規定による幼保連携型認定こども園の廃止をした者（当該廃止について相当の理由がある者を除く.）で, 当該幼保連携型認定こども園の廃止の認可の日から起算して五年を経過しないものであるとき.
　五　申請者が, 第十九条第一項の規定による検査が行われた日から聴聞決定予定日（当該検査の結果に基づき第二十二条第一項の規定による認可の取消しの処分に係る聴聞を行うか否かの決定をすることが見込まれる日として主務省令で定めるところにより都道府県知事が当該申請者に当該検査が行われた日から十日以内に特定の日を通知した場合における当該特定の日をいう.）までの間に前項の規定による幼保連携型認定こども園の廃止をした者（当該廃止について相当の理由がある者を除く.）で, 当該幼保連携型認定こども園の廃止の認可の日から起算して五年を経過しないものであるとき.
　六　申請者が, 認可の申請前五年以内に教育又は保育に関し不正又は著しく不当な行為をした者であるとき.
　七　申請者の役員又はその長のうちに次のいずれかに該当する者があるとき.
　イ　禁錮以上の刑に処せられ, その執行を終わり, 又は執行を受けることがなくなるまでの者
　ロ　第一号, 第二号又は前号に該当する者
　ハ　第二十二条第一項の規定により認可を取り消された幼保連携型認定こども園において, 当該取消しの処分に係る行政手続法第十五条の規定による通知があった日前六十日以内にその幼保連携型認定こども園の設置者の役員又はその園長であった者で当該取消しの日から起算して五年を経過しないもの（当該認可の取消しが, 幼保連携型認定こども園の認可の取消しのうち当該認可の取消しの処分の理由となった事実及び当該事実の発生を防止するための当該幼保連携型認定こども園の設置者による業務管理体制の整備についての取組の状況その他の当該事実に関して当該幼保連携型認定こども園の設置者が有していた責任の程度を考慮して, この号に規定する認可の取消しに該当しないこととすることが相当であると認められるものとして主務省令で定めるものに該当する場合を除く.）
　ニ　第四号に規定する期間内に前項の規定により廃止した幼保連携型認定こども園（当該廃止について相当の理由がある幼保連携型認定こども園を除く.）において, 同号の通知の日前六十日以内にその設置者の役員又はその長であった者で当該廃止の認可の日から起算して五年を経過しない者
3　都道府県知事は, 第一項の認可をしようとするときは, あらかじめ, 第

二十五条に規定する審議会その他の合議制の機関の意見を聴かなければならない．
4　指定都市等の長は，第一項の認可をしようとするときは，あらかじめ，都道府県知事に協議しなければならない．
5　都道府県知事は，第一項の設置の認可をしようとするときは，主務省令で定めるところにより，あらかじめ，当該認可の申請に係る幼保連携型認定こども園を設置しようとする場所を管轄する市町村の長に協議しなければならない．
6　都道府県知事は，第一項及び第二項に基づく審査の結果，その申請が第十三条第一項の条例で定める基準に適合しており，かつ，第二項各号に掲げる基準に該当しないと認めるときは，第一項の設置の認可をするものとする．ただし，次に掲げる要件のいずれかに該当するとき，その他の都道府県子ども・子育て支援事業支援計画（指定都市等の長が認可を行う場合にあっては，子ども・子育て支援法第六十一条第一項の規定により当該指定都市等の長が定める市町村子ども・子育て支援事業計画．以下この項において同じ．）の達成に支障を生ずるおそれがある場合として主務省令で定める場合に該当すると認めるときは，第一項の設置の認可をしないことができる．

　一　当該申請に係る幼保連携型認定こども園を設置しようとする場所を含む区域（指定都市等の長が認可を行う場合にあっては，子ども・子育て支援法第六十一条第二項第一号の規定により当該指定都市等が定める教育・保育提供区域をいう．以下この項において同じ．）における特定教育・保育施設の利用定員の総数（子ども・子育て支援法第十九条第一項第一号に掲げる小学校就学前子どもに係るものに限る．）が，都道府県子ども・子育て支援事業支援計画において定める当該区域の特定教育・保育施設の必要利用定員総数（同号に掲げる小学校就学前子どもに係るものに限る．）に既に達しているか，又は当該申請に係る設置の認可によってこれを超えることになると認めるとき．

　二　当該申請に係る幼保連携型認定こども園を設置しようとする場所を含む区域における特定教育・保育施設の利用定員の総数（子ども・子育て支援法第十九条第一項第二号に掲げる小学校就学前子どもに係るものに限る．）が，都道府県子ども・子育て支援事業支援計画において定める当該区域の特定教育・保育施設の必要利用定員総数（同号に掲げる小学校就学前子どもに係るものに限る．）に既に達しているか，又は当該申請に係る設置の認可によってこれを超えることになると認めるとき．

　三　当該申請に係る幼保連携型認定こども園を設置しようとする場所を含む区域における特定教育・保育施設の利用定員の総数（子ども・子育て支援法第十九条第一項第三号に掲げる小学校就学前子どもに係るものに限る．）が，都道府県子ども・子育て支援事業支援計画において定める当該区域の特定教育・保育施設の必要利用定員総数（同号に掲げる小学校就学前子どもに係るものに限る．）に

既に達しているか，又は当該申請に係る設置の認可によってこれを超えることになると認めるとき．
7　都道府県知事は，第一項の設置の認可をしない場合には，申請者に対し，速やかに，その旨及び理由を通知しなければならない．

（都道府県知事への情報の提供）
第十八条　第十六条の届出を行おうとする者又は前条第一項の認可を受けようとする者は，第四条第一項各号に掲げる事項を記載した書類を都道府県知事に提出しなければならない．
2　指定都市等の長は，前条第一項の認可をしたときは，速やかに，都道府県知事に，前項の書類の写しを送付しなければならない．
3　指定都市等の長は，当該指定都市等が幼保連携型認定こども園を設置したときは，速やかに，第四条第一項各号に掲げる事項を記載した書類を都道府県知事に提出しなければならない．

（報告の徴収等）
第十九条　都道府県知事（指定都市等の区域内に所在する幼保連携型認定こども園（都道府県が設置するものを除く．）については，当該指定都市等の長．第二十八条から第三十条まで並びに第三十四条第三項及び第九項を除き，以下同じ．）は，この法律を施行するため必要があると認めるときは，幼保連携型認定こども園の設置者若しくは園長に対して，必要と認める事項の報告を求め，又は当該職員に関係者に対して質問させ，若しくはその施設に立ち入り，設備，帳簿書類その他の物件を検査させることができる．
2　前項の規定による立入検査を行う場合においては，当該職員は，その身分を示す証明書を携帯し，関係者の請求があるときは，これを提示しなければならない．
3　第一項の規定による立入検査の権限は，犯罪捜査のために認められたものと解釈してはならない．

（改善勧告及び改善命令）
第二十条　都道府県知事は，幼保連携型認定こども園の設置者が，この法律又はこの法律に基づく命令若しくは条例の規定に違反したときは，当該設置者に対し，必要な改善を勧告し，又は当該設置者がその勧告に従わず，かつ，園児の教育上又は保育上有害であると認められるときは，必要な改善を命ずることができる．

（事業停止命令）

第二十一条　都道府県知事は，次の各号のいずれかに該当する場合においては，幼保連携型認定こども園の事業の停止又は施設の閉鎖を命ずることができる．
　一　幼保連携型認定こども園の設置者が，この法律又はこの法律に基づく命令若しくは条例の規定に故意に違反し，かつ，園児の教育上又は保育上著しく有害であると認められるとき．
　二　幼保連携型認定こども園の設置者が前条の規定による命令に違反したとき．
　三　正当な理由がないのに，六月以上休止したとき．
2　都道府県知事は，前項の規定により事業の停止又は施設の閉鎖の命令をしようとするときは，あらかじめ，第二十五条に規定する審議会その他の合議制の機関の意見を聴かなければならない．

(認可の取消し)
第二十二条　都道府県知事は，幼保連携型認定こども園の設置者が，この法律若しくはこの法律に基づく命令若しくは条例の規定又はこれらに基づいてする処分に違反したときは，第十七条第一項の認可を取り消すことができる．
2　都道府県知事は，前項の規定による認可の取消しをしようとするときは，あらかじめ，第二十五条に規定する審議会その他の合議制の機関の意見を聴かなければならない．

(運営の状況に関する評価等)
第二十三条　幼保連携型認定こども園の設置者は，主務省令で定めるところにより当該幼保連携型認定こども園における教育及び保育並びに子育て支援事業（以下「教育及び保育等」という．）の状況その他の運営の状況について評価を行い，その結果に基づき幼保連携型認定こども園の運営の改善を図るため必要な措置を講ずるよう努めなければならない．

(運営の状況に関する情報の提供)
第二十四条　幼保連携型認定こども園の設置者は，当該幼保連携型認定こども園に関する保護者及び地域住民その他の関係者の理解を深めるとともに，これらの者との連携及び協力の推進に資するため，当該幼保連携型認定こども園における教育及び保育等の状況その他の当該幼保連携型認定こども園の運営の状況に関する情報を積極的に提供するものとする．

(都道府県における合議制の機関)
第二十五条　第十七条第三項，第二十一条第二項及び第二十二条第二項の規定によりその権限に属させられた事項を調査審議するため，都道府県に，条例で幼保

連携型認定こども園に関する審議会その他の合議制の機関を置くものとする．

(学校教育法の準用)
第二十六条　学校教育法第五条，第六条本文，第七条，第九条，第十条，第八十一条第一項及び第百三十七条の規定は，幼保連携型認定こども園について準用する．この場合において，同法第十条中「私立学校」とあるのは「国（国立大学法人法第二条第一項に規定する国立大学法人を含む．）及び地方公共団体以外の者の設置する幼保連携型認定こども園（就学前の子どもに関する教育，保育等の総合的な提供の推進に関する法律第二条第七項に規定する幼保連携型認定こども園をいう．以下同じ．）」と，「大学及び高等専門学校にあつては文部科学大臣に，大学及び高等専門学校以外の学校にあつては都道府県知事」とあるのは「都道府県知事（指定都市等（同法第十三条第一項に規定する指定都市等をいう．以下この条において同じ．）の区域内にあつては，当該指定都市等の長）」と，同法第八十一条第一項中「該当する幼児，児童及び生徒」とあるのは「該当する就学前の子どもに関する教育，保育等の総合的な提供の推進に関する法律第十四条第六項に規定する園児（以下この項において単に「園児」という．）」と，「必要とする幼児，児童及び生徒」とあるのは「必要とする園児」と，「文部科学大臣」とあるのは「同法第三十六条第一項に規定する主務大臣」と，「ものとする」とあるのは「ものとする．この場合において，特別支援学校においては，幼保連携型認定こども園の要請に応じて，園児の教育に関し必要な助言又は援助を行うよう努めるものとする」と，同法第百三十七条中「学校教育上」とあるのは「幼保連携型認定こども園の運営上」と読み替えるものとするほか，必要な技術的読替えは，政令で定める．

(学校保健安全法の準用)
第二十七条　学校保健安全法（昭和三十三年法律第五十六号）第三条から第十条まで，第十三条から第二十一条まで，第二十三条及び第二十六条から第三十一条までの規定は，幼保連携型認定こども園について準用する．この場合において，これらの規定中「文部科学省令」とあるのは「就学前の子どもに関する教育，保育等の総合的な提供の推進に関する法律第三十六条第二項に規定する主務省令」と読み替えるほか，同法第九条中「学校教育法第十六条」とあるのは「就学前の子どもに関する教育，保育等の総合的な提供の推進に関する法律第二条第十一項」と，「第二十四条及び第三十条」とあるのは「第三十条」と，同法第十七条第二項中「第十一条から」とあるのは「第十三条から」と，「第十一条の健康診断に関するものについては政令で，第十三条」とあるのは「第十三条」と読み替えるものとするほか，必要な技術的読替えは，政令で定める．

第四章　認定こども園に関する情報の提供等

（教育・保育等に関する情報の提供）
第二十八条　都道府県知事は，第三条第一項又は第三項の認定をしたとき，第十六条の届出を受けたとき，第十七条第一項の認可をしたとき，第十八条第二項の書類の写しの送付を受けたとき又は同条第三項の書類の提出を受けたときは，インターネットの利用，印刷物の配布その他適切な方法により，これらに係る施設において提供されるサービスを利用しようとする者に対し，第四条第一項各号に掲げる事項及び教育保育概要（当該施設において行われる教育及び保育等の概要をいう．次条第一項において同じ．）についてその周知を図るものとする．第三条第九項の規定による公示を行う場合及び都道府県が幼保連携型認定こども園を設置する場合も，同様とする．

（変更の届出）
第二十九条　認定こども園の設置者（都道府県を除く．次条において同じ．）は，第四条第一項各号に掲げる事項及び教育保育概要として前条の規定により周知された事項の変更（主務省令で定める軽微な変更を除く．）をしようとするときは，あらかじめ，その旨を都道府県知事に届け出なければならない．
2　都道府県知事は，前項の規定による届出があったときは，前条に規定する方法により，同条に規定する者に対し，当該届出に係る事項についてその周知を図るものとする．都道府県が設置する認定こども園について同項に規定する変更を行う場合も，同様とする．

（報告の徴収等）
第三十条　認定こども園の設置者は，毎年，主務省令で定めるところにより，その運営の状況を都道府県知事に報告しなければならない．
2　第十九条第一項に定めるもののほか，都道府県知事は，認定こども園の適正な運営を確保するため必要があると認めるときは，その設置者に対し，認定こども園の運営に関し必要な報告を求めることができる．

（名称の使用制限）
第三十一条　何人も，認定こども園でないものについて，認定こども園という名称又はこれと紛らわしい名称を用いてはならない．
2　何人も，幼保連携型認定こども園でないものについて，幼保連携型認定こども園という名称又はこれと紛らわしい名称を用いてはならない．

第五章　雑　則

(学校教育法の特例)
第三十二条　認定こども園である幼稚園又は認定こども園である連携施設を構成する幼稚園に係る学校教育法第二十四条，第二十五条並びに第二十七条第四項から第七項まで及び第十一項の規定の適用については，同法第二十四条中「努めるものとする」とあるのは「努めるとともに，就学前の子どもに関する教育，保育等の総合的な提供の推進に関する法律（平成十八年法律第七十七号）第二条第十二項に規定する子育て支援事業（以下単に「子育て支援事業」という.）を行うものとする」と，同法第二十五条中「保育内容」とあるのは「保育内容（子育て支援事業を含む.）」と，同法第二十七条第四項から第七項まで及び第十一項中「園務」とあるのは「園務（子育て支援事業を含む.）」とする.

(児童福祉法の特例)
第三十三条　第三条第一項の認定を受けた公私連携型保育所（児童福祉法第五十六条の八第一項に規定する公私連携型保育所をいう.）に係る同法第五十六条の八の規定の適用については，同条第一項中「保育及び」とあるのは，「保育（満三歳以上の子どもに対し学校教育法第二十三条各号に掲げる目標が達成されるよう保育を行うことを含む.）及び」とする.

(公私連携幼保連携型認定こども園に関する特例)
第三十四条　市町村長（特別区の区長を含む. 以下この条において同じ.）は，当該市町村における保育の実施に対する需要の状況等に照らし適当であると認めるときは，公私連携幼保連携型認定こども園（次項に規定する協定に基づき，当該市町村から必要な設備の貸付け，譲渡その他の協力を得て，当該市町村との連携の下に教育及び保育等を行う幼保連携型認定こども園をいう. 以下この条において同じ.）の運営を継続的かつ安定的に行うことができる能力を有するものであると認められるもの（学校法人又は社会福祉法人に限る.）を，その申請により，公私連携幼保連携型認定こども園の設置及び運営を目的とする法人（以下この条において「公私連携法人」という.）として指定することができる.

2　市町村長は，前項の規定による指定（第十一項及び第十四項において単に「指定」という.）をしようとするときは，あらかじめ，当該指定をしようとする法人と，次に掲げる事項を定めた協定（以下この条において単に「協定」という.）を締結しなければならない.
　　一　協定の目的となる公私連携幼保連携型認定こども園の名称及び所在地
　　二　公私連携幼保連携型認定こども園における教育及び保育等に関する基本的

事項
　　三　市町村による必要な設備の貸付け，譲渡その他の協力に関する基本的事項
　　四　協定の有効期間
　　五　協定に違反した場合の措置
　　六　その他公私連携幼保連携型認定こども園の設置及び運営に関し必要な事項
3　公私連携法人は，第十七条第一項の規定にかかわらず，市町村長を経由し，都道府県知事に届け出ることにより，公私連携幼保連携型認定こども園を設置することができる．
4　市町村長は，公私連携法人が前項の規定による届出をした際に，当該公私連携法人が協定に基づき公私連携幼保連携型認定こども園における教育及び保育等を行うために設備の整備を必要とする場合には，当該協定に定めるところにより，当該公私連携法人に対し，当該設備を無償若しくは時価よりも低い対価で貸し付け，又は譲渡するものとする．
5　前項の規定は，地方自治法第九十六条及び第二百三十七条から第二百三十八条の五までの規定の適用を妨げない．
6　公私連携法人は，第十七条第一項の規定による廃止等の認可の申請を行おうとするときは，市町村長を経由して行わなければならない．この場合において，当該市町村長は，当該申請に係る事項に関し意見を付すことができる．
7　市町村長は，公私連携幼保連携型認定こども園の運営を適切にさせるため必要があると認めるときは，公私連携法人若しくは園長に対して必要と認める事項の報告を求め，又は当該職員に関係者に対して質問させ，若しくはその施設に立ち入り，設備，帳簿書類その他の物件を検査させることができる．
8　第十九条第二項及び第三項の規定は，前項の規定による立入検査について準用する．
9　第七項の規定により，公私連携法人若しくは園長に対し報告を求め，又は当該職員に関係者に対し質問させ，若しくは公私連携幼保連携型認定こども園に立入検査をさせた市町村長（指定都市等の長を除く．）は，当該公私連携幼保連携型認定こども園につき，第二十条又は第二十一条第一項の規定による処分が行われる必要があると認めるときは，理由を付して，その旨を都道府県知事に通知しなければならない．
10　市町村長は，公私連携幼保連携型認定こども園が正当な理由なく協定に従って教育及び保育等を行っていないと認めるときは，公私連携法人に対し，協定に従って教育及び保育等を行うことを勧告することができる．
11　市町村長は，前項の規定により勧告を受けた公私連携法人が当該勧告に従わないときは，指定を取り消すことができる．
12　公私連携法人は，前項の規定による指定の取消しの処分を受けたときは，当

該処分に係る公私連携幼保連携型認定こども園について，第十七条第一項の規定による廃止の認可を都道府県知事に申請しなければならない．
13　公私連携法人は，前項の規定による廃止の認可の申請をしたときは，当該申請の日前一月以内に教育及び保育等を受けていた者であって，当該廃止の日以後においても引き続き当該教育及び保育等に相当する教育及び保育等の提供を希望する者に対し，必要な教育及び保育等が継続的に提供されるよう，他の幼保連携型認定こども園その他関係者との連絡調整その他の便宜の提供を行わなければならない．
14　指定都市等の長が指定を行う公私連携法人に対する第三項の規定の適用については，同項中「市町村長を経由し，都道府県知事」とあるのは，「指定都市等の長」とし，第六項の規定は，適用しない．

（緊急時における主務大臣の事務執行）
第三十五条　第十九条第一項，第二十条及び第二十一条第一項の規定により都道府県知事の権限に属するものとされている事務は，園児の利益を保護する緊急の必要があると主務大臣が認める場合にあっては，主務大臣又は都道府県知事が行うものとする．この場合においては，この法律の規定中都道府県知事に関する規定（当該事務に係るもの（同条第二項を除く．）に限る．）は，主務大臣に関する規定として主務大臣に適用があるものとする．
2　前項の場合において，主務大臣又は都道府県知事が当該事務を行うときは，相互に密接な連携の下に行うものとする．

（主務大臣等）
第三十六条　この法律における主務大臣は，内閣総理大臣，文部科学大臣及び厚生労働大臣とする．
2　この法律における主務省令は，主務大臣の発する命令とする．

（政令等への委任）
第三十七条　この法律に規定するもののほか，この法律の施行のため必要な事項で，地方公共団体の機関が処理しなければならないものについては政令で，その他のものについては主務省令で定める．

第六章　罰　則

第三十八条　第二十一条第一項の規定による事業の停止又は施設の閉鎖の命令に違反した者は，六月以下の懲役若しくは禁錮又は五十万円以下の罰金に処する．

第三十九条　次の各号のいずれかに該当する場合には，その違反行為をした者は，三十万円以下の罰金に処する．
　一　第十五条第一項又は第四項の規定に違反して，相当の免許状を有しない者又は登録を受けていない者を主幹保育教諭，指導保育教諭，保育教諭，助保育教諭又は講師に任命し，又は雇用したとき．
　二　第十五条第一項又は第四項の規定に違反して，相当の免許状を有せず，又は登録を受けていないにもかかわらず主幹保育教諭，指導保育教諭，保育教諭，助保育教諭又は講師となったとき．
　三　第十五条第二項，第三項又は第五項の規定に違反して，相当の免許状を有しない者を主幹養護教諭，養護教諭，主幹栄養教諭，栄養教諭又は養護助教諭に任命し，又は雇用したとき．
　四　第十五条第二項，第三項又は第五項の規定に違反して，相当の免許状を有しないにもかかわらず主幹養護教諭，養護教諭，主幹栄養教諭，栄養教諭又は養護助教諭となったとき．
　五　第三十一条第一項の規定に違反して，認定こども園という名称又はこれと紛らわしい名称を用いたとき．
　六　第三十一条第二項の規定に違反して，幼保連携型認定こども園という名称又はこれと紛らわしい名称を用いたとき．

附　則

（施行期日）
1　この法律は，平成十八年十月一日から施行する．
（名称の使用制限に関する経過措置）
2　この法律の施行の際現に認定こども園という名称又はこれと紛らわしい名称を使用している者については，第九条の規定は，この法律の施行後六月間は，適用しない．
（検討）
3　政府は，この法律の施行後五年を経過した場合において，この法律の施行の状況を勘案し，必要があると認めるときは，この法律の規定について検討を加え，その結果に基づいて必要な措置を講ずるものとする．

附　則（平二四・八・二二法六六）

（施行期日）
第一条　この法律は，子ども・子育て支援法（平成二十四年法律第六十五号）の施行の日から施行する．ただし，附則第九条から第十一条までの規定は，公布の日から施行する．

（検討）
第二条　政府は，幼稚園の教諭の免許及び保育士の資格について，一体化を含め，その在り方について検討を加え，必要があると認めるときは，その結果に基づいて所要の措置を講ずるものとする．
2　政府は，前項に定める事項のほか，この法律の施行後五年を目途として，この法律の施行の状況を勘案し，必要があると認めるときは，この法律による改正後の就学前の子どもに関する教育，保育等の総合的な提供の推進に関する法律（以下「新認定こども園法」という．）の規定について検討を加え，その結果に基づいて所要の措置を講ずるものとする．

（認定こども園である幼保連携施設に関する経過措置）
第三条　この法律の施行の際現に存するこの法律による改正前の就学前の子どもに関する教育，保育等の総合的な提供の推進に関する法律第七条第一項に規定する認定こども園である同法第三条第三項に規定する幼保連携施設（幼稚園（同法第二条第二項に規定する幼稚園をいう．以下同じ．）及び保育所（同法第二条第三項に規定する保育所をいう．）で構成されるものに限る．以下この項及び次項において「旧幼保連携型認定こども園」という．）であって，国（国立大学法人法（平成十五年法律第百十二号）第二条第一項に規定する国立大学法人を含む．次条第一項において同じ．）及び地方公共団体以外の者が設置するものについては，この法律の施行の日（以下「施行日」という．）に，新認定こども園法第十七条第一項の設置の認可があったものとみなす．ただし，当該旧幼保連携型認定こども園の設置者が施行日の前日までに，新認定こども園法第三十六条第二項の主務省令（以下単に「主務省令」という．）で定めるところにより，別段の申出をしたときは，この限りでない．
2　前項の規定により新認定こども園法第十七条第一項の設置の認可があったものとみなされた旧幼保連携型認定こども園（以下この項において「みなし幼保連携型認定こども園」という．）の設置者は，施行日から起算して三月以内に，同法第四条第一項各号に掲げる事項を記載した書類を都道府県知事（指定都市等の区域内に所在するみなし幼保連携型認定こども園の設置者については，当該指定都市等の長）に提出しなければならない．
3　指定都市等の長は，前項の規定による書類の提出を受けたときは，速やかに，当該書類の写しを都道府県知事に送付しなければならない．
4　都道府県知事は，第二項の書類の提出又は前項の書類の写しの送付を受けたときは，新認定こども園法第二十八条に規定する方法により，同条に規定する者に対し，当該書類又は当該書類の写しに記載された事項についてその周知を図るものとする．

（幼保連携型認定こども園の設置に係る特例）
第四条　施行日の前日において現に存する幼稚園を設置している者であって，次に掲げる要件の全てに適合するもの（国，地方公共団体，私立学校法（昭和二十四年法律第二百七十号）第三条に規定する学校法人及び社会福祉法（昭和二十六年法律第四十五号）第二十二条に規定する社会福祉法人を除く．）は，当分の間，新認定こども園法第十二条の規定にかかわらず，当該幼稚園を廃止して幼保連携型認定こども園（新認定こども園法第二条第七項に規定する幼保連携型認定こども園をいい，当該幼稚園の所在した区域と同一の区域内にあることその他の主務省令で定める要件に該当するものに限る．以下この条及び附則第七条において同じ．）を設置することができる．
　　一　新認定こども園法第十三条第一項の基準に適合する設備又はこれに要する資金及び当該幼保連携型認定こども園の経営に必要な財産を有すること．
　　二　当該幼保連携型認定こども園を設置する者が幼保連携型認定こども園を経営するために必要な知識又は経験を有すること．
　　三　当該幼保連携型認定こども園を設置する者が社会的信望を有すること．
2　前項の規定により幼保連携型認定こども園を設置しようとする者（法人以外の者に限る．）に係る新認定こども園法第十七条第二項の規定の適用については，「一　申請者が，この法律その他国民の福祉若しくは学校教育に関する法律で政令で定めるものの規定により罰金の刑に処せられ，その執行を終わり，又は執行を受けることがなくなるまでの者であるとき．」とあるのは「一　申請者が，禁錮以上の刑に処せられ，その執行を終わり，又は執行を受けることがなくなるまでの者であるとき．一の二　申請者が，この法律その他国民の福祉若しくは学校教育に関する法律で政令で定めるものの規定により罰金の刑に処せられ，その執行を終わり，又は執行を受けることがなくなるまでの者であるとき．」とするほか，必要な技術的読替えは，政令で定める．
3　第一項の規定により設置された幼保連携型認定こども園の運営に関し必要な事項は，主務省令で定める．

（保育教諭等の資格の特例）
第五条　施行日から起算して五年間は，新認定こども園法第十五条第一項の規定にかかわらず，幼稚園の教諭の普通免許状（教育職員免許法（昭和二十四年法律第百四十七号）第四条第二項に規定する普通免許状をいう．）を有する者又は児童福祉法（昭和二十二年法律第百六十四号）第十八条の十八第一項の登録（第三項において単に「登録」という．）を受けた者は，主幹保育教諭，指導保育教諭，保育教諭又は講師（保育教諭に準ずる職務に従事するものに限る．）となることができる．

2　施行日から起算して五年間は，新認定こども園法第十五条第四項の規定にかかわらず，幼稚園の助教諭の臨時免許状（教育職員免許法第四条第四項に規定する臨時免許状をいう．）を有する者は，助保育教諭又は講師（助保育教諭に準ずる職務に従事するものに限る．）となることができる．

3　施行日から起算して五年間は，教育職員免許法及び教育公務員特例法の一部を改正する法律（平成十九年法律第九十八号）附則第二条第七項に規定する旧免許状所持者であって，同条第二項に規定する更新講習修了確認を受けずに同条第三項に規定する修了確認期限を経過し，その後に同項第三号に規定する免許管理者による確認を受けていない者（登録を受けている者に限る．）については，同条第七項の規定は，適用しない．

（名称の使用制限に関する経過措置）
第六条　この法律の施行の際現に幼保連携型認定こども園という名称又はこれと紛らわしい名称を使用している者については，新認定こども園法第三十一条第二項の規定は，この法律の施行後六月間は，適用しない．

（幼稚園の名称の使用制限に関する経過措置）
第七条　施行日において現に幼稚園を設置しており，かつ，当該幼稚園の名称中に幼稚園という文字を用いている者が，当該幼稚園を廃止して幼保連携型認定こども園を設置した場合には，学校教育法（昭和二十二年法律第二十六号）第百三十五条第一項の規定にかかわらず，当該幼保連携型認定こども園の名称中に引き続き幼稚園という文字を用いることができる．

（罰則に関する経過措置）
第八条　施行日前にした行為に対する罰則の適用については，なお従前の例による．

（準備行為）
第九条　この法律を施行するために必要な条例の制定又は改正，新認定こども園法第十七条第一項の認可の手続その他の行為は，施行日前においても行うことができる．

（政令への委任）
第十条　附則第三条から前条までに定めるもののほか，この法律の施行に関し必要な経過措置は，政令で定める．

（関係法律の整備等）
第十一条　この法律の施行に伴う関係法律の整備等については，別に法律で定めるところによる．

4-9 子ども・子育て支援法
(平成二十四年八月二十二日法律第六十五号)

最終改正:平成二六年六月一三日法律第六九号

第一章　総則

(目的)

第一条　この法律は，我が国における急速な少子化の進行並びに家庭及び地域を取り巻く環境の変化に鑑み，児童福祉法（昭和二十二年法律第百六十四号）その他の子どもに関する法律による施策と相まって，子ども・子育て支援給付その他の子ども及び子どもを養育している者に必要な支援を行い，もって一人一人の子どもが健やかに成長することができる社会の実現に寄与することを目的とする．

(基本理念)

第二条　子ども・子育て支援は，父母その他の保護者が子育てについての第一義的責任を有するという基本的認識の下に，家庭，学校，地域，職域その他の社会のあらゆる分野における全ての構成員が，各々の役割を果たすとともに，相互に協力して行われなければならない．

2　子ども・子育て支援給付その他の子ども・子育て支援の内容及び水準は，全ての子どもが健やかに成長するように支援するものであって，良質かつ適切なものでなければならない．

3　子ども・子育て支援給付その他の子ども・子育て支援は，地域の実情に応じて，総合的かつ効率的に提供されるよう配慮して行われなければならない．

(市町村等の責務)

第三条　市町村（特別区を含む．以下同じ．）は，この法律の実施に関し，次に掲げる責務を有する．

　一　子どもの健やかな成長のために適切な環境が等しく確保されるよう，子ども及びその保護者に必要な子ども・子育て支援給付及び地域子ども・子育て支援事業を総合的かつ計画的に行うこと．

　二　子ども及びその保護者が，確実に子ども・子育て支援給付を受け，及び地域子ども・子育て支援事業その他の子ども・子育て支援を円滑に利用するために必要な援助を行うとともに，関係機関との連絡調整その他の便宜の提供を行うこと．

　三　子ども及びその保護者が置かれている環境に応じて，子どもの保護者の選択に基づき，多様な施設又は事業者から，良質かつ適切な教育及び保育その他の子ども・子育て支援が総合的かつ効率的に提供されるよう，その提供体制を確保

すること．
2　都道府県は，市町村が行う子ども・子育て支援給付及び地域子ども・子育て支援事業が適正かつ円滑に行われるよう，市町村に対する必要な助言及び適切な援助を行うとともに，子ども・子育て支援のうち，特に専門性の高い施策及び各市町村の区域を超えた広域的な対応が必要な施策を講じなければならない．
3　国は，市町村が行う子ども・子育て支援給付及び地域子ども・子育て支援事業その他この法律に基づく業務が適正かつ円滑に行われるよう，市町村及び都道府県と相互に連携を図りながら，子ども・子育て支援の提供体制の確保に関する施策その他の必要な各般の措置を講じなければならない．

（事業主の責務）
第四条　事業主は，その雇用する労働者に係る多様な労働条件の整備その他の労働者の職業生活と家庭生活との両立が図られるようにするために必要な雇用環境の整備を行うことにより当該労働者の子育ての支援に努めるとともに，国又は地方公共団体が講ずる子ども・子育て支援に協力しなければならない．

（国民の責務）
第五条　国民は，子ども・子育て支援の重要性に対する関心と理解を深めるとともに，国又は地方公共団体が講ずる子ども・子育て支援に協力しなければならない．

（定義）
第六条　この法律において「子ども」とは，十八歳に達する日以後の最初の三月三十一日までの間にある者をいい，「小学校就学前子ども」とは，子どものうち小学校就学の始期に達するまでの者をいう．
2　この法律において「保護者」とは，親権を行う者，未成年後見人その他の者で，子どもを現に監護する者をいう．

第七条　この法律において「子ども・子育て支援」とは，全ての子どもの健やかな成長のために適切な環境が等しく確保されるよう，国若しくは地方公共団体又は地域における子育ての支援を行う者が実施する子ども及び子どもの保護者に対する支援をいう．
2　この法律において「教育」とは，満三歳以上の小学校就学前子どもに対して義務教育及びその後の教育の基礎を培うものとして教育基本法（平成十八年法律第百二十号）第六条第一項に規定する法律に定める学校において行われる教育をいう．

3　この法律において「保育」とは，児童福祉法第六条の三第七項に規定する保育をいう．

4　この法律において「教育・保育施設」とは，就学前の子どもに関する教育，保育等の総合的な提供の推進に関する法律（平成十八年法律第七十七号．以下「認定こども園法」という．）第二条第六項に規定する認定こども園（以下「認定こども園」という．），学校教育法（昭和二十二年法律第二十六号）第一条に規定する幼稚園（認定こども園法第三条第一項又は第三項の認定を受けたもの及び同条第九項の規定による公示がされたものを除く．以下「幼稚園」という．）及び児童福祉法第三十九条第一項に規定する保育所（認定こども園法第三条第一項の認定を受けたもの及び同条第九項の規定による公示がされたものを除く．以下「保育所」という．）をいう．

5　この法律において「地域型保育」とは，家庭的保育，小規模保育，居宅訪問型保育及び事業所内保育をいい，「地域型保育事業」とは，地域型保育を行う事業をいう．

6　この法律において「家庭的保育」とは，児童福祉法第六条の三第九項に規定する家庭的保育事業として行われる保育をいう．

7　この法律において「小規模保育」とは，児童福祉法第六条の三第十項に規定する小規模保育事業として行われる保育をいう．

8　この法律において「居宅訪問型保育」とは，児童福祉法第六条の三第十一項に規定する居宅訪問型保育事業として行われる保育をいう．

9　この法律において「事業所内保育」とは，児童福祉法第六条の三第十二項に規定する事業所内保育事業として行われる保育をいう．

第二章　子ども・子育て支援給付

第一節　通則

(子ども・子育て支援給付の種類)
第八条　子ども・子育て支援給付は，子どものための現金給付及び子どものための教育・保育給付とする．

第二節　子どものための現金給付

第九条　子どものための現金給付は，児童手当（児童手当法（昭和四十六年法律第七十三号）に規定する児童手当をいう．以下同じ．）の支給とする．

第十条　子どものための現金給付については，この法律に別段の定めがあるものを除き，児童手当法の定めるところによる．

第三節　子どものための教育・保育給付

第一款　通則

（子どものための教育・保育給付）

第十一条　子どものための教育・保育給付は，施設型給付費，特例施設型給付費，地域型保育給付費及び特例地域型保育給付費の支給とする．

（不正利得の徴収）

第十二条　市町村は，偽りその他不正の手段により子どものための教育・保育給付を受けた者があるときは，その者から，その子どものための教育・保育給付の額に相当する金額の全部又は一部を徴収することができる．

2　市町村は，第二十七条第一項に規定する特定教育・保育施設又は第二十九条第一項に規定する特定地域型保育事業者が，偽りその他不正の行為により第二十七条第五項（第二十八条第四項において準用する場合を含む．）又は第二十九条第五項（第三十条第四項において準用する場合を含む．）の規定による支払を受けたときは，当該特定教育・保育施設又は特定地域型保育事業者から，その支払った額につき返還させるべき額を徴収するほか，その返還させるべき額に百分の四十を乗じて得た額を徴収することができる．

3　前二項の規定による徴収金は，地方自治法（昭和二十二年法律第六十七号）第二百三十一条の三第三項に規定する法律で定める歳入とする．

（報告等）

第十三条　市町村は，子どものための教育・保育給付に関して必要があると認めるときは，この法律の施行に必要な限度において，小学校就学前子ども，小学校就学前子どもの保護者若しくは小学校就学前子どもの属する世帯の世帯主その他その世帯に属する者又はこれらの者であった者に対し，報告若しくは文書その他の物件の提出若しくは提示を命じ，又は当該職員に質問させることができる．

2　前項の規定による質問を行う場合においては，当該職員は，その身分を示す証明書を携帯し，かつ，関係人の請求があるときは，これを提示しなければならない．

3　第一項の規定による権限は，犯罪捜査のために認められたものと解釈してはならない．

第十四条　市町村は，子どものための教育・保育給付に関して必要があると認めるときは，この法律の施行に必要な限度において，当該子どものための教育・保育給付に係る教育・保育（教育又は保育をいう．以下同じ．）を行う者若しくは

これを使用する者若しくはこれらの者であった者に対し，報告若しくは文書その他の物件の提出若しくは提示を命じ，又は当該職員に関係者に対して質問させ，若しくは当該教育・保育を行う施設若しくは事業所に立ち入り，その設備若しくは帳簿書類その他の物件を検査させることができる．
2　前条第二項の規定は前項の規定による質問又は検査について，同条第三項の規定は前項の規定による権限について準用する．

（内閣総理大臣又は都道府県知事の教育・保育に関する調査等）
第十五条　内閣総理大臣又は都道府県知事は，子どものための教育・保育給付に関して必要があると認めるときは，この法律の施行に必要な限度において，子どものための教育・保育給付に係る小学校就学前子ども若しくは小学校就学前子どもの保護者又はこれらの者であった者に対し，当該子どものための教育・保育給付に係る教育・保育の内容に関し，報告若しくは文書その他の物件の提出若しくは提示を命じ，又は当該職員に質問させることができる．
2　内閣総理大臣又は都道府県知事は，子どものための教育・保育給付に関して必要があると認めるときは，この法律の施行に必要な限度において，教育・保育を行った者若しくはこれを使用した者に対し，その行った教育・保育に関し，報告若しくは当該教育・保育の提供の記録，帳簿書類その他の物件の提出若しくは提示を命じ，又は当該職員に関係者に対して質問させることができる．
3　第十三条第二項の規定は前二項の規定による質問について，同条第三項の規定は前二項の規定による権限について準用する．

（資料の提供等）
第十六条　市町村は，子どものための教育・保育給付に関して必要があると認めるときは，この法律の施行に必要な限度において，小学校就学前子ども，小学校就学前子どもの保護者又は小学校就学前子どもの扶養義務者（民法（明治二十九年法律第八十九号）に規定する扶養義務者をいう．附則第六条において同じ．）の資産又は収入の状況につき，官公署に対し必要な文書の閲覧若しくは資料の提供を求め，又は銀行，信託会社その他の機関若しくは小学校就学前子どもの保護者の雇用主その他の関係人に報告を求めることができる．

（受給権の保護）
第十七条　子どものための教育・保育給付を受ける権利は，譲り渡し，担保に供し，又は差し押さえることができない．

（租税その他の公課の禁止）

第十八条　租税その他の公課は，子どものための教育・保育給付として支給を受けた金品を標準として，課することができない．

第二款　支給認定等
（支給要件）
第十九条　子どものための教育・保育給付は，次に掲げる小学校就学前子どもの保護者に対し，その小学校就学前子どもの第二十七条第一項に規定する特定教育・保育，第二十八条第一項第二号に規定する特別利用保育，同項第三号に規定する特別利用教育，第二十九条第一項に規定する特定地域型保育又は第三十条第一項第四号に規定する特例保育の利用について行う．
　一　満三歳以上の小学校就学前子ども（次号に掲げる小学校就学前子どもに該当するものを除く．）
　二　満三歳以上の小学校就学前子どもであって，保護者の労働又は疾病その他の内閣府令で定める事由により家庭において必要な保育を受けることが困難である者
　三　満三歳未満の小学校就学前子どもであって，前号の内閣府令で定める事由により家庭において必要な保育を受けることが困難である者
2　内閣総理大臣は，前項第二号の内閣府令を定め，又は変更しようとするときは，あらかじめ，厚生労働大臣に協議しなければならない．

（市町村の認定等）
第二十条　前条第一項各号に掲げる小学校就学前子どもの保護者は，子どものための教育・保育給付を受けようとするときは，内閣府令で定めるところにより，市町村に対し，その小学校就学前子どもごとに，子どものための教育・保育給付を受ける資格を有すること及びその該当する同項各号に掲げる小学校就学前子どもの区分についての認定を申請し，その認定を受けなければならない．
2　前項の認定は，小学校就学前子どもの保護者の居住地の市町村が行うものとする．ただし，小学校就学前子どもの保護者が居住地を有しないとき，又は明らかでないときは，その小学校就学前子どもの保護者の現在地の市町村が行うものとする．
3　市町村は，第一項の規定による申請があった場合において，当該申請に係る小学校就学前子どもが前条第一項第二号又は第三号に掲げる小学校就学前子どもに該当すると認めるときは，政令で定めるところにより，当該小学校就学前子どもに係る保育必要量（月を単位として内閣府令で定める期間において施設型給付費，特例施設型給付費，地域型保育給付費又は特例地域型保育給付費を支給する保育の量をいう．以下同じ．）の認定を行うものとする．

4　市町村は，第一項及び前項の認定（以下「支給認定」という．）を行ったときは，その結果を当該支給認定に係る保護者（以下「支給認定保護者」という．）に通知しなければならない．この場合において，市町村は，内閣府令で定めるところにより，当該支給認定に係る小学校就学前子ども（以下「支給認定子ども」という．）の該当する前条第一項各号に掲げる小学校就学前子どもの区分，保育必要量その他の内閣府令で定める事項を記載した認定証（以下「支給認定証」という．）を交付するものとする．

5　市町村は，第一項の規定による申請について，当該保護者が子どものための教育・保育給付を受ける資格を有すると認められないときは，理由を付して，その旨を当該申請に係る保護者に通知するものとする．

6　第一項の規定による申請に対する処分は，当該申請のあった日から三十日以内にしなければならない．

ただし，当該申請に係る保護者の労働又は疾病の状況の調査に日時を要することその他の特別な理由がある場合には，当該申請のあった日から三十日以内に，当該保護者に対し，当該申請に対する処分をするためになお要する期間（次項において「処理見込期間」という．）及びその理由を通知し，これを延期することができる．

7　第一項の規定による申請をした日から三十日以内に当該申請に対する処分がされないとき，若しくは前項ただし書の通知がないとき，又は処理見込期間が経過した日までに当該申請に対する処分がされないときは，当該申請に係る保護者は，市町村が当該申請を却下したものとみなすことができる．

（支給認定の有効期間）
第二十一条　支給認定は，内閣府令で定める期間（以下「支給認定の有効期間」という．）内に限り，その効力を有する．

（届出）
第二十二条　支給認定保護者は，支給認定の有効期間内において，内閣府令で定めるところにより，市町村に対し，その労働又は疾病の状況その他の内閣府令で定める事項を届け出，かつ，内閣府令で定める書類その他の物件を提出しなければならない．

（支給認定の変更）
第二十三条　支給認定保護者は，現に受けている支給認定に係る当該支給認定子どもの該当する第十九条第一項各号に掲げる小学校就学前子どもの区分，保育必要量その他の内閣府令で定める事項を変更する必要があるときは，内閣府令で定

めるところにより，市町村に対し，支給認定の変更の認定を申請することができる．
2　市町村は，前項の規定による申請により，支給認定保護者につき，必要があると認めるときは，支給認定の変更の認定を行うことができる．この場合において，市町村は，当該変更の認定に係る支給認定保護者に対し，支給認定証の提出を求めるものとする．
3　第二十条第二項，第三項，第四項前段及び第五項から第七項までの規定は，前項の支給認定の変更の認定について準用する．この場合において，必要な技術的読替えは，政令で定める．
4　市町村は，職権により，支給認定保護者につき，第十九条第一項第三号に掲げる小学校就学前子どもに該当する支給認定子どもが満三歳に達したときその他必要があると認めるときは，内閣府令で定めるところにより，支給認定の変更の認定を行うことができる．この場合において，市町村は，内閣府令で定めるところにより，当該変更の認定に係る支給認定保護者に対し，支給認定証の提出を求めるものとする．
5　第二十条第二項，第三項及び第四項前段の規定は，前項の支給認定の変更の認定について準用する．この場合において，必要な技術的読替えは，政令で定める．
6　市町村は，第二項又は第四項の支給認定の変更の認定を行った場合には，内閣府令で定めるところにより，支給認定証に当該変更の認定に係る事項を記載し，これを返還するものとする．

（支給認定の取消し）
第二十四条　支給認定を行った市町村は，次に掲げる場合には，当該支給認定を取り消すことができる．
　　一　当該支給認定に係る満三歳未満の小学校就学前子どもが，支給認定の有効期間内に，第十九条第一項第三号に掲げる小学校就学前子どもに該当しなくなったとき．
　　二　当該支給認定保護者が，支給認定の有効期間内に，当該市町村以外の市町村の区域内に居住地を有するに至ったと認めるとき．
　　三　その他政令で定めるとき．
2　前項の規定により支給認定の取消しを行った市町村は，内閣府令で定めるところにより，当該取消しに係る支給認定保護者に対し支給認定証の返還を求めるものとする．

（都道府県による援助等）

第二十五条　都道府県は，市町村が行う第二十条，第二十三条及び前条の規定による業務に関し，その設置する福祉事務所（社会福祉法（昭和二十六年法律第四十五号）に定める福祉に関する事務所をいう.），児童相談所又は保健所による技術的事項についての協力その他市町村に対する必要な援助を行うことができる.

(内閣府令への委任)
第二十六条　この款に定めるもののほか，支給認定の申請その他の手続に関し必要な事項は，内閣府令で定める.

第三款　施設型給付費及び地域型保育給付費等の支給
(施設型給付費の支給)
第二十七条　市町村は，支給認定子どもが，支給認定の有効期間内において，市町村長（特別区の区長を含む. 以下同じ.）が施設型給付費の支給に係る施設として確認する教育・保育施設（以下「特定教育・保育施設」という.）から当該確認に係る教育・保育（地域型保育を除き，第十九条第一項第一号に掲げる小学校就学前子どもに該当する支給認定子どもにあっては認定こども園において受ける教育・保育（保育にあっては，同号に掲げる小学校就学前子どもに該当する支給認定子どもに対して提供される教育に係る標準的な一日当たりの時間及び期間を勘案して内閣府令で定める一日当たりの時間及び期間の範囲内において行われるものに限る.）又は幼稚園において受ける教育に限り，同項第二号に掲げる小学校就学前子どもに該当する支給認定子どもにあっては認定こども園において受ける教育・保育又は保育所において受ける保育に限り，同項第三号に掲げる小学校就学前子どもに該当する支給認定子どもにあっては認定こども園又は保育所において受ける保育に限る. 以下「特定教育・保育」という.）を受けたときは，内閣府令で定めるところにより，当該支給認定子どもに係る支給認定保護者に対し，当該特定教育・保育（保育にあっては，保育必要量の範囲内のものに限る. 以下「支給認定教育・保育」という.）に要した費用について，施設型給付費を支給する.

2　特定教育・保育施設から支給認定教育・保育を受けようとする支給認定子どもに係る支給認定保護者は，内閣府令で定めるところにより，特定教育・保育施設に支給認定証を提示して当該支給認定教育・保育を当該支給認定子どもに受けさせるものとする. ただし，緊急の場合その他やむを得ない事由のある場合については，この限りでない.

3　施設型給付費の額は，一月につき，第一号に掲げる額から第二号に掲げる額を控除して得た額（当該額が零を下回る場合には，零とする.）とする.
　一　第十九条第一項各号に掲げる小学校就学前子どもの区分，保育必要量，当

該特定教育・保育施設の所在する地域等を勘案して算定される特定教育・保育に通常要する費用の額を勘案して内閣総理大臣が定める基準により算定した費用の額（その額が現に当該支給認定教育・保育に要した費用の額を超えるときは，当該現に支給認定教育・保育に要した費用の額）
　　二　政令で定める額を限度として当該支給認定保護者の属する世帯の所得の状況その他の事情を勘案して市町村が定める額
4　内閣総理大臣は，第一項の一日当たりの時間及び期間を定める内閣府令を定め，又は変更しようとするとき，及び前項第一号の基準を定め，又は変更しようとするときは，あらかじめ，第一項の一日当たりの時間及び期間を定める内閣府令については文部科学大臣に，前項第一号の基準については文部科学大臣及び厚生労働大臣に協議するとともに，第七十二条に規定する子ども・子育て会議の意見を聴かなければならない．
5　支給認定子どもが特定教育・保育施設から支給認定教育・保育を受けたときは，市町村は，当該支給認定子どもに係る支給認定保護者が当該特定教育・保育施設に支払うべき当該支給認定教育・保育に要した費用について，施設型給付費として当該支給認定保護者に支給すべき額の限度において，当該支給認定保護者に代わり，当該特定教育・保育施設に支払うことができる．
6　前項の規定による支払があったときは，支給認定保護者に対し施設型給付費の支給があったものとみなす．
7　市町村は，特定教育・保育施設から施設型給付費の請求があったときは，第三項第一号の内閣総理大臣が定める基準及び第三十四条第二項の市町村の条例で定める特定教育・保育施設の運営に関する基準（特定教育・保育の取扱いに関する部分に限る．）に照らして審査の上，支払うものとする．
8　前各項に定めるもののほか，施設型給付費の支給及び特定教育・保育施設の施設型給付費の請求に関し必要な事項は，内閣府令で定める．

（特例施設型給付費の支給）
第二十八条　市町村は，次に掲げる場合において，必要があると認めるときは，内閣府令で定めるところにより，第一号に規定する特定教育・保育に要した費用，第二号に規定する特別利用保育に要した費用又は第三号に規定する特別利用教育に要した費用について，特例施設型給付費を支給することができる．
　　一　支給認定子どもが，当該支給認定子どもに係る支給認定保護者が第二十条第一項の規定による申請をした日から当該支給認定の効力が生じた日の前日までの間に，緊急その他やむを得ない理由により特定教育・保育を受けたとき．
　　二　第十九条第一項第一号に掲げる小学校就学前子どもに該当する支給認定子どもが，特定教育・保育施設（保育所に限る．）から特別利用保育（同号に掲げ

る小学校就学前子どもに該当する支給認定子どもに対して提供される教育に係る標準的な一日当たりの時間及び期間を勘案して内閣府令で定める一日当たりの時間及び期間の範囲内において行われる保育（地域型保育を除く．）をいう．以下同じ．）を受けたとき（地域における教育の体制の整備の状況その他の事情を勘案して必要があると市町村が認めるときに限る．）．

　三　第十九条第一項第二号に掲げる小学校就学前子どもに該当する支給認定子どもが，特定教育・保育施設（幼稚園に限る．）から特別利用教育（教育のうち同号に掲げる小学校就学前子どもに該当する支給認定子どもに対して提供されるものをいい，特定教育・保育を除く．以下同じ．）を受けたとき．

2　特例施設型給付費の額は，一月につき，次の各号に掲げる区分に応じ，当該各号に定める額とする．

　一　特定教育・保育前条第三項第一号の内閣総理大臣が定める基準により算定した費用の額（その額が現に当該特定教育・保育に要した費用の額を超えるときは，当該現に特定教育・保育に要した費用の額）から政令で定める額を限度として当該支給認定保護者の属する世帯の所得の状況その他の事情を勘案して市町村が定める額を控除して得た額（当該額が零を下回る場合には，零とする．）を基準として市町村が定める額

　二　特別利用保育特別利用保育に通常要する費用の額を勘案して内閣総理大臣が定める基準により算定した費用の額（その額が現に当該特別利用保育に要した費用の額を超えるときは，当該現に特別利用保育に要した費用の額）から政令で定める額を限度として当該支給認定保護者の属する世帯の所得の状況その他の事情を勘案して市町村が定める額を控除して得た額（当該額が零を下回る場合には，零とする．）

　三　特別利用教育特別利用教育に通常要する費用の額を勘案して内閣総理大臣が定める基準により算定した費用の額（その額が現に当該特別利用教育に要した費用の額を超えるときは，当該現に特別利用教育に要した費用の額）から政令で定める額を限度として当該支給認定保護者の属する世帯の所得の状況その他の事情を勘案して市町村が定める額を控除して得た額（当該額が零を下回る場合には，零とする．）

3　内閣総理大臣は，第一項第二号の内閣府令を定め，又は変更しようとするとき，並びに前項第二号及び第三号の基準を定め，又は変更しようとするときは，あらかじめ，第一項第二号の内閣府令については文部科学大臣に，前項第二号及び第三号の基準については文部科学大臣及び厚生労働大臣に協議するとともに，第七十二条に規定する子ども・子育て会議の意見を聴かなければならない．

4　前条第二項及び第五項から第七項までの規定は，特例施設型給付費（第一項第一号に係るものを除く．第四十条第一項第四号において同じ．）の支給につい

て準用する．この場合において，必要な技術的読替えは，政令で定める．

5　前各項に定めるもののほか，特例施設型給付費の支給及び特定教育・保育施設の特例施設型給付費の請求に関し必要な事項は，内閣府令で定める．

(地域型保育給付費の支給)
第二十九条　市町村は，支給認定子ども（第十九条第一項第三号に掲げる小学校就学前子どもに該当する支給認定子どもに限る．以下「満三歳未満保育認定子ども」という．）が，支給認定の有効期間内において，当該市町村の長が地域型保育給付費の支給に係る事業を行う者として確認する地域型保育を行う事業者（以下「特定地域型保育事業者」という．）から当該確認に係る地域型保育（以下「特定地域型保育」という．）を受けたときは，内閣府令で定めるところにより，当該満三歳未満保育認定子どもに係る支給認定保護者に対し，当該特定地域型保育（保育必要量の範囲内のものに限る．以下「満三歳未満保育認定地域型保育」という．）に要した費用について，地域型保育給付費を支給する．

2　特定地域型保育事業者から満三歳未満保育認定地域型保育を受けようとする満三歳未満保育認定子どもに係る支給認定保護者は，内閣府令で定めるところにより，特定地域型保育事業者に支給認定証を提示して当該満三歳未満保育認定地域型保育を当該満三歳未満保育認定子どもに受けさせるものとする．ただし，緊急の場合その他やむを得ない事由のある場合については，この限りでない．

3　地域型保育給付費の額は，一月につき，第一号に掲げる額から第二号に掲げる額を控除して得た額（当該額が零を下回る場合には，零とする．）とする．

　一　地域型保育の種類ごとに，保育必要量，当該地域型保育の種類に係る特定地域型保育の事業を行う事業所（以下「特定地域型保育事業所」という．）の所在する地域等を勘案して算定される当該特定地域型保育に通常要する費用の額を勘案して内閣総理大臣が定める基準により算定した費用の額（その額が現に当該満三歳未満保育認定地域型保育に要した費用の額を超えるときは，当該現に満三歳未満保育認定地域型保育に要した費用の額）

　二　政令で定める額を限度として当該支給認定保護者の属する世帯の所得の状況その他の事情を勘案して市町村が定める額

4　内閣総理大臣は，前項第一号の基準を定め，又は変更しようとするときは，あらかじめ，厚生労働大臣に協議するとともに，第七十二条に規定する子ども・子育て会議の意見を聴かなければならない．

5　満三歳未満保育認定子どもが特定地域型保育事業者から満三歳未満保育認定地域型保育を受けたときは，市町村は，当該満三歳未満保育認定子どもに係る支給認定保護者が当該特定地域型保育事業者に支払うべき当該満三歳未満保育認定地域型保育に要した費用について，地域型保育給付費として当該支給認定保護者

に支給すべき額の限度において，当該支給認定保護者に代わり，当該特定地域型保育事業者に支払うことができる．
6　前項の規定による支払があったときは，支給認定保護者に対し地域型保育給付費の支給があったものとみなす．
7　市町村は，特定地域型保育事業者から地域型保育給付費の請求があったときは，第三項第一号の内閣総理大臣が定める基準及び第四十六条第二項の市町村の条例で定める特定地域型保育事業の運営に関する基準（特定地域型保育の取扱いに関する部分に限る．）に照らして審査の上，支払うものとする．
8　前各項に定めるもののほか，地域型保育給付費の支給及び特定地域型保育事業者の地域型保育給付費の請求に関し必要な事項は，内閣府令で定める．

（特例地域型保育給付費の支給）
第三十条　市町村は，次に掲げる場合において，必要があると認めるときは，内閣府令で定めるところにより，当該特定地域型保育（第三号に規定する特定利用地域型保育にあっては，保育必要量の範囲内のものに限る．）に要した費用又は第四号に規定する特例保育（第十九条第一項第二号又は第三号に掲げる小学校就学前子どもに該当する支給認定子どもに係るものにあっては，保育必要量の範囲内のものに限る．）に要した費用について，特例地域型保育給付費を支給することができる．

　一　満三歳未満保育認定子どもが，当該満三歳未満保育認定子どもに係る支給認定保護者が第二十条第一項の規定による申請をした日から当該支給認定の効力が生じた日の前日までの間に，緊急その他やむを得ない理由により特定地域型保育を受けたとき．

　二　第十九条第一項第一号に掲げる小学校就学前子どもに該当する支給認定子どもが，特定地域型保育事業者から特定地域型保育（同号に掲げる小学校就学前子どもに該当する支給認定子どもに対して提供される教育に係る標準的な一日当たりの時間及び期間を勘案して内閣府令で定める一日当たりの時間及び期間の範囲内において行われるものに限る．次項及び附則第九条第一項第三号イにおいて「特別利用地域型保育」という．）を受けたとき（地域における教育の体制の整備の状況その他の事情を勘案して必要があると市町村が認めるときに限る．）．

　三　第十九条第一項第二号に掲げる小学校就学前子どもに該当する支給認定子どもが，特定地域型保育事業者から特定利用地域型保育（特定地域型保育のうち同号に掲げる小学校就学前子どもに該当する支給認定子どもに対して提供されるものをいう．次項において同じ．）を受けたとき（地域における同号に掲げる小学校就学前子どもに該当する支給認定子どもに係る教育・保育の体制の整備の状況その他の事情を勘案して必要があると市町村が認めるときに限る．）．

四　特定教育・保育及び特定地域型保育の確保が著しく困難である離島その他の地域であって内閣総理大臣が定める基準に該当するものに居住地を有する支給認定保護者に係る支給認定子どもが，特例保育（特定教育・保育及び特定地域型保育以外の保育をいい，第十九条第一項第一号に掲げる小学校就学前子どもに該当する支給認定子どもに係るものにあっては，同号に掲げる小学校就学前子どもに該当する支給認定子どもに対して提供される教育に係る標準的な一日当たりの時間及び期間を勘案して内閣府令で定める一日当たりの時間及び期間の範囲内において行われるものに限る．以下同じ．）を受けたとき．

2　特例地域型保育給付費の額は，一月につき，次の各号に掲げる区分に応じ，当該各号に定める額とする．

　一　特定地域型保育（特別利用地域型保育及び特定利用地域型保育を除く．以下この号において同じ．）

前条第三項第一号の内閣総理大臣が定める基準により算定した費用の額（その額が現に当該特定地域型保育に要した費用の額を超えるときは，当該現に特定地域型保育に要した費用の額）から政令で定める額を限度として当該支給認定保護者の属する世帯の所得の状況その他の事情を勘案して市町村が定める額を控除して得た額（当該額が零を下回る場合には，零とする．）を基準として市町村が定める額

　二　特別利用地域型保育特別利用地域型保育に通常要する費用の額を勘案して内閣総理大臣が定める基準により算定した費用の額（その額が現に当該特別利用地域型保育に要した費用の額を超えるときは，当該現に特別利用地域型保育に要した費用の額）から政令で定める額を限度として当該支給認定保護者の属する世帯の所得の状況その他の事情を勘案して市町村が定める額を控除して得た額（当該額が零を下回る場合には，零とする．）

　三　特定利用地域型保育特定利用地域型保育に通常要する費用の額を勘案して内閣総理大臣が定める基準により算定した費用の額（その額が現に当該特定利用地域型保育に要した費用の額を超えるときは，当該現に特定利用地域型保育に要した費用の額）から政令で定める額を限度として当該支給認定保護者の属する世帯の所得の状況その他の事情を勘案して市町村が定める額を控除して得た額（当該額が零を下回る場合には，零とする．）

　四　特例保育特例保育に通常要する費用の額を勘案して内閣総理大臣が定める基準により算定した費用の額（その額が現に当該特例保育に要した費用の額を超えるときは，当該現に特例保育に要した費用の額）から政令で定める額を限度として当該支給認定保護者の属する世帯の所得の状況その他の事情を勘案して市町村が定める額を控除して得た額（当該額が零を下回る場合には，零とする．）を基準として市町村が定める額

3　内閣総理大臣は，第一項第二号及び第四号の内閣府令を定め，又は変更しようとするとき，並びに前項第二号から第四号までの基準を定め，又は変更しようとするときは，あらかじめ，第一項第二号及び第四号の内閣府令については文部科学大臣に，前項第三号の基準については厚生労働大臣に，同項第二号及び第四号の基準については文部科学大臣及び厚生労働大臣に協議するとともに，第七十二条に規定する子ども・子育て会議の意見を聴かなければならない．
4　前条第二項及び第五項から第七項までの規定は，特例地域型保育給付費（第一項第二号及び第三号に係るものに限る．第五十二条第一項第四号において同じ．）の支給について準用する．この場合において，必要な技術的読替えは，政令で定める．
5　前各項に定めるもののほか，特例地域型保育給付費の支給及び特定地域型保育事業者の特例地域型保育給付費の請求に関し必要な事項は，内閣府令で定める．

第三章　特定教育・保育施設及び特定地域型保育事業者
第一節　特定教育・保育施設

（特定教育・保育施設の確認）
第三十一条　第二十七条第一項の確認は，内閣府令で定めるところにより，教育・保育施設の設置者（国（国立大学法人法（平成十五年法律第百十二号）第二条第一項に規定する国立大学法人を含む．附則第七条において同じ．）を除き，法人に限る．以下同じ．）の申請により，次の各号に掲げる教育・保育施設の区分に応じ，当該各号に定める小学校就学前子どもの区分ごとの利用定員を定めて，市町村長が行う．
　一　認定こども園第十九条第一項各号に掲げる小学校就学前子どもの区分
　二　幼稚園第十九条第一項第一号に掲げる小学校就学前子どもの区分
　三　保育所第十九条第一項第二号に掲げる小学校就学前子どもの区分及び同項第三号に掲げる小学校就学前子どもの区分
2　市町村長は，前項の規定により特定教育・保育施設の利用定員を定めようとするときは，あらかじめ，第七十七条第一項の審議会その他の合議制の機関を設置している場合にあってはその意見を，その他の場合にあっては子どもの保護者その他子ども・子育て支援に係る当事者の意見を聴かなければならない．
3　市町村長は，第一項の規定により特定教育・保育施設の利用定員を定めようとするときは，内閣府令で定めるところにより，あらかじめ，都道府県知事に協議しなければならない．

（特定教育・保育施設の確認の変更）

第三十二条　特定教育・保育施設の設置者は，第二十七条第一項の確認において定められた利用定員を増加しようとするときは，あらかじめ，内閣府令で定めるところにより，当該特定教育・保育施設に係る同項の確認の変更を申請することができる．
2　前条第三項の規定は，前項の確認の変更の申請があった場合について準用する．この場合において，必要な技術的読替えは，政令で定める．
3　市町村長は，前項の規定により前条第三項の規定を準用する場合のほか，第二十七条第一項の確認において定めた利用定員を変更しようとするときは，あらかじめ，内閣府令で定めるところにより，都道府県知事に協議しなければならない．

(特定教育・保育施設の設置者の責務)
第三十三条　特定教育・保育施設の設置者は，支給認定保護者から利用の申込みを受けたときは，正当な理由がなければ，これを拒んではならない．
2　特定教育・保育施設の設置者は，第十九条第一項各号に掲げる小学校就学前子どもの区分ごとの当該特定教育・保育施設における前項の申込みに係る支給認定子ども及び当該特定教育・保育施設を現に利用している支給認定子どもの総数が，当該区分に応ずる当該特定教育・保育施設の第二十七条第一項の確認において定められた利用定員の総数を超える場合においては，内閣府令で定めるところにより，前項の申込みに係る支給認定子どもを公正な方法で選考しなければならない．
3　内閣総理大臣は，前項の内閣府令を定め，又は変更しようとするときは，あらかじめ，文部科学大臣及び厚生労働大臣に協議しなければならない．
4　特定教育・保育施設の設置者は，支給認定子どもに対し適切な教育・保育（地域型保育を除く．以下この項及び次項において同じ．）を提供するとともに，市町村，児童相談所，児童福祉法第七条第一項に規定する児童福祉施設（第四十五条第四項において「児童福祉施設」という．），教育機関その他の関係機関との緊密な連携を図りつつ，良質な教育・保育を小学校就学前子どもの置かれている状況その他の事情に応じ，効果的に行うように努めなければならない．
5　特定教育・保育施設の設置者は，その提供する教育・保育の質の評価を行うことその他の措置を講ずることにより，教育・保育の質の向上に努めなければならない．
6　特定教育・保育施設の設置者は，小学校就学前子どもの人格を尊重するとともに，この法律又はこの法律に基づく命令を遵守し，誠実にその職務を遂行しなければならない．

（特定教育・保育施設の基準）
第三十四条　特定教育・保育施設の設置者は，次の各号に掲げる教育・保育施設の区分に応じ，当該各号に定める基準（以下「教育・保育施設の認可基準」という．）を遵守しなければならない．
　一　認定こども園認定こども園法第三条第一項の規定により都道府県の条例で定める要件（当該認定こども園が同項の認定を受けたものである場合又は同項の条例で定める要件に適合しているものとして同条第九項の規定による公示がされたものである場合に限る．），同条第三項の規定により都道府県の条例で定める要件（当該認定こども園が同項の認定を受けたものである場合又は同項の条例で定める要件に適合しているものとして同条第九項の規定による公示がされたものである場合に限る．）又は同法第十三条第一項の規定により都道府県（地方自治法第二百五十二条の十九第一項の指定都市又は同法第二百五十二条の二十二第一項の中核市（以下「指定都市等」という．）の区域内に所在する幼保連携型認定こども園（認定こども園法第二条第七項に規定する幼保連携型認定こども園をいう．以下同じ．）（都道府県が設置するものを除く．第三十九条第二項及び第四十条第一項第二号において「指定都市等所在幼保連携型認定こども園」という．）については，当該指定都市等）の条例で定める設備及び運営についての基準（当該認定こども園が幼保連携型認定こども園である場合に限る．）
　二　幼稚園学校教育法第三条に規定する学校の設備，編制その他に関する設置基準（幼稚園に係るものに限る．）
　三　保育所児童福祉法第四十五条第一項の規定により都道府県（指定都市等又は同法第五十九条の四第一項に規定する児童相談所設置市（以下「児童相談所設置市」という．）の区域内に所在する保育所（都道府県が設置するものを除く．第三十九条第二項及び第四十条第一項第二号において「指定都市等所在保育所」という．）については，当該指定都市等又は児童相談所設置市）の条例で定める児童福祉施設の設備及び運営についての基準（保育所に係るものに限る．）
2　特定教育・保育施設の設置者は，市町村の条例で定める特定教育・保育施設の運営に関する基準に従い，特定教育・保育（特定教育・保育施設が特別利用保育又は特別利用教育を行う場合にあっては，特別利用保育又は特別利用教育を含む．以下この節において同じ．）を提供しなければならない．
3　市町村が前項の条例を定めるに当たっては，次に掲げる事項については内閣府令で定める基準に従い定めるものとし，その他の事項については内閣府令で定める基準を参酌するものとする．
　一　特定教育・保育施設に係る利用定員（第二十七条第一項の確認において定めるものに限る．第五項及び次条第二項において「利用定員」という．）
　二　特定教育・保育施設の運営に関する事項であって，小学校就学前子どもの

適切な処遇の確保及び秘密の保持並びに小学校就学前子どもの健全な発達に密接に関連するものとして内閣府令で定めるもの

4　内閣総理大臣は，前項に規定する内閣府令で定める基準を定め，又は変更しようとするとき，及び同項第二号の内閣府令を定め，又は変更しようとするときは，あらかじめ，文部科学大臣及び厚生労働大臣に協議するとともに，特定教育・保育の取扱いに関する部分について第七十二条に規定する子ども・子育て会議の意見を聴かなければならない．

5　特定教育・保育施設の設置者は，次条第二項の規定による利用定員の減少の届出をしたとき又は第三十六条の規定による確認の辞退をするときは，当該届出の日又は同条に規定する予告期間の開始日の前一月以内に当該特定教育・保育を受けていた者であって，当該利用定員の減少又は確認の辞退の日以後においても引き続き当該特定教育・保育に相当する教育・保育の提供を希望する者に対し，必要な教育・保育が継続的に提供されるよう，他の特定教育・保育施設の設置者その他関係者との連絡調整その他の便宜の提供を行わなければならない．

（変更の届出等）

第三十五条　特定教育・保育施設の設置者は，設置者の住所その他の内閣府令で定める事項に変更があったときは，内閣府令で定めるところにより，十日以内に，その旨を市町村長に届け出なければならない．

2　特定教育・保育施設の設置者は，当該利用定員の減少をしようとするときは，内閣府令で定めるところにより，その利用定員の減少の日の三月前までに，その旨を市町村長に届け出なければならない．

（確認の辞退）

第三十六条　特定教育・保育施設は，三月以上の予告期間を設けて，その確認を辞退することができる．

（市町村長等による連絡調整又は援助）

第三十七条　市町村長は，特定教育・保育施設の設置者による第三十四条第五項に規定する便宜の提供が円滑に行われるため必要があると認めるときは，当該特定教育・保育施設の設置者及び他の特定教育・保育施設の設置者その他の関係者相互間の連絡調整又は当該特定教育・保育施設の設置者及び当該関係者に対する助言その他の援助を行うことができる．

2　都道府県知事は，同一の特定教育・保育施設の設置者について二以上の市町村長が前項の規定による連絡調整又は援助を行う場合において，当該特定教育・保育施設の設置者による第三十四条第五項に規定する便宜の提供が円滑に行われ

るため必要があると認めるときは，当該市町村長相互間の連絡調整又は当該特定教育・保育施設の設置者に対する市町村の区域を超えた広域的な見地からの助言その他の援助を行うことができる．
3　内閣総理大臣は，同一の特定教育・保育施設の設置者について二以上の都道府県知事が前項の規定による連絡調整又は援助を行う場合において，当該特定教育・保育施設の設置者による第三十四条第五項に規定する便宜の提供が円滑に行われるため必要があると認めるときは，当該都道府県知事相互間の連絡調整又は当該特定教育・保育施設の設置者に対する都道府県の区域を超えた広域的な見地からの助言その他の援助を行うことができる．

（報告等）
第三十八条　市町村長は，必要があると認めるときは，この法律の施行に必要な限度において，特定教育・保育施設又は特定教育・保育施設の設置者若しくは特定教育・保育施設の設置者であった者若しくは特定教育・保育施設の職員であった者（以下この項において「特定教育・保育施設の設置者であった者等」という．）に対し，報告若しくは帳簿書類その他の物件の提出若しくは提示を命じ，特定教育・保育施設の設置者若しくは特定教育・保育施設の職員若しくは特定教育・保育施設の設置者であった者等に対し出頭を求め，又は当該市町村の職員に関係者に対して質問させ，若しくは特定教育・保育施設，特定教育・保育施設の設置者の事務所その他特定教育・保育施設の運営に関係のある場所に立ち入り，その設備若しくは帳簿書類その他の物件を検査させることができる．
2　第十三条第二項の規定は前項の規定による質問又は検査について，同条第三項の規定は前項の規定による権限について準用する．

（勧告，命令等）
第三十九条　市町村長は，特定教育・保育施設の設置者が，次の各号に掲げる場合に該当すると認めるときは，当該特定教育・保育施設の設置者に対し，期限を定めて，当該各号に定める措置をとるべきことを勧告することができる．
　一　第三十四条第二項の市町村の条例で定める特定教育・保育施設の運営に関する基準に従って施設型給付費の支給に係る施設として適正な特定教育・保育施設の運営をしていない場合当該基準を遵守すること．
　二　第三十四条第五項に規定する便宜の提供を施設型給付費の支給に係る施設として適正に行っていない場合当該便宜の提供を適正に行うこと．
2　市町村長（指定都市等所在幼保連携型認定こども園については当該指定都市等の長を除き，指定都市等所在保育所については当該指定都市等又は児童相談所設置市の長を除く．第五項において同じ．）は，特定教育・保育施設（指定都市

等所在幼保連携型認定こども園及び指定都市等所在保育所を除く．以下この項及び第五項において同じ．）の設置者が教育・保育施設の認可基準に従って施設型給付費の支給に係る施設として適正な教育・保育施設の運営をしていないと認めるときは，遅滞なく，その旨を，当該特定教育・保育施設に係る教育・保育施設の認可等（教育・保育施設に係る認定こども園法第十七条第一項，学校教育法第四条第一項若しくは児童福祉法第三十五条第四項の認可又は認定こども園法第三条第一項若しくは第三項の認定をいう．第五項及び次条第一項第二号において同じ．）を行った都道府県知事に通知しなければならない．
3　市町村長は，第一項の規定による勧告をした場合において，その勧告を受けた特定教育・保育施設の設置者が，同項の期限内にこれに従わなかったときは，その旨を公表することができる．
4　市町村長は，第一項の規定による勧告を受けた特定教育・保育施設の設置者が，正当な理由がなくてその勧告に係る措置をとらなかったときは，当該特定教育・保育施設の設置者に対し，期限を定めて，その勧告に係る措置をとるべきことを命ずることができる．
5　市町村長は，前項の規定による命令をしたときは，その旨を公示するとともに，遅滞なく，その旨を，当該特定教育・保育施設に係る教育・保育施設の認可等を行った都道府県知事に通知しなければならない．

（確認の取消し等）
第四十条　市町村長は，次の各号のいずれかに該当する場合においては，当該特定教育・保育施設に係る第二十七条第一項の確認を取り消し，又は期間を定めてその確認の全部若しくは一部の効力を停止することができる．
　一　特定教育・保育施設の設置者が，第三十三条第六項の規定に違反したと認められるとき．
　二　特定教育・保育施設の設置者が，教育・保育施設の認可基準に従って施設型給付費の支給に係る施設として適正な教育・保育施設の運営をすることができなくなったと当該特定教育・保育施設に係る教育・保育施設の認可等を行った都道府県知事（指定都市等所在幼保連携型認定こども園については当該指定都市等の長とし，指定都市等所在保育所については当該指定都市等又は児童相談所設置市の長とする．）が認めたとき．
　三　特定教育・保育施設の設置者が，第三十四条第二項の市町村の条例で定める特定教育・保育施設の運営に関する基準に従って施設型給付費の支給に係る施設として適正な特定教育・保育施設の運営をすることができなくなったとき．
　四　施設型給付費又は特例施設型給付費の請求に関し不正があったとき．
　五　特定教育・保育施設の設置者が，第三十八条第一項の規定により報告又は

帳簿書類その他の物件の提出若しくは提示を命ぜられてこれに従わず，又は虚偽の報告をしたとき．

　六　特定教育・保育施設の設置者又はその職員が，第三十八条第一項の規定により出頭を求められてこれに応ぜず，同項の規定による質問に対して答弁せず，若しくは虚偽の答弁をし，又は同項の規定による検査を拒み，妨げ，若しくは忌避したとき．ただし，当該特定教育・保育施設の職員がその行為をした場合において，その行為を防止するため，当該特定教育・保育施設の設置者が相当の注意及び監督を尽くしたときを除く．

　七　特定教育・保育施設の設置者が，不正の手段により第二十七条第一項の確認を受けたとき．

　八　前各号に掲げる場合のほか，特定教育・保育施設の設置者が，この法律その他国民の福祉若しくは学校教育に関する法律で政令で定めるもの又はこれらの法律に基づく命令若しくは処分に違反したとき．

　九　前各号に掲げる場合のほか，特定教育・保育施設の設置者が，教育・保育に関し不正又は著しく不当な行為をしたとき．

　十　特定教育・保育施設の設置者の役員（業務を執行する社員，取締役，執行役又はこれらに準ずる者をいい，相談役，顧問その他いかなる名称を有する者であるかを問わず，法人に対し業務を執行する社員，取締役，執行役又はこれらに準ずる者と同等以上の支配力を有するものと認められる者を含む．以下同じ．）又はその長のうちに過去五年以内に教育・保育に関し不正又は著しく不当な行為をした者があるとき．

2　前項の規定により第二十七条第一項の確認を取り消された教育・保育施設の設置者（政令で定める者を除く．）及びこれに準ずる者として政令で定める者は，その取消しの日又はこれに準ずる日として政令で定める日から起算して五年を経過するまでの間は，第三十一条第一項の申請をすることができない．

（公示）

第四十一条　市町村長は，次に掲げる場合には，遅滞なく，当該特定教育・保育施設の設置者の名称，当該特定教育・保育施設の所在地その他の内閣府令で定める事項を都道府県知事に届け出るとともに，これを公示しなければならない．

　一　第二十七条第一項の確認をしたとき．

　二　第三十六条の規定による第二十七条第一項の確認の辞退があったとき．

　三　前条第一項の規定により第二十七条第一項の確認を取り消し，又は確認の全部若しくは一部の効力を停止したとき．

（市町村によるあっせん及び要請）

第四十二条　市町村は，特定教育・保育施設に関し必要な情報の提供を行うとともに，支給認定保護者から求めがあった場合その他必要と認められる場合には，特定教育・保育施設を利用しようとする支給認定子どもに係る支給認定保護者の教育・保育に係る希望，当該支給認定子どもの養育の状況，当該支給認定保護者に必要な支援の内容その他の事情を勘案し，当該支給認定子どもが適切に特定教育・保育施設を利用できるよう，相談に応じ，必要な助言又は特定教育・保育施設の利用についてのあっせんを行うとともに，必要に応じて，特定教育・保育施設の設置者に対し，当該支給認定子どもの利用の要請を行うものとする．

2　特定教育・保育施設の設置者は，前項の規定により行われるあっせん及び要請に対し，協力しなければならない．

第二節　特定地域型保育事業者

（特定地域型保育事業者の確認）

第四十三条　第二十九条第一項の確認は，内閣府令で定めるところにより，地域型保育事業を行う者の申請により，地域型保育の種類及び当該地域型保育の種類に係る地域型保育事業を行う事業所（以下「地域型保育事業所」という．）ごとに，第十九条第一項第三号に掲げる小学校就学前子どもに係る利用定員（事業所内保育の事業を行う事業所（以下「事業所内保育事業所」という．）にあっては，その雇用する労働者の監護する小学校就学前子どもを保育するため当該事業所内保育の事業を自ら施設を設置し，又は委託して行う事業主に係る当該小学校就学前子ども（当該事業所内保育の事業が，事業主団体に係るものにあっては事業主団体の構成員である事業主の雇用する労働者の監護する小学校就学前子どもとし，共済組合等（児童福祉法第六条の三第十二項第一号ハに規定する共済組合等をいう．）に係るものにあっては共済組合等の構成員（同号ハに規定する共済組合等の構成員をいう．）の監護する小学校就学前子どもとする．以下「労働者等の監護する小学校就学前子ども」という．）及びその他の小学校就学前子どもごとに定める第十九条第一項第三号に掲げる小学校就学前子どもに係る利用定員とする．）を定めて，市町村長が行う．

2　前項の確認は，当該確認をする市町村長がその長である市町村の区域に居住地を有する者に対する地域型保育給付費及び特例地域型保育給付費の支給について，その効力を有する．

3　市町村長は，第一項の規定により特定地域型保育事業（特定地域型保育を行う事業をいう．以下同じ．）の利用定員を定めようとするときは，あらかじめ，第七十七条第一項の審議会その他の合議制の機関を設置している場合にあってはその意見を，その他の場合にあっては子どもの保護者その他子ども・子育て支援に係る当事者の意見を聴かなければならない．

4　市町村長は，第一項の申請があった場合において，当該申請に係る地域型保育事業所が当該市町村の区域の外にある場合であって，その所在地の市町村長（以下この条において「所在地市町村長」という．）の同意を得ていないときは，第二十九条第一項の確認をしてはならない．ただし，第一項の申請を受けた市町村長（以下この条において「被申請市町村長」という．）と所在地市町村長との協議により，この項本文の規定による同意を要しないことについて所在地市町村長の同意があるときは，この限りでない．

5　前項ただし書の規定により同項本文の規定が適用されない場合であって，第一項の申請に係る地域型保育事業所（所在地市町村長の管轄する区域にあるものに限る．）について，次の各号に掲げるときは，それぞれ当該各号に定める時に，当該申請者について，被申請市町村長による第二十九条第一項の確認があったものとみなす．

　一　所在地市町村長が第二十九条第一項の確認をしたとき当該確認がされた時
　二　所在地市町村長による第二十九条第一項の確認がされているとき被申請市町村長が当該地域型保育事業所に係る地域型保育事業を行う者から第一項の申請を受けた時

6　所在地市町村長による第二十九条第一項の確認についての第五十二条第一項の規定による取消し又は効力の停止は，前項の規定により受けたものとみなされた被申請市町村長による第二十九条第一項の確認の効力に影響を及ぼさない．

（特定地域型保育事業者の確認の変更）
第四十四条　特定地域型保育事業者は，第二十九条第一項の確認において定められた利用定員を増加しようとするときは，あらかじめ，内閣府令で定めるところにより，当該特定地域型保育事業者に係る同項の確認の変更を申請することができる．

2　前条第四項から第六項までの規定は，前項の確認の変更の申請があった場合について準用する．この場合において，必要な技術的読替えは，政令で定める．

（特定地域型保育事業者の責務）
第四十五条　特定地域型保育事業者は，支給認定保護者から利用の申込みを受けたときは，正当な理由がなければ，これを拒んではならない．

2　特定地域型保育事業者は，前項の申込みに係る満三歳未満保育認定子ども及び当該特定地域型保育事業者に係る特定地域型保育事業を現に利用している満三歳未満保育認定子どもの総数が，その利用定員（第二十九条第一項の確認において定められた第十九条第一項第三号に掲げる小学校就学前子どもに係る利用定員をいう．）の総数を超える場合においては，内閣府令で定めるところにより，前

項の申込みに係る満三歳未満保育認定子どもを公正な方法で選考しなければならない．
3　内閣総理大臣は，前項の内閣府令を定め，又は変更しようとするときは，あらかじめ，厚生労働大臣に協議しなければならない．
4　特定地域型保育事業者は，満三歳未満保育認定子どもに対し適切な地域型保育を提供するとともに，市町村，教育・保育施設，児童相談所，児童福祉施設，教育機関その他の関係機関との緊密な連携を図りつつ，良質な地域型保育を小学校就学前子どもの置かれている状況その他の事情に応じ，効果的に行うように努めなければならない．
5　特定地域型保育事業者は，その提供する地域型保育の質の評価を行うことその他の措置を講ずることにより，地域型保育の質の向上に努めなければならない．
6　特定地域型保育事業者は，小学校就学前子どもの人格を尊重するとともに，この法律又はこの法律に基づく命令を遵守し，誠実にその職務を遂行しなければならない．

(特定地域型保育事業の基準)
第四十六条　特定地域型保育事業者は，地域型保育の種類に応じ，児童福祉法第三十四条の十六第一項の規定により市町村の条例で定める設備及び運営についての基準(以下「地域型保育事業の認可基準」という．)を遵守しなければならない．
2　特定地域型保育事業者は，市町村の条例で定める特定地域型保育事業の運営に関する基準に従い，特定地域型保育を提供しなければならない．
3　市町村が前項の条例を定めるに当たっては，次に掲げる事項については内閣府令で定める基準に従い定めるものとし，その他の事項については内閣府令で定める基準を参酌するものとする．
　一　特定地域型保育事業に係る利用定員(第二十九条第一項の確認において定めるものに限る．第五項及び次条第二項において「利用定員」という．)
　二　特定地域型保育事業の運営に関する事項であって，小学校就学前子どもの適切な処遇の確保及び秘密の保持等並びに小学校就学前子どもの健全な発達に密接に関連するものとして内閣府令で定めるもの
4　内閣総理大臣は，前項に規定する内閣府令で定める基準を定め，又は変更しようとするとき及び同項第二号の内閣府令を定め，又は変更しようとするときは，あらかじめ，厚生労働大臣に協議するとともに，特定地域型保育の取扱いに関する部分について第七十二条に規定する子ども・子育て会議の意見を聴かなければならない．
5　特定地域型保育事業者は，次条第二項の規定による利用定員の減少の届出をしたとき又は第四十八条の規定による確認の辞退をするときは，当該届出の日又

は同条に規定する予告期間の開始日の前一月以内に当該特定地域型保育を受けていた者であって，当該利用定員の減少又は確認の辞退の日以後においても引き続き当該特定地域型保育に相当する地域型保育の提供を希望する者に対し，必要な地域型保育が継続的に提供されるよう，他の特定地域型保育事業者その他関係者との連絡調整その他の便宜の提供を行わなければならない．

(変更の届出等)
第四十七条　特定地域型保育事業者は，当該特定地域型保育事業所の名称及び所在地その他内閣府令で定める事項に変更があったときは，内閣府令で定めるところにより，十日以内に，その旨を市町村長に届け出なければならない．
2　特定地域型保育事業者は，当該特定地域型保育事業の利用定員の減少をしようとするときは，内閣府令で定めるところにより，その利用定員の減少の日の三月前までに，その旨を市町村長に届け出なければならない．

(確認の辞退)
第四十八条　特定地域型保育事業者は，三月以上の予告期間を設けて，その確認を辞退することができる．

(市町村長等による連絡調整又は援助)
第四十九条　市町村長は，特定地域型保育事業者による第四十六条第五項に規定する便宜の提供が円滑に行われるため必要があると認めるときは，当該特定地域型保育事業者及び他の特定地域型保育事業者その他の関係者相互間の連絡調整又は当該特定地域型保育事業者及び当該関係者に対する助言その他の援助を行うことができる．
2　都道府県知事は，同一の特定地域型保育事業者について二以上の市町村長が前項の規定による連絡調整又は援助を行う場合において，当該特定地域型保育事業者による第四十六条第五項に規定する便宜の提供が円滑に行われるため必要があると認めるときは，当該市町村長相互間の連絡調整又は当該特定地域型保育事業者に対する市町村の区域を超えた広域的な見地からの助言その他の援助を行うことができる．
3　内閣総理大臣は，同一の特定地域型保育事業者について二以上の都道府県知事が前項の規定による連絡調整又は援助を行う場合において，当該特定地域型保育事業者による第四十六条第五項に規定する便宜の提供が円滑に行われるため必要があると認めるときは，当該都道府県知事相互間の連絡調整又は当該特定地域型保育事業者に対する都道府県の区域を超えた広域的な見地からの助言その他の援助を行うことができる．

(報告等)

第五十条　市町村長は，必要があると認めるときは，この法律の施行に必要な限度において，特定地域型保育事業者又は特定地域型保育事業者であった者若しくは特定地域型保育事業所の職員であった者（以下この項において「特定地域型保育事業者であった者等」という．）に対し，報告若しくは帳簿書類その他の物件の提出若しくは提示を命じ，特定地域型保育事業者若しくは特定地域型保育事業所の職員若しくは特定地域型保育事業者であった者等に対し出頭を求め，又は当該市町村の職員に関係者に対して質問させ，若しくは特定地域型保育事業者の特定地域型保育事業所，事務所その他特定地域型保育事業に関係のある場所に立ち入り，その設備若しくは帳簿書類その他の物件を検査させることができる．

2　第十三条第二項の規定は前項の規定による質問又は検査について，同条第三項の規定は前項の規定による権限について準用する．

(勧告，命令等)

第五十一条　市町村長は，特定地域型保育事業者が，次の各号に掲げる場合に該当すると認めるときは，当該特定地域型保育事業者に対し，期限を定めて，当該各号に定める措置をとるべきことを勧告することができる．

　一　地域型保育事業の認可基準に従って地域型保育給付費の支給に係る事業を行う者として適正な地域型保育事業の運営をしていない場合当該基準を遵守すること．

　二　第四十六条第二項の市町村の条例で定める特定地域型保育事業の運営に関する基準に従って地域型保育給付費の支給に係る事業を行う者として適正な特定地域型保育事業の運営をしていない場合当該基準を遵守すること．

　三　第四十六条第五項に規定する便宜の提供を地域型保育給付費の支給に係る事業を行う者として適正に行っていない場合当該便宜の提供を適正に行うこと．

2　市町村長は，前項の規定による勧告をした場合において，その勧告を受けた特定地域型保育事業者が，同項の期限内にこれに従わなかったときは，その旨を公表することができる．

3　市町村長は，第一項の規定による勧告を受けた特定地域型保育事業者が，正当な理由がなくてその勧告に係る措置をとらなかったときは，当該特定地域型保育事業者に対し，期限を定めて，その勧告に係る措置をとるべきことを命ずることができる．

4　市町村長は，前項の規定による命令をしたときは，その旨を公示しなければならない．

（確認の取消し等）
第五十二条　市町村長は，次の各号のいずれかに該当する場合においては，当該特定地域型保育事業者に係る第二十九条第一項の確認を取り消し，又は期間を定めてその確認の全部若しくは一部の効力を停止することができる．
　　一　特定地域型保育事業者が，第四十五条第六項の規定に違反したと認められるとき．
　　二　特定地域型保育事業者が，地域型保育事業の認可基準に従って地域型保育給付費の支給に係る事業を行う者として適正な地域型保育事業の運営をすることができなくなったとき．
　　三　特定地域型保育事業者が，第四十六条第二項の市町村の条例で定める特定地域型保育事業の運営に関する基準に従って地域型保育給付費の支給に係る事業を行う者として適正な特定地域型保育事業の運営をすることができなくなったとき．
　　四　地域型保育給付費又は特例地域型保育給付費の請求に関し不正があったとき．
　　五　特定地域型保育事業者が，第五十条第一項の規定により報告又は帳簿書類その他の物件の提出若しくは提示を命ぜられてこれに従わず，又は虚偽の報告をしたとき．
　　六　特定地域型保育事業者又はその特定地域型保育事業所の職員が，第五十条第一項の規定により出頭を求められてこれに応ぜず，同項の規定による質問に対して答弁せず，若しくは虚偽の答弁をし，又は同項の規定による検査を拒み，妨げ，若しくは忌避したとき．ただし，当該特定地域型保育事業所の職員がその行為をした場合において，その行為を防止するため，当該特定地域型保育事業者が相当の注意及び監督を尽くしたときを除く．
　　七　特定地域型保育事業者が，不正の手段により第二十九条第一項の確認を受けたとき．
　　八　前各号に掲げる場合のほか，特定地域型保育事業者が，この法律その他国民の福祉に関する法律で政令で定めるもの又はこれらの法律に基づく命令若しくは処分に違反したとき．
　　九　前各号に掲げる場合のほか，特定地域型保育事業者が，保育に関し不正又は著しく不当な行為をしたとき．
　　十　特定地域型保育事業者が法人である場合において，当該法人の役員又はその事業所を管理する者その他の政令で定める使用人のうちに過去五年以内に保育に関し不正又は著しく不当な行為をした者があるとき．
　　十一　特定地域型保育事業者が法人でない場合において，その管理者が過去五年以内に保育に関し不正又は著しく不当な行為をした者であるとき．

2　前項の規定により第二十九条第一項の確認を取り消された地域型保育事業を行う者（政令で定める者を除く．）及びこれに準ずる者として政令で定める者は，その取消しの日又はこれに準ずる日として政令で定める日から起算して五年を経過するまでの間は，第四十三条第一項の申請をすることができない．

（公示）
第五十三条　市町村長は，次に掲げる場合には，遅滞なく，当該特定地域型保育事業者の名称，当該特定地域型保育事業所の所在地その他の内閣府令で定める事項を都道府県知事に届け出るとともに，これを公示しなければならない．
一　第二十九条第一項の確認をしたとき．
二　第四十八条の規定による第二十九条第一項の確認の辞退があったとき．
三　前条第一項の規定により第二十九条第一項の確認を取り消し，又は確認の全部若しくは一部の効力を停止したとき．

（市町村によるあっせん及び要請）
第五十四条　市町村は，特定地域型保育事業に関し必要な情報の提供を行うとともに，支給認定保護者から求めがあった場合その他必要と認められる場合には，特定地域型保育事業を利用しようとする満三歳未満保育認定子どもに係る支給認定保護者の地域型保育に係る希望，当該満三歳未満保育認定子どもの養育の状況，当該支給認定保護者に必要な支援の内容その他の事情を勘案し，当該満三歳未満保育認定子どもが適切に特定地域型保育事業を利用できるよう，相談に応じ，必要な助言又は特定地域型保育事業の利用についてのあっせんを行うとともに，必要に応じて，特定地域型保育事業者に対し，当該満三歳未満保育認定子どもの利用の要請を行うものとする．
2　特定地域型保育事業者は，前項の規定により行われるあっせん及び要請に対し，協力しなければならない．

第三節　業務管理体制の整備等

（業務管理体制の整備等）
第五十五条　特定教育・保育施設の設置者及び特定地域型保育事業者（以下「特定教育・保育提供者」という．）は，第三十三条第六項又は第四十五条第六項に規定する義務の履行が確保されるよう，内閣府令で定める基準に従い，業務管理体制を整備しなければならない．
2　特定教育・保育提供者は，次の各号に掲げる区分に応じ，当該各号に定める者に対し，内閣府令で定めるところにより，業務管理体制の整備に関する事項を届け出なければならない．

一 その確認に係る全ての教育・保育施設又は地域型保育事業所（その確認に係る地域型保育の種類が異なるものを含む．次号において同じ．）が一の市町村の区域に所在する特定教育・保育提供者市町村長
二 その確認に係る教育・保育施設又は地域型保育事業所が二以上の都道府県の区域に所在する特定教育・保育提供者内閣総理大臣
三 前二号に掲げる特定教育・保育提供者以外の特定教育・保育提供者都道府県知事
3 前項の規定による届出を行った特定教育・保育提供者は，その届け出た事項に変更があったときは，内閣府令で定めるところにより，遅滞なく，その旨を当該届出を行った同項各号に定める者（以下この節において「市町村長等」という．）に届け出なければならない．
4 第二項の規定による届出を行った特定教育・保育提供者は，同項各号に掲げる区分の変更により，同項の規定により当該届出を行った市町村長等以外の市町村長等に届出を行うときは，内閣府令で定めるところにより，その旨を当該届出を行った市町村長等にも届け出なければならない．
5 市町村長等は，前三項の規定による届出が適正になされるよう，相互に密接な連携を図るものとする．

（報告等）
第五十六条 前条第二項の規定による届出を受けた市町村長等は，当該届出を行った特定教育・保育提供者（同条第四項の規定による届出を受けた市町村長等にあっては，同項の規定による届出を行った特定教育・保育提供者を除く．）における同条第一項の規定による業務管理体制の整備に関して必要があると認めるときは，この法律の施行に必要な限度において，当該特定教育・保育提供者に対し，報告若しくは帳簿書類その他の物件の提出若しくは提示を命じ，当該特定教育・保育提供者若しくは当該特定教育・保育提供者の職員に対し出頭を求め，又は当該市町村長等の職員に関係者に対し質問させ，若しくは当該特定教育・保育提供者の当該確認に係る教育・保育施設若しくは地域型保育事業所，事務所その他の教育・保育の提供に関係のある場所に立ち入り，その設備若しくは帳簿書類その他の物件を検査させることができる．
2 内閣総理大臣又は都道府県知事が前項の権限を行うときは，当該特定教育・保育提供者に係る確認を行った市町村長（次条第五項において「確認市町村長」という．）と密接な連携の下に行うものとする．
3 市町村長は，その行った又はその行おうとする確認に係る特定教育・保育提供者における前条第一項の規定による業務管理体制の整備に関して必要があると認めるときは，内閣総理大臣又は都道府県知事に対し，第一項の権限を行うよう

求めることができる.

4　内閣総理大臣又は都道府県知事は，前項の規定による市町村長の求めに応じて第一項の権限を行ったときは，内閣府令で定めるところにより，その結果を当該権限を行うよう求めた市町村長に通知しなければならない.

5　第十三条第二項の規定は第一項の規定による質問又は検査について，同条第三項の規定は第一項の規定による権限について準用する.

(勧告，命令等)

第五十七条　第五十五条第二項の規定による届出を受けた市町村長等は，当該届出を行った特定教育・保育提供者(同条第四項の規定による届出を受けた市町村長等にあっては，同項の規定による届出を行った特定教育・保育提供者を除く.)が，同条第一項に規定する内閣府令で定める基準に従って施設型給付費の支給に係る施設又は地域型保育給付費の支給に係る事業を行う者として適正な業務管理体制の整備をしていないと認めるときは，当該特定教育・保育提供者に対し，期限を定めて，当該内閣府令で定める基準に従って適正な業務管理体制を整備すべきことを勧告することができる.

2　市町村長等は，前項の規定による勧告をした場合において，その勧告を受けた特定教育・保育提供者が同項の期限内にこれに従わなかったときは，その旨を公表することができる.

3　市町村長等は，第一項の規定による勧告を受けた特定教育・保育提供者が，正当な理由がなくてその勧告に係る措置をとらなかったときは，当該特定教育・保育提供者に対し，期限を定めて，その勧告に係る措置をとるべきことを命ずることができる.

4　市町村長等は，前項の規定による命令をしたときは，その旨を公示しなければならない.

5　内閣総理大臣又は都道府県知事は，特定教育・保育提供者が第三項の規定による命令に違反したときは，内閣府令で定めるところにより，当該違反の内容を確認市町村長に通知しなければならない.

第四節　教育・保育に関する情報の報告及び公表

第五十八条　特定教育・保育提供者は，特定教育・保育施設又は特定地域型保育事業者(以下「特定教育・保育施設等」という.)の確認を受け，教育・保育の提供を開始しようとするときその他内閣府令で定めるときは，政令で定めるところにより，その提供する教育・保育に係る教育・保育情報(教育・保育の内容及び教育・保育を提供する施設又は事業者の運営状況に関する情報であって，小学校就学前子どもに教育・保育を受けさせ，又は受けさせようとする小学校就学前

子どもの保護者が適切かつ円滑に教育・保育を小学校就学前子どもに受けさせる機会を確保するために公表されることが必要なものとして内閣府令で定めるものをいう。以下同じ。）を，教育・保育を提供する施設又は事業所の所在地の都道府県知事に報告しなければならない。
2　都道府県知事は，前項の規定による報告を受けた後，内閣府令で定めるところにより，当該報告の内容を公表しなければならない。
3　都道府県知事は，第一項の規定による報告に関して必要があると認めるときは，この法律の施行に必要な限度において，当該報告をした特定教育・保育提供者に対し，教育・保育情報のうち内閣府令で定めるものについて，調査を行うことができる。
4　都道府県知事は，特定教育・保育提供者が第一項の規定による報告をせず，若しくは虚偽の報告をし，又は前項の規定による調査を受けず，若しくは調査の実施を妨げたときは，期間を定めて，当該特定教育・保育提供者に対し，その報告を行い，若しくはその報告の内容を是正し，又はその調査を受けることを命ずることができる。
5　都道府県知事は，特定教育・保育提供者に対して前項の規定による処分をしたときは，遅滞なく，その旨を，当該特定教育・保育施設等の確認をした市町村長に通知しなければならない。
6　都道府県知事は，特定教育・保育提供者が，第四項の規定による命令に従わない場合において，当該特定教育・保育施設等の確認を取り消し，又は期間を定めてその確認の全部若しくは一部の効力を停止することが適当であると認めるときは，理由を付して，その旨をその確認をした市町村長に通知しなければならない。
7　都道府県知事は，小学校就学前子どもに教育・保育を受けさせ，又は受けさせようとする小学校就学前子どもの保護者が適切かつ円滑に教育・保育を小学校就学前子どもに受けさせる機会の確保に資するため，教育・保育の質及び教育・保育を担当する職員に関する情報（教育・保育情報に該当するものを除く。）であって内閣府令で定めるものの提供を希望する特定教育・保育提供者から提供を受けた当該情報について，公表を行うよう配慮するものとする。

第四章　地域子ども・子育て支援事業

第五十九条　市町村は，内閣府令で定めるところにより，第六十一条第一項に規定する市町村子ども・子育て支援事業計画に従って，地域子ども・子育て支援事業として，次に掲げる事業を行うものとする。
　一　子ども及びその保護者が，確実に子ども・子育て支援給付を受け，及び地域子ども・子育て支援事業その他の子ども・子育て支援を円滑に利用できるよう，

子ども及びその保護者の身近な場所において，地域の子ども・子育て支援に関する各般の問題につき，子ども又は子どもの保護者からの相談に応じ，必要な情報の提供及び助言を行うとともに，関係機関との連絡調整その他の内閣府令で定める便宜の提供を総合的に行う事業

　二　支給認定保護者であって，その支給認定子ども（第十九条第一項第一号に掲げる小学校就学前子どもに該当するものを除く．以下この号及び附則第六条において「保育認定子ども」という．）が，やむを得ない理由により利用日及び利用時間帯（当該支給認定保護者が特定教育・保育施設等又は特例保育を行う事業者と締結した特定保育（特定教育・保育（保育に限る．），特定地域型保育又は特例保育をいう．以下この号において同じ．）の提供に関する契約において，当該保育認定子どもが当該特定教育・保育施設等又は特例保育を行う事業者による特定保育を受ける日及び時間帯として定められた日及び時間帯をいう．）以外の日及び時間において当該特定教育・保育施設等又は特例保育を行う事業者による保育（保育必要量の範囲内のものを除く．以下この号において「時間外保育」という．）を受けたものに対し，内閣府令で定めるところにより，当該支給認定保護者が支払うべき時間外保育の費用の全部又は一部の助成を行うことにより，必要な保育を確保する事業

　三　支給認定保護者のうち，当該支給認定保護者の属する世帯の所得の状況その他の事情を勘案して市町村が定める基準に該当するもの（以下この号において「特定支給認定保護者」という．）に係る支給認定子どもが特定教育・保育，特別利用保育，特別利用教育，特定地域型保育又は特例保育（以下この号において「特定教育・保育等」という．）を受けた場合において，当該特定支給認定保護者が支払うべき日用品，文房具その他の教育・保育に必要な物品の購入に要する費用又は特定教育・保育等に係る行事への参加に要する費用その他これらに類する費用として市町村が定めるものの全部又は一部を助成する事業

　四　特定教育・保育施設等への民間事業者の参入の促進に関する調査研究その他多様な事業者の能力を活用した特定教育・保育施設等の設置又は運営を促進するための事業

　　五　児童福祉法第六条の三第二項に規定する放課後児童健全育成事業
　　六　児童福祉法第六条の三第三項に規定する子育て短期支援事業
　　七　児童福祉法第六条の三第四項に規定する乳児家庭全戸訪問事業
　　八　児童福祉法第六条の三第五項に規定する養育支援訪問事業その他同法第二十五条の二第一項に規定する要保護児童対策地域協議会その他の者による同条第二項に規定する要保護児童等に対する支援に資する事業
　　九　児童福祉法第六条の三第六項に規定する地域子育て支援拠点事業
　　十　児童福祉法第六条の三第七項に規定する一時預かり事業

十一　児童福祉法第六条の三第十三項に規定する病児保育事業
十二　児童福祉法第六条の三第十四項に規定する子育て援助活動支援事業
十三　母子保健法（昭和四十年法律第百四十一号）第十三条第一項の規定に基づき妊婦に対して健康診査を実施する事業

第五章　子ども・子育て支援事業計画

（基本指針）
第六十条　内閣総理大臣は，教育・保育及び地域子ども・子育て支援事業の提供体制を整備し，子ども・子育て支援給付及び地域子ども・子育て支援事業の円滑な実施の確保その他子ども・子育て支援のための施策を総合的に推進するための基本的な指針（以下「基本指針」という．）を定めるものとする．
2　基本指針においては，次に掲げる事項について定めるものとする．
　一　子ども・子育て支援の意義並びに子ども・子育て支援給付に係る教育・保育を一体的に提供する体制その他の教育・保育を提供する体制の確保及び地域子ども・子育て支援事業の実施に関する基本的事項
　二　次条第一項に規定する市町村子ども・子育て支援事業計画において教育・保育及び地域子ども・子育て支援事業の量の見込みを定めるに当たって参酌すべき標準その他当該市町村子ども・子育て支援事業計画及び第六十二条第一項に規定する都道府県子ども・子育て支援事業支援計画の作成に関する事項
　三　児童福祉法その他の関係法律による専門的な知識及び技術を必要とする児童の福祉増進のための施策との連携に関する事項
　四　労働者の職業生活と家庭生活との両立が図られるようにするために必要な雇用環境の整備に関する施策との連携に関する事項
　五　前各号に掲げるもののほか，子ども・子育て支援給付及び地域子ども・子育て支援事業の円滑な実施の確保その他子ども・子育て支援のための施策の総合的な推進のために必要な事項
3　内閣総理大臣は，基本指針を定め，又は変更しようとするときは，あらかじめ，文部科学大臣，厚生労働大臣その他の関係行政機関の長に協議するとともに，第七十二条に規定する子ども・子育て会議の意見を聴かなければならない．
4　内閣総理大臣は，基本指針を定め，又はこれを変更したときは，遅滞なく，これを公表しなければならない．

（市町村子ども・子育て支援事業計画）
第六十一条　市町村は，基本指針に即して，五年を一期とする教育・保育及び地域子ども・子育て支援事業の提供体制の確保その他この法律に基づく業務の円滑な実施に関する計画（以下「市町村子ども・子育て支援事業計画」という．）を

定めるものとする.
2　市町村子ども・子育て支援事業計画においては，次に掲げる事項を定めるものとする.
　　一　市町村が，地理的条件，人口，交通事情その他の社会的条件，教育・保育を提供するための施設の整備の状況その他の条件を総合的に勘案して定める区域（以下「教育・保育提供区域」という.）ごとの当該教育・保育提供区域における各年度の特定教育・保育施設に係る必要利用定員総数（第十九条第一項各号に掲げる小学校就学前子どもの区分ごとの必要利用定員総数とする.），特定地域型保育事業所（事業所内保育事業所における労働者等の監護する小学校就学前子どもに係る部分を除く.）に係る必要利用定員総数（同項第三号に掲げる小学校就学前子どもに係るものに限る.）その他の教育・保育の量の見込み並びに実施しようとする教育・保育の提供体制の確保の内容及びその実施時期
　　二　教育・保育提供区域ごとの当該教育・保育提供区域における各年度の地域子ども・子育て支援事業の量の見込み並びに実施しようとする地域子ども・子育て支援事業の提供体制の確保の内容及びその実施時期
　　三　子ども・子育て支援給付に係る教育・保育の一体的提供及び当該教育・保育の推進に関する体制の確保の内容
3　市町村子ども・子育て支援事業計画においては，前項各号に規定するもののほか，次に掲げる事項について定めるよう努めるものとする.
　　一　産後の休業及び育児休業後における特定教育・保育施設等の円滑な利用の確保に関する事項
　　二　保護を要する子どもの養育環境の整備，児童福祉法第四条第二項に規定する障害児に対して行われる保護並びに日常生活上の指導及び知識技能の付与その他の子どもに関する専門的な知識及び技術を要する支援に関する都道府県が行う施策との連携に関する事項
　　三　労働者の職業生活と家庭生活との両立が図られるようにするために必要な雇用環境の整備に関する施策との連携に関する事項
4　市町村子ども・子育て支援事業計画は，教育・保育提供区域における子どもの数，子どもの保護者の特定教育・保育施設等及び地域子ども・子育て支援事業の利用に関する意向その他の事情を勘案して作成されなければならない.
5　市町村は，教育・保育提供区域における子ども及びその保護者の置かれている環境その他の事情を正確に把握した上で，これらの事情を勘案して，市町村子ども・子育て支援事業計画を作成するよう努めるものとする.
6　市町村子ども・子育て支援事業計画は，社会福祉法第百七条に規定する市町村地域福祉計画，教育基本法第十七条第二項の規定により市町村が定める教育の振興のための施策に関する基本的な計画（次条第四項において「教育振興基本計

画」という．）その他の法律の規定による計画であって子どもの福祉又は教育に関する事項を定めるものと調和が保たれたものでなければならない．
7　市町村は，市町村子ども・子育て支援事業計画を定め，又は変更しようとするときは，あらかじめ，第七十七条第一項の審議会その他の合議制の機関を設置している場合にあってはその意見を，その他の場合にあっては子どもの保護者その他子ども・子育て支援に係る当事者の意見を聴かなければならない．
8　市町村は，市町村子ども・子育て支援事業計画を定め，又は変更しようとするときは，あらかじめ，インターネットの利用その他の内閣府令で定める方法により広く住民の意見を求めることその他の住民の意見を反映させるために必要な措置を講ずるよう努めるものとする．
9　市町村は，市町村子ども・子育て支援事業計画を定め，又は変更しようとするときは，あらかじめ，都道府県に協議しなければならない．市町村は，市町村子ども・子育て支援事業計画を定め，又は変更したときは，遅滞なく，これを都道府県知事に提出しなければならない．

（都道府県子ども・子育て支援事業支援計画）
第六十二条　都道府県は，基本指針に即して，五年を一期とする教育・保育及び地域子ども・子育て支援事業の提供体制の確保その他この法律に基づく業務の円滑な実施に関する計画（以下「都道府県子ども・子育て支援事業支援計画」という．）を定めるものとする．
2　都道府県子ども・子育て支援事業支援計画においては，次に掲げる事項を定めるものとする．
　一　都道府県が当該都道府県内の市町村が定める教育・保育提供区域を勘案して定める区域ごとの当該区域における各年度の特定教育・保育施設に係る必要利用定員総数（第十九条第一項各号に掲げる小学校就学前子どもの区分ごとの必要利用定員総数とする．）その他の教育・保育の量の見込み並びに実施しようとする教育・保育の提供体制の確保の内容及びその実施時期
　二　子ども・子育て支援給付に係る教育・保育の一体的提供及び当該教育・保育の推進に関する体制の確保の内容
　三　特定教育・保育及び特定地域型保育を行う者並びに地域子ども・子育て支援事業に従事する者の確保及び資質の向上のために講ずる措置に関する事項
　四　保護を要する子どもの養育環境の整備，児童福祉法第四条第二項に規定する障害児に対して行われる保護並びに日常生活上の指導及び知識技能の付与その他の子どもに関する専門的な知識及び技術を要する支援に関する施策の実施に関する事項
　五　前号の施策の円滑な実施を図るために必要な市町村との連携に関する事項

3　都道府県子ども・子育て支援事業支援計画においては，前項各号に掲げる事項のほか，次に掲げる事項について定めるよう努めるものとする．
　　一　特定教育・保育施設の利用定員の設定に関する第三十一条第三項及び第三十二条第三項の規定による協議に係る調整その他市町村の区域を超えた広域的な見地から行う調整に関する事項
　　二　教育・保育情報の公表に関する事項
　　三　労働者の職業生活と家庭生活との両立が図られるようにするために必要な雇用環境の整備に関する施策との連携に関する事項
4　都道府県子ども・子育て支援事業支援計画は，社会福祉法第百八条に規定する都道府県地域福祉支援計画，教育基本法第十七条第二項の規定により都道府県が定める教育振興基本計画その他の法律の規定による計画であって子どもの福祉又は教育に関する事項を定めるものと調和が保たれたものでなければならない．
5　都道府県は，都道府県子ども・子育て支援事業支援計画を定め，又は変更しようとするときは，あらかじめ，第七十七条第四項の審議会その他の合議制の機関を設置している場合にあってはその意見を，その他の場合にあっては子どもの保護者その他子ども・子育て支援に係る当事者の意見を聴かなければならない．
6　都道府県は，都道府県子ども・子育て支援事業支援計画を定め，又は変更したときは，遅滞なく，これを内閣総理大臣に提出しなければならない．

（都道府県知事の助言等）
第六十三条　都道府県知事は，市町村に対し，市町村子ども・子育て支援事業計画の作成上の技術的事項について必要な助言その他の援助の実施に努めるものとする．
2　内閣総理大臣は，都道府県に対し，都道府県子ども・子育て支援事業支援計画の作成の手法その他都道府県子ども・子育て支援事業支援計画の作成上重要な技術的事項について必要な助言その他の援助の実施に努めるものとする．

（国の援助）
第六十四条　国は，市町村又は都道府県が，市町村子ども・子育て支援事業計画又は都道府県子ども・子育て支援事業支援計画に定められた事業を実施しようとするときは，当該事業が円滑に実施されるように必要な助言その他の援助の実施に努めるものとする．

第六章　費用等

（市町村の支弁）
第六十五条　次に掲げる費用は，市町村の支弁とする．

一　市町村が設置する特定教育・保育施設に係る施設型給付費及び特例施設型給付費の支給に要する費用
　二　都道府県及び市町村以外の者が設置する特定教育・保育施設に係る施設型給付費及び特例施設型給付費並びに地域型保育給付費及び特例地域型保育給付費の支給に要する費用
　三　地域子ども・子育て支援事業に要する費用

（都道府県の支弁）
第六十六条　都道府県が設置する特定教育・保育施設に係る施設型給付費及び特例施設型給付費の支給に要する費用は，都道府県の支弁とする．

（都道府県の負担等）
第六十七条　都道府県は，政令で定めるところにより，第六十五条の規定により市町村が支弁する同条第二号に掲げる費用のうち，国及び都道府県が負担すべきものとして政令で定めるところにより算定した額（次条第一項において「施設型給付費等負担対象額」という．）の四分の一を負担する．
2　都道府県は，政令で定めるところにより，市町村に対し，第六十五条の規定により市町村が支弁する同条第三号に掲げる費用に充てるため，当該都道府県の予算の範囲内で，交付金を交付することができる．

（市町村に対する交付金の交付等）
第六十八条　国は，政令で定めるところにより，第六十五条の規定により市町村が支弁する同条第二号に掲げる費用のうち，施設型給付費等負担対象額の二分の一を負担する．
2　国は，政令で定めるところにより，市町村に対し，第六十五条の規定により市町村が支弁する同条第三号に掲げる費用に充てるため，予算の範囲内で，交付金を交付することができる．

（拠出金の徴収及び納付義務）
第六十九条　政府は，児童手当の支給に要する費用（児童手当法第十八条第一項に規定するものに限る．次条第二項において「拠出金対象児童手当費用」という．）及び地域子ども・子育て支援事業（第五十九条第二号，第五号及び第十一号に掲げるものに限る．）に要する費用（次条第二項において「拠出金対象地域子ども・子育て支援事業費用」という．）に充てるため，次に掲げる者（次項において「一般事業主」という．）から，拠出金を徴収する．
　一　厚生年金保険法（昭和二十九年法律第百十五号）第八十二条第一項に規定

する事業主
　　二　私立学校教職員共済法（昭和二十八年法律第二百四十五号）第二十八条第一項に規定する学校法人等
　　三　地方公務員等共済組合法（昭和三十七年法律第百五十二号）第百四十四条の三第一項に規定する団体その他同法に規定する団体で政令で定めるもの
　　四　国家公務員共済組合法（昭和三十三年法律第百二十八号）第百二十六条第一項に規定する連合会その他同法に規定する団体で政令で定めるもの
2　一般事業主は，拠出金を納付する義務を負う．

（拠出金の額）
第七十条　拠出金の額は，次の表の上欄に掲げる法律に基づく保険料又は掛金の計算の基礎となる同表の中欄に掲げる額及び同表の下欄に掲げる額（育児休業，介護休業等育児又は家族介護を行う労働者の福祉に関する法律（平成三年法律第七十六号）第二条第一号に規定する育児休業若しくは同法第二十三条第二項の育児休業に関する制度に準ずる措置若しくは同法第二十四条第一項（第二号に係る部分に限る．）の規定により同項第二号に規定する育児休業に関する制度に準じて講ずる措置による休業，国会職員の育児休業等に関する法律（平成三年法律第百八号）第三条第一項に規定する育児休業，国家公務員の育児休業等に関する法律（平成三年法律第百九号）第三条第一項（同法第二十七条第一項及び裁判所職員臨時措置法（昭和二十六年法律第二百九十九号）（第七号に係る部分に限る．）において準用する場合を含む．）に規定する育児休業又は地方公務員の育児休業等に関する法律（平成三年法律第百十号）第二条第一項に規定する育児休業をしている被用者について，当該育児休業又は休業をしたことにより，同表の上欄に掲げる法律に基づき保険料の徴収を行わず，又は掛金を免除し，若しくは徴収しないこととされた場合にあっては，当該被用者に係るものを除く．次項において「賦課標準」という．）に拠出金率を乗じて得た額の総額とする．
　　厚生年金保険法標準報酬月額標準賞与額
　　私立学校教職員共済法標準給与の月額標準賞与の額
　　地方公務員等共済組合法給料の額期末手当等の額
　　国家公務員共済組合法標準報酬の月額標準期末手当等の額
2　前項の拠出金率は，拠出金対象児童手当費用及び拠出金対象地域子ども・子育て支援事業費用の予想総額，賦課標準の予想総額及び第六十八条第二項の規定により国が交付する額並びに児童手当法第十八条第一項の規定により国庫が負担する額等の予想総額に照らし，おおむね五年を通じ財政の均衡を保つことができるものでなければならないものとし，千分の一・五以内において，政令で定める．
3　内閣総理大臣は，前項の規定により拠出金率を定めようとするときは，あら

かじめ，厚生労働大臣に協議しなければならない．
4　全国的な事業主の団体は，第一項の拠出金率に関し，内閣総理大臣に対して意見を申し出ることができる．

（拠出金の徴収方法）
第七十一条　拠出金の徴収については，厚生年金保険の保険料その他の徴収金の徴収の例による．
2　前項の拠出金及び当該拠出金に係る厚生年金保険の保険料その他の徴収金の例により徴収する徴収金（以下「拠出金等」という．）の徴収に関する政府の権限で政令で定めるものは，厚生労働大臣が行う．
3　前項の規定により厚生労働大臣が行う権限のうち，国税滞納処分の例による処分その他政令で定めるものに係る事務は，政令で定めるところにより，日本年金機構（以下この条において「機構」という．）に行わせるものとする．
4　厚生労働大臣は，前項の規定により機構に行わせるものとしたその権限に係る事務について，機構による当該権限に係る事務の実施が困難と認める場合その他政令で定める場合には，当該権限を自ら行うことができる．この場合において，厚生労働大臣は，その権限の一部を，政令で定めるところにより，財務大臣に委任することができる．
5　財務大臣は，政令で定めるところにより，前項の規定により委任された権限を，国税庁長官に委任する．
6　国税庁長官は，政令で定めるところにより，前項の規定により委任された権限の全部又は一部を当該権限に係る拠出金等を納付する義務を負う者（次項において「納付義務者」という．）の事業所又は事務所の所在地を管轄する国税局長に委任することができる．
7　国税局長は，政令で定めるところにより，前項の規定により委任された権限の全部又は一部を当該権限に係る納付義務者の事業所又は事務所の所在地を管轄する税務署長に委任することができる．
8　厚生労働大臣は，第三項で定めるもののほか，政令で定めるところにより，第二項の規定による権限のうち厚生労働省令で定めるものに係る事務（当該権限を行使する事務を除く．）を機構に行わせるものとする．
9　政府は，拠出金等の取立てに関する事務を，当該拠出金等の取立てについて便宜を有する法人で政令で定めるものに取り扱わせることができる．
第一項から第八項までの規定による拠出金等の徴収並びに前項の規定による拠出金等の取立て及び政府への納付について必要な事項は，政令で定める．

第七章　子ども・子育て会議等

（設置）
第七十二条　内閣府に，子ども・子育て会議（以下この章において「会議」という．）を置く．

（権限）
第七十三条　会議は，この法律又は他の法律によりその権限に属させられた事項を処理するほか，内閣総理大臣の諮問に応じ，この法律の施行に関する重要事項を調査審議する．
2　会議は，前項に規定する重要事項に関し内閣総理大臣その他の関係各大臣に意見を述べることができる．
3　会議は，この法律に基づく施策の実施状況を調査審議し，必要があると認めるときは，内閣総理大臣その他の関係各大臣に意見を述べることができる．

（会議の組織及び運営）
第七十四条　会議は，委員二十五人以内で組織する．
2　会議の委員は，子どもの保護者，都道府県知事，市町村長，事業主を代表する者，労働者を代表する者，子ども・子育て支援に関する事業に従事する者及び子ども・子育て支援に関し学識経験のある者のうちから，内閣総理大臣が任命する．
3　委員は，非常勤とする．

（資料提出の要求等）
第七十五条　会議は，その所掌事務を遂行するために必要があると認めるときは，関係行政機関の長に対し，資料の提出，意見の表明，説明その他必要な協力を求めることができる．
2　会議は，その所掌事務を遂行するために特に必要があると認めるときは，前項に規定する者以外の者に対しても，必要な協力を依頼することができる．

（政令への委任）
第七十六条　第七十二条から前条までに定めるもののほか，会議の組織及び運営に関し必要な事項は，政令で定める．

（市町村等における合議制の機関）
第七十七条　市町村は，条例で定めるところにより，次に掲げる事務を処理するため，審議会その他の合議制の機関を置くよう努めるものとする．
　一　特定教育・保育施設の利用定員の設定に関し，第三十一条第二項に規定す

る事項を処理すること．
　二　特定地域型保育事業の利用定員の設定に関し，第四十三条第三項に規定する事項を処理すること．
　三　市町村子ども・子育て支援事業計画に関し，第六十一条第七項に規定する事項を処理すること．
　四　当該市町村における子ども・子育て支援に関する施策の総合的かつ計画的な推進に関し必要な事項及び当該施策の実施状況を調査審議すること．
2　前項の合議制の機関は，同項各号に掲げる事務を処理するに当たっては，地域の子ども及び子育て家庭の実情を十分に踏まえなければならない．
3　前二項に定めるもののほか，第一項の合議制の機関の組織及び運営に関し必要な事項は，市町村の条例で定める．
4　都道府県は，条例で定めるところにより，次に掲げる事務を処理するため，審議会その他の合議制の機関を置くよう努めるものとする．
　一　都道府県子ども・子育て支援事業支援計画に関し，第六十二条第五項に規定する事項を処理すること．
　二　当該都道府県における子ども・子育て支援に関する施策の総合的かつ計画的な推進に関し必要な事項及び当該施策の実施状況を調査審議すること．
5　第二項及び第三項の規定は，前項の規定により都道府県に合議制の機関が置かれた場合に準用する．

第八章　雑則

（時効）
第七十八条　子どものための教育・保育給付を受ける権利及び拠出金等その他この法律の規定による徴収金を徴収する権利は，二年を経過したときは，時効によって消滅する．
2　子どものための教育・保育給付の支給に関する処分についての不服申立ては，時効の中断に関しては，裁判上の請求とみなす．
3　拠出金等その他この法律の規定による徴収金の納入の告知又は催促は，民法第百五十三条の規定にかかわらず，時効中断の効力を有する．

（期間の計算）
第七十九条　この法律又はこの法律に基づく命令に規定する期間の計算については，民法の期間に関する規定を準用する．

（審査請求）
第八十条　第七十一条第二項から第七項までの規定による拠出金等の徴収に関す

る処分（厚生労働大臣による処分を除く.）に不服がある者は，厚生労働大臣に対して行政不服審査法（昭和三十七年法律第百六十号）による審査請求をすることができる．

（不服申立てと訴訟との関係）
第八十一条　子どものための教育・保育給付の支給に関する処分又は拠出金等その他この法律の規定による徴収金に関する処分の取消しの訴えは，当該処分についての審査請求に対する裁決又は当該処分についての異議申立てに対する決定を経た後でなければ，提起することができない．

（実施規定）
第八十二条　この法律に特別の規定があるものを除くほか，この法律の実施のための手続その他その執行について必要な細則は，内閣府令で定める．

第九章　罰則

第八十三条　第十五条第一項の規定による報告若しくは物件の提出若しくは提示をせず，若しくは虚偽の報告若しくは虚偽の物件の提出若しくは提示をし，又は同項の規定による当該職員の質問に対して，答弁せず，若しくは虚偽の答弁をした者は，三十万円以下の罰金に処する．

第八十四条　第三十八条第一項又は第五十条第一項の規定による報告若しくは物件の提出若しくは提示をせず，若しくは虚偽の報告若しくは虚偽の物件の提出若しくは提示をし，又はこれらの規定による当該職員の質問に対して答弁をせず，若しくは虚偽の答弁をし，若しくはこれらの規定による検査を拒み，妨げ，若しくは忌避した者は，三十万円以下の罰金に処する．

第八十五条　法人の代表者又は法人若しくは人の代理人，使用人その他の従業者が，その法人又は人の業務に関して前条の違反行為をしたときは，行為者を罰するほか，その法人又は人に対しても，同条の刑を科する．

第八十六条　第十五条第二項の規定による報告若しくは物件の提出若しくは提示をせず，若しくは虚偽の報告若しくは虚偽の物件の提出若しくは提示をし，又は同項の規定による当該職員の質問に対して，答弁せず，若しくは虚偽の答弁をした者は，十万円以下の過料に処する．

第八十七条　市町村は，条例で，正当な理由なしに，第十三条第一項の規定によ

る報告若しくは物件の提出若しくは提示をせず，若しくは虚偽の報告若しくは虚偽の物件の提出若しくは提示をし，又は同項の規定による当該職員の質問に対して，答弁せず，若しくは虚偽の答弁をした者に対し十万円以下の過料を科する規定を設けることができる．

2　市町村は，条例で，正当な理由なしに，第十四条第一項の規定による報告若しくは物件の提出若しくは提示をせず，若しくは虚偽の報告若しくは虚偽の物件の提出若しくは提示をし，又は同項の規定による当該職員の質問に対して，答弁せず，若しくは虚偽の答弁をし，若しくは同項の規定による検査を拒み，妨げ，若しくは忌避した者に対し十万円以下の過料を科する規定を設けることができる．

3　市町村は，条例で，第二十三条第二項若しくは第四項又は第二十四条第二項の規定による支給認定証の提出又は返還を求められてこれに応じない者に対し十万円以下の過料を科する規定を設けることができる．

附則
（施行期日）
第一条　この法律は，社会保障の安定財源の確保等を図る税制の抜本的な改革を行うための消費税の一部を改正する等の法律（平成二十四年法律第六十八号）附則第一条第二号に掲げる規定の施行の日の属する年の翌年の四月一日までの間において政令で定める日から施行する．ただし，次の各号に掲げる規定は，当該各号に定める日から施行する．

　一　附則第二条第四項，第十二条（第三十一条の規定による第二十七条第一項の確認の手続（第七十七条第一項の審議会その他の合議制の機関（以下この号及び次号において「市町村合議制機関」という．）の意見を聴く部分に限る．），第四十三条の規定による第二十九条第一項の確認の手続（市町村合議制機関の意見を聴く部分に限る．），第六十一条の規定による市町村子ども・子育て支援事業計画の策定の準備（市町村合議制機関の意見を聴く部分に限る．）及び第六十二条の規定による都道府県子ども・子育て支援事業支援計画の策定の準備（第七十七条第四項の審議会その他の合議制の機関（次号において「都道府県合議制機関」という．）の意見を聴く部分に限る．）に係る部分を除く．）及び第十三条の規定　公布の日

　二　第七章の規定並びに附則第四条，第十一条及び第十二条（第三十一条の規定による第二十七条第一項の確認の手続（市町村合議制機関の意見を聴く部分に限る．），第四十三条の規定による第二十九条第一項の確認の手続（市町村合議制機関の意見を聴く部分に限る．），第六十一条の規定による市町村子ども・子育て支援事業計画の策定の準備（市町村合議制機関の意見を聴く部分に限る．）及び第六十二条の規定による都道府県子ども・子育て支援事業支援計画の策定の準備

（都道府県合議制機関の意見を聴く部分に限る．）に係る部分に限る．）の規定平成二十五年四月一日
　三　附則第十条の規定社会保障の安定財源の確保等を図る税制の抜本的な改革を行うための消費税法の一部を改正する等の法律の施行の日の属する年の翌年の四月一日までの間において政令で定める日
　四　附則第七条ただし書及び附則第八条ただし書の規定この法律の施行の日（以下「施行日」という．）前の政令で定める日

（検討）
第二条　政府は，総合的な子ども・子育て支援の実施を図る観点から，出産及び育児休業に係る給付を子ども・子育て支援給付とすることについて検討を加え，必要があると認めるときは，その結果に基づいて所要の措置を講ずるものとする．
2　政府は，平成二十七年度以降の次世代育成支援対策推進法（平成十五年法律第百二十号）の延長について検討を加え，必要があると認めるときは，その結果に基づいて必要な措置を講ずるものとする．
3　政府は，質の高い教育・保育その他の子ども・子育て支援の提供を推進するため，幼稚園教諭，保育士及び放課後児童健全育成事業に従事する者等の処遇の改善に資するための施策の在り方並びに保育士資格を有する者であって現に保育に関する業務に従事していない者の就業の促進その他の教育・保育その他の子ども・子育て支援に係る人材確保のための方策について検討を加え，必要があると認めるときは，その結果に基づいて所要の措置を講ずるものとする．
4　政府は，この法律の公布後二年を目途として，総合的な子ども・子育て支援を実施するための行政組織の在り方について検討を加え，必要があると認めるときは，その結果に基づいて所要の措置を講ずるものとする．
5　政府は，前各項に定める事項のほか，この法律の施行後五年を目途として，この法律の施行の状況を勘案し，必要があると認めるときは，この法律の規定について検討を加え，その結果に基づいて所要の措置を講ずるものとする．

（財源の確保）
第三条　政府は，教育・保育その他の子ども・子育て支援の量的拡充及び質の向上を図るための安定した財源の確保に努めるものとする．

（保育の需要及び供給の状況の把握）
第四条　国及び地方公共団体は，施行日の前日までの間，子ども・子育て支援の推進を図るための基礎資料として，内閣府令で定めるところにより，保育の需要及び供給の状況の把握に努めなければならない．

（子どものための現金給付に関する経過措置）
第五条　第九条の規定の適用については，当分の間，同条中「同じ.）」とあるのは，「同じ.）及び同法附則第二条第一項の給付」とする.

（保育所に係る委託費の支払等）
第六条　市町村は，児童福祉法第二十四条第一項の規定により保育所における保育を行うため，当分の間，保育認定子どもが，特定教育・保育施設（都道府県及び市町村以外の者が設置する保育所に限る．以下この条において「特定保育所」という．）から特定教育・保育（保育に限る．以下この条において同じ．）を受けた場合については，当該特定教育・保育（保育必要量の範囲内のものに限る．以下この条において「支給認定保育」という．）に要した費用について，一月につき，第二十七条第三項第一号に規定する特定教育・保育に通常要する費用の額を勘案して内閣総理大臣が定める基準により算定した費用の額（その額が現に当該支給認定保育に要した費用の額を超えるときは，当該現に支給認定保育に要した費用の額）に相当する額（以下この条において「保育費用」という．）を当該特定保育所に委託費として支払うものとする．この場合において，第二十七条の規定は適用しない．
2　特定保育所における保育認定子どもに係る特定教育・保育については，当分の間，第三十三条第一項及び第二項並びに第四十二条，母子及び寡婦福祉法（昭和三十九年法律第百二十九号）第二十八条第二項並びに児童虐待の防止等に関する法律（平成十二年法律第八十二号）第十三条の二第二項の規定は適用しない．
3　第一項の場合におけるこの法律及び国有財産特別措置法（昭和二十七年法律第二百十九号）の規定の適用についての必要な技術的読替えは，政令で定める．
4　第一項の場合において，保育費用の支払をした市町村の長は，当該保育費用に係る保育認定子どもの支給認定保護者又は扶養義務者から，当該保育費用をこれらの者から徴収した場合における家計に与える影響を考慮して特定保育所における保育に係る保育認定子どもの年齢等に応じて定める額を徴収するものとする．
5　前項に規定する額の収納の事務については，収入の確保及び保育費用に係る保育認定子どもの支給認定保護者又は扶養義務者の便益の増進に寄与すると認める場合に限り，政令で定めるところにより，私人に委託することができる．
6　第四項の規定による費用の徴収は，これを保育費用に係る保育認定子どもの支給認定保護者又は扶養義務者の居住地又は財産所在地の都道府県又は市町村に嘱託することができる．
7　第四項の規定により徴収される費用を，指定の期限内に納付しない者があるときは，地方税の滞納処分の例により処分することができる．この場合における

徴収金の先取特権の順位は，国税及び地方税に次ぐものとする．
8　第四項の規定により市町村が同項に規定する額を徴収する場合における児童福祉法及び児童手当法の規定の適用についての必要な技術的読替えは，政令で定める．

（特定教育・保育施設に関する経過措置）
第七条　この法律の施行の際に存する就学前の子どもに関する教育，保育等の総合的な提供の推進に関する法律の一部を改正する法律（平成二十四年法律第六十六号）の規定による改正前の認定こども園法第七条第一項に規定する認定こども園（国の設置するものを除き，施行日において現に法人以外の者が設置するものを含む．），幼稚園（国の設置するものを除き，施行日において現に法人以外の者が設置するものを含む．）又は子ども・子育て支援法及び就学前の子どもに関する教育，保育等の総合的な提供の推進に関する法律の一部を改正する法律の施行に伴う関係法律の整備等に関する法律（平成二十四年法律第六十七号）第六条の規定による改正前の児童福祉法（次条及び附則第十条第一項において「旧児童福祉法」という．）第三十九条第一項に規定する保育所（施行日において現に法人以外の者が設置するものを含む．）については，施行日に，第二十七条第一項の確認があったものとみなす．ただし，当該認定こども園，幼稚園又は保育所の設置者が施行日の前日までに，内閣府令で定めるところにより，別段の申出をしたときは，この限りでない．

（特定地域型保育事業者に関する経過措置）
第八条　この法律の施行の際現に旧児童福祉法第六条の三第九項に規定する家庭的保育事業を行っている市町村については，施行日に，家庭的保育に係る第二十九条第一項の確認があったものとみなす．ただし，当該市町村が施行日の前日までに，内閣府令で定めるところにより，別段の申出をしたときは，この限りでない．

（施設型給付費等の支給の基準及び費用の負担等に関する経過措置）
第九条　第十九条第一項第一号に掲げる小学校就学前子どもに該当する支給認定子どもに係る子どものための教育・保育給付の額は，第二十七条第三項，第二十八条第二項第一号及び第二号並びに第三十条第二項第二号及び第四号の規定にかかわらず，当分の間，一月につき，次の各号に掲げる子どものための教育・保育給付の区分に応じ，それぞれ当該各号に定める額とする．
　一　施設型給付費の支給次のイ及びロに掲げる額の合計額
　　イ　この法律の施行前の私立学校振興助成法（昭和五十年法律第六十一号）第

九条の規定による私立幼稚園（国（国立大学法人法第二条第一項に規定する国立大学法人を含む．），都道府県及び市町村以外の者が設置する幼稚園をいう．以下この項において同じ．）の経常的経費に充てるための国の補助金の総額（以下この項において「国の補助金の総額」という．），私立幼稚園に係る保護者の負担額，当該施設型給付費の支給に係る支給認定教育・保育を行った特定教育・保育施設の所在する地域その他の事情を勘案して内閣総理大臣が定める基準により算定した額（その額が現に当該支給認定教育・保育に要した費用の額を超えるときは，当該現に支給認定教育・保育に要した費用の額）から政令で定める額を限度として当該支給認定保護者の属する世帯の所得の状況その他の事情を勘案して市町村が定める額を控除して得た額（当該額が零を下回る場合には，零とする．）

　ロ　当該特定教育・保育施設の所在する地域の実情，特定教育・保育に通常要する費用の額とイの内閣総理大臣が定める基準により算定した額との差額その他の事情を参酌して市町村が定める額

　二　特例施設型給付費の支給次のイ又はロに掲げる教育・保育の区分に応じ，それぞれイ又はロに定める額

　　イ　特定教育・保育次の（1）の及び（2）に掲げる額の合計額

　　　（1）国の補助金の総額，私立幼稚園に係る保護者の負担額，当該特例施設型給付費の支給に係る特定教育・保育を行った特定教育・保育施設の所在する地域その他の事情を勘案して内閣総理大臣が定める基準により算定した額（その額が現に当該特定教育・保育に要した費用の額を超えるときは，当該現に特定教育・保育に要した費用の額）から政令で定める額を限度として当該支給認定保護者の属する世帯の所得の状況その他の事情を勘案して市町村が定める額を控除して得た額（当該額が零を下回る場合には，零とする．）を基準として市町村が定める額

　　　（2）当該特定教育・保育施設の所在する地域の実情，特定教育・保育に通常要する費用の額と（1）の内閣総理大臣が定める基準により算定した額との差額その他の事情を参酌して市町村が定める額

　　ロ　特別利用保育次の（1）及び（2）に掲げる額の合計額

　　　（1）国の補助金の総額，私立幼稚園に係る保護者の負担額，当該特例施設型給付費の支給に係る特別利用保育を行った特定教育・保育施設の所在する地域その他の事情を勘案して内閣総理大臣が定める基準により算定した額（その額が現に当該特別利用保育に要した費用の額を超えるときは，当該現に特別利用保育に要した費用の額）から政令で定める額を限度として当該支給認定保護者の属する世帯の所得の状況その他の事情を勘案して市町村が定める額を控除して得た額（当該額が零を下回る場合には，零とする．）

　　　（2）当該特定教育・保育施設の所在する地域の実情，特別利用保育に通常要

する費用の額と（1）の内閣総理大臣が定める基準により算定した額との差額その他の事情を参酌して市町村が定める額
　三　特例地域型保育給付費の支給次のイ又はロに掲げる保育の区分に応じ，それぞれイ又はロに定める額
　　イ　特別利用地域型保育次の（1）及び（2）に掲げる額の合計額
　　　（1）国の補助金の総額，私立幼稚園に係る保護者の負担額，当該特例地域型保育給付費の支給に係る特別利用地域型保育を行った特定地域型保育事業所の所在する地域その他の事情を勘案して内閣総理大臣が定める基準により算定した額（その額が現に当該特別利用地域型保育に要した費用の額を超えるときは，当該現に特別利用地域型保育に要した費用の額）から政令で定める額を限度として当該支給認定保護者の属する世帯の所得の状況その他の事情を勘案して市町村が定める額を控除して得た額（当該額が零を下回る場合には，零とする．）（2）当該特定地域型保育事業所の所在する地域の実情，特別利用地域型保育に通常要する費用の額と（1）の内閣総理大臣が定める基準により算定した額との差額その他の事情を参酌して市町村が定める額
　　ロ　特例保育次の（1）及び（2）に掲げる額の合計額
　　　（1）国の補助金の総額，私立幼稚園に係る保護者の負担額，当該特例地域型保育給付費の支給に係る特例保育を行った施設又は事業所の所在する地域その他の事情を勘案して内閣総理大臣が定める基準により算定した額（その額が現に当該特例保育に要した費用の額を超えるときは，当該現に特例保育に要した費用の額）から政令で定める額を限度として当該支給認定保護者の属する世帯の所得の状況その他の事情を勘案して市町村が定める額を控除して得た額（当該額が零を下回る場合には，零とする．）を基準として市町村が定める額
　　　（2）当該特例保育を行う施設又は事業所の所在する地域の実情，特例保育に通常要する費用の額と（1）の内閣総理大臣が定める基準により算定した額との差額その他の事情を参酌して市町村が定める額
2　内閣総理大臣は，前項第一号イ，第二号イ（1）及びロ（1）並びに第三号イ（1）及びロ（1）の基準を定め，又は変更しようとするときは，あらかじめ，文部科学大臣及び厚生労働大臣に協議するとともに，第七十二条に規定する子ども・子育て会議の意見を聴かなければならない．
3　第一項の場合における第六十七条第一項及び第六十八条第一項の規定の適用については，これらの規定中「同条第二号に掲げる費用」とあるのは，「同条第二号に掲げる費用（附則第九条第一項第一号ロ，第二号イ（2）及びロ（2）並びに第三号イ（2）及びロ（2）に掲げる額に係る部分を除く．）」とする．
4　都道府県は，当該都道府県の予算の範囲内において，政令で定めるところに

より，第六十五条の規定により市町村が支弁する同条第二号に掲げる費用のうち，第一項第一号ロ，第二号イ（2）及びロ（2）並びに第三号イ（2）及びロ（2）に掲げる額に係る部分の一部を補助することができる．

（保育の需要の増大等への対応）
第十条　旧児童福祉法第五十六条の八第一項に規定する特定市町村（以下この条において「特定市町村」という．）は，市町村子ども・子育て支援事業計画に基づく子どものための教育・保育給付及び地域子ども・子育て支援事業の実施への円滑な移行を図るため，施行日の前日までの間，小学校就学前子どもの保育その他の子ども・子育て支援に関する事業であって内閣府令で定めるもの（以下この条において「保育緊急確保事業」という．）のうち必要と認めるものを旧児童福祉法第五十六条の八第二項に規定する市町村保育計画に定め，当該市町村保育計画に従って当該保育緊急確保事業を行うものとする．
2　特定市町村以外の市町村（以下この条において「事業実施市町村」という．）は，市町村子ども・子育て支援事業計画に基づく子どものための教育・保育給付及び地域子ども・子育て支援事業の実施への円滑な移行を図るため，施行日の前日までの間，保育緊急確保事業を行うことができる．
3　内閣総理大臣は，第一項の内閣府令を定め，又は変更しようとするときは，あらかじめ，文部科学大臣及び厚生労働大臣に協議しなければならない．
4　国は，保育緊急確保事業を行う特定市町村又は事業実施市町村に対し，予算の範囲内で，政令で定めるところにより，当該保育緊急確保事業に要する費用の一部を補助することができる．
5　国及び都道府県は，特定市町村又は事業実施市町村が，保育緊急確保事業を実施しようとするときは，当該保育緊急確保事業が円滑に実施されるように必要な助言その他の援助の実施に努めるものとする．

（施行前の準備）
第十一条　内閣総理大臣は，第二十七条第一項の一日当たりの時間及び期間を定める内閣府令，同条第三項第一号の基準，第二十八条第一項第二号の内閣府令，同条第二項第二号及び第三号の基準，第二十九条第三項第一号の基準，第三十条第一項第二号及び第四号の内閣府令，同条第二項第二号から第四号までの基準，第三十四条第三項の内閣府令で定める基準（特定教育・保育の取扱いに関する部分に限る．），同項第二号の内閣府令（特定教育・保育の取扱いに関する部分に限る．），第四十六条第三項の内閣府令で定める基準（特定地域型保育の取扱いに関する部分に限る．），同項第二号の内閣府令（特定地域型保育の取扱いに関する部分に限る．），第六十条第一項の基本指針並びに附則第九条第一項第一号イ，第二

号イ（1）及びロ（1）並びに第三号イ（1）及びロ（1）の基準を定めようとするときは，施行日前においても第七十二条に規定する子ども・子育て会議の意見を聴くことができる．

第十二条　前条に規定するもののほか，この法律を施行するために必要な条例の制定又は改正，第二十条の規定による支給認定の手続，第三十一条の規定による第二十七条第一項の確認の手続，第四十二条の規定による情報の提供，相談，助言，あっせん及び利用の要請（以下この条において「情報の提供等」という．），第四十三条の規定による第二十九条第一項の確認の手続，第五十四条の規定による情報の提供等，第六十一条の規定による市町村子ども・子育て支援事業計画の策定の準備，第六十二条の規定による都道府県子ども・子育て支援事業支援計画の策定の準備，第七十四条の規定による子ども・子育て会議の委員の任命に関し必要な行為その他の行為は，この法律の施行前においても行うことができる．

（政令への委任）
第十三条　この附則に規定するもののほか，この法律の施行に伴い必要な経過措置は，政令で定める

5. 法令等の年齢区分

各種法令による子ども・若者の年齢区分

法律の名称	呼称等	年齢区分
少年法	少年	20歳未満の者
刑法	刑事責任年齢	満14歳
児童福祉法	児童	18歳未満の者
	乳児	1歳未満の者
	幼児	1歳から小学校就学の始期に達するまでの者
	少年	小学校就学の始期から18歳に達するまでの者
児童手当法	児童	18歳に達する日以後の最初の3月31日までの間にある者
母子及び父子並びに寡婦福祉法	児童	20歳未満の者
学校教育法	学齢児童	満6歳に達した日の翌日以後における最初の学年の初めから、満12歳に達した日の属する学年の終わりまでの者
	学齢生徒	小学校又は特別支援学校の小学部の課程を終了した日の翌日後における最初の学年の初めから、満15歳に達した日の属する学年の終わりまでの者
民法	未成年者	20歳未満の者
	婚姻適齢	男満18歳、女満16歳〔未成年者は、父母の同意を得なければならない。〕
労働基準法	年少者	18歳未満の者
	児童	15歳に達した日以後の最初の3月31日が終了するまでの者
勤労青少年福祉法	勤労青少年	〔法律上は規定なし〕 ※第8次勤労青少年福祉対策基本方針（平成18年10月厚生労働省）において、「おおむね35歳未満」としている。
道路交通法	児童	6歳以上13歳未満の者
	幼児	6歳未満の者
	第二種免許、大型免許を与えない者	21歳未満の者
	中型免許を与えない者	20歳未満の者
	普通免許、大型特殊免許、大型二輪免許及び牽引免許を与えない者	18歳未満の者
	普通二輪免許、小型特殊免許及び原付免許を与えない者	16歳未満の者
子どもの読書活動の推進に関する法律	子ども	おおむね18歳以下の者
未成年者喫煙禁止法	未成年者	20歳未満の者
未成年者飲酒禁止法	未成年者	20歳未満の者
風俗営業等の規制及び業務の適正化等に関する法律	年少者	18歳未満の者
児童買春、児童ポルノに係る行為等の処罰及び児童の保護等に関する法律	児童	18歳未満の者
インターネット異性紹介事業を利用して児童を誘引する行為の規制等に関する法律	児童	18歳未満の者
青少年が安全に安心してインターネットを利用できる環境の整備等に関する法律	青少年	18歳未満の者
（参考）		
児童の権利に関する条約	児童	18歳未満の者

付録Ⅱ　子どもに関わる各種統計・国際比較等

1. 母子保健統計 ……………………………………… 582

2. 離乳食の進め方の目安 …………………………… 583

3. 世界の育児休業制度の比較 ……………………… 584

4. 欧米の主な国の合計特殊出生率の動き ………… 587

5. アジアの主な国の合計特殊出生率の動き ……… 588

6. 諸外国における年齢（3区分）別人口の割合 …… 589

7. 各国の家族関係社会支出の対GDP比の比較 …… 590

1. 母子保健統計

西暦	1960年	1970年	1980年	1990年	2000年	2010年	2013年
人口（人）	93,418,501	103,119,447	116,320,358	122,721,397	125,612,633	126,381,728	125,704,000
出生数（人）	1,606,041	1,934,239	1,576,889	1,221,585	1,190,547	1,071,304	1,029,816
乳児死亡数（人）	49,293	25,412	11,841	5,616	3,830	2,450	2,185
妊産婦死亡数（人）	2,097	1,008	323	105	78	45	36
自然死産数（人）	93,424	84,073	47,651	23,383	16,200	12,245	10,938
人工死産数（人）	85,857	51,022	29,795	30,509	22,193	14,315	13,164
周産期死亡数（人）	—	—	32,422	13,704	6,881	4,515	3,862

2. 離乳食の進め方の目安

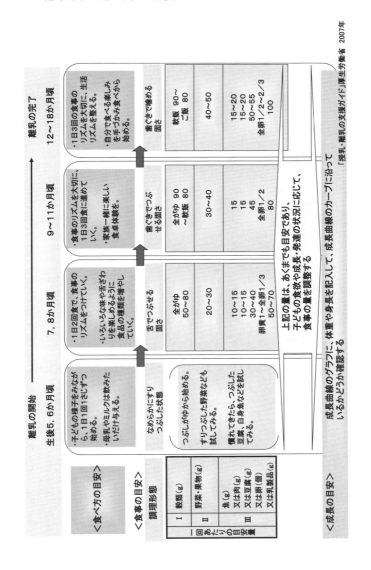

「授乳・離乳の支援ガイド」厚生労働省 2007年

3. 世界の育児休業制度の比較

	日本	アメリカ	イギリス	ドイツ	フランス
制定法	育児介護休業法（1995年制定，最終改正2014年）	家族・医療休暇法（1993年）	雇用関係法（1990年）	両親手当及び両親時間に関する法律	労働法典 L1225-47, L1225-48, L1225-50
対象者	1歳未満の子を養育するすべての男女労働者（日々雇用者を除く）。一定の範囲の期間雇用者は対象	男女労働者実親，養親，監護者	男女被用者（実親，養親を問わない）	子を自ら自宅で監護または養育する労働者	男女労働者，実親，養親，継親子の扶養権を引き受けた者
請求権行使の要件	(1) 雇用された期間が1年以上の男女労働者 (2) 子が1歳に達する日を超えて引き続き雇用されることが見込まれる者	当該事業主に12か月以上雇用されていたこと，過去12か月の労働時間が1,250時間以上であること	1年以上勤務している者	両親の一方でも双方共同しても可	子の出生または3歳未満の養子を引取りの日に最低1年の勤続を証明すること
期間	・子が1歳まで．原則1回．父母がともに取得するなど一定の要件を満たす場合は1歳2か月まで延長可能．保育所に入所できないなどの場合には1歳6か月まで延長可能 ・3歳までの子を養育する労働者について，(1)短時間勤務制度（1日6時間）を設けること，(2)労働者の請求で所定外労働の免除を制度化すること，を事業主の措置義務とする ・3歳から小学校就学前までの子を養育する労働者に関して，育児休業制度または勤務時間短縮等の措置に準じて，必要な措置を講じる事業主の努力義務あり．	・生後，養子縁組後または監護斡旋後12か月の間に12週間．ただし，夫婦が同一事業所に雇用されている場合は，夫婦合わせて12週間．取得期間の分割，時間単位での取得が可能	・子が5歳に達するまで18週間． ・子に障害のある場合は，18歳に達するまで18週間． ・また養子の場合，18歳に達するか養子が5年に達するかのいずれか早い方で18週間	・子が3歳になるまで最長3年鑑． ・使用者の同意を得れば，最後の1年分を子が8歳になるまでの期間に繰延べ可能	・子が3歳に達するまでの間．最初は1年間の育児休業を取得でき，その後2回更新できる（満3歳で終了）．しかし，子が重度の病気・事故・障害を負った場合は，休業期間を延長できる． ・休業中，「乳幼児迎え入れ手当（＝Paje）」のCLCA（活動自由選択補充完措置）から，第1子は6か月間，第2子以降は3歳までの間，賃金補助（完全休業でPajeの基礎手当を受給していない場合，月額576.24ユーロ（金額は2015年））の受給が可能 ・2006年7月以降に生まれた第3子以降を対象に，休業期間を1年間に短縮する代わりに賃金補助が約5割増で受取可能な選択肢（Colca＝選択的活動自由選択補完措置）を創設

	日本	アメリカ	イギリス	ドイツ	フランス
形態	全日休暇	1日または1週間の労働時間短縮	1週間を単位とし（障害を有する子の場合は1日単位も可）、年間4週間まで。ただし、労働協約または労働契約でこれと別の定めも可	育児休業の期間中も、使用者の同意を得て 週15～30時間の範囲でパート就労可	子が3歳になるまで（1）1～3年休職する、（2）パートタイム労働（週16～32時間）に移行する、（3）職業教育を受ける―のいずれかの方法またはその組合せ
請求予告期間	育児休業開始予定日の1か月前（1歳～1歳6か月までの育児休業の場合は2週間前）	休暇開始日の30日前まで	21日前	遅くとも期間開始の7週間前に文書により使用者に要求	産休に連続する場合、休業開始1か月前、その他の場合、休業開始2か月前
解雇・不利益取扱	育児休業の申出をし、または育児休業をしたことを理由とする解雇その他不利益な取扱の禁止	育児休業の権利行使に対する干渉、抑圧、拒否、不利益取扱の禁止	解雇は不公正解雇制度上の救済を受ける。不利益取扱の禁止	育児休業請求以降終了まで解雇禁止。ただし、特別の場合には、雇用に関する管轄最上級官庁等が例外的に解雇を許容する宣言を発することができる。	育児休業を理由に解雇することはできないが、それとは関係のない場合（例：経済解雇）はできる。
復職	事業主に対し休業中の待遇および休業後の賃金、配置、その他労働条件に関する事項を予め定め、適切、労働者に周知させるための措置を講ずる努力義務が課せられている（指針において、育児休業後においては、原職または原職担当者に復帰させることが多く行われていることに配慮すべき旨規定されている）	休暇前と同じ仕事または同等の仕事への復職の権利を有する。	以前と同じ職またはそれが不可能である場合には、適切かつ妥当な他の職に復帰できる。	以前と同じまたは同等の職へ復帰できる。	以前と同じまたは同程度の職に復帰できる。
担保方法	苦情・紛争について援助・調停、公表制度・過料	使用者による損害賠償	雇用裁判所への争訴提起	労働裁判所、使用者による損害賠償	使用者による損害賠償、解雇手当金等の支払い
有給・無給	規定なし	無給	無給	両親手当を支給	無給

	日本	アメリカ	イギリス	ドイツ	フランス
休業期間中の社会保険の取扱	休業中、被保険者としての資格は継続するが、保険料は、被保険者分、事業主負担分とも免除される.	医療給付は休暇中も継続	休業中の保険料は免除される. ただし、事業主からの現金手当や、一定額を超える現金以外の補助に対しては、保険料の支払義務が生じる.	・生後最大14か月になるまで「両親手当」を支給（従前手取賃金の67％）[1]、上限1800ユーロ、下限300ユーロ）[2]. ・父母両方が入れ替わり休業した場合は、14か月間「両親手当」を請求できるが、片親だけが休業した場合は、12か月間まで（単独親権を有し、出産前に被用者として保険料を支払っていたシングルマザーは14か月）. ・最低休業期間はそれぞれ2か月（2009年より）. 祖父母にも受給権あり	年金について算定基礎となる.
中小企業の取扱	従業員100人未満の企業には改正法の一部について2年間の適用猶予期間が置かれたが、2012年7月から全面施行	従業員50人未満の事業主は適用除外	なし	労働時間の短縮は、職業訓練中の者を除き、通常、15人を超える被用者を雇用する使用者に対してのみ請求できる. 15名以下の場合、使用者の同意が必要	すべての事業所について休暇制度を完全に実施（1995年1月より）
その他	・育児休業を取得した一定の条件を満たす労働者に対し、休業取得前の賃金月額の67％（2014年度から）が支給される育児休業給付制度がある. ・国は、事業主等に対して育児休業制度の環境を整備するため雇用管理等についての相談および助言、給付金の支給その他必要な援助を行っている.	介護、労働者本人の病気のための休暇も取得できる.	6歳未満の子を持つ親の育休取得率：11％（2011年）	・2007年1月施行. 労働時間の短縮請求には、勤続6か月が必要. 完全休業する場合、事業所は、当人の有給休暇を1年につき、1/12短縮できる. パート就業時は、これが認められない（17条）. ・2012年に生まれた子に対する父親の両親手当受給割合：29.3％（2012年1月〜2014年3月）	休業中またはパートタイム労働期間中は職業活動を行ってはならない.

資料出所：厚生労働省「海外情勢報告」、内閣府（2007）「平成19年版少子化社会白書」、日本：厚生労働省ウェブサイト、アメリカ：連邦労働省ウェブサイト、中澤裕也著（1995）「アメリカ労働法」、イギリス：Cov.uk等ウェブサイト、ドイツ：連邦家庭・高齢者・女性・青少年省および統計局ウェブサイト、フランス：労働省ウェブサイト

（注1） 2011年1月から、新たに2011年予算関連法（HBeglG2011）に基づき、1200ユーロを超えた場合、超過2ユーロにつき0.1％ずつの下限65％まで補填率が引き下げられた.

2) 連邦社会裁判所2013年6月27日判決に基づき、同日から、「出産ごと」ではなく「子どもごと」に両親手当が支払われることになった. これにより、多胎出産の両親は、その子どもの数だけ両親手当を請求することが可能になった（2009年1月1日まで、遡及して請求することが可能）.

4. 欧米の主な国の合計特殊出生率の動き

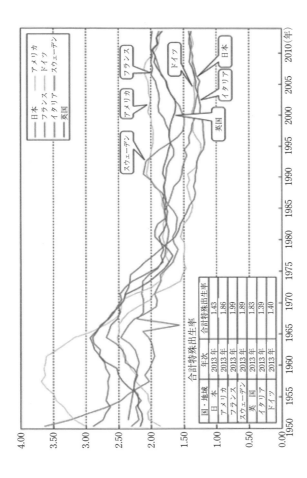

資料：ヨーロッパは、1959 年までUnited Nations "Demographic Yearbook"等、1960 年以降は OECD Family database（2013 年 2 月更新版）による。ただし、2013 年は各国の政府統計機関等。アメリカは、1959 年までUnited Nations "Demographic Yearbook"、1960 年以降は OECD Family database（2013 年 2 月更新版）による。ただし、2013 年は "National Vital Statistics Report"。日本は厚生労働省「人口動態統計」。

5. アジアの主な国の合計特殊出生率の動き

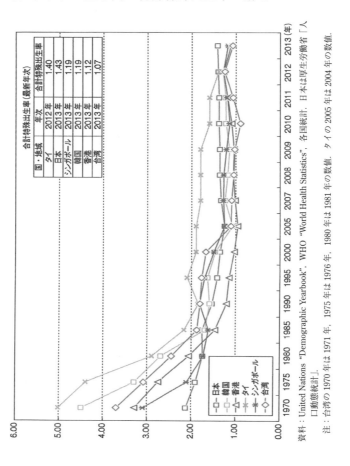

資料：United Nations "Demographic Yearbook", WHO "World Health Statistics", 各国統計. 日本は厚生労働省「人口動態統計」.
注：台湾の1970年は1971年, 1975年は1976年, 1980年は1981年の数値. タイの2005年は2004年の数値.

6. 諸外国における年齢（3区分）別人口の割合

国 名	年齢（3区分）別割合（%）		
	0～14歳	15～64歳	65歳以上
世界	26.6	65.7	7.7
日本	12.8	61.3	26.0
イタリア	14.0	65.7	20.3
スペイン	14.9	68.0	17.1
ドイツ	13.4	65.8	20.8
ロシア	14.9	72.0	13.1
ポーランド	15.0	71.5	13.5
スウェーデン	16.5	65.3	18.2
カナダ	16.5	69.4	14.2
イギリス	17.6	65.9	16.6
フランス	18.4	64.8	16.8
韓国	16.2	72.7	11.1
シンガポール	17.3	73.6	9.0
アメリカ合衆国	19.8	67.1	13.1
中国	18.1	73.5	8.4
アルゼンチン	24.9	64.5	10.6
南アフリカ共和国	29.7	65.1	5.2
インド	30.2	64.8	5.1

資料：United Nations "World Population Prospects The 2012 Revision Database"

注：諸外国は，2012年時点の数値，日本は総務省「人口推計（平成26年10月1日現在（確定値））」による．

7. 各国の家族関係社会支出の対 GDP 比の比較

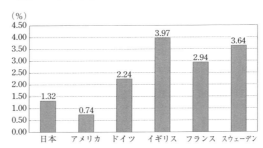

資料：国立社会保障・人口問題研究所「社会保障費用統計」（2012年度）

注：1. 家族関係社会支出…家族を支援するために支出される現金給付及び現物給付（サービス）を計上
　　児童手当：給付，児童育成事業費等
　　社会福祉：特別児童扶養手当給付費，児童扶養手当給付諸費，児童保護費，保育所運営費
　　協会健保，組合健保，国保：出産育児諸費，出産育児一時金等
　　各種共済組合，出産育児諸費，育児休業給付，介護休業給付
　　雇用保険：育児休業給付，介護休業給付
　　生活保護：出産扶助，教育扶助
　　就学援助制度
　　就学前教育費（OECD Education Database より就学前教育費のうち公費）

2. 日本は 2012 年度，アメリカ，ドイツ，イギリス，フランス，スウェーデンは 2011 年度

索　引

あ　行

ICT　28
愛着（アタッチメント）　18, 82, 214
愛着形成不全　17
愛着障害　284
亜鉛　121
赤い鳥　247
赤ちゃん絵本　245
空き地　212
朝読　251
アスペルガー障害　284
アスレチック遊具　230
遊び　174, 192
遊び食べ　219
遊ぶ時間の細切れ化　24
アタッチメント　82
アトピー性皮膚炎　141, 147
アナフィラキシー　140
油粘土　233
アプリケーション　72
アプローチカリキュラム　163
あやす　246
アリエス，Ph　6
安全・安心の拠り所　30
「安全基地」機能不全　19
安全性　103
アンデルセン童話　225
アンリオ　195

ESD　277
ECEC　174
いきいきと遊ぶ　209
育児・介護休業法　268
育児休業　80
育児経験の少なさ　155
育児情報　74
育児ストレス　20
育児性　78

育児不安　74
いざこざ　98
いじめ　99
異性愛（ヘテロセクシュアル）　130
一時預かり事業　272
一時保育　181
異年齢　89
衣服の素材　102
イマジナリーコンパニオン　217
岩波子どもの本　243
インターセックス　130
インターネット　28
インフォームド・コンセント　303, 305

ヴィゴツキー　194
家読　251
ウッド　195
運動遊び　202
運動器症候群　120

栄養教諭制度　123
栄養素　124
SNS（social network service）　72, 97
ST基準　250
ST基準内商品表示　241
エネルギー　124
エネルギー必要量　120, 124
エピジェネティクス　114
エピペン　141
絵本　246, 250
絵巻物　243
M字型就業構造　80
エリクソン　194
塩山式手ばかり　128
エンゼルプラン　271
延長保育　180

応急処置　150
応答的遊び　203

お絵かきボード　237
大型遊具　228
オープンスペース　212
オールドカマー　156
お食い初め　256
お稽古事　168
教え込み型教育　92
おしゃぶり　227
お伽草子　224
大人　68, 94
お直し　105
鬼ごっこ　231
帯祝　255
お宮参り　256
おもちゃコンサルタント　250
おもちゃドクター　250
親子　86
親性　17, 78
親性準備性　78
親離れ　68
折り紙　233
恩物　232
オンラインゲーム　207

か　行

カードゲーム　238
外化行動　71
外国につながりのある子ども　156
改正教育基本法　164
解離　71
科学館　253
関わりの主体　69
課業　174
学際的子ども研究（Childhood Studies）　7
学習指導要領　157, 186
学童保育　96
学童保育　159, 181
過食　120
家族システム論　86
家族と民法　62
家族の小規模化　16
語り　246
価値　220
価値判断　168

学校教育　92
学校教育法　172, 186
学校教育法施行規則　172, 186
家庭科　79
家庭教育　164, 237
家庭教育支援　165
家庭的保育　96
家庭内暴力　70
家庭文庫　253
過敏性腸症候群　147
紙芝居　246
紙粘土　233
噛ミング30運動　122
からだの性　130
カルシウム　120
カルタ　238
感覚遊び　202
感覚運動的遊び　198, 202, 204, 205
環境を通して行う教育　176
玩具　250
玩具安全マーク「ST」　250
関係性機能　185
関係体験　185
関係的攻撃　99
関係的存在　184
完結出生児数　155
感性　226
感染症　145
感想文　300
寛容の子育て　10
関連性　177

規則的遊び　199, 205
基礎代謝　124
キッズコスメ　241
機能遊び　202, 204
規範　220
規範意識　155
基本的習慣形成　237
基本的信頼　171
虐待　70, 289
逆段差　162
ギャング・エイジ　99
ギャング・グループ　54, 206
急性リンパ性白血病　145

索　引

教育・保育要領　170, 184
教育格差　187
教育基本法　260
教育手段　170
教育と保育を一体的に提供　173
教育や保育の拠り所　172
教科書　243
共感　293
教師　92
共生　171
協同遊び　198, 205, 217
共同注意　282
虚構遊び　204
拒食　120
キリスト教　7
記録　296
キンダーブック　243
近代的子ども観　6

国親思想（パレンス・パトリエ）　4
クラウド　99
倉橋惣三　197
グランデッド・セオリー・アプローチ　301
クリーク　99
グリム・アンデルセン童話　243
グリム童話　225, 242
グロース　194

ケイ，エレン　10, 260
経済的格差　289
KJ法　301
携帯型ゲーム　206
携帯電話　207
傾聴　293
啓蒙思想　7
けいれん　146
ゲーム　206
ゲーム依存症　239
源氏物語絵巻　224, 243

誤飲　151, 227
公園デビュー　89, 240
巧技台　231
合計特殊出生率　60, 154, 270
構成遊び　202, 204

巧緻性　233
肯定的な配慮　184
広汎性発達障害　284
誤嚥　150
戸外遊び　200
国際子ども図書館　253
国際児童年　261
国連児童基金　261
互恵的関係　98
こころの安全基地　19
こころの性　130
心の理論　216, 282
子授け　255
個人防衛　134
子育て意識　289
子育て支援　182
子育て支援センター　275
子育てネットワーク　23, 275
子育てひろば　275
ごっこ遊び　200, 204
固定遊具　200
言葉の絵本　245
子ども　148
子ども・子育て応援プラン　182
子ども・子育て関連3法　263, 264
子ども・子育て支援新制度
　　　　　　　　　96, 160, 264, 265, 271
子ども・子育て支援法　182
子ども会　252
子ども観　6, 30
子ども観の歴史（History of Childhood）　7
子ども期　6
子ども子育て会議　271
子ども子育て支援法　182
子ども時代の自立　68
子ども社会学（Sociology of Childhood）　7
子どもの居場所　166
子どもの心身症　31
子どもの生活時間　33
子どもの育ちと格差　165
子どものとも　243
子どもの日　224
子どもの貧困　84, 85
子どもの貧困対策　65
子どもの貧困対策の推進に関する法律　261

子どもの貧困率　261
子どもは私的な存在　30
子どもは社会的な存在　30
子ども文化　11
子ども部屋　107
コマ　125, 238
小麦粘土　233
コメニウス　242
孤立化する子育て　155
婚姻　62
コンピュータゲーム　239

さ　行

催奇形性　39
再生課題　301
臍帯　39
サットン＝スミス　195
里親　66
里親制度　66
里子　66
産育習俗　61
参加観察　296
3歳児神話　74, 83, 289
散歩　200

GER（Generalized Event Representations）
　　　218
シェマ　194
CM　248
ジェンダー　83
紫外線　142
紫外線の反射率　143
仕掛け絵本　245
自我の発達　104
時間の圧力　210
信貴山縁起　243
自己効力感　283
自己充実　170
自己充実の重要性　210
次世代育成支援対策推進法　182, 264
施設型給付　161, 182
施設型給付費制度　263
自然遊び　212
自然的観察法　296

自尊感情　54
七五三　256
自治の教育　69
6ポケット　26
実験仮説　302
実験計画　302
実験的観察法　296
実行機能　282
室内遊び　201, 206
質問項目　304
児童　4
児童館　252, 275
児童虐待　75, 262
児童虐待の防止等に関する法律　262
児童虐待防止法　264, 280
児童研究　10
児童憲章　260
児童公園　228
児童雑誌　243
指導者のチームワーク　185
児童相談所　266
児童の権利宣言　260
児童の権利に関する条約　12, 261, 264
児童の最善の利益　264
児童の世紀　11
児童福祉憲章　264
児童福祉施設　173, 266
児童福祉制度　264
児童福祉法　173, 252, 260, 262, 264
児童福祉法最低基準　172
児童文化　225
児童遊園　252
児童労働　11
自発的使用の原理　202
耳鼻科系　147
自分が主体者である時間　210
自閉症　284
自閉症・情緒障害特別支援学級　284
自閉症スペクトラム障害　146, 284, 291
社会化　94
社会性　226
社会的自己効力感　79
社会的視点取得能力　98
社会的情報処理モデル　98
社会防衛　134

写真絵本	245	剰余エネルギー説	194
就学援助	85	食育	119, 237
住環境	106	食育基本法	123
自由記述	300	食行動	120
住生活基本計画	110	食事	149
従属変数	302	食事バランスガイド	125
集団遊び	206	食の5W1H	121
集団凝集性	99	植物園	253
集団不適応	290	食物アレルギー	140
授業研究	187	初乳	116
主訴	292	シラー	194
出生前診断	77	自律性	226
主時計遺伝子	121	自立性	226
授乳・離乳の支援ガイド	117	新エンゼルプラン	271
ジュネーブ宣言	260	人格の形成	184
趣味的行動	206	新学力観	187
受容	293	新型出生前診断	60
受容遊び	202, 204	進化論	10
巡回相談	293	神経系	146
小1の壁	159, 188	人工栄養	116
障がい	77	新生児マススクリーニング	144
傷害	138	身体活動レベル	124
生涯の発達	184	身体的攻撃	99
生涯発達	36	シンデレラ	242
消化器系	147	心理学	10
小規模保育	96		
少子化	154	水族館	253
少子化社会対策基本法	271	随伴関係	202
情緒的絆	288	スウェーデン：世界の子育て支援事情	276
情操教育	236	スクリプト	218
情緒・行動障害	281	スタートカリキュラム	163
象徴遊び	199	ストーリーテリング	246
象徴的遊び	203, 205	砂場	228
情緒障害	284	スピンカ	195
情動	195	すべり台	228, 230
小児期メタボリックシンドローム診断基準	122	スペンサー	194
		スポーツ	206
小児肥満	120		
少年	4	成育環境の質	33
少年法	4	成育歴	292
消費環境	26	生活	170, 174
消費者	26	生活習慣形成	237
消費社会	26	生活体験	185
情報通信技術	28	性器いじり	131
情報リテラシー	73	性指向	130

成熟乳　116
生殖技術　60
成人式　257
精神的安定　226
精神分析説　194
生態学的な環境　287
成長曲線　117
性の商品化　133
生理的早産説　5
世界図絵　242
世界の子育て支援事情　276
セクシュアル・ライツ　132
セクシュアルマイノリティ
　（性的マイノリティ，性的少数者，LGBT）
　　　　　　　　　　　131, 132
セサミストリート　248
世代間交流　69
接種間隔　136
摂食障害　122
接続期　163
全国学力・学習状況調査　186
全国体力・運動能力・運動習慣等調査　186
選択性かん黙　284
先天異常　144
先天性異常　144
千と千尋の神隠し　249
専門相談員　267

相互作用　215
相互性　171
創作絵本　245
創設家族　68
想像遊び　204
想像力　226
創造力　226
相対的貧困　84
相対的貧困率　84
相談支援　292
ソーシャル・ネットワーキング・サービス
　　　　　　　　　　　　　　72
ソーシャル・ネットワーク理論　82
ソーシャルスキルトレーニング　98
ソシオメトリック・テスト　98
咀嚼機能　118
その子理解　171

ソフトな世代間伝達現象　114
祖父母　87

た　行

体温調節　102
胎芽　38
待機児童　23, 158
待機児童対策　96
待機児童問題　96
胎児　38
胎動　38
第二次性徴　56
第2発育急進期　120
第二反抗期　57
脱水　149
田中熊次郎　98
WLB　80
多文化共生時代　156
打撲　150
試し行動　281
多様な体験　177
段差　162
誕生　255
たんぱく質　120

地域　94
地域型保育　96
地域型保育給付　182
地域居住環境　111
地域子育て支援拠点事業　272
地域子育て支援事業　184
地域子ども子育て支援事業　272
地域コミュニティ　73
地域づくりの主体　69
チームワーク機能　185
知識の絵本　245
知性　226
知能検査　292
地方版子ども子育て会議　271
注意欠如/多動性障害　291
超音波検査　38
超合金合体玩具　235
鳥獣人物戯画　243
朝食　121

朝食の欠食　120

積み木　232

定位家族　68
定期外接種　134
定期接種　134
低出生体重児　114, 122
ディズニー，ウォルト　249
低鉄棒　231
溺水　150
テキストマイニング　301
鉄　121
鉄腕アトム　249
手指の巧緻性　226
テレビ　248
テレビゲーム　206
テレビの視聴時間　248
電子玩具　236
電子ゲーム　207
天文台プラネタリウム　253

登園しぶり　290
同化　194
東京子ども図書館　253
同時接種　136
同日接種　136
童心主義　243
統制　302
同性愛（ホモセクシュアル，レズビアン／ゲイ）　130

動物園　253
時を忘れた精神の躍動　210
読書ボランティア　251
独立変数　302
都市公園　213
図書館　253
徒弟教育　92
DOHaD 説　114, 122
跳び箱　231
共に育ちあう関係　185
トランスクリプト　299
トランスジェンダー　130
トランプ　238

な 行

内閣府子ども子育て本部　271
内化行動　71
内容性機能　185
仲間　98
仲間遊び　214
仲間関係　88
仲間内地位　98
生ワクチン　137
習い事　168
ナラティブ　301
難聴　147

二次障害　284
滲み込み型教育　92
20 世紀は児童の世紀　225
日記　300
日誌　300
日本国憲法　260
日本小児科学会子どもの生活環境改善委員会　248
日本人の食事摂取基準　118, 124
日本の子ども観　9
ニューカマー　156
ニュージーランド：世界の子育て支援事情　276
乳児家庭全戸訪問事業　272
乳児期　48
乳児の衣服　102
乳児保育　158
乳児用調製粉乳　116
乳幼児期　40
入浴　149
人形　234
人間関係　94
人間関係の希薄化　69
人間関係力　155
認知的な遊び　202
認定こども園　96, 160, 173, 178
妊婦　76

ぬいぐるみ　234

ネオテニー　5

寝返り　227
ネットワークの構築　184
粘土　233

能動性　171
能動性の発揮　176
登り棒　231

は 行

ハーグ条約　65
パーテン　198, 204
はいはい　227
博物館　252
パズル　236
初節句　256
発達加速現象　56
発達検査　292
発達障害　146, 284
発達遅滞　281
発達の最近接領域　194
初誕生　256
発熱　148
パトリック　194
花札　238
パレンス・パトリエ（国親思想）　4
ハロウィン　240
半構造化面接　298
晩婚化　154
伴大納言絵巻　243
反応指標　303
反復説　194

ピアジェ　194, 198, 202
PL法　250
美術館　252
PTSD　281
一人遊び　198, 205, 214
ひとり親世帯　67
泌尿器系　146
皮膚　142
皮膚系　147
肥満度　122
百人一首　238
ビューラー　202, 204

病後児保育　181
病児保育　96, 181
広っぱ・原っぱ　213
貧困　32, 289
貧困の世代間連鎖　84
貧困率　27

ファーストブック　245
ファッション雑誌　104
ファミリー・サポート・センター事業　272
ファンタジー　247
フィールドワーク　296
フィンランド：世界の子育て支援事情　276
フォローアップミルク　116
不活性化ワクチン　137
副作用　137
副反応　137
父性　78
ブックスタート運動　251
不適切な養育　263
不妊　77
ブランコ　228, 230
フランス：世界の子育て支援事情　276
ブランド物　104
ふり遊び　203
不慮の事故　138
ブレイスカルプチュア　229
プレーパーク　214
フレーベル，フリードリヒ　8, 194, 197, 232
フロイト，G　8
フロイト，アンナ　194
ブログ　72
ブロック　233, 236
文化　220
文化差　220

平均台　231
並行（平行）遊び　198, 205, 216
ベイトソン　195
ベーゴマ　238
ペープサート　201
変身アイテム　240
変身コスチューム　240
変身なりきり玩具　235
変身ベルト　235, 240

弁当の日　123

保育教育　79
保育計画　175
保育所　96, 172
保育所の目的　173
保育所保育　174
保育所保育指針　157, 161, 170, 173, 174, 184
保育体験学習　79
保育ニーズ　180
保育に欠ける　158
保育の必要性　158
保育ママ　96
放課後子ども教室　189
放課後子どもプラン　252
放課後児童クラブ　96, 159, 188
放課後児童健全育成事業　188
放課後児童指導員　189
傍観遊び　198, 216
傍観的行動　205
方向性機能　185
ボウルビィ　82
ホール　194
ボール遊び　200
保活　159
ポケットモンスター　239
母子健康手帳　76, 227
母子相互作用　215
母子分離不安　290
母子保健法　264
母性　78
母性的養育の剥奪　82
ポター，ビアトリクス　242
ポップアップ　245
母乳育児　116
母乳栄養　116
母乳哺育　115
ポルトマン，A.　5

ま　行

魔女の宅急便　249
マス・メディア　72
マターナル・デプリベーション　82
マタニティー・ハラスメント　80

マタニティーブルー　76
マタハラ　80
末梢時計遺伝子　121
マット　231
祭り　252
ままごと　218, 234
ママ友　97
マルトリートメント　263

味覚　122
未婚化　154
未成年　4
見立て　203
見立て遊び　200
ミッキーマウス　249
密室の中の子育て　20
三つの「セイ」（生，政，性）　68
三つの願い　69
民法改正　64

昔話・民話絵本　245
昔話絵本　243
無月経　122
無性愛（エー／アセクシュアル）　130

眼　142
命名　255
メタ・コミュニケーション　193, 195
メタ・メッセージ　193
メタ認知能力　55
メディア接触時間　210
免疫系　142
メンコ　238

文字のない絵本　245
もじゃもじゃペーター　242
モデリング　219
模倣遊び　220
モレノ　98
問題行動　290
モンテッソーリ　194

や　行

役割体験　185

痩せ　114
痩せ願望　115
痩せ志向　105

遊具　228
友情　89
友人関係　207
UV インデックス　143
豊かな体験　169
ユニセフ　261

葉酸　120
養子縁組　66
幼児期後期　52
幼児期前期　50
幼稚園　172
幼稚園教育要領　161, 170, 172, 184, 186
幼稚園設置基準　228
幼稚園の教育課程　172
幼稚園の教育目的　172
幼稚園の教育目標　172
幼稚園保育　174
幼年童話　247
要保護児童対策　264
幼保小連携　162
幼保連携型認定こども園　160, 172, 184
幼保連携型認定こども園教育・保育要領　161, 178
四つの活動　68
予防接種　134, 145
読み聞かせ　251
四層構造モデル　99

ら 行

ライフコース　61

LINE　187
ラポール　299

リアリズム　247
リカちゃん　235
離婚　62
リサイクル　105
離乳　117
リプロダクティブ・ヘルス / ライツ　60
流行　104
領域　172
利用者支援事業　272
梁塵秘抄　3
両性愛（バイセクシュアル）　130
臨時接種　134
倫理的配慮　303

ルソー，J J　8, 197

歴史館　253
連合遊び　198, 205, 217
練習（準備）説　194

労働　170
労働基準法　4
ロック，J　7, 196
ロビンソン・クルーソー　242
ロマン主義　8

わ 行

ワーク・ライフ・バランス　75, 80, 181, 268
ワーズワース，W.　5
ワトソン　202
わらべうた　246, 251

児童学事典

平成 28 年 1 月 25 日　発　　　行
平成 29 年 1 月 30 日　第 2 刷発行

編　者　一般社団法人 日本家政学会

発行者　池　田　和　博

発行所　丸善出版株式会社
〒101-0051 東京都千代田区神田神保町二丁目 17 番
編集：電話 (03) 3512-3264／FAX (03) 3512-3272
営業：電話 (03) 3512-3256／FAX (03) 3512-3270
http://pub.maruzen.co.jp/

©The Japan Society of Home Economics, 2016

組版・株式会社 明昌堂／印刷・株式会社 日本制作センター
製本・株式会社 松岳社

ISBN 978-4-621-30015-2 C3537　　　　Printed in Japan

JCOPY〈(社)出版者著作権管理機構 委託出版物〉
本書の無断複写は著作権法上での例外を除き禁じられています．複写される場合は，そのつど事前に，(社)出版者著作権管理機構（電話 03-3513-6969, FAX 03-3513-6979, e-mail：info@jcopy.or.jp）の許諾を得てください．